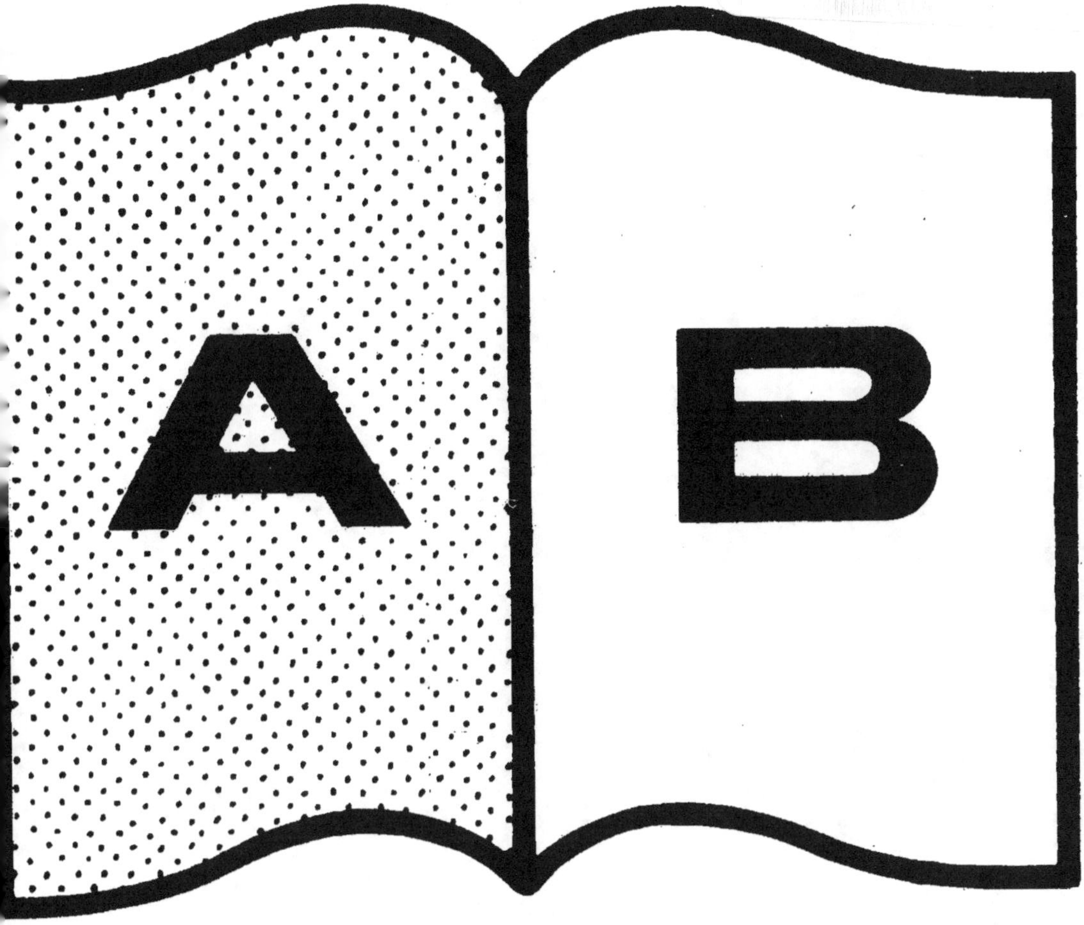

Contraste insuffisant

NF Z 43-120-14

GUILLAUME LACOSTE

HISTOIRE GÉNÉRALE
DE LA PROVINCE
DE QUERCY

PUBLIÉE PAR LES SOINS DE

MM. L. COMBARIEU ET F. CANGARDEL

Archivistes — Bibliothécaires

TOME DEUXIÈME

CAHORS
J. GIRMA, LIBRAIRE-ÉDITEUR, BOULEVARD L. GAMBETTA

M DCCC LXXXIV

HISTOIRE GÉNÉRALE
DE
LA PROVINCE DE QUERCY
PAR
GUILLAUME LACOSTE

GUILLAUME LACOSTE

HISTOIRE GÉNÉRALE

DE LA PROVINCE

DE QUERCY

PUBLIÉE PAR LES SOINS DE

MM. L. COMBARIEU ET F. CANGARDEL

Archivistes — Bibliothécaires

TOME DEUXIÈME

CAHORS

J. GIRMA, LIBRAIRE-ÉDITEUR, BOULEVARD L. GAMBETTA

M DCCC LXXXIV

SOMMAIRE DES CHAPITRES
DU LIVRE SEPTIÈME

I. Autorité des grands vassaux de la Couronne. — Mort de Philippe I; Louis le Gros lui succède. — Bertrand, comte de Toulouse, se dispose à son expédition de la Terre sainte. — Testament de Géraud de Gourdon.

II. Départ de Bertrand pour la Palestine; il laisse le comté de Toulouse à son frère Alphonse Jourdain.

III. Mort de saint Hugues, abbé de Cluny.

IV. Ansquetil, abbé de Moissac. — Albert I, Déodat, Géraud et Gombert, abbés de Saint-Audard, de Figeac, de Souillac et de Marcillac.

V. Restitution de biens au chapitre de Cahors par des seigneurs de Castelnau.

VI. Retour de l'évêque de Cahors dans son diocèse. — Géraud II, abbé de Beaulieu et ses règlements.

VII. Ratier de Luzech, abbé de Marcillac.

VIII. Mort à Tripoli, de Bertrand, comte de Toulouse. — Mort de Géraud III de Cardaillac, évêque de Cahors.

IX. Le Saint-Suaire est déposé dans la cathédrale de Cahors.

X. Fondation de l'Hospitalet.

XI. Guillaume III de Caumont, évêque de Cahors. — Synode de 1115.

XII. Donation de l'évêque Guillaume en faveur du chapitre de Cahors et du prieuré de Catus.

XIII. Seconde invasion des États du comte de Toulouse par Guillaume IX, comte de Poitiers. — Concile de 1118. — Expédition du vicomte de Béziers en Espagne. — Dons à l'abbaye de Moissac et aux églises de Tulle et de Rocamadour.

XIV. Le pape Calixte II dans les Etats du comte de Toulouse. — Concile tenu dans cette ville, en 1119. — Voyage du pape dans le Quercy. — Monastère du Mont Saint-Jean et ses privilèges.

XV. Bulle du pape Calixte II en faveur du chapitre de Cahors.

XVI. Roger, abbé de Moissac.

- XVII. Dons de l'évêque Guillaume de Caumont en faveur de son chapitre.
- XVIII. Nouvelles contestations, entre les abbés de Tulle et de Marcillac, au sujet de la propriété de l'église de Rocamadour.
- XIX. Les Toulousains chassent de leur ville les troupes de Guillaume IX et reconnaissent Alphonse Jourdain pour leur seigneur.
- XX. Mort de Raymond I, vicomte de Turenne.
- XXI. Fondation de l'ordre des Templiers. — Les chevaliers du Temple s'établissent dans le Quercy.
- XXII. Voyage d'Alphonse Jourdain dans le Quercy.
- XXIII. Donation en faveur de l'abbaye de Moissac.
- XXIV. Fondation de l'abbaye de Sept-Fons.
- XXV. Schisme en Aquitaine après la mort du pape Honorius II.
- XXVI. Privilège, accordé à l'abbé de Moissac, de porter les habits pontificaux. — Jugement du comte de Toulouse en faveur de cet abbé.
- XXVII. Fin de la prévôté des seigneurs de Castelnau sur le chapitre de Cahors. — Dons en faveur du même chapitre ou consentis par cette communauté. — Les Ermites.
- XXVIII. Dons en faveur de l'abbaye de Sept-Fons.
- XXIX. Différend entre l'abbé de Marcillac et le chapitre de Cahors au sujet de la propriété de l'église de Saint-Urcisse. — Nouveaux droits accordés au chapitre de Cahors.
- XXX. Guillaume, Aymar II et Albert II, abbés de Moissac, de Figeac et de Saint-Audard. — Archambaud, doyen du monastère de Souillac.
- XXXI. Dons en faveur du chapitre de Cahors et de l'abbaye de Moissac.
- XXXII. Charte de coutume accordée au bourg de Saint-Nicolas de la Grave par Guillaume, abbé de Moissac. — Assassinat de cet abbé.
- XXXIII. Mort de Guillaume IX, duc d'Aquitaine et comte de Poitiers. — Mariage d'Éléonor, fille de ce prince, avec Louis le Jeune. — Louis le Jeune envahit les États du comte de Toulouse.
- XXXIV. Visite du chapitre du Vigan par l'archevêque de Bourges.
- XXXV. Mort de Boson II, vicomte de Turenne. — Testament de ce seigneur. — Ses obsèques.
- XXXVI. Fondation de la ville de Montauban par le comte Alphonse. — Droits et règlements établis sur la nouvelle ville. — Protestation de l'abbé de Saint-Audard.
- XXXVII. Préparatifs pour une nouvelle croisade.
- XXXVIII. Les *Henriciens* dans les États du comte de Toulouse. — Prédications et miracles de saint Bernard.
- XXXIX. Mort d'Alphonse, comte de Toulouse. — Éloge de ce prince.
- XL. Fondation de l'abbaye de Sainte-Marie de Bonneval et donation en faveur de l'hôpital d'Aubrac, en Rouergue.
- XLI. Transaction entre Raymond V, comte de Toulouse et l'abbé de Saint-Audard.
- XLII. Fondation de l'abbaye de la Garde-Dieu. — Mort de Guillaume de Caumont, évêque de Cahors. — Prétendus successeurs de Guillaume.
- XLIII. Géraud III Hector, évêque de Cahors. — Philippe, Aymar II, Aymeric et Raymond I, abbés de Moissac, de Figeac, de Marciliac et de Sept-Fonds.

XLIV. Restitutions au chapitre de Cahors.
XLV. Bulle du pape Anastase IV en faveur du chapitre du Vigan. — Accord entre l'abbé d'Obasine et l'archiprêtre Géraud de Vineirafont.
XLVI. Révolte contre Raymond V, comte de Toulouse. — Victoire de ce prince. — Il épouse Constance, sœur de Louis le Jeune. — Le roi de France vient à Toulouse.
XLVII. Union du bénéfice de Sainte-Eulalie à l'abbaye de la Couronne, diocèse d'Angoulême. — Derniers vicomtes de Bruniquel, de la race des comtes de Toulouse.
XLVIII. Bonne intelligence entre le roi de France et le comte de Toulouse.
XLIX. Voyages de l'évêque de Cahors en Italie et en Limousin. — Brouille entre Frédéric Barberousse et le pape.
L. Henri II, roi d'Angleterre, envahit le comté de Toulouse. — Il s'empare du Quercy. — Il échoue devant Toulouse.
LI. Donations à l'abbaye de Sept-Fons.
LII. Schisme après la mort du pape Adrien IV. — Le pape Alexandre III se réfugie en France. — Continuation de la guerre entre le roi d'Angleterre et le comte de Toulouse.
LIII. L'évêque de Cahors fait un voyage dans son diocèse, occupé par les troupes d'Henri II. — Fondation du monastère de Francou.
LIV. Invention des reliques de Saint-Amadour.
LV. Consécration de l'église de Saint-Etienne de Grandmont, en Limousin.
LVI. Conclusion de la paix entre les rois de France et d'Angleterre. — Henri II à Rocamadour.
LVII. Traité de paix entre Henri II et le comte de Toulouse.
LVIII. Rébellion des enfants du roi d'Angleterre contre leur père.
LIX. Union de bénéfices au monastère de Carennac. — Assassinat de l'abbé de Moissac.
LX. Voyage du comte de Toulouse en Quercy et en Rouergue.
LXI. Les Brabançons et le vicomte de Turenne. — Duel judiciaire.
LXII. Progrès des hérétiques Henriciens. — Missionnaires envoyés dans le comté de Toulouse pour combattre l'hérésie. — Publication, par l'évêque de Cahors, d'une sentence d'excommunication.
LXIII. Le roi d'Aragon envahit les États du comte de Toulouse.
LXIV. Consécration du monastère de Saint-Augustin de Limoges. — Différend entre le vicomte de Polignac et les chanoines de Brioude, en Auvergne. — Concile de Limoges.
LXV. Dons à l'abbaye de la Garde-Dieu par le comte de Toulouse. — Fondation d'une maison de Templiers à Montricoux.
LXVI. Le Quercy pendant les xi⁰ et xii⁰ siècles.

HISTOIRE GÉNÉRALE
DE
LA PROVINCE DE QUERCY

LIVRE SEPTIÈME

I. — *Autorité des grands vassaux de la Couronne — Mort de Philippe I — Louis le Gros lui succède — Bertrand, comte de Toulouse, se dispose à son expédition de la Terre sainte — Testament de Géraud de Gourdon*

'AUTORITÉ que les grands vassaux de la Couronne exerçaient dans leurs Etats était si absolue, que les peuples les regardaient comme leurs véritables et uniques souverains. Dans les provinces, on ne connaissait les rois de France que de nom et par les actes publics que l'on datait des années de leur règne.

Philippe Ier étant mort, le 3 août de l'an 1108, la Couronne passa sur la tête de son fils, Louis VI, surnommé *le Gros*. La plupart des grands seigneurs, tels que les ducs d'Aquitaine et de Bourgogne et le roi d'Angleterre, en qualité de duc de Normandie, refusèrent de rendre hommage au nouveau roi de France. On ne voit pas que Bertrand, comte de Toulouse, ait été du nombre de ces vassaux révoltés ; il paraît au contraire que ce prince, ayant formé le dessein de se croiser et de consacrer, à l'exemple de son père, ses derniers jours à combattre les Infidèles, s'empressa de reconnaître Louis le Gros pour son souverain, afin que son successeur pût gouverner en paix les peuples soumis à sa domination. Aussitôt après, le comte de Toulouse appela sous sa bannière les différents chevaliers de son comté : de tous ceux du Quercy qui se rendirent à cet appel, on ne connaît que Dieudonné Barasc-Béduer (1), Hugues de Castelnau de Bretenoux et Géraud de Gourdon. Ces deux derniers, avant de partir, firent leur testament. Nous n'avons pu nous procurer celui de Hugues de Castelnau, et nous savons seulement que Géraud de Gourdon le signa ; mais nous avons le testament (2) de celui-ci, dont nous croyons devoir donner les principales dispositions. Géraud laisse toute sa terre de Gourdon à Aymeric, son fils, et à son épouse, Alpasie ; il lègue à l'abbaye de Marcillac ses domaines de Goudou ; au chapitre de Cahors d'autres biens dans la paroisse de Francoulès *(sancti Francoleni)*, avec l'église et la juridiction de ce lieu, la terre de *Lamnaco*, ses biens de Cami le Gourdonnais, avec la moitié de son église, le fief qu'il a au faubourg de *Sainte-Marie et de Sainte-Charité*, c'est-à-dire au faubourg de Notre-Dame des Soubiroux, où était alors un hôpital fondé peut-être par ce seigneur, et qui portait le nom de Sainte-Charité. En outre, Géraud de Gourdon laisse la liberté aux chanoines de Cahors de prendre dans ses forêts tout le bois nécessaire pour la construction et les réparations de la cathédrale et des cloîtres ; il leur donne enfin l'autorisation de faire paître leurs bestiaux dans tous ses bois. Géraud fait encore quelques legs au chapitre du Vigan et au monastère de Saint-Sauveur de Sarlat. Parmi les objets donnés, on en reconnaît plusieurs que Géraud de Gourdon ou quelques-uns de ses ancêtres avaient usurpés sur l'église de Cahors, en faveur de laquelle l'archidiacre Benjamin, qui était de cette maison, en avait disposé, près de deux siècles auparavant. Etaient présents à cette donation : Aymeric de Laroche, Boreil de Gaulejac, Gausbert de Pestillac, Robert d'Auberoche, Bernard de Dome, Pons de Barasc, Arnaud de Pestillac, etc.

II. — *Départ de Bertrand pour la Palestine — Il laisse le comté de Toulouse à son frère Alphonse Jourdain*

Le comte Bertrand, résolu de ne plus revenir en Occident, laissa à Alphonse Jourdain, son frère, le comté de Toulouse, dont il confia

---

1. On trouve, dans le cartulaire du monastère de Marcillac, que l'évêque de Cahors, à son retour de la croisade où il avait suivi le comte de Toulouse, porta le testament d'un Barasc, dans lequel ce seigneur restituait à cette abbaye certains biens usurpés par lui, lorsqu'il en était le défenseur. Parmi ces biens figuraient les dîmes de Blars et de Caniac.

2. *Cart. Cad.*, apud Foulhiac.

l'administration à un conseil jusqu'à ce que le jeune Alphonse fût en âge de gouverner par lui-même ; puis, accompagné de Géraud III de Cardaillac, évêque de Cahors, il partit, en 1109, à la tête de son armée, pour Pise, où l'attendait une flotte de Génois et de Pisans, qui le débarqua heureusement dans les environs de Constantinople. Le comte de Toulouse se rendit dans cette ville, avec l'élite de ses chevaliers, et, après avoir reçu de l'empereur Alexis l'accueil le plus distingué, il mit à la voile, impatient d'arriver dans les Etats de son père, dont il prit possession, la même année, par suite de la mort du comte de Cerdagne et après s'être montré le digne fils de Raymond de Saint-Gilles, au siège et à la prise de Tripoli qui avait résisté jusqu'alors.

III. — *Mort de saint Hugues, abbé de Cluny*

Cette année (1109) est l'époque de la mort de saint Hugues, qui arriva le 29 avril. Ce célèbre abbé avait gouverné pendant 63 ans (1) la congrégation de Cluny. On dirait qu'il avait une prédilection pour le diocèse de Cahors; car il y passa un grand nombre d'années, résidant tantôt à Moissac, tantôt à Cahors, tantôt à Figeac. Il est vrai qu'il y avait dans cette province beaucoup de monastères soumis à la réforme de Cluny (2). Saint Hugues fit le plus grand bien dans le Quercy; il aida Géraud de Cardaillac dans la réforme de son clergé; et la bonne discipline qu'il eut soin d'établir et de maintenir dans les monastères dont il avait le gouvernement général, y forma des hommes également recommandables par leur science et par leur piété, qui mirent un frein à la licence des grands et adoucirent les mœurs grossières du peuple.

IV. — *Ansquetil, abbé de Moissac — Albert I, Déodat, Géraud et Gombert, abbés de Saint-Audard, de Figeac, de Souillac et de Marcillac*

Ansquetil, abbé de Moissac, survécut plus d'un an à saint Hugues, il fut le digne disciple de ce grand saint et l'imitateur fidèle de ses vertus. Bien qu'il eût sous sa direction une des plus grandes abbayes

1. Lacoste, dans une note, a rectifié cette assertion en disant que saint Hugues ne mourut pas en 1109, mais en 1085, dans l'abbaye de Layrac et que par conséquent il n'avait pu être abbé pendant 63 ans. (C. C.)

2. Indépendamment des deux grandes abbayes, on comptait encore dans le Quercy, parmi les monastères soumis à la réforme de Cluny, ceux de Fons, de Carennac, de Duravel, de Bioule, de Cieurac et de Saint-Maffre de Bruniquel.

de la France, et que sa juridiction s'étendit sur un très grand nombre de monastères, il se montra, par ses bonnes qualités, au-dessus de son emploi; il dut à son rare mérite l'honneur d'être choisi, sous l'abbé Hunaud, quoiqu'il ne fût encore que simple religieux, pour aller à Rome, en qualité d'agent de son monastère. Le pape Grégoire VII lui fit un accueil distingué et lui permit d'assister au concile qu'il convoqua dans cette ville, la première semaine du carême de l'an 1074 (1). Ansquetil, aidé des conseils de saint Hugues et soutenu par l'autorité de son évêque diocésain, travailla sans relâche au recouvrement du temporel de son abbaye, dont une partie était entre les mains des seigneurs. C'est à lui que l'abbaye devait son cloître, qui était magnifique pour l'époque, et qui fut achevé en 1108, suivant l'inscription qu'on lit sur un des piliers de cet édifice. Il répara aussi une partie du monastère et y ajouta de nouveaux bâtiments pour loger les nombreux moines qui y faisaient leur résidence. Il se donna, dans sa vieillesse, un vice-abbé, appelé Roger, qui fut ensuite jugé digne de lui succéder.

Ansquetil, durant les dernières années de sa vie, eut un différend avec l'abbé de Mas-Garnier qui ne voulait pas se reconnaître dépendant de l'abbaye de Moissac. Le cardinal Richard, évêque d'Albano, légat du Saint-Siège, prit connaissance de cette affaire, dans un concile qu'il tint à Toulouse, et condamna l'abbé de Mas-Garnier; mais ce dernier refusa d'obéir à la sentence et le légat dut écrire à Amelius, évêque de Toulouse, pour lui donner l'ordre de fulminer un interdit sur l'abbaye de Mas-Garnier, jusqu'à ce que l'abbé et ses religieux eussent donné des preuves manifestes de leur soumission. Ceux-ci appelèrent de l'interdit au pape Pascal II, prétendant qu'ils dépendaient de l'abbaye de la Cluse, en Piémont; mais l'abbé de Cluny prit la défense du monastère de Moissac, dans un mémoire qu'il envoya au souverain pontife et obtint du chef de l'église une bulle, par laquelle il était enjoint aux religieux de Mas-Garnier de demeurer soumis à l'abbé de Moissac.

L'abbaye de Saint-Audard était encore gouvernée par Albert I; celle de Figeac par Déodat, successeur d'Airaud, que nous soupçonnons appartenir à la maison de Béduer. Pierre de Cisières, en passant sur le siège abbatial d'Aurillac, avait laissé le gouvernement du monastère de Souillac à Géraud. Sous celui-ci, le moine Etienne de *Malafeyda*, aveugle de naissance et neveu de Gausbert, abbé d'Uzerche, obtint de Dieu l'usage de la vue, dans l'église de Souillac

---

1. *Hist. gén. de Languedoc*, tome II, pag. 356.

par l'intercession de la sainte Vierge, qu'il était allé prier devant son autel (1).

Gombert gouvernait encore l'abbaye de Marcillac. On lit, dans l'histoire de la fondation du prieuré de Madiran, que depuis Etienne jusqu'à Gombert, il y avait eu trois autres abbés à Marcillac. Guilabert est cependant le seul que nous ayons pu découvrir; encore même son nom a-t-il échappé aux recherches des savants auteurs du *Gallia christiana*. Il n'est, en effet, question de cet abbé que dans un seul document qui ne pouvait guère être connu de ces écrivains; nous voulons parler du fragment de la chronique du monastère de Marcillac, que nous avons déjà cité une fois. Le moine de Marcillac, auteur de cet ouvrage, et qui florissait vers le commencement du XIIe siècle, après avoir dit combien l'autorité, que l'abbé Etienne avait accordée à la maison de Béduer sur son monastère, avait été funeste aux religieux, en ce qu'elle leur avait enlevé une partie de leur domaine, rapporte que l'abbé Guilabert, un des successeurs d'Etienne, vint à bout de se faire rendre l'église de Saint-Laurent de Blars, usurpée par les chevaliers de Béduer, Dieudonné et Pierre Barasc, fils de Géraud, frère lui-même d'un autre Dieudonné Barasc, à qui l'abbé Etienne avait confié l'administration de l'abbaye. Ces seigneurs s'en emparèrent de nouveau et ils en perçurent jusques aux oblations et autres revenus qui, par leur nature, n'étaient dévolus qu'aux ecclésiastiques. L'abbé Gombert, qui était de la même famille, contraignit ses parents à restituer l'église de Blars, en leur comptant une somme d'argent, pour affranchir cette église des droits imaginaires qu'ils prétendaient avoir sur elle. L'abbé tenta ensuite, par le même moyen, le recouvrement de l'église de Caniac qui était au pouvoir des mêmes seigneurs; Dieudonné, qui en était le principal maître, reçut de l'argent, mais garda cependant l'église, malgré la promesse solennelle qu'il avait faite de s'en dessaisir et les remontrances tant de l'évêque de Cahors que des nobles de la contrée. Ce seigneur partit ensuite pour la croisade, apparemment sous la bannière de Bertrand, comte de Toulouse, promettant, qu'à son retour, il mettrait les religieux de Marcillac en possession de l'église; mais il arriva qu'il mourut en Palestine. Etant dans son lit de mort, il pria l'évêque de Cahors (2) de se charger de ses

---

1. Labbe, *Bibliot. nov.*, tome II, pag. 298.

2. Nous savons donc, par l'auteur de la *Chronique de Marcillac* que l'évêque Géraud III de Cardaillac alla visiter les saints lieux. A la vérité c'est le seul écrivain qui nous l'apprenne; mais, comme il était contemporain et témoin du fait, son témoignage doit suffire pour nous faire croire que le prélat entreprit ce long pèlerinage, bien digne de sa piété et de son zèle, pour la délivrance du

dernières dispositions pour les remettre à sa famille et à l'abbaye de Marcillac. Dans ce testament, Dieudonné recommandait à son épouse et à ses enfants de restituer l'église de Caniac au monastère de Marcillac, sans le moindre délai et sans exiger la moindre rétribution ; mais ses héritiers n'eurent aucun respect pour sa dernière volonté et ils continuèrent à posséder l'église de Caniac jusqu'à ce qu'enfin, pressés par l'évêque de Cahors et la noblesse des environs, ils la rendirent à l'abbé Gombert, moyennant trois cents sous qu'ils se partagèrent. Ils cédèrent aussi la terre de Peyrat que Dieudonné, par son testament, donnait au monastère en réparation des torts qu'il lui avait faits. Toutefois, Pierre Barasc, un des héritiers, reprit bientôt après l'église qu'il ne rendit à l'abbé qu'au moment de partir pour la Terre sainte et après s'être fait compter par lui une grosse somme qui servit aux frais de son voyage.

L'abbé Gombert ne paraît pas avoir survécu longtemps aux démêlés qu'il eut avec sa famille, au sujet des biens de son monastère, qu'elle détenait injustement. C'est sans doute cet abbé qui fit bâtir l'église, le cloître et le mur de clôture de l'abbaye de Marcillac ; on reconnaît du moins, au style d'architecture, que ces grands bâtiments appartiennent au xie siècle (1). L'évêque de Cahors était plein d'estime pour Gombert : ce qui suffit pour nous donner une idée avantageuse du mérite de cet abbé ; il lui donna l'église de Saint-Urcisse de Cahors, dont la propriété fut contestée plus tard à son successeur, Ratier de Luzech, sous l'épiscopat de Guillaume de Caumont.

V. — *Restitution de biens au chapitre de Cahors par des seigneurs de Castelnau*

Nous avons dit que Hugues de Castelnau, que son père, prévôt du chapitre de Cahors, avait fait chanoine de la cathédrale, était sorti du cloître, ne pouvant s'accoutumer à la vie régulière que l'on y menait. En quittant le froc, Hugues prit certains biens que son père avait donnés au chapitre, le jour même qu'il lui avait fait prendre l'habit de chanoine. Ces biens se composaient de maisons et de terres situées

---

saint Sépulcre. Il dut suivre le comte Bertrand et c'est peut-être à cause de cela que depuis le départ de ce prince, il y a un intervalle de temps, pendant lequel nos cartulaires ne parlent point de l'évêque de Cahors.

1. L'église, avant qu'elle eût été en partie brûlée avec le monastère, par Mongomeri, pendant les guerres civiles, ne le cédait ni en grandeur, ni en magnificence à aucune des autres abbayes du diocèse.

près de l'église de Notre-Dame des Soubiroux, de Cahors, et de droits seigneuriaux sur une tour placée au même endroit, consistant en quatre sous d'acapte et sept deniers de cens (1). Rentré en lui-même et reconnaissant l'énormité de sa faute, Hugues se présenta devant le prieur Gausbert, le pria de le recevoir de nouveau au nombre des chanoines, et par un acte public (1111), dans lequel il prend la qualité de *Chevalier de Castelnau*, il donne et restitue aux chanoines tout ce qu'il avait eu le malheur de leur ravir et que son père avait reçu en plein synode devant l'*image de Notre Sauveur*, le jour qu'il s'était chargé de la prévôté du chapitre. Hugues avait un frère appelé Bernard de *Saint-Geniès*, qui restitua aussi la portion des biens de la prévôté dont il s'était emparé à la mort de son père et qui se déclara vassal du chapitre.

VI. — *Retour de l'évêque de Cahors dans son diocèse — Géraud II abbé de Beaulieu et ses règlements*

Nous ignorons l'époque à laquelle l'évêque de Cahors revint de la Palestine. Nous savons seulement qu'il était de retour dans son diocèse au commencement de l'an 1112; car alors il visita une partie des églises du Haut-Quercy. Le 4 des ides de mars, il fit, en l'honneur de la Sainte-Vierge, la dédicace de l'église de Félines, que venaient de faire bâtir les moines de Beaulieu (2).

Se trouvant dans l'église de Saint-Céré, aux calendes de mai, l'évêque de Cahors donna à Géraud II, abbé de Beaulieu, du consentement de Gausbert, prieur de son chapitre, et de ses archidiacres Seguin, Guidon et Guillaume, l'église de Saint-Martial de Beyssac, dont une partie avait été usurpée et était possédée par Géraud et Guitard de Saint-Michel-de-Bannières ; ces deux seigneurs s'en dessaisirent ensuite entre les mains du même abbé. Celui-ci reçut en même temps, à titre de don, en partage avec le monastère de Souillac des terres considérables situées à Strenquels, à Paunac et dans d'autres lieux voisins de la Dordogne ; toutefois le donateur, nommé Eble, se réserve que son épouse en jouira pendant sa vie, parce qu'il les lui

1. *Cart. Cad.*
2. *Cart. Bell.*, cap. 35. — D'après l'inscription qui fut gravée sur les bords de l'autel, qui sont relevés d'environ deux pouces, suivant la coutume du siècle, on voit que cette église fut dédiée à saint Pierre, à sainte Marie-Madeleine, à saint Irénée, à saint Caprais et à saint Julien ; ce qui veut dire, dans le style du temps, qu'on y déposa des reliques de ces saints. L'inscription de cette dédicace se lit encore autour de l'autel.

avait données, les unes *per osculum*, les autres *per chartam traditionis* (1).

L'abbé Géraud fit séparation de mense avec ses religieux, ou du moins il leur assigna des terres et des églises qui devaient être désormais de leur domaine et qui s'étendaient jusqu'à Saint-Martial de Tauriac (2). Dans la charte qui contient le règlement, il est dit qu'un abbé introduisit dans les terres de son monastère une coutume qu'on ne retrouve pas ailleurs, ce qui la rend d'autant plus intéressante à rapporter. Cette coutume consistait à donner au serf le plus intelligent et le plus probe de chaque domaine, la juridiction ou l'intendance sur tous les autres ; ce maître-serf était, à cause de sa situation, appelé *servus vicarius* ou *judex servus*. Géraud établit de ces serfs juges ou viguiers à Condat, Biars, Belmont, Mayrinhac et dans tous les autres lieux du Quercy et du Limousin qui dépendaient de Beaulieu. Ces officiers cessaient d'être esclaves dès le moment qu'ils occupaient leur charge ; mais ils rentraient dans leur première condition s'ils venaient à être convaincus d'infidélité. Il leur était défendu à eux et à leurs descendants de devenir chevaliers ; c'est pourquoi ils ne pouvaient porter ni l'écu, ni l'épée, ni d'autres armes que la lance et un éperon. Leur habit devait être fermé, jamais ouvert par devant ou par derrière. Chaque serf-juge obtint de l'abbé, en jouissance, un meix dans l'étendue de sa viguerie ou judicature ; sur chaque meix de son ressort une rétribution qui consistait en quatre deniers, une géline, etc. ; la troisième partie du produit de *tous les plaids et de toutes investitures* ou mises en possession. L'abbé de Beaulieu assujettit ces officiers à la prestation du serment de fidélité dans l'église abbatiale ; il statua que, quand l'un d'entre eux viendrait à décéder, la terre reviendrait au monastère et que ses seigneurs *(seniores)* lui feraient d'honorables funérailles ; s'il laissait des enfants légitimes, ceux-ci devaient lui succéder, par rang d'âge ; si quelqu'un d'eux abandonnait l'emploi, celui qui viendrait se mettre à sa place, servirait aux moines cent sous et leur prêterait serment de fidélité. Ce règlement, qui est unique dans les annales du servage, contribua beaucoup à multiplier les hommes libres dans le Haut-Quercy et à y former des maisons honnêtes, qui, dans la suite, jouirent de la considération publique.

---

1. Ces sortes de concessions sont souvent mentionnées dans nos cartulaires. La première était un don que le futur époux faisait, devant témoins, à sa future épouse, en lui faisant un baiser. L'autre avait lieu par un acte qu'on appelait *traditoria* ou *charta traditionis* qui signifie *mise en possession*. (Du Cange, *Glossaire*.)

2. *Cart. Bell.*, cap. 45.

VII. — *Ratier de Luzech, abbé de Marcillac*

Nous avons dit que Ratier, abbé de Marcillac, était de la maison de Luzech, une des plus considérables de la province. Il était fils d'Izarn I, baron de Luzech, et de Lucie, fille d'Odolric, vicomte de Saint-Cirq (1). Lucie de Saint-Cirq fut portée, par sa piété, à quitter le monde et à passer le reste de ses jours, en qualité de religieuse, dans le monastère que gouvernait son fils (2). En prenant le voile à Marcillac, elle donna à l'abbé, son fils, et aux moines de ce lieu, la terre de Montagnac qui lui était échue de ses droits paternels. Ses autres enfants Arnaud, Izarn, Gausbert et Seguin (3) de Luzech, consentirent à cette donation qu'ils confirmèrent vers l'an 1145.

VIII. — *Mort, à Tripoli, de Bertrand, comte de Toulouse — Mort de Géraud III de Cardaillac, évêque de Cahors*

Bertrand, comte de Toulouse, mourut sur ces entrefaites à Tripoli, chef-lieu de sa principauté, une des quatre qui furent établies en Orient par les princes chrétiens. Il se montra aussi religieux, aussi magnanime et aussi courageux que son illustre père et mérita, comme lui, l'estime et la considération de l'empereur Alexis Comnène. Pons, son fils, hérita de sa principauté d'Orient où il fixa sa demeure et qu'il transmit à ses descendants; il abandonna ainsi tous ses droits sur les Etats de Toulouse en faveur d'Alphonse Jourdain, son oncle paternel.

L'évêque de Cahors mourut vers la fin de cette année ou au plus tard dans le commencement de l'an 1113. L'église de Cahors eut peu de prélats aussi recommandables que lui par leur piété, par leur zèle et

---

1. *Cart. Cad.* et *Chronique* de Foulhiac.

2. Il a été plusieurs fois parlé, dans le cours de cette histoire, de femmes qui se faisaient religieuses dans des monastères d'hommes, comme dans ceux de Beaulieu, de Tulle, de Moissac, etc. Cette coutume ancienne n'était point particulière au Quercy et aux pays voisins. On la trouve établie partout et elle doit vraisemblablement son origine à la rareté des monastères qui leur étaient affectés. Les femmes et les vierges, qui entraient dans une abbaye d'hommes, en observaient la règle et vivaient, sous le nom de sœurs, dans des appartements qui n'avaient aucune communication avec ceux des moines. C'est à cette coutume que l'on fait remonter l'origine des *monastères doubles*. (Du Cange, *Glossaire.*)

3. Seguin de Luzech est le même que l'archidiacre de Cahors de ce nom, dont il a été déjà fait mention et qui donna à l'église de Cahors le château d'Albas, qu'il tenait de son père.

par leur attachement au bon ordre et à la discipline. Il réforma son clergé et fit fleurir la règle de saint Benoît dans les monastères de son diocèse. Quoique issu d'une des premières maisons de la province, il ne ménageait pas les grands qui s'écartaient des principes de la justice et de l'équité. Parents ou alliés, il les poursuivait sans égard et sans relâche, quand ils avaient usurpé ou qu'ils détenaient les biens de son église. Il leur inspira de l'horreur pour les vices dominants de son siècle, les violences, les guerres particulières, la simonie, le pillage, les répudiations, l'immoralité, l'irréligion et pour cette fausse religion qui consistait alors dans des pèlerinages, ou quelque autre pratique extérieure auxquelles le cœur n'avait aucune part, ce qui ne les empêchait pas, un moment après, d'être perfides, injustes, sacrilèges et de mauvaise foi (1).

IX. — *Le Saint-Suaire est déposé dans la cathédrale de Cahors*

Nous croyons que ce fut Géraud de Cardaillac qui porta de la Terre sainte le Saint-Suaire, dont il fit présent à son église cathédrale. Les raisons sur lesquelles nous nous fondons sont, que si cette précieuse relique eût été donnée à cette église par l'empereur Charlemagne, comme le présument Dominicy et quelques autres savants du pays, certainement elle aurait été connue sous les successeurs de ce grand monarque et les seigneurs du Quercy, dans les serments qu'ils prêtaient au chapitre et à l'évêque, devant l'autel de Saint-Etienne, n'auraient pas manqué de la nommer, de même qu'ils avaient soin de nommer le morceau de bois de la sainte Croix qui faisait partie des reliques de la cathédrale et l'image de Jésus-Christ (2), qu'on ne peut confondre avec son suaire. Nous avons dit ailleurs, sur le témoignage de l'évêque

---

1. Nous avons déjà prévenu le lecteur que l'abbé de Foulhiac et les auteurs du *Gallia Christiana*, ont attribué à l'évêque Géraud de Gourdon une partie des actes que nous attribuons à Géraud de Cardaillac. Leur erreur provient de ce que, n'ayant pas mis entre ces deux prélats, l'évêque Etienne, dont on ne saurait révoquer en doute l'existence, reconnue pour certaine par le savant historien de Languedoc (*Hist. gén. de Languedoc*, tome II, pag. 621), parce qu'elle est fondée sur un monument authentique, ils n'ont pas su, ni pu démêler ce qui regarde chacun de ces deux évêques. La similitude de leur nom qui souvent n'est pas suivie, dans nos cartulaires, de celui de leur famille, n'a pas peu contribué encore à la méprise dans laquelle ces savants sont tombés.

2. Ce n'était apparemment qu'une copie du *Saint-Voult* de Lucques, en latin *Sanctus Vultus*, qui était un christ habillé, qu'on allait voir dans l'église de Lucques, en Toscane, et dont il y avait grand nombre de copies dans les principales églises de France; une, entre autres, dans l'église du Saint-Sépulcre de Paris, que le peuple appelait *saint Vaudelu*. On pourrait encore dire que cette

Arculphe que le suaire dont nous parlons était, au vııı⁰ siècle, dans une basilique de Jérusalem. Il arriva probablement que lorsque les mahométans se rendirent maîtres de cette ville, les chrétiens enlevèrent cette relique ainsi que toutes les autres, pour empêcher qu'elles ne fussent profanées par les Infidèles et qu'ils les déposèrent dans quelques églises de l'empire d'Orient. L'évêque de Cahors se sera procuré le Saint-Suaire qu'il aura porté, à son retour, dans son église, à l'exemple des autres croisés qui ne revenaient point dans leur patrie, sans quelque relique ou qui rapportaient, à défaut de relique, une pierre du saint sépulcre ou une poignée de terre du Calvaire ; ils donnaient ces objets aux églises de leur terres pour constater qu'ils avaient fait le voyage de Palestine. Quoiqu'il en soit, le premier monument qui nous apprenne que le Saint-Suaire, vulgairement *Sainte-Coiffe*, était dans le trésor des reliques de la cathédrale de Cahors, consiste dans une inscription qui fut gravée sur l'autel, consacré en son honneur par le pape Calixte II, en 1119. Cette consécration, postérieure de quelques années seulement au retour de l'évêque, donne beaucoup de poids à notre sentiment.

X. — *Fondation de l'Hospitalet*

C'est sous l'épiscopat de Géraud de Cardaillac qu'il nous paraît convenable de placer la fondation d'un hospice dans le lieu qui depuis a porté le nom de l'Hospitalet (1), à une lieue de Cahors. Cette fondation fut faite par une dame appelée Hélène, que quelques historiens du pays ont fait, mal à propos, comtesse de Cahors. Nous la croyons de la maison de Castelnau, dont dépendaient Granejouls et l'Hospitalet. Hélène fonda cet hospice en faveur des pèlerins qui allaient à Jérusalem et à Rocamadour ; ils y étaient logés et y trouvaient toute sorte de secours, s'ils venaient à tomber malade. Cette maison, qui eut titre de commanderie de l'ordre de Malte, formée du lieu de l'Hospitalet et de ceux de

---

image était une copie de la figure de J.-C., que le divin Sauveur imprima, dit-on, sur un mouchoir, en montant sur le Calvaire et que l'on gardait précieusement à Rome, où les chrétiens se rendaient en foule de toute part, pour la voir et gagner une indulgence. Les églises faisaient faire des copies de cette image pour lesquelles le peuple avait beaucoup de vénération.

Lacoste ajoute en marge de son manuscrit : « D'après ce que j'ai observé depuis et noté au 4ᵉ cahier, pag. 168, (Voir liv. ıv, pag. 284 et suivantes) le *sudarium* d'Arculphe ne peut être celui de Cahors ; le premier est un voile, le second une coiffe. » (C. C.)

1. Lacoste a déjà parlé de la fondation de l'Hospitalet dans le liv. vı de cette histoire ; il fixe cette fondation à l'année 1095. Voir tome I, pag. 445. (C. C.)

Granejouls et de Salgues, est encore connue sous le nom de *Prieuré de Sainte-Marie de l'Hospitalet de dame Hélène*.

XI. — *Guillaume III de Caumont, évêque de Cahors — Synode de 1115*

Après la mort de Géraud de Cardaillac, le siège de Cahors fut occupé par Guillaume III de Caumont, issu de la maison de ce nom, une des premières du Rouergue (1).

Guillaume de Caumont, la première année de son épiscopat (1115), fonda le monastère de Bonneval, ordre de Citeaux. Cette même année, il tint à Cahors un synode ou plutôt un concile provincial, car il s'y trouva plusieurs évêques de la métropole de Bourges. Dans ce concile, on reconnut les droits que l'abbaye de Tulle avait sur certaines églises du Haut-Quercy (2) et notamment sur celle de Saint-Etienne de Vayrac, dont le desservant, nommé Pierre, refusait d'obéir à l'abbé de ce monastère. Les deux parties furent appelées devant le synode et, après avoir écouté les raisons de l'une et de l'autre, vu la bulle donnée par Pascal II, en 1105, et les décrets synodaux de l'église de Cahors, l'évêque prononça en faveur de l'abbé et défendit au prêtre Pierre d'exercer désormais ses fonctions ecclésiastiques dans l'église de Saint-Etienne de Vayrac; cette sentence fut approuvée par Géraud, évêque d'Angoulême, légat du Saint-Siège et président du synode. Le même synode fit aussi restituer à l'abbaye de Tulle les églises de Saint-Germain et de Saint-Martin, situées également à Vayrac, que les moines de Souillac prétendaient leur appartenir. L'évêque de Cahors se réserva, dans les trois églises rendues à l'abbaye de Tulle, que les ecclésiastiques nommés pour les desservir lui seraient présentés, qu'ils recevraient de lui le pouvoir d'exercer leurs fonctions dans les susdites églises, qu'ils prêteraient serment d'obéissance entre ses mains et lui paieraient

---

1. Guillaume de Caumont était fils de ce Bégon de Caumont dont nous avons parlé plus haut, au sujet des contestations de Conques et de Figeac. Les seigneurs de Caumont furent longtemps abbés-chevaliers de Figeac et c'est à ce monastère qu'ils durent une très grande partie de leur riche domaine : l'abbé et les moines leur ayant accordé beaucoup de terres. Ces terres furent perdues pour la communauté de Figeac, attendu que les seigneurs de Caumont s'accoutumèrent, avec le temps, à les regarder comme leur patrimoine et ne voulurent pas ensuite les rendre. Pour n'être pas inquiétés dans leur possession, ils en vinrent avec l'abbé de Figeac à un accommodement, suivant lequel ils reconnurent tenir des abbés de ce monastère les fiefs envahis et s'engagèrent à leur en faire hommage.

2. Baluze. *Hist. Tutel.*, pag. 461.

la taxe appelée *parata,* pour la visite diocésaine, et une autre appelée *census synodalis* ou *cathedratiens*, fixée à deux sous par les conciles et qui était payable annuellement, au moment de la réunion du synode. L'évêque de Cahors décida, en outre, que l'abbé de Tulle assisterait, conformément aux canons, au synode et, suivant la coutume établie dans le diocèse, à l'assemblée des archidiacres, c'est-à-dire à l'assemblée des prêtres que chaque archidiacre assemblait dans son district ou archidiaconé et qui avait pour objet le maintien de la discipline et des bonnes mœurs, l'extirpation des abus et d'autres points importants.

Cette ordonnance, que le légat confirma, fut lue en présence d'Angelbert, Pierre de Born, Raymond de Saint-Cirq, Hugues de Saint-Sernin, chanoines de Cahors, et d'un grand nombre d'ecclésiastiques et de nobles laïques (1).

XII. — *Donation de l'évêque Guillaume en faveur du chapitre de Cahors et du prieuré de Catus*

L'évêque Guillaume donna, à la même époque, les dîmes de Saint-Frebert, aujourd'hui Saint-Médard, à l'église de Catus, entre les mains d'Hermengarde, abbé de Saint-Michel de Cluse en Piémont et de Pierre, prieur de Catus (2). La donation de l'évêque se fit du consentement des archidiacres Seguin de Luzech et Guillaume de Peyrilles, et de Gausbert, qui avait contribué à la réforme du chapitre et qui pour ce fait avait été nommé prieur.

Le prieur de Catus, dont nous venons de parler, donna, vers ce temps, l'avouerie de son monastère à un chevalier nommé Arnaud des Bouygues.

La même année, l'évêque de Cahors étant à Souillac, il s'éleva un

1. Cette ordonnance prouve que le diocèse de Cahors était divisé en archidiaconés et que les églises du diocèse, qui dépendaient de l'abbé de Tulle, étaient soumises pour le spirituel aux évêques de Cahors. C'est donc à tort que les évêques de Tulle prétendirent, sous l'épiscopat d'Alain de Solminihac, que ces églises étaient du diocèse de Tulle. Il n'est pas parlé, dans cette ordonnance, des prétentions des abbés de Tulle sur Rocamadour. Les papes, qui ne voulurent point se charger de cette affaire, en laissèrent la décision aux évêques de Cahors. Il faut bien reconnaître que l'évêque Frotaire, de Cahors, donna à l'abbaye de Tulle, l'église de Rocamadour; mais cette donation ne pouvait être faite par l'évêque, puisque cette église appartenait à l'abbaye de Marcillac. Suivant la chronique du savant abbé de Foulhiac (XIIe siècle, chap. VIII), les archiprêtres succédèrent 150 ans après aux archidiacres.

2. C'est le plus ancien monument où il soit parlé du prieuré régulier de Catus, dépendant de l'abbaye de Cluse. Nous avons des raisons pour croire que cette institution religieuse était récente.

différend entre le prieur Gausbert et les chanoines de la cathédrale. Guillaume le termina par une ordonnance, approuvée et confirmée par Géraud, évêque d'Angoulême et légat du pape. Dans cette ordonnance, il n'est pas fait mention du prieur Gausbert, ce qui fait présumer qu'il mourut sur ces entrefaites. D'ailleurs Gausbert était d'un certain âge; car il avait contribué, avec saint Hugues, abbé de Cluny, à l'établissement de la forme régulière dans le chapitre cathédral de Cahors.

XIII. — *Seconde invasion des États du comte de Toulouse par Guillaume IX, comte de Poitiers — Concile de 1118 — Expédition du vicomte de Béziers en Espagne — Dons à l'abbaye de Moissac et aux églises de Tulle et de Rocamadour*

Alphonse Jourdain n'était qu'un enfant lorsqu'il fut fait comte de Toulouse; mal conseillé par ses tuteurs, il provoqua de nouveau les revendications du comte de Poitiers, duc d'Aquitaine. Guillaume IX, accompagné de son épouse et suivi d'une grande armée, reparut devant Toulouse, en 1114; il s'empara de cette ville après un sanglant combat. Le comte Alphonse, incapable de se défendre, à cause de sa jeunesse, se sauva dans le Bas-Languedoc. Bernard Aton IV, vicomte de Béziers, de l'illustre maison des *Trencavel,* fut un des seigneurs qui favorisèrent le plus les projets du duc d'Aquitaine. Il prêta serment de fidélité à la comtesse Philippe (1), femme de Guillaume IX, en présence de plusieurs évêques et de quelques seigneurs distingués, parmi lesquels étaient Pons, vicomte de Caussade, et Pons, seigneur de Montpezat : ce qui prouve que ces deux seigneurs s'attachèrent au parti de la princesse Philippe contre Alphonse Jourdain, leur suzerain légitime On est heureux de ne pas voir figurer parmi ces félons, Pierre Aton, vicomte de Bruniquel et de Monclar ; tout porte à croire qu'il demeura fidèle au comte Alphonse, et en cela, il eut d'autant plus de mérite, qu'il était le neveu du vicomte de Béziers (2).

1. *Hist. gén. de Languedoc,* tome II, preuves, pag. 392.

2. Guillaumette, mère de Pierre Aton était sœur du vicomte de Béziers; elle avait porté dans la maison de Bruniquel des terres considérables, situées dans le Rouergue et le Languedoc, que son père Raymond Bernard lui avait données par contrat de mariage, en 1069. Guillaumette, devenue veuve de bonne heure, s'était remariée avec Hugues de Laroche, d'une illustre maison de Cahors et c'est en cette qualité qu'elle restitua à l'église de Bioule la dîme de *Pech-Cavalier* qu'elle déclare avoir injustement détenue, dans une charte écrite en langue vulgaire du pays.

On trouve encore, parmi les témoins du serment de fidélité du vicomte de Béziers, un Arnaud de Castelnau, que nous ne croyons pas appartenir à la maison de Castelnau-des-Vaux ou de Montratier et encore moins à celles de Bretenoux ou de Gramat. Nos cartulaires qui parlent souvent des seigneurs de ces deux puissantes maisons, n'en désignent aucun sous le nom d'Arnaud ; il est plus vraisemblable que cet Arnaud de Castelnau était de l'Albigeois ou de quelque autre contrée de Languedoc, où l'on trouve plusieurs familles de ce nom.

Nous ignorons qu'elle fut la conduite que tinrent, dans cette circonstance, l'évêque et le reste de la noblesse du Quercy. Ce qu'il y a de certain, c'est que l'évêque n'eut point recours aux mesures qu'avait prises son prédécesseur, lors de la première invasion du comte de Poitiers : ces mesures, en effet, auraient été consignées dans le cartulaire de l'église de Cahors, parmi les chartes qui concernent ce prélat. Tout semble néanmoins prouver qu'il resta fidèle au comte Alphonse, bien qu'il vit à la suite du duc d'Aquitaine, l'évêque d'Angoulême, légat du pape, l'archevêque de Bourges et Robert d'Arbrissac, regardé comme un saint dans toute la France et dont la présence dans l'armée de Guillaume amena beaucoup de partisans à ce prince.

Un fait qui parle en faveur de l'évêque de Cahors, c'est qu'il ne parut point à Toulouse et qu'il n'assista point au concile qui se tint dans cette ville, en 1118 (1). On y confirma la résolution qui avait été déjà prise d'envoyer des secours à Alphonse I, roi d'Aragon, qui faisait la guerre aux maures d'Espagne. Bernard Aton, vicomte de Béziers, fut comme le chef de cette expédition. Avant de partir, il fit son testament par lequel il donna à Roger, son fils, d'immenses terres, avec le *fief du seigneur de Bruniquel*, en Quercy (2). Bernard Aton se rendit ensuite en Espagne et eut beaucoup de part aux conquêtes que le roi d'Aragon fit sur les Infidèles. Ce prince se rendit maître de la ville de Saragosse, à la prise de laquelle un corps de Quercynois se signala par sa bravoure, au rapport de quelques historiens espagnols (3). On voit qu'ils étaient commandés par Gaston IV, vicomte de Béarn. On leur donna, dans la suite, en récompense de leurs services, un quartier de la ville de Pampelune, appelé le *Bourg;* ils y fixèrent leur demeure et renoncèrent ainsi pour toujours à leur patrie.

Le vicomte de Béziers était de retour, l'année suivante, de son expé-

1. *Histoire de Languedoc*, tome II, pag. 380.
2. On doit entendre par là que Bernard Aton donna la suzeraineté sur les terres que sa sœur Guillaumette avait portées dans la maison de Bruniquel.
3. Surita, lib. 1, cap. 49.

dition en Espagne. Au mois de juin 1119, il donna, conjointement avec son épouse Cécile, et ses enfants Roger et Raymond, à Roger, abbé de Moissac et à ses religieux, l'abbaye de Sainte-Marie de Sorèze, dans le Lauraguais, afin d'y rétablir la régularité *au dedans et au dehors*. Les moines de Moissac, après s'être chargés de ce monastère, ordonnèrent que les comtes de Toulouse n'auraient aucun domaine sur lui (1); mais seulement le vicomte Bernard Aton et sa postérité. Cette clause fait soupçonner que l'abbé Roger n'était point du parti du comte Alphonse Jourdain, dont il avait à se plaindre, parce qu'il avait soumis de nouveau son abbaye à l'autorité d'un abbé chevalier.

Eudes, comte de la Marche, donna vers le même temps, aux moines de Rocamadour et de Tulle, la forêt de Monsalvy (2) et accorda sur cette même forêt des droits au prieur d'Autoire (3), aux moines, aux frères et aux *donnés* (4) qui résidaient dans ce lieu. Cette donation fut faite conjointement à l'église de Rocamadour et à celle de Tulle; ce qui prouverait que la première dépendait de la seconde; toutefois cette dépendance était contestée par les moines de Marcillac qui ne cessaient de réclamer, dans les synodes de Cahors, l'église de Rocamadour (5).

XIV. — *Le pape Calixte II dans les États du comte de Toulouse — Concile tenu dans cette ville en 1119 — Voyage du pape dans le Quercy — Monastère du Mont Saint-Jean et ses privilèges*

Le pape Gélase II, visitant la France, tomba malade à Mâcon; il se fit transporter dans l'abbaye de Cluny, où il mourut le 29 janvier 1119;

1. *Histoire de Languedoc*, tome II, preuves, pag. 407.
2. Baluz., *Hist. Tutel.*, pag. 469.
3. Ce n'est pas Autoire en Quercy, mais Autoire en Limousin.
4. On entendait par *Donnés*, dans le langage du temps, des laïques qui se donnaient aux religieux avec la totalité ou une partie de leurs biens. Beaucoup de ces donnés restaient dans le monde, mais ne portaient point l'habit du siècle. D'autres embrassaient la vie monastique, étaient admis à la profession et devenaient de véritables moines. — Voyez *Oblati* et *Donati* dans le *Glossaire* de Du Cange.
5. L'église de Rocamadour fut même adjugée aux moines de Marcillac, sous l'épiscopat de Géraud de Cardaillac; mais deux bulles de Pascal II, l'une de 1105 et l'autre de 1115 (Baluze, *Hist. Tutel.*, pag. 450 et 464), obtenues par les moines de Tulle, protégés par le vicomte de Turenne, défendirent à l'abbaye de Marcillac d'en prendre possession. Nous parlerons bientôt du procès qui s'engagea à ce sujet entre les deux abbayes, procès important puisqu'il s'agissait d'une église qui devenait plus riche tous les jours, par suite du concours immense de pèlerins attirés par l'oratoire de la Vierge et les miracles qui commençaient à s'y opérer.

les cardinaux qui se trouvaient à Cluny, élurent à sa place Guy, archevêque de Vienne, qui prit le nom de Calixte II. Le nouveau pape, avant de passer les Alpes, parcourut diverses provinces de la France et arriva à Toulouse au commencement de juillet (1); il y tint, le 8 de ce mois, un concile auquel il présida en personne. Parmi les évêques qui y assistèrent, on ne trouve point celui de Cahors; ce fut peut-être à cause du duc d'Aquitaine, en ce moment à Toulouse, que l'évêque de Cahors n'avait pas voulu reconnaître au préjudice d'Alphonse Jourdain. On dressa dans ce concile plusieurs canons, par l'un desquels il était ordonné aux fidèles de chasser de l'église, et aux puissances de réprimer ceux, qui, sous une apparence de religion, condamnaient le sacrement de l'eucharistie, le baptême des enfants, l'ordre et les mariages légitimes. Ce canon concernait les Manichéens qui étaient devenus très nombreux en France et qui donnèrent naissance à l'hérésie des Albigeois, dont le Quercy et les autres pays du comté de Toulouse furent les tristes victimes. Un des évêques qui se firent le plus remarquer dans ce concile fut Aton, archevêque d'Arles. Il était né au château de Bruniquel et était frère de Pierre Aton, vicomte de ce lieu, mari de Guillaumette, dont nous avons déjà parlé.

Le pape partit de Toulouse le 17 juillet; il consacra le lendemain l'église de Fronton et arriva, le 19, à l'abbaye de Saint-Audard, avec les huit cardinaux qui l'accompagnaient. Il donna, dans cette abbaye, une audience à laquelle assistaient les chanoines de Saint-Etienne et ceux de Saint-Sernin de Toulouse, qui l'avaient suivi pour le prier de donner sa décision sur le différend qui était entre eux, au sujet de certains droits que les premiers contestaient aux seconds.

On a deux brefs de Calixte II, datés de l'abbaye de Saint-Audard, adressés, l'un à l'abbé de La Grasse et l'autre à une dame nommée *Jussoline*, qui prouvent que le pape demeura plusieurs jours dans ce monastère. De Saint-Audard, le pape se rendit à Cahors, où il arriva le 22 juillet; il y était encore le 27, qui correspond au VI des calendes d'août, car il y dédia le maître-autel de la cathédrale et l'autel que l'on venait d'ériger dans la même église en l'honneur du Saint-Suaire (2).

1. *Hist. de Languedoc*, tome II, pag. 383.
2. Il y avait, au XVIe siècle, dans la cathédrale, un vieux missel écrit, dit-on, en beaux caractères, dans lequel il était parlé de la consécration de ces deux autels faite le même jour par le souverain pontife. Voici le passage qui nous a été conservé par le sieur de Maleville dans ses *Esbats sur le pays de Quercy* : *sexto calendas augusti consecratio majoris altaris et altaris sancti sudarii*. Ces deux autels furent démolis en 1580 par les protestants qui, sous la conduite de Henri de

Le pape alla de Cahors à Périgueux; il s'arrêta, en passant, au château de Gourdon sur les instances de Guillaume, seigneur de cette ville, qui le reçut avec tous les honneurs dus au chef de l'Eglise. Le lendemain Guillaume de Gourdon conduisit le pape au mont Saint-Jean, où il avait déjà fait creuser les fondements d'un monastère; le souverain pontife en bénit la première pierre sur laquelle il fit graver une croix. Après la cérémonie, il revint coucher à Gourdon et prit le lendemain matin la route du Périgord. Les chanoines du Vigan ne quittèrent pas le pape, durant son séjour à Gourdon; ils le prièrent de confirmer les privilèges de leur église : ce qu'il fit par une bulle datée de Périgueux (1).

Le monastère du Mont-Saint-Jean fut donné, l'année suivante (1120), à Pons de Melgueil, abbé de Cluny, successeur de saint Hugues. L'acte de donation porte que Guillaume de Gourdon, son fils Bertrand, son

Bourbon, pillèrent les églises de Cahors. Le vicomte de Gourdon, Gaiffier, un des premiers capitaines de l'armée de ce prince, les fit transporter par eau dans son château de Cénevières; mais les barques qui portaient le maître autel s'enfoncèrent dans un gouffre, près de Galessie, à une lieue au-dessus de Cahors. Après la délivrance de la ville, les chanoines de la cathédrale essayèrent, mais sans succès, de retirer du gouffre l'autel, qui était d'un beau marbre blanc et d'une magnificence rare. L'autel du Saint-Suaire arriva heureusement à Cénevières et fut placé dans un angle de la cour du château, en attendant que le seigneur en employât les différentes pièces à l'embellissement d'un temple qu'il voulait faire bâtir; mais les guerres civiles, dans lesquelles il se distingua, sous les drapeaux de Henri de Bourbon et ensuite la mort, l'empêchèrent d'exécuter son dessein. En 1684, François Roaldès, théologal de l'église de Cahors, personnage d'un mérite distingué, étant allé au château de Cénevières, avec quelques chanoines de la cathédrale, pria le vicomte, qui était de la maison de Gouvernet, de lui permettre d'examiner l'autel. Il y trouva cette inscription qu'il eut beaucoup de peine à déchiffrer :

D.AL.SUD.CAP.KRI.CAL.II.P.M.A M C XIX VI KAL.AUG.
(Dedicavit altare sudarii capitis christi calixtus secundus, pontifex maximus anno 1119, sexto calendas augusti.)

De l'agrément du seigneur, il fit dresser un procès-verbal de la découverte qu'il venait de faire, par Cabessut, notaire royal de Cénevières, afin de rendre authentique le passage à Cahors du pape Calixte II, et la consécration de l'autel du Saint-Suaire par le même pontife. Le vicomte de Cénevières, prévoyant que le chapitre cathédral de Cahors ne manquerait pas de réclamer ce monument, le fit briser et convertit le bloc principal en un grand bassin.

1. Foulhiac, *Chronique de Quercy*. Il ne reste, de cette bulle, qu'une copie faite en 1287, par l'official de Cahors.

épouse Raymonde de Gaulejac (1), *comitissa* (2), Aymeri, son neveu (3), Antoine, Géraud et Raymond de *Vernolio*, Raymond Bernard et Guillaume de Golema (4) en firent cession à l'abbé, après y avoir affecté des terres, converties en fief allodial, qu'ils avaient à Payrinhac. Ils accordèrent aux moines du Mont-Saint-Jean un droit sur le sel et les autres denrées qui se portaient et se vendaient au marché de Gourdon, le droit de dépaissance dans toutes leurs forêts et dans celles de leurs feudataires et, à leurs vassaux des deux sexes, la liberté de s'établir dans les terres du nouveau monastère qui eut titre de prieuré. Le pape Calixte, étant à Valence, la même année, accorda aux mêmes moines des privilèges, par une bulle qu'il envoya à l'abbé de Cluny et dont l'original s'est conservé au château de Millac. Le souverain pontife, après avoir dit qu'il a assisté à la fondation du monastère, le déclare, ainsi que son domaine, libre et franc de tout tribut ou redevance; il le met à l'abri de l'interdit et de l'excommunication, avec défense à qui que ce soit d'attenter à ses propriétés et de l'inquiéter en rien; il en soumet les religieux à la justice de l'abbé de Cluny, avec la faculté de recourir au siège apostolique, si l'abbé refusait de la leur rendre. Il leur accorda le droit de recevoir, dans leur communauté, tout clerc, tout laïque ou personne quelconque qui voudrait s'y fixer et d'accepter les biens qu'ils pourraient y apporter, sans que nul puisse s'y opposer; il y accorde aussi la sépulture à tous ceux que la crainte de la mort ou l'espoir de trouver un secours dans les prières des moines de Cluny, porteraient à s'y faire enterrer, pourvu toutefois qu'après leur mort, leur paroisse ne soit pas frustrée des droits de sépulture qui pourraient lui être dus. Des pécheurs veulent-ils recourir à ce lieu pour la pénitence, pour des conseils salutaires à leur âme et y faire leur confession? Le pape leur en accorde la permission, approuve et confirme tout ce

1. Raymonde de Gaulejac était fille du seigneur de Gaulejac dans la Bourriane et qu'on appelait Raymond de Gaulejac, dans l'inventaire des titres de Gourdon et de La Bourriane. La famille de ce seigneur devait être alors illustre, pour s'être alliée à celle de Gourdon; elle existe encore et nous aurons l'occasion d'en parler. Elle porta d'abord *d'argent plein* et ensuite *partie de gueules*, depuis son alliance, au XIVe siècle, avec les Cosnac, qui portaient *de gueules*. C'est des Cosnac que la terre de Puycalvel passa dans la maison de Gaulejac.

2. Nom de dignité qui se donnait à cette époque aux dames de grande maison.

3. Cet Aymeri était gendre de Raymond I, vicomte de Turenne, par son mariage avec Anne, fille de ce dernier.

4. C'est sans doute de ce Guillaume de Golema qu'est issue la maison d'Engoulême, qui habitait Gourdon. Il sera souvent parlé, dans cette histoire, de cette illustre maison.

que fera le prieur en pareille occasion ; il l'autorise à s'adresser à un évêque catholique quelconque, dans le cas où le diocésain ne voudrait pas consacrer l'église ou l'autel et fournir le saint chrême gratuitement. Enfin, il excommunie ceux qui enfreindront la présente constitution ; souhaite la paix du Seigneur et les récompenses de l'autre vie aux fondateurs et aux bienfaiteurs du monastère et accorde sa bénédiction et son absolution aux amis de ceux qui seront ensevelis dans le cimetière du Mont-Saint-Jean, qu'il se propose de faire bénir par l'évêque d'Ostie. Ces privilèges furent confirmés de nouveau, en 1155, par une bulle d'Adrien IV, mais avec cette clause qui regarde le droit de sépulture : *salva tamen justitia matris ecclesiæ*, qu'il faut entendre de l'église paroissiale du défunt ; et cet autre qui regarde les privilèges en général : *salva nimirum sedis apostolicæ auctoritate et diocesani episcopi canonica justitia* (1).

XV. — *Bulle du pape Calixte II en faveur du chapitre de Cahors*

Le pape Calixte II expédia encore, en 1120, une bulle en faveur du chapitre de Cahors qu'il adressa au prieur Géraud. Après avoir loué les chanoines de s'être soumis à la vie régulière, il leur défend d'abandonner, par légèreté et sous prétexte de passer dans une communauté plus austère, l'état qu'ils ont embrassé, sans l'autorisation du prieur et du chapitre, de s'élever à l'épiscopat, aux dignités de prieur, d'archidiacre et autres, par la voie de la fraude, de la ruse ou de la violence, mais par les suffrages de tous leurs confrères ou des plus sensés d'entre eux. L'élection des archidiacres faite de cette dernière manière, et sur l'avis du prieur, devait être présentée à l'évêque qui y donnait son consentement, après s'être assuré qu'elle avait été faite conformément aux règles. Si un archidiacre s'écartait de la vie canoniale, s'il nuisait aux intérêts de la communauté et qu'il ne se corrigeât pas, après avoir été averti, il était remplacé et devait rester dans le cloître avec les

---

1. Le prieuré du Mont-Saint-Jean dépendit plus tard du doyenné de Carennac ; il cessa d'avoir des moines sur la fin du xviᵉ siècle. Un religieux de Cluny le possédait et y tenait un prêtre desservant ; le dernier titulaire, appelé dom La Grand-Roche, le réunit à la cure du lieu. Ce prieuré avait été florissant au xivᵉ siècle, époque où il avait pour prieur dom Jean Farneri, mentionné dans une charte de Gourdon de l'année 1331 ; dans la suite, ses revenus diminuèrent beaucoup par l'aliénation d'une partie de son temporel, faite le 21 mars 1578, par les cardinaux de Bourbon et de Lorraine, commissaires nommés par le pape Grégoire XIII pour procéder à l'aliénation du temporel du clergé dans le diocèse de Cahors.

autres chanoines. Dans la même bulle, le pape confirme les actes du prieur Gausbert, à la sagesse duquel est due la réforme, ainsi que les bulles de ses prédécesseurs, Urbain II et Pascal II, en faveur du chapitre; il veut que les chanoines jouissent à perpétuité des biens qu'ils possèdent en commun, que l'accord ou arrangement *(firmitas)* fait entre eux et l'évêque Géraud de Cardaillac, *de bonne mémoire,* soit inaltérable; qu'ils entendent la messe chaque seconde férie, à moins qu'ils ne soient excommuniés par leur propre faute, sans cependant que les délinquants soient privés de la sépulture; enfin il leur confirme la propriété de l'église de Saint-Agapit de Payrinhac (1).

XVI. — *Roger, abbé de Moissac*

La même année il y eut, entre l'évêque de Lectoure et Roger, abbé de Moissac, un accord au sujet de l'église de Saint-Clair, dont ils avaient chacun la moitié (2). Cet accord décidait, entre autres choses, que lorsque l'abbé de Moissac enverrait un religieux à Saint-Clair, le chapelain de cette église lui donnerait la table, mais ne lui ferait pas part des oblations qui, à l'exception du cimetière, appartiendraient en entier au chapelain, avec la *moitié des pénitences et des dépouilles des morts* (3).

A cette même époque, l'abbé de Moissac accepta une donation de plusieurs biens situés sur l'Aveyron, avec la dîme des poissons de ce fleuve, du produit des moulins et des rétributions en argent faites en faveur de son monastère par Pierre Aton, vicomte de Bruniquel, et par *Fine,* son épouse (4). La charte est datée simplement de *la présidence* de l'évêque de Cahors : *præsidente Willelmo episcopo Caturcensi.* Ce qui est peut être un trait de politique du vicomte qui ne reconnaissait point pour son seigneur le duc d'Aquitaine.

On peut rapporter à l'an 1121 la translation des reliques de saint

---

1. Cette confirmation ferait croire que la propriété de cette église leur était contestée par les chanoines du Vigan qui l'auraient réclamée, comme faisant autrefois partie de leur domaine, à Géraud de Cardaillac, lorsque ce prélat l'eut reçue de l'abbé et des moines de Sarlat.

2. *Cart. Moissiac.*

3. Par *pénitences* il faut entendre la rétribution que les prêtres percevaient sur les personnes qu'ils confessaient et qu'on trouve encore souvent appelée *confession.* C'était un usage que l'ignorance avait introduit et qui était contraire à l'ancienne discipline de l'église, ainsi qu'on l'a vu dans les capitulaires de saint Rodulphe, archevêque de Bourges.

4. *Hist. de Languedoc,* tome II, preuves, pag. 412.

Cyprien, évêque de Carthage, de saint Pantaléon et de saint Spezat, dans l'église de Moissac, où l'abbé Roger fit bâtir, en leur honneur, de magnifiques chapelles (1).

XVII. — *Dons de l'évêque Guillaume de Caumont en faveur de son chapitre*

Guillaume de Caumont, en montant sur le siège épiscopal de Cahors, avait eu un différend avec les chanoines de son église, au sujet de leurs intérêts réciproques (2); l'évêque termina ce différend en accordant aux chanoines le droit de *stagium* ou *estalagium*.(3). Pour cimenter à

---

1. Aymeric de Payrac, *Chr. Moissiac.* — Bolland., pag. 200. — On raconte que des ambassadeurs envoyés, en 806, par Charlemagne vers Aaron, roi de Perse, passant, à leur retour, à Carthage, et voyant le tombeau de saint Cyprien fort négligé, l'ouvrirent et enlevèrent le corps du saint pour le porter en France, après en avoir obtenu la permission du souverain de ce pays. Ils prirent aussi les reliques de saint Spezat, un des fameux martyrs stilliciens et le chef de saint Pantaléon. Arrivés en France, ils déposèrent à Arles ce précieux trésor et allèrent rendre compte de leur ambassade à l'Empereur; celui-ci ordonna aux Arlésiens de conserver soigneusement les reliques jusqu'à ce qu'il eût fait bâtir une église digne de les recevoir. Quelque temps après l'Empereur accorda au vénérable Leidrade, archevêque de Lyon, la permission de transporter ces reliques dans son église, d'où elles passèrent, sous le règne de Louis le Débonnaire, dans un monastère nouvellement bâti. Ce fut de là, que, pour les dérober aux brigandages des Normands ou des Danois, on les transporta d'abord dans une vallée solitaire du Bas-Quercy et ensuite à Moissac. Dans la vallée solitaire où elles furent d'abord déposées, on fonda deux églises sous l'invocation de saint Cyprien et de saint Pantaléon; ces églises ont donné leur nom à deux communes de notre département.

Il y a à Saint-Pantaléon une fontaine à l'eau de laquelle le peuple attribue une vertu particulière dans certaines maladies.

Ce que nous venons de dire est tiré de la Chronique de l'abbaye de Moissac, du vieux calendrier de ce monastère, des Bollandistes et du *Gallia Christiana*. On trouve cependant dans le martyrologe d'Adon, que Charles le Chauve fit placer ces reliques dans l'église de l'abbaye de Compiègne; ce serait alors de Compiègne que les reliques auraient été transportées dans le Quercy; dans tous les cas on ne peut pas douter qu'elles n'aient été déposées dans la vallée dont nous avons parlé, ni supposer, avec l'historien moderne du Quercy, que ce sont les reliques de saint Cyprien, abbé ou religieux de Genouillac, en Périgord et non en Quercy, comme il le prétend, puisque l'église de Moissac les a toujours prises pour celles de l'évêque de Carthage.

2. Foulhiac, *Chronique*.

3. Cette expression doit être prise ici, soit pour l'exemption de résidence en faveur des chanoines que les affaires de la communauté mettaient dans l'obligation de voyager, soit plutôt pour ces maisons ou hospices que les seigneurs avaient dans les lieux de leur dépendance. Les stages, dont il s'agit, étaient sans doute dans la ville de Cahors, ce qui prouverait, aussi bien que le droit de battre monnaie, que l'évêque était bien seigneur de cette ville.

jamais l'union et la paix qui devaient régner entre eux et lui, l'évêque confirma les chanoines dans la propriété et la jouissance de ce que leur avaient accordé ses prédécesseurs Géraud de Gourdon et Géraud de Cardaillac, et notamment dans la propriété de tous les archidiaconés du diocèse, ou archiprêtrés (1), et de toutes les autres dignités ecclésiastiques. Guillaume de Caumont leur fit même cession de tout le produit de l'archidiaconé de Gignac (2), que s'était réservé Géraud de Cardaillac. En outre, comme Guillaume avait remarqué que la monnaie était la principale cause de contestation entre les évêques et les chanoines, il en régla les droits respectifs, de manière qu'il ne put y avoir désormais le moindre démêlé entre eux; il reconnait donc et déclare que les chanoines ont d'abord la moitié de la monnaie et ensuite le dixième de l'autre moitié et il étend cette double faveur ou prérogative sur l'investiture de la monnaie *investitura monetœ*, comme il est dit dans l'acte d'accord et qu'il est mieux d'appeler *tradition de coins* (3).

Le chapitre dut être satisfait de la générosité de son évêque qui se dépouilla ainsi en sa faveur des plus belles prérogatives de son siège. Les revenus des chanoines devinrent par là immenses : ceux qu'ils retiraient des seuls archidiaconés s'élevaient à une somme considérable, car chaque église devait payer tous les ans à l'archidiacre, dont elle dépendait, un droit de visite que celui-ci, à son retour dans le cloître, versait dans la mense commune.

1. L'acte de fondation du monastère de Carennac et une bulle de Pascal II, sont, avec la charte que nous analysons, les plus anciens monuments qui parlent des archiprêtres de l'église de Cahors. Dans le principe, c'étaient des dignitaires, inférieurs aux archidiacres, dont ils prenaient les ordres. On les regardait comme les vicaires de l'évêque; ils avaient la prééminence sur tous les prêtres et officiaient dans la cathédrale, en l'absence de l'évêque. Vers le milieu du XIIIe siècle, le diocèse de Cahors ayant été divisé en quatorze districts, on mit à la tête de chacun un archiprêtre qui fut sédentaire dans le chef-lieu qu'on lui assigna et dont l'église fut sous son gouvernement. A partir de ce moment, la dignité d'archiprêtre ne se maintint dans le Chapitre que dans la personne de l'archiprêtre de la ville, qui eut, pour son titre l'église de Saint-André et finit, avec le temps, par n'être plus membre du Chapitre.

2. La juridiction de l'archidiaconé de Gignac s'étendait sur toutes les églises comprises entre la Dordogne et les limites des diocèses de Périgueux et de Limoges.

3. On doit entendre par là l'élection du monétaire qui avait lieu à chaque mutation d'évêque ou quand le monétaire venait à décéder ou à être destitué. Le monétaire élu, c'est-à-dire à qui l'évêque livrait son coin, devait payer une certaine somme d'argent qu'on appelait *investitura* ou *investitio monetœ*.

XVIII. — *Nouvelles contestations, entre les abbés de Tulle et de Marcillac, au sujet de la propriété de l'église de Rocamadour*

Malgré les deux bulles du pape Pascal II qui confirmaient les moines de Tulle dans la possession de l'église de Rocamadour, Ratier, abbé de Marcillac, ne laissait pas de la réclamer auprès de l'évêque de Cahors. Il croyait, avec raison, que ces bulles, ayant pour base un faux exposé, n'établissaient point le droit de ses adversaires sur l'objet de ses réclamations. A force d'instances, il détermina Guillaume de Caumont à s'occuper de son affaire (1). Ce prélat assigna devant lui les parties. L'abbé et les religieux de Marcillac furent exacts à s'y rendre; il n'en fut pas de même de ceux de Tulle : l'évêque, ayant assigné ces derniers par trois fois, sans succès, de concert avec Bernard de Castelnau, prieur du chapitre, rendit une sentence par laquelle il adjugea au monastère de Marcillac l'église de Rocamadour. L'archidiacre Rotland, dans le district duquel était l'église, reçut l'ordre de mettre en possession l'abbé de Marcillac; mais, avant l'arrivée de Rotland, l'abbé de Tulle eut soin de dépouiller l'église de Rocamadour de tout ce qu'elle contenait de précieux; il ne laissa que les chaînes qu'on mettait sur la tête et au cou des pèlerins et qui se trouvaient placées sur l'autel (2).

L'archidiacre mit l'abbé de Marcillac en possession de l'église de Rocamadour, en lui en remettant les clés et les chaînes; l'abbé y laissa un de ses religieux pour la desservir. A quelque temps de là, Ebles, abbé de Tulle, soutenu par les vicomtes de Turenne et de Ribeyrac, ses frères, et par d'autres seigneurs de la contrée, ses parents ou ses alliés, brisa les portes de l'église de Rocamadour, s'en empara et la conserva, malgré la défense de l'évêque de Cahors et les vives oppositions de l'abbé de Marcillac, qui adressa depuis de vaines plaintes aux synodes diocésains contre la violence et l'injustice de l'abbé de Tulle (3).

1. C'est du moins ce qui résulte du *factum* que les moines de Marcillac dressèrent à ce sujet.
2. Comme les pèlerinages étaient la suite d'une pénitence publique et que les pénitents qui les entreprenaient allaient demander pardon à Dieu de leurs péchés dans les lieux de dévotion, ils se chargeaient de chaînes quand ils arrivaient au pied des autels, comme le fit Henri II, roi d'Angleterre, devant le tombeau de saint Thomas de Cantorbery, pour faire voir qu'ils étaient criminels ou esclaves. Au sortir de l'église, on leur ôtait les chaînes, ce qui signifiait qu'ils étaient délivrés de la servitude du péché. On voit encore beaucoup de chaînes, appendues au rocher et à l'entrée de la chapelle de Rocamadour, qui ont servi à cet usage.
3. Nous verrons ailleurs la suite et la fin de ce procès, car le monastère de Marcillac ne cessa point de réclamer l'église de Rocamadour.

XIX. — Les Toulousains chassent de leur ville les troupes de Guillaume IX et reconnaissent Alphonse Jourdain pour leur seigneur

Guillaume IX, duc d'Aquitaine, fit un voyage en Poitou, en 1119; après avoir rassemblé une armée, il passa les Pyrénées, alla joindre Alphonse, roi d'Aragon, qui l'avait prié de marcher à son secours contre les Sarrasins et se signala par divers exploits contre les Infidèles. Le duc d'Aquitaine, en partant de Toulouse, avait laissé dans cette ville un de ses capitaines, nommé Guillaume de Montmaurel, pour y commander en son nom; mais les Toulousains le chassèrent bientôt après de leur ville, l'obligèrent à se retirer dans le château qu'on appelait *Narbonnais*, où était le palais des comtes et reconnurent publiquement Alphonse, pour leur seigneur (1). Celui-ci, informé de cette révolution et ne pouvant venir lui-même, par suite d'un différend qu'il avait avec Raymond Bérenger, comte de Barcelone, au sujet de la province, envoya à Toulouse, pour son gouverneur, Arnaud de Lévezon, évêque de Béziers. Le duc d'Aquitaine, très affecté du procédé des Toulousains, mais dans l'impossibilité de repasser les monts, se ligua avec le comte de Barcelone, qu'il engagea à faire une guerre ouverte à son ennemi, en attendant qu'il pût lui-même venir en personne. Raymond Bérenger attaqua vivement Alphonse Jourdain et l'obligea de se retrancher dans la ville d'Orange, dont il fit aussitôt le siège. Les Toulousains, voyant le danger que courait leur comte, volèrent à son secours et le ramenèrent triomphant dans leur ville. On ignore quelle part eut le Quercy, dans cette révolution aussi soudaine qu'heureuse.

XX. — Mort de Raymond I, vicomte de Turenne

En 1123, la noblesse du Quercy fit une perte considérable dans la personne de Raymond I, vicomte de Turenne; ce seigneur mourut avec la réputation d'un héros chrétien. Il fut le premier vicomte de Turenne ayant fait battre monnaie (2); il laissa de son épouse Mathilde, fille de Geoffroi II, comte de Perche, Boson, deuxième du nom, qui fut son héritier et son successeur, Marguerite, d'abord femme d'Adhémar IV, vicomte de Limoges, puis d'Ebles, vicomte de Ventadour, et

---

1. *Hist. de Languedoc*, tome II, pag. 389.
2. Cette monnaie avait cours dans le Quercy, le Périgord et le Limousin, c'est-à-dire dans les trois pays sur lesquels s'étendait la suzeraineté du vicomte de Turenne.

enfin de Guillaume IV, comte d'Angoulême, et Anne, mariée à Aymeric de Gourdon. Raymond avait une sœur appelée Etiennette, mariée à Hugues, seigneur de Belcastel, qui donna au monastère de Tulle, dont Ebles, son frère, était abbé, quelques biens, avec le consentement de son épouse et de son fils Guillaume (1).

XXI. — *Fondation de l'ordre des Templiers — Les chevaliers du Temple s'établissent dans le Quercy*

Neuf chevaliers français, dont l'histoire ne nous a transmis que le nom de deux d'entre eux : Hugues *de Pagans* ou *Paganis* et Geofroi de Saint-Omer, qui faisaient partie de l'expédition de Palestine, dirigée par Godefroid de Bouillon, se consacrèrent à la défense, contre les Mahométans, des pieux voyageurs qui, de toutes parts, accouraient à Jérusalem.

L'exemple de ces chevaliers excita le zèle de beaucoup d'autres guerriers qui ne tardèrent pas à se réunir à eux. Cette milice généreuse parut bientôt avec gloire sur les champs de bataille. Ainsi se forma l'ordre religieux et militaire des chevaliers du *Temple* ou *Templiers*, qu'on appela aussi *les soldats du Christ, la milice de Salomon, la milice du temple de Salomon.*

Le concile de Troyes approuva cet ordre, en 1128. Une règle fut donnée aux chevaliers et on s'empressa d'accorder des encouragements et des récompenses à leur dévouement et à leurs succès. « Ils vivent, dit saint Bernard, sans avoir rien en propre, pas même leur volonté. Vêtus simplement et couverts de poussière, ils ont le visage brûlé par l'ardeur du soleil. Leur regard est fier et sévère. A l'approche du combat ils s'arment de foi en dedans et de fer au dehors. Leurs armes sont leur seule parure ; ils s'en servent avec courage dans les plus grands périls, sans craindre ni le nombre ni la force des Barbares. Toute leur confiance est dans le Dieu des armées, et, en combattant pour sa cause, ils cherchent une victoire certaine ou une mort sainte et honorable. Oh ! heureux genre de vie, dans lequel on peut attendre la mort sans crainte, la désirer avec joie et la recevoir avec assurance » (2).

Leur sceau portait l'inscription : *Sigillum militum Christi*. Les statuts de l'ordre exigeaient et inspiraient les vertus chrétiennes et militaires. Les principales dignités étaient celles de grand-maître,

---

1. Baluze, *Hist. Tutel.*, pag. 467.
2. Saint Bernard, *Exhortat. ad milites templi.*

qui avait rang de prince, chez les rois, de précepteurs ou grands-prieurs, de visiteurs, de commandeurs, etc.

Lorsqu'il s'agissait de recevoir un nouveau chevalier, le chapitre s'assemblait : la cérémonie avait lieu ordinairement la nuit et dans l'église. Le récipiendaire attendait à la porte extérieure. Le chef, qui présidait le chapitre, députait à trois reprises différentes, deux frères qui demandaient au futur chevalier s'il voulait être admis dans la milice du Temple ; après sa réponse, il était introduit et sollicitait trois fois à genoux la paix et l'eau et la société de l'ordre.

Le chef du chapitre lui disait alors :

« Vous allez prendre de grands engagements ; vous serez exposé à beaucoup de peines et de dangers. Il faudra veiller quand vous voudriez dormir, supporter la fatigue quand vous voudriez vous reposer, souffrir la soif et la faim quand vous voudriez boire et manger, passer dans un pays quand vous voudriez rester dans un autre ».

Il lui adressait ensuite les questions suivantes :

« Etes-vous chevalier ?

« Etes-vous sain de corps ?

« N'êtes-vous pas marié ou fiancé ?

« N'appartenez-vous pas déjà à un ordre ?

« N'avez-vous pas de dettes que vous ne puissiez acquitter par vous-même ou par vos amis ?

Quand le récipiendaire avait répondu d'une manière satisfaisante, il était admis à prononcer les trois vœux de pauvreté, chasteté et obéissance.

Les Templiers s'étant fait une grande réputation par leurs actions héroïques, on leur donna de grands biens et on leur fonda une si grande quantité de maisons dans toute la chrétienté, que le nombre peut en être évalué à 9000 ; ils en eurent plusieurs dans le Quercy dont il sera parlé.

Les seigneurs de Vayrols, qui étaient très puissants dans notre province, donnèrent aux Templiers, pour s'établir dans Cahors, une maison qui leur appartenait, située dans une petite rue allant de la Rue-Grande à la Porte-Neuve (1) ; mais, comme cette maison était au cœur même de la ville et que parmi les pèlerins que les Templiers logeaient, il y en avait beaucoup de malades et que plusieurs mouraient de l'infection qui régnait dans cette rue, les seigneurs de Vayrols donnèrent alors le

1. Elle est appelée aujourd'hui maison d'*Izarn de Fontanet*.

château qu'ils possédaient hors des murs de la ville (1). Les Templiers accordèrent à leurs fondateurs le droit de sépulture (2).

XXII. — *Voyage d'Alphonse Jourdain dans le Quercy*

Alphonse Jourdain ne trouva, en rentrant dans ses Etats, que peu de partisans de Guillaume IX. Bernard Aton, vicomte de Béziers, se déclara pour lui et ils firent entre eux une ligue contre les *comtes de Poitiers et de Barcelone et leurs enfants*. En 1125, Alphonse fit la paix avec le comte de Barcelone; cette paix fut cimentée par le partage de la Provence entre ces deux seigneurs. Le duc d'Aquitaine, voyant que la fortune se montrait si favorable au comte de Toulouse, n'osa point l'attaquer de nouveau; il le laissa jouir paisiblement de l'héritage de ses pères, et Alphonse, n'étant plus menacé par cet ennemi redoutable, put faire un voyage dans le Quercy. A Moissac, il autorisa (3), en 1125, l'engagement que Gausbert de Fumel, abbé séculier de Moissac, fit à ce monastère, du droit qu'il avait d'y être logé et défrayé deux fois l'an, une fois en hiver et une fois en été, et d'y recevoir tous les jours qu'il y couchait, quinze chandelles de suif, dont la plus grande d'un *demi-pied* et les autres plus petites que celles qu'on a *coutume d'employer pour le service divin;* cet engagement fut fait moyennant la somme de 1225 sols, monnaie de Cahors, dont les 35 pesaient un marc d'argent. Il déclara, que si la valeur de cette monnaie augmentait ou diminuait et qu'il voulut lever l'engagement, il rembourserait le monastère moyennant 612 sous et 6 deniers morlas, et dans le cas où la monnaie morlas viendrait à perdre de son prix, il paierait 35 marcs d'argent, qui équivalaient à la somme des sous cadurciens, dont 35 pesaient un marc.

Cet engagement fit faire de sérieuses réflexions au comte de Toulouse; il fut étonné de voir l'abbaye de Moissac assujettie à un droit aussi onéreux envers son abbé-chevalier; il eut des regrets d'en être la cause et, pour réparer sa faute, il y abolit l'avouerie et reconnut devant Amelin, évêque de Toulouse, et l'abbé Roger, que lorsqu'il avait rétabli cette dignité séculière, il avait agi contre le droit et la justice (4);

---

1. C'est sur l'emplacement de ce château que furent construits plus tard les bâtiments de la Chartreuse.

2. On voyait dans le petit cloître des tombeaux de marbre noir avec des inscriptions.

3. *Hist. de Languedoc*, tome II, pag. 396. — Preuves, pag. 441.

4. *Histoire de Languedoc*, tome II, pag. 396. — Preuves, pag. 441.

il gémit sur sa faute qu'il attribua à sa jeunesse (1) et il déclara que désormais il ne sera plus permis aux comtes de Toulouse, sans le consentement de l'abbé *moine* et des religieux, de donner au monastère de tels abbés pour les défendre, eux, la ville, les terres et les châteaux qui leur appartiendraient (2). Il fut dressé un acte de cette déclaration qui est signé par Roger, comte de Foix, Jourdain de Roquefort, Guillaume, abbé de Lézat, etc.

XXIII. — *Donation en faveur de l'abbaye de Moissac*

Les années suivantes (1127-1129) sont stériles en évènements dignes d'être rapportés. On trouve que Seguin de la Voulvène et son frère Raymond donnèrent aux religieux de Moissac et à Roger, leur abbé, tous les droits qu'ils avaient sur les lieux de *Pomario vico* (Pomevic), de *Raxago* et de *Landes* (3), moyennant la somme de 400 sous de Cahors, sous la caution de leurs parents Armand et Arnaud de Durfort, frères.

XXIV. — *Fondation de l'abbaye de Sept-Fons*

Ce fut aussi à cette époque (1130) que les religieux de Citeaux, connus dans nos cartulaires sous le nom d'*Ermites* ou de *Bonshommes*, fondèrent l'abbaye de Sept-Fons, près de Caussade. Les vicomtes de Caussade ou de Bruniquel (4), auxquels Sept-Fons devait appartenir, leur accordèrent cette localité où ils fondèrent un monastère qui eut titre d'abbaye et dont le premier abbé s'appela Pierre. Cette abbaye qui fut de la filiation de celle de Cadouin, en Périgord, était déjà fondée en 1130, comme il conste d'une charte qui la concerne et dont Guillaume de Lacroix nous a conservé la date dans son *Histoire des évêques de Cahors* (5); la voici : *Anno domini 1130, indict. 9, epacta 20, solari cyclo 2, Henrico rege Angliæ et Ludovico (crasso) Galliæ, et duobus*

---

1. Le comte Alphonse n'avait pas 14 ans, lorsqu'il élut Gausbert de Fumel, abbé laïque de Moissac.

2. Cependant, soit que le comte de Toulouse eût oublié sa promesse, soit que telle fût la volonté de l'abbé et des moines de Moissac, on trouve qu'il y eut quelques années après un autre abbé-chevalier.

3. *Cartul. Moissiac.*

4. Lacoste a mis en note, au-dessous de cette ligne et entre parenthèses « ou plutôt les seigneurs de Montpezat et de Belfort ». (C. C.).

5. *Series ep. cad.*, pag. 70

apostolicis ob papatum S. R. E. certantibus, *Willelmo episcopo caturcensi.*

XXV. — *Schisme en Aquitaine après la mort d'Honorius II*

Cette date fait voir que le diocèse de Cahors n'avait encore reconnu pour pape ni Innocent II, ni Anaclet II, que les cardinaux, divisés en deux factions, élurent cette année à la place d'Honorius II; ce qui causa un schisme dans l'église et troubla particulièrement celle d'Aquitaine. En effet, Gérard, évêque d'Angoulême, que nous avons vu, sous les souverains pontifes précédents, revêtu de la dignité de légat apostolique, se déclara pour Anaclet, sur le refus que lui fit Innocent II, de lui continuer sa légation; l'église ayant reconnu Innocent pour légitime successeur de saint Pierre, Gérard tâcha d'engager, dans le parti d'Anaclet, dont il fut légat, les évêques aquitains. Ce prélat ambitieux et débauché, se sentant appuyé de l'autorité de Guillaume IX, duc d'Aquitaine, qu'il avait séduit, persécuta les évêques de Saintes, de Périgueux et de Poitiers, qui eurent assez de fermeté pour résister à ses discours et à ses menaces, et envahit le siège de Bordeaux, leur métropolitain. Bien que Gérard jouit de quelque considération auprès du clergé de Cahors, où il avait été plusieurs fois pour affaires ecclésiastiques, nous croyons que l'évêque de cette ville resta fidèle, lui aussi, à Innocent, attendu que tous les évêques de la métropole de Bourges restèrent inviolablement unis à Vulgrin, leur archevêque. Celui-ci, en sa qualité de primat des Aquitaines, reçut des lettres des évêques de la métropole de Bordeaux persécutés par Gérard (1); ils lui faisaient part de l'état déplorable où étaient leurs diocèses, le priaient d'écrire à l'église de Bordeaux, qui avait élu Gérard pour son archevêque, et aux évêques de cette métropole pour leur défendre de lui obéir et casser son élection faite sous la pression du duc d'Aquitaine, sans la participation des suffragants et malgré l'opposition formelle de l'évêque d'Agen; enfin d'appeler le clergé de la métropole, à Cahors, pour y tenir un concile. L'état de souffrance et de persécution où se trouvaient ces prélats, nous porte à croire que l'archevêque de Bourges se rendit à leurs vœux, étant d'ailleurs bien aise de profiter de cette circonstance pour établir la primauté de son siège sur ceux d'Auch et de Bordeaux; toutefois les actes du concile de Cahors ne sont point parvenus jusqu'à nous et l'histoire n'en fait aucune mention. Le parti de l'anti-pape

---

2. Labbe, *Bibliot. nov.*, tome II, pag. 93.

Anaclet ayant prévalu à Rome, Innocent II fut obligé d'abandonner cette ville; il se réfugia en France et convoqua un concile à Clermont, où assistèrent, avec leurs suffragants, huit archevêques, entre autres ceux de Bourges et d'Auch. L'évêque de Cahors s'y trouvait. On promit obéissance à Innocent II. Le prévôt de l'église de Saint-Etienne de Toulouse voulut porter plainte dans ce concile contre l'union du monastère de la Daurade à l'abbaye de Moissac, qui avait été faite au préjudice du droit qu'avaient les chanoines de la cathédrale sur l'église de la Daurade; mais l'archevêque d'Auch l'ayant détourné de son dessein, il se contenta de s'adresser à Pierre le Vénérable, abbé de Cluny, qui était présent au concile et qui écrivit en faveur du prévôt de Saint-Etienne, à Roger, abbé de Moissac, qu'il chargea du soin d'arranger cette affaire (1).

XXVI. — *Privilège accordé à l'abbé de Moissac de porter les habits pontificaux — Jugement du comte de Toulouse en faveur de cet abbé*

Innocent II, connaissant la réputation méritée dont jouissait le monastère de Moissac, accorda à son abbé le privilège insigne de porter les habits pontificaux; mais, sur ce que les moines de Cluny lui représentèrent que cette faveur pourrait détacher le monastère de Moissac de celui de Cluny, le souverain pontife décréta que les abbés de Moissac ne pourraient se servir de ces ornements qu'après avoir prêté serment d'obéissance à l'abbé de Cluny (2). L'abbé Roger se rendit la même année à un plaid (3) que le comte Alphonse Jourdain tint à Toulouse; dans ce plaid l'abbé porta plainte, tant pour lui et ses religieux que pour les bourgeois de Moissac, contre Bertrand de *Monte incenso* (Montcesson) qu'ils avaient pris, on ne sait comment, pour leur abbé-chevalier et qui réclamait l'église et les clochers de Moissac, prétendant qu'ils faisaient partie des attributions de l'avouerie. Après avoir ouï les témoins des deux parties, le comte de Toulouse rendit une sentence contre l'abbé-chevalier, en présence de Cervian, vicomte de Caussade, de Bertrand de Villemur, d'Armand et d'Arnaud de Durfort, de l'évêque de Toulouse et d'un grand nombre d'autres personnes.

L'abbé de Moissac ne survécut guère à ce jugement. Il sut maintenir dans son monastère la bonne discipline qui y était en vigueur depuis la

---

1. *Gallia christ.*, tome I, pag. 164. Edit. nov.
2. Voyez notes, *Bibliot. Cluniac*, ad. lib. II. pag. 165.
3. *Hist. de Languedoc*, tome II, preuves, pag. 458.

réforme; il donna à ses religieux l'exemple de toutes les vertus qu'on avait admirées chez ses prédécesseurs. Guittard lui succéda.

XXVII. — *Fin de la prévôté des seigneurs de Castelnau sur le chapitre de Cahors — Dons en faveur du même chapitre et consentis par cette communauté — Les Ermites*

Bernard de Castelnau, prieur du chapitre, voulant affranchir entièrement sa communauté des droits que les membres de sa famille percevaient encore sur elle, à cause de la prévôté dont ils étaient en possession depuis plusieurs générations, fit un accord avec Raymond (1), Gausbert, Bernard et Hugues, ses frères ou ses neveux, par lequel ceux-ci se désistèrent entièrement de cette prévôté et remirent librement toutes les terres qui en dépendaient, moyennant 300 sous cadurciens que le prieur leur compta. Ces seigneurs toutefois, en se déclarant eux-mêmes vassaux de l'église (2), se réservèrent des places de chanoines (3), sans être dans l'obligation de donner des biens et le droit de sépulture dans la cathédrale ou dans le cloître, à côté de leurs ancêtres, sans qu'on pût rien exiger pour le droit de funérailles.

Cet accord mit fin à la prévôté de ces seigneurs; car il n'en est plus fait mention dans le cartulaire de notre église.

Le prieur reçut vers le même temps, pour son chapitre, plusieurs dons qui lui furent faits par Armand Belladens, de Cahors, et par Raymond *Tête de bœuf*. Les dons du premier consistaient en onze sous d'acapte et douze deniers de cens affectés sur des maisons de la ville, situées à la porte du chapitre; ceux du second, en un fief qu'il tenait des seigneurs de Castelnau, une albergue ou repas pour trois chevaliers et certains droits seigneuriaux appelés, dans la charte, *muda* (4). Izarn de Luzech donna aussi au chapitre, à la même époque, l'église de *Catlhac*, aujourd'hui Caillac, avec ses dîmes et son fief (5).

Les revenus immenses du chapitre de Cahors le rendirent généreux

---

1. *Cartul. Cadurc.*

2. C'est là l'origine de l'hommage rendu aux évêques de Cahors par les seigneurs de Castelnau de Montratier.

3. Tant pour eux, si l'envie les prend d'entrer dans le cloître que pour quelques uns de *leurs enfants légitimes :* ce qui prouve que l'usage de recevoir dans le chapitre des bâtards de grandes maisons était aboli.

4. Ce terme est ici l'équivalent d'*acapta* ou droit que le seigneur percevait sur un fond qui changeait de maître, soit par vente, soit par mort ou autrement.

5. Cette église fut cédée, vers la fin du XIIIe siècle, par l'évêque Barthélemy à Gibert de Jean, seigneur des Junies.

envers certains monastères. C'est ainsi que nous voyons le prieur donner, du consentement du chapitre, l'église de Frayssinet-le-Gélat à l'église de Pomarède, où devait être sans doute déjà fondé le couvent des religieuses de Saint-Benoît (1). Il donna aussi, de concert avec l'évêque de Cahors, la dîme de l'église de Fontaynous à l'abbaye de Loc-Dieu, sur les frontières du Rouergue et du Quercy.

Le chapitre possédait à Piquecos une vaste forêt appelée *Eisartens* (2), qui s'étendait vers Molières (3); il la donna aux ermites, autrement dits les *bons-hommes* d'Obasine (4) (de Obedina), à la condition qu'ils en défricheraient une partie, qu'ils y bâtiraient un monastère *pour propager les maisons et le culte de Dieu* et qu'ils paieraient, annuellement en redevance au chapitre une livre d'encens, le jour de la Noël. En faisant cette donation, le chapitre se réserva le droit de prendre dans la forêt tout le bois nécessaire à la réparation de la cathédrale et de ses autres édifices (5).

1. Ce don fait présumer que la fondation de ce monastère était récente; elle doit avoir pour auteur quelque abbé de la Seauve-Majeure entre deux mers, dans le diocèse de Bordeaux; car le prieuré de Pomarède dépendait de ce monastère.

2. *Cartul. Cadurc.*

3. L'église de Saint-Marc, qui appartenait à l'abbaye de la Garde-Dieu, était située dans cette forêt.

4. Ces ermites étaient des disciples du bienheureux Etienne, de Vielge, dans le Bas-Limousin, qui s'était retiré dans les rochers d'Obasine, sur la Corrèze, où il fonda la célèbre abbaye de ce nom qui acquit de grands biens dans le Quercy. Ces ermites s'étaient détachés de bonne heure de leur maître, pour aller se fixer dans le Bas-Quercy et c'est à l'un d'eux, appelé Géraud de Sals que fut donnée la forêt d'Eisartens. Un autre de ces ermites, nommé *Audegericus*, avait déjà reçu d'un nommé Raymond-Bernard *d'Aljeval*, des moulins sur Gimone (molinarios de Gimona) et le territoire de *Bragayrac* et d'*Algires*, situé auprès de l'église de Saint-Amans, et qui avait cent sestérées de contenance. Audegericus s'était presqu'aussitôt désisté de cette donation en faveur du chapitre de Cahors, sous le prieur Géraud, et c'est peut-être en compensation que les ermites reçurent du successeur de ce dernier la forêt d'Eisartens.

5. Cette clause se rencontre dans tous les actes de ce siècle, quand il s'agit de bois aliénés; cela supposerait que les défrichements avaient lieu dans ce temps et que les donateurs prévoyants assujettissaient les donataires à la fourniture d'un certain nombre d'arbres, pour la construction ou la réparation des saints édifices; souvent même ils leur défendaient d'aliéner et de dénaturer ces forêts. C'est ce que fit, à l'égard des chanoines de Cahors, un nommé *Jadendis*, qui déclara que si le chapitre ne tenait pas la condition qu'il lui imposait, *ses héritiers auraient le droit de retirer le don, en mettant une paire de semelle sur l'autel de Saint-Etienne* : manière de retraire plus singulière encore que celle de donner aux églises; car ces sortes de donations se faisaient en portant l'acte sur l'autel, d'où ces donataires le prenaient en présence de témoins et l'inséraient dans le cartulaire. Cet usage se conserva depuis Charlemagne jusqu'au XIIIe siècle, époque où les notaires furent établis.

Malgré la clause mise dans l'acte de donation de la forêt d'Eisartens, les bons-hommes d'Obasine ne se fixèrent point dans ce lieu ; ils en choisirent un autre fort éloigné du premier : ce fut la vallée de Saint-Martin le *Desarnat* (1), tout près de Lavercantière, à deux lieues de la ville de Catus. Ils y vécurent en communauté, sans être soumis ni aux règles des chanoines réguliers, ni à celles des moines et à l'imitation de leur patriarche, qui ne s'était encore décidé ni pour les unes, ni pour les autres (2).

XXVIII. — *Dons en faveur de l'abbaye de Sept-Fons*

On trouve que la donation du lieu de Fonclar fut faite, en 1134, par Raymond, prévôt des chanoines réguliers de Saint-Antonin, en faveur de Pierre I, abbé de Sept-Fons, qui devait y construire un monastère (3). En faisant cette donation, le prévôt se réserva une redevance annuelle d'un marmotin, valant 5 sous, payable le jour de la fête de Saint-Antonin. L'acte fut passé en présence de Isarn et de Sicard, vicomtes vraisemblablement de Saint-Antonin, d'Hélie de Bone, d'Arnaud d'Auti, d'Imbert de Fontanes et de Guillaume, son frère.

A la même époque, Arnaud de Montpezat et ses frères donnèrent (4), en présence d'Arnaud d'Auti, de Bernard de Saint-Cirgues ou Saint-Cirice, près de Sept-Fons, et de Bertrand de Grimoald, chapelain, au même abbé de Sept-Fons, le lieu de Saint-Marcel, à l'exception de la dîme qui appartenait à d'autres nobles, mais que ceux-ci cédèrent ensuite au successeur de Pierre. L'agréable situation de Saint-Marcel et la fertilité de son sol déterminèrent l'abbé de Sept-Fons à y fonder bientôt après un monastère, où il fit passer des religieux de son abbaye auxquels il donna pour prieur Arnaud *de Beroza*.

1. *Gallia Christ.*, tome I, pag. 185.
2. Plus tard les ermites suivirent les règles de l'ordre de Citeaux, quand saint Etienne les eut adoptées ; ce qui n'arriva que lorsqu'ils furent changés à la Garde-Dieu. C'est ce qui explique un passage de la bulle d'Innocent IV en faveur de cette dernière abbaye, dont nous parlerons lorsqu'il en sera temps.
3. *Gallia christ.*, Instrum., pag. 46.
4. *Gallia christ.*, Instrum., pag. 46.

XXIX. — *Différend entre l'abbé de Marcillac et le chapitre de Cahors au sujet de la propriété de l'église de Saint-Urcisse — Nouveaux droits accordés au chapitre de Cahors*

Vers la même époque, l'abbé de Marcillac intenta un procès au prieur du chapitre de Cahors (1). Il s'agissait de l'église de Saint-Urcisse de Cahors, que l'évêque Géraud de Cardaillac avait donnée à l'abbé Gombert, prédécesseur de l'abbé Ratier; les chanoines ne niaient point le fait, mais ils prétendaient que le chapitre s'était opposé à la donation, parce que cette église lui appartenait, et que, l'évêque n'ayant pas voulu le reconnaître, ils avaient fait appel au Saint-Siège. Ratier, de son côté, soutenait qu'il n'y avait eu ni appel, ni réclamation de la part des chanoines et que la donation avait été consentie par les archidiacres, les sacristains, le doyen, le chantre et les autres dignitaires de la cathédrale. L'évêque de Cahors, ne voulant pas prononcer seul sur cette affaire, appela l'évêque d'Agen. On demanda aux chanoines s'ils pourraient prouver par trois témoins que le chapitre eût autrefois réclamé et fait appel contre la donation; ils offrirent la preuve; mais l'abbé de Marcillac récusa deux des trois témoins, disant qu'ils étaient fils de prêtres. On lui ordonna de le prouver. N'ayant pu le faire et étant au contraire convaincu d'imposture sur ce point, on ne voulut pas l'écouter sur les autres. Les trois témoins du chapitre ayant juré sur les saints Évangiles qu'ils avaient vu et entendu l'opposition et l'appel faits par les chanoines en présence de l'évêque Géraud de Cardaillac, l'église de Saint-Urcisse fut attribuée au chapitre. Il paraît que l'abbé Ratier appela au Saint-Siège de cette sentence et que l'affaire fut jugée en sa faveur (2).

L'évêque, après avoir rendu justice à son chapitre, lui donna, ainsi qu'à son prieur, Bernard, l'investiture et la possession de toutes les églises qui existaient dans sa ville épiscopale (3), celle de Notre-Dame de la Daurade exceptée; il leur confirma de plus la possession des églises de Caillac, de Cajarc, de Saint-Céré et de *Castnac* ou plutôt

1. *Cart. Cad.*

2 Nous verrons, en effet, plus loin que les moines de Marcillac furent possesseurs de l'église de Saint-Urcisse qu'ils érigèrent en prieuré et même du moulin de *Saint-James*, qui est tout près, en vertu d'un arrangement qui eut lieu avec le chapitre, sous l'épiscopat de l'évêque Géraud Hector.

3. *Cart. Cad.*

Casthlar, qui serait celle de Bégoux (1). L'acte fut passé en présence de Pierre, abbé de Sept-Fons, de Bertrand de Montjoye (de Montjove), dans le Bas-Quercy, de Bernard de Saint-Germain, de Pierre Flais, de de Bertrand de Lasbordes, de Pierre Bachinia et d'Arnaud d'Auti, prêtres.

L'évêque ne borna pas là sa générosité. Craignant d'avoir fait quelque tort à son église et voulant établir entre lui et son chapitre une paix et une concorde solides que des intérêts réciproques avaient altérées, il accorda aux chanoines une partie de la cour épiscopale, où fut bâtie depuis la chambre des archives, et la troisième partie de tous les droits présents et futurs qu'il a, dit-il, *in tabulis burgrasium nostræ civitatis* (2).

Nous ne croyons pas que le prieur Bernard ait longtemps joui du nouveau droit que l'évêque venait d'accorder à lui et à son chapitre; il eut pour successeur Hugues, qui paraît être aussi de la famille de Castelnau et vraisemblablement le même que celui nous avons dit s'être fait chanoine.

XXX. — *Guillaume, Aymar II et Albert II, abbés de Moissac, de Figeac et de Saint-Audard — Archambaud, doyen du monastère de Souillac*

L'abbé de Moissac mourut vers le même temps (3); il vit le domaine de son monastère s'accroître par le don des églises de Saint-Hilaire, de Sainte-Eustazie et de Saint-Saturnin, en Auvergne, et par celui de l'alleu de Linars qu'il reçut en 1131. Il paraît que sous cet abbé l'esprit de relâchement commença à s'introduire dans le cloître de Moissac: c'est du moins ce que l'on peut inférer de la vie de son successeur Guillaume.

Dans l'abbaye de Figeac, Aymar II avait succédé à Déodat.

Après la mort d'Albert I, l'abbaye de Saint-Audard avait été gou-

1. Le chapitre de Cahors ne perçut pas longtemps les fruits de la plupart de ces églises.

2. C'était un droit que les seigneurs levaient sur les bourgeois d'une ville. Ce droit était encore appelé *burgagium*, et, en langue française du temps, *bourghesie*. (Voy. Du Cange, *Glossaire*). *Tabula* signifie apparemment les franchises et immunités dont jouissaient les habitants de Cahors; peut-être ce mot signifie-t-il aussi *rôle* où étaient inscrits les habitants propriétaires de la ville, à cause d'une redevance qu'ils étaient obligés de payer à l'évêque, leur seigneur; enfin *tabula* peut signifier encore fief ou tout ce qui appartient à un fief; ainsi le droit que les évêques percevaient sur les bourgeois de leur ville peut être une redevance à raison des fiefs qu'ils tenaient de ces mêmes évêques.

3. *Gallia christ.*, tome I, pag. 165.

vernée par Hugues III à qui Guillaume *Hospitalista* et Bernard Hugues de Fontanes promirent, en 1121, de payer chaque année, le jour de Saint-Audard, deux sous *caorsins* pour les droits que l'abbé avait sur l'église de Verlhac, ancien alleu de son monastère. Albert II avait succédé à Albert I depuis quelque temps.

Le monastère de Souillac avait pour doyen Archambaud, successeur de Géraud, qui n'est connu que par un accord qu'il fit, en 1122, avec Géraud, abbé d'Uzerche, et dont Justel fait mention. Archambaud était doyen depuis environ l'an 1124; car l'année suivante il fut témoin de la donation de l'église de Calviac (1), consentie, par l'évêque de Cahors, en faveur d'Arnaud, abbé du monastère de Sarlat, du consentement de ses archidiacres, Arnaud et Guillaume de *Peireta* (2).

XXXI. — *Dons en faveur du chapitre de Cahors et de l'abbaye de Moissac*

On peut fixer à l'an 1135 une charte, sans date, qui concerne le chapitre de Cahors. Isarn de Luzech, Seguin, Arnaud et Gausbert, ses frères, donnèrent aux chanoines (3), en présence de leur prieur Hugues, de Gaucelin, chevalier de Thédirac, de Pilfort et de Bernard Hugues de Luzech, le *Mas du Lac* (de Lacu), dont ils tiraient, en redevances, deux setiers de froment, onze d'avoine, un de sel et huit deniers, payables le jour de Notre-Dame d'août (4).

La même année, Seguin de la Voulvène se désista, en faveur des moines de Moissac et entre les mains de l'abbé Guillaume (5), de tout

---

1. *Gallia christ.*, tome I, pag. 179-180. — Calviac est le même lieu que celui où était cette ancienne abbaye dont nous avons parlé et qui fut vraisemblablement ruinée par les Sarrasins qui massacrèrent sainte Mondane, mère de saint Sacerdos. On y bâtit dans la suite une église en l'honneur de cette sainte, qui porte encore son nom et qui est une annexe à celle de Calviac. Les revenus de ces deux églises, dont le patronage laïque était dans la maison de Fénelon, passèrent des abbés de Sarlat aux évêques de cette ville.

2. Peyrade ou Lapeyrarède, maison noble du Bas-Quercy, vers Montcuq et Castelnau-de-Montratier, à Flaugnac. Cette maison est la même que celle de Rozet; nous en parlerons ailleurs au sujet du cardinal de Pouget.

3. *Cart. Cadurc.*

4. Cette charte est intéressante en ce qu'elle nous fait connaître les différents droits établis par les seigneurs sur leurs emphytéotes et qu'elle nous donne quelques renseignements sur la maison de Thédirac, que nous présumons descendre de celles de Gourdon ou de Luzech, et qui devait être déjà très distinguée au XIIe siècle, puisque les seigneurs de ce lieu prenaient la qualité de *chevalier*, exclusivement affectée à la haute noblesse.

5. *Cart. Moissiac.*

ce qu'il possédait *justement* ou *injustement* dans la paroisse de *Pomerio vico* (Pommevic); il veut que si quelqu'un de ses successeurs revient sur le don ou *déguerpissement* qu'il fait, il compte 1300 sous au monastère qui aura sur lui la suzeraineté pour le lieu de Pomerio vico; il déclare, qu'en reconnaissance de son désistement, l'abbé et ses religieux ont accordé, en plein chapitre, à lui, à son père, à sa mère et à ses parents vivants ou morts, qui sont du château ou de la terre de la Voulvène, une part à tous les avantages spirituels *(in omnibus beneficiis)* du monastère de Moissac, aux messes, aux aumônes, aux offices divers et autres bonnes œuvres; de plus, il déclare qu'il demeure convenu que si lui Seguin ou quelqu'un de ses proches, jusqu'au troisième degré de parenté, désirait se faire moine, il aurait la liberté d'entrer dans le cloître sans y porter aucune dot; qu'ils auront aussi gratuitement dans le monastère le droit de sépulture, que leurs funérailles se feront avec pompe et que l'abbé célébrera la messe. L'acte est signé, entre autres, par Bernard de Montesquieu et par Bernard de Castanié, d'une maison considérable du Bas-Quercy.

XXXII. — *Charte de coutume accordée au bourg de Saint-Nicolas de la Grave par Guillaume, abbé de Moissac — Assassinat de cet abbé*

Un ou deux ans après (1136 ou 1137), l'abbé de Moissac donna, au bourg de Saint-Nicolas-de-la-Grave, des coutumes qu'il dit être les mêmes que celles que l'un de ses prédécesseurs avait données à la ville d'Auvillars. Il accorde à ce bourg le privilège de la liberté dans toute l'étendue de sa clôture ou enceinte (1); mais il se réserve pour lui et ses religieux, sur chaque maison qui s'y trouve renfermée, 12 deniers d'acapte et 6 d'*oublies* ou d'*oubliage* (2), le droit de fournage et celui de sépulture, dont il laisse le prix à la volonté des mourants, suivant ce qu'ils en ordonneront et d'après l'avis du chapelain et de trois prudhommes du lieu *(trium proborum hominum ejusdem villæ)*. L'abbé accorde au vicomte Saxel, vassal du monastère de Moissac, pour la seigneurie de Saint-Nicolas : une rente d'un setier de froment et autant d'avoine sur les particuliers qui labourent leurs terres avec un ou plusieurs attelages de bœufs; un demi-setier de chacun des susdits

1. *Cart. Moissiac.*

2. Les oublies étaient des pains très minces que les vassaux avaient coutume de donner à leur seigneur et qui furent plus tard convertis en une faible rétribution pécuniaire.

grains sur ceux qui n'ont qu'un bœuf de labourage et un quart de setier sur ceux qui ne se servent que de la bêche pour la culture de leurs champs. Il lui donne, en outre, quarante sous caorsins payables tous les ans pour certains droits, la moitié des *compositions* pour les meurtres et le montant des amendes qui seront infligées pendant la tenue des marchés. Moyennant ces droits, le vicomte s'engage et s'oblige par serment : à être le défenseur du monastère de Moissac et des habitants de Saint-Nicolas; à ne s'emparer ni du château, ni de la ville et à se réunir aux habitants, à l'abbé et aux moines de Moissac, *pour les recouvrer,* si quelqu'un venait à s'en rendre maître. Après ce serment, qui fut suivi de celui des habitants de Saint-Nicolas, viennent les articles des us et coutumes qui regardent la police du lieu et les peines contre les infracteurs. Pour une simple querelle survenue entre quelques particuliers du bourg, si quelqu'un tire son épée ou se saisit d'une pierre, il est condamné à payer soixante sous ou à avoir le poing coupé; et, s'il a lancé le coup, le châtiment est à la discrétion du seigneur. Le peuple était, dans ce siècle, si barbare et si féroce qu'il fallait des lois sévères pour le contenir dans le devoir.

Guillaume ne tarda pas longtemps après à se démettre du gouvernement de l'abbaye de Moissac. Il eut pour successeur Géraud, et se retira dans le monastère de Cluny où il avait fait son noviciat (1). Ce qui détermina Guillaume à quitter Moissac, ce fut, au rapport de saint Pierre le Vénérable, abbé de Cluny, un excès de colère, dans lequel il eut le malheur de s'abandonner pour sujet si grave que le saint abbé a jugé convenable de ne pas le rapporter. Cela ferait soupçonner que les moines de Moissac étaient tombés dans le relâchement ou qu'il y en avait parmi eux qui menaient une conduite toute contraire à leur état.

De retour à Cluny, Guillaume fut élevé à la dignité de *camérier,* c'est-à-dire de procureur et ensuite à celle de prieur d'un monastère de l'ordre. Comme il était tout occupé à y faire observer la discipline monastique, qu'il donnait l'exemple de la soumission à la règle et que son zèle ardent pour la justice ne lui permettait pas de ménager ceux de ses religieux qui s'écartaient de leurs devoirs, un d'entre eux commit une grande faute, et, pour éviter la censure méritée de son supérieur, il le tua dans un piège qu'il lui avait tendu. Le bruit de cet assassinat resta quelque temps concentré dans le cloître; saint Pierre le Vénérable en entendit bien parler, mais d'une manière vague et confuse, tellement que, ne croyant pas devoir s'arrêter à une nouvelle

---

1. *Biblioth. Cluniac. Vit. S. Pet. Venerab.*, lib. II, cap. 25.

aussi incertaine qu'extraordinaire, il partit pour Rome où il avait projeté d'aller pour faire sa révérence à Eugène III, qui venait d'être élevé sur la chaire de saint Pierre. Cette élection eut lieu le 25 février 1144 et peut servir à nous fixer sur l'époque de la mort de Guillaume. L'abbé de Cluny rapporte, que, pendant son séjour à Rome, Guillaume lui apparut plusieurs fois durant son sommeil ; que, revenu de la frayeur que lui inspira cette apparition, il interrogea l'abbé sur son nouvel état, sur la vision de Dieu, sur la certitude de la foi chrétienne et sur l'auteur de sa mort. Guillaume satisfit sa curiosité sur ces divers points. Saint Pierre le Vénérable, de retour à Cluny, fit arrêter le meurtrier qui comparut devant le chapitre général, où on le força de jurer qu'après un délai de trois mois, qui lui fut accordé, il sortirait de France et qu'il ne reparaîtrait plus dans le royaume. Quoiqu'il en soit de cette histoire, il est toujours certain que l'abbé de Moissac était le modèle des religieux de son siècle. Le saint abbé de Cluny fait un éloge complet de la piété, de la pureté de ses mœurs, de sa charité, de sa science et de sa sagesse dans le gouvernement des monastères, de sa justice et de son zèle pour la pratique de toutes les vertus ascétiques.

XXXIII. — *Mort de Guillaume IX, duc d'Aquitaine et comte de Poitiers — Mariage d'Eléonor, fille de ce prince, avec Louis le Jeune — Louis le Jeune envahit les Etats du comte de Toulouse*

Guillaume IX, duc d'Aquitaine et comte de Poitiers, mourut le 9 avril 1137, à Compostelle, et fut inhumé devant le grand autel de Saint-Jacques (1). Ce prince y était venu en pèlerinage pour expier les excès de toute nature qu'il avait commis en Normandie, dont il avait entrepris la conquête avec Geoffroi, comte d'Anjou. Comme s'il eût pressenti qu'il ne reverrait plus ses états, il avait disposé, avant son départ, de ses domaines en faveur d'Eléonor, sa fille aînée, qu'il se proposait de donner en mariage à Louis le Jeune, que Louis le Gros, son père, avait déjà associé à la Couronne. Guillaume recommanda, en mourant, à tous ceux qui faisaient partie de sa suite, d'exécuter sa volonté au sujet de ce mariage.

Aussitôt que Louis le Gros fut informé de la mort et des dernières dispositions du comte de Poitiers, il fit partir son fils, Louis, accompagné d'une brillante cour, pour aller épouser la duchesse d'Aquitaine. Le mariage se célébra dans la ville de Bordeaux. Eléonor fut couronnée

---

1. *Histoire de Languedoc*, tome II, liv. XVII.

reine de France et Louis le Jeune, quelques jours après, fut couronné, à Poitiers, duc d'Aquitaine et réunit ainsi pour un temps à la monarchie française le Poitou et le Limousin, la province ecclésiastique d'Auch ou duché de Gascogne, les comtés particuliers de Bordeaux et d'Agen, avec l'autorité suzeraine sur le reste de la seconde Aquitaine ou province ecclésiastique de Bordeaux (1).

On ne croit pas qu'Alphonse, comte de Toulouse, quoique parent d'Eléonor, ait assisté au mariage de cette princesse avec le roi Louis le Jeune. S'il ne prit aucune part à cette alliance, c'est sans doute parce qu'il en redoutait les suites. Ses craintes étaient fondées. En effet, s'il faut en croire un historien moderne (2), la jeune reine Eléonor *qui avait l'esprit extrêmement avancé et plus qu'une fille de quinze ans ne l'a ordinairement*, sollicita bientôt son époux de retirer des mains d'Alphonse, le comté de Toulouse, comme faisant partie de la succession de ses pères. Si cela est vrai, elle trouva un mari tout disposé à faire sa volonté. Louis le Jeune leva une puissante armée et la dirigea sur Toulouse (3), dont il entreprit le siège. Les écrivains contemporains qui parlent de cette expédition, n'entrent dans aucun détail : il paraît seulement qu'elle n'eut aucun succès et que Louis le Jeune fut obligé de revenir en France, après avoir échoué dans son entreprise. Un historien anglais, qui écrivit peu de temps après, a prétendu que le roi de France, ayant demandé au comte de Toulouse l'héritage de son épouse, celui-ci, convaincu de la justice de ses prétentions, se serait contenté de lui opposer une vive défense et qu'il aurait enfin trouvé le moyen de l'apaiser par le mariage de son fils Raymond avec Constance, sœur de Louis et veuve d'Eustache, comte de Blois. Ce qui est une erreur de la part de cet écrivain, puisque Constance ne devint veuve qu'en 1153 et, à cette époque, Louis le Jeune était bien loin de vouloir conquérir les États de la maison de Toulouse pour Eléonor, qu'il avait déjà répudiée. On se rapprocherait peut-être davantage de la vérité en disant que le roi de France, voyant tous les vassaux d'Alphonse se ranger avec empressement sous les drapeaux de ce comte et les Tou-

---

1. La province de Bourges, ou première Aquitaine, appartenait en grande partie à la maison de Toulouse, puisque cette maison y possédait le Quercy, l'Albigeois, le Rouergue, le Gévaudan et le Velai. De là vient que pour distinguer la partie de l'ancienne Aquitaine, dont les comtes de Poitiers se qualifiaient ducs, d'avec celle sur laquelle ils n'avaient aucun droit, on donna à celle-là, vers le XIIIe siècle, le nom de Guyenne, dont nous nous servirons à l'exemple du célèbre historien dans les œuvres duquel nous avons pris ces détails.

2. Gervaise, *Hist. de l'abbé Suger*, liv. VI.

3. Orderic Vital, liv. III.

lousains résolus de périr plutôt que de lui ouvrir les portes de leur ville, crut qu'il n'était pas prudent de s'engager dans une longue guerre, dont l'issue n'aurait probablement pas répondu à ses désirs.

Nous ne trouvons pas, dans nos cartulaires, la moindre particularité ayant rapport à l'expédition du roi de France. Cela prouve que les seuls environs de Toulouse s'en ressentirent et que les autres pays soumis à la domination d'Alphonse, ne furent point attaqués. Le comte de Toulouse se voyant délivré des armes de son adversaire témoigna sa reconnaissance envers les Toulousains, qui s'étaient montrés si fidèles, en leur accordant divers privilèges; mais, ayant été ensuite assez imprudent pour favoriser la révolte des habitants de Montpellier contre Guillaume VI, leur seigneur, il encourut l'excommunication dont il ne fut absous qu'en 1143, par Hugues, archevêque de Rouen, légat du Saint-Siège.

XXXIV. — *Visite du chapitre du Vigan par l'archevêque de Bourges*

Cette même année, Pierre de la Chastre, archevêque de Bourges, visitant le diocèse de Cahors, alla au Vigan (1). Il prit connaissance des privilèges de ce lieu qui avaient été accordés par le Souverain Pontife et les évêques diocésains, et cédant aux prières d'Arnaud, qui en était prieur, et à celles de l'évêque de Cahors, il les confirma et prit sous sa protection l'église collégiale dédiée à Notre-Dame et aux saintes Foi, Espérance et Charité, et à leur mère Sophie. Il déclare que ses prédécesseurs ont toujours été les présidents et les défenseurs de cette église; il défend aux chanoines de se mettre jamais sous le joug des clercs et des laïques et veut qu'ils restent inviolablement attachés à la règle qu'ils ont embrassée. Il approuve et ratifie leur affiliation au siège épiscopal de Cahors et leur confirme la possession des églises de Saint-Pierre et de Saint-Saturnin de Gourdon, de Saint-Romain, de Saint-Clair, de Saint-Pierre de Grand-Roques (2), de Saint-Julien, de Saint-Jean sur Dordogne, de Saint-Hilaire et de Saint-Christophe de Breyssac (3), de Saint-Hilaire de Masclat, de Saint-Médard de Masclat, de Saint-Médard de Campanejoul, de Saint-Etienne de Genouillac, de Saint-Projet et d'Auzac.

1. G. de Lacroix, *Series epis. Cad.*
2. Cette église est aujourd'hui ruinée.
3. Aujourd'hui Montvalent.

XXXV. — *Mort de Boson II, vicomte de Turenne — Testament de ce seigneur — Ses obsèques*

On place aussi à cette année la mort de Boson II, vicomte de Turenne. Ce seigneur avait montré, dès sa première jeunesse, une vive passion pour les armes et avait donné des preuves de sa valeur en différentes occasions. Sa mère Mathilde avertie dans un songe, dit Geofroi de Vigeois, que cette passion serait funeste à son fils, avait prié Bernard II, comte de la Marche, de lui défendre de sa part de s'engager dans des guerres, et, non contente de cette précaution, elle faisait dire pour lui chaque jour une messe du Saint-Esprit. Boson obéit à sa mère tout le temps qu'elle vécut; mais après la mort de Mathilde, qui arriva en mai 1143, il revint à sa première inclination. Adhémar IV, vicomte de Limoges et Gui IV, son frère, étaient brouillés pour des intérêts de famille avec Gui de Flamens, leur neveu; voulant, suivant la coutume du siècle, vider le différend par les armes, ils appelèrent à leur secours le vicomte de Turenne. Celui-ci se mit promptement à la tête de ses chevaliers et alla joindre ses amis au siège de la Roche-Saint-Paul qui venait d'être entrepris. Il y périt d'un coup de flèche qui lui perça la gorge, le 19 juin, environ un mois après la mort de sa mère.

Suivant une autre version qui est plus certaine, le vicomte ne mourut pas immédiatement après la blessure (1). Son épouse Eustorgie, fille de Bernard, seigneur d'Anduse, qu'il laissa enceinte de quatre mois d'un fils qui fut Raymond II, son successeur, eut la consolation de recueillir son dernier soupir. Il est dit que le vicomte, avant d'expirer, *mit son testament sur le sein de son épouse,* c'est-à-dire qu'il lui confia verbalement ses dernières dispositions, lui recommandant de faire du bien aux pauvres d'Obasine, établis auprès de l'église de Baldran. Eustorgie eut soin d'exécuter la volonté de son époux. Elle donna aux religieux la terre de Tarsan, en présence d'Etienne, prieur d'Obasine (2), dont *elle baisa la main en signe de véritable offrande.* Boson II fut inhumé devant la porte du monastère de Tulle, à côté du vicomte Raymond I, son père. On lui fit de magnifiques obsèques auxquelles assistèrent, avec l'évêque de Limoges et les abbés de Tulle, d'Uzerche, de Vigeois, de Beaulieu et de Dalon, les principaux nobles de la

---

1. Baluze, *Hist. Tutel.,* lib. II, cap. XVII. Append. pag. 475-476.
2. Il n'était pas encore qualifié d'abbé.

contrée : Adhémar, vicomte de Limoges et Aymeric de Gourdon, beaux-frères de Boson, les vicomtes de Ventadour et de Comborn, Pierre de Cornil, Pierre de Touchebœuf (Tocabou), etc. C'est le plus ancien monument où il soit parlé de la maison de Touchebœuf (1), qui est encore une des plus distinguées des contrées du Périgord et de Quercy, par ses alliances et par les belles qualités qui sont le principe et le fondement de la vraie noblesse.

XXXVI. — *Fondation de la ville de Montauban par le comte Alphonse — Droits et règlements établis sur la nouvelle ville — Protestation de l'abbé de Saint-Audard*

L'année suivante (1144) est mémorable pour la province du Quercy. C'est, en effet, à cette époque que la ville de Montauban fut fondée. Le comte Alphonse, étant de retour d'Espagne où il avait heureusement moyenné la paix entre les rois de Castille et de Navarre, vint dans le Quercy, avec Raymond, son fils, comte de Saint-Gilles, et il exécuta le projet qu'il avait conçu depuis longtemps, de fonder une ville sur la rive droite du Tarn, à l'endroit où les anciens comtes de Toulouse avaient fait bâtir un château qui servait de boulevard au pays et où ils avaient coutume de loger quand ils visitaient cette partie de leurs Etats. La beauté du lieu, la fertilité du terrain furent les principaux motifs qui déterminèrent Alphonse à fonder cette ville. Il en fit tracer l'enceinte et délivra, avec son fils Raymond, le 1er lundi d'octobre 1144, une charte pour régler les droits que les habitants de la nouvelle ville lui paieraient à lui et à ses successeurs. Il lui donna le nom de Montauban, en langage du temps *Mountalba*, nom qui dérive de sa situation sur un plateau élevé qui termine la plaine du Bas-Quercy et où croissent beaucoup de saules qu'on appelle *auba* ou *alba* en langue du pays. La ville, dès son commencement, prit pour ses armes, un de ses arbres, auquel elle ajouta, après la guerre de cent ans, trois fleurs de lys en chef (2). Alphonse établit sur les nouveaux habitants de Montauban différents droits qui nous paraissent intéressants à rapporter, parce qu'ils nous feront mieux connaître les faibles commencements de cette ville, devenue l'ornement de la province du Quercy et une des plus belles, des plus grandes et des plus commerçantes cités, non-seulement

---

1. Cette maison de Touchebœuf avait son domaine et sa résidence dans le Bas-Limousin. Ce ne fut qu'au xve siècle qu'elle vint se fixer en Quercy.
2. Le Bret, *Histoire de Montauban*, liv. I, chap. VIII.

dans la Guyenne, mais encore dans le midi et au couchant de la France.

Il imposa 12 deniers d'acapte, non pas *pour chaque espace de terre qui aurait six stades de contenance*, comme l'a interprété M. l'abbé Le Bret, mais pour chaque maison qui aurait six *astades* (1) de large et douze de long. Tout particulier qui tenait un fief du comte, était obligé de lui payer un denier par sou, s'il venait à le vendre ou à l'engager. Viennent ensuite les droits imposés sur les étrangers, pour les denrées et autres marchandises qu'ils portaient dans la ville.

Pour un setier de blé, on payait une *demi-coupe* (2).

Même droit pour une charge d'âne de sel.

Celui qui achetait en ville pareille charge devait payer un denier; il payait une *maille* (3), s'il en apportait une charge d'homme et une *pogese* (demi-maille), quand il en emportait pareille charge.

Une obole (demi-denier) pour une charge d'âne de vin qui entrait en ville.

Un denier pour la vente d'un cheval ou d'une jument, d'un mulet ou d'une mule, d'un bœuf ou d'une vache.

Une obole pour la vente d'un pourceau de la valeur de 12 deniers et au-dessus.

On n'était assujetti à aucun droit pour les mesures ou charges moindres, ni pour la vente d'une peau de mouton, de brebis, de bouc, de chèvre et d'autres menues bêtes.

Les droits pour la boucherie furent fixés à un denier pour chaque bœuf ou vache.

Les droits de la boulangerie étaient d'une maille, par semaine, qui devait être payée la première férie, c'est-à-dire le dimanche.

Ceux des revendeurs, habitants de la ville ou forains, qui étalaient des marchandises au marché, donnaient 6 deniers, payables chaque année le jour de la Toussaint.

Enfin, ceux des marchands forains qui portaient des draps pour vendre, payaient 4 deniers, plus 2 par balle.

Les laboureurs devaient servir au forgeron de la ville une rente appelée *lauze* ou *reliage* ; celui-ci était tenu de faire et de réparer les ferrures des moulins, de ferrer le cheval du seigneur, de faire la ferrure des portes de la ville et du château, moyennant la fourniture du fer,

---

1. Mesure linéaire dont l'étalon était une lance *asta* ou *hasta*, d'où lui vient son nom.
2. Mesure de capacité plus petite que le boisseau.
3. La maille était le quart du denier.

dont le seigneur levait une pièce sur les forgerons qui venaient s'établir à Montauban, ou y vendre des marchandises. Le droit de monture était fixé à un seizième et celui de la cuisson à une obole par setier de farine.

Une querelle ou dispute entre habitants emportait une amende de 5 sous qui s'élevait à 30 sous, s'il y avait effusion de sang.

Si on venait à se frapper de l'épée, le seigneur exerçait contre les coupables la justice qu'il lui plaisait; il en était de même contre les voleurs, les homicides et les faussaires.

L'adultère était puni par la confiscation de tous les biens.

Tous ceux qui venaient habiter la nouvelle ville, y devaient être à l'abri des contraintes des étrangers.

Lorsque le comte ou ses sergents venaient séjourner à Montauban, ils devaient y acheter ce qui leur était nécessaire, sans user ni de force ni de violence; les habitants devaient en agir avec lui, comme ceux de Toulouse, quand il leur signifierait quelque ordre.

Les Montalbanais furent chargés de bâtir un pont sur le Tarn, dont Alphonse se réserva de fixer les droits avec six prudhommes de la ville. Le droit de disposer, en mourant, de leurs biens, sans qu'il put être contrevenu à leurs dispositions, était accordé, tant aux hommes qu'aux femmes de Montauban.

Le comte et son fils promirent ensuite et jurèrent sur les saints Évangiles de ne jamais vendre, engager, obliger, inféoder la ville, ni de la transférer dans un autre lieu, ni de faire donation de son domaine et des établissements qu'ils y avaient faits.

Les choses étant ainsi ordonnées, la plupart des prudhommes de la ville firent hommage au comte de Toulouse, tant pour eux que pour elle, en présence de Raymond de Saint-Michel, de Raymond Sarrasin, de Pierre Guillaume, de Pierre L'Historien, d'Adhémar Certaborda, de Pierre Roais, de Guillaume du Cloître, de Pierre Vital, de Pierre de Lebret, de Pons d'Astarac et de Géraud Rusel; *Louis (VII) étant roi de France, Alphonse, comte de Toulouse et Raymond, évêque* (1), etc.

La ville de Montauban fut bâtie à une très petite distance du lieu de Montauriol, dont nous avons parlé au sujet de Saint-Théodard ou Audard. Montauriol était situé sur une hauteur, vis-à-vis le confluent du Tescou et du Tarn. Dans quelques chartes, il est appelé *Mons*

---

1. Ce Raymond était évêque de Toulouse et non de Cahors, comme l'ont prétendu quelques savants. Nous avons, en effet, des monuments postérieurs à la fondation de Montauban qui prouvent que l'évêque Guillaume de Caumont siégeait encore à Cahors et qu'il ne mourut que quelques années après.

Aureolus, que des savants du pays (1) ont interprété montagne des *Loriots*, en langue vulgaire *Auriols;* ils se fondent sur ce que l'abbaye de Saint-Audard avait pour armes un de ces oiseaux placés sur un mont : ce qui est très incertain et ne rendrait pas d'ailleurs plus vraisemblable cette étymologie que nous ne saurions adopter. Ce qu'il y a de vrai, c'est que Montauriol n'était qu'un village ou une bourgade, bien qu'il fût situé dans un terrain extrêmement fertile et dominant la vaste plaine de Toulouse et de la Gascogne et la belle vallée de Saint-Naufari ; il était si peu connu qu'il est presque toujours désigné, dans les chartes, sous le nom d'abbaye de Saint-Martin, et ensuite sous celui de Saint-Audard ou Théodard, qui y avait pris naissance et y finit sa sainte vie. On serait étonné que ce lieu, ayant une riche abbaye, fût resté si petit, tandis que les autres du Quercy, et en général de la France, où il y avait des monastères, étaient devenus, au XIIe siècle, des villes assez considérables pour ce temps-là, si on ne savait pas qu'une partie du Bas-Quercy, aujourd'hui si peuplée et si riche des productions de son sol, était alors presque toute couverte de forêts et de marais. S'il y avait quelques bourgs ou quelques hameaux, ils étaient ordinairement sur les hauteurs. C'est donc sans aucun fondement que M. l'abbé Le Bret, dans son *Histoire de Montauban*, a avancé que, sous la protection de Pepin le Bref et de Charlemagne, et avec la permission de l'abbé de Montauriol, dont le monastère n'était pas encore fondé, la contrée voisine de Montauban, jusqu'alors déserte, fut défrichée, habitée et si bien cultivée qu'elle devint une des plus belles de l'Europe.

Les détails que nous venons de donner sur la fondation de Montauban, servent à détruire la fable que les protestants du XVIe siècle inventèrent sur l'origine de cette ville, fable que l'on ne pourrait rapporter aujourd'hui sans blesser la pudeur, et qu'il faut laisser ensevelie dans l'oubli parce qu'elle n'a plus de partisans depuis que la justice et le bon sens ont pris la place de l'esprit de parti et du fanatisme.

Le comte de Toulouse, en fondant Montauban, porta un grand préjudice à l'abbaye de Saint-Audard, parce que, pour peupler la nouvelle ville, il ouvrit un asile aux habitants du voisinage, presque tous vassaux de ce monastère, principalement à ceux de Montauriol, qu'il contraignit d'abandonner leurs habitations pour s'y aller établir. Il persécuta l'abbé Albert et les religieux qui s'opposaient à cette entreprise, et gagna tellement le cœur de leur *donnés* et sujets, que

---

1. Le Bret, *Histoire de Montauban*, chap. VI.

ceux-ci se révoltèrent contre eux, ne voulurent plus les reconnaître, et finirent par les chasser de l'abbaye, après leur avoir fait subir mille outrages (1). L'abbé Albert eut recours, au commencement, à l'autorité de Guillaume de Caumont, son évêque diocésain, qui prit inutilement sa défense; cependant c'est peut-être pour cela que ni lui ni l'abbé ne sont mentionnés dans l'acte de fondation. Alphonse, dédaignant leurs remontrances, en vint jusqu'à faire construire deux châteaux dans le fonds de l'abbaye, et un troisième dans un terrain, qu'il avait depuis peu vendu à ce monastère. Alors Albert prit le parti d'aller porter plainte au pape Eugène III qu'il rencontra à Viterbe, et auquel il remit des lettres de recommandation de l'évêque de Cahors et de ceux des diocèses voisins. Le Souverain Pontife en fut touché : il écrivit le 23 juin 1145 à Arnaud, archevêque de Narbonne, et à Raymond, évêque de Toulouse, pour ordonner de sa part au comte Alphonse de ne plus troubler le monastère de Saint-Audard, de démolir les châteaux qu'il avait fait bâtir, de réparer tous les dommages causés par lui aux religieux, et d'abolir les mauvaises coutumes qu'il avait établies tant dans le monastère que dans ses dépendances. Dans le cas où le comte ne satisfairait pas dans l'espace de quatre jours à ces divers articles, il leur enjoignait d'interdire la ville et le diocèse de Toulouse avec défense d'y administrer les sacrements, excepté le baptême et la pénitence, dans le cas de nécessité. Le pape déclare enfin, qu'il sera forcé d'excommunier Alphonse, s'il persiste à désobéir à ses ordres. On ne connaît point la suite de cette affaire; mais il est très vraisemblable qu'elle fut suspendue par la nouvelle croisade dans laquelle s'engagea le comte de Toulouse. Nous verrons, en effet, qu'elle ne fut terminée qu'après sa mort (2).

XXXVII. — *Préparatifs pour une nouvelle croisade*

La ville d'Edesse, place forte sur l'Euphrate, venait de tomber au pouvoir des Infidèles. Alarmés d'un si funeste évènement, le roi de Jérusalem et Raymond, prince d'Antioche, fils puiné de Guillaume IX, comte de Poitiers et duc d'Aquitaine, implorèrent le secours du pape. Eugène III écrivit au roi de France, Louis le Jeune, et aux différents princes ou grands vassaux de ce royaume, afin de les déterminer à prendre les armes pour la défense des chrétiens d'Orient. Il renouvela, en faveur de ceux qui prendraient la croix, les indulgences que le pape

1. Le Bret, *ibid.*
1. *Histoire de Languedoc*, tome II, liv. XVII.

Urbain II avait accordées à ceux qui s'étaient engagés dans la première expédition de la Terre sainte. En conséquence, le roi de France, qui avait depuis quelque temps résolu de se croiser, convoqua l'assemblée générale de la nation à Vézelay, en Bourgogne, le 31 mars 1146, qui était le jour de Pâques. Le clergé et la noblesse s'y rendirent en foule. Saint Bernard y prêcha la croisade avec tant de force, que tous demandèrent la croix. Louis le Jeune et son épouse Eléonor, la reçurent les premiers et ensuite le comte de Toulouse. Le roi, dans une autre assemblée qu'il tint à Chartres, trois semaines après, fit régler le départ que l'on remit à l'année suivante.

XXXVIII. — *Les Henriciens dans les Etats du comte de Toulouse — Prédications et miracles de saint Bernard*

L'église de Cahors, et, en général, toutes celles des provinces méridionales étaient, depuis quelque temps, infectées des erreurs d'un hérétique nommé Henri. C'était un moine apostat, qu'on croit originaire d'Italie, qui les y avaient portées. Il avait toutes les qualités propres à imposer aux simples et les séduire; à un extérieur négligé, à une piété apparente et à une modestie affectée, il joignait beaucoup d'esprit et d'éloquence. Il parcourait les diocèses nu-pieds, et portant une longue barbe. Après avoir prêché dans l'Aquitaine et le Languedoc, il alla en Provence et dans le Dauphiné, et s'y associa avec Pierre de Brives, qu'il regardait comme son maître. Ces deux hérésiarques rejetaient une partie de l'Ecriture sainte et le baptême des enfants; ils proscrivaient l'usage des temples et des autels, les prières pour les morts; ils prétendaient qu'il n'y avait point de sacrifice de la messe, qu'il ne fallait point honorer la croix, et que les évêques et les prêtres ne consacraient pas le corps et le sang de Notre-Seigneur, Jésus-Christ. Chassés du Dauphiné, ils se retirèrent dans le Bas-Languedoc où Pierre de Brives fut pris et brûlé vif. Henri évita par la fuite le même supplice. Mais la triste fin de son collègue ne le rendit pas plus sage. Il continua ses prédications et se fit, tant par lui-même que par ses disciples, une foule de prosélytes dans Toulouse, où il s'arrêta longtemps, et dans toutes les contrées voisines (1). On prétend qu'il séduisit le comte de cette ville; que ce prince le regardait comme un saint et qu'il lui accorda sa confiance. Cette opinion trouve quelque fondement dans une lettre que saint Bernard lui écrivit et que nous rapporterons bientôt. Quoiqu'on ne

1. *Histoire de Languedoc*, tome II, liv. xvii.

puisse l'appuyer de l'affirmation d'aucun historien contemporain, on ne peut s'empêcher d'avouer que la séduction d'Alphonse ne fut que trop réelle.

Le pape Eugène III, qui vint en France prêcher la croisade sur la fin du carême de l'an 1147, eut connaissance des progrès que l'hérésie d'Henri avait faits dans les pays soumis au comte de Toulouse et en fut alarmé. Pour remédier à un si grand mal, il chargea le cardinal Alberic, évêque d'Ostie, et son légat, de se rendre promptement sur les lieux, et d'y combattre les hérétiques. Le cardinal pria quelques évêques de France et saint Bernard de partager avec lui les travaux de cette mission importante. Le saint abbé de Clairvaux, avant de partir pour les lieux où les intérêts de la religion l'appelaient, crut devoir écrire au comte de Toulouse afin de lui annoncer les motifs de son arrivée prochaine dans ses Etats. Il manifeste à ce prince son étonnement sur les progrès que la doctrine Henricienne faisait dans son comté. Il se plaint qu'on y voyait les églises sans peuple, le peuple sans prêtres, et les prêtres sans ministère; que l'on n'y célébrait pas les fêtes, que les hommes mouraient sans sacrements et qu'on refusait le baptême aux enfants. « C'est ce qui m'engage, ajoute-t-il, tout infirme que je suis, à venir au secours de vos peuples, puisque personne ne s'oppose à l'erreur, et que l'hérétique, après avoir été chassé du reste de la France, ravage le troupeau de Jésus-Christ, sous votre autorité. Je vous laisse, prince illustre, à juger si cela vous fait honneur. *Il n'est pas toutefois surprenant que ce rusé serpent vous ait trompé;* car il affecte un extérieur de piété; mais apprenez quel il est : c'est un apostat qui, après avoir quitté l'habit religieux, a repris les mœurs du siècle. Il est retourné, comme un chien, à son vomissement, et n'osant demeurer parmi ceux qui le connaissent, il s'est mis à courir le monde. Il a commencé par mendier, et s'est mis ensuite à faire trafic de la parole de Dieu; car, il est homme de lettres; et, quand après son entretien, il peut extorquer de l'argent aux simples, il l'emploi au jeu ou avec les femmes de mauvaise vie. Informez-vous, si vous le souhaitez, de quelle manière il est sorti de Lausanne, du Mans, de Poitiers et de Bordeaux; il n'oserait y retourner, car il y a commis des actions infâmes. Quel fruit peut-on espérer d'un tel arbre? Tel est le sujet de mon voyage. Je ne l'ai pas entrepris de moi-même; mais par une vocation légitime et par un mouvement de compassion pour l'Eglise. Si on peut arracher cette épine et ce mauvais germe du champ du Seigneur, tandis que l'un et l'autre sont encore faibles et naissants, on en sera redevable aux soins des saints évêques, qui sont avec moi, et au puissant secours que vous voudrez bien nous accorder. Parmi ces prélats est l'évêque d'Ostie, légat du Saint-Siège, homme recommandable par ses travaux apostoliques. Il est de votre intérêt, prince illustre, de le recevoir avec honneur, de même que ceux qui l'accompagnent, et de faire en sorte, suivant le pouvoir qui vous a été donné d'en haut, que le travail que ces grands hommes viennent entreprendre, principalement pour vous et pour vos sujets, ne demeure pas sans fruit (1). »

Saint Bernard partit de Clairvaux, accompagné du moine Geoffroi, à qui nous sommes redevables de la relation de son voyage. Il passa dans les différentes villes où l'hérétique Henri avait prêché ses erreurs : à Poitiers, Bordeaux, Bergerac, Périgueux, Sarlat, Cahors, Toulouse (2). On dit qu'en venant de Sarlat à Cahors, il alla visiter la sainte chapelle de Rocamadour (3). Il avait une grande dévotion pour l'image de la sainte Vierge qu'on y honore, et l'on trouve, dans un ancien manuscrit conservé dans la bibliothèque de Saint-Germain-des-Prés, que le saint abbé conseillait aux chrétiens, qui avaient des maladies, des peines ou qui étaient en danger, d'y avoir recours. Il se montra partout comme un ange exterminateur et tutélaire en même temps. Il terrassait d'une main l'hérésie, de l'autre il guérissait les malades et les infirmes qui avaient recours à ses prières. Il opéra un grand nombre de miracles, qui joints à ses discours pathétiques, pleins de noblesse, d'onction et de douceur, donnèrent lieu à beaucoup de conversions. Il en opéra plusieurs à Cahors, selon le moine Geoffroi qui en fut témoin. Cet écrivain s'est contenté d'en rapporter deux. L'évêque de Cahors, qui l'avait logé dans son palais, lui présenta un de ses domestiques qui avait perdu un œil à la suite d'une blessure. Saint Bernard appliqua sa main sur cet œil et le domestique recouvra l'usage de la vue. Un bourgeois de la ville, tourmenté depuis sept ans d'une fièvre violente, ayant bu de l'eau bénite par le saint, il lui sembla qu'on versait sur sa tête un grand vase plein d'eau, et il fut guéri dans l'instant.

Toulouse fut un des principaux théâtres des prédications de saint Bernard, parce que cette ville était comme le foyer de l'hérésie. Henri y avait beaucoup de partisans, même parmi les principaux citoyens. Les miracles que saint Bernard opéra, entre autres, la guérison d'un chanoine de Saint-Sernin, qui était paralytique, firent ouvrir les yeux

---

1. Saint Bernard, *epist.* 241.
2. Geoffroi d'Auxerre, *epist.* — *Vita S. Bernardi*, liv. III, chap. VI.
3. Odo de Gissey, *Histoire de Notre-Dame de Rocamadour.*

à tous ceux qui avaient embrassé ou qui favorisaient les nouvelles doctrines; et si le comte de Toulouse avait eu la faiblesse d'être du nombre, il revint aux vrais principes de la foi. Saint Bernard, après avoir prêché avec beaucoup de succès dans plusieurs autres villes de la contrée, principalement dans celle d'Albi, où l'hérésie des Henriciens avait fait le plus de ravage, revint à Clairvaux, par la même route qu'il avait suivie en se rendant dans le domaine du comte de Toulouse. La ville de Cahors eut ainsi le bonheur de le recevoir une seconde fois dans ses murs. Cependant, quelque heureuse qu'eût été la mission de cet homme apostolique, le germe de l'hérésie ne fut pas entièrement étouffé; elle reprit insensiblement de nouvelles forces et causa enfin la désolation et la ruine de tous les pays soumis au comte de Toulouse.

XXXIX. — *Mort d'Alphonse, comte de Toulouse — Eloge de ce prince*

Alphonse partit, à la fin d'août de la même année, pour la Terre sainte. On ignore le nom des seigneurs, non-seulement du Quercy, mais des autres pays de sa domination, qui l'accompagnèrent dans ce voyage. Les historiens ne nomment que le vicomte de Béziers. Les chrétiens d'Orient attendaient avec impatience l'arrivée de ce prince, dont ils connaissaient le mérite, ils espéraient non sans raison qu'il serait comme son père, l'illustre Raymond de Saint-Gilles, la terreur des Infidèles. Mais à peine eut-il débarqué, qu'il fut empoisonné à Césarée, dans un souper qu'on lui servit. Un écrivain du temps, rapporte que ce fut *la reine* qui fit donner à Alphonse le poison dont il mourut; quelques modernes ont cru qu'il fallait entendre par cette reine, Eléonor, épouse du roi de France, qui fut portée à cet horrible attentat par ressentiment de ce qu'il détenait le comté de Toulouse, qu'elle prétendait lui appartenir; d'autres disculpent avec fondement cette princesse, et rejettent le crime sur Mélisende, reine de Jérusalem, sans nous dire quel motif put la pousser à le commettre. C'est dans le mois d'avril de l'an 1148, que le comte de Toulouse mourut, à l'âge de 45 ans. Il emporta dans la tombe les regrets de tous les habitants de la Palestine. Il était, sans contredit, un des plus grands princes de son siècle. Il n'avait pas encore 18 ans, quand il recouvra une partie de son domaine, que le duc d'Aquitaine lui avait enlevé pendant sa minorité, et il sut le conserver tout entier, malgré les guerres qu'il eut à soutenir contre de puissants ennemis, tels que le comte de Barcelone et le roi de France, Louis le Jeune, ce qui prouve sa valeur et son habileté dans le métier des armes. Il n'était pas moins versé dans la politique, c'est ce qui le fit rechercher plusieurs fois des cours étrangères pour être l'arbitre de leurs différends. Il gouverna ses sujets en père, aussi en était-il aimé comme de ses propres enfants. L'assemblée de Vezelay peut donner une idée de la considération dont il jouissait en France, puisqu'il y reçut la croix immédiatement après le roi et la reine, avant les comtes de Flandre, de Soissons et les autres grands vassaux, avant même Robert, comte de Dreux, qui était frère du roi. On pourrait facilement produire de nombreux témoignages de sa piété. S'il se laissa séduire par la doctrine de l'hérétique Henri, ce qui est fort douteux puisque les historiens du temps n'en parlent point, la croisade dans laquelle il s'engagea par esprit religieux, est une preuve que son cœur ne prit point de part à l'erreur. Il eut, il est vrai, des démêlés avec quelques monastères, celui entre autres de Saint-Audard, il leur causa du préjudice et s'engagea dans quelques démarches qui lui attirèrent l'anathème, soit de la part du pape, soit de la part des évêques de la province ; mais, ainsi que le fait remarquer le célèbre auteur de l'*Histoire générale de Languedoc,* outre le soin qu'il eut de se faire relever de l'excommunication, il paraît qu'il agit en cela pour des raisons d'Etat qui l'emportent quelquefois auprès des princes, même les plus pieux, sur celles de la religion. S'il eût, par exemple, cédé à l'opposition et aux plaintes de l'abbé de Saint-Audard, il n'aurait pas fondé Montauban, et en respectant les droits de cet abbé que lui ou ses prédécesseurs avaient certainement accordés, et de la perte desquels il pouvait facilement le dédommager, il aurait privé nos contrées d'une des plus importantes cités de la France. Alphonse laissa plusieurs enfants de Faydide d'Usez, sa femme. Son fils aîné, Raymond, qui fut le cinquième de ce nom, lui succéda ; il n'avait encore que 14 ans, car il était né en 1134.

XL. — *Fondation de l'abbaye de Sainte-Marie de Bonneval et donation en faveur de l'hôpital d'Aubrac, en Rouergue*

Guillaume de Caumont, évêque de Cahors, entreprit un voyage en Rouergue aussitôt après le départ de saint Bernard. Ce prélat avait coutume d'aller tous les ans dans ce pays pour visiter ses parents et ses domaines qui étaient considérables. Etant sur le point de se noyer en passant le Lot, près de Bonneval, il fit vœu de bâtir dans cet endroit un monastère, s'il avait le bonheur de se sauver. Arrivé heureusement au port, son premier soin fut d'accomplir son vœu. Il alla trouver

Pierre II, évêque de Rodez, qu'il chargea de la fondation et qu'il rendit dépositaire des terres qu'il affectait au monastère. Celui-ci exécuta la volonté de l'évêque de Cahors et fonda à Bonneval l'abbaye de Sainte-Marie, qu'il donna aux religieux de Citeaux (1). L'évêque de Cahors fit aussi, vers le même temps, des donations considérables à l'hôpital d'Aubrac, en Rouergue, fondé sous le règne de Louis le Gros par un nommé Adalard, seigneur du voisinage, qui l'unit à l'abbaye de Conques. Aubrac était auparavant un repaire de brigands qui désolaient toute la contrée. C'est ce qui détermina ce gentilhomme à y fonder un hospice pour la sûreté du pays et des voyageurs.

XLI. — *Transaction entre Raymond V, comte de Toulouse et l'abbé de Saint-Audard*

Albert II, abbé de Saint-Audard, survécut peu d'années à la fondation de Montauban et aux démêlés qu'il eut avec Alphonse, comte de Toulouse. Il était mort en 1149; car cette même année, son successeur Amelius se trouva à une grande assemblée que Raymond V convoqua dans l'église de La Magdelaine de Béziers, le second jour du mois de mai, qui était un lundi. Le vendredi suivant, il passa une transaction avec le comte de Toulouse au sujet des différends que son monastère avait eu avec Alphonse, et que le voyage et la mort de ce prince dans la Terre sainte avaient empêché de terminer. Le comte Raymond céda, par cet accord, à l'abbé et aux religieux de Saint-Audard la moitié du domaine et de la justice de Montauban, dont il se réserva seulement le château. Il leur céda aussi les terres que l'abbaye possédait avant la construction de la ville, la moitié du lieu et de la seigneurie de Villemade et de toutes les autres terres et seigneuries situées soit dans le voisinage de ce lieu, soit entre le Tarn et l'Aveyron, comme celle de Bretenor et de Lègres, avec la moitié de ces deux rivières, de leurs deux rives, de tous leurs ports et passages. Il leur donna de plus toutes les églises que l'on bâtirait, dans la suite, dans ces différents cantons, et exempta l'abbaye de tous les droits et devoirs envers lui et ses successeurs, avec liberté pour tout individu de Montauriol, ayant abandonné ce lieu pour habiter Montauban, d'y revenir et d'y demeurer quinze ans, sans

---

1. *Gall. christ.*, tome I, pag. 257. — Pierre II occupait depuis peu de temps le siège de Rodez. Il avait succédé à un évêque dont le nom n'est pas connu et à qui saint Bernard reproche vivement ses mœurs déréglées, dans une lettre qui fut écrite l'an 1146, suivant le calcul du père Mabillon. — *Gall. christ.*, tome I, pag. 207. — Saint Bernard, *Epist.* 240, 328 et 329.

être tenu de lui rien payer (1). Ainsi Raymond V, comte de Toulouse, répara avec usure les torts que son père avait pu faire à l'abbaye de Saint-Audard, en fondant la ville de Montauban.

XLII. — *Fondation de l'abbaye de la Garde-Dieu — Mort de Guillaume de Caumont, évêque de Cahors — Prétendus successeurs de Guillaume*

L'année suivante (1150), saint Etienne, fondateur et premier abbé d'Obasine, fonda l'abbaye de la Garde-Dieu, dans le Bas-Quercy, près de Mirabel et dans la paroisse de Sainte-Marie de Viminiez. Ce lieu était comme le centre des terres qui avaient été données, ainsi que nous l'avons déjà dit, aux *Bonshommes* d'Obasine, qui vivaient en communauté à Saint-Martin le Désarnat, près Lavercantière, et qui furent ensuite transférés à la Garde-Dieu, où ils suivirent la règle de l'ordre de Citeaux, sous le gouvernement de Géraud I, que saint Etienne leur donna pour abbé (2). Si l'évêque de Cahors fut témoin de cette fondation, qui eut lieu le 12 des calendes de décembre, il n'y survécut pas longtemps. L'abbé de Foulhiac et les autres bons historiens du Quercy placent sa mort à la même année. S'il fallait s'en rapporter à quelques écrivains, ce prélat aurait siégé sept ans de moins, puisqu'ils ont prétendu que l'évêque Raymond, mentionné dans l'acte de fondation de Montauban, était évêque de Cahors, et que le comte de Toulouse lui confisqua le comté de sa ville épiscopale, que Guillaume de Cardaillac, un de ses successeurs, recouvra au commencement du XIIIe siècle. Ce n'est là qu'une fable à laquelle nous voyons avec peine Denis de Sainte-Marthe paraître y avoir cru. Malgré l'autorité d'un si grand historien, il n'est pas moins vrai qu'aucun évêque du nom de Raymond n'a siégé à Cahors immédiatement après Guillaume de Caumont, et que celui, dont il est parlé dans l'acte de fondation de Montauban, était certainement l'évêque de Toulouse. On sait en effet qu'un Raymond occupait alors le siège épiscopal de cette ville. Pour combattre l'opinion de Denis de Sainte-Marthe, nous n'emprunterons d'autres armes que celles qu'il nous fournit lui-même. En effet, il fait siéger à Rodez, Pierre II, successeur de l'évêque anonyme contre lequel saint Bernard se déchaîne dans une de ses lettres (1146). Mais ce même

---

1. *Histoire de Languedoc*, tome II, pag. 463. — Le Bret., *Histoire de Montauban*, pag. 51 et suivantes.

2. *Gall. christ.*, tome I, pag. 185. — Manrique, *Annal. Cisterc.* tome II, an. 1150.

Pierre, déclare dans l'acte de fondation de l'abbaye de Bonneval, en Rouergue, qu'il fait bâtir ce monastère au nom de Guillaume de Caumont, évêque de Cahors, qui l'en avait chargé et lui avait donné pour cela des terres de son domaine. Il était déjà évêque de Rodez, quand celui de Cahors lui donna sa procuration pour cet établissement religieux ; or, d'après Denis de Sainte-Marthe, il n'a pu commencer à siéger que, tout au plus, vers la fin de l'an 1146 (1); par conséquent, l'évêque de Cahors n'était pas mort avant l'année 1144, et l'évêque Raymond, dont nous avons parlé, ne peut être son successeur. L'erreur vient de ce que Dom Mabillon, ayant vu dans une lettre de saint Bernard, un Raymond *episcopus Catinensis*, a présumé qu'il fallait y substituer *episcopus Cadurcensis*. Mais ce savant ne s'est jamais occupé de l'histoire des évêques de Cahors, il n'a eu connaissance que de ceux qu'il rencontrait dans quelques-uns des documents qui lui servaient à composer ses précieux ouvrages. Le premier auteur du *Gallia christiana*, Claude Robert, et sur la foi de cet écrivain, l'historien moderne du Quercy, ont encore bien plus abrégé le temps de l'épiscopat de Guillaume de Caumont, puisqu'ils lui donnent, pour successeur, un nommé Geofroi ou Godeffroi que le premier fait siéger en 1129, se fondant sur la copie d'un diplôme accordé cette année en faveur de l'abbaye de Saint-Denis, par Louis le Gros, et son fils Philippe, et dans lequel il est parlé d'un Geofroi, évêque de Cahors ; mais les frères de Sainte-Marthe, dans leur *Gallia christiana*, observent que l'original de ce diplôme porte *Goffredum Carnotensem episcopum*, et cette observation est très juste. Car, outre qu'il est évident que Guillaume de Caumont siégeait alors, on sait qu'un Geofroi était, à cette époque, évêque de Chartres (2). Il assista au concile de Soissons, en 1121, fut légat du pape Innocent II, en Aquitaine, où il invita saint Bernard à se rendre, en 1135, pour l'aider à arracher cette province au schisme dans lequel elle était tombée, en reconnaissant l'antipape Anaclet, séduite par les discours artificieux de Gérard, évêque d'Angoulême ; et c'est précisément de ce Geofroi qu'il s'agit dans le diplôme de Louis le Gros, qui avait pour objet la réunion du monastère d'Argenteuil à l'abbaye de Saint-Denis. Fleuri, qui en parle (3), le fait positivement évêque de Chartres, et Fleuri pouvait mieux le savoir que tout autre, parce qu'en sa qualité de prieur d'Argenteuil, il s'était attaché à connaître à fond l'histoire de cette réunion.

1. *Gall. christ.*, tome I, pag. 207 et 257.
2. Fleuri, *Hist. ecclésiast.*, liv. LXVII, chap. XXI.
3. Fleuri, *Hist. ecclésiast.* liv. LXVII, chap. LXII.

Cette même année (1150), le prieuré de Sainte-Marie de Cagliari, en Sardaigne, obtint du pape Eugène III, une bulle par laquelle le Souverain Pontife le confirme dans la possession des églises et des biens qu'il avait dans les diocèses de Limoges, Périgueux et Cahors. Les églises que ce monastère avait dans ce dernier diocèse étaient celles de Saint-Vincent de Felzins, près de Figeac et de Sainte-Magdeleine d'Enguirande, son annexe. Nous ignorons l'époque à laquelle elles furent données à ce prieuré étranger à la France et le nom du donateur. Il en perdit, avec le temps, la propriété. Le curé en devint seigneur et décimateur, et l'évêque de Cahors, patron.

XLIII. — *Géraud III Hector, évêque de Cahors — Philippe, Aymar II, Aymeric et Raymond I, abbés de Moissac, de Figeac, de Marcillac et de Sept-Fons*

Le véritable successeur de Guillaume de Caumont est Géraud, troisième de ce nom. Il était surnommé Hector (1). Nous savons qu'il appartenait à la famille d'*Assida de Suzat*, en Limousin, alliée à celle d'Aubusson et de Ventadour, parce que Jean, son frère, évêque de Périgueux, portait ce nom.

Philippe de Roquefort, d'une illustre famille de l'Agenais, prit vers ce même temps le gouvernement de l'abbaye de Moissac. Il avait succédé à l'abbé Géraud à qui le vicomte Odon, héritier du vicomte Saxet, prêta serment de fidélité pour le château et le lieu de Saint-Nicolas-de-la-Grave (2).

Aymar II était encore à cette époque abbé de Figeac. Parmi les lettres de saint Pierre le Vénérable, on en trouve une qu'il écrivit à cet abbé, et dans laquelle il se plaint de ce qu'il n'a pas répondu aux lettres qu'il lui avait écrites. Il lui fait sentir sa faute qu'il l'exhorte à réparer, et lui enjoint de se rendre à Cluny aux fêtes de la Noël, ou à celle de l'Epiphanie (3). Aymar reçut d'Eugène III une bulle de l'an 1146, par laquelle le Souverain Pontife confirma le monastère de Figeac dans ses privilèges et la possession de tous ses biens (4).

Aymeric, successeur de Ratier, gouvernait le monastère de Marcillac (5). Dans celui de Sept-Fons, après la mort de Pierre I, on avait élu

1. *Gall. christ.*, tome II, pag. 1467.
2. *Cartulaire de Moissac.*
3. *Bibliot. Cluniac.* — Pierre le Vénérable, liv. VI, *epis.* 1.
4. *Gall. christ.*, tome I, pag. 174.
5. *Ibid.*, tome I, pag. 177.

Raymond I, en faveur duquel quelques gentilshommes de la maison de Montpezat se désistèrent d'une portion des dîmes qu'ils avaient sur la terre de Saint-Marcel. Ce Raymond avait eu pour successeur Guillaume I, vers le commencement de l'an 1147 (1); car on trouve que, cette année, Guillaume fit un accord avec Armand de la Mothe, doyen de Cayrac, qui était depuis quelques années en procès avec Arnaud de Broza, prieur de Saint-Marcel, au sujet de certains droits que le doyen prétendait avoir sur ce lieu; il s'engagea à payer au monastère de Cayrac une rente de 50 sous, et Arnaud se dépouilla de toutes ses prétentions sur la terre de Saint-Marcel. Ces droits venaient, sans doute, des diverses donations que les seigneurs de Montpezat avaient faites dans le temps aux religieux de Cayrac, et dont nous avons parlé.

XLIV. — *Restitutions au chapitre de Cahors*

Quoiqu'il soit certain, ainsi que nous le prouverons ailleurs, que le siège épiscopal de Cahors ne soit pas demeuré vacant, après la mort de Guillaume de Caumont, et que Géraud Hector l'ait occupé aussitôt; nous ne trouvons néanmoins aucun monument où celui-ci soit mentionné, pour les deux premières années de son épiscopat. Cela nous porte à croire qu'il les passa en Limousin, auprès de sa famille. En effet, s'il avait été à Cahors, il aurait pris part à un accord qui eut lieu en 1152, entre Raymond, prieur de son chapitre, qui avait succédé à Hugues et Isarn de Luzech (2). Ce seigneur s'était emparé de l'église d'Albas et de ses revenus; mais les chanoines de Cahors réclamèrent hautement cette portion de leur domaine, et forcèrent l'usurpateur à en venir avec eux à un accommodement qui eut lieu dans le cloître de la cathédrale. Là, Isarn, reconnaissant sa faute, restitua l'église et répara le dommage qu'il avait fait au chapitre; il lui accorda le droit de faire paître ses bestiaux dans ses forêts et celui d'y prendre le bois de construction qui lui serait nécessaire. Le prieur Raymond donna à son tour au seigneur de Luzech, la garde du château d'Albas, pour lequel celui-ci se reconnut son hommager, s'obligeant à le remettre au prieur quand il en serait requis par lui. Cette transaction fut passée en présence de Guillaume de Gourdon (3), de Baudouin de la Roche, de

1. *Ibid.*, tome I, pag. 183, Instrum., pag. 46.
2. *Cartul. Cadurc.*
3. Fils d'Aymeric de Gourdon et d'Anne de Turenne, dont le fils se maria avec Aquilie, fille du vicomte de Limoges. — Geoffroi de Vigeois, *Chron.*, chap. XLI. — Labbe, *Bibliot. nova*, tome II, pag. 300.

Guillaume de Saint-Geniès, d'Antoine Ratier de Cusel (1), d'Antoine de Clairmont le Gourdonnais, de Guillaume d'Ussel, d'Antoine *Belladens*, de Bernard de Saint-Germain (2), tous gentilshommes de la contrée. Isarn et son fils promirent qu'il n'y aurait plus de différend entre le chapitre et eux, soit au sujet de l'église d'Albas, soit au sujet de celle de Caillac.

Il y eut, la même année, un autre accord passé entre le même prieur et Raymond de Salvanhac, fils de Bernard de Salvanhac, en Albigeois, maison puissante en ce temps-là, qui avait de grandes terres dans le Bas-Quercy. Ce seigneur ne voulait pas se reconnaître vassal du chapitre de Cahors pour l'église et la terre de Millac, près de Caussade, quoique ce fief appartint à l'église de Cahors. Il s'y détermina enfin, rendit hommage au prieur auquel il paya une redevance de dix sous, sur les conseils d'Adhémar de la Roche, archidiacre de l'église de Cahors et de Raymond de la Penche (de Picta). Il se réserva toutefois qu'il aurait le droit de sépulture dans la cathédrale ou le cloître, et que si lui ou quelqu'un de ses enfants voulait se faire chanoine, il serait reçu de préférence à toute autre personne. L'acte qui est écrit en langue vulgaire, fut dressé en présence de Hugues de Montpezat et d'Armand, son frère. Raymond de Salvanhac paraît être mort sans postérité; mais il lui survécut deux frères, Hugues et Bernard, qui donnèrent au chapitre de Cahors, pour le salut de son âme, un domaine situé dans la paroisse de la Penche; ils furent apparemment ses héritiers.

XLV. — *Bulle du pape Anastase IV en faveur du chapitre du Vigan — Accord entre l'abbé d'Obasine et l'archiprêtre Géraud de Vineirafont*

Le pape Anastase IV accorda, la première année de son pontificat, 1153, une bulle à Guillaume, prieur du Vigan, par laquelle il prend ce chapitre sous sa protection et lui confirme, à l'exemple de ses prédécesseurs, ses privilèges et ses possessions et unions de bénéfices. On y trouve plusieurs lieux et églises appartenant à ce chapitre, qui ne sont pas rapportés dans le diplôme de Pierre de la Chastre, archevêque de Bourges : ce sont une aumônerie *(domus eleemosynaria)*, c'est-à-dire un hospice pour les pauvres, contigu au cimetière, voisin de la chapelle

---

1. Crusel ou Cluzel, vers Montcuq.
2. Bernard de Gaulejac, dit de Saint-Germain, seigneur d'Espanel.

de Saint-Siméon de Gourdon, l'église et l'hôpital de l'*Albespy*, qu'on ne connaît pas, l'église de Fajoles et celle de Saint-Chamarand.

La même année, l'évêque de Cahors confirma et scella de son sceau, un accord fait entre saint Etienne, abbé d'Obasine, et un nommé Géraud de Vineirafont, archiprêtre, concernant les dîmes de l'église de Gannac (1). Il partit ensuite pour l'Italie, sans que l'on connaisse le sujet de son voyage, qui ne fut pas heureux, comme nous le dirons ailleurs.

XLVI. — *Révolte contre Raymond V, comte de Toulouse — Victoire de ce prince — Il épouse Constance, sœur de Louis le Jeune — Le roi de France vient à Toulouse*

Nous avons vu que Raymond V, comte de Toulouse, était fort jeune quand il prit les rênes de ses Etats. C'est ce qui engagea presque tous ses vassaux de Languedoc à se révolter contre lui. Ils mirent dans leur parti le comte de Barcelone, mais la fortune se montra favorable au comte de Toulouse. S'étant mis en campagne, il vainquit ses ennemis et fit prisonniers ceux qui avaient témoigné le plus de haine contre lui, Raymond Trencavel, vicomte de Béziers et d'Agde, Guillaume VII, seigneur de Montpellier, et un très grand nombre de puissants chevaliers qui furent enfermés dans les prisons de Toulouse. Il leur rendit, l'année suivante, la liberté, moyennant une forte rançon; il obligea même Raymond Trencavel à lui céder quelques places.

Après une si glorieuse victoire, il se maria avec Constance, sœur de Louis le Jeune, roi de France. Cette alliance contribua à le faire respecter davantage par les seigneurs de la province. Constance était depuis un an veuve d'Eustache de Blois, mort sans enfants, le 10 août 1153, après avoir été associé l'année précédente à la couronne d'Angleterre, par le roi Etienne, son père, et c'est parce que son premier époux avait été roi, qu'elle conserva, suivant l'usage du temps, le titre de reine. Les sujets de Raymond V se réjouirent de ce mariage qui assurait à leur maître la protection du roi de France, et qu'un évènement auquel on ne s'attendait point, devait rendre importante. Henri II, roi d'Angleterre, avait épousé Eléonor, duchesse de Guyenne, après que Louis le Jeune, qui en avait eu deux filles, l'eut répudiée. En s'unissant à une princesse décriée, il avait eu en vue l'agrandissement de ses

---

1. *Gall. christ.*, tome I, pag. 130.
2. *Histoire de Languedoc*, tome II, liv. xviii.

Etats et son ambition n'était qu'imparfaitement satisfaite, si en faisant revivre les droits litigieux de son épouse, il ne réunissait pas au domaine de Poitiers celui de Toulouse.

Louis le Jeune, à son retour de Compostelle, où il était allé en pèlerinage, alla rendre visite à son beau-frère (1155). Les Toulousains le reçurent dans leur ville avec autant de joie qu'ils avaient montré d'ardeur à l'en repousser lorsqu'il y avait paru en ennemi. De Toulouse, il alla dans les autres villes des Etats de Raymond V. Nous ne croyons pas que ce prince ait honoré Cahors de sa présence, car pour revenir en France, il prit sa route par le Bas-Languedoc.

XLVII. — *Union du bénéfice de Sainte-Eulalie à l'abbaye de la Couronne, diocèse d'Angoulême — Derniers vicomtes de Bruniquel, de la race des comtes de Toulouse*

On ne trouve cette année (1155), concernant le Quercy, qu'une bulle d'Adrien IV, par laquelle ce Souverain Pontife unit le bénéfice de Sainte-Eulalie à l'abbaye de la Couronne, diocèse d'Angoulême.

L'année suivante (1156), les deux frères Armand et Adhémar, vicomtes de Bruniquel, vendirent, pour la somme de 6,500 sous melgoriens, à Raymond Trencavel, vicomte de Béziers et d'Agde, leur cousin, tous les domaines qui avaient été donnés en dot à Guillelmette, leur aïeule, mère de Pierre Aton, vicomte de Bruniquel, leur père, et tante de Raymond Trencavel. Parmi ces domaines étaient : le château de Brusques, situé sur les frontières du Rouergue et de l'Albigeois et dont Austor, seigneur de Lunas, au diocèse de Béziers, tenait la moitié en fief, des deux vicomtes de Bruniquel; le lieu de Saint-Nazaire de Confolens, les châteaux de Vinza, de Rocabru, de Ventagion (1). Il n'est pas parlé dans cette charte du château de Vinassan, au diocèse de Narbonne, qui faisait aussi partie de la dot de leur aïeule Guillelmette, que leur père donna en fief, et pour lequel il reçut l'hommage (1126); ils l'avaient, sans doute, entièrement aliéné. Il paraît que ces seigneurs ne se déterminèrent à conclure ces ventes que parce qu'ils n'avaient point de postérité. Ils furent, en effet, les derniers vicomtes de Bruniquel, de la race des anciens vicomtes de Toulouse, dont il soit fait mention. On croit qu'une nommée Pétronille, qui se maria avec Arnaud-Bernard de Montlavard (2), était leur sœur, et qu'elle hérita du domaine de la

---

1. *Hist. de Lang.*, tome II, liv. XVIII. — Note 33. — Preuves, pag. 560.
2. Aujourd'hui Mondenard, près Lauzerte.

maison de Bruniquel, qu'elle transmit à ses enfants Arnaud-Bernard et Braïde, et qui consistait dans la vicomté proprement dite de ce lieu et dans La Bastide de Blango, que ses frères donnèrent en fief en 1156. Nous aurons occasion de parler ailleurs de cette dame. Guillaume de Lacroix attribue au vicomte Adhémar la fondation du monastère de Saint-Marcel (1). Nous avons dit, au contraire, qu'il dut ses commencements à la générosité des seigneurs de Montpezat; ils ont donc pu, tout au plus, en être les bienfaiteurs. Ce qui a trompé l'historien des évêques de Cahors, c'est une charte de donation en faveur de cette abbaye qui regarde Pétronille, et qui est signée par Adhémar.

XLVIII. — *Bonne intelligence entre le roi de France et le comte de Toulouse*

La reine Constance, épouse de Raymond V, accoucha le 27 octobre de la même année de Raymond leur fils aîné. La naissance de ce prince lia plus étroitement le comte de Toulouse avec le roi de France et l'on remarque que ce monarque eut dans les Etats de son beau-frère une autorité que les rois ses ancêtres n'y avaient pas depuis longtemps exercée. Cette bonne intelligence, entre les deux beaux-frères, fut très avantageuse aux peuples soumis à la domination du comte Raymond, à cause de la guerre que le roi d'Angleterre ne tarda pas à déclarer à ce prince.

XLIX. — *Voyages de l'évêque de Cahors en Italie et en Limousin — Brouille entre Frédéric Barberousse et le pape*

L'évêque de Cahors était arrivé d'Italie dans son diocèse avant le milieu de l'année 1158; car nous trouvons qu'il donna, le VI des calendes de novembre de cette année, à Hugues, abbé d'Uzerche, l'église de Saint-Bonnet (2). Il fut témoin des fêtes que les Italiens organisèrent en l'honneur de Frédéric I, dit *Barberousse*, après que le pape Adrien IV l'eut couronné empereur dans l'église de Saint-Pierre de Rome, le samedi 18 juin 1155. Le prélat rendit visite à ce prince qui lui fit un accueil distingué et lui accorda des lettres de sûreté pour voyager dans ses Etats (3). A quelque temps de là ayant appris que le

---

1. G. de Lacroix, *Series epis. cad.*, pag. 74.
2. *Gallia christ.*, tome I, pag. 130.
3. D'Achery, *Spicilegium*, tome III, pag. 403.

vicomte de Ventadour, son proche parent (c'était Eble III), était tombé malade en revenant de Jérusalem, dans le monastère du Mont-Cassin, il s'y transporta; mais il le trouva mort à son arrivée. Sur ces entrefaites, le pape et l'empereur se brouillèrent au sujet d'une lettre, que le Souverain Pontife écrivit à ce prince en 1157, dans laquelle il lui disait, entre autres choses, de ne pas oublier avec quel grand plaisir la sainte église romaine, sa mère, lui avait mis la couronne impériale sur la tête. Frédéric, n'ignorant pas d'ailleurs que les Italiens prétendaient, en général, que les rois d'Allemagne étaient redevables aux papes de l'empire de Rome et du royaume d'Italie (1), fut choqué de ces expressions. La lettre d'Adrien IV et les principes qu'elle contenait, enflammèrent le courroux de l'empereur qui revint incontinent en Italie à la tête d'une armée. Le lien qui unissait le sacerdoce et l'empire fut dès lors rompu. Il en résulta de grands troubles qui engagèrent le roi de France à envoyer à l'évêque de Cahors la commission de travailler au rétablissement de la paix. Comme ce prélat allait agir conformément aux ordres de son souverain, il perdit ses lettres de sûreté en revenant de Ferrare, où il était allé rendre compte au marquis de cette ville de quelques affaires dont il l'avait chargé. Il fut arrêté et mis en prison par les gens de l'empereur qui faisaient main basse sur les évêques, les prêtres et les moines, même sur les laïques étrangers qu'ils rencontraient. Ils poussaient la barbarie jusqu'à dépouiller leurs prisonniers de leur argent et de leurs effets; c'est ce dont se plaignit l'évêque dans la lettre qu'il écrivit à l'empereur pour recouvrer sa liberté. Il lui demanda instamment, au nom du roi de France et de Raymond, comte de Toulouse, sa délivrance et celle du vicomte d'Aubusson, son cousin germain, et sollicita la même grâce en faveur de quelques élèves et de quelques moines français et anglais que les affaires de leurs églises avaient appelés en Italie (2).

De retour dans sa ville épiscopale, Géraud Hector ne nous paraît pas y avoir fait un long séjour. Il se hâta de se rendre en Limousin auprès de ses parents, et au château de Ventadour, pour y rendre compte de la mort du vicomte Eble III et de ses dernières dispositions

---

1. Fleuri, *Hist. ecclés.*, pag. 70, num. 23.
Ce qu'ils soutenaient non-seulement par les paroles et les écrits, mais même par les peintures. On voyait, en effet, à Rome un tableau de l'empereur Lothaire, où il était représenté dans le palais de Latran, recevant à genoux la couronne de la main du pape, avec cette inscription : Le roi s'arrête à la porte et après avoir juré de maintenir les droits de Rome, il devint vassal du pape, de qui il recevait la couronne.

2. D'Achery, *Spicilegium*, tome III, pag. 519.

qu'il avait recueillies au Mont-Cassin. Ce qui nous fait croire à ce voyage, c'est le complot de révolte contre le comte de Toulouse, que les principaux habitants de Cahors formèrent à l'insu du prélat et qu'il aurait certainement prévenu par sa présence, en sa qualité d'évêque et de souverain de cette ville.

L. — Henri II, roi d'Angleterre, envahit le comté de Toulouse — Il s'empare du Quercy — Il échoue devant Toulouse

Henri II, roi d'Angleterre, résolu de s'emparer du comté de Toulouse, tenta tous les moyens qui pouvaient lui rendre cette conquête facile. Il mit dans son parti le comté de Barcelone et les plus puissants seigneurs du Languedoc avec les principaux habitants de Cahors, qui lui promirent de lui livrer cette ville quand il se présenterait devant ses remparts. Cela fait, il assembla, à la mi-carême de l'an 1159, pour son expédition une armée nombreuse. Au moment de quitter l'Angleterre il se fit couronner pour la troisième fois à Winchester avec son épouse Eléonor, le jour de Pâques, qui était cette année le 12 avril. Il partit ensuite accompagné de Malcolfe, roi d'Ecosse, d'un grand nombre de seigneurs et de prélats de son royaume et de son chancelier Thomas Becket, qui commandait 700 de ses vassaux. Il arriva à Périgueux à la fin de juin 1159. Il entra ensuite dans le Quercy sans trouver nulle part la moindre résistance, et se présenta devant Cahors, qui lui ouvrit ses portes. Il y établit le dépôt de tous les soldats qui ne pouvaient pas le suivre; et après avoir mandé au comte de Barcelone, au vicomte de Béziers et au seigneur de Montpellier de venir promptement le joindre avec leurs troupes, il parvint jusqu'aux limites du Bas-Quercy avec la même facilité. Il n'y eut que Moissac qui osa lui résister. Mais il s'en rendit maître et la livra, paraît-il, au pillage; c'est du moins ce que l'on peut inférer du fragment d'une lettre que l'abbé de Foulhiac rapporte avoir lue dans un nécrologe de l'abbaye de Moissac (1). L'abbé de Cluny l'écrivit aux religieux de ce monastère; il leur témoignait combien il était sensible aux maux qu'ils avaient soufferts et aux pertes qu'ils avaient faites. Ce qu'on ne peut entendre que des malheurs du siège et de la prise de la ville.

Henri II, ayant ensuite passé la Garonne, s'empara du château de Verdun; puis il se porta sur Castelnau-d'Estretefonds, qu'il prit et où il campa quelque temps. La rapidité avec laquelle ce prince fit la

---

1. Foulhiac, *Chron. latine du Quercy.*

conquête du Quercy, nous porte à croire que le comte de Toulouse n'y avait pas envoyé de troupes pour arrêter la marche de son ennemi, et que les seigneurs de ce pays qui avaient leurs châteaux sur la route que tint le roi d'Angleterre, tels que ceux de Gourdon et de Castelnau-Montratier, se sentant trop faibles pour tenir la campagne, furent forcés de se soumettre à ce prince.

Le roi Louis le Jeune, qui avait prévu le dessein du roi d'Angleterre, s'était empressé de venir au secours de son beau-frère. Après avoir fortifié la ville de Toulouse et l'avoir munie de toute sorte de provisions, ils s'y renfermèrent, résolus de la défendre jusqu'à la dernière extrémité. Henri II, sans s'effrayer de cet appareil de défense, s'avança vers la place et en forma le siège. Mais tous les efforts qu'il fit pour s'en rendre maître furent inutiles. Après avoir dépensé des sommes immenses et perdu une partie de son armée avec plusieurs seigneurs de distinction, voyant d'ailleurs la saison assez avancée, il fut obligé de décamper. Il couvrit la honte de sa retraite, en faisant répandre le bruit qu'il n'avait pas voulu donner l'assaut à la ville par respect pour le roi de France, son suzerain, qui la défendait. A son retour il attaqua ou prit divers châteaux dans le Toulousain et le Bas-Quercy et revint à Cahors, dont il trouva les portes fermées. L'évêque et le roi de France avaient remis cette ville sous l'obéissance du comte de Toulouse, après en avoir fait chasser les partisans des Anglais. Mais Henri l'assiégea, la prit et y mit une garnison sous les ordres de Thomas Becket, son chancelier, à qui il donna le commandement de toutes les places qu'il avait enlevées sur le comte de Toulouse (1). Il dépouilla l'évêque de Cahors de toutes ses terres, suivant ce qui est dit dans le cartulaire de Marcillac, pour le punir de ce qu'il avait engagé les habitants de sa ville à revenir à l'autorité légitime. Il prit ensuite la route de la Normandie après avoir fait la conquête des principaux lieux du Haut-Quercy. Il ne fut pas permis à l'évêque de Cahors de demeurer dans sa ville épiscopale ni même dans son diocèse, de peur qu'il n'excitât le peuple du Quercy à la révolte. Ce prélat se vit obligé de se retirer en Limousin, dans sa maison paternelle.

Les monuments locaux ne fournissent aucun détail sur la conquête du Quercy par le roi d'Angleterre. Dans une charte on trouve seulement

---

1. Le docteur Lingard, dans son *Histoire d'Angleterre*, après avoir relaté la prise de Cahors, ajoute : Le chancelier resta pour assurer les conquêtes que l'on avait faites. Il fortifia Cahors, emporta de vive force trois châteaux, considérés comme imprenables jusqu'alors, et jouta contre un chevalier français dont il ramena le cheval comme preuve honorable de sa victoire.

cette mention qu'elle fut écrite *sous le règne de Louis, roi de France, et l'épiscopat de Géraud Hector, Henri, roi d'Angleterre, étant campé à Castelnau-d'Estretefonds, menaçant le comte de Toulouse* (1).

LI. — *Donations à l'abbaye de Sept-Fons*

Quoique le roi d'Angleterre fût maître du Quercy, il ne paraît pas néanmoins que les habitants de ce pays l'aient reconnu pour leur souverain. C'est ce qu'on voit par les chartes postérieures à l'expédition de ce prince. L'une est datée du V des ides d'août de l'an 1159, sous le règne de *Louis, roi de France, prince très pieux, l'épiscopat de Géraud Hector, et le consulat de Raymond de Toulouse* (2). Elle contient une donation faite à l'abbaye de Sept-Fons entre les mains de l'abbé Bernard, par Guillaume de Pomaret. Ce seigneur étant auprès de l'église de Saint-Martin de Montpezat, donne à ce monastère la terre de *Fossat-Franc,* à condition que si lui ou ses enfants veulent s'y faire religieux ils y seront reçus, sauf le droit de l'ordre de Citeaux. C'est à cette même condition que Géraud de Solier, son parent, fait aussi quelques dons à la même abbaye. L'abbé de Sept-Fons en acceptant leurs diverses donations déclara qu'en quelque endroit que mourussent les deux donateurs, ils seraient traités comme ses propres moines : ce qui s'entend des prières qu'on avait coutume de faire pour les religieux défunts (3).

---

1. Guillaume de Lacroix a commis une erreur dans la date qu'il a donnée à cet acte. Il met MCLVIII au lieu de MCLVIIII.

2. *Gallia christ.,* tome I, Instrum., pag. 46, col. 2.

3. L'acte est signé par Raymond de Mazerie ou Mazeriac, chanoine de Cahors, par Raymond de Salvanhac et Armand de Montpezat, gendre de Guillaume de Toulouse. Ce Guillaume de Toulouse descendait du seigneur Adhémar, troisième du nom, qui restitua en 1098, l'alleu de *Majeuse* à l'abbaye de Moissac et qui, dans l'acte, se qualifie, avec raison, vicomte de Toulouse. Mais il possédait aussi la vicomté de Bruniquel et de Montclar, qu'il tenait de ses prédécesseurs, et dont il prit quelquefois le titre, auquel ses descendants se bornèrent, parce que les terres de Bruniquel et de Montclar étaient le principal domaine des vicomtes de Toulouse. Un fils d'Adhémar III eut pour son apanage le château de Montclar et fut surnommé de Toulouse, parce que ses ancêtres avaient possédé la vicomté de cette ville, surnom que prit aussi son fils Guillaume qui, outre la fille qu'il donna en mariage à Arnaud, seigneur de Montpezat, eut un fils appelé Pons de Toulouse, dont il sera parlé. Guillaume de Toulouse ne posséda d'abord que les deux tiers de la vicomté de Montclar; mais il fit l'acquisition de l'autre partie qui était au pouvoir de la vicomtesse de Montredon, en donnant en échange à cette dame le château de Janes Méjanes, en Albigeois (1153). — *Hist. de Lang.,* tome II, note 33, pag. 610 et suivantes.

CHAPITRE LII

LII. — *Schisme après la mort du pape Adrien IV — Le pape Alexandre III se réfugie en France — Continuation de la guerre entre le roi d'Angleterre et le comte de Toulouse*

L'évêque de Cahors ne s'endormit pas sur la perte de son domaine (1). N'ayant pu le recouvrer par le crédit de ses parents et des autres personnes puissantes qu'il fit agir en sa faveur, il eut recours au Saint-Siège et partit pour Rome suivi de l'évêque de Limoges, des abbés de Saint-Martial et de Saint-Augustin de cette ville et du prieur du Vigeois. Arrivé en Italie, il trouva l'église dans la plus grande agitation. Le pape Adrien IV était décédé. La plupart des cardinaux avaient élu à sa place Alexandre III, et les autres le cardinal Octavien, qui avait pris le nom de Victor III. Cette double élection causait un schisme d'autant plus funeste que l'empereur Frédéric avait reconnu Victor pour légitime successeur du pape défunt. La conjoncture n'était donc pas favorable pour que Géraud Hector obtînt justice de la cour de Rome. Le pape Alexandre, bien loin d'ordonner au roi d'Angleterre de lui rendre le temporel de son évêché, devait ménager un prince qui aurait bien pu suivre l'exemple de l'empereur. D'ailleurs les persécutions qu'il souffrait de la part de ceux qui soutenaient l'antipape étaient si violentes qu'elles ne lui permettaient pas de s'occuper d'affaires particulières. Bientôt même elles le contraignirent à chercher un asile en France. L'évêque de Cahors, celui de Limoges et les abbés qui étaient à leur suite, l'y accompagnèrent. Mais il paraît qu'ils ne le suivirent pas jusqu'à Montpellier où il n'arriva qu'après la mi-avril, tandis qu'ils arrivèrent quelques jours plutôt et dans le temps pascal, au monastère de Vigeois, où les moines les reçurent en chantant le repons *Isti sunt agni novelli*, etc., (2).

Pendant le séjour que le pape fit à Montpellier, il accorda, dans le mois de juin, à Bernard, abbé de la Garde-Dieu, une bulle par laquelle il prit son monastère sous sa protection spéciale, confirma aux religieux la possession de leurs biens avec le droit qui leur avait été accordé de ne point payer la dîme des terres qu'ils avaient défrichées et qu'ils cultivaient de leurs propres mains, et enfin, autorisa un accord qui venait d'être fait entre eux et les hospitaliers de Saint-Amans de l'ordre de Saint-Jean-de-Jérusalem. Le lieu de Saint-Amans, dont il

---

1. Foulhiac. — Geoffroi du Vigeois, *Chron.*, chap. LVII.
2. Geoffroi du Vigeois. *Chron.*

s'agit, est situé près de Molières et par conséquent dans le voisinage de la Garde-Dieu. La bulle d'Alexandre III est le plus ancien monument où il soit parlé de cette maison de l'ordre de Saint-Jean., vraisemblablement la première que ces chevaliers aient eue dans le Quercy. Nous ignorons l'auteur et la date, sans doute récente, de cette fondation. Elle avait titre de commanderie, soumise au prieuré de Saint-Gilles en Languedoc. Le lieu et l'église de Saint-Amans firent ensuite partie de la commanderie de Vaour.

Vers ce temps là, Thomas Becket, chancelier d'Angleterre, que le roi Henri II avait laissé à Cahors pour gouverneur de cette ville et de toutes les places conquises sur le comté de Toulouse, fut élevé sur le siège archiépiscopal de Cantorbéry, dignité qui lui valut la palme du martyr. On ne connaît pas le gouverneur qui fut mis à sa place.

L'évêque de Cahors alla joindre le pape à Paris, où il était arrivé pendant le carême de l'an 1163, et il assista à la consécration de l'église de Saint-Germain-des-Prés, qui fut faite par le Souverain Pontife (1). Les intérêts temporels de son église étaient, sans doute, le but de son voyage. Mais la conjoncture était toujours peu favorable. Il était douteux que le roi d'Angleterre eût reconnu Alexandre III et qu'il lui eût donné les plus grandes marques de soumission et d'obéissance dans la visite qu'il lui avait faite à l'abbaye de Bourg-Dieu. Car ce prince, bien loin de restituer ce qu'il avait pris, ne désirait rien tant que de faire la conquête entière des Etats du comte de Toulouse. C'est pour cela qu'il se tint, une grande partie de l'année 1162, en Aquitaine et en Gascogne, et que, malgré une trêve convenue entre lui et le comte Raymond, ses lieutenants ne laissaient point de faire des incursions jusqu'aux portes de Toulouse. On était en guerre ouverte de part et d'autre, comme nous l'apprenons d'une charte de l'abbaye de Saint-Marcel, dont la date est ainsi conçue : *fait l'an 1163 de l'Incarnation, le VIIe jour de la lune, au mois de janvier, Raymond de Saint-Gilles étant en guerre avec Henri, roi d'Angleterre, et Géraud Hector, président dans le territoire de Cahors* (2). Il s'agit dans ce monument de la terre de Vascaresses donnée à Bernard, abbé de Saint-Marcel, par Arnaud-Bernard de Montlavard ou Mondenard, et par sa sœur Braïde, en présence de Guillaume, chapelain de Biule, et d'Armand, vicomte de Bruniquel, qui était leur oncle; car ils avaient pour mère Pétronille, sœur de ce dernier, comme il conste d'une autre charte postérieure de

---

1. Foulhiac.
2. *Gallia christ.*, tome I, Instrum., pag. 36, col. 2.

peu d'années, et écrite en langue vulgaire, par laquelle cette dame qui se qualifie vicomtesse, donna du consentement de son fils Arnaud-Bernard et de sa fille Braïde, la dîme de tous les biens qu'elle possédait dans Biule, à l'église de ce lieu et au monastère de Moissac (1), entre les mains de Robert d'Auberoche, qui en était abbé et avait succédé, selon l'abbé de Foulhiac, à Etienne, successeur de Philippe de Roquefort. On peut inférer de la charte de Saint-Marcel que Bernard avait transféré le siège de son abbaye de Sept-Fons à Saint-Marcel, puisqu'il prend le titre d'abbé de ce lieu, et que cette translation était récente, car dans la donation de Guillaume de Pomaret qui est de l'an 1159, il prend encore le titre d'abbé de Sept-Fons. Il avait succédé à Guillaume I, et on doit, par conséquent, le regarder comme le quatrième et dernier abbé de Sept-Fons et le premier de Saint-Marcel. C'est ainsi que la vie monastique prit fin à Sept-Fons. Ce lieu ne resta pas même au pouvoir de la nouvelle abbaye de Saint-Marcel. L'évêque de Cahors en acquit la seigneurie et devint patron et décimateur de son église.

On trouve, dans le cartulaire de cette abbaye, une autre charte qui prouve que la guerre continua l'année suivante entre le comte de Toulouse et le roi d'Angleterre, car elle porte la date suivante : an 1164, la Ve férie, le II des ides de mai, le XXIe jour de la lune, sous Louis, roi de France, et Géraud Hector, évêque de Cahors, *Henri, roi d'Angleterre, étant en différend avec Raymond, consul*, c'est-à-dire comte de Toulouse (2).

1. *Histoire de Languedoc*, tome II, Preuves, pag: 285.
2. Deux lettres viennent à l'appui de cette charte, elles sont écrites au roi de France, l'une par les Toulousains, l'autre par Pierre, évêque de Rodez (a). Les Toulousains se plaignaient à ce prince que l'archevêque de Bordeaux, plutôt soldat du roi d'Angleterre que de Jésus-Christ, venait de faire une course jusqu'aux portes de leur ville, et qu'il avait dévasté toute la contrée. L'évêque de Rodez s'excuse dans la sienne de ne s'être pas rendu à la cour à cause des courses des Anglais qui désolaient le Rouergue, pays soumis à la domination des comtes de Toulouse. Ces Anglais venaient du Quercy dont ils étaient entièrement les maîtres, et après avoir ruiné ce pays, ils s'étaient jetés sur le Rouergue qui, n'ayant pas encore éprouvé les horreurs de la guerre, offrait un nouvel aliment à leur insatiable cupidité. Pour comble de malheur, il paraît que les peuples qui n'avaient pas de ressource que leurs seigneurs particuliers, se voyaient abandonnés par eux, dans l'impuissance où ils étaient de résister à un ennemi si redoutable. Le comte de Rouergue était allé à la cour de France, et celui de Toulouse se tenait depuis plus d'un an dans le Bas-Languedoc où plusieurs affaires le retenaient, entre autres, le mariage de son fils puiné avec Béatrix, héritière de Dauphiné. On a cependant des preuves qu'il rentra dans sa ville capitale avant la fin de cette année.

a. *Hist. de Lang.*, tome II, liv. XVIII.

LIII. — *L'évêque de Cahors fait un voyage dans son diocèse occupé par les troupes d'Henri II — Fondation du monastère de Francou.*

Il nous semble que les hostilités se ralentirent un peu durant les deux années suivantes, 1165-1166, du moins l'évêque eut la liberté de faire un voyage dans son diocèse. Etant à Cahors, en 1165, il reçut le 1er août, du pape Alexandre III, la mission de terminer, de concert avec l'évêque de Rodez, un différend qui s'était élevé entre l'église d'Albi et l'abbaye d'Aurillac, au sujet de l'église de Vieux, en Albigeois (1). Le pape était alors à Montpellier; il se disposait à rentrer en Italie après avoir fait un séjour de plus de trois ans en France. Le comte de Toulouse n'alla pas lui renouveler les hommages qu'il lui avait rendus à sa première arrivée dans cette ville. Il se sépara même bientôt après de lui pour s'attacher à l'antipape Pascal III, que les schismatiques avaient élu après la mort de Victor. Ce fut Raymond-Bérenger, comte de Provence, qui l'entraîna dans le schisme à la suite d'un traité qu'ils conclurent entre eux et dans lequel ils convinrent d'unir par le lien du mariage le jeune Raymond, fils aîné du premier, avec Douce, fille du second. D'ailleurs le comte de Toulouse était bien aise de plaire à l'empereur Frédéric, dans les Etats duquel il avait de grands domaines, et qui, ennemi irréconciliable d'Alexandre III, tenait plus que jamais pour l'antipape; aussi ordonna-t-il à tous les ecclésiastiques de sa domination qui ne voudraient pas reconnaître Pascal III, de sortir de ses Etats. Par cette ordonnance, il attira l'interdit sur tous ses domaines. Heureusement le Quercy fut à couvert, comme soumis à la couronne anglaise.

On trouve dans les archives de Cayrac que, l'an 1166, Ragnafed, doyen de ce monastère, donna en fief la terre de Gasches avec le terrain qui s'étend depuis le ruisseau de Mirapoix, jusqu'à celui de Faurgues et jusqu'au milieu du Tarn, moyennant une redevance annuelle de 20 livres, monnaie de Toulouse; il se réserva aussi le droit d'albergue pour lui et cinq de ses chevaliers dans les deux visites qu'il ferait chaque année dans l'étendue du nouveau fief, et il voulut que le moine de Cayrac, qu'il déléguerait pour cette visite et qui serait escorté également de cinq chevaliers jouit du même droit (2).

L'an 1104, Raymond IV, surnommé de Saint-Gilles, et Bertrand, son fils aîné, marquis de Narbonne, avaient voulu fonder le couvent de

1. Baluz., *Miscell.*, tome IV.
2. Foulhiac.

Francou, et le donner à des moines de Grandmont. Ce monastère devait être situé entre Lauzerte et Lafrançaise. Mais cette fondation n'avait pas eu lieu, parce que le comte Raymond était mort en 1106 et son fils aîné en 1112. En 1166, le 4 avril, Bertrand de Durfort et ses frères, les seigneurs de Durfort, de Caussade et de Puycornet, Nuccien, vicomte de Caraman et seigneur de Beaucaire, Pons de Gourdon, Armand de Mondenard et son frère, et Arnaud de Montaigut, tous chevaliers, cédèrent au prieur de Saint-Étienne de Grandmont le même lieu de Francou pour y fonder également un monastère de son ordre. L'acte porte que ce lieu fut cédé au prieur avec toutes ses dépendances et tous les *droits seigneuriaux, haut et bas domaine, haut et mixte empire.* Telle fut la fondation de ce monastère, l'un des plus considérables et des plus anciens de l'ordre de Grandmont. Ses fondateurs lui donnèrent l'église de Saint-Saturnin située aux environs et celle de *Miribel* avec son annexe, *Dangayrac.*

Cette fondation fut approuvée par le comte de Toulouse, lorsqu'il eut recouvré le Quercy.

LIV. — *Invention des reliques de Saint-Amadour*

On place aussi à cette année l'invention de Saint-Amadour. Voici comment elle se fit, au rapport de Robert de Mons, auteur contemporain : un citoyen de Rocamadour, modèle de tous les habitants de ce lieu par sa piété, recommanda en mourant à sa femme de le faire inhumer dans un tombeau qui était un peu au-dessus de la porte de l'oratoire de la sainte Vierge. La femme, qui était fort religieuse, fit ce que lui avait ordonné son mari. Il fut enseveli dans un tombeau voûté et couvert d'une seule pierre de six pieds de long, qui se trouva être précisément le tombeau où les moines de Marcillac avaient caché saint Amateur, évêque d'Auxerre (1).

LV. — *Consécration de l'église de Saint-Étienne de Grandmont, en Limousin*

La chronique de Geoffroi de Vigeois (2) nous apprend que l'évêque de Cahors était, en 1166, en Limousin, et qu'il assista à la consécration

---

1. Ici Lacoste consacre trois pages de son manuscrit à saint Amadour, mais il ne fait que reproduire ce qu'il a déjà écrit sur ce saint, dans le livre III de son histoire. (Voir le tome I, pag. 207 et suivantes.) (C. C.)

2. Geoffroi de Vigeois, *Chron.*, cap. LXVI.

de l'église de Saint-Etienne de Grandmont, avec les archevêques de Bourges et de Bordeaux, et les évêques de Limoges, d'Angoulême, de Saintes et de Périgueux. Cet évêque était encore dans le même pays l'année suivante d'après le même chronologiste, ce qui pourrait faire supposer que, ne résidant pas dans son diocèse, il ne voulait peut-être pas reconnaître pour son seigneur suzerain le roi d'Angleterre, à la place de Raymond V, comte de Toulouse.

LVI. — *Conclusion de la paix entre les rois de France et d'Angleterre — Henri II à Rocamadour*

Cependant le roi et le comte s'abouchèrent dans le monastère de Grandmont pour traiter de la paix; mais leur conférence n'eut aucun heureux effet, car le même chronologiste rapporte que la guerre se ralluma entre le roi de France et celui d'Angleterre; toutefois, quelque temps après, le roi et le comte convinrent d'une trêve qui devait durer depuis le mois d'août jusques aux fêtes de Pâques de l'année suivante. Pendant cette trêve Henri, comte de Champagne, et Philippe, comte de Flandres, négocièrent la paix à Soissons entre les deux rois. Il fut arrêté que le roi d'Angleterre donnerait le duché de Guyenne à Richard, son second fils, et que celui-ci épouserait une fille de France. Il n'est pas fait mention du comte de Toulouse, et d'après les historiens de Languedoc (1) celui-ci aurait traité directement de sa paix avec le roi d'Angleterre, par l'intermédiaire de Jean de Salisbery qui fit un voyage en Languedoc à la mi-carême de l'année 1168. Quoiqu'il en soit, il ne résulta rien de bon de cette négociation, et le roi d'Angleterre, Henri II, ayant recommencé les hostilités avant la fin de la trêve, le roi de France ne voulut plus entendre parler de paix. Les mêmes comtes la renouèrent pendant l'octave de Pâques. Le roi d'Angleterre paraissait disposé à souscrire aux propositions, mais les grands de la nation française lui déclarèrent que leur souverain ne voulait pas consentir au mariage de sa fille avec le prince Richard, et que si celui-ci, après avoir reçu en partage le duché de Guyenne, voulait faire valoir ses prétentions sur le comté de Toulouse, le roi de France en serait le juge, avec sa cour. On convint néanmoins que les deux rois auraient une entrevue le dimanche après l'Ascension; mais il n'y eut encore rien de fait parce que le roi d'Angleterre continua les hostilités. La conférence qu'ils eurent quelque temps après à la Ferté-Bernard, ne produisit non plus aucun effet. On continua de se battre de part et d'autre.

1. *Hist. de Languedoc*, tome III, liv. xix.

La paix se conclut enfin entre les deux rois à l'Epiphanie de l'an 1169, et Richard fit hommage à Louis le Jeune pour le duché de Guyenne. Le comte de Toulouse ne fut point compris encore dans le traité; mais il paraît que le roi d'Angleterre suspendit toute hostilité contre lui pendant les années suivantes. Ils ne laissaient pas cependant de se tenir en garde l'un contre l'autre; car Henri II (1) ayant entrepris, en 1171, un pèlerinage à Notre-Dame de Rocamadour pour acquitter un vœu qu'il avait fait pendant une maladie toute récente, il est dit que ce prince se rendit à Rocamadour avec un corps de cavalerie et d'infanterie, parce qu'il s'approchait du *domaine de ses ennemis;* mais, ne se tenant que sur la défensive, il ne fit aucun dégât dans le pays; il distribua au contraire de grandes aumônes aux pauvres, et laissa à tout le monde des marques de sa générosité et de sa bienveillance. Il fit de grands dons à la sainte chapelle, qui furent bientôt après suivis d'autres non moins importants faits par Philippe, comte de Flandres, qui vint aussi la même année en pèlerinage à Rocamadour.

Les peuples du Haut-Quercy et du Rouergue se rendirent en procession à Rocamadour vers le même temps (2), pour prier la mère de Dieu de délivrer leur pays d'une foule innombrable de loups qui désolaient les campagnes, entraient jusque dans les maisons et enlevaient les enfants.

On peut rapporter au séjour que fit Henri II à Rocamadour et aux environs, les lettres que ce prince fit expédier en faveur du chapitre de Cahors et par lesquelles il lui confirma les donations des évêques Géraud de Gourdon, Géraud de Cardaillac, Guillaume de Caumont et Bernard de Castelnau (3). Ces lettres se sont perdues, il n'en reste qu'une courte analyse dans un vieux répertoire, dont l'auteur met Bernard II de Castelnau de Gramat au nombre des évêques de Cahors.

LVII. — *Traité de paix entre Henri II et le comte de Toulouse*

S'il faut en croire l'auteur d'une chronique, la guerre, entre le comte de Toulouse et le roi d'Angleterre, se ralluma avec plus de fureur que jamais, en 1172. Le monarque anglais parut de nouveau devant Toulouse et assiégea cette ville. Toutefois, comme les écrivains du

---

1. Robert Mont., ad an. 1171.
2. Odo de Gissei.
3. Foulhiac.

temps gardent un profond silence sur cet évènement, il est vraisemblable que cet auteur a voulu parler de la campagne que le roi Henri fit en 1159 dans le domaine de Raymond V. Quoiqu'il en soit, les deux princes s'étant réunis à Limoges l'année suivante (1), conclurent un traité d'après lequel Raymond promit solennellement de faire hommage du comté de Toulouse au roi d'Angleterre et à son fils Richard, comme ducs d'Aquitaine. Il déclara tant pour lui que pour ses successeurs que ce comté serait à l'avenir mouvant du duché d'Aquitaine par droit de fief; il se soumit au service militaire à la tête de cent chevaliers pendant 40 jours et à ses frais lorsqu'il en serait requis, et ensuite durant 40 autres jours aux dépens de Henri et de Richard, quand ils le souhaiteraient. Enfin il promit de leur donner tous les ans, en signe de redevance, dix chevaux de prix ou cent marcs d'argent, à leur choix. Aussi le comte de Toulouse, moins heureux que ses prédécesseurs, fut forcé de se soumettre au vasselage du duc d'Aquitaine, en se réservant toutefois *la fidélité qu'il devait au roi de France :* vasselage qui ne fut pas de longue durée. Il recouvra par là le comté de Quercy et l'évêque de Cahors rentra en possession de son diocèse et du temporel de son église (2). Ce fut à cette époque que l'évêque donna l'église de Saint-Bonnet, dans les environs de Martel, aux religieux d'Obasine, entre les mains de leur abbé Robert, successeur de Géraud, premier abbé de la Garde-Dieu, qui avait été jugé digne, par ses vertus, de succéder à saint Etienne.

LVIII. — *Rébellion des enfants du roi d'Angleterre contre leur père*

Le comte de Toulouse vécut depuis en bonne intelligence avec le roi d'Angleterre. Une preuve qu'il s'attacha à ce prince, c'est qu'avant de se séparer de lui il lui révéla une conjuration qu'avaient formée contre sa personne la reine Eléonor et son fils Henri, qu'il avait associé à la couronne. Un des motifs de cette conjuration provenait de ce que ce dernier n'avait aucune part à l'autorité royale. Ce complot dans lequel il entraîna ses frères Richard et Geoffroi, avec une partie de la noblesse, ne tarda pas à éclater; car, ayant compris que son père en était instruit, Henri le quitta secrètement et se réfugia à la cour du roi de France, son beau-père, d'où il leva l'étendard de la révolte. Henri II, effrayé du nombre et de la puissance de ses nouveaux ennemis, envoya

---

1. *Hist. de Languedoc*, tome III, liv. xix.
2. *Gallia christ.,* tome I, pag. 130.

des ambassadeurs à Louis le Jeune pour tâcher de le détourner de favoriser la rébellion de ses enfants; mais le roi de France lui déclara qu'il ne reconnaissait, comme roi d'Angleterre, que le jeune Henri, son gendre; qu'il avait lui-même à se plaindre de la perfidie du père, qu'avant la révolte de ses enfants il avait résolu de lui faire la guerre parce qu'il avait reçu l'hommage-lige du comte de Toulouse au préjudice des droits de la Couronne française.

La guerre se fit avec acharnement et avec divers succès de part et d'autres entre les princes d'Angleterre et Henri II, leur père, jusqu'à la fin de septembre 1174, époque où ils conclurent la paix. Sur ces entrefaites Raymond, comte de Toulouse, abandonna le parti de l'antipape auquel l'intérêt l'avait d'abord attaché et se remit sous l'obéissance d'Alexandre III.

LIX. — *Union de bénéfices au monastère de Carennac — Assassinat de l'abbé de Moissac*

Le pape Alexandre confirma l'union de quelques bénéfices au monastère de Carennac par une bulle datée de la seizième année de son pontificat (1175).

Cette même année ou sur la fin de la précédente, l'abbé de Moissac avait été cruellement égorgé par quelques religieux de son monastère. Geoffroi, prieur de Vigeois, parle de cette mort tragique (1), mais il n'entre dans aucun détail; il ne nomme même pas l'abbé; il dit seulement que la nouvelle du meurtre fut annoncée à Raoul, abbé de Cluny, pendant que celui-ci était à Limoges pour l'élection d'Isembert, successeur de Pierre de Barry, abbé de Saint-Martial. Hugues de Montmurat, abbé de Figeac, dont le nom se trouve dans les additions du premier tome du *Gallia christiana* (2), assistait aussi à cette cérémonie, ce qui prouve qu'il avait succédé à Aymar II. Quant à l'abbé de Moissac, qui fut assassiné, ce ne peut être que Bertrand que l'on donne pour successeur à Robert d'Auberoche, et qui, en 1165, passa une transaction (3) avec Bertrand, abbé de Bouillas, en Gascogne, en présence de Guillaume III, archevêque d'Auch. A la vérité, d'après quelques chartes citées par les savants auteurs du *Gallia*, l'abbé de ce nom a dû siéger jusqu'à la fin du XIIe siècle; mais le successeur de l'abbé assassiné a aussi pu porter le nom de Bernard et rien n'empêche de rapporter à

---

1. Geoffroi de Vigeois, *Chron.*, cap. LXIX.
2. *Gallia christ.*, Addend., tome II, col. II.
3. *Gallia christ.*, Addend., tome I, pag. 165 et 1020.

ce dernier les monuments postérieurs à 1175, dans lesquels il est mentionné. On accordera, par ce moyen, au témoignage de Geoffroi de Vigeois le degré d'autorité qu'il serait injuste de lui refuser à l'égard d'un fait arrivé de son temps et dont la nouvelle fut portée, en sa présence, à l'abbé de Cluny.

Le premier monument où il soit parlé de Bernard II, abbé de Moissac, se trouve dans le cartulaire de cette abbaye. C'est le don d'un château de la Bourriane dans le Gourdonnais, fait en 1176 en faveur de cet abbé et de Seguin de Marcaissac, prieur de Saint-Sauveur, par un nommé Raymond de Marcaut.

LX. — *Voyage du comte de Toulouse en Quercy et en Rouergue*

Le comte de Toulouse fit, en 1176, un voyage dans le Quercy. S'étant rendu le vendredi 6 février au chapitre du monastère de Cayrac, Pierre, abbé d'Aurillac, qui s'y trouvait et de qui dépendait le monastère, l'appela en pariage pour la ville de Cayrac, en présence de l'évêque de Cahors, des abbés de Figeac et de Maurs, de Bertrand et de Guillaume de Cardaillac (1). Il est dit dans l'acte qu'en vertu de cette association le comte de Toulouse serait le défenseur du monastère et de la ville de Cayrac, qu'il n'y établirait aucune nouvelle exaction, qu'il ne pourrait ni les vendre, ni les partager entre ses enfants, mais que la possession passerait en entier à ceux qui lui succéderaient dans le comté de Toulouse; enfin que le pariage ne s'étendait point sur le domaine du doyen de Cayrac qui comprenait tous les biens situés hors des murs de la ville et dont le doyen avait seul le droit de disposer.

Le comte de Toulouse, après avoir visité le Quercy, passa en Rouergue. Arrivé à Saint-Antonin, le 1er avril 1176, il donna en fief, les châteaux de Montclar et de Montpezat à Arnaud de Montpezat, à Bertrand, frère de ce dernier, et à Bertrand de Villemur, leur beau-frère, au nom de leur sœur, femme de celui-ci. Ces seigneurs donnèrent en même temps au comte Raymond, en pleine propriété et droit d'alleu, le château de Caylus, et s'engagèrent réciproquement avec lui de n'avoir aucune amitié ni liaison avec Pons de Toulouse (2), sans son consentement, et de ne point révéler à son préjudice les secrets qu'il pourrait leur confier.

1. G. de Lacroix, *Series epis. cad.*, pag. 77.—*Hist. de Languedoc*, tome III, liv. xix.

1. *Hist. de Languedoc*, tome II, pag. 559 et 560.
Nous avons parlé ailleurs de ce Pons, fils de Guillaume de Toulouse, qui descendait des anciens vicomtes de cette ville et de Bruniquel et qui possédait

La charte (1), dont nous venons de donner l'analyse, est signée par Guiraud-Gourdon de Montcuq et Guillaume de Lolmie. Ce sont les premiers seigneurs connus de ces deux lieux. Nul doute que Guiraud-Gourdon ne fût de la maison de Castelnau-des-Vaux; quant à Guillaume de Lolmie, il peut être regardé comme la tige de la famille de ce nom qui s'est éteinte de nos jours et qui possédait les terres de Rams; elle se divisait en plusieurs branches, dont une, sous le nom de Saint-Martin, avait la terre de la Penche, au XVIe siècle. Nous aurons souvent l'occasion de parler des seigneurs de Lolmie.

LXI. — *Les Brabançons et le vicomte de Turenne* — *Duel judiciaire*

Le jeune Henri, dans la guerre contre son père, avait appelé dans son armée, pour grossir le nombre de ses soldats, un grand nombre de ces aventuriers qui, faisant profession des armes, servaient les plus offrants. Ils sont connus, dans l'histoire de ces temps, sous le nom générique de *Brabançons*. Une troupe de ces brigands commandée, par un ancien clerc nommé Guillaume, s'était répandue dans le Bas-Limousin et le Haut-Quercy et s'y livrait à toutes sortes d'excès. Pour mettre fin à ces brigandages, les seigneurs de la contrée réunirent toutes leurs forces et attaquèrent, entre Brive et Malamort, les Brabançons, dont ils firent une horrible boucherie; leur chef fut trouvé parmi les morts. Raymond, vicomte de Turenne, ne se trouva point à cette bataille et comme il n'était point d'ailleurs de la confédération des seigneurs, il fut soupçonné d'avoir favorisé les Brabançons en considération du jeune Henri, dont il avait embrassé le parti. A quelque temps de là, en 1178, le vicomte étant venu à Martel (2), y fut cruellement outragé. Un bourgeois de cette ville nommé *Casano*, aidé

---

particulièrement la vicomté de Montclar à titre d'apanage accordé à l'un de ses ancêtres. On ne connaît pas le motif qui porta le comte de Toulouse à enlever à Pons cette terre. C'était, peut-être, parce que, dans la dernière guerre, ces seigneurs avaient pris le parti du roi d'Angleterre. Quoiqu'il en soit, Pons, vicomte de Montclar et Adhémar, vicomte de Bruniquel, furent les derniers de leur famille qui possédèrent ces deux vicomtés. On trouve, en effet, qu'elles étaient réunies au domaine de Toulouse, vers le commencement du XIIIe siècle.

1. Nous ferons sur cette charte une observation, c'est qu'elle est le monument le plus ancien que nous ayons découvert où il soit fait mention de Caylus et de Montcuq. Ces deux localités étaient alors considérables et furent du nombre des quatre châtellenies que les comtes de Toulouse eurent dans le Quercy. La position de Montcuq détermina le comte Raymond à faire de cette ville une place-forte.

2. Geoffroi de Vigeois.

de plusieurs de ses parents, se saisit de Raymond et le renferma dans une tour. Le bruit de cette action aussi audacieuse qu'inouïe s'étant répandu, les barons de Raymond accoururent à Martel avec l'évêque de Limoges; ils s'informèrent du sujet de l'arrestation, et s'étant convaincus qu'elle avait pour cause les vexations commises par le vicomte contre les habitants de Martel, ils le condamnèrent à réparer ses injustices et le firent mettre en liberté. Mais Raymond ne put pardonner l'outrage fait à sa personne; il fit crever les yeux à tous ceux qui avaient osé porter la main sur lui.

Ce seigneur avait considérablement augmenté son domaine par la réunion de plusieurs terres qui lui furent données (1). Raynald, vicomte de Gimel, se devêtit entre ses mains de sa terre, et, après en avoir investi le vicomte de Turenne, il la reçut de lui en fief. Il lui donna en même temps la terre d'Alvignac en présence d'Etienne de Scoraille, de Raymond de Cornil, de Pons de Vayrac, de Cornil de Creysse et de son fils Géraud. Guillaume VI, comte d'Auvergne, donna aussi au vicomte de Turenne la terre de Saint-Céré et le fit reconnaître pour leur seigneur par les chevaliers du château de cette ville, savoir : Rigald, Hugues, Aymeric, Astorg et Bertrand, qui tous prêtèrent serment de fidélité et rendirent hommage à leur nouveau suzerain.

Quelque temps après, Aymeric tua en trahison Astorg, frère de Hugues et parent de Rigald et de Bertrand, à l'issue de la messe du premier lundi de carême et après l'adoration *de la croix de Notre-Seigneur* (2). A la suite de ce meurtre, Hugues et Rigald allèrent porter plainte au vicomte de Turenne qui convoqua sa cour et fit appeler Aymeric. Celui-ci, s'étant rendu à l'appel, soutint qu'il était accusé à faux, et la cour du vicomte décida que ce seigneur se purgerait du crime dont il était accusé par un duel contre un chevalier qui serait son égal en richesses, en valeur et en noblesse. Le combat fut fixé au mardi après l'octave de saint Hilaire, dans l'île de Beaulieu. Au jour indiqué se trouvèrent à Beaulieu, avec le vicomte de Turenne, Aymar, vicomte de Limoges, Archambaud, vicomte de Comborn et de Gimel, le fils de celui-ci, Elie, vicomte de Gimel, le seigneur de Lastour, Jourdain et Chabanes, Raoul de Castelnau, Fortanier de Gourdon, Géraud, frère utérin du vicomte Raymond et beaucoup d'autres barons. Hugues et Rigald de Saint-Céré présentèrent au vicomte un grand nombre de chevaliers, parmi lesquels il ne s'en trouva aucun qui put

---

1. Justel, *Hist. généal. de la maison de Turenne,* Preuves, pag. 35.

2. Cette croix avait été portée à Saint-Céré par les *Hospitaliers de Jérusalem*; cette précieuse relique n'est plus aujourd'hui dans cette ville.

lutter avec Aymeric, si ce n'est Géraud Vezia qui appartenait au seigneur de Fontanges. Ce chevalier ayant accepté le combat, on remit la partie au jeudi suivant. Ce jour arrivé, le combat s'engagea et Aymeric fut tué par son adversaire. Alors Hugues et Rigald se présentèrent devant le vicomte et lui demandèrent le gage de la bataille, prétendant qu'ils devaient être investis de la portion de la terre de Saint-Céré qui appartenait à Aymeric; mais le vicomte répondit que cette portion de seigneurie était confisquée à son profit, attendu qu'Aymeric avait été convaincu de son crime par la perte de la victoire. La cour du vicomte et tous les barons ayant été de cet avis, le vicomte de Turenne disposa de la terre de Saint-Céré en faveur de ses enfants.

LXII. — *Progrès des hérétiques Henriciens — Missionnaires envoyés dans le comté de Toulouse pour combattre l'hérésie — Publication, par l'évêque de Cahors, d'une sentence d'excommunication*

Les Henriciens s'étaient tellement multipliés dans le Languedoc, le Quercy et dans les pays voisins, malgré la mission de saint Bernard et leur condamnation au concile de *Lombers*, en Albigeois, en 1165, qu'on comptait parmi eux, non-seulement beaucoup de nobles, mais encore des ecclésiastiques. Effrayé des progrès de l'hérésie, Raymond, comte de Toulouse, résolut de remédier à ce fléau. N'ignorant pas le grand bien fait, du temps de son père, par les prédications de saint Bernard et de ses religieux, il demanda des missionnaires au chapitre général de Citeaux (1). On voit, par la lettre qu'il écrivit à ce sujet, combien étaient grands les ravages causés par l'hérésie dans les Etats de ce prince : « Elle a déjà, dit-il, mis la division entre le mari et la femme, le père et le fils, la belle-mère et la belle-fille. Ceux qui sont revêtus du sacerdoce ont été corrompus. Les églises sont abandonnées et tombent en ruines. On refuse d'administrer le baptême. L'Eucharistie est en exécration et la pénitence méprisée. On ne veut pas croire à la création de l'homme ni à la résurrection de la chair. En un mot, tous les sacrements sont anéantis et on introduit deux principes. Pour moi qui suis armé des deux glaives et qui me fais gloire d'être établi en cela le vengeur et le ministre de la colère de Dieu, je cherche en vain le moyen de mettre fin à de si grands maux; je reconnais que je ne suis pas assez fort pour y réussir, parce que les plus notables de mes sujets

---

1. *Hist. de Languedoc*, tome III, liv. XIX.

ont été séduits et ont entraîné avec eux une grande partie du peuple, en sorte que je n'ose ni ne puis rien entreprendre. J'implore donc avec humilité votre secours, vos conseils et vos prières pour extirper cette hérésie; son venin est si violent, et l'endurcissement de ceux qui sont séduits est si grand qu'il n'y a que Dieu qui puisse le vaincre par la force de son bras. » Le comte de Toulouse ajoute que, comme le glaive spirituel est absolument inutile, il est nécessaire d'employer le glaive matériel et qu'en conséquence il agit auprès du roi de France pour l'engager à venir sur les lieux, persuadé que sa présence pourra contribuer beaucoup à déraciner l'hérésie; que, quand ce monarque sera arrivé, il le conduira dans les villes, les châteaux et les villages; qu'il lui fera connaître les hérétiques et qu'il le secondera de toutes ses forces pour exterminer les ennemis de Jésus-Christ. C'est ainsi, selon la remarque des savants historiens de Languedoc, d'où j'ai tiré cette lettre, qu'écrivait le comte de Toulouse *que quelques auteurs passionnés ou mal informés ont accusé de manquer de zèle contre les hérétiques.*

Il est vraisemblable que Raymond implora aussi le secours du roi d'Angleterre contre les hérétiques de ses Etats; car on trouve (1) que ce prince et le roi de France, après avoir fait la paix, résolurent de venir dans le comté de Toulouse pour en chasser les sectaires; mais réfléchissant ensuite qu'il vaudrait mieux y envoyer des hommes sages, capables par leur science et leur prédication de ramener les peuples à la vraie foi, ils choisirent pour cette mission importante (2) Pierre, cardinal-prêtre du titre de Saint-Chrisogone, légat en France, les archevêques de Bourges, de Narbonne et d'Auch, les évêques de Bath, en Angleterre, de Poitiers, de Cahors et de Toulouse, Henri, abbé de Clairvaux, et plusieurs autres ecclésiastiques de mérite avec ordre de convaincre les hérétiques, de les convertir et d'excommunier ceux qui résisteraient à leurs exhortations. Les deux rois enjoignirent en même temps au comte de Toulouse, au vicomte de Turenne, à Raymond de Castelnau et à d'autres puissants seigneurs de prêter main forte et de donner tous les secours nécessaires au cardinal et à ses *associés dans la foi du Christ* et de chasser du pays les hérétiques.

Les missionnaires choisirent pour le principal théâtre de leurs prédications la ville de Toulouse, parce qu'elle était l'asile et le centre de l'hérésie. L'accueil qu'ils y reçurent les aurait déconcertés, si l'amour de la religion n'eût soutenu leur zèle. Ils étaient hués partout où ils

---

1. Rogerius de Hoveden, *Annales Anglicani*.
2. Geoffroi de Vigeois, *Chron.*, cap. LXXII.

passaient, on les montrait du doigt, on les appelait apostats, hypocrites, hérétiques. Ils vinrent enfin à bout de se faire entendre, mais leurs prédications eurent peu de succès, malgré l'abjuration et l'amende honorable de Pierre Mauran, une des colonnes de la secte, qui avait porté l'extravagance jusqu'à se dire saint Jean l'évangéliste. On n'a aucuns détails sur les succès qu'obtint la mission dans le Quercy; mais, d'après une lettre de Henri, abbé de Clairvaux, dont on trouve la substance dans la chronique de Geoffroi de Vigeois, on peut croire que les hérétiques se confessèrent à cet abbé, à l'archevêque d'Auch et aux évêques de Toulouse et de Cahors. Ils ne croyaient pas que Jésus-Christ eût été fait homme, qu'il eût véritablement bu et mangé, qu'il fût mort et ressuscité, etc.; mais que tous ces faits, qu'on lit dans l'Évangile, s'étaient passés en apparence. Ils rejetaient et condamnaient le sacrifice de la messe, le baptême des enfants, le mariage et les autres sacrements, et les offices divins qui étaient célébrés dans l'église catholique; ils prenaient Lucifer, le grand Satan, pour le créateur des anges, du ciel, de la terre, de toutes les choses visibles et invisibles, pour le vrai Dieu, qui avait donné la loi à Moïse. Ils regardaient comme criminelle l'union des deux sexes entre parents ou étrangers, et les femmes des hérétiques qui étaient enceintes, ne se faisaient aucun scrupule de faire périr leur fruit. L'abbé de Clairvaux, dans sa lettre, parle de la conversion d'Avierne, femme de Sicard de Boisse, près de Castelnau-de-Montratier, qui avoua qu'ayant été séduite par les sectaires, elle avait abandonné son mari pour les suivre, dans le dessein de mener une vie plus parfaite, et qu'elle s'était attachée à cinquante des plus religieux de la secte, dont elle était obligée de satisfaire la passion criminelle.

La mission terminée, l'évêque de Cahors rentra dans sa ville épiscopale. Il se rendit ensuite, avec l'archevêque de Bourges et l'évêque de Limoges, au troisième concile de Latran, qui est le XIe œcuménique, et dont la première session se tint le 5 mars 1179 sous le pape Alexandre III. De retour de ce concile, le 19 mars, l'évêque fit publier dans son diocèse une sentence d'excommunication, conformément aux canons qui avaient été dressés au concile, contre les infracteurs de la paix ou de la trêve établie par l'église (1), contre les Henriciens de son

---

1. L'Église avait fixé les jours pendant lesquels il n'était pas permis aux seigneurs de prendre les armes pour soutenir leur droit; c'était depuis le mercredi soir jusqu'au lundi matin de chaque semaine, depuis l'Avent jusqu'à l'octave de l'Épiphanie, et depuis la Septuagésime jusqu'à l'octave de Pâques. L'évêque excommunia, non-seulement les personnes qui se battaient pendant ces jours prohibés, mais encore celles qui les favorisaient et qui les ensevelissaient en cas de décès en terre sainte.

diocèse qu'il appelle *patarini* (1). L'évêque étend la même peine sur les fauteurs et défenseurs de ces hérétiques, les *Brabançons*, les *Aragonais*, les *Navarrais*, les *Basques* et ceux qui les prenaient à leur service, parce que ces soldats irréguliers n'étaient poussés à la guerre que par l'amour du pillage, et que sans foi, sans honneur, sans religion, ils avaient coutume, en temps de paix, de se répandre dans les provinces et de dévaster les églises, les monastères et les maisons des prêtres. L'évêque comprend aussi dans la même excommunication ceux qui, après la mort de leur curé, s'emparaient de ses meubles (2).

La même excommunication était fulminée contre les laïques qui se saisissaient des dîmes des églises et qui, sans une concession de la part de l'évêque, en usurpaient la possession et la transféraient à d'autres laïques (3); contre ceux qui établissaient de nouveaux *péages* sur les rivières et les voies publiques; enfin contre ceux qui portaient des *coustilles* (4).

L'évêque veut que cette excommunication soit prononcée en forme dans l'église, les chandelles éteintes et au son des cloches, et que ceux qui l'auront encourue s'adressent au pape pour en obtenir l'absolution; mais il ajoute qu'ils doivent être nantis de lettres de leur évêque diocésain (5).

1. D'où est venu le nom vulgaire de *patari*, qu'on donne dans le Quercy aux gens oisifs, aux vagabonds et aux mendiants. Nous ferons remarquer ici qu'on n'avait pas encore attribué un nom spécial à ces hérétiques; on les appelait indifféremment : *patarins, amanes, cathares, agenois, publicains, ariens*, etc.; ce ne fut que fort tard qu'on leur donna le nom d'*Albigeois*, le seul qui leur soit resté.

2. Les curés du diocèse de Cahors n'avaient pas encore à cette époque le droit de tester. Ce droit ne leur fut accordé que sur la fin du XIIIe siècle par l'évêque Sicard de Montaigut. Avant, leurs biens appartenaient à l'Église ou à l'évêque, qui envoyait un procureur pour faire la saisie; mais les parents et amis du curé défunt prévenaient l'arrivée de ce procureur et avaient soin de spolier les presbytères; ce sont ceux-là que l'évêque entend excommunier.

3. Ce n'est que le quatorzième canon du concile de Latran qui empêcha les usurpations et les aliénations ultérieures des dîmes, et cela est tellement vrai, qu'on a toujours jugé depuis qu'il ne pouvait y avoir d'inféodation légitime de dîme que celles qui avaient précédé le troisième concile de Latran et que les Parlements et les autres cours souveraines n'ont jamais manqué de déclarer nulles toutes celles qui eurent lieu depuis la tenue de ce concile.

4. C'était un espèce de long couteau ou poignard, à double et souvent à triple tranchant, dont on armait, pour la guerre, certains corps de troupe qu'on appelait à cause de cela *coustillers*. Cette arme redoutable se trouvait alors dans les mains de tout le monde et on s'en servait dans les moindres rixes; c'était l'arme favorite des voleurs et des assassins; aussi le comte de Toulouse en proscrivit-il l'usage en 1152. Il accorda l'impunité à quiconque aurait tué pendant la nuit un *coustiller*.

5. Cette sentence, monument précieux de l'histoire de l'église de Cahors, se

LXIII. — *Le roi d'Aragon envahit les États du comte de Toulouse*

Alphonse, roi d'Aragon, et le comte de Toulouse étaient en guerre depuis quelque temps (1). Favorisé et soutenu par de puissants seigneurs, le monarque espagnol fit de rapides conquêtes dans les États de son ennemi; il paraît qu'il s'était rendu maître, vers le milieu de 1180, de la plus grande partie du Rouergue, car le comte de Toulouse, pour arrêter le progrès de ses armes, alla camper devant Capdenac, place forte qui n'est séparée du Rouergue que par la rivière du Lot. Là, en présence de Hugues, évêque de Rodez et de Guiraud, abbé de Conques, que les troupes aragonaises, qui ravageaient le Rouergue, avaient peut-être obligés d'abandonner l'un son diocèse et l'autre son abbaye, le comte de Toulouse passa, le premier octobre 1180, avec Pierre, abbé d'Aurillac, un accord par lequel il prenait le monastère sous sa protection et défense, et lui donnait ce qu'il possédait au château de Puicelsi. L'acte est signé, entre autres, par le prieur de Capdenac et par Frotard de Belcastel, Adhémard de Capdenac et Bertrand de Balaguier, gentilshommes du pays qui étaient dans l'armée du comte.

Nous ignorons si le roi d'Aragon porta ses armes victorieuses jusque dans le Quercy, attendu que les historiens du temps ne nous ont laissé aucun détail sur cette guerre. On sait seulement qu'Alphonse d'Aragon fit une heureuse campagne, qu'il se présenta devant les murs de Toulouse et commit des dégâts dans les environs. Il passa de là en Aquitaine pour conférer avec le roi d'Angleterre, son allié.

LXIV. — *Consécration du monastère de Saint-Augustin de Limoges — Différend entre le vicomte de Polignac et les chanoines de Brioude, en Auvergne — Concile de Limoges*

La même année (2), le V des calendes de novembre, qui était un mardi, les évêques de Cahors et de Limoges firent la consécration du monastère de Saint-Augustin de cette dernière ville. L'évêque de Cahors, assistant au chapitre de Saint-Martial qui se tint après la cérémonie,

---

trouve dans la chronique de l'abbé de Foulhiac. Ce savant rapporte qu'il l'avait tirée des archives de l'abbaye de Moissac; j'en ai vainement cherché l'original ou une copie latine.

1. *Histoire de Languedoc*, tome III, liv. xix. — *Gallia christ.*, tome I, pag. 209 et 245, tome II, pag. 444; preuves, pag. 149.
2. Geoffroi de Vigeois. *Chron.*, cap. LXXII.

reçut des religieux de cette abbaye l'église de Rueyres, qui fut dans la suite donnée à l'abbaye de Leyme; le même évêque céda en retour l'église de Floirac.

L'année suivante, l'évêque de Cahors fut choisi par les chanoines de Brioude, en Auvergne, pour terminer le différend qu'ils avaient avec le vicomte de Polignac. Ce seigneur s'étant associé avec des étrangers, probablement des Brabançons ou Routiers, avait pillé et brûlé la ville de Brioude (1). Les chanoines lui réclamaient la somme de plus de 2,000 marcs d'argent en réparation des dommages qu'ils avaient subis et le vicomte était fort éloigné de la leur accorder; mais enfin, cédant aux remontrances et aux raisons de l'évêque de Cahors, il donna satisfaction aux chanoines. Il entra nu-pieds dans la ville de Brioude et quand il fut arrivé à la porte de l'église de Saint-Julien, il se soumit à la pénitence. Après s'être prosterné devant l'autel du saint martyr, il se rendit au chapitre auquel il céda le château et la terre de Cusse, que les chanoines lui rendirent aussitôt après en fief.

L'évêque de Cahors ne manqua pas sans doute de se trouver au concile des deux provinces de Bourges et de Bordeaux que Henri, abbé de Clairvaux, devenu cardinal-évêque d'Albano et légat pour la contrée infectée de l'hérésie Henricienne, convoqua cette année à Limoges et auquel il présida.

LXV. — *Dons à l'abbaye de la Garde-Dieu par le comte de Toulouse — Fondation d'une maison de Templiers à Montricoux*

Le comte de Toulouse ayant fait au commencement d'août 1181 un voyage dans son comté du Quercy, vint à l'abbaye de la Garde-Dieu, et, sur le conseil de Guillaume de Melle, son viguier, donna à Géraud, troisième abbé de ce monastère, les seigneuries de Viminiés, d'Esparsac et autres lieux qu'il avait reçus de Pierre, abbé d'Aurillac, et de Sicard, doyen de Cayrac, pendant qu'il était campé devant Capdenac. Cette donation se fit en présence de Géraud Hector, évêque de Cahors, de Raymond II, vicomte de Turenne, et de Guillaume de Balaguier, abbé de Figeac, qui venait de succéder à Eble de Ventadour, frère d'Eble IV, vicomte de Ventadour et successeur de Hugues de Montmurat, dont nous avons parlé au sujet de l'élection d'Isembert, abbé de Saint-Martial de Limoges.

Le comte de Toulouse acquit, en même temps, de frère Odon, prieur

1. Baluze, *Histoire de la maison d'Auvergne.* — *Gallia christ.*, tome II, Instrum., pag. 134 et 135.

de la maison des Hospitaliers de Saint-Gilles, de l'ordre de Saint-Jean-de-Jérusalem et d'Armand et de Bertrand, Hospitaliers de la maison de Saint-Amans, dépendante de celle de Saint-Gilles, 30 sous de rente avec les dîmes et tous les droits ecclésiastiques que les religieux de la Garde-Dieu étaient obligés de payer aux Hospitaliers de Saint-Amans, pour la terre de *la Grange, de la Coste et de la Boissonnie* que ceux-ci leur avaient cédée. Cette acquisition faite, le comte en fit don au monastère de la Garde-Dieu qui, grâce à la générosité de ce prince, fut ainsi affranchie de tout droit envers la commanderie de Saint-Amans.

Nous avons dit ailleurs que Saint-Amans nous paraissait être la maison la plus ancienne possédée dans le Quercy par les chevaliers de Saint-Jean-de-Jérusalem (1). Nous ne croyons pas que les Templiers y en eussent encore. Du moins les monuments qui pourraient prouver le contraire nous sont inconnus. Mais cette année, Etienne, prieur des chanoines réguliers de Saint-Antonin, leur donna un établissement à Montricoux (2), où était l'ancien monastère de Saint-Pierre de Mormac. Pour cette fondation, il céda au grand maître du Temple, qui était alors Arnaud de Toroge, les biens qu'il avait dans ce lieu, ainsi qu'à Saint-Benoît de Castres et à Saint-Laurent de Marsa, près de Beauregard, à la condition que le grand maître et les Templiers de Montricoux feraient dire l'office divin dans les églises de ces paroisses et sous la réserve d'une certaine quantité de lin (3).

1. Dans un renvoi, en marge du manuscrit, Lacoste ajoute : « La première maison que les Templiers eurent dans le Quercy fut donnée par le comte de Vayrols. Plus tard il les établit dans un château, devenu, après la suppression des Templiers, la chartreuse de Cahors. » Voir tom. II, pag. 31. (C. C.)

2. Foulhiac, *Chroniq. de Quercy.*

3. Cette plante à laquelle le Quercy devait sa célébrité sous les Romains, était encore très cultivée dans ce pays; mais elle avait peu réussi cette année, au rapport d'un historien du temps (Geoffroi de Vigeois); ainsi une chemise de lin qui ne coûtait ordinairement que 9 deniers, coûtait alors 2 sous. L'usage du lin n'était pas borné, à cette époque, au linge de corps et de table; on en faisait encore des habits et on en fabriquait des chapeaux. On cultivait aussi dans le Quercy les abeilles; le prix ordinaire de la cire qui était de 4 deniers la livre, s'éleva, cette même année, à cause de la longueur et de la rigueur de l'hiver, à 10 deniers.

Dans les donations, on avait coutume de se réserver tant de lin, tant de cire, à titre de cens ou de redevance; et, comme le prix de ces denrées était évalué en deniers, on les appelait *denaïrada*. Ce mot se rencontre souvent dans le cartulaire de l'église de Cahors : *et dono censum quatuor denaïradas de cera S. Stephano.* On l'employait encore pour désigner une quantité de terre qui n'était évaluée qu'un denier; c'est ce qu'on peut prouver par le même cartulaire, où il est dit qu'un particulier engagea pour douze ans, deux denierées de vigne : *damus duas denaïradas de vinea in pignore, per duodecim solidos.*

LXVI. — *Le Quercy pendant les XIᵉ et XIIᵉ siècles*

Nous terminerons ce livre par quelques observations sur les deux siècles que nous venons de parcourir.

Le domaine du Quercy était possédé par deux grands vassaux, le comte de Toulouse, dont la puissance s'étendait jusque vers la rive gauche de la Dordogne, et le vicomte de Turenne qui embrassait, sous la sienne, le reste du Quercy avec une partie du Bas-Limousin et la portion du Périgord, limitrophe de ces deux pays. Assistés des barons et officiers qui composaient leur cour, ils administraient par eux-mêmes la justice dans l'étendue de leur domaine, ou bien ils la faisaient rendre par leurs viguiers. Ils faisaient battre monnaie, exerçaient tous les droits régaliens, et leur seule marque de dépendance, vis-à-vis des rois de France, consistait à dater les chartes des années de leur règne.

On peut mettre encore au nombre des grands vassaux du Quercy les évêques de Cahors, qui exerçaient des droits sur les tours et les remparts de la ville, et avaient droit de battre monnaie. La souveraineté de ces prélats s'étendait non-seulement sur la ville et la banlieue de Cahors, mais encore sur beaucoup de châteaux, bourgs et petites villes composant le domaine de l'évêché, augmenté considérablement plus tard par la guerre des Albigeois.

Les vicomtes de Bruniquel, Montclar, Saint-Cirq, Calvignac, Brassac et Caussade, les barons de Castelnau-de-Bretenoux, Gourdon, Gramat, Cardaillac, Béduer, Thémines, Pestillac, Luzech, Belfort, Castelnau-des-Vaux, Montpezat, Durfort tenaient le premier rang après eux. Ces seigneurs exerçaient aussi une espèce de souveraineté sur leurs terres et n'étaient tenus qu'à un simple hommage envers le comte de Toulouse.

Après ces puissantes maisons venaient celles de Comiac, Sainte-Spérie, Saint-Vincent, Bauze, Cornil, Aynac, Lentillac, Felzins, Prudhomme, Camboulit, Saint-Geniès, Cajarc, Cabrerets, Vayrols, Peyrilles, Mechmont, Ferrières, Antejac, Salvagnac, Saint-Cirq près Sept-Fons, Cayriech, La Penche, Belmont, Castanié, Lagarde, Saint-Germain d'Espanel, Montcuq, Mondenard, Lesparre, Lacoste, Grézels, Latour, Balaguier, etc. On trouve les noms de plusieurs de ces seigneurs dans le cartulaire de l'abbaye de Beaulieu, en Limousin, dont ils furent les bienfaiteurs, à l'exemple d'Adhémar, vicomte de Bruniquel, qui lui donna les dîmes de Revel, dans le Bas-Quercy, avec le droit de bois et de pacage dans ses forêts de Tulmont et de Montricoux.

Il y avait encore d'autres seigneurs, dont nous avons parlé, mais qui sont moins connus dans les cartulaires. La plupart de ces seigneurs, ou, pour mieux dire, tous, mais principalement les vicomtes et les barons, jouissaient de grands privilèges dans toute l'étendue de leurs fiefs; ils rendaient la justice, ils établissaient des marchés et érigeaient en communes les localités de leur dépendance, auxquelles ils donnaient des règlements de police.

Chaque seigneur avait sous lui un nombre plus ou moins grand d'autres seigneurs hommagers. Le chapitre de Cahors et les abbayes jouissaient des mêmes droits que les grandes maisons.

Les droits féodaux en usage dans le Quercy étaient innombrables; nous avons été exact à faire connaître ceux que nous avons trouvés dans les chartes. Parmi les droits des grands seigneurs, on comptait les amendes, les confiscations, la vente et le débit du vin, du sel, du blé, du pain, des bestiaux, les émoluments du greffe et du tabellionage (1). L'un des principaux droits domaniaux des grands vassaux, qui jouissaient des droits régaliens, étaient les profits sur la monnaie qu'ils faisaient fabriquer. Un autre, plus considérable peut-être encore, était les péages qu'ils établissaient sur les routes et les rivières. Il n'y avait pas dans le Quercy jusqu'aux rivières médiocres, telles que l'Aveyron et le Célé, où ce droit ne fut en vigueur. L'abbé d'Aurillac n'oublie pas d'en faire mention dans la charte par laquelle il appelle le comte de Toulouse en pariage (2) du doyenné de Cayrac. On peut y voir combien ce droit était onéreux pour les marchands et les étrangers qui étaient obligés de passer le bac; cependant ce droit n'avait été

---

1. Anciennement les personnes qui voulaient contracter, se contentaient de choisir un homme lettré pour rédiger et écrire l'acte; mais, au XIIe siècle, les grands vassaux érigèrent, en titre d'office, le droit de dresser ces actes tant pour eux que pour les particuliers et ils donnèrent l'exercice de cet office à terme, ou le vendirent à vie; en sorte, qu'il n'y eut plus que les notaires qui purent écrire les chartes. Géraud Hector nous paraît être le premier évêque de Cahors qui ait eu des notaires. Les chartes de ce prélat sont du moins les premières où il en soit fait mention; on y voit même qu'il n'en avait qu'un.

2. Ce pariage prouve que l'abbé d'Aurillac exerçait une pleine autorité dans le domaine temporel du doyenné de Cayrac. Le chapitre de Cahors (nous ne parlons pas de l'évêque qui était souverain de sa ville épiscopale) et les abbayes du diocèse jouissaient du même droit. Ils étaient affranchis de l'autorité des comtes et des vicomtes, rendaient ou faisaient rendre la justice, établissaient des communes, des foires, des marchés, recevaient l'hommage des seigneurs qui tenaient d'eux des terres en fief; enfin leur puissance était égale à celle des grands vassaux. Le clergé devait en partie cette puissance, non-seulement à l'autorité que les papes s'arrogèrent sur les princes chrétiens, depuis Grégoire VII, mais encore à l'état des mœurs du siècle.

établi, disaient les seigneurs, qu'afin de les protéger. Il est possible que ce fut là le but de l'institution ; mais quand les seigneurs virent que le pontonage était un moyen d'augmenter leurs revenus, ils rançonnèrent si cruellement les passants, qu'il fallut que Louis le Jeune, roi de France, mît un frein à leur cupidité et arrêtât le cours de leurs brigandages.

La guerre était la passion favorite des grands seigneurs pendant les XIe et XIIe siècles. Pour le moindre différend, ils avaient recours aux armes. Ces combats continuels ruinaient et dépeuplaient le pays; ils obligèrent les évêques à renouveler sans cesse les articles de la trêve de Dieu (1); mais comme ces précautions ne produisaient pas l'effet qu'on en attendait, on établit des asiles ou lieux de sûreté aux environs des églises et des monastères, dans des châteaux et dans des villages que l'on fonda exprès et auxquels on donna, à cause de cela, le nom de *salvitas* (2). Les églises et les cloîtres servaient encore d'asiles aux malfaiteurs, excepté lorsqu'ils étaient accusés de crimes énormes, comme l'homicide volontaire.

Nous avons parlé ailleurs des sceaux des grands seigneurs du pays; mais nous n'avons rien dit de ceux de l'évêque, du chapitre et des abbés, qui avaient aussi le leur.

Le sceau des évêques de Cahors ne fut d'abord que la représentation de leur figure en habits pontificaux, avec leur nom en exergue. On voyait au contre-scel la croix des comtes de Toulouse. Ce sceau et ce contre-scel se trouvent toujours les mêmes jusqu'au moment des croisades contre les Albigeois; à cette époque, l'évêque de Cahors, qui était alors Guillaume de Cardaillac, ne voulant plus reconnaître le comte de Toulouse pour son suzerain et ayant fait hommage au roi de France, substitua à la croix des fleurs de lys qui furent placées autour de sa figure et mit au revers la lapidation de saint Etienne, considéré comme patron du diocèse. A partir du XIVe siècle chaque évêque prit les armes de sa famille (3).

1. Géraud Hector eut soin de renouveler ces articles à son retour du concile de Latran ; ce qui prouve que les rixes sanglantes des seigneurs continuaient dans son diocèse.

2. C'est de là que les lieux de la Salvetat, dans le Bas-Quercy, et de la Salvate, dans le Haut-Quercy, tirent leur nom et leur origine.

3. Lacoste a mis une note, au bas d'une feuille volante ajoutée à son manuscrit : « J'aurais maintenant besoin des armoiries qui sont en blanc dans l'auteur qui commence sa dédicace par *Père Quercy* (Maleville). M. Champollion me ferait un grand plaisir s'il me les faisait graver à mes dépens ; j'ai au reste toutes celles des évêques de Cahors, depuis l'origine des armoiries jusqu'à l'évêque de La Luzerne. » On sait que le manuscrit des *Esbats du Quercy*, de

Le sceau du chapitre a un pont à trois tours, d'un côté, et représente la lapidation de saint Étienne, de l'autre. Cela vient de ce que, dans la division de la mense épiscopale, qui eut lieu au xr^e siècle sous Géraud de Cardaillac, le péage du pont vieux, où il y avait trois tours, avait été laissé au chapitre.

Dans l'ancien sceau de l'abbé de Figeac on voit la tête du Sauveur auquel l'église abbatiale était dédiée.

Le sceau de Notre-Dame de Rocamadour se rencontre fréquemment dans les chartes du pays, au xiie siècle; on s'en servait pour donner aux actes une plus grande autorité. Il consistait dans la figure de la Vierge, avec ces mots : *S. B. MAR. VIRG. DE ROCAMADOU.*

Le sceau de la ville de Cahors ne remonte qu'à la fin du xiie siècle ou au commencement du xiiie. Ce sont cinq tours sur un pont, ce qui signifie que les consuls étaient maîtres des murs et des ponts de la ville (1), et prouve que les consuls de Cahors acquirent de bonne heure des droits importants sur leur cité, grâce aux libéralités des évêques.

On a pu remarquer combien le pouvoir suprême que les grands seigneurs s'étaient arrogé, avait été funeste au clergé. C'est à l'abus qu'ils en firent qu'il faut attribuer le renversement de la discipline de l'église, la simonie et tous les excès qui désolèrent les diocèses pendant près de deux siècles. Sous prétexte de patronat, les seigneurs s'emparèrent des biens ecclésiastiques, sans en excepter les revenus et les oblations des moindres églises qu'ils engageaient et convertissaient en fief, et dont ils disposaient comme de leur propre patrimoine, les divisant et les subdivisant suivant leur caprice. Le clergé, pour recouvrer ses biens, employa toutes sortes de moyens. Souvent il composait avec les détenteurs et les usurpateurs, en les leur rachetant à prix d'argent, ou en leur abandonnant l'usufruit. Les évêques, après avoir inutilement tenté les voies ordinaires, eurent recours à l'interdit et à l'excommunication; quand les peines canoniques restaient sans effet, ils s'adressaient directement au Saint-Siège, comme à une autorité à laquelle les méchants n'oseraient peut-être pas résister (2).

Maleville, déposé à la bibliothèque de Cahors, n'est qu'une copie, dont l'original se trouve à la bibliothèque de Grenoble. (C. C.)

1. Les consuls de Cahors se servirent de ce sceau pour sceller la Confédération des communes du Quercy, faite à Rocamadour en 1230, pour chasser les routiers qui désolaient le pays depuis la guerre des Albigeois.

2. C'était dans un temps où l'on n'avait pas encore distingué le *possessoire* d'avec le *petitoire*, ni établi l'*appel comme d'abus;* c'est pourquoi l'on regardait toutes les affaires ecclésiastiques comme du ressort de l'Église; mais au lieu de

Les nobles du Quercy commencèrent au xie siècle à prendre le surnom de leurs fiefs ou de leurs châteaux. Auparavant, ils ne se distinguaient que par des sobriquets, ou bien, en ajoutant à leur nom propre celui de leur père; c'est ce qui empêche souvent de distinguer leur filiation. Leur principale fonction était l'exercice des armes qu'ils alliaient avec celle de juges. Ceux qui appartenaient aux meilleures maisons et qui avaient par conséquent le droit de faire la guerre à cheval et de s'armer de casques, de cuirasses et de cottes d'armes, prirent, au xiie siècle, la qualité de *chevaliers*. Nous avons déjà parlé de plusieurs et nous pouvons avancer que Gauffred de Caussade est le premier noble, non-seulement du pays, mais encore de tous les Etats des comtes de Toulouse, qui se soit donné ce titre. Ce ne fut que le siècle suivant que l'on employa le terme de *domicellus* (damoiseau), pour désigner un fils de chevalier.

Ce fut, pendant le cours des deux siècles, dont nous décrivons les mœurs et les usages, que s'élevèrent tous ces châteaux, si nombreux dans le Quercy; les seigneurs s'y retranchaient pour se mettre à couvert des surprises les uns des autres.

Le clergé du diocèse de Cahors ne se préserva pas, sans doute, des vices que les historiens du temps reprochent aux ecclésiastiques de cette époque; mais il fut peut-être moins infecté que d'autres, parce qu'il eut successivement des évêques zélés pour le maintien des bonnes mœurs et de la discipline de l'église. La réforme de Cluny, le long séjour de saint Odilon et de saint Hugues dans les principaux monastères du pays, contribuèrent beaucoup à faire fleurir dans le cloître les vertus monastiques et l'étude des belles-lettres. Aussi on ne croit pas que les religieux du Quercy aient oublié pendant le xie siècle et une partie du xiie, ce qu'ils devaient à la sainteté de leur état; mais l'esprit

---

les faire juger, selon les anciens canons, par les conciles provinciaux, on les évoquait, même en première instance, au tribunal du Souverain Pontife. Cet usage prit naissance après le règne de Charles le Chauve, quand on eut perdu de vue la discipline ecclésiastique. Il fut réformé par les conciles de Constance et de Bâle et par la *Pragmatique sanction*, sous Charles VII, roi de France. Il faut cependant l'avouer, l'appel au Saint-Siège fut dans ces circonstances d'une bien grande utilité. L'autorité des papes, celle de leurs légats dans les provinces, dont l'envoi devint très fréquent depuis Grégoire VII, forcèrent les seigneurs les plus opiniâtres à rendre à l'Église ses biens et son indépendance; elle réprouva les injustices et les désordres qui régnaient parmi les grands et protégea le peuple contre la tyrannie des seigneurs qui l'opprimaient. L'église de Cahors avait à peu près recouvré tous ses biens, lorsque Guillaume de Caumont parvint à l'épiscopat, grâce au zèle des évêques Géraud de Gourdon et Géraud de Cardaillac.

de relâchement commença ensuite à s'emparer d'eux et l'assassinat de l'abbé de Moissac est une preuve qu'il y avait dans ce monastère de bien mauvais religieux. Ce relâchement devint même si grand, qu'un moine écrivain du temps, peu éloigné de notre pays (1), rapporte que les religieux étaient si dégénérés qu'ils ne méritaient plus que le nom de *religieux bâtards ou adultères*. Ils faisaient la couronne plus petite qu'auparavant et portaient des habits élégants et d'une forme contraire aux règles de leur institut; il est vrai que ce siècle, dont les influences se faisaient sentir dans tous les Etats, était porté au faste, au luxe et à la magnificence; c'est ce que dit le même historien, en reprochant aux nobles leur parure, inconnue à leurs pères, qui, quoique meilleurs et plus riches qu'eux, se contentaient d'un habit fait de peaux d'agneaux ou de bêtes fauves.

Nous avons parlé des bourgeois de Cahors sous l'épiscopat de Guillaume de Caumont; la bourgeoisie était donc alors établie dans cette ville; et, comme on a coutume de rapporter à l'origine des bourgeoisies, l'établissement des communes, il s'ensuit que la ville de Cahors avait droit de commune sous son évêque Guillaume de Caumont; nous croyons que ce droit lui fut accordé par le prédécesseur de ce dernier, par Géraud de Cardaillac, qui fut le pasteur et le père des habitants du Quercy. Cet illustre prélat rendit donc aux Cadurciens leurs magistrats municipaux qu'ils avaient perdus depuis la domination romaine, sous le règne des deux premières races. Ces magistrats ne furent pas appelés *décurions*, mais *consuls*. Ils étaient élus tous les ans par la commune ou le corps de ville, et reçurent de l'évêque l'administration de la police. Les villes de Figeac et de Moissac furent érigées plus tard en communes; mais il semble qu'elles jouirent de cette prérogative avant Montauban. Les bourgeois formaient un corps distinct des ecclésiastiques et des nobles et composèrent une nouvelle classe, appelée dans la suite *Tiers État*. Ils tenaient le milieu entre les chevaliers et les serfs.

La loi romaine, dont l'usage fut interrompu dans le Quercy, par les désordres et la confusion que causa l'établissement de la féodalité, y reprit ses anciens droits; cela résulte des testaments et des contrats de mariage de l'époque; toutefois, les bons jurisconsultes devaient être rares dans notre province, car, dans les Etats du comte de Toulouse, il n'y avait d'école de droit romain qu'à Montpellier, où venaient quelquefois d'habiles professeurs d'Italie, qui firent connaître les Pan-

---

1. Geoffroi de Vigeois, *Chron.*, cap. LXXIII.

dectes florentines ou le Code et le Digeste de Justinien, appelés à remplacer le Code Théodosien établi sous Alaric.

Les seules écoles du Quercy étaient celles des abbayes et du chapitre cathédral, dont le chef était un chanoine appelé *Capiscol*, c'est-à-dire chef de l'école. On y enseignait la grammaire, les belles-lettres, la philosophie et la théologie. Les écoles de Moissac devaient être les plus distinguées au XIIe siècle, s'il faut en juger par les écrivains qui en sortirent.

La langue usitée dans le pays était toujours le *roman*, que le temps altérait et amenait insensiblement au langage qu'on parle aujourd'hui; elle perdit dans ces siècles son ancien nom et fut appelée *langue provençale*, des Provençaux qui en faisaient usage, et sous la dénomination desquels on avait coutume de comprendre tous les peuples soumis à la domination de Raymond de Saint-Gilles, comte de Toulouse, qu'on appelait *comte provençal*, parce qu'il dominait sur une partie de la Provence. C'est aussi pour cela que l'on donne le titre de poètes *provençaux* à ceux qui composèrent, pendant ces siècles et les suivants, des poèmes en cette langue, quoiqu'ils ne fussent pour la plupart que du Languedoc, du Quercy, du Rouergue, de l'Auvergne, du Limousin et du Périgord; plusieurs de ces poètes, originaires du Quercy, entre autres Hugues de Saint-Cirq de Thégra, se distinguèrent au XIIe siècle; nous ne manquerons pas d'en parler dans le livre suivant.

La monnaie qui, après celle de Cahors, avait cours dans le Quercy, était celle de Turenne, de Toulouse et de Rodez. Sur la monnaie de Cahors on voit d'un côté le mot *episcopus*, avec une croix et une crosse; de l'autre le mot *caturcensis*, avec la lettre initiale du nom de l'évêque et des tours, qui signifiaient l'entrée de l'église cathédrale.

Dans le diocèse de Cahors, et, en général, dans tous ceux de la province ecclésiastique de Bourges, on commençait l'année au 25 mars qui, étant le jour de l'Annonciation, était regardé comme le jour de la première année de Notre-Seigneur Jésus-Christ. Cet usage s'établit après la mort de Charlemagne, sous le règne duquel l'année commençait à la Noël.

FIN DU LIVRE SEPTIÈME

SOMMAIRE DES CHAPITRES

DU LIVRE HUITIÈME

I. Troubles excités par Henri le Jeune. — Mort de ce prince à Martel. — Les *Paillars*.
II. Soumission à Henri d'Angleterre des seigneurs révoltés du Limousin et du Périgord. — Le comte de Toulouse reste l'ennemi du roi Henri.
III. Sacre de Pierre de Sully, archevêque de Bourges.
IV. Les abbés de Beaulieu et les seigneurs de Cavagnac. — Dons à l'abbaye d'Obasine.
V. Dons en faveur de Rocamadour.
VI. Le comte de Toulouse convient d'un traité avec le roi d'Aragon. — Rupture de ce traité. — Le duc d'Aquitaine porte la guerre dans les États du comte de Toulouse. — Privilèges accordés à l'église de Figeac.
VII. La nouvelle de la prise de Jérusalem, par le sultan Saladin, fait cesser provisoirement les querelles des rois de France et d'Angleterre.
VIII. Différend entre le chapitre de Cahors et le monastère de Marcillac, au sujet de la propriété du moulin Saint-James de Cahors.
IX. La guerre se rallume entre le comte de Toulouse et le duc d'Aquitaine. — Richard s'empare du Quercy. — Le roi de France vient au secours du comte de Toulouse. — Traité de paix entre les rois de France et d'Angleterre.
X. Richard succède à Henri II, son père, roi d'Angleterre et conserve le Quercy.
XI. Le vicomte de Turenne vassal de l'évêque de Cahors, par suite de l'achat de la terre de Brassac. — Prétentions des abbés du monastère de Tulle.
XII. Départ du roi Philippe-Auguste pour la Terre sainte. — Le vicomte de Turenne prend part à cette expédition, après avoir donné satisfaction à l'abbé de Beaulieu.

SOMMAIRE DES CHAPITRES

XIII. Nouveau traité de paix entre les rois de France et d'Angleterre. — Prise de Saint-Jean-d'Acre. — Mort du vicomte de Turenne.

XIV. Nouvelles contestations entre les abbés de Tulle et de Marcillac, au sujet de la propriété de Rocamadour. — Renonciation consentie par le monastère de Marcillac.

XV. Union de Philippe-Auguste et de Jean sans Terre, pour dépouiller de son royaume Richard, roi d'Angleterre, fait prisonnier à son retour de la croisade. — Mort de Raymond V, comte de Toulouse; ses enfants.

XVI. Philippe-Auguste donne à Raymond VI la garde de Figeac. — Richard d'Angleterre et le comte de Toulouse. — Le Quercy fait retour au comte de Toulouse.

XVII. Les chevaliers du Temple à Cahors, au Bastit et à Lacapelle-Livron.

XVIII. Droits des évêques de Cahors sur Rocamadour.

XIX. Raymond VI visite le Quercy. — Coutumes de Moissac.

XX. Mort de Richard d'Angleterre. — Bertrand de Gourdon.

XXI. Le comte de Toulouse épouse Éléonore d'Aragon. — Il fait hommage pour l'Agenais et le Quercy, à Jean, roi d'Angleterre.

XXII. Accord entre le comte de Toulouse et l'abbé de Moissac. — Hôpital de Martel.

XXIII. Mort de l'évêque Géraud Hector. — Éloge de ce prélat.

XXIV. Abbés de Montauban, de Souillac, de Saint-Marcel et de la Garde-Dieu.

XXV. La poésie provençale dans le diocèse de Cahors, durant l'épiscopat de Géraud Hector.

XXVI. Guillaume de Cras succède à Géraud Hector. — Dîme d'Espanel.

XXVII. Dons en faveur de Rocamadour. — Célébrité croissante de cet oratoire.

XXVIII. Origine de la chapellenie d'Antejac.

XXIX. Progrès des Henriciens; mesures prises pour déraciner l'hérésie. — Sancie, fille du roi d'Aragon, est promise en mariage à Raymond, fils du comte de Toulouse. — Mort de l'évêque Guillaume de Cras.

XXX. Première excommunication lancée contre le comte de Toulouse.

XXXI. Guillaume V de Cardaillac, évêque de Cahors.

XXXII. Seconde excommunication lancée contre le comte de Toulouse. — Meurtre du légat, Pierre de Castelnau.

XXXIII. Comtes de Rodez. — Projet de mariage du fils du comte de Toulouse avec la fille du comte d'Auvergne.

XXXIV. Absolution accordée au comte de Toulouse.

XXXV. Les croisés marchent contre les pays infectés de l'hérésie. — Fondation de La Française. — Passage de corps de croisés dans le Quercy. — Les croisés se joignent devant Béziers.

XXXVI. Prises de Béziers et de Carcassonne. — Le comte Raymond se brouille avec le légat et Simon de Montfort.

XXXVII. Raymond, comte de Toulouse, fait son testament et part pour Rome. — Il reçoit un accueil favorable du pape.

XXXVIII. Accord entre le comte de Toulouse et l'abbé de Moissac. — Nouvelle excommunication lancée contre le comte de Toulouse.

SOMMAIRE DES CHAPITRES

XXXIX. Le comte de Toulouse se met en état de défense. — Siège et prise de Lavaur par Simon de Montfort.
XL. Siège et prise de Montferrand par Simon. — Baudouin, frère du comte de Toulouse, se tourne contre lui. — Succès des armées de Simon de Montfort.
XLI. L'évêque de Cahors fait hommage du comté de cette ville à Simon de Montfort. — Les abbés de Montauban et de Moissac tentent de livrer ces villes à Simon.
XLII. Simon lève le siège de Toulouse. — Ses courses. — Bataille de Castelnaudary.
XLIII. L'évêque de Cahors fait hommage de son comté au roi de France. — Bertrand de Gourdon suit l'exemple de l'évêque de Cahors.
XLIV. Construction du monastère d'Espagnac.
XLV. Le comte de Montfort étend ses conquêtes dans le Quercy. — Moissac se rend à Simon après un long siège. — Plaintes de l'abbé de Moissac. — Simon n'ose entreprendre le siège de Montauban.
XLVI. Le comte de Toulouse implore le secours du roi d'Aragon. — Le pape suspend la croisade contre les hérétiques.
XLVII. Concile de Lavaur. — Bataille de Muret.
XLVIII. Fondation de l'abbaye de Leyme. — Couvent de la Daurade de Cahors.
XLIX. Découragement des Toulousains. — Simon de Montfort profite de sa victoire. — Mort tragique de Baudoin, frère de Raymond VI, comte de Toulouse.
L. Soumission à l'Église du comte de Toulouse. — Ruines amoncelées dans le Quercy par les croisés.
LI. Cahors refuse d'ouvrir ses portes au cardinal-légat Robert de Corçon. — Cette ville est pardonnée par le pape.
LII. Simon de Montfort s'empare de places fortes et de châteaux dans l'Agenais, le Quercy et le Périgord.
LIII. Les Junies.
LIV. Concile de Montpellier. — Les domaines du comte de Toulouse sont attribués à Simon de Montfort.
LV. Concile de Latran. — Simon de Montfort fait hommage de ses nouveaux États au roi de France.
LVI. Le comte de Toulouse et son fils songent à recouvrer leurs États. — Heureux débuts de leurs efforts.
LVII. L'évêque de Cahors appelle dans sa ville épiscopale les frères Mineurs. — Fondation du couvent de Sainte-Claire. — Monastère de Catus.
LVIII. La ville de Toulouse rappelle ses comtes. — Montauban tente inutilement de secouer le joug de Simon. — Siège de Toulouse et mort de Simon de Montfort.
LIX. Le jeune Raymond soumet une partie de l'Agenais. — Amaury, fils de Simon de Montfort, parcourt ses domaines. — Raymond recouvre en partie le Quercy et le Rouergue.
LX. Le prince Louis vient au secours d'Amaury; il abandonne ce seigneur devant Toulouse.

LXI. Querelles des vicomtes de Turenne et des seigneurs de Castelnau-de-Bretenoux.
LXII. Amaury de Montfort lève le siège de Toulouse. — Le comte Raymond reprend possession de Montauban et de Moissac. — Mort du comte de Toulouse.
LXIII. Observations sur la province de Quercy, durant les xiie et xiiie siècles.

LIVRE HUITIÈME

I. — *Troubles excités par Henri le Jeune — Mort de ce prince à Martel — Les Paillars*

ATIGUÉS de la tyrannie de Richard, duc de Guyenne, les principaux seigneurs du pays se révoltèrent contre lui (1). Ils formèrent une ligue formidable dont firent partie les vicomtes de Ventadour, de Ségur, de Périgord, de Gourdon, etc. Le courage et la haine que ces puissants seigneurs portaient à Richard, étaient excités par les vers du troubadour Bertrand de Born, vicomte de Hautefort, dans le diocèse de Périgueux. Le roi Henri, son père, Henri le Jeune et Geoffroi, comte de Bretagne, ses frères, vinrent au secours de Richard, et firent rentrer les rebelles dans le devoir. Mais leur soumission fut de courte durée. La guerre se ralluma; et, pour comble de malheur, le jeune Henri se tourna contre Richard lui-même. Il était irrité contre ce prince de ce qu'il n'avait pas voulu lui rendre hommage pour le duché de Guyenne. Mécontent d'ailleurs de ce que son père ne lui donnait aucune part au gouvernement, et qu'il lui avait refusé le duché de Normandie, il entraîna dans son parti Geoffroi, duc de Bretagne, son frère, les deux frères de Vulgrin, comte d'Angoulême, Hélie et Taillefer, les vicomtes de Limoges, de Turenne et de Castillon, Foucaut d'Archiac et beaucoup d'autres princes et barons. Le comte de Toulouse et le duc de Bourgogne marchèrent en personne à son secours; le roi Philippe-Auguste, son beau-frère, s'étant déclaré en sa faveur, lui envoya un corps d'aventuriers nommés *Paillars*, qui faisaient partie des Brabançons et des autres brigands qui, sous divers noms,

---

1. Rog. de Hoveden, *Annal. pars post.* — Geoffroi de Vigeois, *Chron.* part. II, cap. VI.

désolaient alors le royaume. Henri le Jeune les prit à sa solde. Le roi Henri II, voulant rétablir la concorde entre ses fils, se mit en marche pour Limoges, n'ayant avec lui que peu de soldats. Quand il fut près de la ville, les habitants firent contre lui une vive sortie; et après l'avoir repoussé avec perte, ils prêtèrent serment de fidélité au roi, son fils, qui, dès ce moment, se révolta ouvertement contre lui. S'imaginant bien que le roi d'Angleterre ne tarderait pas à reparaître devant Limoges à la tête de toutes ses troupes, les habitants de cette ville fortifièrent leurs tours et leurs remparts, renversant les églises et autres édifices sacrés, pour en employer les matériaux aux nouvelles fortifications.

Toutes ces précautions ne purent empêcher que le roi Henri ne s'emparât de la ville; mais il ne put se rendre maître de la citadelle que le jeune roi défendait. Il en forma le siège malgré les pluies qui survinrent et qui obligèrent une grande partie de ses troupes à se retirer. Le jeune Henri, afin de ne pas tomber entre les mains de son père, profita de cette circonstance pour sortir de la place; il se porta sur Angoulême, qu'il occupa. Il se présenta ensuite devant Limoges dans le dessein d'y rentrer, mais il en fut vivement repoussé par les habitants. Il se consola de la perte de cette place par la prise du château d'Aix, situé aux environs.

Ce prince, pour me servir de l'expression d'un auteur contemporain, n'avait *ni terre ni trésor;* il en était réduit, pour la reine et lui, à une pension de deux mille sous par jour, qu'il recevait de son père, et qui n'était plus payée depuis sa révolte. Il fut alors obligé, pour continuer la guerre et soudoyer les Paillars et les autres brigands qui n'auraient pas manqué de l'abandonner s'il leur avait retardé la solde, de piller les monastères et les églises du Bas-Limousin et quelques-unes du Haut-Quercy, parmi lesquelles on cite celles de Martel, de Souillac et de Rocamadour. Il vint dans ce dernier lieu sous prétexte de pèlerinage; mais il y fut à peine arrivé, qu'il fit enlever la chasse d'argent enrichie de pierreries de saint Amadour et les immenses trésors de la chapelle de la Vierge (1). Chargé d'un riche butin, il alla à Martel, où le vicomte de Turenne l'avait déjà reçu avec beaucoup de magnificence; car il fit faire alors en son honneur des courses de chevaux, plutôt, dit le même historien, *pour plaire à ce jeune prince que pour solenniser la fête de l'Ascension.* Ce qui prouve que, pendant ce siècle et les précédents, c'était l'usage dans le pays de célébrer les fêtes principales par des

---

1. Geoffroi de Vigeois, *Chron.* part. II, cap. XIII. — Foulhiac, *Chron. du Quercy.* — Rog. de Hoveden.

spectacles bruyants, par des courses de chevaux et autres jeux qui donnaient souvent lieu à des scènes sanglantes.

Henri le Jeune se sentait depuis quelque temps indisposé (1); mais cela ne l'empêchait pas de continuer ses courses sacrilèges. A Martel, la maladie se déclara et bientôt elle augmenta à ce point que se voyant perdu sans ressource, il demanda les derniers sacrements. C'était le jour de la Pentecôte. L'évêque de Cahors en célébrait la solennité à Rocamadour avec Guillaume de Tinière, abbé de Dalon. Ils résolurent d'aller visiter le prince la troisième férie. Quand ils parurent devant lui, il sortit tout nu de son lit, se prosterna à terre, et fit une confession générale de ses fautes; après quoi, ayant manifesté les plus grands sentiments de repentir, il reçut les derniers sacrements, en présence de Hugues, duc de Bourgogne, et du comte de Toulouse. Le vicomte de Turenne n'y était point. C'est ce qu'ont remarqué les historiens du temps, qui lui ont fait un crime d'avoir abandonné, dans ses derniers moments, un prince dont il avait soutenu avec tant d'ardeur la mauvaise cause, et qui était sur le point d'expirer dans cette même ville, où il l'avait accueilli naguère avec tant de pompe. Le jeune prince implora le secours de Notre-Dame de Rocamadour et de Saint-Martial, les conjurant de lui pardonner les sacrilèges qu'il avait commis envers eux, en pillant leurs églises, sacrilèges pour lesquels il se reconnaissait puni. Il écrivit en même temps au roi, son père, le priant de rendre à ces églises les trésors qu'il leur avait enlevés, de lui pardonner le crime qu'il avait commis en se révoltant contre lui, et de traiter avec plus d'humanité la reine Eléonor, sa mère, qui était depuis plus de sept ans détenue, comme prisonnière, dans le château de Salisbury. Il demanda enfin d'être croisé; Guillaume Maréchaux, son confident, lui promit de faire pour lui le voyage de la Terre sainte : promesse qui dut consoler le prince, car on croyait, dans ce temps-là, que le pèlerinage de Rocamadour, du Puy, de Compostelle, de Saint-Martial, de Saint-Léonard, etc., contribuait beaucoup à racheter les crimes. Henri mourut peu de temps après, à dix heures du matin, le samedi après la Pentecôte, 11 juin 1183, dans la maison d'*Étienne Fabri,* depuis de *Lafaurie,* chez qui il avait pris logement (2), tout le temps que ses

1. Geoffroi de Vigeois, part. II, cap. VIII.

2. On voit encore à Martel une maison antique que l'on croit être celle où mourut ce prince. On y remarque, sur un bas-relief, un léopard qui semble vouloir abattre d'une de ses griffes une fleur de lys. Nous croyons que ce monument est postérieur à la mort de Henri le Jeune. Nous pensons qu'il date du XIVe siècle et de l'époque où les Anglais étaient les maîtres du Quercy.

troupes furent cantonnées dans la vicomté de Turenne. Son corps fut transporté à Rouen et inhumé dans l'église cathédrale, selon la volonté de ce prince.

Après la mort du roi Henri le Jeune, les Paillars, qu'il avait à sa solde, se débandèrent et causèrent des maux infinis tant dans le Bas-Limousin que dans la partie du Quercy qui est au delà de la Dordogne (1). On se réunit de tous côtés pour faire main-basse sur ces bandes de brigands et leurs concubines qui s'en allaient chargés de calices, de croix et d'autres ornements précieux enlevés aux églises. Un des chefs, appelé Raymond Brun, qui s'était distingué dans la guerre du jeune Henri contre son père, se voyant poursuivi et ne croyant pas pouvoir se sauver, se plongea l'épée dans le corps à Castelnau-de-Bretenoux.

II. — *Soumission à Henri d'Angleterre des seigneurs révoltés du Limousin et du Périgord — Le comte de Toulouse reste l'ennemi du roi Henri*

Le roi Henri, après avoir accordé quelque temps à la douleur que lui causait la mort de son fils, tourna ses soins à remettre sous le joug de l'obéissance les seigneurs du Limousin et du Périgord, qui avaient favorisé et soutenu la dernière révolte. Il força le vicomte de Limoges à lui rendre le château de cette ville. Bertrand de Born, châtelain et seigneur de Hautefort, en Périgord, ayant fait mine de vouloir se défendre, Henri, suivi de Richard, duc d'Aquitaine, son fils, et du roi d'Aragon, alla faire le siège de son château, dont il se rendit maître. Il paraît que le vicomte de Turenne rentra de bonne heure dans le devoir. Sa soumission doit dater du jour de la maladie d'Henri le Jeune. C'est pour cela qu'il ne parut point à Martel à cette époque et à la mort de ce prince. Prévoyant bien qu'il serait impossible de continuer la guerre, il s'en détacha d'avance et à dessein, comme pour faire oublier qu'il y avait pris part.

Le comte de Toulouse ne suivit pas son exemple, ni celui des autres barons du pays. Il se montra depuis comme auparavant l'ennemi du roi Henri et de Richard, duc d'Aquitaine; aussi voyons-nous (2) Raymond, son fils, reparaître dans le Limousin, l'an 1184, à la tête d'un corps de routiers qui, en passant à Aurillac, mirent l'abbaye de

---

1. Geoffroi de Vigeois, part. II, cap. XXI.
2. Geoffroi de Vigeois, *Ibid.*

cette ville à contribution et allèrent faire des dégâts dans les pays soumis au roi d'Angleterre. Comme il se tint, pendant la guerre du roi Henri le Jeune, dans le Bas-Limousin, il reçut un accueil distingué du vicomte de Turenne. Il s'attacha particulièrement à ce seigneur et lui donna, pour gage de son amitié, au mois d'octobre 1184 la suzeraineté qu'il avait sur la terre de Castelnau-de-Bretenoux (1). Bernard, père d'Héliz, épouse du vicomte de Turenne en était alors seigneur. Il était fils de Gerbert II, petit-fils de Gerbert I et arrière petit-fils de Hugues qui partit en 1108 pour la croisade, avec Géraud de Gourdon.

Le vicomte de Turenne reçut aussi, vers la même époque, du comte de Toulouse le château de Salagnac qui faisait alors partie du comté du Quercy.

III. — *Sacre de Pierre de Sully, archevêque de Bourges*

Sur ces entrefaites, l'évêque de Cahors et ceux de Limoges, Nevers, Clermont, Rodez, etc., assistèrent au sacre de Pierre de Sully, nouvellement élu archevêque de Bourges. La cérémonie fut faite par l'archevêque de Bordeaux. Pierre de Sully, et non de Souillac, en Quercy, comme l'ont avancé quelques écrivains du pays, était fils d'Archambaud I, seigneur de Sully-sur-Loire.

IV. — *Les abbés de Beaulieu et les seigneurs de Cavagnac. — Dons à l'abbaye d'Obasine*

On trouve un compromis passé cette année à Martel par la médiation de l'abbé d'Obasine et de Bernard-Robert, seigneur de Cavagnac, entre Pierre de Saint-Céré, abbé de Beaulieu, en Limousin, et Gaufred de Curemonte, prieur de Friac, du diocèse de Cahors, d'un côté, et Guillaume de Saint-Michel-de-Bannières, avec Guittard, son frère, de l'autre. Les deux parties étaient depuis longtemps en procès au sujet du marais de Fundial, dans le territoire de Condat, sur lequel elles avaient des droits respectifs. L'abbé d'Obasine et le seigneur de Cavagnac les accordèrent en déterminant les seigneurs de Saint-Michel-de-Bannières à se désister des droits qu'ils avaient eux-mêmes sur ce marais, en faveur de l'abbé de Beaulieu et du prieur de Friac, moyennant la somme de vingt-cinq louis d'or qui leur fut comptée sur le champ. L'acte de cet accord est daté, dans la copie que nous avons,

---

1. Justel, *Histoire général. de la Maison de Turenne.*

de l'an 1204. Nous avons cru devoir le rapporter à l'an 1184, parce que Pierre de Saint-Céré était mort en 1204, depuis environ vingt ans. On trouve, en effet, qu'Humbert, son successeur, était déjà abbé de Beaulieu en 1190.

Bernard-Robert, seigneur de Cavagnac, était fils de Guillaume-Robert qui avait fait hommage de son château de Cavagnac à l'abbé de Beaulieu vers l'an 1180 (1). Il est dit dans l'acte que les seigneurs de Cavagnac tiennent ce château des abbés de Beaulieu, auxquels ils ont prêté de tout temps, à cause de cela, serment d'obéissance et de fidélité; que lorsqu'ils viennent à décéder à Cavagnac, ils ont droit de sépulture dans le cimetière de l'abbaye, eux, leurs épouses et leurs enfants, si ceux-ci étaient chevaliers à leur mort; et qu'ils doivent aussi l'hommage au prieur de Friac pour quelques fiefs qu'il possède dans les paroisses de Cavagnac et de Condat.

L'abbé d'Obasine, qui fut aussi un des arbitres dans l'affaire dont nous venons de parler, était Géraud de Gourdon, et c'est lui apparemment qui donna ou fit donner par sa famille à son monastère plusieurs terres qui en dépendaient, et qui sont situées dans les environs de Rocamadour; ce sont les Alix, la Pannonie, Couzou, Carlucet et Calès (2).

Le même abbé lui acquit aussi d'autres biens. Vers le même temps Etienne d'Auriole (3) donna tous les droits qu'il avait à Espédaillac, en présence de Guillaume, prieur du Vigan, de Raynald de Gaulejac, chanoine de cette église, de Gausbert de Felenon (maison noble de Gourdon dont il est souvent parlé dans les chartes) et de N. de Cornil. Arnaud de Linars fit de son côté plusieurs dons considérables par un acte dont les principaux signataires sont Raynald de Gaulejac et Robert Delbosc, chanoine du Vigan, Guillaume de Clairmont-le-Gourdonnais, Etienne d'Auriole, chevaliers, etc. Le nom de Gaulejac qui figure dans ces deux actes, dont l'un est de 1182 et l'autre de 1184, est celui d'un fief qui relevait des seigneurs de Gourdon, et qui est appelé de nos jours, par corruption, Graulejac.

1. *Cartul. de Beaulieu.*
2. *Cart. Obas.*, fol. 287 et fol. 2.
3. Il était seigneur d'une terre de ce nom dans les environs de Gourdon et dont le château a été ruiné depuis plusieurs siècles. La famille d'Auriole devint une des plus distinguées du Quercy. Elle se fixa à Cahors et donna naissance à des personnages dont nous aurons l'occasion de parler.

V. — *Dons en faveur de Rocamadour*

Mainfroid de Scoraille, doyen de Mauriac, mourut l'année suivante (1185) à Rocamadour, où la dévotion à la sainte Vierge avait fixé ce pieux religieux depuis plus de dix ans. Les moines de Mauriac disent, dans la relation de sa mort qu'ils envoyèrent à leur abbé avec l'élection de son successeur, que Mainfroid avait porté à Rocamadour, son âme avec toute sa fortune, tellement que de tous ses biens, il n'avait pas laissé dans leur monastère la valeur d'une obole. Ils font néanmoins un grand éloge du défunt qui avait, en effet, de grandes vertus. Il fut inhumé à côté de la chapelle de la Vierge par les soins de son frère l'abbé de Tulle et de l'évêque de Cahors, son neveu, qui assistèrent à sa mort. Ce fait est une nouvelle preuve de la grande célébrité dont jouissait la chapelle. Il ne se passait pas d'année qu'elle ne fût visitée par des princes, soit français, soit étrangers, qui déposaient de riches offrandes en vases d'or et d'argent, en belles tapisseries où étaient représentés des sièges, des combats, des prises de villes, etc. Alphonse, roi de Castille, de Tolède, d'Estramadure et des Asturies, Eléonor, sa femme, et leur fils, Sanche, venaient de lui donner deux villes ou châteaux, situées du côté de Burgos, appelées Orbanelles et Fornelles, avec tout leur territoire et tous les droits régaliens qu'ils avaient sur ces lieux. Cette donation importante faite vers l'an 1181, fut confirmée par d'autres rois de Castille en 1217 et en 1314 (1). Dans beaucoup de provinces de France, il y avait des chemins qui portaient le surnom de Rocamadour, avec des hôpitaux où on logeait les pèlerins qui se rendaient dans ce lieu de dévotion. C'est ce qu'on trouve dans différentes chartes, entre autres, dans une de l'abbaye de Conques où il est dit que Hugues, évêque de Rodez, donna l'an 1179 à Guillaume, abbé de Conques l'hôpital bâti sur la voie publique en faveur de ceux qui vont à Notre-Dame de Rocamadour.

---

1. Les rois et les peuples d'Espagne avaient la plus grande vénération pour Notre-Dame de Rocamadour. Ils érigèrent en son honneur plusieurs autels, dont un subsiste encore dans la ville de Palencia sous le véritable nom d'autel de Notre-Dame de Rocamadour.

VI. — *Le comte de Toulouse convient d'un traité avec le roi d'Aragon — Rupture de ce traité — Le duc d'Aquitaine porte les armes dans les États du comte de Toulouse — Privilèges accordés à l'église de Figeac*

Le comte de Toulouse et Alphonse, roi d'Aragon, n'avaient pas cessé d'être en guerre, et, quand ce monarque vint en personne au secours du roi Henri, le comte l'avait attaqué en Gascogne et battu, en lui faisant prisonniers cinquante de ses chevaliers. Ces deux princes eurent dans le mois de février de l'an 1185 (1), une entrevue aux environs du Rhône, dans laquelle ils terminèrent leurs différends, et s'engagèrent par un traité solennel à vivre désormais en bonne intelligence et à se secourir mutuellement contre leurs ennemis communs, depuis le col de Cluse jusqu'au mont Cenis, dans tous les comtés de Toulouse et de Quercy et dans la Provence. Il importait à Richard, duc d'Aquitaine, de ne pas laisser subsister ce traité qui, infailliblement, lui aurait été funeste dans la guerre qu'il avait avec le comte de Toulouse. Sachant donc que le roi d'Aragon était dans ses domaines du Rouergue, il alla le trouver à Najac, et vint à bout, à force de promesses et de sacrifices, de lui faire renouveler la ligue qui existait entre eux avant que ce prince eût traité avec le comte Raymond.

Content d'avoir enlevé à son ennemi un si puissant appui, il se prépara à porter la guerre dans ses Etats. Il y pénétra en 1186 et s'empara d'un très grand nombre de places en employant tour à tour et la ruse et la force. Il dut pousser ses conquêtes jusque dans le cœur de l'Albigeois, car étant la même année à Agen, il donna en présence de Guillaume, seigneur de Montpellier, des lettres par lesquelles il prit sous sa sauvegarde l'abbaye de Candeil qui est dans ce pays, ce qui prouve évidemment que ce monastère était au nombre des places qu'il conquit dans cette campagne (2). Ce fut vraisemblablement alors qu'il se rendit maître du Bas-Quercy, parce qu'il fut obligé de le traverser pour entrer dans l'Albigeois. Il est également vraisemblable qu'il s'empara pour lors de Moissac quoiqu'on ait coutume de rapporter la prise de cette ville à la campagne suivante. Aymeric de Payrac, abbé et historien de Moissac, rapporte que, quelque temps avant la prise de cette ville par le duc d'Aquitaine, elle avait été presque

1. *Hist. de Languedoc*, tome III, pag. 65 et 66.
2. *Hist. de Languedoc*, tome III, pag. 70.

entièrement consumée par un incendie, avec une partie du monastère et les hospices. Mais cet historien n'entre pas dans un plus long détail sur ces deux évènements. Cette année, le roi de France accorda des privilèges à l'église de Figeac. Il veut qu'aucun habitant des fiefs et autres possessions de cette église ne plaide ailleurs que devant l'abbé, et par appel au tribunal du roi. Il lui accorde une pleine juridiction et un plein pouvoir sur tous les vassaux et promet de ne point aliéner les droits qu'il a sur cette église ni ceux qu'il lui a accordés

VII. — *La nouvelle de la prise de Jérusalem, par le sultan Saladin, fait cesser provisoirement les querelles des rois de France et d'Angleterre*

La guerre que le duc d'Aquitaine eut l'année suivante (1187) avec Philippe Auguste, ne lui permit pas de poursuivre son expédition. De plus il y eut, sur une triste nouvelle venue d'Orient, une suspension d'armes entre ces deux princes. Le sultan Saladin venait de faire la conquête du royaume de Jérusalem et tenait dans les fers Gui de Lusignan, roi de cette ville. Touchés d'un évènement si funeste à la Chrétienté, ils résolurent de voler au secours de la Terre sainte et prirent la croix des mains de Guillaume, archevêque de Tyr, qui était venu implorer le secours des princes chrétiens d'Occident. Les rois de France et d'Angleterre conclurent à cette occasion un traité par lequel leurs querelles cessaient, et les hostilités demeuraient suspendues jusques après le retour du voyage d'Outre-mer.

VIII. — *Différend entre le chapitre de Cahors et le monastère de Marcillac, au sujet de la propriété du moulin Saint-James de Cahors*

Sur ces entrefaites, l'évêque de Cahors examina le différend qu'il y avait depuis quelque temps entre son chapitre et les moines de Marcillac, au sujet du moulin de *Saint-James* qui faisait alors partie du domaine de l'église Saint-Urcisse, et sur lequel le chapitre prétendait avoir des droits (1). Quant à l'église, il s'en était désisté, malgré la sentence rendue en sa faveur par l'évêque Guillaume de Caumont. Les moines de Marcillac la possédaient, peut-être, en vertu d'une décision du pape au tribunal duquel ils avaient appelé. Ils l'avaient érigée en prieuré. L'évêque, après avoir ouï les deux parties, reconnut que le

1. *Cartul. Cadurc.*

chapitre était fondé dans ses prétentions; mais pour éviter les procès que leurs droits réciproques pourraient faire naître dans la suite, les deux parties en vinrent à l'arrangement suivant : le prieur du chapitre et les chanoines abandonnent à l'église de Saint-Urcisse leur part du moulin moyennant une rente annuelle de vingt-un septiers de froment, et un sou d'or d'acapte payable à la mort du prieur du chapitre ou de l'abbé de Marcillac. L'acte fut écrit par Bertrand ou Bernard, notaire de l'évêque, et scellé du sceau de ce prélat. On y voit, entre autres signataires, du côté du chapitre, François, prieur, Géraud d'Antejac et Bernard de Biron, archidiacres, Guillaume de Cras, archiprêtre, Aymon et Guillaume de la Roche, maîtres, Géraud de Fontanes et Guillaume, archiprêtre de Saint-......., chanoines; du côté du monastère de Marcillac, plusieurs religieux, entre autres Guillaume Rey, économe de l'église de Saint-Urcisse, Guillaume de Cornil, Guillaume d'Ornhac, Bertrand de Saint-Martin et Guillaume de la Bessonie ; ecclésiastiques appartenant presque tous à des familles distinguées du Quercy.

IX. — *La guerre se rallume entre le comte de Toulouse et le duc d'Aquitaine — Richard s'empare du Quercy — Le roi de France vient au secours du comte de Toulouse — Traité de paix entre les rois de France et d'Angleterre*

Les peuples, soumis au comte de Toulouse et au duc d'Aquitaine, se flattaient de jouir des avantages de la paix, que leur assurait, au moins pour quelque temps, le traité récemment conclu entre les rois de France et d'Angleterre, lorsque la guerre se ralluma, tout à coup, avec plus de fureur que jamais. Pierre Ceïle ou Saissun, né sujet de Raymond, courait et ravageait l'Aquitaine. Richard le fit arrêter et enfermer dans une étroite prison. Raymond demanda le rachat de cet homme; il ne put l'obtenir. Il usa alors de représailles en faisant arrêter deux gentils-hommes du prince anglais qui passaient sur ses Etats en revenant de Saint-Jacques de Compostelle, où ils étaient allés en pèlerinage. Mais il les relâcha ensuite à la prière du roi et par respect d'ailleurs pour la personne des pèlerins qu'on regardait alors comme sacrée. Cette satisfaction ne put calmer le ressentiment de Richard, l'un des hommes les plus violents et les plus impétueux. Il se mit à la tête de son armée qu'il avait renforcée d'un corps de ces brigands appelés Brabançons, et entra, au printemps de l'année 1188, dans le Quercy, portant partout le fer et le feu. Il s'y rendit maître de Cahors, de dix-sept des principaux châteaux et de Moissac, selon l'opinion de ceux qui n'ont pas fait attention à la campagne précédente à laquelle nous avons rapporté la prise de cette ville (1).

Les historiens du temps ne nous ont pas transmis le nom de ces châteaux, mais, à l'aide des conférences et des traités dont cette guerre fut l'objet, on doit y faire figurer Souillac et Figeac, avec les châteaux intermédiaires, Belcastel, Thémines, Cardaillac, Peyrilles, Concorès, Lavercantière, Castelnau-de-Montratier, Montpezat, qui se trouvaient sur la route de Cahors dans le Toulousain avec ceux des environs. Les châteaux du Gourdonnais et ceux du voisinage, comme Cazals, Salviac, durent aussi être du nombre, puisque le seigneur de Gourdon, qui tua Richard, ne fut porté à cet attentat que pour se venger de ce que ce prince avait dévasté ses terres et fait périr ses parents. Ce qu'il y a de certain, c'est que le prince anglais fit la conquête entière du Quercy pendant cette campagne, et qu'il borna pour ainsi dire à ce pays son expédition.

Le comte de Toulouse, affligé de la perte du Quercy, eut recours à Philippe Auguste, roi de France, qui, convaincu, dit un célèbre historien, que l'intérêt de l'Etat ne permettait pas de laisser accroître de la conquête du Languedoc une puissance déjà trop redoutable, n'en fut que plus porté à secourir un prince qui était en même temps son vassal et son oncle. Il envoya des ambassadeurs en Angleterre pour se plaindre au roi Henri de ce que le duc d'Aquitaine, son fils, avait porté la guerre dans le royaume sans aucune déclaration préalable, et sans l'avoir auparavant *défié*. Il désirait savoir si c'était par ses ordres que Richard avait commis cet attentat dont il demandait réparation. Le roi d'Angleterre répondit que c'était à son insu que son fils avait déclaré la guerre au comte de Toulouse, et que, dans la lettre qu'il lui avait ensuite écrite à ce sujet par l'archevêque de Dublin, il lui avait mandé qu'il s'était déterminé à attaquer Raymond par l'avis du roi de France.

Peu satisfait d'une pareille réponse, Philippe se mit à la tête de ses troupes, fondit sur les Etats du roi Henri, se rendit maître en peu de temps du Berry, d'une partie de la Touraine et de plusieurs places du Bourbonnais (2). Un historien contemporain prétend même qu'il poussa ses conquêtes jusque dans le Quercy où il soumit *cinq comtés* (3), c'est-à-dire qu'il reprit sur Richard cinq châteaux qui pourraient bien être

---

1. Rigord, *de Gest. Philip. Aug.* — Velly, *Hist. de France*, ann. 1188.
2. Rigord, *de Gest. Philip. Aug.* — Velly, *Hist. de France*, ann. 1188.
3. Rodulphus, Coggeshalæ abbas, *Chronicon Angliæ*.

Souillac, Figeac et quelques autres de ceux intermédiaires dont nous avons parlé; et c'est apparemment, à cause de la conquête de ces places, que dans le traité qu'il fit l'année suivante avec Richard, il se réserva expressément la possession de Souillac et de Figeac. Car, sans cette raison, on ne verrait pas pourquoi les autres abbayes du Quercy étant aussi royales, Philippe Auguste aurait voulu garder de préférence les premières qui étaient certainement moins importantes, sous tous les rapports, que plusieurs des dernières.

Informé de ces rapides succès, Henri envoya au roi de France l'archevêque de Cantorbéry pour l'apaiser. Mais cette ambassade n'ayant pas eu l'effet qu'il en attendait, il passa la mer et débarqua en Normandie. Il rassembla son armée à Alençon et s'avança ensuite du côté de Gisors. Philippe y accourut; prit, chemin faisant, Vendôme, et marcha en diligence sur Châteauroux, dans le dessein d'enlever le roi et le duc, son fils, qui s'y trouvaient; mais, à son arrivée, ces derniers avaient pris la fuite. Il s'empara du château, qu'il brûla, et se mit à la poursuite des fuyards. Deux fois il rencontra l'armée anglaise, deux fois il la mit en déroute. Il y eût enfin entre les deux rois plusieurs conférences pendant lesquelles les hostilités cessèrent. Mais, comme il n'y fut rien conclu, la guerre recommença avec plus de fureur que jamais, et toujours au désavantage de l'Angleterre.

Tant de revers firent faire de sérieuses réflexions à Richard. Craignant que son père ne lui en imputât, avec raison la cause, et qu'il ne poussât son mécontentement contre lui jusqu'à le déshériter et faire passer la couronne sur la tête de Jean, son frère puîné (1), il offrit à Philippe de faire juger à la cour de France ses différends avec le comte de Toulouse (2). Le monarque français y souscrivit, se réconcilia secrètement avec le duc d'Aquitaine et lui promit son secours et sa protection contre le roi, son père. Ils convinrent entre eux d'une conférence qui se tint à Bonmoulins, le 18 novembre, à laquelle se rendit le roi Henri qui n'avait aucune connaissance de ce qui s'était passé entre le roi de France et le duc d'Aquitaine, son fils. Philippe proposa à Henri de se rendre mutuellement les conquêtes qu'ils avaient faites l'un sur l'autre, depuis qu'ils avaient pris la croix, et de s'en tenir à la trêve qu'ils avaient conclue alors jusqu'à leur retour de la Terre sainte. Henri fut d'avis d'en venir à un véritable traité de paix. Richard s'opposa à la restitution réciproque des places conquises, pour ne pas perdre le

---

1. Velly, *Hist. de France.*
2. *Histoire de Languedoc*, tome III, pag. 77.

Quercy, dont il tirait plus de mille marcs d'argent de revenu annuel, tandis que les places qu'il recouvrerait appartenaient à des seigneurs particuliers qui n'étaient tenus que de lui en faire hommage. Philippe offrit ensuite à Henri de lui rendre toutes les places qu'il lui avait prises pendant la guerre, à condition que la princesse Alix, sa sœur, épouserait, sans de nouveaux délais, le duc Richard à qui elle avait été depuis si longtemps promise, et que celui-ci serait reconnu comme héritier du trône d'Angleterre. Cette proposition ne pouvait que déplaire à Henri que l'on accusait d'être amoureux de la princesse, et qui n'avait pas oublié les malheurs qu'il avait éprouvés pour avoir fait part de sa couronne à son fils aîné. Il la rejeta donc ; et, sur ce refus, le duc d'Aquitaine, se tournant vers Philippe Auguste, se mit sous sa protection et lui rendit hommage pour toutes les provinces que sa maison possédait dans le royaume de France. Le monarque français lui en donna l'investiture et lui rendit en même temps le Berry. Quelque irrité que fut Henri de la démarche que venait de faire son fils, il dissimula néanmoins, et ne se sépara du roi de France qu'après avoir conclu avec lui une trêve jusqu'au jour de saint Hilaire, qui était le 14 janvier suivant.

La trêve expirée, les deux rois reprirent les armes ; mais le cardinal d'Agnani, légat du Saint-Siège en France, fut assez heureux pour les déterminer à prolonger la trêve jusqu'à la Purification, ensuite jusqu'à Pâques ; et enfin, à consentir à une entrevue qui eut lieu au commencement de juin 1189, à La Ferté-Bernard, dans le Maine. Le roi Philippe renouvela à Henri la proposition qu'il lui avait faite à Bonmoulins. Le roi d'Angleterre persista dans son premier refus ; ainsi on reprit les armes de part et d'autre. Ce fut au désavantage du dernier qui se vit dans l'espace de quelques jours dépouillé de deux provinces, tant les conquêtes de Philippe furent rapides. Forcé de céder à la nécessité, il consentit à tout ce que voulurent son vainqueur et Richard, son fils, dans une entrevue qu'ils eurent ensemble entre Tours et Amboise. Il ne survécut pas longtemps au traité qu'il fit avec eux. Ayant vu Jean sans Terre, son jeune fils bien-aimé, à la tête de la liste des seigneurs qui avaient conspiré contre lui, laquelle Philippe avait eu l'imprudence de lui remettre, il tomba malade d'indignation, de colère et de douleur, et mourut à Chinon, le 6 juillet.

X. — *Richard succède à Henri II, son père, roi d'Angleterre, et conserve le Quercy*

Richard, devenu roi d'Angleterre par la mort de son père, s'aboucha, le 22 juillet 1189, du côté de Chaumont, avec le roi Philippe qui le pressait de lui rendre le Vexin. Ce pays avait été donné en dot à Marguerite, sœur de ce monarque, lors de son mariage avec Henri le Jeune, et celui-ci étant mort sans laisser d'enfants de cette princesse, le Vexin devait naturellement revenir à la Couronne française. Le roi Richard n'en disconvenait pas; mais, n'ayant pas envie de le restituer, il offrit à Philippe de lui payer en échange quatre mille marcs d'argent, outre les vingt mille que le roi Henri s'était obligé à lui donner par le dernier traité, pour le dédommager des frais de la guerre. Il ne fut pas fait mention du Quercy dans cette conférence; cette province resta au pouvoir du roi d'Angleterre.

XI. — *Le vicomte de Turenne, vassal de l'évêque de Cahors, par suite de l'achat de la terre de Brassac — Prétentions des abbés du monastère de Tulle*

L'évêque de Cahors était, sur ces entrefaites, au monastère de Grammont où il faisait sa résidence ordinaire, depuis que Richard avait fait la conquête de son diocèse. Il assista à l'exaltation des reliques de saint Etienne de Muret, fondateur de ce monastère, que le pape Clément III venait de canoniser : cérémonie qui fut faite par le légat Jean, cardinal-prêtre du titre de Saint-Marc, et à laquelle se trouvèrent aussi les archevêques de Bourges, de Bordeaux et d'Appamée, en Syrie, avec les évêques de Limoges, Poitiers, Saintes, Périgueux et Agen.

L'évêque revint, en 1190, dans son diocèse où l'appelait une affaire de la plus grande importance. Guillaume, vicomte de Calvignac, et Raymond, son frère, venaient de vendre, à son insu, à Raymond II, vicomte de Turenne, la terre ou vicomté de Brassac, ancien fief de l'évêché, qui comprenait, outre les châteaux de Brassac et Montvalent, ceux de Souillac et de Cazillac avec leurs dépendances, qui étaient d'une étendue immense. Leurs ancêtres les tenaient, en fief, depuis plusieurs siècles, de la munificence des évêques de Cahors; depuis le commencement du xe siècle, selon l'abbé de Foulhiac. Géraud Hector était mécontent, avec raison, que les vicomtes de Calvignac ne l'eussent pas informé du dessein qu'ils avaient de vendre cette terre; il paraît même qu'il avait l'intention de la retraire. Mais enfin l'affaire s'arrangea; et l'évêque reconnut pour son nouveau vassal le vicomte de Turenne qui alla le trouver avec son fils Boson, pour lui faire hommage, au monastère de Saint-Sauveur de Rocamadour (1). Dans la charte qui en fut dressée par le notaire de l'évêque de Cahors, le vicomte de Turenne se reconnaît assujetti envers ce prélat aux mêmes devoirs que l'étaient les vicomtes de Calvignac. Il s'oblige donc à le servir avec honneur, à le suivre dans ses expéditions, à lui rendre, soit qu'il tombe ou non en commise de fief, les châteaux et les forts qui sont actuellement ou qui peuvent être à l'avenir dans la vicomté de Brassac, quand il en sera averti et requis par l'évêque, son seigneur, ou par son délégué; à lui rester en tout inviolablement fidèle, et à défendre et protéger de tout son pouvoir et dans toutes les occasions, lui, son église, leurs vassaux et leurs domaines; il reconnaît de plus, que le seigneur évêque a tout droit sur les clercs et sur les églises du fief de Brassac, qui existent maintenant ou qui peuvent, dans la suite, être fondées; il promet de les maintenir dans leur liberté et de ne les soumettre à aucun impôt ou exaction.

Si Géraud Hector ne se fût pas laissé séduire par les belles promesses du vicomte de Turenne, dont il devait assez connaître l'insatiable cupidité, il n'eût pas, sans doute, permis qu'un des plus grands fiefs de son église passât dans une maison trop ambitieuse et trop puissante pour demeurer longtemps assujettie au vasselage. En qualité de seigneur suzerain il l'aurait retirée, pour en investir tout autre seigneur moins puissant, et qui lui aurait été plus fidèle, à lui et à ses successeurs. Une preuve qu'il aurait dû prendre ce parti, c'est que son église ne conserva pas longtemps ses anciens droits sur cette terre. Elle les perdit vraisemblablement pendant la guerre contre les Albigeois. Le vicomte de Turenne qui vivait alors, voyant l'évêque de Cahors et ses vassaux tout occupés de cette guerre, trouva l'occasion favorable pour l'envahir et en disposer en faveur de l'abbaye de Tulle, dont il était le défenseur et le protecteur né. Les abbés de ce monastère portaient leurs prétentions chimériques sur toute cette partie du Quercy arrosée par la Dordogne. Comme ils y avaient leur principal domaine, ils supposaient ou s'imaginaient qu'elle leur appartenait en entier, alléguant pour raison la donation d'Adhémar, vicomte des Echelles, dont ils étaient les dépositaires; mais on ne trouve pas mentionnées dans cette charte

---

1 G. de Lacroix, *Ser. Episcop. Cad.*, pag. 75.

toutes les possessions dont ils ont joui dans le Quercy. Nous verrons que les évêques de Tulle qui ont succédé aux abbés eurent le même esprit d'agrandissement et d'autorité. Ne pouvant plus augmenter leur temporel, ils voulurent exercer la juridiction spirituelle dans les paroisses de cette contrée, dont ils percevaient la dîme et les ventes : entreprise inouïe qui fut réprimée par un de nos saints évêques. Il faut bien que l'affaire se soit passée ainsi, car autrement on ne voit pas comment les abbés de Tulle auraient pris le titre de seigneurs suzerains de Brassac ; ce sont les vicomtes de Turenne qui le leur ont reconnu. C'est en 1250 et 1252 (1) que ceux-ci ont commencé de leur rendre foi et hommage pour cette vicomté. Raymond IV, qui fut le premier vicomte qui remplit ce devoir envers l'abbé Pierre de Malamort, déclara en présence de témoins parmi lesquels étaient *Pierre Balène* et *Bertrand Crollhie*, bourgeois de Rocamadour, et par conséquent partisans de l'abbé de Tulle, qu'il tient et a en fief du monastère de Tulle, la vicomté de Brassac, comme l'ont tenue et eue ses ancêtres des abbés de ce monastère contemporains de ces derniers. Certainement il ne pouvait y avoir de bonne foi, ni d'une part, ni de l'autre, puisqu'il y avait plus de soixante ans que l'évêque de Cahors avait reçu, pour ce fief, foi et hommage de Raymond II. Il paraît que le prélat, qui siégeait à Cahors du temps du vicomte Raymond IV, fit un procès à l'abbé de Tulle pour avoir usurpé les droits de son église et qu'il porta l'affaire devant leur métropolitain commun, Philippe, qui occupa le siège archiépiscopal de Bourges, depuis l'an 1232 jusqu'à l'an 1260. Une expédition de l'hommage de 1190, vidimée par cet archevêque (2) nous porte à le croire. En effet, à quoi bon le vidimus mis à un tel acte si la pièce n'avait pas dû servir de preuve en justice? Mais l'affaire dut être négligée et enfin oubliée ; car on trouve d'autres hommages rendus par les vicomtes de Turenne aux abbés et aux évêques de Tulle, un, entre autres, à Rocamadour, l'an 1307, en présence de Galbert de Gramat, chevalier, de Hugues d'Alquier, damoiseau, et de plusieurs autres seigneurs du pays.

1. Baluze, *Hist. Tutel.*, pag. 559.
2. Maleville, *Esbats du pays de Quercy*, pag. 179.
3. Baluze, *Hist. Tutel.*, pag. 182, 204 et suivantes.

XII. — *Départ du roi Philippe Auguste pour la Terre sainte — Le vicomte de Turenne prend part à cette expédition, après avoir donné satisfaction à l'abbé de Beaulieu*

Après la conférence dont nous avons parlé, les rois de France et d'Angleterre firent leurs préparatifs pour le voyage de la Terre sainte. Avant leur départ, ils s'assemblèrent de nouveau et convinrent que, si pendant leur absence, leurs Etats étaient attaqués, ils prendraient mutuellement leur défense. Ils firent en même temps promettre avec serment à leurs comtes et à leurs barons de ne faire aucune guerre durant ce temps-là. Les deux rois ayant ensuite rejoint leurs troupes, allèrent ensemble jusqu'à Lyon, où ils se séparèrent pour aller s'embarquer, Philippe à Gênes, Richard à Marseille. Peu de seigneurs du Quercy durent être de cette croisade. Leurs terres venaient d'être dévastées et dépeuplées par la guerre, comment auraient-ils pu s'engager dans une expédition si lointaine et qui exigeait des frais énormes? Le vicomte de Turenne et ses vassaux n'avaient pas éprouvé tous ces maux, parce qu'ils n'étaient pas sous la domination des comtes de Toulouse. C'est pourquoi ils prirent part au voyage d'Outre-mer. Figeac fut le rendez-vous de la bannière du vicomte. Ce seigneur se rendit dans cette ville au jour marqué, accompagné de son épouse, de Boson, son fils aîné, de Géraud de Gourdon, abbé d'Obasine et des principaux vassaux de sa terre, qui devaient l'accompagner dans la Palestine et parmi lesquels étaient pour le Quercy, Guillaume de Cornil, Bertrand d'Austorg et Mafre de Castelnau-de-Bretenoux. Il prit son logement dans la maison d'un nommé Folquier, jardinier, qui était un des principaux habitants de Figeac. Là, il termina le différend qu'il avait depuis longtemps avec les abbés de Beaulieu. Celui qui gouvernait alors ce monastère s'appelait Umbert; il était le successeur de Pierre de Saint-Céré. Il s'agissait de la suzeraineté du domaine de l'abbaye de Beaulieu que le vicomte s'arrogeait et que les abbés soutenaient leur appartenir. Raymond II, devenu plus juste et plus désintéressé au moment de son départ, avoua et reconnut, en présence d'un grand nombre de témoins, que tout ce qu'il avait et possédait dans la ville de Beaulieu et dans la terre de l'abbaye, le château de Betuc, les terres comprises entre la Dordogne et la Sourdoire, le château de Bétaille excepté, les lieux de Favars, d'Estival, de Cosatge et de Saint-Privat, il les tenait de l'abbé de Beaulieu auquel il devait, pour ces fiefs, foi et hommage; et, en même temps, lui et Boson s'empressèrent de remplir ce devoir envers l'abbé Umbert. Il déclara ensuite qu'il n'avait pas le droit de lever tailles et autres impôts dans Beaulieu, et que, s'il faisait battre monnaie dans sa terre, ce serait dans cette ville, et que le dixième de la monnaie appartiendrait à l'abbé (1). Le vicomte Raymond, ayant terminé cette affaire, se mit en marche et alla joindre l'armée du roi de France.

XIII. — *Nouveau traité de paix entre les rois de France et d'Angleterre — Prise de Saint-Jean-d'Acre — Mort du vicomte de Turenne*

Philippe arriva en Sicile, quelques jours avant Richard, après avoir essuyé une horrible tempête qui obligea de jeter à la mer une grande partie des provisions. Pendant le séjour que les deux rois firent dans cette île, ils conclurent un nouveau traité, par lequel Philippe Auguste reconnut le roi d'Angleterre pour son homme-lige, lui abandonna tant pour lui que pour ses héritiers mâles, le Vexin Normand, avec plusieurs places, et lui céda la ville de Cahors et tout le Quercy, à l'exception des abbayes de Figeac et de Souillac qui étaient du domaine royal. Le roi Richard, de son côté, se reconnut vassal de Philippe, s'obligea à lui payer pour toutes ces concessions dix mille marcs d'argent, lui transporta tous ses droits sur l'Auvergne et s'engagea à ne plus faire aucune conquête sur le comte de Saint-Gilles ou de Toulouse, tant que ce comte voudrait ou pourrait s'en rapporter à la justice de la cour du roi. Philippe déclara que si le comte de Saint-Gilles venait à être condamné par sa cour, il n'exercerait point, pour sa défense, aucune hostilité contre le roi d'Angleterre, à moins qu'il ne jugeât à propos de le secourir de sa propre volonté. Par cette clause, d'après la remarque de l'historien que nous suivons ici, Richard s'assura de la possession provisionnelle du Quercy (2).

Après s'être liés par ce nouveau traité, les deux rois s'embarquèrent pour Ptolemaïs, ou Saint-Jean-d'Acre, que les chrétiens assiégeaient depuis près de deux ans. Cette place fut enfin obligée de céder à l'impétuosité et à la bravoure de Philippe et de Richard, mais elle fut le tombeau des plus braves de leurs chevaliers, entre autres du vicomte de Turenne. Ce seigneur laissa de son épouse, Héliz de Castelnau-de-Bretenoux, Boson, dont nous avons parlé, et qui lui survécut peu de temps, Raymond, son successeur, et une fille mariée avec Hélie V, comte de Périgord.

1. *Cartulaire de Beaulieu.*
2. Velly, *Histoire de France.* — *Histoire de Languedoc*, tome III, liv. xx.

Cette même année, Boson, vicomte, et Héliz, vicomtesse de Turenne, sa mère, cédèrent à Géraud de Gourdon, abbé d'Obasine, la moitié du moulin de Tolvia pour dédommager son monastère des pertes qu'ils lui avaient causées. L'acte est daté *in aula Torenne in manu Geraldi Caturcensis episcopi* (1).

XIV. — *Nouvelles contestations entre les abbés de Tulle et de Marcillac, au sujet de la propriété de Rocamadour — Renonciation consentie par le monastère de Marcillac*

Depuis le commencement de l'épiscopat de Géraud Hector, les moines de Marcillac ne cessaient de prier ce prélat de les remettre en possession de l'église de Rocamadour, que leur avait adjugée Guillaume de Caumont, mais que l'abbé de Tulle leur avait enlevée de nouveau. Les circonstances n'étaient pas assez favorables pour qu'ils obtinsent justice; car, outre les troubles et les guerres dont le Quercy fut le théâtre, et l'évêque de Cahors la victime, puisqu'il perdit son temporel, et fut obligé de quitter son diocèse, ce prélat était, comme nous l'avons dit, neveu de l'abbé de Tulle, qu'on avait mis à la tête de ce monastère depuis la mort de l'abbé Ebles de Turenne : celui-là même qui, au mépris de la sentence épiscopale, avait osé se remettre violemment en possession de l'église contestée. Les moines de Marcillac, voyant donc qu'ils ne pouvaient rien obtenir, eurent recours à l'autorité de l'abbé de Clairvaux, cardinal-évêque d'Albano et légat du Saint-Siège, dans les pays infestés de l'hérésie des Henriciens. Ils lui députèrent un de leurs frères, Arnaud, prieur de Madiran, qui alla trouver le cardinal à Bazas, où il devait tenir le concile de la province d'Auch, le 8 décembre 1181. Arnaud présenta une requête au légat qui, n'ayant pu s'occuper de l'affaire pendant ce concile, la renvoya à celui des deux provinces de Bourges et de Bordeaux qu'il se proposait de convoquer bientôt à Limoges; ce qui arriva, en effet, le troisième dimanche du carême de l'année suivante.

Les moines de Marcillac ne manquèrent pas de s'y rendre, quoiqu'ils y dussent trouver tout le clergé de Limoges, peut-être même l'évêque de Cahors prévenu contre eux; mais ils comptaient sur la justice du cardinal-légat, et cela leur suffisait, étant d'ailleurs convaincus de la bonté de leur cause. Le cardinal, après avoir pris connaissance de l'affaire, au lieu de la juger, ainsi qu'il en était sollicité par les religieux,

1. *Gallia christ.*, tome II, pag. 637.

la renvoya devant l'évêque de Cahors qui assistait au concile. Les moines en furent vivement affectés tant à cause des liens du sang qui unissaient l'évêque et l'abbé de Tulle, qu'à cause de l'impossibilité où était l'évêque de se trouver dans son diocèse, par suite des malheurs du temps. Ils prirent alors le parti de s'adresser à Henri de Sully, archevêque de Bourges, qui assigna les parties à comparaître devant son tribunal; elles s'y rendirent le jour marqué, les moines de Marcillac en personne et ceux de Tulle par leur fondé de pouvoir. L'archevêque examina l'affaire, écouta chaque partie, et, au lieu de prononcer, il consentit à l'appel que ceux de Tulle firent devant le Souverain Pontife, qui était Urbain III.

Leur intention était d'éluder le jugement du procès, s'imaginant que leurs adversaires, lassés de se voir traînés inutilement de tribunal en tribunal, cesseraient toute poursuite; ce qui le prouve c'est qu'ils ne se présentèrent pas à l'assignation du pape qui renvoya l'affaire devant l'évêque de Cahors, pour être jugée en dernier ressort. L'évêque assigna, pendant deux fois, les parties; les moines de Tulle ne comparurent jamais. Alors ceux de Marcillac eurent recours aux avoués de leur monastère, qui étaient les seigneurs de Béduer, de Thémines et de Gramat, afin de défendre leurs droits par les armes. Ces seigneurs acceptèrent volontiers de combattre pour eux; mais l'évêque de Cahors ne voulut pas permettre cette voie de fait qu'il avait d'ailleurs abolie dans son diocèse par la sentence d'excommunication qu'il fit publier à son retour du concile de Latran. Privés de ce moyen d'obtenir justice, le dernier qui leur restât à tenter, les moines de Marcillac tombèrent dans le découragement. C'était précisément à ce point que l'abbé de Tulle voulait les amener, aussi quand il eut appris ce qui se passait dans l'abbaye, il y envoya le prieur du monastère de Rocamadour, et quelques autres personnes qui lui étaient entièrement dévouées, afin que profitant de ce moment de désespoir, ils réussissent à faire désister les moines de Marcillac de leurs prétentions. Ceux-ci, qui avaient toujours pris ces envoyés pour leurs amis, eurent la simplicité de croire qu'ils venaient regretter, avec eux, le mauvais succès de leur démarche. On parla de l'affaire de Rocamadour; les envoyés entrèrent dans le détail des difficultés qu'elle présentait, et quand ils virent les moines ébranlés par leurs raisons, ils produisirent un accord fait autrefois entre leur abbé Ratier et l'abbé de Tulle, par lequel le premier cédait au second, moyennant mille sous, tous les droits que son monastère pouvait avoir sur l'église de Rocamadour. Cet acte devait être nécessairement supposé. Les moines de Marcillac n'en avaient aucune connaissance, et il ne se trouvait point dans leurs archives. D'ailleurs, si Ratier eût fait un tel compromis avec l'abbé de Tulle, il n'aurait pas continué de plaider contre lui et légué ce procès à ses successeurs Aymeric, Gausbert et Géraud, qui le poursuivirent sans discontinuer. Malgré la fausseté de la charte, les moines de Marcillac ne laissèrent pas d'être ébranlés et de se croire, en quelque sorte, liés. Les envoyés, témoins de leur embarras, les déterminèrent à la ratifier, promettant de la part de l'abbé de Tulle de leur compter trois mille sous. Celui-ci, instruit de leur bonne disposition, envoya à Marcillac trois de ses religieux avec quelques chevaliers, pour assister au chapitre de la communauté qu'une affaire de cette importance rendait indispensable. Le chapitre assemblé, les envoyés, à force de finesse et de ruse, vinrent à bout de persuader aux moines de Marcillac de leur prêter leur sceau, qu'ils remirent ensuite sans qu'on ait su l'usage qu'ils en avaient fait. Ce fut apparemment pour l'apposer à l'acte du prétendu accord de l'abbé Ratier, afin de lui donner une authenticité réelle, en cas de nouveau différend. Quoiqu'il en soit, une partie des moines se prêta à tout ce que voulurent les agents de l'abbé de Tulle, les uns par simplicité, les autres par la crainte des chevaliers. Il y en eut cependant beaucoup qui refusèrent leur assentiment et qui, de concert avec les principaux de la communauté qui n'étaient pas venus au chapitre, tels que le prieur et les religieux de Madiran, les doyens des Arques et de Lavercantière, les prieurs de Frayssinet, de Lalbenque, de Cieurac, etc., allèrent porter plainte à l'évêque et au chapitre de Cahors, auquel l'abbaye de Marcillac était spécialement affiliée, et dressèrent un verbal d'opposition scellé du sceau du monastère. L'original fut mis dans leurs archives, une copie dans celle de l'évêché et une seconde dans celle du chapitre. Mais il n'était plus temps de réclamer. Survint une bulle du pape Célestin III en faveur de ce qui avait été conclu dans le chapitre de Marcillac, et Géraud, qui en était abbé, déclara par acte public en 1193, en présence de Bertrand, prieur de Rocamadour, d'une foule de moines et de chevaliers de Tulle, de ses moines et de ses chevaliers, entre autres d'Hugues de Castelnau, d'Antoine de Barasc et de Gausbert de Coursac, enfin de Bernard de Rouffillac, archidiacre de l'église de Cahors, que ses religieux et lui renonçaient entre les mains de l'abbé de Tulle à tous les droits qu'ils pouvaient prétendre sur l'église de Rocamadour.

Dans l'état où se trouvait ce lieu de pèlerinage, il était difficile aux moines de Marcillac d'en recouvrer la possession. Les abbés de Tulle y avaient fait tant de fondations qu'on ne pouvait guère les déposséder;

et c'est, sans doute, pour cela que les évêques de Cahors montraient si peu d'empressement et d'ardeur à juger le différend. Rocamadour, pendant qu'il était desservi par le monastère de Marcillac, ne comprenait que l'oratoire de la Vierge taillé en partie dans le rocher, et la chapelle souterraine dédiée au saint; les abbés de Tulle y ajoutèrent une vaste église, dédiée au Saint-Sauveur, bâtie sur l'avancement d'un rocher, où les moines du monastère, qu'ils fondèrent ensuite, disaient l'office; c'est aujourd'hui l'église du chapitre ou de l'abbaye; celles de Sainte-Anne, Saint-Blaise, Saint-Jean et Saint-Michel, toutes contiguës, étaient encore leur ouvrage. Ils avaient de plus fait bâtir, en faveur des pèlerins, deux grands hôpitaux, l'un au bout de la côte, sur le chemin de Gramat, et qui existe encore; l'autre, dont on peut voir de grandes ruines, au centre de la ville. Ils étaient, en quelque manière, les fondateurs de Rocamadour, très peuplé dans ce temps-là, et lui avaient accordé le droit de communauté, le consulat et les autres privilèges dont jouissaient les habitants de Tulle. Enfin ce lieu, qui semblait destiné par la nature à n'être jamais qu'un affreux désert, était devenu par leurs soins, assez agréable, très habité, célèbre dans toute la chrétienté et visité sans cesse par les rois et les grands seigneurs, comme par le peuple.

XV. — *Union de Philippe Auguste et de Jean sans Terre pour dépouiller de son royaume Richard, roi d'Angleterre, fait prisonnier à son retour de la croisade — Mort de Raymond V, comte de Toulouse; ses enfants*

Après la prise de Saint-Jean-d'Acre, Philippe, roi de France, fut attaqué d'une maladie si violente, que l'on craignit pour ses jours. Devenu convalescent, il revint en France, d'après l'avis des médecins. Ce fut après son retour dans ses Etats qu'il confirma le monastère de Figeac, dont Ebles de Ventadour était encore abbé, dans ses biens et ses privilèges. Le roi d'Angleterre demeura quelque temps de plus en Palestine; mais le désir de revenir dans son royaume lui fit abandonner l'armée chrétienne, dont il était le principal appui. Il s'embarqua au port de Saint-Jean-d'Acre et prit la route de la Dalmatie. Son voyage fut des plus malheureux. Il fit naufrage dans le golfe de Venise, et, comme il traversait l'Allemagne, il fut arrêté sur les terres de Léopold, duc d'Autriche, qui, pour se venger de l'affront qu'il avait reçu de ce prince au siège d'Acre, le chargea de chaînes et le vendit à l'empereur Henri VI. Aussitôt que la nouvelle de sa captivité fut répandue, Jean sans Terre, frère de Richard, et Philippe Auguste s'unirent pour s'emparer, l'un du royaume d'Angleterre, l'autre de la Normandie. Le monarque français se mit en campagne et conquit, en peu de temps, une partie de cette dernière province.

Raymond V, comte de Toulouse, ne profita point de cette occasion pour réunir le Quercy à son domaine. Il pensait, sans doute, que la captivité du roi aurait son terme, et que le prince reprendrait avec usure ce qu'il aurait perdu pendant son absence. Il mit ainsi ses peuples à couvert des horreurs de la guerre qui eut lieu en France, quand Richard eut obtenu sa liberté. Il mourut le 29 mai 1194.

S'il faut en croire Aymeric de Payrac, abbé de Moissac, Bernard de *Monte incensi*, abbé-chevalier de ce monastère, voulant aller en pèlerinage en Terre sainte, engagea pour une certaine somme, l'abbaye militaire à Raymond, comte de Toulouse, fils d'Alphonse, qui se trouvait avec lui à Montcuq. Mais il paraît que cet historien, qu'il ne faut suivre qu'avec précaution, a confondu Raymond IV, père d'Alphonse, sous lequel il y avait, comme nous l'avons vu, un abbé-chevalier de Moissac de ce nom, avec Raymond V qui, ayant perdu le Quercy, à l'époque de la dernière croisade, dans laquelle Bernard de Monte incensi ou incenso est dit avoir pris parti, ne dut plus rentrer dans ce pays. D'ailleurs on ne voit nulle part qu'il y eût alors des abbés-chevaliers à Moissac, et en supposant que le seigneur Bernard le fût dans ce temps, Richard, roi d'Angleterre, qui était maître du Quercy et qui, d'après certaines chartes, vivait bien avec l'abbé régulier de ce monastère, ne lui aurait pas permis d'engager sa dignité à Raymond, son ennemi, de peur que ce comte ne se prévalût dans la suite de ce droit pour établir ses prétentions sur un pays qu'il venait de lui enlever.

Le comte de Toulouse eut trois fils de sa femme Constance de France, Raymond VI, qui lui succéda dans tous ses domaines, Taillefer, mort depuis plusieurs années, et Baudoin qui naquit en France, pendant le séjour que sa mère fit à la cour, et qui fut élevé près de son oncle Louis le Jeune. Etant venu pour la première fois à Toulouse, après la mort de son père, Raymond VI fit quelques difficultés de le reconnaître pour son frère. Obligé de retourner en France (1), les évêques et les barons du Languedoc, parfaitement instruits de sa naissance et de son éducation, lui accordèrent des lettres testimoniales par lesquelles, suivant un ancien usage des Francs, ils certifièrent que

---

1. *Histoire de Languedoc*, tome III, liv. xx.

Baudoin était véritablement fils de Raymond V et de la reine Constance; Raymond VI ne pouvant plus le méconnaître, le retint auprès de lui et lui donna un médiocre apanage.

XVI. — *Philippe Auguste donne à Raymond VI la garde de Figeac — Richard d'Angleterre et le comte de Toulouse — Le Quercy fait retour au comté de Toulouse.*

Philippe Auguste, cousin germain du comte Raymond, lui donna bientôt après, à lui et à ses héritiers *la garde de Figeac, avec tout le droit, le domaine et la puissance qu'il y avait, ou qu'il devait y avoir.* Ce prince dit, dans la charte de donation, qu'il est très attaché à son très cher et féal cousin, l'illustre Raymond comte de Saint-Gilles et que s'intéressant à l'agrandissement de son domaine et à tout ce qui peut lui être utile, il lui fait le présent don en augmentation de fief et d'hommage. Richard fut très mécontent de cette donation qui rendait le comte de Toulouse possesseur d'un grand fief dans le Quercy. Il paraît qu'il se mit en marche pour l'en déposséder; et quoique Raymond VI l'eût prévenu, en se rendant en diligence sur les frontières de ce pays, il prit sur lui quelques places dans les environs de Souillac. C'est en effet ce que l'on doit inférer du traité de paix conclu entre les deux rois auprès de Gaillon, en Normandie, le 15 janvier 1196. Car il est dit dans un article que Richard céda à Philippe tout ce qu'il possédait en Auvergne et que Philippe céda à Richard : Issoudun, Grassay, la Châtre, Château-Meillan et autres places avec leurs dépendances, Souillac en Quercy avec ses dépendances, excepté ce que le comte de Toulouse et les siens, le vicomte de Turenne et les siens y possédaient la veille de la Saint-Michel précédente (1).

Mais d'un autre côté, comme Raymond n'avait aucune possession dans le Quercy avant qu'il eût reçu du roi Philippe la ville de Figeac, il fallait donc qu'il en eût acquise quelqu'une du côté de la Dordogne, depuis peu de temps; ce qu'il n'avait pu faire que par la voie des armes. Il paraît aussi que lors de cette expédition, Fortanier, seigneur de Gourdon, secoua le joug du roi d'Angleterre pour embrasser le parti du comte de Toulouse et qu'il ne voulut pas lui rendre deux châteaux qu'il avait reçus de lui. C'est encore ce qu'on peut inférer du traité dont un article regarde ces châteaux. Le voici : « A l'égard de Fortanier de Gourdon, il demeurera arrêté que, si nous pouvons prouver par le

---

1. *Histoire de Languedoc*, tome III, preuves, pag. 178. — Duchesne, *Hist. de Norm.*

serment de vingt où trente prudhommes que nous ayons gardé pendant un an, un jour et plus, les deux châteaux de Peyrilles et de..... et que nous les ayons donnés au susdit Fortanier, s'il nous plaît de les avoir, notre seigneur le roi de France ne s'y opposera point » (1). Le nom du second château est effacé, et on ne le retrouve dans aucune copie; les historiens du Quercy croient, avec assez de fondement, que ce doit être Lavercantière ou Concorès qui ont réellement appartenu à la maison de Gourdon et sur lesquels le chapitre de Cahors avait des droits (2). Il n'y a pas de doute que le roi d'Angleterre ne fît en sorte de recouvrer ces deux places, et qu'il n'en vînt à bout; car quelque puissante que fût alors la maison de Gourdon, il lui était impossible de résister longtemps à un ennemi aussi redoutable. Mais cette conquête jointe aux maux que Richard avait causés auparavant aux seigneurs de Gourdon ne tarda pas à être funeste à ce prince, comme nous allons le voir bientôt.

Le roi Richard parle dans un autre article du comte de Toulouse et s'exprime ainsi : « Le comte de Saint-Gilles et moi, dit Richard, conserverons réciproquement tous les domaines que nous possédions la veille de Saint-Nicolas; je fortifierai toutes les places que je jugerai à propos dans ces domaines, comme dans ceux qui m'appartiennent en propre; et le comte de Saint-Gilles pourra faire la même chose dans les siens. Si le comte ne veut pas être compris dans cette paix, le roi de France ne le secourra pas contre moi : il me sera permis de lui faire tout le mal que je pourrai, et de ravager ses Etats. Que si je voulais, au contraire, retenir les conquêtes que j'ai faites, tandis que le comte de Saint-Gilles voudra faire la paix, je serai obligé de lui rendre tout ce que j'ai pris sur lui depuis la veille de Saint-Michel, et il en sera de même de ce comte. Si, enfin, ce prince refuse la paix, je ne ferai aucune entreprise contre lui, tant qu'il voudra s'en rapporter au jugement du roi de France » (3).

1. Dominicy, *Hist. de Quercy*. — Du Tillet, *Traités de 1195*.

2. Les deux châteaux dont il s'agit dans ce traité étaient ceux de Cazals et de Peyrilles. C'est ce que dit Rigord dans les *Gestes de Philippe Auguste*. Art. 13. Vicecomes Turaniæ tenebit de rege Francorum id quod debet, et de nobis id quod debet, de Fortunato de Gordeo (Gordonio) sic erit, quod si poterimus probare per sacramenta viginti ad triginta legitimorum hominum quod duo castella *Casals* et *Perille* tenuissemus per unum annum et unum diem, et amplius, et nos ea prædicto Fortunato tradidissemus, si nos ea habere voluerimus, dominus noster Rex Francorum inde se non intromittet. — Dom Bouquet, *Recueil des hist. de la France*, tome XIII, pag. 45.

3. *Histoire de Languedoc*, tome III, pag. 102.

Raymond VI refusa d'accepter cet article; mais la guerre, qui se ralluma six mois après entre les deux rois, lui ayant fait faire de sérieuses réflexions, il envoya Guillabert, abbé de Castres, faire des propositions à Richard qui les accepta, et la paix fut conclue entre ce monarque et le comte Raymond aux conditions suivantes (1) :

1° Richard renonça à toutes les prétentions qu'il pouvait avoir sur le comté de Toulouse, en qualité d'héritier de la maison de Poitiers et du duché d'Aquitaine. 2° Il restitua au comte Raymond le Quercy, dont il était le maître par droit de conquête, depuis 1188. 3° Il lui donna en mariage Jeanne, sa sœur, veuve de Guillaume II, roi de Sicile, à laquelle il constitua en dot l'Agenais, à condition que Raymond et les enfants qui naîtraient de ce mariage tiendraient ce pays en fief des rois d'Angleterre, comme ducs d'Aquitaine, et qu'ils les serviraient avec cinq cents hommes d'armes pendant un mois à leurs dépens, lorsque l'Anglais ferait la guerre en Gascogne. Le père Langlois, jésuite, a avancé, dans son *Histoire des croisades contre les Albigeois*, que Richard donna aussi en dot, à la reine Jeanne, en la mariant avec Raymond, le Rouergue et le Quercy. On ne voit pas sur quoi il a pu se fonder pour le Rouergue qui n'avait jamais appartenu à Richard, quant au Quercy, ce ne peut être que sur la chronique des évêques et des abbés de Castres écrite en vers latins, et où l'on trouve effectivement que Jeanne, épouse du comte de Toulouse, eut le Quercy pour dot : *pro dote Cadurcum*.

Mais l'autorité d'un poëte, qu'on pourrait d'ailleurs prouver manquer d'exactitude en cet endroit, doit céder à celle d'un historien de ce pays, qui écrivait ses Mémoires vers le milieu du xiii° siècle : c'est Guillaume de Tegula, prieur claustral de l'abbaye de Moissac. En prouvant que la grandeur des comtes de Toulouse venait en partie des acquisitions qu'ils avaient faites par leurs alliances, il cite pour exemple l'Agenais, cédé à Raymond par le roi Richard, pour la dot de Jeanne, sa sœur : *Terram Aginnensem habuit à Ricardo, rege Angliæ, propter dotem sororis dicti regis Angliæ* (2); et si le Quercy eût fait partie de cette dot, cet écrivain n'aurait pas certainement manqué de le dire. Nous croyons donc que le roi d'Angleterre rendit simplement ce pays au comte de Toulouse; mais il s'en réserva l'hommage, comme avait fait son père par le traité de Limoges de 1173, avec la clause suivante, *sauf la fidélité due au roi de France*.

1. *Histoire de Languedoc*, tome III, pag. 102. — D'Achery, *Spicileg.*, tome VII, pag. 343.

2. Catel, *Comt. de Toulouse*, pag. 224.

Le comte de Toulouse était marié en troisièmes noces avec Bourguigne, fille d'Amauri de Luzignan, roi de Chypre. Il la répudia pour pouvoir épouser la reine Jeanne, sous le prétexte qu'ils étaient parents du quatrième au cinquième degré. On croit que le nouveau mariage fut célébré en Angleterre le 20 octobre 1196.

XVII. — Les chevaliers du Temple à Cahors, au Bastit et à Lacapelle-Livron

La même année (1196), sous le pape Célestin III et sous l'évêque Géraud Hector, la maison des Templiers fut fondée à Cahors. C'est ce qu'on lit dans un ancien mémoire manuscrit de la bibliothèque des Dominicains de Cahors, qui ne fait que mentionner cette fondation. Elle est due aux seigneurs de Vayrols, qui étaient alors très puissants dans le pays, et dont le fief comprenait, outre Vayrols, les terres d'Aujols, de Flaujac, d'Hauteserre, de Lalbenque et les autres intermédiaires (1). Ils donnèrent aux Templiers, pour s'établir dans Cahors, une vaste maison appelée de nos jours, *maison d'Arnis et d'Izarn*, située dans la rue, qui va de la grand'rue à la Porte-Neuve, et qui prit depuis le nom de *rue du Temple*, tandis qu'auparavant elle était appelée *rue de Vayrols*. Ils dotèrent le nouvel établissement en y affectant des domaines et des rentes. Comme la maison des Templiers n'était qu'un hospice en faveur des pèlerins qui remplissaient continuellement les chemins, que la plupart y arrivaient malades, et beaucoup y mouraient, on comprit qu'il serait dangereux de tolérer un pareil établissement dans le cœur de la ville. C'est pourquoi on le transféra hors des murs, dans le lieu où est présentement la Chartreuse (2). Il paraît que les seigneurs de Vayrols firent les frais de cette translation. Pour reconnaître les bienfaits de leurs fondateurs, les chevaliers du Temple leur accordèrent le droit de sépulture, dans les deux églises qu'ils bâtirent dans leur nouvelle maison. C'est ce qui est prouvé par les épitaphes qu'on lit sur des pierres sépulcrales, dont l'une était placée devant la chapelle des Morts de la Chartreuse, et par les vitraux de cette chapelle, où l'on voit les armes de la maison de

1. Dom Malvezin, *Hist. manus. de la Chartreuse de Cahors*, liv. 1.
2. Le chapitre retirait de l'ancienne maison un cens de 7 sous, que les Templiers furent obligés de lui payer tous les ans ; c'est ce qu'on voit par une quittance de l'an 1273, où il est dit que Dalmace, vice-commandeur de la maison du Temple de Cahors, paya au chapitre 7 sous, *pro censu domus Templi, oratorii et ecclesiæ*. Foulhiac.

Vayrols, qui sont d'azur à une aigle éployée d'or, membrée et becquée de même, parti d'or à quatre bandes ou cottices de gueules.

Nous croyons que la maison des Templiers du Bastit, près de Gramat, était déjà fondée ou bien qu'elle le fut pour le plus tard vers ce temps-là. Nous savons du moins qu'elle était florissante au commencement du XIIIe siècle. Elle fut établie et dotée par les seigneurs de Béduer, de Gramat et de Gourdon. Celle de Lacapelle-Livron, fondée nous ne savons par qui, nous paraît remonter à la même époque (1). Ainsi les Templiers eurent en Quercy, à la fin du XIIe siècle, trois maisons principales. On montre encore dans le Haut et le Bas-Quercy, beaucoup d'anciens édifices, que l'on dit avoir été autrefois des maisons de Templiers, mais elles ne nous paraissent pas avoir eu le titre d'hôpital ou commanderie. Ce n'était que des domaines ou des fiefs appartenant à ces chevaliers.

XVIII. — *Droits de l'évêque de Cahors sur Rocamadour.*

Nous avons vu que les évêques de Cahors jouissaient de certains droits sur l'église de Rocamadour. Géraud Hector en demanda la confirmation au pape Célestin III qui la lui accorda dans le mois de janvier 1197. Le Souverain Pontife dit dans la bulle, qu'il envoya à ce sujet, que, s'étant assuré par le témoignage des évêques, des abbés et d'autres personnes dignes de foi, que l'église de Rocamadour était de tout temps obligée de nourrir les évêques de Cahors, leur famille et leurs hôtes, et de fournir ce qui est nécessaire pour leurs voyages vers le Saint-Siège et autres, entrepris dans l'intérêt de leurs églises, il confirme à l'évêque et à ses successeurs la jouissance de ces différents droits, les autorisant à les percevoir par eux ou par leurs délégués, si ceux qui administrent l'église de Rocamadour tardaient à les acquitter.

XIX. — *Raymond VI visite le Quercy — Coutumes de Moissac*

La même année (1197) Raymond VI, comte de Toulouse, alla visiter le Quercy pour s'y faire reconnaître. Il était le 20 avril à Moissac. Là, dans le cloître de l'abbaye, il déclara par un acte authentique, qu'ayant

---

1. Elle devait son nom à la chapelle de Notre-Dame, voisine de ce bourg, et qui, après celle de Rocamadour, était un des plus célèbres pèlerinages de tous les diocèses voisins. Sous l'autel de la chapelle coule une source abondante qui forme ensuite un ruisseau sur lequel on voit plusieurs moulins. Ses eaux vont grossir celles de la Bonette, près Caylus.

recouvré la ville de Moissac, il jurait et promettait, sur les saints Evangiles, à tous les habitants présents et futurs de ne les arrêter, ni faire arrêter, de ne les tuer, ni faire tuer, de n'exercer, ni faire exercer contre eux aucune violence, de ne les assujettir à aucune mauvaise coutume, de n'ajouter aucune foi aux médisances qui seraient dites contre eux, jusqu'à ce que leurs auteurs les eussent répétées devant lui et devant les habitants de Moissac. Il reconnaissait que, lorsqu'il recevrait pour la première fois leur serment de fidélité, en qualité de seigneur du lieu, il devait jurer de les protéger, avec dix de ses barons; de leur côté, les habitants de Moissac devaient lui prêter serment d'obéissance et de fidélité, le reconnaissant pour leur bon seigneur : ce qu'ils firent à l'instant même (1).

Le comte autorisa ensuite les coutumes *du bourg de Moissac* qui avaient été rédigées par Bertrand, abbé régulier du monastère, Bertrand de Fumel et les principaux habitants. Raymond y prend, en qualité de comte du Quercy et d'abbé-chevalier du monastère, le titre de seigneur de Moissac. Elles furent écrites en langue vulgaire et renferment les articles suivants (2) :

1° L'abbé-chevalier, le jour de son entrée dans Moissac, fera serment aux habitants de les défendre et de les protéger, de n'imposer sur eux aucunes mauvaises coutumes ou maltôtes, etc. Il fera prêter le même serment par dix de ses barons, ensuite tous les habitants de Moissac au-dessus de douze ans lui jureront fidélité.

2° Les différends qui pourront s'élever entre l'abbé-chevalier et sa famille d'un côté, et l'abbé religieux et sa communauté de l'autre, seront terminés par les prudhommes de Moissac, sans qu'il soit permis de recourir à aucun étranger; et en cas que ces prudhommes ne puissent s'accorder, les seigneurs de Durfort, de Montesquieu et de Malause, seront seuls juges du différend.

3° Le seigneur ou son viguier, et les habitants de Moissac, ne doivent pas non plus recourir à des étrangers pour juger leurs différends.

4° Les habitants de Moissac payeront tous les ans en carême, au seigneur abbé-chevalier, 500 sols de Cahors pour tout droit de chevau-

---

1. Parmi les signataires de cet acte, qui fut écrit par Etienne, *notaire commun de Moissac*, c'est-à-dire du monastère et de la ville de Moissac, on trouve un *Bertrand de Paris*, aujourd'hui *Parisot*, sur la frontière du Quercy et du Rouergue. Il nous reste de ses poésies un sirvente dans lequel il s'adresse à Gordon, son jongleur, dont il fait la critique, désespérant de le rendre *beau* et bon. Enfin, il l'envoie à la comtesse de Rodez et au seigneur de Canillac.

2. *Histoire de Languedoc*, tome III, liv. xx.

chée et de queste; et ils ne doivent personnellement aucune chevauchée, à moins qu'il n'y eût guerre pour le fait de Moissac : dans ce cas ils seront tenus de suivre le seigneur en armes, pourvu qu'ils puissent être de retour à Moissac le jour même.

5° Les adultères pris en flagrant délit ne seront punis d'aucune peine afflictive : leur honneur et leurs biens seront mis seulement à la discrétion du seigneur. Quant au vol et à l'homicide, le seigneur fera telle punition corporelle des coupables que les prudhommes de Moissac le jugeront à propos; et après la réparation des dommages, tous les biens seront confisqués au profit du même seigneur.

6° Celui qui surprend un homme, qui dérobe, et le tue, n'est sujet à aucune peine.

7° Il n'y aura que l'abbaye de Moissac qui puisse servir d'asile aux malfaiteurs, etc.

XX. — *Mort de Richard d'Angleterre — Bertrand de Gourdon*

Le comte de Toulouse revint ensuite en Languedoc où il reçut, par ordre du pape Innocent III, l'absolution pour l'excommunication qu'il s'était attirée par ses entreprises sur le monastère de Saint-Gilles. Le pape tâcha de le déterminer à aller au secours des chrétiens de la Palestine, où s'il ne pouvait point faire le voyage lui-même, d'y envoyer des troupes. Mais le comte ne fit ni l'un ni l'autre. Il employa le reste de l'année à régler les affaires de la province, ou à soumettre quelques-uns de ses vassaux qui s'étaient révoltés. Jeanne d'Angleterre, sa femme, princesse remplie de prudence et de courage, se mit elle-même en campagne à la tête d'un corps de troupes, et alla assiéger un château des seigneurs de Saint-Félix. Mais, trahie par ses propres sujets, elle fut obligée de lever le siège. Indignée d'une telle perfidie, elle partit aussitôt pour la cour de Richard, son frère, afin de l'engager à la venger. Mais elle eut la douleur d'apprendre en chemin la mort de ce prince. Il venait de périr de la main d'un gentilhomme du Quercy.

Le roi Richard avait appris que le vicomte de Limoges, Aymar, avait trouvé un trésor dans une de ses terres de Guyenne. Il était accouru pour s'en emparer; mais le vicomte n'avait pas voulu le lui livrer, et s'était retranché dans le château de Chalus, en Limousin. Pendant que Richard en formait le siège, Bertrand de Gourdon, fils de Fortanier, se fait jour à travers l'armée ennemie, et ayant joint le roi, lui décharge sur l'épaule gauche un rude coup de lance. Mille soldats fondent aussitôt sur l'assassin; ils allaient l'immoler à leur rage, quand le roi leur défendit de lui faire aucun mal. Ce prince, sentant que sa blessure était mortelle, fit venir devant son lit Bertrand de Gourdon et lui demanda quel mal il lui avait fait, pour s'être porté à l'assassiner. « Quel mal vous m'avez fait! répondit fièrement Gourdon; vous avez ôté la vie à mon père et à mes frères. Quelque supplice que vous me prépariez, je le subirai, trop heureux de délivrer la terre d'un homme qui y a fait tant de mal ». Le roi, qui ne se laissait plus conduire que par des sentiments de religion, lui accorda le pardon et la liberté, et ordonna qu'on lui comptât une somme d'argent. Mais ses officiers le retinrent dans les fers, et après la mort du roi qui arriva le 8 avril 1199, le firent écorcher tout vif (1). On voit le motif qui avait porté Bertrand de Gourdon à cet horrible attentat : ses frères avaient sans doute péri dans la guerre de Richard contre le comte de Toulouse, en défendant leurs terres, pendant que ce jeune prince faisait la conquête du Quercy, ou bien ils périrent avec Fortanier, père de Bertrand, lorsque Richard tâcha de reprendre les châteaux de Cazals et de Peyrilles que ce seigneur ne voulut pas rendre, comme le donne à connaître l'article du traité de paix qui concerne ces deux places. Quoiqu'il en soit, le crime de Bertrand de Gourdon fut regardé dans ce siècle barbare comme une si belle action, que pour en éterniser la mémoire, une branche de la famille de Gourdon, dite de Genouillac, porta depuis le surnom de Richard.

Jeanne fut si affligée de la mort du roi son frère, qu'elle en mourut de douleur, le 24 septembre de la même année. Elle fut inhumée à côté de ce prince dans l'abbaye de Fontevraud.

XXI. — *Le comte de Toulouse épouse Eléonore d'Aragon — Il fait hommage pour l'Agenais et le Quercy à Jean, roi d'Angleterre*

Le comte Raymond contracta, l'année suivante (1200), un nouveau mariage avec Eléonore (2), sœur de Pierre II, roi d'Aragon, qui ne fut célébré que plusieurs années après, à cause de la jeunesse de la princesse. Il eut, la même année (3), une entrevue avec Jean sans Terre, qui, devenu roi d'Angleterre, par la mort de son frère Richard, s'était rendu en Aquitaine pour se faire reconnaître de ses vassaux et apaiser en même temps des troubles qui s'y étaient élevés. Raymond lui fit

---

1. *Hist. Angl. script.*, tome I, pag. 1277. — Le père d'Orléans, *Hist. des rév. d'Angl.*, tome I.
2. *Hist. de Languedoc*, tome III, liv. xx.
3. Roger de Hoveden.

hommage pour les terres et les châteaux que le roi Richard lui avait donnés pour la dot de Jeanne, sa sœur. Il fut stipulé entre eux que lorsque le jeune Raymond, fils du comte de Toulouse, aurait atteint sa majorité il posséderait tous ses domaines et en ferait hommage au roi Jean, son oncle; que s'il venait à mourir sans enfant, ces terres et ces châteaux reviendraient au comte de Saint-Gilles ou de Toulouse, son père, et à ses héritiers, qui les tiendraient par droit héréditaire du comte de Poitiers, avec l'obligation de servir ce comte à la tête de cinq cents chevaliers, pendant un mois à leurs dépens, toutes les fois qu'il aurait guerre en Gascogne. Mais si le comte de Poitiers demandait un plus long service, il serait tenu de soudoyer ce corps de troupes. Les historiens anglais ne nomment pas les terres et les châteaux dont le comte de Toulouse fit hommage au roi d'Angleterre; mais il est évident qu'il s'agit de l'Agenais qui avait été donné en dot à la princesse Jeanne, lorsqu'elle épousa le comte Raymond VI. Le Quercy ne fut pas compris dans cette dot, car il fut rendu au comte de Toulouse. Néanmoins, celui-ci en fit également hommage au roi Jean sans Terre, parce que Richard, en lui restituant ce pays, en avait gardé la suzeraineté, que son père Henri II s'était réservée, de son côté, en le rendant au comte Raymond V.

XXII. — *Accord entre le comte de Toulouse et l'abbé de Moissac — Hôpital de Martel*

La même année, le comte de Toulouse fit un accord avec l'abbé de Moissac, Raymond *de Proeto*, qui avait succédé à Bertrand, par lequel il reconnaît tenir de cet abbé le château de Moissac, pour lequel il était tenu de lui payer tous les ans une obole d'or. Il lui donna ensuite à lui et à ses successeurs, la justice haute et basse du lieu de *Catalens*, en Gascogne (1).

Ce fut aussi cette année que Raynal de Sarrazac dota l'hôpital de Martel (2). Ce seigneur lui donna tout ce qu'il tenait de Grégoire de Cazillac dans le lieu de Barbaroux. L'acte de donation que l'on conserve dans les archives de l'hôtel de ville de Martel est scellé du sceau du

1. Foulhiac.
2. La fondation de cet hôpital devait être récente. On croit communément que c'est celui qui fut donné dans la suite à des religieuses de l'ordre de Saint-Jean de Jérusalem, et qui a porté longtemps le nom d'hôpital de *La Vraie-Croix*. Au commencement il avait le nom de Saint-Marc, et encore même dans les processions, qui se font dans l'église de cette communauté, on fait la commémoration de ce saint.

vicomte de Turenne, et signé de Pierre Fabri, fils ou frère, sans doute, d'Etienne Fabri, dans la maison duquel était mort Henri le Jeune, roi d'Angleterre. Il est daté du règne de Philippe, G... étant évêque de Cahors.

XXIII. — *Mort de l'évêque Géraud Hector — Eloge de ce prélat*

Géraud Hector, qui occupa le siège de Cahors, pendant plus de cinquante ans, selon le témoignage de Geoffroi de Vigeois, qui le connaissait particulièrement et qui en parle souvent dans sa chronique, mourut et fut inhumé en 1201 (1) dans le monastère de Saint-Etienne de Grandmont qu'il avait comblé de biens et où il passa les dernières années de sa longue vie. Les moines lui élevèrent au milieu du chœur de leur église un mausolée magnifique d'airain, sur lequel l'évêque est représenté couché, tenant entre ses mains le livre des Evangiles où sont gravés les deux premiers vers léonins de son épitaphe qu'on lit sur le devant du monument et qui contient un éloge parfait de notre évêque. Il y est dit que c'était un grand homme de bien, très appliqué à ses devoirs, cherchant toujours la gloire de Jésus-Christ et non pas ses intérêts; homme simple, sans fraude, craignant Dieu, prompt à faire de bonnes œuvres, l'exemple du clergé, le défenseur de la patrie et des droits de son église et de tout son clergé, et qui, après avoir

1. Lacoste, rectifiant une erreur, qu'il croit avoir commise, au sujet de Géraud ajoute la note suivante : Il faut placer à l'année 1199 la mort de cet évêque et l'élection de Guillaume de Cras, son successeur. Jean Vidal, dans son *Abrégé chronologique des Évêques de Cahors*, dit que l'évêque Guillaume III est mentionné dans un accord passé en 1199, avec G. de Saint-Germain, qui doit être le seigneur d'Espanel. Il s'ensuivrait que ce Guillaume, qui est le même que Guillaume de Cras, siégeait en 1199, et que la mort de Géraud Hector, son prédécesseur, est antérieure à cette date. La donation faite en 1200 par Raynal à l'hôpital de Martel, fut confirmée non par Géraud Hector, mais par Guillaume. Il faudrait donc placer la mort de Géraud Hector en 1199, faire remonter à cette même année l'élection de Guillaume de Cras, qui aura passé la même année avec G. de Saint-Germain l'accord dont parle Vidal, confirmé la donation faite en 1200 à l'hôpital de Martel, et reçu en 1202 l'hommage de Pierre de Saint-Germain pour les dîmes d'Espanel, lequel Pierre doit être fils de G. de Saint-Germain.

Ce G. de Saint-Germain est appelé Guillaume de Gaulejac de Saint-Germain, et Pierre de Saint-Germain est dit Pierre de Gaulejac de Saint-Germain, dans la généalogie manuscrite très exacte de la maison de Gaulejac, dressée par M. le comte de Clermont Touchebœuf, qui m'a fait l'honneur de me la prêter. Ainsi les Gaulejac devenus possesseurs de la terre d'Espanel, prirent le nom de Saint-Germain qui est celui de l'église de ce lieu où ils percevaient les dîmes inféodées.

méprisé le monde, voulut, comme Jésus-Christ, mourir dans la pauvreté (1).

On trouve le même éloge de Géraud Hector dans une lettre que le comte de la Marche écrivit aux Templiers du Quercy, pour les engager à lui rendre des biens qu'ils lui avaient pris et qui appartenaient à son église. Il dit que c'était un évêque pauvre, que le monastère de Grandmont était obligé de nourrir (2). Cependant lorsqu'il parvint à l'épiscopat, l'évêché de Cahors était un des plus riches de la France; on en peut juger par toutes les donations que nous avons rapportées jusqu'ici. A la vérité l'évêque fut dépouillé du domaine de son église pour avoir pris les intérêts de ses souverains. Mais ces biens lui furent rendus, et, en supposant qu'ils aient été en partie enlevés pendant les guerres dont son diocèse fut le théâtre, il aurait pu forcer à la restitution les usurpateurs, soit ecclésiastiques, soit laïques, en faisant valoir son autorité et en recourant à celle des rois d'Angleterre et des comtes de Toulouse. Mais, au lieu de résider dans son diocèse quand il en eut la liberté, afin de régler les affaires temporelles de son église, il se tint presque toujours en Limousin. Son absence et la longanimité de son caractère, dans un siècle où le droit de propriété était si peu

1. Epitaphium Geraldi Caturcencis episcopi cujus sepulchrum æreum extat in choro Grandimontis :

Respice qui transis, qui cras incertus es an sis,
Et quam sit præsto tibi mors, etiam memor esto.
Geraldus jacet hic præsul venerabilis ille
Quo Caturcensis sedes fuit inclyta villæ,
Qui vivens Domino placuit, sibi semper adhærens,
Semper quæ Christi fuerant, non quæ sua quærens,
Vir simplex, rectus, dominum metuens, sine fraude,
Promptus ad omne bonum, dignusque per omnia laude,
Forma gregis, tutor patriæ, protectio cleri,
Virtutis speculum, via morum, regula veri,
Qui, cûm despiceret mundum, cum paupere Christo
Pauper obire loco tandem decrevit in isto.
Quisquis adhuc curas periturus res perituras,
Atque cor induras ad res sine fine futuras
Nosce quid es, quid eris, qui forsan cras morieris,
Qui vivens moreris, transis cum stare videris;
Si centum decades annis quos vixeris addes,
Non tamen evades, quin te trahat ultima clades
Quæ magnum modico, justumque cocequat iniquo,
Nec defert medico, nec cuiquam parcit amico.
Ergo vigil tibi cura sit, meminisse futura
Quove recessura caro sit, post non reditura.

2. Foulhiac, Chron, man, du Quercy.

respecté, devaient nécessairement le réduire à l'indigence dans laquelle il vécut et dont il faudrait plutôt le blâmer que le plaindre.

Les moines de Grandmont, par un décret capitulaire, fondèrent à perpétuité dans leur église un service annuel pour lui et ses parents, en reconnaissance de ce qu'il avait été le bienfaiteur, l'ami et le protecteur de leur communauté : *Attendentes illius donationem, et devotissimam quam semper ad nos, et nostram ordinem præ omnibus exhibuit dilectionem, concedimus Geraldo episcopo, et patri ejus et matri, suis avunculis, ut missam in Grandimontensi ecclesia cunctis perpetuo diebus per eis celebrari*, etc. (1).

XXIV. — Abbés de Montauban, de Souillac, de Saint-Marcel et de la Garde-Dieu

Nous avons parlé des abbés de Moissac, de Figeac et de Marcillac, qui siégèrent sous l'évêque Géraud Hector. Il ne nous reste qu'à faire connaître ceux des autres monastères.

Dans celui de Montauban, il y eut après Amulius, qui donna aux habitants de la ville la permission de bâtir l'église de Saint-Jacques, Guillaume de Séverac, Gaillard, Guillaume II, dont le successeur Raymond Adhémar siégeait en 1203.

A Souillac, on ne trouve depuis Archambaud d'autre doyen que Robert, qui est mentionné dans une charte de l'abbaye de Dalon, de 1176; il eut pour successeur Raymond, vers le temps de la mort de l'évêque de Cahors.

L'abbaye de Saint-Marcel était encore gouvernée par Bernard, le 12 avril 1179. Il passa un compromis avec Ayma, prieur de Saint-Nazaire, et le doyen de Cayrac, touchant les dîmes de Saint-Nazaire, dans lequel on voit que les religieux de ce monastère n'avaient pas encore embrassé la règle de Citeaux, car ils sont appelés *frères ermites*, sans doute d'après l'institution de Géraud de Sales, fondateur de l'abbaye de Cadouin, en Périgord, à laquelle celle de Saint-Marcel était affiliée, et de plusieurs autres monastères, dont les uns eurent des *moines noirs*, les autres des moines de Citeaux. Les moines de Sept-Fonds et de Saint-Marcel furent des moines noirs; ils prirent bientôt après la règle de ceux de Citeaux, à l'exemple de ceux de Cadouin.

Le monastère de la Garde-Dieu avait pour abbé Jean, premier de ce nom, qui avait succédé à Géraud.

---

1. *Gallia christ.*, tome I, pag. 131.

XXV. — *La poésie provençale dans le diocèse de Cahors, durant l'épiscopat de Géraud Hector*

La poésie provençale fut en grand honneur dans le diocèse de Cahors, sous l'épiscopat de Géraud Hector. Parmi ceux qui la cultivèrent, on nomme Géraud de Salagnac, Hugues de Murel, dans les environs de Martel; les chevaliers Tuex, Malet et Cornil; Guillaume de Durfort et Bernard-Arnaud de Montcuq, fils ou frère de Guiraud de Montcuq, dont nous avons parlé ailleurs (1).

Géraud de Salagnac avait la réputation d'être bon jongleur; il composa de bonnes et jolies chansons, des descorts et des sirventes.

Il ne nous reste de Hugues de Murel que le fragment d'une pièce contre les seigneurs qui n'aiment point à donner, promettent beaucoup et tiennent peu.

On ne connaît point le lieu de naissance de Tuex et de Malet. Pour Cornil, il doit avoir reçu le jour au château de Craisse, qui appartenait à la maison de ce nom. Quoiqu'il en soit, ces trois chevaliers furent troubadours et composèrent des sirventes, conjointement avec Raymond de Durfort.

Guillaume de Durfort était né au château de Durfort, situé près de Moissac, et dont on fait remonter la fondation à une époque antérieure au règne de Clovis. Il est facile, en effet, de juger par ses ruines qu'il est du nombre de ces forts qui furent construits dans le Quercy pendant la domination romaine. De toutes les pièces de notre troubadour, le temps ne nous en a conservé qu'une qui est adressée au seigneur de Périgord et qui contient l'éloge de Gui Cap-de-Porc. C'était un riche et honnête seigneur de Cahors, que l'on trouve mentionné dans un ancien manuscrit de cette ville cité par le savant Dadine d'Hautesserre, sous le nom de *Guido del Cap del Porc de la courada de la nostra dona de la Daurada de Caors* (2). Guillaume de Durfort le loue d'aimer l'honneur et d'être courageux contre les vices, de n'avoir pas besoin d'ornements extérieurs, parce qu'il brille par ses vertus. « Que ne lui ressemblons-nous tous! chacun y trouverait son bonheur, les pauvres comme les riches... Ce qui me fâche, c'est qu'il n'ait pas autant de marcs que de deniers; car il dorerait ceux que les autres plombent » (ruinent ou dépouillent). Ces traits, suivant la réflexion du célèbre

---

1. *Hist. de Languedoc*, tome III, liv. xx. — Lacurne de Sainte-Palaye, *Hist. littér. des Troubadours*, tome III.

2. Dad. d'Hautes., *Rerum Aquit.* lib., VIII, cap. XIV, pag. 290.

auteur de l'*Histoire littéraire des troubadours*, annoncent un noble écrivain, supérieur aux préjugés comme aux vices de son siècle (1). Nous sommes témoins que les mêmes sentiments subsistent dans les rejetons de son illustre race.

Bernard-Arnaud de Montcuq se fit un nom par ses sirventes. Le seul qui nous reste de lui, et qui est un mélange de satire et de galanterie, paraît avoir été composé peu de temps après que Raymond V, comte de Toulouse, par le traité qu'il fit avec Henri II, roi d'Angleterre, mit ses États sous la mouvance du duché d'Aquitaine, démarche humiliante que le poète lui reproche, quand il dit qu'il fait plus de cas d'un coursier sellé et armé, d'un écu, d'une lance et d'une guerre prochaine, que des airs hautains d'un prince qui *consent à la paix en sacrifiant partie de ses droits et de ses terres*. Cela n'empêcha pas qu'il ne fût très attaché à l'illustre et valeureux comte. Mais autant il aimait Raymond, autant il haïssait le roi Henri, *dont le sceau est si décrié*, qu'on ne se fiait plus à ce prince.

XXVI. — *Guillaume de Cras succède à Géraud Hector — Dîme d'Espanel*

Guillaume, troisième de ce nom, fut le successeur de Géraud Hector. On ne connaît pas son nom de famille; mais, comme les évêques étaient pris dans le sein du chapitre, et qu'il n'y avait alors parmi les membres de cette communauté que deux personnes de ce nom, ce ne peut être que Guillaume de la Roche, d'une maison distinguée de Cahors qui, depuis longtemps, jouait un grand rôle dans cette ville, ou bien l'archiprêtre Guillaume de Cras *(de Crasso)*, issu d'une famille noble qui possédait la terre de Cras, unie dans la suite à la commanderie du Bastit, de l'ordre de Saint-Jean de Jérusalem. Nous croyons que ce fut ce dernier qui succéda à Géraud Hector en sa qualité d'archiprêtre, dignité qui avait coutume d'élever à l'épiscopat, tandis que Guillaume de la Roche n'était encore que simple chanoine, comme nous l'apprend l'acte de 1188 qui regarde l'église et le moulin de Saint-Urcisse.

Peu de temps après que Guillaume de Cras fut monté sur le siège de Cahors, en 1202, il confirma en faveur de Pierre de Saint-Germain, chevalier, l'inféodation de la dîme d'Espanel, qui avait été autrefois faite ou autorisée par le pape Innocent II (2). Pierre de Gaulejac de Saint-Germain était seigneur d'Espanel, et appartenait à une famille

1. *Hist. littér. des Troubadours*, tome I.
2. Foulhiac, *Chron. manus. du Quercy*.

ancienne du Haut-Quercy, qui porta dans la suite le nom de Gaulejac. L'acte de confirmation, qui est écrit en langue vulgaire, porte que le seigneur déclara tenir en fief de l'évêque de Cahors l'église de Saint-Germain d'Espanel avec celles de Saint-Paul et Saint-Nazaire, ses annexes, pour lesquelles il reconnaît qu'il doit à l'évêque une albergue pour lui et quarante de ses chevaliers, et qu'il est obligé de l'accompagner à la guerre et de veiller à ce que l'hérésie ne s'introduisit point dans ses paroisses.

L'évêque de Cahors et celui de Limoges assistèrent ensuite au contrat de mariage de Guillaume X, comte d'Auvergne, avec Pernelle, fille d'Archambaud, seigneur de Montluçon, et promirent de *prêter rapport et aide à celui qui entretiendrait les promesses dudit mariage contre l'autre qui irait au contraire* (1).

XXVII. — Dons en faveur de Rocamadour — Célébrité croissante de cet oratoire

La même année, Sanche VII, dit le *Fort* ou l'*Enfermé,* roi de Navarre, donna au monastère de Notre-Dame de Rocamadour (2), pour son âme et celle de ses parents, le cens qu'il percevait sur la ville d'Estelle, une des principales villes de la Navarre espagnole et sur divers autres lieux, à condition que les religieux tiendraient un cierge allumé à perpétuité, jour et nuit, sur l'autel de la Vierge, et qu'ils y en allumeraient vingt-quatre, d'une demi-livre chacun, aux fêtes de Noël, de l'Apparition, de l'Epiphanie, de la Purification, de l'Annonciation, de la Résurrection, de l'Ascension, de la Pentecôte, de la Trinité, de l'Assomption et de tous les Saints. Il leur assigna une pièce d'or pour l'encens qu'ils emploieraient pendant ces fêtes, et une autre pour le prédicateur. Léofas, autrement dite *Sancie*, fille de Garcie-Ramirez IV, roi de Navarre, et tante de Sanche VII, avait donné à l'église de Rocamadour avant son mariage avec Gaston V, vicomte de Béarn, une belle tenture de tapisserie (3). Cette princesse avait une dévotion singulière à la Vierge, honorée dans cette ville. Son mari mourut sans héritiers, mais la laissant enceinte. Cette grossesse donnait de l'espoir aux Béarnais. Ils s'attendaient à la naissance d'un prince qui les préserverait des troubles et des autres suites d'un changement de dynastie. Mais ils passèrent de l'espérance au désespoir et à la

---

1. Baluze, *Hist. de la Maison d'Auvergne*, liv. 1, pag. 84.
2. Baluze, *Hist. Tutel.*, pag. 152 et 507.
3. Baluze, *Not. in Agobard*, pag. 103.

fureur, Léofas ayant eu le malheur d'accoucher d'un avorton. Elle fut accusée d'être l'auteur de cet avortement, et condamnée à être jetée, par manière d'épreuve, pieds et poings liés, du haut du pont de Sauveterre dans le torrent qui passe dessous. Mais ayant appelé Notre-Dame de Rocamadour au secours de son innocence, elle fut portée sur les eaux à la distance de trois traits d'arc, et s'arrêta sur un banc de sable, d'où le peuple la rapporta chez elle en triomphe. Tous ces faits prouvent que l'église de Rocamadour jouissait en Espagne d'une grande célébrité. Elle n'était pas moins renommée en Allemagne, et l'on trouve, dans les vies des Saints de Surius, qu'elle fut visitée plusieurs fois, au commencement de ce siècle, par saint Engelbert, archevêque de Cologne (1). Les rois de France, d'Angleterre, de Hongrie et de Bohême l'honoraient aussi par des ambassades accompagnées de présents dignes de ces religieux monarques.

XXVIII. — *Origine de la Chapellenie d'Antejac*

Gausbert d'Antejac, archidiacre de l'église de Cahors, étant sur le point de mourir, fonda, en 1203, une aumône perpétuelle dans le chapitre pour quatre prêtres et quatre pauvres qui devaient être nourris et entretenus (2). Les prêtres devaient assister au chœur pendant tous les offices. La fondation de cet ecclésiastique, dont nos cartulaires vantent la charité, fut approuvée en 1230 par Géraud, prieur du chapitre, et les chanoines, qui fixèrent à 50 sols la somme qui serait à revenir à chaque prêtre pour leur vestiaire annuel. Ceux-ci furent chargés de célébrer la messe à l'autel de saint Pierre, érigé dans la cathédrale, et de dire des prières pour les morts dans le cimetière du chapitre, qui était dans le cloître, à côté de la chapelle de saint Martin. C'est là l'origine des chapellenies d'Antejac.

Raymond, comte de Toulouse, étant à Castelsarrasin, donna, au mois de novembre, des lettres de sauvegarde *à ses chers et fidèles, les bourgeois et autres habitants de la ville de Cahors* (3).

---

1. Gissey, *Hist. de N.-D. de Rocamadour*.
2. G. de Lacroix, *Series episcoporum*, pag. 79.
Ce qui devait revenir aux quatre pauvres fut donné à l'hôpital du chapitre, dont nous avons fait connaître l'origine. Ils y furent depuis nourris et entretenus suivant l'intention du prieur fondateur. Il est parlé des quatre pauvres de l'hôpital du chapitre dans les statuts de Pierre Bertrandi, évêque de Cahors, vers le milieu du XVIe siècle.
3. *Hist. de Languedoc*, tome III, pag. 122.

XXIX. — *Progrès des Henriciens — Mesures prises pour déraciner l'hérésie — Sancie, fille du roi d'Aragon, est promise en mariage à Raymond, fils du comte de Toulouse — Mort de l'évêque Guillaume de Cras*

Nous avons vu que le seigneur d'Espanel, dans l'hommage qu'il fit à l'évêque de Cahors, avait promis avec serment de ne pas laisser introduire l'hérésie dans ses terres. Par cette hérésie il faut entendre celle des *Henriciens* qui furent dans la suite nommés *Albigeois*. Ni les missions, ni l'autorité des légats du Saint-Siège, ni les décrets des conciles n'avaient pu en arrêter les progrès. Non-seulement le pays d'Albigeois et les autres contrées de Languedoc en étaient infectés, mais encore le Rouergue, le Quercy, surtout la partie méridionale de ce pays, la Gascogne et l'Agenais. Elle avait encore de nombreux prosélytes dans le Périgord, et dans beaucoup d'autres provinces éloignées de la France, et jusqu'au delà des Pyrénées. Elle n'avait pris tant d'accroissement dans les Etats du comte de Toulouse que par la négligence des seigneurs et des évêques qui, loin de la réprimer, souffraient que les hérétiques eussent dans le pays des prêches et des cimetières publics, des biens et des établissements considérables. C'est ce qu'a remarqué un historien presque contemporain (1) qui assigne encore une autre cause au progrès de l'erreur : la dépravation presque générale des mœurs occasionnée par les routiers, les voleurs, les malfaiteurs, les usuriers et autres brigands qui infectaient les villes et les campagnes. L'irréligion était telle que les séculiers n'avaient aucune considération pour les ecclésiastiques et les regardaient pires que les juifs; on disait communément par imprécation : *j'aimerais mieux être prêtre que d'avoir fait telle chose*. La haine qu'on leur portait ne leur permettait pas de se montrer en public, et les obligeait à déguiser leur état. Nous pouvons cependant assurer qu'on n'était pas arrivé dans le Quercy à ce point de dépravation et d'impiété. Le clergé y était honoré. Il comptait parmi ses membres les enfants des plus puissantes maisons du pays, au lieu que dans les diocèses, où régnait cette haine ou ce mépris contre les ecclésiastiques, on voyait rarement les nobles et les chevaliers destiner leurs enfants à l'état ecclésiastique. Suivant l'auteur que nous venons de citer, ils ne présentaient aux évêques, pour desservir les églises de leur domaine ou celles dont ils percevaient les dîmes,

---

1. Guillelmus de Podio Laurentii, *Chronicon*.

que les fils de leurs fermiers ou leurs domestiques; en sorte que les évêques étaient obligés d'ordonner les premiers venus. L'engagement que prend le seigneur d'Espanel de ne pas laisser introduire l'hérésie dans ses terres prouve que les évêques de Cahors ne négligèrent pas les affaires de la religion; et on peut dire, à leur louange que, si l'hérésie, la dépravation du siècle et les autres vices dont nous avons parlé firent moins de ravage dans leur diocèse que dans ceux du voisinage, c'est à leur zèle et à leur sollicitude pastorale qu'on doit l'attribuer.

Comme c'est le propre de toute hérésie de n'avoir point de doctrines uniformes, mais de tomber d'une erreur dans une autre, celle des Henriciens se subdivisait déjà, au commencement du xiiie siècle, en plusieurs autres, dont les principales étaient celles des Ariens, des Manichéens et des Vaudois ou Lyonnais. Ceux-ci, quoique mauvais, l'étaient moins que les autres. Leurs croyances ne différaient qu'en quelques points de celle des catholiques. Ils affectaient de porter des sandales à la manière des apôtres. Ils soutenaient qu'il n'était permis en aucune occasion de jurer ni de tuer, et ils prétendaient que dans un cas de nécessité absolue, chacun d'eux pouvait consacrer le corps de Jésus-Christ, sans avoir reçu les ordres, pourvu qu'il portât ses sandales. On ne peut rien imaginer de plus extravagant ni de plus impie que ce que les autres disaient sur la personne du fils de Dieu. On les divisait en *parfaits* ou *bonshommes* et en *simples croyants* (1). Les premiers étaient les ministres de la secte. Ils portaient un habit noir, faisaient semblant d'être chastes, avaient en horreur l'usage des viandes, des œufs et du fromage, se vantaient de ne mentir jamais et prétendaient qu'ils ne pouvaient jurer pour aucun motif. Les simples croyants menaient la vie commune, et ils croyaient pouvoir être sauvés par la foi des parfaits et en leur restant unis. Dans cette croyance ils se livraient aux usures, aux rapines, aux meurtres, à l'impureté et à toutes sortes de vices. Il ne leur fallait, selon eux, pour leur salut, que réciter à l'article de la mort, sans confession ni pénitence, le *Pater* et recevoir de leurs ministres l'imposition des mains, ou, comme ils l'appelaient, *la consolation*. Lorsque quelqu'un voulait entrer dans la secte, le ministre lui disait : Ami, vous devez abjurer tout ce que croit l'église romaine. — Je le fais, répondait le récipiendaire. — Recevez donc le Saint-Esprit des bonshommes, et il lui soufflait sept fois dans la bouche. Le ministre continuait : Renoncez-vous à la croix que le prêtre vous a faite au baptême, à l'estomac, aux épaules et à la tête

---

1. Pierre de Vaux-Cernay, *Hist. albigeoise*, cap. II.

avec du chrême et de l'huile? — J'y renonce. — Croyez-vous que l'eau baptismale ait la vertu de sauver? — Non. — Renoncez-vous au voile que le prêtre a mis sur votre tête pendant votre baptême? — J'y renonce. Cela dit, le récipiendaire renonçait solennellement au baptême de l'église et alors le ministre lui conférait celui de la secte, qui consistait à lui imposer les mains, à lui donner un baiser et à le revêtir d'un habit noir (1). Cette formule de réception ne se faisait plus dans les derniers temps en secret, mais en public et avec pleine liberté, comme les cérémonies de l'église, tant l'hérésie avait pris d'empire et de faveur dans les Etats du comte de Toulouse.

Le pape Innocent III fut à peine assis sur la chaire de saint Pierre, qu'il se mit à travailler à la conversion des hérétiques de ces malheureuses contrées. Il y envoya, en 1204, des légats avec un décret par lequel les fauteurs, receleurs et défenseurs des hérétiques étaient déclarés infâmes et incapables d'occuper aucun emploi, d'être reçus en témoignage, de tester, etc., s'ils ne se corrigeaient après la deuxième monition. Le pape ordonnait de déposer de tous offices et bénéfices les ecclésiastiques qui seraient dans le même cas, de déclarer excommuniés tous ceux qui communiqueraient avec les uns et les autres, et de confisquer leurs biens dans les terres soumises à la juridiction temporelle. Il enjoignait aux puissances séculières d'en faire de même dans leurs domaines, les menaçant des censures ecclésiastiques en cas de négligence de leur part (2).

Le Souverain Pontife écrivit en même temps à Philippe Auguste, roi de France, pour l'exhorter à arrêter le progrès de l'hérésie, soit par lui-même, soit par le prince Louis, son fils, ou par quelque personnage distingué, et à user du pouvoir qu'il tient de Dieu pour forcer les comtes et les barons à confisquer les biens des hérétiques, sous peine d'être dépouillés des leurs, s'ils se refusaient à exécuter ses ordres. Ce serait sans doute cette lettre qui aurait déterminé le roi de France à marcher l'année suivante avec son armée contre les hérétiques de Languedoc, si l'on pouvait ajouter foi à la chronique de Normandie (3) qui dit : il est vrai que ce prince ne dépassa pas le Quercy, où il tomba malade; ce qui l'obligea de revenir en France. Ce n'est là qu'un récit fabuleux. Il est certain que le roi de France ne parut point dans les provinces méridionales de son royaume pendant la guerre contre les Albigeois.

1. Pierre de Vaux-Cernay, *Hist. albigeoise*, cap. II.
2. *Hist. de Languedoc*, tome III, liv. XXI.
3. *Chronic. Norm.*, ad ann. 1205.

CHAPITRE XXIX
143

Cependant les légats faisaient peu de conversions dans la province. Ils y éprouvaient mille contrariétés, même de la part de quelques prélats, offusqués par l'étendue extraordinaire de leurs pouvoirs. Ils se rendirent à Toulouse, dont ils déposèrent l'évêque et firent promettre par serment au comte Raymond, de chasser de ses domaines les routiers et les hérétiques, et d'y rétablir la paix. Ce prince étant venu quelque temps après dans le Bas-Languedoc, fit un traité avec Pierre II, roi d'Aragon, par lequel fut conclu le mariage de Sancie, fille du roi, avec Raymond le Jeune, fils du comte de Toulouse, qui assigna pour le douaire de sa future belle-fille, les villes de Castelnaudary, Castelsarrasin, Moissac et Montauban avec leurs dépendances (1).

Cette année, au mois de novembre, un Raymond de Durfort donna au comte de Toulouse, par acte passé à Moissac, la portion des droits qu'il avait sur les terres de Durfort et Mondenard, *Willelmo, Caturcensi episcopo* (2).

L'évêque de Cahors mourut vers la fin de la même année; il est du moins certain que le siège épiscopal de cette ville était vacant au mois de février de l'an 1206. C'est ce que nous apprend la transcription de l'acte de la fondation de Montauban qui fut faite la *cinquième férie* de ce mois. L'évêché vaquait encore en 1208, d'après la date d'une charte de l'abbaye de Moissac rapportée par Guillaume de Lacroix (3).

1. D'Achery, *Spicileg.*, tome VIII, pag. 222.
2. *Manus. de la Maison de Durfort.*
3. Malvezin, *Esbats*, 2ᵉ partie, pag. 176.—G. de Lacroix, *Series epis.*, pag. 78. Denis de Sainte-Marthe remplit cet intervalle par l'épiscopat d'un nommé Barthélemy qu'il a trouvé mentionné dans quelques chartes des années 1207 et 1208. L'autorité d'un si grand écrivain devrait nous suffire pour regarder Barthélemy comme successeur de Guillaume de Cras, quoique les monuments où il est parlé de cet évêque nous soient inconnus, et qu'ils l'aient été aussi de Foulhiac et des autres écrivains du Quercy. Mais, réflexion faite, on ne saurait admettre l'épiscopat de Barthélemy, les deux chartes rapportées par Lacroix étant authentiques. Dom Denis se sera trop appuyé sur le témoignage souvent suspect de Vidal, qui cependant assure qu'il a vu des actes dans les archives de l'évêché, où il est parlé de cet évêque. Nous ne doutons pas non plus que les chartes de 1207 et 1208 soient plus authentiques que celle que nous avons lue, intéressant le même évêque dans un mémoire manuscrit de la maison de Durfort. C'est un hommage que Bertrand, seigneur de Durfort et de Clermont-Soubiran, fait le 10 des calendes de décembre 1212, à cet évêque pour les dîmes inféodées des églises de Sainte-Thècle, Sainte-Madeleine, Saint-Martin-des-Mas de Montesquieu dans le Bas-Quercy. Nous avons jugé cette pièce fausse, parce que la langue vulgaire dont on s'est servi est presque tout à fait différente de celle qui était usitée dans ce siècle en Quercy, et que l'évêque Barthélemy ne siégeait point cette année, puisque l'élection de Guillaume de Cardaillac remonte, comme nous le dirons bientôt, à l'année 1208.

XXX. — *Première excommunication lancée contre le comte de Toulouse*

On ne voit pas que le comte de Toulouse ait rien fait pour s'acquitter de sa promesse aux légats du pape. Au contraire, il refusa de signer la paix que Pierre de Castelnau était venu à bout de conclure entre différents seigneurs du Languedoc, dont les dissensions étaient aussi nuisibles à l'église que favorables à l'hérésie; et lorsque ce légat tâcha de le déterminer à ne plus favoriser les hérétiques et à réformer plusieurs abus qu'il lui reprochait, le comte ne daigna pas l'écouter. Pierre de Castelnau fut irrité de cette obstination, et, dans un excès de zèle, il excommunia Raymond, mit ses terres en interdit et écrivit au pape pour obtenir de lui la confirmation de sa sentence. Innocent III se hâta d'écrire au comte de Toulouse une lettre très vive, dans laquelle il expose beaucoup de griefs, dont voici les principaux : 1° de n'avoir pas voulu signer la paix conclue entre ses vassaux; 2° d'avoir violé le serment qu'il avait fait de proscrire les hérétiques de ses domaines; 3° d'avoir juré à l'évêque d'Orange, que sans égard pour le *Saint-Temps* et les jours de fête, il ne cesserait de causer du dommage aux terres et aux ministres de l'église, lorsque ce prélat était venu le prier d'épargner les monastères et de suspendre au moins les hostilités pendant le temps prohibé; 4° de protéger et de favoriser les hérétiques et d'avoir répondu à celui qui le lui reprochait, qu'il trouverait parmi eux un évêque qui prouverait que sa croyance était meilleure que celle des catholiques. Le Souverain Pontife déclare ensuite à Raymond qu'il confirme la sentence de son légat; il termine sa lettre en l'exhortant à se rendre digne de l'absolution, autrement il se verra forcé de le dépouiller de certaines terres qu'il tenait de l'église romaine, et d'armer contre lui les princes voisins auxquels il permettrait de retenir les terres dont ils s'empareraient.

Le comte de Toulouse faisait la guerre du côté du Rhône quand il reçut cette lettre. Il avait laissé dans cette ville, pour y prendre soin de ses intérêts, le comte de Comminges et le seigneur de Lille-Jourdain, qui furent témoins, avec d'autres seigneurs, de l'accord que passèrent au mois d'août de l'an 1207, les consuls de Toulouse et ceux de Cahors, au sujet des marques ou représailles dont ils avaient usé de part et d'autre. Il fut si effrayé des menaces du pape, qu'il se rendit aux volontés de son légat. Il fit la paix avec ses ennemis et fut, à ce qu'il paraît, absous de l'excommunication.

XXXI. — *Guillaume V de Cardaillac, évêque de Cahors*

Le chapitre élut, en 1208, Guillaume V de Cardaillac, comme évêque de Cahors. Il était fils de Bernard de Cardaillac (1), premier du nom, baron de ce lieu, et d'Hélène de Comborn, fille d'Archambaud, vicomte de Comborn. Il avait pour frère Hugues de Cardaillac II, et Grégoire, abbé d'Obasine, marqué, dans le martyrologe des saints de l'ordre de saint Benoît, sous le titre de bienheureux.

XXXII. — *Seconde excommunication lancée contre le comte de Toulouse — Meurtre du légat Pierre de Castelnau*

Le comte de Toulouse n'eut pas le bonheur de conserver longtemps de bonnes relations avec Pierre de Castelnau. Quoiqu'il eût fait sa volonté, ce légat lui reprocha vivement la tiédeur avec laquelle il poursuivait les hérétiques ; il le traita de parjure et de tyran et fulmina contre lui une nouvelle excommunication. Raymond VI tâcha de se justifier devant lui et devant son collègue, que l'on croit être l'évêque de Conserans ; mais on ne l'écouta pas. On dit qu'alors ce prince, dans un mouvement d'indignation, les menaça de la mort et qu'il leur dressa des embûches. Quoiqu'il en soit, Pierre de Castelnau fut tué le lende-

---

1. La maison de Cardaillac était, par ses alliances et par le nombre des fiefs qu'elle possédait, une des premières, non-seulement du Quercy, mais encore des pays voisins. Elle portait, dans ses armes, de gueules au lion d'argent armé lampassé et couronné d'or, à l'orle de treize bezans d'argent; cimier : un demi-lion issant d'argent; supports : deux griffons au naturel; cri : Cardaillac; devise : *Toto nascuntur in orbe*. Louis XIV permit à Henri-Victor, marquis de Cardaillac, chef de la branche des Cardaillac de Lacapelle-Marival, de vêtir le lion d'une cotte d'arme d'azur semée de fleurs de lys d'or, ou pour mieux dire, ce grand roi ne fit que renouveler la permission que Louis XII avait donnée à Cardaillac Saint-Cirq. Nous avons parlé de l'origine de cette illustre maison, que tout nous porte à croire être la véritable. En effet, les seigneurs de Cardaillac se sont toujours vantés de descendre des comtes de Toulouse, et ont constamment suivi, de père en fils, les usages et les coutumes établis dans la maison de ces derniers, surtout pour l'ordre de succession. Aussi Gilibert de Cardaillac, baron de Lacapelle-Marival, fut-il maintenu dans la possession de la seigneurie de Cardaillac, par un arrêt du parlement de Toulouse de l'an 1521, contre les prétentions de sa nièce Françoise de Cardaillac et ses tuteurs. La cour motiva son arrêt sur ce que *la maison de Lacapelle-Marival est d'ancienne noblesse, et sont descendus les seigneurs d'icelle de la maison des comtes de Toulouse, et à cause de ce, et en suivant les louables et anciennes coutumes d'icelle maison, les fils masles y ont toujours succédé, ce que n'ont jamais fait les filles ne femelles, ains en ont été expulsées par temps immémorial*.

main par deux inconnus qui étaient logés avec les légats, dans une hôtellerie sur les bords du Rhône. Avaient-ils été envoyés par le comte de Toulouse? C'est ce qu'on ignore.

Quand le pape Innocent III eut appris la mort de son légat par la relation que lui envoya l'abbé de Citeaux, il écrivit aux évêques de Provence et de Languedoc une lettre-circulaire contre le comte de Toulouse que *certains indices font présumer* coupable du meurtre de son légat. Il leur ordonne, après avoir séparé Raymond de la communion des fidèles, de déclarer, par l'autorité apostolique, tous ceux qui lui ont promis fidélité, société ou alliance déliés de leur serment, avec permission à tout autre catholique, sauf le droit du seigneur principal, non-seulement de poursuivre sa personne, mais encore d'occuper et de garder ses domaines, dans le but de retirer de l'erreur les pays qui, jusqu'ici, en ont été infectés par sa méchanceté. Il écrivit en même temps, à peu près dans les mêmes termes, aux évêques de la province de Lyon, au roi de France, aux comtes, aux barons et aux chevaliers du royaume pour les porter à tirer une prompte vengeance de la mort du légat, à exterminer les hérétiques, à rétablir la paix et à défendre l'église contre *le tyran et l'ennemi de la foi*. Il fit en même temps prêcher la croisade contre les hérétiques et publier les indulgences qu'il y attachait, par Arnaud, abbé de Citeaux, et les religieux de son ordre. Effrayé de l'orage qui allait fondre sur sa tête, Raymond VI envoya des ambassadeurs au pape pour tâcher de l'adoucir.

XXXIII. — *Comtes de Rodez — Projet de mariage du fils du comte de Toulouse avec la fille du comte d'Auvergne*

En attendant le succès de cette ambassade, Raymond fit un voyage dans le Rouergue et dans le Quercy. Etant à Martel, il fit un traité ou un accord avec Guy II, comte d'Auvergne (1). La mort de Guillaume, comte de Rodez, en fut le sujet. Celui-ci, n'ayant point d'enfants, avait institué son héritier universel le comte d'Auvergne. Raymond VI était déjà maître d'une partie du Rouergue. Désirant le réunir en entier à son domaine, il fit avec Gui un arrangement par lequel il promit de donner en mariage à Hélis, fille de ce comte, son fils Raymond; Gui, de son côté, à cause de ce mariage, disposa en faveur du jeune Raymond du comté de Rodez, à l'exception d'un fief et de la vicomté de Carlad, que devait acquérir le comte de Toulouse, à condition que Gui et ses

---

1. Baluze, *Hist. de la maison d'Auvergne*, tome II, pag. 761.

héritiers le tiendraient de lui en fief à titre d'engagement. Il fut stipulé que si le jeune Raymond venait à décéder avant l'accomplissement du mariage, Hélis épouserait un autre fils légitime du comte de Toulouse, et son plus proche héritier; et que, si celle-ci venait à mourir avant son mariage, le jeune Raymond ou, à son défaut, un autre fils légitime du comte de Toulouse épouserait une autre fille de Gui. Le comte de Toulouse s'engagea, en cas qu'il n'eût pas d'héritiers légitimes, ou que toutes les filles du comte d'Auvergne mourussent avant l'âge nubile, de rendre à ce dernier la partie du comté de Rodez, qu'il cédait pour le mariage. Les vicomtes de Limoges et de Turenne, présents à cet accord, furent pris par le comte de Toulouse pour juges, à l'occasion du douaire qu'il promit d'assigner à sa future belle-fille (1).

Le mariage n'eut pas lieu entre le jeune Raymond et Hélis, qui épousa Raymond (2), fils de Raymond III, vicomte de Turenne, pour lequel Guillaume de Cardaillac, évêque de Cahors, et le vicomte de Limoges se rendirent caution, lorsque le comte d'Auvergne lui paya la dot de sa fille, qui consistait en six cents marcs d'argent. Malgré cela, le comte de Toulouse garda le comté de Rodez, par un nouvel arrangement qu'il fit avec Gui. Mais la possession lui en fut bientôt après disputée par Henri, fils naturel du dernier comte de cette ville. Ils s'accordèrent enfin à Rocamadour, et Raymond lui céda le comté moyennant seize cents marcs d'argent (3).

XXXIV. — *Absolution accordée au comte de Toulouse*

Le pape accueillit favorablement les ambassadeurs du comte de Toulouse. Il leur dit que, puisque ce prince voulait se soumettre à toutes les ordonnances de l'église, il acceptait sa soumission, et qu'il lui permettait de se justifier, avec promesse de l'absoudre s'il était jugé innocent; mais à condition que, pour la sûreté de ses promesses, il livrerait à l'église romaine sept de ses principales places, en attendant sa justification. Raymond VI ayant eu connaissance de la volonté du pape, s'y soumit de bonne foi. Il alla trouver Milon, qui avait succédé à Pierre de Castelnau dans la dignité de légat apostolique, lui prêta serment, lui remit les places fortes que le pape exigeait pour la sûreté de sa promesse, et consentit à exécuter en tout les ordres qu'il lui plairait de lui donner.

1. *Hist. de Languedoc*, tome III, liv. xxi.
2. Justel, *Hist. de la Maison de Turenne*.
3. Baluze.

Le comte, en prenant les rênes du gouvernement des Etats de Toulouse, avait trouvé et laissé subsister des abus établis par ses ancêtres et contraires à la liberté des églises. Il les abolit par une lettre qu'il adressa aux évêques et aux abbés de l'étendue de son domaine, et dans laquelle il exempte les ecclésiastiques des tailles et autres charges et renonce au droit, que ses prédécesseurs s'étaient arrogés, de nommer aux évêchés et de se saisir des dépouilles des évêques défunts (1).

Le légat Milon, ne pouvant s'empêcher d'accorder l'absolution à Raymond, qu'il voyait sincèrement résigné à la volonté du pape, fit dresser, pour cette cérémonie, devant le vestibule de l'église de Saint-Gilles, un autel où l'on mit le saint sacrement et les reliques des saints. Assisté d'un grand nombre d'évêques, il appela devant cet autel le comte de Toulouse, qui se présenta nu jusqu'à la ceinture, et jura sur l'Evangile d'obéir aux ordres du pape et de Milon, touchant les points qui lui avaient attiré l'excommunication et qui étaient au nombre de quinze. A la façon dont Raymond s'explique sur ces différents griefs, on voit bien qu'il ne se sentait pas coupable de tout, car il répète souvent *sur ce qu'on dit que j'ai fait*. Après cela, le légat lui mit une étole au cou; et, en ayant pris les deux bouts, il introduisit le comte dans l'église en le fouettant avec une poignée de verges. Là, il lui donna l'absolution, et lui accorda la croix à lui et à deux de ses gentilshommes (2).

XXXV. — *Les croisés marchent contre les pays infectés de l'hérésie — Fondation de La Française — Passage de corps de croisés dans le Quercy — Les croisés se joignent devant Béziers*

Cependant les croisés s'étaient mis en marche contre les pays infectés de l'hérésie. Les uns portent leur nombre à cinq cent mille, les autres à trois cent mille. Ils avaient à leur tête les principaux seigneurs de la France et beaucoup d'évêques. Pour marquer que l'expédition, dans laquelle ils s'étaient engagés, était sainte et qu'ils allaient gagner l'indulgence que le pape y avait attachée, à l'exemple du voyage que l'on faisait alors dans la Palestine pour combattre les Infidèles, ils portaient

---

1. Cette lettre se trouve dans les archives de tous les évêchés et de tous les monastères soumis à la domination des comtes de Toulouse. On en voyait une dans celles de l'évêché de Cahors, un peu différente de celle que Catel rapporte dans son *Histoire des comtes de Toulouse*, et qu'il a tirée de l'abbaye de Conques en Rouergue. — Catel, pag. 249.

2. Catel.

des bourdons de pèlerins à la main, ce qui les fit appeler *Burdinarii* par les partisans du comte de Toulouse, et une croix sur la poitrine, pour les distinguer de ceux qui se croisaient pour la Terre sainte et qui la portaient derrière. Philippe Auguste ne fut point de l'expédition, malgré les pressantes sollicitations du pape et de ses légats. Mais Guillaume le Breton rapporte, dans la huitième Philippide, que le prince y envoya à sa solde un corps de quinze mille hommes, auquel, dit-on, la ville de La Française dut son origine, à l'occasion du séjour qu'ils firent en Quercy, pendant la guerre. Ils étaient campés sur une haute colline située entre Montauban et Moissac, non loin du confluent de l'Aveyron et du Tarn. Ce lieu, appelé Saint-George de Benas, à cause de l'église dédiée à ce saint, ayant été trouvé très propre à servir de retranchement et de retraite en cas de besoin, le roi l'acheta au seigneur de Parasols par un acte, que les descendants de ce seigneur conservent dans leurs archives. Il y fit bâtir un fort, ou, suivant le langage vulgaire de ce siècle, une *bastide*, qui fut appelée *Française*, parce qu'elle avait été bâtie et qu'elle était occupée par les soldats français. Le nom en resta à la ville qui se forma dans la suite en cet endroit, et qui est très importante par la fertilité de son terrain, par ses foires et ses marchés.

Les croisés étaient divisés en plusieurs corps qui devaient tous se rendre devant Béziers, par différentes routes. Deux de ces corps traversèrent le Quercy. Le premier était commandé par l'archevêque de Bordeaux, et les évêques de Cahors, de Limoges, de Bazas et d'Agen ; par Gui, comte d'Auvergne, le vicomte de Turenne, Bertrand II, seigneur de Cardaillac, et N... de Gourdon (1), seigneur de Castelnau-de-Montratier, qui conduisait les croisés du Quercy. Dans une histoire manuscrite de la guerre des Albigeois, que l'on conservait encore au XVIIe siècle dans l'abbaye de la Garde-Dieu, et qui avait été écrite par un moine de ce monastère, contemporain des évènements, on voit que Bertrand de Cardaillac (2) avait sous ses ordres vingt mille hommes, qu'il entretenait à ses dépens, et qu'il avait levés dans le Quercy, le Limousin, l'Agenais et le Périgord. Ce corps de troupes se dirigea sur Puy-Laroque, et en ruina le château que personne ne défendait. De là, il se porta sur le château de Casseneuil, en Agenais, où il y avait une forte garnison de Gascons qui était commandée par Seguin de Bologne. Les croisés y donnèrent l'assaut, croyant le prendre d'emblée, mais ils furent vivement repoussés. Cependant Seguin, désespérant de pouvoir

---

1. *Hist. de Languedoc*, tome III, Preuves, pag. 9.

2. Il était fils de Hugues III de Cardaillac et par conséquent neveu de l'évêque de Cahors.

résister, demanda à capituler, avec la permission de se retirer, vie et bagues sauves, où il voudrait. Les assiégeants y consentirent; puis, étant entrés dans la place, ils y firent brûler vifs, sans distinction de sexe, tous les hérétiques qui refusèrent de se convertir.

L'autre corps de croisés venait du côté du Puy, et était commandé par l'évêque de cette ville. Il attaqua Saint-Antonin et Caussade, qui se rachetèrent par une grosse contribution; de quoi l'évêque fut vivement blâmé par ses chefs qui auraient sans doute voulu qu'il eût détruit ces deux villes. De Caussade, il parcourut la frontière du Quercy, du côté de l'Albigeois et du Toulousain, et signala son entrée dans ce dernier pays par l'incendie du château de Villemur, sur le Tarn. Il joignit ensuite le reste de l'armée sous les murs de Béziers.

XXXVI. — *Prises de Béziers et de Carcassonne — Le comte Raymond se brouille avec le légat et Simon de Montfort*

Béziers ne put résister aux attaques des croisés; la ville fut pillée, réduite en cendres, et ses habitants passés au fils de l'épée. Après cette horrible catastrophe, les croisés marchèrent contre Carcassonne où s'était jeté Raymond-Roger, vicomte de Béziers, dans la ferme résolution de défendre cette place qui était encore de son domaine. Mais cette ville fut obligée de capituler pour ne pas subir le sort de Béziers; et le vicomte, livré par le légat entre les mains de Simon de Montfort, comte de Leycestre, fut enfermé dans une étroite prison, où l'on croit qu'il mourut, peu de temps après, de mort violente. Ses Etats furent confisqués au profit de Simon de Montfort, qu'on avait choisi pour seigneur du pays et pour général de l'armée des croisés.

Le comte de Toulouse, ne pouvant pas supporter le spectacle de tant d'horreurs, et profondément affecté du triste sort du vicomte de Béziers, son neveu, prit le parti de quitter l'armée des croisés, pour se retirer dans sa capitale. Avant son départ, il alla voir Simon de Montfort, à qui il proposa le mariage de son fils Raymond avec sa propre fille; de plus, il convint avec lui de démolir, chacun dans ses terres, quelques châteaux dont le voisinage pouvait créer entre eux un sujet de disputes. Raymond lui donnait par là des preuves non équivoques de sa bonne foi; mais à peine fut-il arrivé à Toulouse, que ce même Simon et le légat, lui envoyèrent une députation pour le sommer lui et les consuls de livrer aux barons de l'armée, sous peine d'excommunication et d'interdit, tous les habitants de la ville que les députés nommeraient, pour venir se purger devant les mêmes barons, quand bien même les personnes désignées se diraient catholiques. Simon menaçait le comte de lui faire une guerre à outrance, s'il refusait d'exécuter ses ordres. Ce prince fut offensé d'une demande si impérieuse; il répondit aux députés qu'il n'avait rien à démêler avec l'abbé de Citeaux et le comte de Leycestre, qu'il avait reçu l'absolution de Milon, et que, puisqu'on lui cherchait de nouvelles querelles, il en allait porter plainte au pape devant lequel il prouverait l'innocence de sa conduite. Les Toulousains, que l'on demandait au camp des croisés, protestèrent tous qu'ils faisaient profession de la foi et de la religion catholiques, et restèrent dans leurs foyers, après en avoir appelé au pape, ce qui irrita tellement le légat qu'il excommunia les consuls avec leurs conseillers et jeta l'interdit sur la ville.

XXXVII. — *Raymond, comte de Toulouse, fait son testament et part pour Rome — Il reçoit un accueil favorable du pape*

Raymond se disposa dès lors à son voyage; il fit son testament dans lequel il appelle à sa succession le roi de France pour les Etats qu'il possède dans ce royaume, dans le cas où son frère Baudoin, et Raymond, son fils, viendraient à décéder sans postérité légitime (1). Il lègue à Bertrand, son fils naturel, la vicomté de Bruniquel et la châtellenie de Caylus (2), à condition qu'il les tiendrait en fief de Raymond, son fils, à qui il les substitue, si Bertrand vient à mourir sans postérité.

Raymond partit ensuite, accompagné de quelques chevaliers et députés de Toulouse qui allaient poursuivre l'appel que les principaux de la ville avaient fait au Souverain Pontife. Peu de temps après son départ, l'évêque de Cahors et ceux de tous les diocèses méridionaux reçurent une lettre-circulaire d'Innocent III, dans laquelle, après leur avoir témoigné combien il était satisfait du succès des armes des croisés, et

---

1. *Hist. de Languedoc,* tome III, Preuves, pag. 213.

2. Caylus est appelé *Castluscium* dans le testament; il a aussi ce nom dans les chartes où il est mentionné pour la première fois. Ce qui fait voir combien est peu fondé le sentiment de quelques historiens du Quercy, qui font dériver le nom de cette ville de Caïus Lucius, chevalier romain, qu'ils supposent être venu dans les Gaules avec Crassus, lieutenant de César, et qui, pour se donner le plaisir de la chasse, aurait fondé, dans cet endroit, un château dont il reste encore une tour. Ils n'ont pas fait attention au style architectural de ce château, qui est évidemment du XIe ou du XIIe siècle. Il y a en France d'autres lieux appelés *Caylus;* il faudrait donc dire qu'ils doivent aussi leur nom et leur origine à d'autres Caïus Lucius. Des écrivains anciens prétendent que *Castluscium* signifie *petit château.* — Voir les *Esbats* de Maleville.

de l'élection de Simon de Montfort au gouvernement du pays conquis sur les hérétiques, il leur enjoint d'exhorter leurs diocésains à faire tous leurs efforts pour achever d'exterminer l'hérésie, et à y consacrer une partie de leurs revenus; il accorde une indulgence plénière à ceux qui prennent la croix, les dispense de payer les intérêts des sommes qu'ils peuvent devoir, et leur accorde un délai pour le paiement du capital.

Le comte de Toulouse et les députés parurent devant le pape qui les traita favorablement. Sur l'exposé qu'ils lui firent, il manda à ses légats de recevoir la justification de Raymond et de lever l'interdit qu'ils avaient jeté sur la ville de Toulouse. Mais les légats ne se pressèrent pas d'exécuter les ordres du pape, pour ce qui concernait la personne du comte, malgré les démarches et les instances de ce prince. Ils aimèrent mieux continuer le cours de leurs expéditions et inquiéter les peuples du Quercy, du Rouergue et des pays voisins par la levée d'énormes subsides pour l'entretien de leurs troupes.

XXXVIII. — *Accord entre le comte de Toulouse et l'abbé de Moissac — Nouvelle excommunication lancée contre le comte de Toulouse*

Cependant Raymond donnait des preuves de sa sincère soumission aux ordres que le pape lui avait donnés. Il réparait les injustices et les dommages qu'il avait pu causer aux différentes églises de ses Etats; c'était un des principaux griefs que le Souverain Pontife lui avait reprochés. Etant à Moissac (1), le 26 juin de l'an 1210, il passa un accord avec Raymond de Luzech, abbé de ce monastère, touchant la justice et les droits seigneuriaux de la ville, que le comte possédait en qualité d'abbé-chevalier. Cet accord eut lieu en présence d'Adhémar, abbé de Montauban, des sénéchaux de Toulouse et de l'Agenais, etc. Raymond se rendit ensuite en Provence (1211), et fut appelé par les légats au concile qu'ils allaient convoquer à Arles. Le comte vint dans cette ville accompagné de Pierre II, roi d'Aragon; et quand ces deux princes y furent arrivés, les légats leur défendirent d'en sortir sans leur permission et celle du concile. Ils envoyèrent ensuite au comte un certain nombre d'articles, dont ils firent dépendre sa paix avec l'église. Mais les uns sont si ridicules et d'autres si durs qu'on voit bien que les légats et les évêques voulaient pousser à bout ce prince, pour le dépouiller de ses domaines, sous quelque apparence de justice. Il fallait,

1. *Archives de Moissac.*

en effet, que le comte ordonnât qu'on ne servirait, dans toute l'étendue de ses Etats, que deux sortes de viandes; et qu'on n'y porterait d'autres habits que des chapes noires et mauvaises; qu'il chassât tous ceux de ses sujets qui étaient hérétiques ou fauteurs de l'hérésie, et qu'il livrât aux légats et à Simon de Montfort, dans l'espace d'un an, toutes les personnes qu'ils lui indiqueraient pour en disposer à leur volonté; il ferait raser toutes les forteresses, forcerait les vassaux nobles à n'habiter que la campagne, défrayerait Simon de Montfort et ses gens, et leur accorderait sûreté, quand ils voyageraient dans les pays soumis à sa domination; enfin il irait servir outre-mer parmi les Hospitaliers de Saint-Jean de Jérusalem, sans pouvoir revenir dans ses Etats, et en reprendre possession que quand il plairait au légat et au comte Simon. A la lecture de ces articles, Raymond ne put contenir son indignation; il sortit brusquement de la ville avec le roi d'Aragon. Alors les légats ne gardèrent plus aucun ménagement avec lui : ils l'excommunièrent, le déclarant ennemi de l'église et apostat de la foi, et disposèrent de ses Etats en faveur du premier occupant (1). Mesures terribles qui furent confirmées par le pape.

XXXIX. — *Le comte de Toulouse se met en état de défense — Siège et prise de Lavaur par Simon de Montfort*

Le comte de Toulouse, voyant qu'il ne lui restait d'autre parti à prendre que celui de se défendre, implora le secours des comtes de Comminges et de Foix, du vicomte de Béarn, et de tous ses autres amis, alliés et vassaux qui se déclarèrent hautement pour lui. Il s'assura aussi des habitants de Toulouse, de Montauban, de Moissac et des autres villes de ses domaines, qui lui promirent toute sorte de secours et lui jurèrent une fidélité inviolable. Ceux de Moissac lui prêtèrent cent marcs d'argent.

Sur ces entrefaites, Montfort, voyant que son armée s'était renforcée par de nouveaux corps de croisés, alla faire le siège de Lavaur, dont il se rendit maître, malgré la défense vigoureuse des assiégés. Le butin qu'il fit dans cette place était d'un prix infini, suivant un historien ancien (2).

On trouve dans la maison de Cardaillac un acte où il est dit que Philippe Auguste, roi de France, en accorda une portion à Bertrand de

1. *Hist. de Languedoc*, tome III.
2. *Hist. de Languedoc*, tome III, Preuves, pag. 36.

Cardaillac, un des chefs des croisés qui montraient le plus de zèle et de constance dans cette guerre, afin de le défrayer des dépenses énormes qu'il avait faites pour son grand armement. Le comte de Montfort disposa du reste en faveur de Raymond de Salvanhac, marchand de Cahors, pour satisfaire ce riche bourgeois qui, depuis le commencement de la guerre, lui prêtait de grosses sommes. C'est pour cette même raison qu'il lui avait donné en fief, l'année précédente, pendant le siège de Minerve, les châteaux de Pézenas et de Torves, avec tous les droits qu'Etienne de Servian et le vicomte de Béziers, qui en étaient seigneurs, avaient auparavant sur ces places. Cette donation fut confirmée par un acte public (1), en présence de l'abbé de la Cour-Dieu, vice-gérant du légat Arnaud, et de plusieurs chevaliers (2).

Raymond de Salvanhac avait, paraît-il, pour associé un nommé *Hélie Philip;* car, on trouve, dans les registres d'Innocent III, que Simon de Montfort les chargea de payer au pape mille marcs d'argent, sur le butin de Lavaur, ou les deux terres qu'il leur avait cédées. Ils comptèrent cette somme à Pierre Marc, son diacre, par ordre du Souverain Pontife, qui écrivit à ce sujet au comte de Montfort une lettre dans laquelle il le remercie de sa générosité (3).

XL. — *Siège et prise de Montferrand par Simon — Baudoin, frère du comte de Toulouse, se tourne contre lui — Succès des armées de Simon de Montfort*

Après la prise de Lavaur, Simon de Montfort, attaqua les places qui relevaient immédiatement du comte de Toulouse. Celui-ci, au lieu de repousser d'abord la force par la force, fut assez sage pour tenter encore la voie de la négociation. Mais ce moyen n'ayant pas réussi, il se crut obligé de se défendre. Il confia la garde du château de Montferrand à son frère Baudoin qui le défendit vigoureusement pendant plusieurs jours avec sa garnison, quoiqu'elle ne fût composée que de quatorze chevaliers, dont le plus qualifié était le vicomte de Montclar,

1. *Hist. de Languedoc*, tome III, Preuves, pag. 229.
2. Parmi ces chevaliers on trouve un Gui *Cap-del-Porc*, le même, sans doute, que celui dont le troubadour Guillaume de Durfort loue la probité, dans un de ses sirventes. Ce gentilhomme devait servir, dans l'armée des croisés, sous la bannière de l'évêque de Cahors.
3. Les châteaux de Pézenas et de Torves restèrent dans la maison de Raymond jusqu'à l'an 1262; saint Louis les réunit alors à son domaine, dans le Languedoc, moyennant la somme de 3,000 livres tournois.

de la maison de Montpezat (1). Montfort ne s'attendait pas à une pareille résistance. Craignant l'humiliation d'échouer devant cette place, il tâcha de corrompre Baudoin par les remontrances et les propositions qu'il lui fit. Etant venu à bout de le gagner, il prit possession de Montferrand. Depuis, le comte Baudoin s'attacha à ce général, qui lui donna dans la suite plusieurs belles terres dans le Quercy. En attendant, il alla cacher la honte d'avoir trahi son frère, contre lequel il porta depuis les armes, dans la ville de Bruniquel, qui appartenait à Raymond VI et où il devait avoir lui-même quelques propriétés.

Tournant ensuite ses armes du côté du Tarn, Simon prit Montaigu, Gaillac, Cahusac, La Garde, Puicelsi et Saint-Marcel en Albigeois, La Guépie et Saint-Antonin dans le Rouergue, sur les frontières du Quercy. Il allait se porter sur Bruniquel, mais Baudoin vint au-devant de lui et de son armée, lui demanda et en obtint cette place, la seule qu'il eût encore, au rapport de l'historien ancien qui nous fournit tous ces détails (2). Enflé par tant de succès, il forma le projet d'aller attaquer Toulouse. Il en fit part aux différents chefs de la croisade qui l'approuvèrent. En conséquence il dirigea aussitôt toutes ses forces contre cette ville.

XLI. — *L'évêque de Cahors fait hommage du comté de cette ville à Simon de Montfort — Les abbés de Montauban et de Moissac tentent de livrer ces villes à Simon*

Pendant qu'il assiégeait Toulouse, Guillaume de Cardaillac, évêque de Cahors, lui prêta serment de fidélité. Il reconnut tenir de lui le comté de Cahors, *de la même manière qu'il l'avait tenu de Raymond, autrefois comte de Toulouse, et que ses prédécesseurs l'avaient tenu des ancêtres de Raymond*. Montfort lui donna aussitôt l'investiture de ce comté, à lui et à ses successeurs, qui seraient *catholiquement substitués*, avec promesse de défendre et de maintenir de tout son pouvoir et de bonne foi la paix, la tranquillité et les droits de l'église de Cahors. L'acte, dont il fut fait un double, pour plus grande authenticité, fut dressé sous les murs de Toulouse, le 20 juin 1211, scellé des sceaux de Montfort et de l'évêque, et signé de l'évêque d'Uzes et de l'abbé de Citeaux, légat du Saint-Siège, de l'évêque de Toulouse, de l'abbé de Saint-Antonin de Pamiers, de Thédise, chanoine de Gennes, de plu-

---

1. *Hist. de Languedoc*, tome III, Preuves, pag. 36.
2. *Hist. de Languedoc*, tome III, Preuves, pag. 37.

sieurs chevaliers, parmi lesquels on trouve un Raymond de Caors, frère d'Aymeric, religieux de Grand-Selves, de frère Nicolas, moine d'Obasine, et de frère Dominique prédicateur, qui est saint Dominique, fondateur de l'ordre des Frères prêcheurs ou Dominicains (1). On voit par ce monument quelle n'a pas été l'erreur de quelques historiens ou écrivains de Quercy (2), qui, pour ne l'avoir pas connu, ont avancé, avec cette assurance qui naît de la conviction, que, lorsque le pape eut donné tous les domaines du comte Raymond au premier occupant, l'évêque de Cahors s'empara de sa ville épiscopale, et que l'hommage qu'il en fit à Simon de Montfort est l'origine des droits que les évêques de Cahors ont sur cette ville. Nous avons prouvé par de bonnes chartes que l'origine de ces droits remonte au xie siècle; ce qui doit suffire. Non! l'évêque de Cahors n'usurpa point les droits que le comte de Toulouse avait sur la ville de Cahors, on peut seulement lui reprocher de n'avoir pas été fidèle à ce prince! Mais ce reproche retombe sur la plupart des ecclésiastiques et des nobles qui ne pouvaient, dans ce temps malheureux, se mettre à couvert du soupçon d'hérésie, de la guerre et de ses suites, qu'en secouant le joug de l'autorité de Raymond.

Adhémar, abbé de Montauban, voulut, à l'exemple de beaucoup d'autres, profiter de la situation malheureuse du comte, pour réunir l'entière seigneurie de cette ville à son monastère qui n'en avait que la moitié. Il ne fallait, pour voir son ambition satisfaite, que livrer la ville aux croisés. Mais les habitants, qui étaient entièrement dévoués à Raymond, en eurent connaissance et avertirent ce prince qui fit arrêter l'abbé et le retint pendant plus d'un an dans une étroite prison. L'abbé de Moissac, qui songeait aussi à se rendre indépendant, ne trouva pas les gens de cette ville plus disposés à seconder sa folle ambition. De longues persécutions furent le fruit de ses démarches téméraires.

XLII. — *Simon lève le siège de Toulouse — Ses courses — Bataille de Castelnaudary*

Montfort n'était pas heureux au siège de Toulouse. La disette régnait dans son camp. Il était battu dans les sorties que les Toulousains faisaient contre lui. Il prit alors le parti de se retirer, laissant au pouvoir

---

1. *Hist. de Languedoc*, tome III, Preuves, pag. 231.
2. Cath. Coture, *Hist. de Quercy*, tome I, pag. 171.

des assiégés ses équipages, ses prisonniers et un butin immense. Il se jeta sur le comté de Foix, et après avoir dévasté ce pays, il prit la résolution de passer en Quercy, cédant aux instances de l'évêque et d'une partie de la noblesse, qui le priaient, dit-on, d'en venir prendre possession, et lui témoignaient le désir de l'avoir pour seigneur à la place du comte de Toulouse (1). Le comte de Bar et le reste de la noblesse allemande, qui étaient encore avec lui, devaient l'accompagner dans ce voyage. Mais quand l'armée fut arrivée à Castelnaudary, le comte de Bar refusa d'aller plus loin, et prit la route de Carcassonne insensible aux prières que lui fit Montfort de servir encore quelque temps. Une partie des Allemands consentit cependant à le suivre, et ce fut avec eux et un détachement de son armée qu'il se mit en marche vers Cahors. L'abbé de Citeaux avait déjà pris le devant avec le reste de l'armée, mais par une autre route, car il avait le dessein d'aller à Rocamadour pour y visiter la sainte chapelle. Arrivé en Quercy, Montfort s'empara de la ville de Caylus, dont il brûla les faubourgs. De là il vint à Cahors dont les habitants lui firent beaucoup d'accueil et le reconnurent pour leur seigneur. Après avoir séjourné quelque temps dans cette ville, il alla joindre le légat à Rocamadour. Là, les Allemands prirent congé de lui, et revinrent dans leur pays. L'abbé de Citeaux, qui avait rempli ses devoirs de dévotion, suivit Montfort à Cahors; ils en partirent le lendemain. Mais ils se séparèrent au sortir de cette ville après avoir pris rendez-vous à Carcassonne. Le légat prit la route d'Albi; Monfort, celle de Gaillac et de Lavaur. L'évêque de Cahors suivit ce général à la tête d'un corps de troupes levé dans son comté. En effet, Montfort fut à peine arrivé en Languedoc, que le comte de Toulouse, suivi des comtes de Foix et de Comminges, du vicomte de Béarn, et du sénéchal de Guyenne vint l'assiéger dans Castelnaudary. Guy de Lévis, Bouchard de Marli, Martin d'Algais, Bertrand de Cardaillac, l'évêque de Cahors, son oncle, et l'abbé de Castres, réunirent leurs troupes qui étaient dans divers châteaux des environs et marchèrent au secours de Simon. Le comte de Foix, informé de leur marche, se mit en embuscade sur le chemin par où ils devaient passer afin de leur tomber dessus et de les écraser. Mais les croisés, se doutant de quelque surprise, marchèrent en bon ordre; et quelques-uns d'entre eux, ayant été détachés pour battre l'estrade, découvrirent l'embuscade, et rebroussant chemin, allèrent avertir leurs camarades. Les croisés continuèrent leur marche,

---

1. Pierre de Vaux-Cernay, *Hist. Albigens.*, cap. LV.

mais avec plus de précaution, et, comme prêts à combattre. Le comte de Foix, voyant qu'il avait été découvert, prit le parti de s'avancer contre les croisés pour leur livrer bataille. Il arriva dans le temps que l'évêque de Cahors et un religieux de l'ordre de Citeaux, vice-gérant du légat, les exhortaient à combattre. On en vint aux mains; le choc fut terrible de part et d'autre; mais enfin les croisés ne purent résister aux attaques redoublées et à la bravoure du comte de Foix. Ils prirent la fuite, laissant sur le champ de bataille un grand nombre des leurs. L'évêque de Cahors se mit aux trousses des fuyards et fit tant par ses reproches, qu'il vint à bout de les rallier et de les ramener au combat. L'action s'engagea de nouveau, et à l'avantage des croisés, qui taillèrent en pièce l'armée du comte de Foix et forcèrent ce prince à la retraite (1).

Le comte de Toulouse se consola de la malheureuse journée de Castelnaudary en recouvrant l'Albigeois (2). Ce prince s'étant mis à parcourir ce pays, Gaillac, Rabastens, Saint-Marcel, Cahusac, Puicelsi, en un mot, toutes les places, à l'exception de deux, lui ouvrirent les portes. Il alla aussi recevoir la soumission de La Guépie, de Saint-Antonin et de Caylus; mais il évita Bruniquel, où s'était retranché son frère Baudoin, si dévoué au parti de Montfort, qu'il venait de passer au fil de l'épée tous les habitants de la Grave sur le Tarn. Ceux-ci pour secouer le joug de ce dernier, avaient mis à mort les Français qui composaient la garnison de leur château.

XLIII. — *L'évêque de Cahors fait hommage de son comté au roi de France — Bertrand de Gourdon suit l'exemple de l'évêque de Cahors*

L'évêque de Cahors, après la bataille de Castelnaudary, revint dans sa ville épiscopale comme s'il eût craint que Raymond, recouvrant ses Etats, ne lui enlevât le comté de Cahors, pour le punir de ce qu'il avait reconnu et servi son ennemi, il se rendit à la cour de France et fit hommage de son comté au roi Philippe Auguste, auquel il prêta serment de fidélité, par un même acte, datée du mois d'octobre 1211 (3). Le roi le reçut au nombre de ses hommes-liges, pour le comté et la ville de Cahors, avec leurs appartenances et tous les fiefs que possédait l'évêque le jour de son hommage. Il lui accorda le droit de recouvrer,

---

1. Pierre de Vaux-Cernay, *Hist. Albigens.*, cap. LVII.
2. *Hist. de Languedoc*, tome III, Preuves, pag. 45.
3. G. de Lacroix, *Series Epis. cad.*, pag. 86.

soit pour lui-même, soit pour ses amis, les terres que le comte de Toulouse ou tout autre aurait pu lui enlever, et lui promit que si quelqu'une de ses terres venait à tomber en son pouvoir ou au pouvoir de quelques-uns de ses vassaux, il ferait valoir en sa faveur *le droit, l'usage et les coutumes de France.*

Depuis ce temps, les évêques de Cahors sont devenus hommes-liges des rois de France, tandis qu'ils n'étaient auparavant que leurs arrière-vassaux.

La même année, Bertrand de Gourdon, voulant garantir ses terres de toute attaque et incursion de la part des croisés, se rendit à Evreux, où était Philippe, et se déclara homme-lige de ce prince, auquel il fit foi et hommage dans le mois de décembre (1). Ce monarque reçut, en même temps, l'hommage qu'était venu lui rendre Bernard de Castelnau-de-Bretenoux pour la terre de Castelnau, dont le comte de Toulouse, comme nous l'avons vu, avait donné la suzeraineté au vicomte de Turenne. Il paraît que Bernard, en sa qualité de premier baron de Quercy, se croyait humilié de se voir homme-lige de ce dernier, après l'avoir été du comte de Toulouse, et faisait valoir en sa faveur la coutume établie dans le gouvernement féodal, suivant laquelle les droits dérivant du vasselage ne passaient point à un seigneur inférieur. Il y eut à ce sujet, entre les maisons de Turenne et de Castelnau, une vive querelle qui dura encore plusieurs années malgré la démarche que venait de faire Bernard.

XLIV. — *Construction du monastère d'Espagnac*

On trouve, dans les *Mémoires* ou *Chroniques* de l'abbé de Foulhiac, que l'on bâtissait, dans ce temps, le monastère de *Val Paradis*, autrement dit d'Espagnac, dont la fondation remonte à l'an 1210 (2). En voici l'histoire : Adhémar, abbé de la Couronne, vint cette année (1210) visiter le prieuré de Sainte-Eulalie et Espagnac réuni à cette abbaye depuis l'an 1155. Une dame des environs, appelée *Élisabeth*, demanda à l'abbé l'église de ce lieu pour elle et quelques autres dames qui avaient formé le dessein d'y vivre en communauté. Adhémar la lui accorda par un acte qui fut dressé à Figeac au mois de février de l'an 1210, sous la réserve de deux pièces d'or que la nouvelle communauté payerait, chaque année, le jour de la Pentecôte, à l'abbaye de la Couronne, en

1. *Reg. cur. Franc.*
2. *Arch. d'Espagnac.*

signe de dépendance (1). Il accorda aux religieuses le droit d'élire leur prieure, mais il se réserva, tant pour lui que pour ses successeurs, celui de confirmer l'élection et ceux de visite, de correction et de procuration. Il les exempta de payer à l'abbaye de la Couronne la dîme des biens qu'elles cultiveraient de leurs propres mains, et des bestiaux qu'elles élèveraient elles-mêmes; mais les terres qu'elles donneraient à cultiver demeureraient assujetties à ce droit. Telle est l'origine du monastère d'Espagnac, auquel Gombaud, abbé de la Couronne, donna ensuite une règle comme nous le dirons ailleurs.

XLV. — *Le comte de Montfort étend ses conquêtes dans le Quercy — Moissac se rend à Simon après un long siège — Plaintes de l'abbé de Moissac — Simon n'ose entreprendre le siège de Montauban*

Les conquêtes du comte de Toulouse ne furent qu'éphémères. Simon de Montfort fit rentrer sous son obéissance une partie des places qui s'étaient livrées à Raymond. Mais il échoua devant le château de Saint-Marcel, en Albigeois; quoiqu'il eût fait venir de Bruniquel Baudoin avec ses troupes, afin de s'emparer plus facilement de cette place (2).

Les comtes de Toulouse, de Foix et de Comminges visitaient alors Montauban, Mirabel et les autres lieux du Bas-Quercy pour en exhorter les habitants à leur demeurer fidèles. Ils avaient eu connaissance de la marche d'une armée nombreuse de pèlerins Allemands, Lombards et Auvergnats qui venaient au secours de Montfort. Cette armée parut bientôt après dans le Languedoc. Le bruit de son arrivée jeta l'épouvante dans tout le pays; les garnisons des châteaux qui tenaient pour le comte de Toulouse les abandonnèrent; les habitants des campagnes quittèrent leurs maisons pour se réfugier à Toulouse et à Montauban, qui passaient alors pour les deux plus fortes places de toute la contrée. Montfort profita de cette alarme générale pour étendre ses conquêtes: la plupart des villes et des bourgs lui ouvrirent les portes; les bourgeois même de Saint-Marcel lui envoyèrent les clefs de leur château, qu'il fit par la suite raser (3). Il ne restait sur la frontière de Quercy au comte

---

1. *Gallia christ.*, tome II, Instrum., pag. 456. Ces deux pièces d'or étaient encore payées à l'abbaye de la Couronne du temps des frères Sainte-Marthe et valaient à cette époque quinze sous.

2. *Hist. de Languedoc*, tome III, Preuves, pag. 45 et 46.

3. Il était situé sur la petite rivière de *Serou*, à trois lieues d'Albi, et non près de Réalville, dans le Bas-Quercy, comme l'a prétendu Cathala-Coture, qui s'est amusé à faire l'histoire du siège de cette place. — *Hist. de Quercy*, tome I, pag. 179.

de Toulouse que La Guépie et Saint-Antonin. Montfort attaqua la première de ces deux places, s'en rendit maître, et la détruisit de fond en comble. Saint-Antonin était défendu par Adhémar-Jourdain, chevalier d'une rare valeur, par Pons qui en était vicomte, et par plusieurs autres gentilshommes tous déterminés à ne pas se rendre. Mais ils furent, à la fin, obligés de céder à la force. Montfort les fit arrêter et conduire dans une prison de Carcassonne. Il ordonna ensuite le pillage de la ville et le massacre des principaux habitants. Il disposa, en faveur de Baudoin, du gouvernement de la place où il laissa une forte garnison. Les habitants de Caylus, pour éviter le sort de ceux de Saint-Antonin, et, pressés par les remontrances du comte Baudoin, prirent le parti de rentrer sous l'obéissance de Simon de Montfort (1).

Ce général était depuis longtemps prié par l'évêque d'Agen de se rendre dans son diocèse. Ce prélat lui promettait de l'aider à en faire la conquête. Il se détermina à y aller, après la prise de Saint-Antonin. En traversant le Bas-Quercy, il se rendit maître de tous les châteaux qu'il rencontra sur sa route ou aux environs, et que les habitants à son approche avaient abandonnés; c'étaient Puy-Laroque, Belfort, La Penche, Caussade, Montalzat, Montpezat, Puicornet, Mirabel, Montcuq, Molières, toutes terres du comte de Toulouse, excepté Montpezat qui avait un seigneur particulier, mais du parti du comte; c'est pourquoi il fut bientôt dépossédé de ses terres. Les gens du comte de Toulouse qui étaient à Montcuq, informés de l'approche de Montfort, abandonnèrent la place, quoiqu'elle fût très forte, ainsi que le château. Montfort, s'en étant emparé, le donna à Baudoin (2).

Il ne fut arrêté, dans le cours de son expédition, que par le château de Penne, qu'il lui fallut assiéger dans les formes. Pendant le siège, la comtesse de Montfort, accompagnée de l'évêque de Carcassonne, vice-légat du pape, vint le joindre à la tête d'un corps nombreux de pèlerins. Elle avait pris sa route par Cahors. Pendant qu'elle séjournait dans cette ville, informée que les Routiers occupaient les forts des environs, elle y envoya des détachements pour les en débusquer. Les Routiers n'attendirent pas qu'ils fussent attaqués pour abandonner ces châteaux, que l'on croit être Laroque, Mercuès, Cessac, Pradines, Trespoux, etc.

Maître de l'Agenais, après la prise de Penne (29 juillet 1212) et du château de Biron, Simon de Montfort revint en Quercy et arriva le 14 août devant Moissac (3). Les habitants, qui s'attendaient à être assiégés,

---

1. Pierre de Vaux-Cernay, cap. LXII et LXIII.
2. Pierre de Vaux-Cernay, cap. XLII et XLIII. — Foulhiac.
3. Pierre de Vaux-Cernay, cap. LXIII.

avaient appelé à leur secours un corps de Routiers et un grand nombre de bourgeois de Toulouse, qui, au mépris de l'interdit que les légats avaient jeté sur cette ville, à cause de son attachement au comte de Toulouse, firent sonner tous les jours toutes les cloches de l'abbaye. Ils avaient eu soin de fortifier la montagne qui domine la ville, où ils avaient pratiqué deux larges et profonds fossés séparés l'un de l'autre par une forte palissade. Ce retranchement leur fut très utile. Simon, voyant l'état de la place, comprit qu'elle pourrait l'occuper longtemps. En conséquence, il appela de Bruniquel, Baudoin qui vint en diligence avec quinze mille hommes. A l'arrivée de ce renfort, commandé par un des plus braves capitaines qu'il y eût dans l'armée des croisés, les bourgeois de Moissac perdirent courage : ils parlèrent de se rendre. Mais la garnison s'y opposa. Cependant le général investit la place du côté de la plaine. Ayant ensuite pris conseil de l'évêque de Carcassonne, de l'archevêque de Reims, de Guillaume, archidiacre de Paris, et des autres chefs de l'armée, il tenta l'assaut. Mais il fut repoussé avec pertes et obligé de se retirer dans ses lignes. Il eut alors recours à ses machines de guerre, dont il avait donné la direction à l'évêque de Carcassonne et à l'archidiacre de Paris. Elles commençaient à faire quelque effet, quand les assiégés firent tout à coup une vive sortie par la montagne, et y mirent le feu. Ils tombèrent sur les croisés avec tant de fureur qu'ils en auraient fait un grand carnage, sans la prompte arrivée de Montfort qui les força de rentrer dans la place. Mais ce trait de bravoure faillit être funeste à Simon, car il eut son cheval tué sous lui, et il fut grièvement blessé au pied d'un coup de flèche. Les assiégés firent prisonnier un neveu de l'archevêque de Reims, ils lui coupèrent la tête, qu'ils jettèrent avec le tronc par-dessus les remparts. Enhardis par ce succès, ils firent d'autres sorties sur les croisés qui, voulant les poursuivre au travers de la montagne, furent toujours battus. Sur ces entrefaites arrive à Cahors Reginald, évêque de Toul, à la tête d'une armée de pèlerins qu'il conduisait au camp de Montfort. Le comte de Foix qui était à Montauban, ayant été informé de sa marche, se mit promptement en campagne, l'attaqua et le força de se réfugier dans un château que l'on croit être celui de Lauture. Baudoin courut avec un gros détachement au secours du prélat et l'amena devant Moissac sans que le comte de Foix eut pu avoir aucun avantage sur eux. Montfort se voyant alors à la tête d'une armée nombreuse, investit la place de tous les côtés, malgré une grêle de traits que les assiégés lançaient avec des balistes sur les croisés. Après cela, il mit en mouvement les machines pour saper les remparts. Il en fit dresser une particulière appelée *cat*. C'était une grosse pièce de bois dont les extrémités étaient garnies de grandes plaques de fer et qui devait son nom à la figure d'un chat qu'on avait coutume de lui donner. Il eut soin de la couvrir de peaux fraîches de bœufs pour la garantir de l'incendie. Quand elle fut dressée, il la fit avancer près du premier fossé qui était plein d'eau. Les assiégés opposèrent à cette machine un pierrier pour la démonter, et, dans une sortie qu'ils firent un jour après le coucher du soleil, ils vinrent à bout de l'embraser à force d'y jeter du feu, du bois sec, de la paille, des étoupes, de la chair salée, de la graisse, de l'huile et d'autres matières combustibles. En même temps leurs balistes vomissaient la mort sur les croisés qui travaillaient à éteindre l'incendie à force d'eau et de vin, et en éloignant de la machine avec des barres de fer les vases d'huile et les viandes qu'on lançait continuellement sur elle. Montfort et Gui, son frère, donnèrent des preuves de la plus grande intrépidité; ils restèrent près de la machine exposés aux flammes et aux traits, jusqu'à ce qu'on fut venu à bout d'éteindre le feu après des travaux, des fatigues et des dangers incroyables. Les croisés donnèrent l'assaut le lendemain aux ouvrages extérieurs, pendant que l'archevêque de Reims, les évêques de Carcassonne, de Toul et d'Albi, l'archidiacre de Paris, l'abbé et une partie des religieux de Moissac et le reste du clergé de l'armée, placés au pieds de la montagne, à côté de la ville, revêtus d'aubes, nu-pieds et tenant devant eux la croix avec les reliques des saints, entonnaient le *Veni creator*, dont ils répétaient souvent cette strophe : *Hostem repelles longius*. Les assiégés défendirent longtemps le terrain, mais enfin ils furent obligés de céder au nombre et à la fureur des ennemis, et se retirèrent derrière les murailles de la ville.

Cependant Montfort reçut la soumission des habitants de Castelsarrasin qui lui envoyèrent des députés. Il détacha en même temps, Gui, son frère, Baudouin et plusieurs autres chevaliers contre le château de Verdun qui se rendit volontairement avec tous les autres des environs; en sorte que la ville de Montauban fut la seule place de toute cette vaste contrée qui restât au comte de Toulouse. Les bourgeois de Moissac, ayant appris ces différentes soumissions et voyant d'ailleurs que, quelque résistance qu'ils fissent, ils finiraient néanmoins par succomber, firent négocier secrètement leur paix et offrirent de se rendre pourvu qu'on leur accordât vie et bagues sauves. Montfort considérant de son côté qu'il aurait à perdre beaucoup de soldats avant de pouvoir se rendre maître de la ville, et que ce serait d'ailleurs dommage de ruiner cette place qui était très importante et qui appartenait aux moines, souscrivit à leur proposition, mais à condition qu'ils lui livreraient les Routiers et les Toulousains, et qu'ils jureraient de ne plus porter les armes contre les chrétiens. Les Moissaguais consentirent à toutes ces clauses et convinrent avec Montfort de l'heure à laquelle il il entrerait le lendemain, 8 septembre. Lorsque l'heure marqué fut venue, les Routiers et les Toulousains qui composaient la garnison étant épars dans la ville, parce qu'ils ignoraient ce qui se passait, ils ouvrirent les portes en criant : *Montfort, Montfort*. Ce général entra en même temps avec les troupes et massacra la garnison composée de trois cents hommes, pour la punir d'avoir si cruellement tué le neveu de l'archevêque de Reims. Il permit à la ville de se rédimer du pillage moyennant cent marcs d'or, qui lui furent comptés sur le champ, et le remit à l'abbé, en se réservant le domaine que le comte de Toulouse avait sur le château et qu'il s'appropria. Six jours après, il fit avec l'abbé un traité suivant lequel ils réglèrent les droits qui leur appartenaient sur la ville et ses dépendances. Ces droits consistaient pour Simon dans le captennium, dans l'albergue de Bodor ou Boudor et dans le château de Durand de Moissac, qui appartenait à l'abbé-chevalier du monastère, moyennant un denier de redevance qu'il devait payer tous les ans à l'abbé sur l'autel de saint Pierre. Il est dit dans l'acte que l'arrêt de la vengeance divine et la puissance du Très-Haut avaient ôté ces droits au comte de Toulouse, à cause de ses péchés et des maux infinis qu'il avait causés à l'église et à la foi catholique, pour en disposer en faveur de Simon, comte de Montfort, homme catholique et fidèle. « Pour nous, ajoute Raymond de Luzech, abbé régulier, nous les accordons au comte Simon, à condition qu'il ne pourra donner le captenium à d'autres qu'à ses enfants et à ses héritiers soumis à la sainte église romaine, et que lui et ses héritiers nous défendront de tout leur pouvoir, notre église et nous avec tout ce qui nous appartient ». L'acte fut passé dans le chapitre de l'abbaye de Moissac, le jour de l'exaltation de la Sainte-Croix (14 septembre de l'an 1212), en présence des évêques de Carcassonne, d'Albi, d'Agen, de l'abbé de Clairac, etc., Philippe, roi de France, régnant, et *Guillaume, évêque de Cahors, étant gouverneur de la province* (1).

1. Cette qualification prouve la grande autorité qu'avaient les évêques de Cahors dans le Quercy. Elle leur venait de la dignité dont ils étaient revêtus, de l'étendue et des prérogatives de leurs fiefs et du droit de battre monnaie, laquelle, ayant cours dans leur diocèse, leur donnait une supériorité sur les autres seigneurs de ce pays. C'est pour cela que depuis la fin du XIe siècle, où ils furent souverains de Cahors, on datait les chartes du pays des années de leur

Il paraît que l'abbé de Moissac ne reconnut Montfort avec tant d'empressement et de solennité, qu'à cause des mauvais traitements qu'il avait reçus du comte Raymond; car ce prince, non content d'avoir chassé les religieux de leur monastère et de s'être emparé de l'abbaye, l'avait fait arrêter et détenir longtemps en prison, ainsi que l'abbé de Montauban. Mais il ne s'était porté à ces extrémités que parce qu'ils s'étaient déclarés contre lui, et qu'ils tâchaient d'attirer leurs vassaux dans le parti de son ennemi. Quoiqu'il en soit, l'abbé fut bientôt mécontent de Simon de Montfort. C'est ce que nous apprend un long mémoire qu'il envoya peu de temps après la prise de Moissac au roi de France, par Géraud, un de ses religieux chargé d'exposer en détail au prince les maux qu'avait éprouvés le monastère. Il rappelle à Philippe Auguste que l'abbaye de Moissac est royale, comme ayant été fondée par Clovis et enrichie par les largesses de Louis le Débonnaire, selon ce qui est marqué dans l'inscription qui fut faite en mémoire de la consécration de son église, ce que nous avons déjà dit, et qu'elle a eu pour abbé le bienheureux Ausbert, archevêque de Rouen. Après s'être plaint des comtes de Toulouse qui ont enlevé à son monastère beaucoup de possessions pour les donner à leurs chevaliers, tellement qu'ils sont devenus les maîtres de presque tous les environs de la ville de Moissac qu'ils ont soumise à des droits onéreux, et de Raymond VI en particulier qui, non content de lui ôter ses privilèges, l'avait fait prisonnier, il accuse les croisés d'avoir dépouillé l'abbaye et au dedans et au dehors; il ajoute que s'il n'est pas assez charitable pour donner du secours à ce monastère, il va être réduit au comble de la misère. « Sachez, dit-il, en finissant, que nous prions Dieu continuellement pour votre salut et pour la prospérité de votre royaume; qu'en votre honneur et en l'honneur des vôtres, nous tenons jour et nuit deux cierges allumés sur le grand autel dédié aux apôtres saint Pierre et saint Paul; que chaque jour nous y célébrons le saint sacrifice de la messe et nous donnons trois prébendes à trois pauvres dont chacun reçoit autant en pain et en vin qu'un religieux; nous faisons le jour de la Cène de Notre-Seigneur, dans l'intérieur du cloître, une distribution de pain, de vin, de fèves et d'argent à deux cents pauvres; nous disons une oraison dans l'office du jour et de la nuit, et nous faisons un anniversaire tous les ans pour les rois défunts. Dans nos messes, nos prières, nos jeûnes, nos aumônes et dans les autres bonnes œuvres qui

---

épiscopat: usage que nous avons déjà remarqué et qui dura jusqu'au xve ou xvie siècle. — D. Denis de Sainte-Marthe croit que le roi avait donné à l'évêque le gouvernement du Quercy. — *Gallia christ.*, tome I, pag. 132.

se font et qui se feront à perpétuité dans notre monastère, dans les abbayes, les prieurés et les autres maisons qui en dépendent, nous nous rappelons le roi de France, notre souverain, sa famille et ses prédécesseurs, en qualité de nos protecteurs et de nos fondateurs (1) ». On voit par ces détails à quoi étaient tenus en général les monastères qui, comme celui de Moissac, ne devaient au roi que des prières, ainsi que nous l'avons observé sous le règne de Louis le Débonnaire.

Montfort quitta Moissac, après avoir pourvu au gouvernement de cette place et des autres du voisinage, et il se porta sur Montauban, dans le dessein d'en faire le siège. Roger-Bernard, fils du comte de Foix, y commandait et avait sous ses ordres, outre les habitants qui étaient tous déterminés à lui obéir, une garnison toute composée de braves, parmi lesquels on distinguait cent chevaliers nouvellement envoyés par le comte de Toulouse, et dont le courage égalait le dévouement à ce prince. A la vue de cette place si bien défendue, entourée de fortes murailles et d'un profond fossé, Montfort vit qu'il lui serait impossible de s'en emparer; il se retira et alla porter la guerre dans le pays de Foix, qui s'était révolté contre lui, et dans le Commingeois, dont il soumit une grande partie.

XLVI. — *Le comte de Toulouse implore le secours du roi d'Aragon — Le pape suspend la croisade contre les hérétiques*

Le comte de Toulouse, vivement affecté des succès de son ennemi, et se voyant pour ainsi dire réduit aux seules places de Toulouse et de Montauban, eut recours à Pierre II, roi d'Aragon, son beau-frère, dont son fils, Raymond, avait aussi épousé une autre sœur nommée Sancie, à la place de la fille de ce monarque, également appelée Sancie, qui était morte, avant que son mariage, arrêté l'an 1205 avec le jeune Raymond, put être célébré. Pierre II lui promit sa protection et il envoya des ambassadeurs à Rome, pour adoucir l'esprit du pape que les légats avaient fortement aigri contre ce prince.

Tandis que Raymond était à la cour d'Aragon, Simon de Montfort fit sur lui de nouvelles conquêtes. Devenu le maître des vastes Etats de son rival, à l'exception de deux villes, il tourna ses soins à les policer. Il convoqua pour cela, dans le mois de novembre 1212, à Pamiers, une grande assemblée, composée d'évêques, de nobles et de bourgeois (2).

1. *Hist. de Languedoc*, tome III, pag. 49. — Preuves, pag. 237.
2. Catel, *Comtes de Toulouse*, pag. 268.

On ne voit pas que ceux du Quercy s'y soient rendus, pas même l'évêque de Cahors, quoiqu'il y eût ceux d'Agen et de Périgueux. On y dressa un grand nombre d'articles concernant le rétablissement de la paix, de la justice, le gouvernement et les droits féodaux, les impôts, le clergé, la religion, etc.

Sur ces entrefaites, Roger-Bernard, toujours gouverneur de Montauban, faisait de fréquentes sorties qui inquiétaient beaucoup les châteaux où Simon de Montfort avait mis garnison française. Il s'avança un jour jusque sous le mur de Castelsarrasin, et revint chargé de butin; mais Verles d'Encontre, qui commandait dans cette place, le lui enleva aux portes de Montauban. Un autre jour, Roger-Bernard ayant fait une pareille course jusqu'aux environs d'Agen, fit une si grande prise en bestiaux, en hommes, en grains, etc., que ce n'était que par une marche lente et pénible qu'il revenait à Montauban. Verles en ayant été informé courut à sa rencontre, et lui livra un combat dans lequel il y eut de part et d'autre des morts et des blessés. Ce brave capitaine eut son cheval tué sous lui, et il allait être pris, sans l'arrivée soudaine d'un seigneur appelé *Moreau,* qui écarta les ennemis et lui donna un cheval. Verles revint alors à la charge, et il ne lui fut pas difficile d'avoir la supériorité sur Roger-Bernard qui rentra dans Montauban, laissant au pouvoir de l'ennemi un butin immense dont le transport jusqu'à la vue de cette place lui avait causé des peines infinies (1).

Cependant le pape donna audience aux ambassadeurs du roi d'Aragon, et, sur les plaintes qu'ils lui firent des vexations que les légats et Simon de Montfort exerçaient dans la province, et de leurs procédés envers le comte de Toulouse, ceux de Foix et de Comminges et le vicomte de Béarn, il écrivit aux légats et à Montfort même. Il leur ordonna de suspendre la croisade disant qu'il fallait maintenant tourner les armes contre les Maures d'Espagne; de convoquer une assemblée d'évêques et de barons pour leur faire part des demandes et désirs du roi d'Aragon, et de lui envoyer ensuite les avis de cette assemblée afin de pouvoir statuer sur ce qui serait convenable. Il leur fit sentir que c'était l'ambition et non la religion qui les avait portés à conquérir les Etats du comte de Toulouse, auquel il ne restait plus que la ville de ce nom et le château de Montauban, puisqu'ils s'étaient emparés même des lieux où il n'y avait aucun soupçon d'hérésie; car, ayant exigé le serment des habitants et leur ayant permis d'y demeurer, il n'est point vraisemblable qu'ils fussent hérétiques. Ces lettres prouvent, ainsi que

1. *Hist. de Languedoc,* tome III, Preuves pag. 50.

l'a observé un historien aussi recommandable par sa piété que par son érudition, qu'Innocent III, qui aimait l'équité et la justice, se serait fort radouci envers Raymond, comte de Toulouse, si les légats d'intelligence avec Simon de Montfort auquel ils s'en rapportaient entièrement et qui avaient juré la perte de ce prince, ne l'en eussent détourné. Aussi arriva-t-il que toutes les démarches du roi d'Aragon pour porter le pape à la douceur et à la charité chrétienne envers le comte furent inutiles (1).

XLVII. — *Concile de Lavaur — Bataille de Muret*

Pour obéir cependant aux ordres du pape qui demandait qu'on tint une assemblée pour examiner l'affaire du comte de Toulouse, et qu'on admit ce prince à la purgation canonique, ils indiquèrent un concile dans la ville de Lavaur pour le mois de janvier 1213. Le roi d'Aragon se trouva à l'ouverture, et pria les évêques de rendre au comte de Toulouse ses Etats, et de le réconcilier avec l'église. Ils lui répondirent de mettre par écrit ses demandes avec promesse d'y porter toute l'attention possible. Le roi le fit; mais la réponse du concile ne fut point favorable. Les évêques prétendirent que le comte n'avait pas chassé les hérétiques et les routiers de ses Etats, quoiqu'il eût promis par serment de le faire; qu'à son retour de Rome où il avait reçu un accueil qu'il ne méritait pas, il avait continué de favoriser les hérétiques, vexé l'Eglise, augmenté les péages, fait périr par ses routiers et ses complices plus de mille croisés ecclésiastiques ou séculiers, détenu pendant plus d'un an dans les fers l'abbé de Montauban, fait prisonnier celui de Moissac, chassé de son siège et dépouillé de ses domaines celui d'Agen; enfin qu'il était depuis si longtemps suspect d'hérésie, qu'il en résultait contre lui une présomption invincible, et que, pour toutes ces raisons et pour plusieurs autres qu'il serait trop long de détailler, il ne méritait pas d'être réconcilié à l'église : son excommunication était de nature à ne pouvoir être levée que par un ordre spécial du Souverain Pontife.

Peu satisfait de cette réponse, le roi d'Aragon appela au saint Père du refus que le concile avait fait d'écouter ses propositions, et se déclara hautement le protecteur du comte de Toulouse et de ses alliés. Le comte et son fils lui prêtèrent serment, le 27 janvier 1213, mirent leurs personnes, les villes de Toulouse et de Montauban avec leurs dépendances, tous leurs domaines, leurs vassaux et sujets à la disposition et

---

1. *Hist. de Languedoc*, tome III, liv. XXII.

dans la possession réelle et actuelle de ce monarque et de ses lieutenants, avec pouvoir, tant de promettre au pape en leur nom de faire tout ce qu'il ordonnerait que de les y contraindre, s'ils se refusaient d'obéir (1).

Pierre II ne s'en tint pas à ces mesures. Comme Simon de Montfort avait subjugué la volonté des légats et des évêques, et qu'il entretenait leur haine et leur aigreur contre le comte de Toulouse, afin de perdre entièrement ce prince et de devenir maître absolu de ses Etats, il résolut de faire la guerre à cet ambitieux. S'étant mis en campagne à la tête d'un corps d'Espagnols, il soumit quelques châteaux et alla ensuite avec les comtes de Toulouse, de Foix et de Comminges attaquer la ville de Muret, dont la garnison faisait de fréquentes incursions jusqu'aux portes de Toulouse. Montfort vola à la défense de cette place importante et livra au roi d'Aragon une bataille sanglante dans laquelle ce prince fut tué après avoir fait des prodiges de valeur (2).

La mort du roi d'Aragon décida du sort de la bataille. Les comtes de Toulouse, de Foix et de Comminges en furent tellement consternés, qu'ils ne purent plus combattre. Ils battirent en retraite, laissant leur camp au pouvoir de leur ennemi. Après une si glorieuse victoire, Montfort songeant à récompenser ceux qui y avaient le plus contribué, donna en fief au comte Baudouin toutes les conquêtes que les croisés avaient faites en Quercy (3).

XLVIII. — *Fondation de l'abbaye de Leyme — Couvent de la Daurade de Cahors*

L'évêque de Cahors ne se trouva point à la bataille de Muret. Il paraît que ce prélat, depuis la journée de Castelnaudary, avait renoncé à la profession des armes et ne s'occupait que des fonctions convenables à son état. Voulant fonder conjointement avec son frère Géraud, prévôt de Vayrac, une abbaye de filles dans le lieu de Leyme, il en demanda l'église aux religieuses de la Daurade de Cahors. Celles-

1. *Hist. de Languedoc*, tome III, liv. XXII.
2. Pierre II mourut à la fleur de son âge, il passait pour le prince le plus accompli de son siècle, il se distingua dans la poésie provençale, honora de sa protection et combla de largesses ceux qui la cultivaient. Si quelques-uns de ces poètes le payèrent d'ingratitude, d'autres se montrèrent reconnaissants, tel fut Mathieu de Quercy, lequel, s'il faut en croire Dominicy, composa en son honneur une complainte ou élégie, dans laquelle il déplore la mort de ce roi incomparable et digne d'un meilleur sort.
3. Albericon, *Chronic.*, ann, 1213.

ci, s'étant assemblées en chapitre au nombre de dix-sept, la lui accordèrent volontiers, moyennant une redevance annuelle de vingt sous, par un acte daté du mois de janvier de l'an 1213, passé dans le cloître de la communauté en présence de Pons, archidiacre des Vaux, d'Arnaud, archiprêtre de Cahors, de Bernard, archiprêtre de Figeac, de C..., chapelain des religieuses, et scellé du sceau du monastère et de celui de l'archidiacre Pons. C'est le plus ancien monument où il soit parlé des religieuses de la Daurade, qui de tout temps ont été soumises à la règle de Cluny. Nous avons vu que saint Didier avait fondé l'église qu'elles occupaient et y avait établi des moines, et qu'à ceux-ci succéda une congrégation de prêtres séculiers qui desservaient l'église sous un archidiacre, dont les fonctions principales étaient de prier Dieu pour les morts de la ville qu'on ensevelissait dans l'église ou dans son cimetière, ce qui avait fait donner à cette église le nom de *Ecclesia B. Maria ad sepulturam*. Il n'est pas douteux que ces prêtres n'aient cédé la place aux religieuses. Mais dans quel siècle eut lieu ce changement? C'est ce qu'on n'a pu trouver ni dans le cartulaire du couvent, ni dans celui de l'église de Cahors, ni dans les archives de cette ville, ni enfin dans aucun écrivain du pays. Nous pensons qu'il eut lieu sous l'épiscopat de Géraud de Cardaillac pendant le séjour que saint Hugues, abbé de Cluny, fit dans la ville de Cahors pour la réforme du chapitre. Ce prélat, en appelant à la Daurade les religieuses de Cluny, dut leur donner l'église de Leyme. Elle était alors du domaine de sa maison qui s'étendait jusque vers Saint-Céré. Le prieuré régulier de la Daurade fut fondé quelques années avant celui de Pomarède, qui était du même ordre, et dont nous avons attribué la fondation à un abbé du monastère de la Seauve-Majeure, Entre-Deux-Mers, dont nous avons dit qu'il dépendait.

Une autre communauté de religieuses du même ordre, dont nous croyons la fondation aussi ancienne, est le prieuré de Saint-Germain de Blanzaguet, dépendant de l'abbaye de Brageac, en Auvergne. La vie monastique s'y éteignit vers le XVIe siècle. Sœur Madeleine de Touchebœuf, fille de noble homme Jean de Touchebœuf, seigneur de Clermont, Concorès, etc., paraît en avoir été une des dernières prieures régulières. Elle vivait en 1489. Car le 15 juillet de cette année, elle consentit une procuration *ad lites*, en faveur de Guidonet, son frère, pour défendre ses droits devant le parlement de Toulouse (1).

Pour revenir à l'abbaye de Leyme, l'évêque de Cahors y mit des

---

1. Note de Lavaissière.

religieuses de l'ordre de Citeaux, dont la première abbesse fut *Aigline*, mère de leur fondateur. Suivant quelques chartes de ce monastère, cette abbaye est connue sous le nom de *Gratia Dei, Lumen Dei, de Eremo*. Quelques-uns font dériver le nom vulgaire de Leme, aujourd'hui Leyme, de la seconde de ces dénominations. Mais la plupart le font venir de la troisième, et cette étymologie nous semble plus naturelle et s'accordant mieux avec la situation du lieu, qui offre l'image d'un désert entouré de bois épais (1).

1. *Couvent de la Daurade de la ville de Cahors et liste de ses prieures.* — Guillaume de Cardaillac, évêque de Cahors, fit venir de la Seauge-Majeure, Entre-Deux-Mers, où était un couvent de religieuses de Saint-Benoît, de concert avec son chapitre, douze religieuses auxquelles on donna l'église et les bâtiments que dans les siècles précédents on appelait *Ecclesiam ad sepulturam*. Elle était desservie par un chanoine de la cathédrale. Il y avait dans le chœur de cette église une magnifique mosaïque qui donna au monastère le nom de Daurade. Si on l'appelait *Ecclesiam ad sepulturam*, c'est qu'elle servait de sépulture aux morts de qualité, et, comme en mourant ils faisaient au chapitre des dons pour obtenir la sépulture dans cette église, ledit chapitre y tenait un chanoine pour ensevelir ces morts et leur dire les messes dont ils avaient fixé le nombre dans leur testament.
Les nouvelles religieuses dédièrent leur église à l'Assomption de la sainte Vierge. On y voyait un magnifique tableau de la Mère de Jésus-Christ.
Sur un mur de l'église de la Daurade on lisait l'épitaphe suivante, faite en l'honneur d'un chanoine nommé Jean Blanchet, parisien, par son neveu Oronce, qui faisait sa demeure ordinaire au collège de Pélegry.

In pace et luce.
.....*Cui commissus eram tutandus in annis*
Post mihi tutandum se dedit ipse senem.
Lætabor, si sic merito par reddere possem!
Ingens illuderat; reddere non potui.
De me nil doluit : doleo hunc mihi funere raptum;
Sicque vicem merito suppleat iste dolor.
Vixit an. LXIII, *nullo senio, nec morbo, nisi quo mortalitatem exuit*............
an. seculari XVI (1616).

Oronce était fort savant, et très versé surtout dans la connaissance des médailles dont il recueillit un grand nombre.
C'est la seule inscription importante qui se soit conservée dans les ruines de ce célèbre monastère. On a trouvé cependant sur une autre pierre l'inscription du poète Olivier de Magny, fils d'un notaire de la ville; elle est fort courte :

Aïci Magnificat

Il reste de ce poète des pièces dans le genre de celles de Clément Marot. Son père était notaire et avait un vignoble du côté de Larroque-des-Arcs, dans un lieu appelé encore combe de Magny.
Sept ans après avoir fondé le monastère de la Daurade, l'évêque Guillaume de Cardaillac fonda celui de Leyme, *de Eremo*. Il y avait en ce lieu une église appelée *Lumen Dei*, située dans une vallée entourée de montagnes couvertes de forêts,

XLIX. — *Découragement des Toulousains — Simon de Monfort profite de sa victoire — Mort tragique de Baudoin, frère de Raymond VI, comte de Toulouse*

La ville de Toulouse avait envoyé à la bataille de Muret l'élite de ses habitants, qui y périrent ou tombèrent entre les mains du vainqueur. Affligée de cette perte et regardant les affaires du comte Raymond comme désespérées, elle envoya au chef des croisés des ambassadeurs pour traiter de sa soumission qui n'eut pas lieu.

à une lieue de Saint-Céré et environ huit de Cahors. Le couvent de Leyme était de l'ordre de Citeaux, l'abbesse de ce couvent tint le chapitre de sa communauté, composée déjà de vingt religieuses, au mois de janvier 1213.

Sept ans après la fondation du monastère de Leyme, Aigline, première abbesse, et Géralde, prieure de l'église de Sainte-Marie de la Daurade, affermirent la possession de la susdite église par un acte de 1220, en présence du même évêque de Cahors, par lequel l'abbesse Aigline et ses religieuses s'engagèrent à payer annuellement et à perpétuité au couvent de la Daurade la somme de 12 sous.

Le même évêque donna en 1246 à l'abbaye de Leyme, l'église de Sainte-Marie de Rueires. Cette abbaye devint une des premières du Quercy par le nombre de ses prieures et des grands dons qu'on leur fit.

Nous les ferons connaître dans le cours de notre histoire.

Liste des prieures de la Daurade

G...... mentionnée par cette lettre dans les actes que nous venons d'analyser.
En 1430, Dame Barrane de Probolène.
Le 29 décembre 1460, Dame Marquese de Lauriac, après le décès de Barrane.
Le 2 avril 1602, Dame Verneuil dite *Françoise*.
Le 1er août 1602, Dame Suzanne de Beaumont.
Le 10 août 1604, Dame Jacquette de Génouillac.
Le 19 août 1613, La susdite de Beaumont fut réélue.
Le 26 décembre 1646, Anne de Laborie, après autre Suzanne de Beaumont.
Le 8 janvier 1697, Dame Françoise d'Auzac.
Le 16 juillet 1711, Dame Françoise de Mascla.
En 1714, La dame de Mascla a été continuée prieure.
Le 4 avril 1724, Ladite dame d'Auzac fut réélue prieure.
Le 12 août 1732, Dame Françoise de Lauture.
Le 3 juillet 1747, Madame de Saint-Paul-de-la-Tour-de-l'Angle.
Le 9 juillet 1763, Madame Marie-Jeanne de Salvat.
Le 3 juillet 1771, Madame de Vassal.
Le 13 août, Madame de Vassal, prieure de Pomarède, monastère réuni à celui de la Daurade, fut prieure de ce dernier. Grand procès pour les dîmes de Cabessut.
En 1787, Madame Amadieu de Cahors, qui fut la dernière prieure.

Cette dame et beaucoup de religieuses vivaient encore après la Révolution, et s'attendaient à rentrer dans leur monastère. Mais le premier préfet du département du Lot détruisit l'église de fond en comble pour en faire un jardin. Les édifices qui restent ont été changés en Palais de Justice. On voit encore une partie de l'ancien cloître.

CHAPITRE XLIX

Montfort voulant mettre à profit sa victoire, alla ravager les pays de Foix et de Comminges et se rendit ensuite dans le Bas-Languedoc et la Provence, où des révoltes rendaient sa présence nécessaire. Son éloignement ranima le courage des partisans du comte de Toulouse. Bernard de Durfort osa lui rendre hommage (1) pour les châteaux de Durfort, de Beaucaire et ceux qu'il avait en Quercy (2). Les seigneurs de Montpezat et de Mondenard lui étaient constamment fidèles. Ratier, même, de Castelnau, quoiqu'il eût figuré dans l'armée de Montfort à la tête des croisés de Quercy, et qu'il eût prêté à ce général serment de fidélité, lui était secrètement dévoué. Les mêmes sentiments animaient la noblesse du Haut-Quercy. Mais elle pensait avec raison qu'il fallait céder aux temps et attendre avec patience l'occasion de se montrer avec succès. Ratier, pour n'avoir pas pris ce sage parti, vit ses terres dévastées et ses châteaux ruinés de fond en comble.

Après avoir visité les domaines que Montfort lui avait donnés en fief dans l'Agenais, le comte Baudoin revint en Quercy et arriva le premier lundi du carême de 1214 au château de Lolmie qui, étant réuni à la châtellenie de Montcuq, se trouvait sous son autorité. Il y prit son logement ; et ceux de sa suite, parmi lesquels étaient le brave Verles d'Encontre, gouverneur de Castelsarrasin, et un sergent français à qui Montfort avait donné le commandement de Moissac, après la prise de cette ville, prirent le leur dans des maisons séparées. Le seigneur et les chevaliers de Lolmie qui détestaient Baudoin, quoiqu'ils fussent ses hommes-liges, à cause de la guerre implacable qu'il faisait au comte, son frère, résolurent de s'en défaire et mirent dans leur complot Ratier

1. Foulhiac.
2. Il y a, dit-on, au trésor royal des chartes l'acte d'un autre hommage rendu la même année par le même seigneur au comte de Toulouse, pour le territoire de Beliceste, que l'auteur d'un mémoire manuscrit sur la maison de Durfort prétend être la sénéchaussée de Lauzerte, dans l'analyse qu'il a faite de ce monument. Il est dit dans le corps de l'acte que le territoire de Beliceste, où sont les châteaux de Durfort, Beaucaire, etc., est dans la maison de Durfort depuis tant de siècles, qu'il n'y a ni tradition ni mémoire, qui en marque l'époque. L'hommage de cette contrée dû au comte de Toulouse, est un baiser à la joue du comte qui en rend un autre au seigneur de Durfort. C'est le seul monument où il soit parlé de Beliceste, c'est pourquoi nous croyons que ce nom est *Belicadrum* (Beaucaire), que le copiste, pour avoir mal lu, a écrit *Belicestum*. Il n'est pas d'ailleurs vrai que le prétendu pays de Beliceste appartint exclusivement à la maison de Durfort ; l'église de Cahors possédait une partie du territoire de Lauzerte, plusieurs siècles avant que la maison de Durfort fût connue. Car, nous nous gardons bien d'ajouter foi à quelques monuments qui la font remonter au règne de Clovis et concourir avec le roi à la fondation de l'abbaye de Moissac.

de Castelnau, les routiers et les chevaliers de Mondenard, et leur fixèrent l'heure de la nuit à laquelle ils devaient se trouver tout près du château pour exécuter leur entreprise. Baudoin et ceux qui étaient à sa suite se croyant en sûreté dans Lolmie, furent se coucher tranquillement. Pendant qu'ils étaient plongés dans le sommeil, le seigneur de Lolmie prit la clef de la chambre où Baudoin reposait, et étant allé joindre Ratier de Castelnau et les routiers, il la leur montra et leur dit : *Que tardez-vous ? Votre ennemi est entre vos mains. Hâtez-vous, je vais vous le livrer pendant qu'il dort et qu'il est sans armes, lui et plusieurs autres.* Ils suivirent le seigneur de Lolmie, et entrèrent avec lui dans le château après avoir placé des sentinelles aux portes des maisons où il y avait quelqu'un de la suite du comte. Arrivés à l'appartement de Baudoin, ils en ouvrirent la porte et se saisirent de ce prince qui dormait. Ses gens, éveillés par le bruit que causa cette arrestation, ayant voulu aller à son secours furent tous massacrés, à l'exception de quelques-uns qui se sauvèrent par la fuite. Maîtres de Baudoin, les routiers le conduisirent à Montcuq, dont les habitants témoignèrent la plus vive joie. Ils lui demandèrent de leur faire remettre la tour du château où il avait mis des Français en garnison. Mais le comte, bien loin de leur accorder cette satisfaction, défendit à ses soldats de se rendre, quand bien même ils le verraient suspendu à un poteau, et leur ordonna de tenir bon jusqu'à ce qu'ils fussent secourus par le comte de Montfort. Irrités de ces ordres, les routiers firent jeûner le prince pendant deux jours. Le troisième, Baudoin demanda un prêtre pour se confesser. On le lui accorda ; mais, comme ce prêtre allait lui donner la communion, un des routiers s'y opposa, jusqu'à ce que le comte lui eût rendu un de ses camarades qu'il avait fait prisonnier. « *O le plus cruel des hommes !* dit alors Baudoin, *je ne t'ai demandé ni pain ni vin pour me sustenter, j'ai seulement demandé la nourriture de mon âme. On me l'apporte et tu veux m'en priver ! Puisqu'il ne m'est pas permis de la fortifier du pain des anges, ne me refuse pas néanmoins la consolation de voir de loin mon Sauveur et mon juge* ». Le routier n'osa la lui refuser. Le prêtre leva la sainte hostie ; le comte se mit à genoux et l'adora. La garnison craignant pour sa vie et pour celle du comte, son maître, prit le parti de se livrer aux routiers à la condition que tous ceux qui la composaient auraient la vie sauve. Les routiers le promirent ; mais quand ils les eurent en leur pouvoir, ils les firent tous pendre ; ils conduisirent ensuite Baudoin à Montauban, où ils le mirent dans une étroite prison, en attendant l'arrivée du comte de Toulouse, son frère, qui était alors à la cour d'Angleterre. Raymond arriva peu de jours après, suivi du comte de Foix et de son fils, d'un chevalier aragonais appelé Bertrand de Portelles et de plusieurs autres gentilshommes. Il les assembla hors de la ville pour délibérer sur le genre de châtiment qui serait infligé à Baudoin, et, sur leur avis, il le condamna à mort pour crime de félonie et par représailles de la mort du roi d'Aragon à laquelle il avait contribué. Le comte Baudoin, se voyant perdu, demanda la permission de se confesser et de recevoir le saint viatique; il l'obtint avec beaucoup de peine, suivant un historien. Pierre de Vaux-Cernay assure au contraire qu'elle lui fut refusée et qu'alors Baudoin dit : « *Dieu m'est témoin que j'ai toujours été fortement attaché à la religion chrétienne et au comte de Montfort, mon seigneur, c'est dans ces sentiments que je veux mourir* ». Il avait à peine proféré ces paroles que les comtes de Foix et Bernard de Portelles le conduisirent, la corde au cou, à un noyer, où ils le pendirent eux-mêmes. Les Templiers de Ville-Dieu enlevèrent son corps, qu'ils inhumèrent, avec la permission du comte Raymond, dans le cloître et auprès de l'église de leur commanderie. Telle fut, dit le savant historien de Languedoc, la fin funeste de ce prince qui paraissait mériter un meilleur sort et qui était très recommandable par sa valeur. Quelques historiens blâment Raymond de l'avoir fait mourir, surtout d'une mort aussi ignominieuse; mais, sans vouloir ici excuser le comte, qui en aurait agi sans doute plus noblement en pardonnant à son frère, il est certain que ce dernier lui avait prêté serment de fidélité, comme un vassal à son seigneur, et que s'étant néanmoins tourné contre lui en embrassant le parti de Simon de Montfort, ennemi juré de sa maison, il lui avait fait tout le mal qu'il avait pu.

Le comte Raymond rentra en possession de la vicomté de Caylus, de Montcuq, de Bruniquel et de toutes les terres que Baudoin avait en Quercy, il accorda aux habitants de la ville la juridiction de Montcuq pour les récompenser de leur fidélité, le privilège d'acquérir de personnes nobles cens et rentes, et de mettre leurs terres en franc-alleu, sans payer finances (1). Raymond recouvra encore dans le pays plusieurs autres places qui lui ouvrirent volontiers leurs portes; de ce nombre, fut la ville de Moissac. Quelques bourgeois n'ayant pas voulu prendre part à la défection dont ils craignaient les suites, se réfugièrent dans la citadelle avec la garnison et s'y défendirent pendant trois semaines; tandis que Raymond la tenait assiégée à la tête d'un corps de routiers, Montfort survint, obligea le comte à prendre la fuite et s'empara

1. Dominicy.

de nouveau de Moissac. De là, il entra dans l'Agenais qui s'était révolté contre lui à l'instigation de Jean sans Terre, roi d'Angleterre, qui y avait fait depuis peu un voyage et qui avait pris sous sa protection le comte de Toulouse, son beau-frère. Mais il ne s'arrêta guère dans ce pays, ayant été obligé de se rendre à Narbonne où l'appelait le légat à *latere* que le pape venait d'envoyer dans la province.

L. — *Soumission à l'Eglise du comte de Toulouse — Ruines amoncelées dans le Quercy par les croisés*

Ce légat était Pierre de Bénévent, cardinal du titre de Sainte-Marie en Aquire. Les comtes de Toulouse, de Foix et de Comminges allèrent le trouver pour implorer sa miséricorde et lui demander la restitution de leurs domaines. Le légat fit semblant de les écouter et les réconcilia avec l'Eglise, après qu'ils se furent soumis à tout ce qu'il voulut.

La soumission du comte Raymond est du mercredi du mois d'avril 1214; elle contient deux actes dont voici la teneur :

» Je, Raymond, par la grâce de Dieu, duc de Narbonne, comte de Toulouse et marquis de Provence, m'offre moi-même à Dieu, à la sainte église romaine et à vous seigneur Pierre, par la même grâce cardinal-diacre et légat du Saint-Siège apostolique. Je vous livre mon corps, bien résolu d'exécuter et d'observer, avec fidélité et de toutes mes forces, les ordres quels qu'ils soient que le pape et la miséricorde de votre sainteté voudront bien me prescrire. Je ferai tous mes efforts pour engager mon fils Raymond à se remettre entre vos mains, avec toutes ses possessions, et à vous livrer son corps et ses domaines, afin qu'il obéisse aux ordres du seigneur pape et aux vôtres ».

« Je Raymond, etc...., sans être contraint ni par la force, ni par la fraude, vous offre librement, seigneur cardinal, mon corps avec toutes les terres que j'ai ou que d'autres tiennent de moi ou pour moi; de manière que si vous l'exigez, j'abandonnerai tous mes biens et me retirerai à la cour d'Angleterre ou dans un autre endroit quelconque, jusqu'à ce que je puisse aller demander grâce au Saint-Siège apostolique. De plus, je m'offre à vous remettre à vous et à vos envoyés toutes les terres que je possède, en sorte qu'elles soient soumises à la miséricorde et au pouvoir suprême du Souverain Pontife, de l'église romaine et de vous. Et, si quelqu'un de ceux qui en tiennent quelque partie de moi ou pour moi ne veut pas y consentir, je l'y forcerai suivant votre ordre et mon pouvoir. Enfin, je vous offre mon fils avec tous ses domaines et je le livre à la miséricorde du seigneur pape et à la vôtre ».

Qui croirait, d'après une soumission si ample et si sincère, que le cardinal se jouait de Raymond et des autres comtes ; que, s'entendant avec Montfort, il ne les avait appelés à Narbonne et ne les avait absous que pour les trahir ? Rien cependant n'est plus vrai. Pierre, moine de Vaux-Cernay, le rapporte ingénument (1). Pierre de Bénévent, dit-il, ne les avait fait venir à Narbonne que par une *pieuse fraude*, une *piété frauduleuse,* afin que, pendant qu'il amuserait ces ennemis de la foi, Simon de Montfort pût passer en Quercy et en Agenais, avec une nouvelle armée de pèlerins qui venaient de France pour gagner l'indulgence. Cette armée arriva en effet après Pâques, et, après quelques jours de repos, elle alla, sous la conduite de l'évêque de Carcassonne et de Guy, frère de Montfort, soumettre le Rouergue et le Quercy, et ravager surtout les terres de Ratier de Castelnau, pour punir ce seigneur de la mort du comte Baudoin. Montclar, Bruniquel, Caylus, La Penche, Belfort, Caussade, Montalzat, Puycornet, Montpezat, Lesparre, Castelnau, Labarthe, Lolmie, Mondenard, Durfort, Beaucaire, Lagarde, Montesquieu, en un mot, tous les châteaux dont on rencontre les ruines sur les côteaux du Bas-Quercy, vers Montpezat, Castelnau, Molières, Lauzerte, Moissac, La Française et Montauban, furent pris et détruits (2). Simon de Montfort voulut avoir part à tant de désastres ; il mit le siège devant Montcuq, dont il s'empara et qu'il ruina de fond en comble. Pendant qu'il assiégeait cette place, Dieudonné de Barasc, un des plus puissants barons du Haut-Quercy, vint lui rendre hommage et lui promit, par un acte daté du 12 juin, de l'aider à démanteler les places fortes de sa contrée, à la condition que le comte épargnerait ses châteaux de Béduer, de Lissac et une douzaine d'autres que ce seigneur possédait dans les environs de Figeac et de Cajarc. Dieudonné s'était attiré la haine de Montfort à cause de son dévouement au comte de Toulouse ; mais il recouvra ses bonnes grâces par cet acte de soumission.

Simon, après la prise de Montcuq, envahit l'Agenais qui avait secoué le joug de son autorité. Comme il assiégeait Casseneuil, Raymond, vicomte de Turenne, qui s'y trouva, le reconnut pour son seigneur et lui promit de le servir, avec vingt soldats, dans le diocèse de Cahors. Le cardinal Robert de Corçon, autre légat, vint au siège de Casseneuil ; mais ses affaires ne lui permettant pas d'y demeurer jusqu'à la prise de cette place, il alla à Sainte-Livrade où, par un acte du mois

---

1. Pierre de Vaux-Cernay, cap. LXXVIII.
2. Foulhiac, *Chroniques du Quercy.*

de juillet, il confirma Simon de Montfort dans la possession de toutes les terres qu'il avait conquises ou qu'il pourrait conquérir dans le Rouergue, l'Albigeois, le Quercy, l'Agenais et les autres pays de sa légation.

LI. — *Cahors refuse d'ouvrir ses portes au cardinal-légat Robert de Corçon — Cette ville est pardonnée par le pape*

Ce prélat reprit ensuite la route de France. Passant à Cahors, il demanda à entrer dans la ville; mais les habitants ne voulurent pas lui ouvrir les portes; ils prirent les armes et se rangèrent sur les remparts pour lui résister dans le cas où il voudrait user de force (1); mais bientôt ils ne tardèrent pas à reconnaître le danger d'une pareille résistance, ils ouvrirent les portes, se présentèrent en suppliants devant le cardinal, lui firent des excuses et lui promirent par serment d'obéir à tous ses ordres. Pour prouver la sincérité de leurs sentiments, ils brûlèrent les portes de leur ville et payèrent 1500 livres de monnaie tournois, en dédommagement, à Simon de Montfort. Non contents de cette satisfaction, ils envoyèrent vers le pape Innocent III, deux bourgeois, Bertrand de Bégous et Raymond de Ratier, chargés de justifier la ville et de demander grâce pour elle. Ces envoyés prononcèrent devant le pape une longue harangue dans laquelle ils dirent, entre autres choses, que si les habitants de Cahors avaient fermé les portes de leur ville, ce n'était pas dans l'intention d'en refuser l'entrée au seigneur cardinal Robert, mais dans la crainte de quelque surprise de la part des hérétiques qui ne cessaient de la menacer : à ce point que les comtes de Toulouse et de Foix, faisant tout récemment la guerre dans les environs, avaient tué soixante-douze de leurs concitoyens et fait prisonniers plusieurs autres. Il représentèrent que les Cadurciens avaient donné au cardinal toutes les marques de repentir et de soumission et réparé, autant qu'ils avaient pu, l'outrage fait à sa personne. Ils supplièrent en conséquence le pape d'oublier l'offense qu'ils avaient commise, à l'exemple de Dieu qui ne juge pas deux fois la même faute. Le pape Innocent leur accorda le pardon qu'ils demandaient et la remise de la peine qu'ils pouvaient avoir encourue, par une bulle datée de Pérouse qu'il adressa aux consuls et au peuple de Cahors, le 3 des nones de juillet (2 juillet) et l'an 1216 du Christ

1. G. de Lacroix, *Series episc. cad.*, pag. 95.

LII. — Simon de Montfort s'empare de places fortes et de châteaux dans l'Agenais, le Quercy et le Périgord

Cependant Montfort se rendit maître de Casseneuil après un siège de six semaines (1214). La prise de cette place, dont il fit démolir les fortifications, détermina les barons de l'Agenais à le reconnaître pour leur seigneur. Il passa ensuite dans le Périgord pour y soumettre quelques châteaux situés sur les frontières du Quercy, que l'on disait occupés par les ennemis de la paix et de la foi. Arrivé devant celui de Domme que les habitants, informés de sa marche, avaient abandonné, il en fit démolir la tour qui était magnifique, très élevée et fortifiée du haut en bas. Pendant qu'il donnait, dans ce lieu, quelques jours de repos à ses troupes, il fut visité par Elie, abbé de Sarlat, qui, le 12 septembre, lui rendit hommage de fidélité au nom des chevaliers et des habitants de La Roque-Gaïac, château situé près de Domme, sur un rocher très escarpé dont la Dordogne baigne le pied. Simon détacha une partie de son armée, sous les ordres de l'évêque de Carcassonne, pour aller s'emparer du château de Montfort dont le seigneur Bertrand de Casnac exerçait, dans les environs, des actes de cruauté et de barbarie qu'on serait tenté de regarder comme fabuleux. Non content de piller et de ruiner les églises, de maltraiter et de dépouiller les voyageurs, ce seigneur prenait plaisir à tuer ou à mutiler les hommes qui ne lui avaient fait aucun mal. Les croisés trouvèrent dans la ville de Sarlat cent cinquante hommes ou femmes auxquels il avait fait couper les mains et les pieds, arracher les yeux ou quelque membre. Hélie, son épouse, sœur de Raymond IV, vicomte de Turenne, n'était pas moins cruelle et moins barbare que lui. Un historien du temps, qui suivait l'armée de Simon de Montfort, l'appelle une seconde Jezabel et prétend qu'elle surpassait même en férocité cette fameuse reine. Il dit qu'elle faisait arracher les mamelles et couper le pouce aux femmes pour les rendre impropres au travail. Bertrand de Casnac n'attendit pas l'arrivée de l'évêque de Carcassonne; il prit la fuite et alla sans doute se cacher en Quercy dans le château de Belcastel, dont il était chevalier. Son château de Montfort fut ruiné de fond en comble, mais non sans beaucoup de peine et de fatigue de la part des croisés, à cause de l'épaisseur des murs et de la dureté du ciment qui liait les pierres. Montfort confisqua tous les biens de ce seigneur et les donna en fief au vicomte de Turenne, son beau-frère, qui vint lui en faire hommage, au mois de septembre, dans son camp de Domme.

Cet acte porte que le vicomte a reçu du comte de Montfort les terres de Bernard de Casnac et d'Hélie, sa femme, dont ils avaient été privés en punition des crimes énormes qu'ils avaient commis contre Dieu et son Eglise.

Raymond IV, vicomte de Turenne, était fils de Raymond III et petit-fils de Raymond II, qui mourut à Saint-Jean-d'Acre, et d'Hélie de Castelnau de Bretenoux (1). Après avoir rendu hommage à Simon de Montfort, il partit pour la cour de France et accompagna le jeune prince Louis, fils de Philippe Auguste, dans son voyage en Angleterre, à la suite de la révolte des barons anglais contre le roi Jean sans Terre.

Montfort s'empara encore dans le Périgord des châteaux de Castelnau-des-Mirandes, où il jugea important de mettre une garnison française pour maintenir le bon ordre dans le pays, et de celui de Bainac dont il fit démolir les tours et les murailles, sans avoir égard aux remontrances du chevalier qui en était le seigneur et qui tenait beaucoup des mœurs de Bertrand de Casnac.

Après ces expéditions du côté de la Dordogne, Montfort revint en Agenais dont il fit raser toutes les forteresses, et passa de là à Figeac, par ordre du roi, pour prendre connaissance de certaines affaires qui divisaient les habitants et rétablir l'ordre dans cette ville. Il vint à bout de remplir heureusement sa mission, il réforma plusieurs abus et aurait fait plus de bien encore, s'il n'avait craint d'outrepasser les pouvoirs qu'il avait reçus du roi. Guillaume, abbé de Figeac, successeur d'Eble de Ventadour, lui donna en fief, sous la redevance annuelle de dix marcs d'argent, le château de Peyrusse et tout ce que les comtes de Toulouse tenaient de son monastère sur les châteaux de Figeac, de Capdenac, de Lentillac et les autres lieux dépendant du monastère, et se reconnut son homme-lige par un acte daté du mois d'octobre 1214, en présence des évêques de Cahors, de Mende et de Rodez, de Guy et d'Amaury de Montfort et de plusieurs autres seigneurs. Montfort alla de Figeac à Capdenac, dont les routiers occupaient depuis longtemps tous les forts et causaient des ravages affreux dans tous les environs. Il somma les seigneurs de cette place de la lui remettre, ce qu'ils firent sans la moindre résistance. Montfort, content de leur soumission, la leur rendit sans exiger que les fortifications en fussent détruites. Ces seigneurs lui en firent hommage et lui promirent de ne plus recevoir des hérétiques et des routiers, ni dans Capdenac, ni dans leurs terres. Montfort soumit encore Lacapelle-Bannac et quelques autres lieux de

---

1. Justel, *Hist. de la maison de Turenne*, pag. 38.

cette partie du Haut-Quercy qui tenaient pour le comte de Toulouse; après quoi il entra dans le Rouergue, accompagné des mêmes évêques qui ne contribuèrent pas peu à déterminer Henri, comte de Rodez, à lui rendre hommage. Henri, qu'un reste de reconnaissance tenait attaché au comte de Toulouse, son bienfaiteur, se refusait à cet acte de soumission, sous le prétexte qu'il tenait du roi d'Angleterre une partie de ses domaines.

LIII. — Les Junies

Il paraît que l'évêque de Cahors n'accompagna Simon de Montfort que jusqu'à Rodez. Dans tous les cas, ce prélat était de retour à Cahors le dimanche qui précède l'avent de cette année; car il donna ce jour-là en fief, d'après l'avis de son chapitre et de tous ses ecclésiastiques, la terre de Canourgues, dans la paroisse de Saint-Martin de ce nom, à Bertrand de Jean, chevalier, de Cahors, sous l'hommage d'une paire d'éperons dorés que Bertrand et ses successeurs seraient obligés de faire aux évêques de Cahors, à chaque mutation. L'évêque, en donnant à Bertrand cette terre qui était considérable et qui fut depuis appelée *Les Joannies*, aujourd'hui *Les Junies*, du nom de son nouveau seigneur, déclare qu'il a voulu le récompenser de ses *travaux et de ses beaux exploits dans la guerre sacrée des Albigeois*. En conséquence, le chevalier de Jean ne pourra ni la vendre, ni l'aliéner, ni la donner, ni la diviser entre ses enfants; mais elle restera dans sa maison comme un *prix sacré du service militaire du chevalier* pendant la guerre sainte, et passera entière et à perpétuité au premier né de sa famille, ou à la fille aînée à défaut de mâle (1).

LIV. — *Concile de Montpellier* — *Les domaines du comte de Toulouse sont attribués à Simon de Montfort*

Sur ces entrefaites, Simon de Montfort, ayant soumis le Rouergue, peut être considéré comme ayant achevé la conquête des Etats du comte de Toulouse; car il ne restait guère plus à ce prince que la ville de Montauban, qu'il perdit bientôt après. En effet, le cardinal Robert de Corçon convoqua, au commencement de janvier 1215, un concile à Montpellier, où par une entreprise aussi extraordinaire qu'illicite, fut

---

1. Bertrand fut le chef de la maison de Jean, qui devint très illustre dans le Quercy. Il en sera souvent parlé dans cette histoire.

fait ce décret mémorable par lequel tout le domaine du comte de Toulouse fut adjugé à Montfort. Les évêques, qui composaient cette assemblée, envoyèrent aussitôt après une députation au pape pour avoir son approbation, et le cardinal-légat fit partir pour Toulouse l'évêque de cette ville pour en prendre possession. Les Toulousains, cédant aux circonstances, se soumirent, et les Montalbanais suivirent leur exemple.

Simon de Montfort qui, comme tout le donne à connaître, avait disposé les esprits en sa faveur dans le concile de Montpellier, n'attendit pas la décision du pape pour exercer sa souveraineté sur les domaines de la maison de Toulouse. En sa nouvelle qualité de comte du Quercy, il confisqua au profit de l'évêque de Cahors la terre de Pestillac (1), dans le Haut-Quercy, parce que Bonafoux *(Bonafucencis)*, qui en était seigneur, témoignait de l'attachement à l'infortuné Raymond. L'évêque lui en fit hommage le 1er avril 1215 à Lavaur, où il s'était rendu exprès avec son frère, Bertrand de Cardaillac, qui se reconnut aussi vassal de Montfort pour le château de Larnagol et la forteresse de Senergues (2). Nous présumons que l'évêque de Cahors prit congé de Montfort aussitôt après qu'il lui eut rendu hommage; car peu de jours après, étant dans sa ville épiscopale, il donna, du consentement de son chapitre, l'église de Saint-Sulpice (3) à Gibelin, abbé de Marcillac, successeur de Géraud. Montfort s'arrêta lui-même peu de temps à Lavaur; il se hâta d'aller dans le Bas-Languedoc au devant de Louis, fils aîné de Philippe Auguste, qui venait de faire sa campagne de 40 jours contre les Albigeois pour gagner l'indulgence. Ce jeune prince était suivi de l'évêque de Beauvais, son cousin, des comtes de Saint-Paul, de Ponthieu, de Séez et d'Alençon, de Guinard de Beaujeu, de Mathieu de Montmorency, du vicomte de Melun et de plusieurs autres chevaliers, parmi lesquels se trouvait Jean de Grenier, seigneur de Laborie et de Comiac, dans le Haut-Quercy (4).

1. Foulhiac. — Pestillac situé dans la paroisse de Montcabrier, avait alors un château d'ancienne structure et dont la grandeur, à en juger par ses ruines, donne à penser que ses maîtres étaient de puissants seigneurs. Sa chapelle ou église qui est une annexe de Montcabrier, paraît être une des plus anciennes du diocèse de Cahors.

2. Château situé en Rouergue.

3. Cette église est d'une fondation de beaucoup postérieure à celle de Saint-Martin de Nozac, qu'elle avoisine, et dont les ruines qui existent encore, font juger qu'elle remontait au ve siècle.

4. Ce gentilhomme, qui appartenait à une des premières maisons du pays, fut obligé de vendre la terre de Plein-Camp, pour payer les frais de ce voyage.

Le prince Louis étant à Saint-Gilles avec son armée, y reçut les députés que le concile de Montpellier avait envoyés à Rome et qui apportèrent la réponse d'Innocent III (1). Par cette réponse, la possession provisionnelle du comté de Toulouse et des autres pays conquis, avec les revenus, l'exercice de la justice et la juridiction, était accordée à Simon de Montfort, jusqu'à ce qu'il eût été pris une autre décision au concile de Latran, qui devait être convoqué le premier novembre suivant.

Lorsque le comte de Toulouse et son fils eurent appris cette fatale réponse, ils sortirent de Toulouse et se retirèrent, dit-on, en Angleterre; les princesses, leurs épouses, allèrent chercher un asile en Provence.

Louis arriva quelque temps après à Toulouse, où il finit sa quarantaine de pèlerinage. Après y avoir fait quelque séjour, il prit, avec toute sa suite, la route de France et passa par Montauban où l'accompagna Simon de Montfort, qui entra alors pour la première fois dans cette place, dont il prit possession. Il y reçut, le 8 juin 1215, l'hommage du comte de Fezensac et d'Armagnac, qui promit de le suivre lui, son fils Amaury et son frère Gui dans la province ecclésiastique d'Auch, dans les diocèses de Toulouse et d'Agen, au delà de la Garonne, et de lui porter du secours dans les guerres qu'il pourrait soutenir en deçà de Montpellier.

LV. — *Concile de Latran — Simon de Montfort fait hommage de ses nouveaux États au roi de France*

Le pape convoqua le concile général de Latran à l'époque indiquée. Le comte de Toulouse et son fils s'y rendirent pour tâcher de recouvrer leurs Etats; ils y trouvèrent des évêques qui prirent hautement leur parti; mais les partisans de Simon de Montfort furent plus nombreux, et le concile rendit le fameux décret par lequel tous les domaines conquis par les croisés sur les hérétiques, leurs croyants, fauteurs et recéleurs, avec les villes de Toulouse et de Montauban, furent donnés à Simon de Montfort pour les tenir de ceux de qui il devait les tenir de droit. La partie du domaine du comté de Toulouse qui n'avait pas été conquise par les croisés, fut mise sous la garde de gens capables

---

Cela résulte d'un acte de 1240, que Dominicy a lu dans les archives du château de Comiac et où est rapportée, suivant cet écrivain, la cause de cette aliénation.
1. *Hist. de Languedoc*, tome III, liv. XXII.

de maintenir et de défendre les intérêts de la paix et de la foi, afin d'en pourvoir le jeune Raymond quand il aurait atteint l'âge légitime, et s'il se montrait digne d'une telle faveur. Suivant cette disposition, Simon de Montfort devait seulement dominer depuis les diocèses de Béziers et de Carcassonne jusque vers les Pyrénées, l'Océan et la Dordogne, y compris les châteaux du Périgord qu'il avait pris sur les bords de ce dernier fleuve. Tout ce qui était au delà des deux diocèses, avec le comté de Provence, devait appartenir au jeune Raymond.

Simon de Montfort se hâta de partir pour la cour de France qu'il trouva à Melun, afin de faire hommage de ses nouveaux Etats à Philippe Auguste, suivant acte du 10 avril 1216, par lequel ce prince déclare qu'il a reçu pour son homme-lige, son cher et féal Simon, comte de Montfort, pour le duché de Narbonne, le comté de Toulouse, les vicomtés de Béziers et de Carcassonne, que Raymond, *autrefois comte de Toulouse,* tenait de lui et des autres rois de France, et qui avaient été conquis sur les hérétiques et les ennemis de l'Eglise. « C'est ainsi, dit l'historien célèbre de Languedoc, que Raymond VI, comte de Toulouse, fut dépouillé de tous ses Etats, et que ce prince, le plus grand terrien qui fût alors dans le royaume, sans en excepter le roi même, se vit enfin réduit à ne posséder plus un pouce de terre; sans que les liens du sang qui l'attachaient à presque tous les souverains de l'Europe, fussent capables de le mettre à l'abri des entreprises de ceux qui en voulaient plus à ses domaines qu'à sa croyance. Philippe Auguste, roi de France, son cousin germain et son principal souverain, aurait dû naturellement prendre sa défense, surtout depuis que Raymond, ayant reçu l'absolution, était réputé catholique; mais le roi, soit par faiblesse, soit par mécontentement, l'abandonna entièrement à la merci de ses ennemis. Jean, roi d'Angleterre, son beau-frère, se déclara à la vérité hautement en sa faveur; mais il avait de si grandes affaires sur les bras que sa protection lui fut absolument inutile. Le roi d'Aragon, son neveu par alliance, était encore en enfance, et ses sujets venaient d'être tellement bridés par les précautions du légat, qu'ils n'osèrent remuer. Frédéric, empereur et roi de Sicile, autre beau-frère de Raymond, avait trop d'obligation au pape pour se mêler dans la querelle de ce prince. Enfin Sanche, roi de Navarre, son gendre, depuis qu'il avait répudié sa fille, était brouillé avec lui; et Henri, roi de Castille, aussi son neveu par alliance, était trop jeune et trop éloigné pour le secourir.

« Raymond fut donc forcé, malgré lui, de subir la sentence du concile de Latran, qui, sans en avoir l'autorité, le privait de tous ses Etats, et de souffrir que le roi en investît un étranger, sans avoir été entendu et sans qu'on lui eût fait son procès, comme il convenait à un des premiers pairs du royaume. La faute qu'il fit d'abord de ne pas s'élever contre les hérétiques qui infectaient la province, et le peu de ménagement qu'il eut pour le clergé, furent la source de ses disgrâces ; mais rien ne lui fut plus désavantageux que d'avoir en tête un si grand capitaine que Simon de Montfort, qui, cachant une ambition excessive sous une apparence de piété, le poussa à bout, et qui, cherchant beaucoup moins à le rendre bon catholique qu'à se revêtir de ses dépouilles, le traita sans miséricorde. Aussi Simon, par un secret jugement de Dieu, ne jouit pas longtemps du fruit de ses conquêtes ; il les perdit avec la vie presque aussi rapidement qu'il les avait faites, en sorte que Raymond et le comte, son fils, recouvrèrent enfin le patrimoine de leurs ancêtres ».

LVI. — *Le comte de Toulouse et son fils songent à recouvrer leurs États — Heureux débuts de leurs efforts*

Ces deux princes allèrent, après la tenue du concile, demander au pape leur audience de congé. Innocent III leur fit un bon accueil, il leur donna sa bénédiction et voulut que le jeune Raymond demeurât quelques jours de plus à Rome. Quand ce jeune prince fut enfin sur le point de partir, il eut encore une audience du pape à qui l'on rapporte qu'il dit (1) : Saint Père, si je puis recouvrer mes domaines sur le comte de Montfort et sur ceux qui les détiennent, n'en soyez pas fâché. — Quoique vous fassiez, lui répondit le pape, Dieu vous fasse la grâce de bien commencer et de mieux finir. Raymond alla ensuite joindre son père à Gênes, d'où ils s'embarquèrent ensemble pour Marseille (2). Ils ne furent pas plus tôt arrivés dans cette ville, qu'ils songèrent à recouvrer leurs Etats, en commençant par les villes de Beaucaire, de Nîmes et toutes celles qui n'étaient pas comprises dans la partie qui avait été adjugée à Montfort. Ce qui les encouragea dans leur entreprise, ce fut le bon accueil des Marseillais qui se donnèrent entièrement à eux et leur promirent toutes sortes de secours. Bientôt Avignon, Tarascon leur ouvrirent leurs portes et les nobles des environs vinrent en foule se ranger sous leurs drapeaux. Le comte Raymond, voyant que l'esprit du peuple était disposé en sa faveur, partit pour l'Aragon afin d'y lever des troupes et faire ensuite une tentative sur Toulouse, ville

1. *Hist. de Languedoc*, tome III, Preuves, pag. 62.
2. *Hist. de Languedoc*, tome III, liv. XXIII.

dont les habitants désiraient ardemment rentrer sous sa domination; il laissa son fils à Avignon. Ce jeune prince, qui n'était encore que dans sa dix-neuvième année, reçut la soumission d'un grand nombre de villes et se vit, en peu de temps, à la tête d'une armée. Beaucaire lui ouvrit ses portes malgré la garnison que Montfort avait mise dans le château de cette place qui, n'ayant pas voulu se rendre, fut aussitôt assiégée. Le jeune Raymond montra, dans ce siège, une valeur et une sagesse dignes d'un héros. Montfort, qui était venu avec des forces redoutables au secours de la place, fut plusieurs fois repoussé et enfin obligé, pour éviter la honte d'avoir échoué, d'en venir avec son ennemi à un traité, par lequel il lui céda la ville et le château de Beaucaire.

LVII. — *L'évêque de Cahors appelle dans sa ville épiscopale les Frères mineurs — Fondation du couvent de Sainte-Claire — Monastère de Calus*

Sur ces entrefaites, l'évêque de Cahors, voulant maintenir la bonne doctrine dans son diocèse et extirper l'hérésie dans les paroisses qui en étaient infectées, appela dans sa ville épiscopale les Frères mineurs ou Cordeliers, qu'il chargea de la prédication (1). Il leur bâtit, dans les faubourgs, un monastère et une église (2). Saint François d'Assises y envoya pour diriger la nouvelle communauté un de ses disciples appelé *Christofore de Ramondiola*, qui, de concert avec le même évêque, fonda le couvent des religieuses de Sainte-Claire, vers l'extrémité supérieure des faubourgs, à l'endroit précis où étaient les Thermes ou bains publics, dont les ruines servirent à la construction des édifices et du mur de clôture (1216).

L'évêque reçut, en même temps, une bulle du pape Innocent III, par laquelle ce pontife l'exhorte, lui, l'archevêque de Bourges et les autres suffragants de ce dernier, à déterminer les barons et chevaliers de leurs diocèses à aider le roi d'Angleterre qui, sur le point de partir pour la Terre sainte, avait été arrêté par une sédition allumée contre lui dans son royaume (3).

1. G. de Lacroix, *Series episc. cad.*, pag. 71. — *Annal. Fratrum min.*, tome III.
2. Ce monastère et cette église furent dans la suite agrandis et ornés avec magnificence, par Géraud, baron de Luzech; mais les Calvinistes les ruinèrent en 1580. C'est sur ces édifices que l'on éleva le monastère tel que nous le voyons aujourd'hui.
3. *Portefeuille de Baluze*.

Cette même année, l'abbé de Cluse, en Piémont, réduisit à un denier pour douze les droits que le monastère de Catus avait sur les ventes qui se faisaient dans cette ville. Ce monastère qui, comme nous l'avons dit, était un riche prieuré dépendant de l'abbaye de Cluse et suivait la règle de saint Benoît, jouissait dans ce temps-là d'une grande réputation fondée sur le bon ordre qui y régnait. Il avait alors pour prieur un nommé *Exupère*, cousin germain de l'abbé *de Pira*, de Cluse (1).

LVIII. — *La ville de Toulouse rappelle ses comtes — Montauban tente inutilement de secouer le joug de Simon — Siège de Toulouse et mort de Simon de Montfort*

Montfort, s'imaginant que la fidélité des Toulousains serait ébranlée à la nouvelle des premiers succès de Raymond, se rendit dans leur ville, et, pour les contenir dans le devoir, il eut recours à des moyens qui ne servirent qu'à leur faire regretter davantage la domination paternelle de leur ancien comte. Aussi à peine furent-ils délivrés de la présence de Montfort, qu'ils travaillèrent activement à rappeler Raymond. Ce prince était alors en Espagne, où il levait des troupes pour aller ensuite rejoindre son fils. Informé des bonnes intentions des Toulousains, il franchit les Pyrénées et rencontra sur sa route le comte de Comminges, le fils du comte de Foix et plusieurs autres seigneurs qui allaient au-devant de lui pour s'attacher à sa fortune. Le 13 septembre 1217 au matin et à la faveur d'un brouillard épais, Raymond entra dans Toulouse sans avoir été aperçu, en passant la Garonne au gué qui se trouve sous le moulin du Basacle (2). A la nouvelle de son arrivée, un grand nombre de ses barons accoururent de toute part à son secours; il y en eut cinq du Quercy : Guillaume de Barasc, Bernard de Penne, Bertrand de Pestillac (3), Curatis de Caussade et Géraud de Gourdon, seigneur de Carmaing (4). Tous ces braves et fidèles chevaliers lui conduisirent des renforts et entrèrent dans Toulouse au son des trompettes et enseignes déployées.

Montfort était occupé dans le Bas-Languedoc à arrêter le progrès des armes du jeune Raymond, quand il apprit ce qui venait de se passer à Toulouse; il se dirigea aussitôt vers cette ville, après avoir conclu une

1. Foulhiac.
2. *Hist. de Languedoc*, tome III, liv. XXIII.
3. Ce Bertrand de Pestillac était le père de Bonnafoux que Montfort avait dépossédé de sa seigneurie.
4. Dominicy.

trêve avec le jeune prince; mais en chemin il fut abandonné par une partie de ses troupes, et, arrivé devant Toulouse, ayant voulu la prendre d'assaut, il fut repoussé avec tant de furie que, n'osant pas revenir à la charge, il prit le parti d'en faire le siège. Pour s'assurer de Montauban, dont la fidélité lui importait beaucoup dans l'entreprise où il allait s'engager, et qui brûlait d'impatience de secouer le joug, il y envoya son sénéchal d'Agenais avec l'évêque de Lectoure, et exigea des habitants un certain nombre d'otages. Malgré toutes ces précautions, les Montalbanais ne restèrent pas tranquilles; ils firent secrètement avertir le comte de Toulouse que s'il voulait leur envoyer des renforts (1), il leur serait facile de lui livrer le sénéchal et l'évêque. Sur cet avis, Raymond fit partir 500 hommes d'armes qui marchèrent toute la nuit, et que les conjurés, au nombre de 3,000, introduisirent au point du jour dans la ville. Ils s'emparèrent aussitôt des places et des rues qu'ils barricadèrent, placèrent des sentinelles aux portes des maisons du sénéchal et de l'évêque, et y apportèrent une grande quantité de bois, dans le dessein d'y mettre le feu s'ils ne pouvaient se saisir de leurs personnes. Ces mesures prises, ils poussèrent de grands cris et sonnèrent de la trompette pour donner l'alarme. Les Français qui composaient la garnison et qui étaient logés çà et là dans la ville, éveillés par le bruit se levèrent et coururent aux armes; ils tombèrent sur les Toulousains et les Montalbanais, et, après les avoir dispersés et massacrés, livrèrent la ville aux flammes. Funeste entreprise dont le mauvais succès a de quoi étonner, quand on considère le grand avantage qu'avaient les conjurés réunis aux 500 soldats venus de Toulouse, sur une garnison peu nombreuse et surprise dans son sommeil.

C'est le fait le plus mémorable qui ait eu lieu en Quercy cette année, pendant le siège de Toulouse, que Montfort fut obligé de faire d'abord avec lenteur, en attendant les renforts que l'évêque de Toulouse était allé lever dans l'Agenais, le Quercy et un peu dans toute la France. A ce fait nous en ajouterons deux autres qui se produisirent cette même année. Erard de Brienne, seigneur de Rameru, et son épouse Philippine (2), affectèrent des rentes considérables à l'église de Rocamadour (3) pour l'entretien, sur l'autel de la Vierge, de deux cierges qui devaient

1. Pierre de Vaux-Cernay, cap LXXXV.

2. Philippine était fille de Henri le Jeune, comte de Champagne et de Brie, lequel, en 1192, après la prise de Saint-Jean-d'Acre, mérita l'honneur d'être élu roi de Jérusalem, par Richard Cœur de lion, roi d'Angleterre, et les autres chefs des croisés.

3. Baluze, *Hist. Tutel.*, pag. 156.

y brûler jour et nuit, et l'évêque de Cahors accorda aux bourgeois de la ville le droit lignager (1).

L'année suivante (1218) Savari de Mauléon, riche baron du Poitou, seigneur de Mauléon et de plusieurs autres terres, un des personnages les plus célèbres de son siècle, au point de vue de la galanterie et de la poésie provençale (2), donna à l'église de Rocamadour le lieu de Lisleau avec beaucoup de rentes qu'il assigna sur divers lieux situés aux environs de La Rochelle (3). Tous ces dons prouvent la grande célébrité dont jouissait Rocamadour (4).

Cependant l'évêque de Toulouse prit tant de soins pour procurer du secours à Simon de Montfort qu'on vit arriver, au commencement du printemps sous le camp de ce général, de puissants seigneurs, chacun à la tête d'un corps de croisés. On ne trouve pas qu'il en vînt d'autres du Quercy que Bertrand de Gourdon. Montfort faisait grand cas de ce seigneur et il lui fit, pendant le siège de Toulouse, une rente de 100 livres, monnaie de Cahors, pour laquelle il lui promit de lui donner la ville de *Caselles*. Bertrand lui prêta le serment de fidélité, se reconnut son homme-lige, ainsi qu'il s'était reconnu, en 1211, celui du roi de France pour le château de Gourdon et ses autres terres, sauf la fidélité qu'il devait aux rois de France. Parmi les chevaliers qui furent témoins de cette donation et de cet hommage, on trouve pour le Quercy Raymond et Guillaume de Cahors (5), Adhémar de Vassal (6), seigneur

---

1. Foulhiac. — Le sceau qui accompagne les lettres épiscopales représente le portrait de l'évêque mitré et crossé; au revers figurent les armes de la maison de Toulouse. Ainsi Guillaume de Cardaillac n'avait point proscrit ces armes quoiqu'il ne reconnut plus Raymond comme comte de Toulouse. Nous ajouterons qu'il fallait que les lois féodales eussent aboli ou fait perdre l'usage du droit lignager, que nous avons vu en vigueur dans le Quercy sous les rois de la première race, puisque l'évêque l'établit de nouveau. L'évêque Guillaume décide, dans des actes écrits en langue vulgaire, que le retrait ne pourra avoir lieu que dans l'année et que les parents n'en pourront faire usage que pour eux et non pour autrui.

2. Hugues de Saint-Cirq de Thégra, protégé de Savari de Mauléon, a écrit la vie de ce seigneur.

3. Baluze, pag. 159.

4. C'était le pèlerinage le plus fréquenté de l'Europe, après ceux de Saint-Pierre et de Saint-Paul, de Rome, de Saint-Jacques-de-Compostelle, de Saint-Thomas de Cantorbéry et des Trois Rois de Cologne, qu'on appelait alors *peregrinationes majores*.

5. Ces seigneurs étaient, sans doute, des vassaux de l'évêque de Cahors et commandaient le corps de troupe que ce prélat avait dans l'armée des croisés.

6. Les armes de la maison de Vassal étaient : *d'azur à la bande d'argent, remplie de gueules, chargée de trois besants d'or et accompagnée de trois étoiles de même*; couronne de marquis; support, deux lions.

de Frayssinet, Géraud d'Angoulême, Gaillard de Goudou et Géraud d'Hébrard (1).

Les Toulousains ne furent pas découragés par l'arrivée de tant de troupes, et, le lendemain de la Saint-Jean-Baptiste, de grand matin, ils firent une sortie dans l'ordre suivant : les uns attaquèrent les machines, tandis que les autres fondirent sur le camp des croisés, afin de diviser par ce moyen les forces des ennemis. Les croisés ne purent longtemps soutenir le choc et ils commençaient à plier quand Montfort, qui entendait la messe, averti du danger que courait son armée, vint promptement l'encourager, rétablit le combat et repoussa les Toulousains jusque dans leur fossé. Mais ceux-ci ne discontinuèrent pas de lancer, avec leurs mangonneaux et leurs autres machines, une grêle de pierres dont une tua le comte de Montfort. « Ainsi mourut, les armes à la main, Simon de Montfort, dit l'historien de Languedoc, après avoir rempli la chrétienté du bruit de ses exploits et de ses victoires. Ce fameux capitaine, dont les anciens historiens, qui sont presque tous ses panégyristes, font les plus grands éloges, fut, suivant les uns, le Judas Maccabée de son siècle, et, si on en croit les autres, il doit être regardé comme un véritable martyr. Nous n'avons garde de vouloir rien diminuer de la gloire qu'il s'acquit à si juste titre par ses excellentes qualités; mais on ne sauroit disconvenir qu'il n'ait mêlé quelques défauts à un plus grand nombre de vertus, et il est aisé de reconnoître, en lisant dans les auteurs du temps le récit de ses actions, qu'avec beaucoup de piété, un zèle ardent pour la religion, un courage invincible, une extrême valeur, une science consommée dans l'art militaire, et un cœur généreux, bienfaisant et libéral, il avoit une passion démesurée de s'agrandir et d'élever sa famille au faîte des grandeurs; qu'il était dûr, fier, inflexible, colère, vindicatif, cruel et sanguinaire. Enfin divers auteurs très pieux, entre les anciens et les modernes, sont persuadés que Dieu, par sa mort, voulut punir son ambition et sa négligence à corriger les désordres des croisés ».

---

1. Adhémar de Vassal, qu'on croit fils d'Ameil de Vassal, venait d'obtenir dans le partage que l'on avait fait des biens de sa famille les domaines qu'elle possédait dans la province de Quercy. Ce seigneur serait donc le premier de la branche des Vassal du Quercy. Nous avons plus haut donné ses armes. — La maison d'Angoulême était de Gourdon, il en sera souvent parlé dans cette histoire. — La maison d'Hébrard était de Cajarc : Géraud d'Hébrard est le premier de cette famille dont il soit fait mention. A l'exception de ce dernier, tous les autres chevaliers, témoins de l'hommage de Bertrand de Gourdon, étaient vassaux de celui-ci, et, comme lui, partisans de Simon de Montfort, puisqu'ils se trouvaient dans son camp.

LIX. — *Le jeune Raymond soumet une partie de l'Agenais — Amaury, fils de Simon de Montfort, parcourt ses domaines — Raymond recouvre en partie le Quercy et le Rouergue*

Si la mort de Simon de Montfort jeta la consternation dans l'armée des croisés, elle causa la joie la plus vive dans la ville de Toulouse, qui fut, tout à la fois, délivrée d'un ennemi redoutable et d'un siège dont elle commençait déjà à éprouver les calamités. Pendant que le jeune Amaury de Montfort, suivi de son armée, emportait à Carcassonne le corps de son père, le jeune Raymond partit à la tête d'un corps de troupes pour l'Agenais, dans le dessein de remettre ce pays sous son obéissance. Par un acte du mois de juillet 1218, il donna, en passant du côté de Montauban, à Jourdain, du lieu de Sapiac (1), la forteresse de Villemade, pour la sûreté des sommes que ce seigneur avait prêtées au comte, son père. A son arrivée dans l'Agenais, les villes s'empressèrent de lui ouvrir leurs portes et les peuples firent main basse sur les garnisons françaises.

Amaury de Montfort, de son côté, se mit à parcourir les différents pays, dont il venait d'hériter par la mort de son père, pour y affermir sa domination et s'y faire reconnaître pour seigneur. Etant à Moissac, le 25 septembre, avec le comte Guy, son oncle, et les commandeurs du baillage du Toulousain et de Villedieu, il fit hommage à Raymond de Rouffiac, abbé du monastère, et confirma les accords passés auparavant entre son père et l'abbé de Moissac, au sujet du domaine de cette ville (2).

Le pape Honoré III, élevé sur la chaire de Saint-Pierre après la mort d'Innocent, vivement affecté des affaires du Languedoc, écrivit à Philippe Auguste, roi de France, pour l'exhorter à envoyer son fils Louis à la tête d'une puissante armée au secours d'Amaury, accordant des indulgences à tous ceux qui s'engageraient dans cette expédition (3). Il confirma bientôt après Amaury dans la possession des villes de Béziers, Carcassonne, Albi, Toulouse et Montauban, ainsi que de tous les pays conquis sur les hérétiques, dont son prédécesseur et le concile de Latran avaient disposé en faveur de Simon de Montfort et de ses héritiers, se réservant que chaque maison du pays conquis paierait une

---

1. Sapiac est aujourd'hui un faubourg de Montauban.
2. Raymond de Rouffiac venait de succéder à l'abbé Augier, successeur de Raymond de Luzech.
3. *Hist. de Languedoc*, tome III, liv. XXIII.

redevance de trois deniers par an au Saint-Siège. Le roi de France n'attendit pas l'arrivée des lettres du pape pour armer en faveur d'Amaury de Montfort; mais tout cela n'empêcha pas tous les peuples de se déclarer en faveur des comtes de Toulouse. Le jeune Raymond n'eut qu'à se montrer pour recouvrer une partie du Quercy et du Rouergue. Parmi les seigneurs Quercynois fidèles qui étaient à sa suite, dans ses différents voyages, on trouve un Amalvin de Pestillac (1) qui fut témoin lorsque Raymond, étant à Najac le jour de l'Epiphanie 1218, donna en fief le château de Loupian et de Balarue avec l'église de Palais, dans le diocèse d'Agde, à Pierre de Mese et à Pons de Cauce, qui promirent de le servir pour ces domaines, comme de fidèles chevaliers, envers et contre tous.

LX. — *Le prince Louis vient au secours d'Amaury; il abandonne ce seigneur devant Toulouse*

Le prince Louis se mit en marche au commencement du printemps de l'année 1219 pour aller au secours d'Amaury de Montfort; il prit la route de Bordeaux et se rendit maître de Marmande, qu'il remit à Amaury qui était venu au-devant de lui et qui se montra si cruel envers les habitants de cette ville, que le prince en fut très irrité. Louis s'avança ensuite vers Toulouse dans la résolution de l'assiéger; mais le jeune Raymond, qui avait prévu son dessein, avait mis cette ville en état de défense. Il s'y était jeté avec un nombre considérable de chevaliers (2) qui lui étaient entièrement dévoués et entre lesquels il partagea la garde des différents quartiers de la ville et des barbacanes. Parmi ces chevaliers on distingue Dieudonné et Guillaume de Barasc qui, avec leurs troupes, gardaient la porte et la barbacane du Basacle. Bernard de Penne avait sous sa garde une tour appelée *Bausagne;* Bertrand de Pestillac une porte et une barbacane des plus exposées aux attaques de l'ennemi (3); Pierre Forts et Ratier de Caussade défendaient la porte et la barbacane de Matabiau; Géraud de Gourdon, seigneur de Carmaing, et Bernard de Boisse le pont du Basacle, nouvellement construit. Ce sont là les seigneurs du Quercy qui voulurent partager avec Raymond les dangers du siège de sa ville-capitale.

Le prince français arriva devant Toulouse le 18 juin, suivi d'Amaury

1. *Hist. de Languedoc,* tome III, Preuves, pag. 255.
2. *Hist. de Languedoc,* tome III, Preuves, pag. 100 et 101.
3. C'est ce que l'on peut inférer des paroles de l'auteur qui dit de cette porte: *ont venia tot lo bruit et turment.*

de Montfort et du cardinal Bertrand, légat du Saint-Siège. Il travailla aussitôt à tous les préparatifs du siège; après quoi il attaqua la place. Mais voyant que la défense était toujours supérieure à l'attaque, il décampa abandonnant toutes ses machines au pouvoir des assiégés et laissant 200 chevaliers à Amaury pour le servir pendant un an.

L'évêque de Cahors n'assista point au siège de Toulouse (1); il s'occupait alors à rendre la rivière du Lot navigable depuis Cahors jusqu'à Villeneuve-d'Agen, comme on le voit dans les lettres écrites en langue vulgaire, qu'il fit expédier pour cette louable entreprise (2).

LXI. — *Querelles des vicomtes de Turenne et des seigneurs de Castelnau-de-Bretenoux*

Il y avait beaucoup d'années que la partie du Haut-Quercy et du Bas-Limousin, qu'arrose la Dordogne, souffrait de la guerre que se faisaient entre eux les vicomtes de Turenne et les seigneurs de Castelnau-de-Bretenoux. Nous avons fait connaître le sujet de cette guerre et dit que Bernard, seigneur de Castelnau, pour ne pas rendre au vicomte de Turenne, qui était Raymond III, l'hommage auquel il était tenu envers lui et ses successeurs, depuis que le comte de Toulouse avait disposé de son droit de suzeraineté sur la terre de Castelnau en faveur de la maison de Turenne, s'était mis sous la protection du roi Philippe Auguste, qui l'avait reçu au nombre de ses hommes-liges. Matfred II, fils de Bernard, ne voulut pas, à l'exemple de son père, reconnaître Raymond IV pour son seigneur suzerain, prétendant que sa terre de Castelnau relevait directement du roi en vertu de l'hommage que Bernard lui avait fait. Mais le vicomte, peu satisfait de cette raison, soutint son droit vivement, et, les armes à la main, il porta sa plainte au roi de France qui paraît avoir chargé son fils Louis de terminer ce différend, dans la seconde campagne que fit ce prince contre les Albigeois. Mais, en attendant, comme toute la contrée souffrait de la querelle de ces deux puissants seigneurs, Bernard de Ventadour, abbé de Tulle, et Raymond, doyen de Souillac, allèrent trouver les belligérants (3), et les ayant engagés à les prendre pour arbitres, ils donnèrent gain de cause au vicomte dans leur sentence arbitrale rendue le 12 juin 1219 (4). En présence de Pierre de Besse, de Bertrand de Cornil, de

1. Foulhiac.
2. *Archives de l'hôtel de ville de Cahors.*
3. Foulhiac. — Justel, *Hist. de la maison de Turenne.*
4. Baluze, *Hist. Tutel.* pag. 160.

Geoffroi de Martel, de Raymond de Curemont, etc., Matfred se soumit à l'hommage, mais il ne voulut jamais convenir que la terre de Castelnau fut *fief rendable* au vicomte *à grande et à petite force*. Les arbitres, qui craignaient que ce ne fût là un autre sujet de contestation capable de rallumer la guerre, furent assez heureux pour déterminer ce seigneur à s'en rapporter sur ce point à la décision, de l'abbé de Tulle et d'Astorg d'Orliac, et à livrer au vicomte, comme gage de sa parole, dix de ses chevaliers, jusqu'après cette décision qui ne devait avoir lieu que lorsque Raymond serait revenu de la Terre sainte.

Ce prince était sur le point de faire ce voyage avec Henri, comte de Rodez, qui, après la levée du siège de Toulouse, où il était venu au secours de Louis, se rendit à Turenne pour convenir avec Raymond du jour de leur départ. Il était présent lorsque le vicomte fit chevaliers (1) eux et leurs descendants, Raoul de Besse et ses neveux, fils d'Adhémar, qui avait sa maison et ses biens dans les environs de Martel (2). Raymond leur accorda ce titre avec les prérogatives qui y étaient attachées, sur la connaissance qu'il avait qu'ils étaient de bonne race *(ex generosa progenie duxerunt originem)*; et, en récompense de la fidélité qu'ils lui avaient toujours témoignée, il affranchit leurs personnes et leurs biens de tailles et de toutes autres impositions. Il se rendit quelques jours après à Martel (3), y prit connaissance des différentes coutumes que ses prédécesseurs avaient données à cette ville, les approuva, y ajouta quelques nouveaux articles, et, après les avoir fait transcrire, il en donna lecture au peuple dans l'église Saint-Maur, au mois de septembre, en présence de Raymond, doyen de Souillac, de Pierre de Besse, et de Pierre de Cornil, bailli de Martel; il s'engagea par serment à s'y conformer et à les faire observer par tous les habitants de la ville. Le vicomte partit immédiatement après.

LXII. — *Amaury de Montfort lève le siège de Toulouse — Le comte Raymond reprend possession de Montauban et de Moissac — Mort du comte de Toulouse*

Le siège de Toulouse levé, Amaury de Montfort ne songea plus à recouvrer cette ville; il tourna tous ses soins à conserver le reste des conquêtes de son père; mais il ne put y réussir. Il eut le chagrin

---

1. Justel, *Hist. de la Maison de Turenne*.
2. Dominicy.
3. Justel, *Hist. de la Maison de Turenne*.

d'apprendre tous les jours de nouvelles défections (1). Le comte Raymond ayant paru devant Montauban, cette ville lui ouvrit ses portes sans aucune difficulté; elle fut donnée en fief à Raymond-Roger, comte de Foix. Le jeune comte Raymond confirma cette donation par une charte datée de Gaillac, le jour de Saint-Jean-Baptiste 1220, en présence de plusieurs de ses chevaliers, parmi lesquels on trouve Géraud de Gourdon.

Le comte de Foix alla prendre possession de Montauban; il y fit un règlement, touchant les donations faites aux gens de main-morte, qui fut approuvé dans l'église Saint-Jacques par les sept du *chapitre* ou capitouls de Montauban (2), savoir : Guillaume Aribert, Géraud de Castel, Jourdan de Sapiac, Arnaud de Guillaume, Bertrand d'Aussac, Raymond-Bernard de Gauléac, Guillaume de Géraud, et par d'autres habitants, notamment par Raymond Mag, qui en était bailli. L'acte est daté du 6 octobre 1221, *Philippe, étant roi de France, Raymond, comte de Toulouse, et Guillaume, évêque de Cahors.* Le comte de Toulouse vint à Montauban quelques jours après; il y statua qu'il ne serait payé que huit deniers pour chaque tonneau de vin qui descendrait le Tarn jusqu'à Moissac.

Moissac était encore au pouvoir d'Amaury; mais un grand nombre des bourgeois de cette ville, dont les principaux étaient (3) Géraud de Poitiers, Raymond de Jean, Pons de Rat, Guillaume de Maureg, Arnaud et Géraud de Lamothe, Etienne de Lautair, Ratier et Grimald de Faïd et Pons de Paratge, désirant ardemment rentrer sous la domination de leurs anciens maîtres, appelèrent le jeune Raymond qui fit son entrée dans Moissac, au mois de mars 1221, selon la manière de compter de l'église de Cahors, accompagné de plusieurs de ses barons, au nombre desquels étaient Bertrand de Mondenard, Amalvin de Pestillac et Bernard de Durfort. Les partisans d'Amaury s'étaient réfugiés dans le château, avec l'abbé Raymond de Rouffiac et les moines. Le jeune prince en fit venir quelques-uns devant lui, et, par un acte qu'il fit sceller de son sceau et des sceaux de ses barons, il leur promit de traiter avec douceur et bienveillance les habitants et de ne conserver contre eux aucun ressentiment. Quant à l'abbé et aux religieux, s'il leur plaisait de rester à Moissac, il reconnaissait qu'il leur devait protection et défense, non-seulement pour leurs personnes, mais

---

1. *Hist. de Languedoc*, tome III. Preuves, pag. 266.
2. *Hist. de Languedoc*, tome III. Preuves, pag. 272.
3. *Cartulaire de Moissac.*

encore pour leurs droits et pour les biens qu'ils possédaient dans toute l'étendue de ses domaines; que si eux et certains habitants de la ville voulaient en sortir et l'abandonner, il promettait de leur laisser prendre ce qu'ils voudraient et de leur donner un sauf-conduit jusqu'à Cahors ou jusqu'à tout autre lieu qu'ils désigneraient, avec la permission de demeurer à Moissac le temps qu'ils jugeraient à propos pour mettre ordre à leurs affaires. Touchés de ces propositions, tous les habitants de Moissac le reconnurent pour leur seigneur. Le jeune Raymond reçut leur serment de fidélité dans le cloître de l'abbaye, où il confirma leurs privilèges. Il reconnut que, lorsque le seigneur de Moissac prenait possession de cette ville, dix de ses barons devaient jurer avec lui d'observer ses privilèges; et, en vertu de cette reconnaissance, il prêta immédiatement ce serment et le fit prêter par Bertrand, son frère, Otton, vicomte de Lomagne, et Hispan, son frère, Pilfort de Rabastens, Guy de Cavallis, Bertrand de Roquefort, Bernard de Durfort, Bertrand de Mondenard, Gausbert de Teziac et Amalvin de Pestillac (1). Il rendit ensuite aux habitants les droits et les biens qu'ils possédaient au moment où les croisés avaient mis le siège devant Carcassonne, et leur promit de leur faire justice, d'après le jugement du chapitre ou capitouls et des prudhommes de Moissac, avec réserve toutefois des droits et des actions qu'il avait sur ceux qui avaient forfait contre lui jusqu'à ce jour (2).

L'abbé et ses religieux ne prirent aucune part à ces cérémonies; ils étaient liés par l'accord qu'ils avaient récemment fait avec Amaury de Montfort, et ils auraient offensé le pape qui, improuvant la conduite du jeune Raymond, avait confirmé la sentence d'exhédération rendue contre le prince par le légat Bertrand. Les religieux restèrent cependant dans leur communauté, sans donner aucune marque de reconnaissance au comte de Toulouse ni à son fils, qui furent assez prudents pour ne pas les inquiéter. Ces princes se virent, par suite de la soumission de Moissac, maîtres de tout le Quercy à l'exception de la ville et du comté de Cahors, sur lesquels ils jugèrent à propos de ne pas faire valoir leurs prétentions; ils en firent même l'abandon par ménagement pour le roi de France qui en avait acquis la suzeraineté, par l'hommage que lui en avait fait l'évêque Guillaume de Cardaillac.

Raymond IV, vicomte de Turenne, revint sur ces entrefaites de la Terre sainte (3). Maffre de Castelnau alla lui faire hommage de sa terre

---

1. *Hist. de Languedoc*, tome III. Preuves, pag. 271.
2. *Archives de Moissac.*
3. Justel, *Hist. de la Maison de Turenne.*

à Martel ; et, par un acte public dressé dans l'église de cette ville, il la reconnut, conformément à la décision des arbitres, rendable au vicomte, en présence des abbés d'Aurillac et de Figeac (1) et des *nobles hommes* Astorg d'Orlhiac, Guillaume de Malamort, Guibert de Castelnau, baron de Gramat, Arnaud de Barasc, Robert de Saint-Superi, Guillaume d'Orniac, Guy d'Astorg, Eble de Souillac, Vigile de Cornil, chevalier, Pierre de Besse, Guillaume de Bonneviole, Guillaume de Prinhiac, etc. Cet hommage rendit la paix au Haut-Quercy et au Bas-Limousin. Maffre fonda dans ce même temps, suivant la recommandation de son père Bertrand, dans la paroisse de Bassignac-le-Bas un prieuré conventuel de l'ordre de saint Benoît, dont il se réserva le patronage pour lui et ses successeurs.

L'année suivante (1222) est mémorable par la mort de Raymond VI, comte de Toulouse. Ce prince, étant dans la capitale de ses Etats, fut atteint d'une attaque d'apoplexie qui le priva de l'usage de la parole, sans lui ôter néanmoins l'intelligence. Il reçut la visite de l'abbé de Saint-Sernin (2), auquel il tendit les mains par un mouvement de dévotion. Les frères Hospitaliers de Saint-Jean étant survenus, ils jetèrent sur lui le manteau de leur ordre avec la croix ; le comte expira en la baisant. On porta dans leur maison le corps de ce prince qui ne reçut pas les honneurs de la sépulture, parce qu'il était mort excommunié. On trouve dans l'enquête qui fut faite et présentée aux commissaires nommés par le pape pour prendre des informations sur les mœurs et la conduite du comte, que Raymond, le jour même où il avait été frappé, était allé deux fois prier dans l'église de la Daurade et qu'aussitôt qu'il s'était vu malade, il avait envoyé chercher l'abbé de Saint-Sernin pour être réconcilié avec l'église et pourvoir au salut de son âme ; qu'il n'avait cessé d'implorer le secours et la miséricorde de Dieu, et qu'ayant perdu la parole lorsque l'abbé de Saint-Sernin arriva, il lui avait fait connaître par des signes le désir qu'il avait de se confesser et d'être absous. Ce qu'il y a de certain, c'est que Raymond donna, pendant tout le cours de sa vie, des marques de religion et que presque toutes les églises de ses Etats, celle de Rocamadour surtout, éprouvèrent sa générosité. On en voit la preuve dans son dernier testament, rapporté par Catel, qu'il fit aussitôt après qu'Amaury de Montfort fut obligé, par la mort de son père, de lever le siège de Toulouse. A la

---

1. L'abbé de Figeac dont il est parlé dans cet acte est ce même Guillaume qui donna le château de Peyrusse à Simon, comte de Montfort.
2. *Guillelmus de Podio Laurentii*, ch. XXXIV.

vérité, il persécuta quelques églises, leur enleva des biens, en détruisit ou fortifia les édifices; mais ces attentats qui lui furent si souvent reprochés par le pape et ses légats lui étaient communs avec la plupart des seigneurs et ne prouvent pas qu'il fut irréligieux, encore moins hérétique; car, à l'époque où il se portait à ces excès, qu'on doit condamner, il remplissait les devoirs d'un chrétien, faisait d'abondantes aumônes aux pauvres et aux monastères, et assistait exactement à la messe et aux offices divins. Bien qu'il ne lui fut plus possible, après son excommunication, d'avoir un chapelain, ni de participer à la communion des fidèles, il ne laissait point d'aller faire de longues et ferventes prières aux portes des églises, n'osant y entrer à cause du respect qu'il avait pour le pouvoir des clefs. C'est ce qu'attestent les Toulousains, dans les différents mémoires qui furent dressés en divers temps pour réhabiliter la mémoire de ce prince qui eut le tort, non pas d'avoir embrassé les erreurs du temps, car il n'a jamais été convaincu de ce crime, mais de n'avoir pas fait la volonté du pape et de ses légats qui lui ordonnaient de chasser les hérétiques de ses Etats et d'avoir employé ces mêmes hérétiques et les Routiers pour défendre ou recouvrer l'héritage de ses pères contre un ambitieux étranger qui, sous prétexte de servir l'Eglise, le dépossédait. Ce fut là la source de ses malheurs et c'est ce qui aigrit contre lui les légats, qui ne voulurent jamais recevoir sa justification, quelques démarches qu'il fit pour être entendu. C'est ainsi que la mort le surprit sous l'anathème dont il avait tant désiré se dégager, et qui le priva des honneurs de la sépulture. Ses ossements furent mis dans un cercueil auprès du cimetière du prieuré de Sain-Jean de Toulouse, avec tant de négligence ou de mépris qu'Aimery de Payrac, abbé de Moissac, qui écrivit plus de cent ans après la chronique de son monastère, rapporte qu'ayant eu la curiosité de les aller voir, il les trouva presque dévorés par les rats. Les écrivains modernes ont rendu à ce prince plus de justice que plusieurs de ses contemporains qui en ont parlé avec plus de passion que de vérité. « Raymond, dit l'historien des croisades contre les Albigeois, n'avait rien de médiocre dans ses bonnes ni dans ses mauvaises qualités; il avait l'âme noble et le génie élevé; il possédait l'art de tenir ses voisins attachés à ses intérêts. L'adversité ne l'abattait point et on eut dit que la fortune le rendait plus grand à mesure qu'elle le persécutait davantage ». On ne peut lui reprocher que les vices, familiers aux grands seigneurs de son temps, qui, en général, n'eurent aucune de ses bonnes qualités.

Raymond VI n'eut, de ses différentes femmes, que Constance et

Raymond VII, son successeur; il laissa quelques enfants naturels parmi lesquels il recommanda Bertrand, le plus connu, à son fils. Raymond donna à Bertrand plusieurs terres dans le Quercy, ainsi que nous le verrons ailleurs.

LXIII. — *Observations sur la province de Quercy durant les* XIIe *et* XIIIe *siècles*

Les troubles et les guerres qui désolèrent le Quercy pendant le XIIe siècle introduisirent la licence et l'irréligion parmi les laïques et le relâchement de la discipline dans le clergé séculier et régulier. Ces vices s'y fortifièrent sous le long épiscopat de Géraud Hector, que des malheurs du temps tinrent presque toujours éloigné de son diocèse et empêchèrent par conséquent de surveiller son troupeau. L'hérésie profita de l'absence de ce prélat pour répandre son poison dans le diocèse, et le peuple ignorant et grossier se laissa d'autant plus facilement séduire par les sectaires, que ceux-ci affectèrent un air de piété et de réforme qui contrastait avec la vie licencieuse des ecclésiastiques. Les successeurs de Géraud Hector ne négligèrent rien pour extirper ces maux. Ils firent exécuter les canons des conciles qui furent convoqués de leur temps pour le rétablissement de la discipline ecclésiastique; ils fondèrent ou permirent de fonder, dans différents endroits de leur diocèse, des communautés de filles qui édifièrent le peuple par leur piété; ils appelèrent les nouveaux ordres religieux qui, par les missions continuelles qu'ils entreprirent tant dans les villes que dans les campagnes, firent refleurir la religion et ramenèrent dans le giron de l'Eglise un très grand nombre d'hérétiques qui avaient échappé au fer des combats et au glaive de l'Inquisition. D'un autre côté les abbés, prieurs et doyens des anciens monastères, obligés de s'assembler tous les trois ans en chapitre général, conformément aux décrets du concile de Latran de 1215, firent d'utiles réformes dans leurs cloîtres.

On a pu remarquer que les évêques et les chefs des monastères étaient très attentifs à conserver et à étendre les privilèges et le domaine de leurs églises, et avec quelle facilité ils employaient les censures contre ceux qui voulaient y porter atteinte. Cet usage trop fréquent de l'excommunication dégénéra en abus que les papes, qui l'employaient eux-mêmes très souvent, se crurent obligés de corriger.

Les banquiers d'Italie qui s'établirent à Cahors pendant et après la guerre des Albigeois ruinèrent le pays par leurs grosses usures et décrièrent tellement cette ville qu'elle passait pour un repaire d'usuriers.

C'est pour cela que dans un écrit satyrique du temps, on trouve *li larons de Mascor, li usuriers de Caorse*, etc., et ce fut sans doute la mauvaise réputation qu'elle dut à ces étrangers, qui inspira au Dante l'idée de placer dans son enfer les enfants de Cahors avec ceux de Gomorrhe, qu'il représente marqués du même sceau que les impies. Le poète pouvait-il ignorer que les auteurs de cette réputation détestable étaient de sa patrie? Ces usuriers quittèrent Cahors vers la fin du siècle pour aller à Montpellier et à Nîmes où ils conservèrent le nom de *Cahorcins*.

La guerre des Albigeois affaiblit beaucoup les maisons de Castelnau-de-Montratier, de Montpezat, de Caussade, de Lolmie, de Montcuq, de Mondenard, de Luzech, de Craissac, de Pestillac, etc., mais elle introduisit de nouvelles familles dans le pays. Othon de Pallod, s'étant croisé pour la guerre des Albigeois, vint, du fond de la Hongrie à la tête d'un corps de troupes, gagner l'indulgence en combattant sous les drapeaux de Simon de Montfort. Au lieu de revenir dans sa patrie, il se fixa dans le Quercy où il acquit des terres. Philippe Auguste l'agrégea à la noblesse française par ses lettres patentes du *mercredi après la Noël de l'an 1214* (1), et lui donna en même temps le gouvernement de l'Anjou (2). Simon de Montfort voulant récompenser la valeur de Gaillard de Pechpeyroux, seigneur étranger, qui était aussi venu gagner l'indulgence, lui donna plusieurs terres en Quercy où Gaillard s'établit. On ajoute qu'il bâtit sur un tertre appelé *Cap-mas-del-Cros* un château qui, du nom de ce seigneur, fut appelé *Pechpeyroux* (3). Ce fut, dit-on, le même motif qui attira de la

---

1. Dominicy.

2. Les descendants d'Othon prirent la qualité de chevaliers, seigneurs de Puy-Dessort. Plusieurs se signalèrent dans les guerres contre les Anglais. On trouve un Guillaume de Pallod, aide-de-camp du duc de Maine au siège de Montauban. Le maréchal de Lamothe-Harcourt, vice-roi et général en Catalogne, l'employa plusieurs fois utilement dans des entreprises aussi difficiles que délicates. La maison des Pallod existe encore dans les environs de Gourdon, mais elle est tombée dans l'obscurité. Elle y possédait un fief, situé dans la paroisse de Saint-Romain, ainsi que nous l'apprend l'*Inventaire général des titres des baronnies de Gourdon*, déposé au château de Millac.

3. La hauteur où est situé ce château domine un vallon fertile où était une bourgade avec une église, connue sous le nom de *Saint-Pierre-d'Aussac;* cette bourgade disparut peu à peu, parce que les habitants allèrent se fixer sous les tours du château pour être plus en sûreté en temps de guerre. Il y a dans le Gourdonnais un fief appelé Pechpeyroux qui pourrait bien être le domaine de Gaillard, qui en aurait pris le surnom comme en étant le seigneur. Le nom de Pechpeyroux appartient plutôt à la langue du Quercy qu'à une langue étrangère, quoiqu'en disent les seigneurs de Pechpeyroux et Beaucaire.

Normandie, sur les bords du Lot, un rejeton de l'illustre famille de Guiscard (1).

Il y a encore d'autres maisons nobles, mais indigènes qui, dans ce siècle, commencent à figurer dans l'histoire du pays. Ce sont entre autres, celle de Montagut, de Rozet, d'Escayrac, de Beaufort-Lesparre, des Lacs, d'Hébrard de Saint-Sulpice. La première avait des fiefs à Flaunhiac et dans les environs; la seconde y en avait aussi, ainsi que dans les environs de Montcuq et de Lauzerte, où elle possédait la terre de Lagarde *du Calvaire,* dont elle faisait hommage à l'évêque de Cahors (2). La famille d'Escayrac avait son domaine dans la baronnie de Castelnau-de-Montratier (3). La maison de Lesparre, vers Montpezat, portait le nom de Beaufort. L'acte le plus ancien qui la mentionne est du 12 mars 1256 (4). Nous pensons que le nom de Beaufort lui vint de la terre de Belfort qui lui appartenait dans le principe et qui passa plus tard à la maison de Penne. La maison des Lacs avait son domaine

1. Nous croyons qu'il s'appelait Bernard de Guiscard; nous trouvons, en effet, qu'en 1246 ce seigneur possédait beaucoup de fiefs dans les environs de Bélaye qu'il devait tenir de l'évêque de Cahors, car ils étaient tous de la temporalité de l'évêché. C'étaient une partie de Bélaye, Rouffiac, Lasbouygues, Bovila, Sauzet, Fargues, Lalaurie, Lacoste-Grézels, etc. Ce seigneur acquit cette même année d'un nommé Bertrand Renoux, pour 300 sous *Caorcens*, une terre appelée *Faurenca*, témoins Fortanier *Delpuech* et W. *Seger* qui est Seguier, aussi seigneur vassal de l'évêque de Cahors, pour une autre partie de Bélaye et le premier de cette illustre maison dont il soit fait mention dans les chartes du pays. Ce même Bernard de Guiscard, ayant eu un différend avec B. de Verolhs, au sujet de quelques serfs mâles et femelles, il fut prononcé, au mois de mars 1250, une sentence arbitrale par d'autres nobles de la contrée, B. Bofat, Grimoart de Montpila et B. de Floiras, qui adjugèrent une partie des serfs à l'un et la seconde partie à l'autre. Les années suivantes, jusqu'en 1274, on trouve sept baux à fiefs par le même Bernard de Guiscard dans les paroisses de Fargues, Rouffiac, Lasbouygues, Sauzet et Bovila. Les actes en furent passés à Montcuq ou à Bélaye et sont presque tous signés de Pierre Seguier, sans doute, fils de Guillaume Seguier. Bernard de Guiscard y prend la qualité de chevalier et dans un, Bernard, son fils, prend celle de *dozel* (damoiseau). Nous avons cru devoir insister sur les commencements de la maison de Guiscard à cause de la célébrité qu'elle acquit dans la suite.

2. Bertrand Gaillard et Bertrand de Lagarde, dont nous avons parlé ailleurs, et Pons de Lagarde, troubadour, s'appelaient sans doute *Rozet* et c'est de quelqu'un d'eux que descendait Arnaud de Rozet, chevalier, seigneur de Lagarde à qui une reconnaissance de fief était faite, en février 1271, en présence de Raymond et d'Arnaud-Bernard de Lapérarède, chevaliers.

3. C'est ce qui résulte d'un dénombrement de terres que fit, au commencement du XIIIe siècle, un Raymond d'Escayrac.

4. C'est un échange de terre fait entre Pierre de Beaufort et F. de Rozet qui cède quelques cens *al terrador de Lesparra;* témoins François de Garnel, *en Arman de Rozet, en Guilh. de Saint-Privat.*

dans la baronnie de Castelnau-de-Montratier, à La Cabrette, Pern, etc. (1). La maison d'Hébrard était de Cajarc et elle avait de grands biens dans le territoire de cette ville. Le surnom de Saint-Sulpice lui vient du nom de la seigneurie de Saint-Sulpice, sur le Célé, près de l'abbaye de Marcillac, qu'elle possédait déjà et que nous croyons qu'elle avait acquise de la maison de Béduer. Elle y fit bâtir un magnifique château dont on voit encore les ruines. Géraud d'Hébrard dont nous avons parlé à l'année 1218, est le plus ancien seigneur connu de cette illustre maison.

Le nombre des bourgs et des châteaux s'était considérablement accru dans le Quercy pendant ce siècle et le précédent. On donna le nom de *bastit* ou de *bastide* à ces nouveaux établissements; de là, l'origine du *Bastit*, près de Gramat et de Souillac, de *Labastide-Fortanière*, ainsi surnommé de Fortanier II, baron de Gourdon, qui la fonda pour les pèlerins de Rocamadour, de *Labastide-du-Haut-Mont*, vers les frontières d'Auvergne, de *Labastide* et *Labastidette* du Vers, et des *Labastide* de Marsa, Marnhac, de Négrepelisse, de Montalzat, de Molières, de Sept-Fons, etc. Plusieurs de ces localités avaient été déjà habitées, mais ruinées en tout ou en partie par les guerres; elles furent reconstruites et fortifiées. La restauration de Sept-Fons est due à Alphonse, comte de Poitiers et de Toulouse. Ce prince y fit construire un château pour arrêter les progrès de l'hérésie *pro hæresis incursu*. Ces nouvelles bastides reçurent des coutumes de leurs fondateurs. Le comte de Poitiers en donna à toutes les localités qu'il possédait en Quercy, et qu'il érigea en communes. Chaque seigneur du pays imita son exemple. Fortanier, Aymeric et Guillaume de Gourdon en donnèrent, en 1243, à la ville et communauté de Gourdon. L'évêque Barthélemy fit faire un recueil de celles de Cahors et y en ajouta de nouvelles; ce même évêque en accorda à Puy-l'Evêque. Au mois de novembre 1266, les seigneurs Raymond, Guillaume et Hugues Gasc, frères, tuteurs de Rigal de Cavagnac, fils de feu noble Guillaume-Robert de Cavagnac, tous co-seigneurs de Thégra, et Hugues de Cornil, archiprêtre de Thégra, agissant pour sa maison qui avait une portion de la seigneurie de

1. Cette maison doit son nom au château des Lacs, dans la paroisse de La Cabrette. Elle s'est glorifiée, mais à tort, d'avoir produit cette dame Hélène qui fonda l'hospice de l'Hospitalet et que nous avons dit être de la famille de Castelnau. Cette communauté, en effet, était florissante avant que la maison des Lacs fut connue; elle avait eu déjà et elle eut ensuite des commandatrices du nom de Ratier de Castelnau; ce qui prouve que cette famille l'avait fondée et qu'elle s'était réservée, selon l'usage, le droit de la faire gouverner par des demoiselles prises dans son sein.

Thégra et au nom de Raymond de Cornil, son frère, archidiacre de Cahors, accordèrent affranchissement et coutumes aux habitants du bourg de Thégra. Cette dernière charte renferme un article que l'on rencontre rarement dans les coutumes accordées dans ce siècle et qui, à cause de cela, mérite d'être rapportée. Il est dit que les seigneurs et les bayles rendent la justice et que la partie qui se croit lésée *a le droit de faire appel dans l'espace de dix jours* (1).

Il serait inutile d'entrer dans des détails sur ces coutumes dont beaucoup ont été imprimées. Nous dirons seulement qu'elles réunissent les privilèges des localités qu'elles concernent, leurs lois et leurs règlements de police, auxquels se conformaient, dans leurs jugements, les sénéchaux, les baillis et les juges bannerets. Ces coutumes se ressemblent en général ; elles ne diffèrent qu'en certains points. Dans certaines, comme dans celles que Ratier de Gourdon donna à la ville de Castelnau, à Flaunhiac, à Labarthe, à Labouffie, à Lamothe, à l'Hospitalet, etc., un père et une mère de famille, en mariant leur fille, étaient obligés de payer 5 sous au seigneur. Presque toutes ces coutumes s'accordent sur la punition de l'homicide et des autres crimes capitaux. Pour la peine de l'adultère, elle consistait ordinairement à faire promener les deux coupables, tous nus, dans les rues, en les fustigeant. Dans plusieurs coutumes, comme dans celles de Puy-l'Evêque et de Martel, la femme était promenée dans les rues à midi, par le bourreau, qui faisait sonner une clochette ; la femme tenait son complice par une corde dont un bout était attaché aux parties nobles. Dans plusieurs autres coutumes, le coupable de ce crime était condamné à être mutilé. Il était souvent permis aux adultères de se racheter de la peine honteuse et barbare, infligée contre eux, moyennant une amende pécuniaire qui n'est portée dans certaines coutumes qu'à 60 sous *Caorcens* (2).

1. Nous devons faire remarquer au sujet de cet acte : 1° que c'est peut-être le premier exemple d'appel que l'on trouve dans les chartes ; 2° que les co-seigneurs de Thégra devaient posséder cette terre en franc-alleu, puisqu'en faisant cette concession, ils ne font pas la réserve du droit du comte de Toulouse ; les parties y parlent en leur nom et y agissent de leur seule autorité. La maison de Gasq de Mialet commence à figurer parmi l'ancienne chevalerie de la province du Quercy, vers le milieu du XII° siècle ; elle s'est toujours montrée recommandable par ses services et par ses alliances.

2. Ces coutumes n'abolirent pas certains usages anciens que l'on a pu remarquer dans le cours de cette histoire ; tels par exemple ceux qui se pratiquaient dans le mariage : l'époux continua de faire à son épouse, cette donation appelée *osculum*, dont nous avons parlé ailleurs (voir le liv. VII, pag. 12). Après un baiser mutuel, *au nom du mariage*, en présence des parents et des témoins appelés, l'époux mettait l'anneau nuptial au doigt de l'épouse, en disant *Au nom*

Dans ce siècle, comme dans le précédent, les habitants du Quercy étaient partagés en libres et en serfs. Les hommes libres comprenaient les nobles et les bourgeois ; ceux-ci se divisaient en citoyens ou bourgeois de ville et en bourgeois ruraux. Les premiers étaient ordinairement de condition meilleure que les seconds, à cause des privilèges qu'ils obtenaient de leurs seigneurs. Les nobles n'étaient tenus qu'au service militaire, suivant la nature de leur fief, tandis que le simple bourgeois était obligé de suivre le seigneur à l'armée et de lui payer divers subsides, rentes ou autres droits seigneuriaux. On trouve dans les chartes, qu'en certains lieux, les vassaux libres ou serfs étaient assujettis envers leur seigneur à une espèce de taille lorsqu'il mariait sa fille, lorsqu'il était fait prisonnier et lorsqu'il faisait le voyage d'Outre-mer.

Les barons tenaient le premier rang parmi les nobles ; venaient ensuite les châtelains ou seigneurs de châteaux avec droit de justice, et les chevaliers ou simples gentilshommes. Les barons étaient les grands vassaux ou les vassaux immédiats du roi ou d'un autre grand vassal. Ceux-là, tels que l'évêque de Cahors, le baron de Gourdon, le vicomte de Turenne et le baron de Gramat n'avaient d'autres supérieurs que le roi auquel ils rendaient hommage. Ceux-ci, au contraire, comme les seigneurs de Béduer, de Cardaillac, de Castelnau-de-Bretenoux, de Durfort, de Montpezat, de Bruniquel, de Puycornet, etc., avaient deux suzerains : le grand vassal qui recevait leur hommage, et le roi dont ils étaient les arrières-vassaux. Le nom de *damoiseau*, qui commença à être usité dans le Quercy dès le milieu du XIII° siècle, était un titre particulier aux grandes maisons.

Les serfs étaient divisés en serfs de *corps* et en serfs de *corps et de cazalage*. Le seigneur avait droit sur la personne des premiers en quelque endroit qu'ils demeurassent ; ils étaient obligés de payer la *quête*, la *taille* et autres droits à leurs seigneurs, soit ecclésiastiques, soit laïques ; obligation qui passait à leur postérité. Ils ne pouvaient marier leurs filles sans le consentement de leurs maîtres, à moins que le privilège de le faire ne fut porté dans l'acte primordial d'engagement

du père et du fils et du saint Esprit. Cette cérémonie avait lieu dans la maison de la future épouse et c'est à elle que les actes de mariage durent la dénomination de *matrimonium contractum per verba legitima de præsenti, osculo et annulo, ut de moris est, intervenientibus*, dont se servent les anciens notaires. Elle était encore en vigueur au XV° siècle, ainsi que cela résulte du mariage contracté le 15 juillet 1453 entre Pierre de Pelegry, châtelain du château royal de Verdun, en Gascogne, et noble Jeanne de Rozet, du diocèse de Cahors. Un autre acte de mariage, que nous rapporterons quand il sera temps, prouve que cette coutume n'était pas même abolie au commencement du XVI° siècle.

ou de servitude. Outre la servitude personnelle à laquelle les serfs de *corps ou de cazalage* étaient assujettis, ils étaient tenus de cultiver les terres de leur seigneur, de lui payer certaines redevances et d'habiter dans ses domaines; ce qui leur fit donner le nom de serfs de cazalage, des mots *cazalagium* et *casa*, qui ont la même signification (1). Il fallait que le fils d'un serf demandât à son seigneur et en obtînt la permission d'entrer dans l'état ecclésiastique, sans quoi il n'y était pas reçu. Alphonse, comte de Toulouse et de Poitiers, et Jeanne, son épouse, affranchirent de ce devoir et de plusieurs autres attachés au servage les habitants de Castel-Sagrat, en Quercy, dans les coutumes et libertés qu'ils leur donnèrent au mois de mai 1270; ils leur permirent à *l'avenir de vendre, donner ou aliéner leurs biens, meubles et immeubles, sauf les droits du prince, si l'aliénation se faisait en faveur des églises et des chevaliers*, c'est-à-dire des nobles; *de marier librement leurs filles et de promouvoir leurs fils à l'état ecclésiastique*. Alphonse et Jeanne se réservèrent le droit de succéder à ceux qui mourraient sans héritier. Alphonse, marchant sur les traces du roi saint Louis, son frère, qui voulut que son peuple fut libre, provoqua, dans ses Etats par les manumissions et les coutumes qu'il accorda, une révolution très avantageuse à la société. Les différents seigneurs imitèrent son exemple et la servitude s'affaiblit peu à peu dans le Quercy. Mais les serfs, en changeant de condition, demeuraient assujettis à certains droits plus ou moins onéreux suivant leur mérite ou la volonté de leur maître. Quoique la condition humaine s'améliorât, il n'était cependant pas permis dans beaucoup de communes du Quercy, de l'Agenais et du Périgord d'acheter et de prendre à cens, ni en don, sans la permission du seigneur aucun immeuble, surtout des fiefs nobles et militaires. C'est ce que nous trouvons dans un article des coutumes que donna le comte Alphonse aux habitants de Ville-Nouvelle, dans les diocèses d'Agen et de Périgueux. Le même usage existait dans le Quercy ainsi que cela résulte des coutumes que le sénéchal Guy de Caprari donna, en 1297, aux habitants de Labastide-Montcabrier, qu'il fonda cette même année (2). Il leur permit *d'acheter et de recevoir à cens et don de toute personne qui voudrait leur vendre, ou inféoder ou donner ses immeubles*,

---

1. Les serfs recevaient souvent en fief de leurs maîtres, sous condition de certaines redevances, des terres qu'ils cultivaient. C'est ainsi que le 2 juillet 1267, par acte passé à Montcuq, Bernard de Guiscard et son fils donnèrent certaines terres dans la paroisse de Fargues à un nommé Gentil Rossel, homme de *cor et de cazalatge* dudit seigneur Bernard de Guiscard.

2. Dominicy.

sauf les fiefs nobles et militaires qu'ils ne pourront acheter ni recevoir sans la volonté du sénéchal ou celle de ses successeurs. Plus tard, les fiefs tombèrent indifféremment entre les mains des nobles et des roturiers, et tous ceux qui tinrent des pleins fiefs ou des arrières-fiefs furent appelés au service militaire, seul devoir, après l'hommage dû au suzerain, auquel les fiefs fussent obligés.

Les hôpitaux se multiplièrent prodigieusement aux xiie et xiiie siècles; il y en avait jusque dans les bourgs un peu considérables, surtout lorsqu'ils étaient situés sur les voies publiques. Ces établissements étaient fondés non-seulement pour les pèlerins, mais encore pour les croisés qui, à leur retour de la Palestine, portèrent des maladies d'espèces jusque-là inconnues ou du moins fort rares en France. La plupart étaient désignées sous les noms de *leproseries* et de *maladreries;* les plus importants du Quercy étaient ceux de Figeac, de Rocamadour, de Martel, de Gourdon, de Cahors, de Montauban, de Moissac et de Lauzerte. On en comptait plusieurs à Rocamadour, destinés aux pèlerins malades; cinq à Cahors, en comprenant la ladrerie de la Poujade (1); il y en avait quatre à Montauban (2). Il y avait en outre l'hôpital Beaulieu où les pauvres et les infirmes étaient servis par les dames des meilleures maisons de la province et des pays voisins, et Notre-Dame de l'Hospitalet, dirigé également par des dames Hospitalières, dont la supérieure sortait le plus souvent de la maison de Castelnau-de-Montratier (3).

Les écoles les plus célèbres du pays étaient celles de Moissac et de Cahors. Les premières devaient leur célébrité à l'abbé Bertrand de Montaigut qui exigea que ses jeunes religieux allassent puiser les sciences du temps à l'université de Toulouse. Les secondes devaient leur réputation à l'évêque Barthélemy de Roux. Bien qu'il n'y eut pas encore d'université à Cahors, cette ville ne manquait ni de jurisconsultes, ni de canonistes, ni de médecins et grammairiens habiles qui communiquaient leurs connaissances à de nombreux disciples. C'est à leur école que se formèrent Jean XXII et cette foule de cardinaux et autres

---

1. L'hôpital Saint-Jacques ou grand hôpital était situé dans la Grande-Rue, sur la paroisse de Saint-Maurice ; il devint plus tard la maison du Bon-Pasteur.

2. Dans les siècles suivants le nombre des hôpitaux de Montauban s'éleva à douze.

3. En 1262, l'Hospitalet reçut en don de Guillaume de Cluzel, chanoine de Cahors, agissant au nom de son chapitre, quelques terres situées le long de la petite rivière du Lendou. Cette maison florissait encore au xive siècle et avait pour supérieure ou commandatrice une Ratier de Castelnau.

prélats qui durent leur élévation moins à la faveur qu'à leur mérite et qui élevèrent l'église de Cahors au comble de la gloire.

Le commerce consistait dans les denrées du pays que l'on vendait dans les foires et les marchés, dont les principaux étaient ceux de Cahors, Montauban, Lauzerte, Figeac, Fons, Cajarc, Gramat, Martel, Gourdon, Salviac et Catus. On y vendait aussi des draps de Narbonne, Toulouse, Avignon, Béziers, Saint-Pons, Le Puy, Millau, Rodez, Clermont, Fons (1), Vaillac, Cahors (2), Sarlat et Tulle. La ville de Cahors était alors très commerçante; ses marchands fréquentaient les différentes foires du royaume et allaient jusque dans la Champagne.

Les notaires, dont l'institution remonte au XIIᵉ siècle, étaient déjà très nombreux en Quercy. Au siècle suivant, chaque haut justicier ecclésiastique ou laïque avait le sien.

Le Quercy faisait encore usage de la chronologie dont nous avons parlé ailleurs, et que nous avons suivie pour les faits les moins importants.

---

1. On fabriquait à Fons de très belles étoffes qui se vendaient beaucoup dans tout le royaume. On retrouve encore des restes de ces anciennes manufactures dans ces maisons ruinées où l'on voit des minarets.

2. C'est ce que nous apprend un article des coutumes de Figeac écrites en langue vulgaire. Depuis longtemps les fabriques de drap de Fons, de Vaillac et de Cahors sont perdues. Il est vraisemblable qu'on y employait les laines du pays.

FIN DU LIVRE HUITIÈME

SOMMAIRE DES CHAPITRES

DU LIVRE NEUVIÈME

I. Raymond VII, comte de Toulouse. — Amaury abandonne les États du comte de Toulouse. — L'évêque de Cahors rend hommage au roi Louis VIII.

II. Le comte de Toulouse menacé d'une nouvelle croisade. — Sa réconciliation avec l'Église. — Concile de Bourges. — Le légat Romain excommunie le comte Raymond et fait prêcher la croisade contre ce prince.

III. Expédition du roi de France contre le comte de Toulouse. — Mort de Louis VIII.

IV. L'évêque de Cahors établit les Dominicains dans sa ville épiscopale. — Election de Durand à l'évêché d'Albi. — Bulle du pape portant union à l'évêché de Cahors des dîmes de Luzech et de Puy-l'Evêque.

V. La guerre pénètre dans le Quercy. — L'évêque de Cahors prête serment de fidélité à Saint-Louis.

VI. Traité de paix entre le roi de France et le comte de Toulouse.

VII. Concile de Toulouse.

VIII. Différend entre l'évêque et les consuls de Cahors. — Hommages de Bertrand de Cardaillac, de Guillaume et de Géraud de Gourdon. — L'évêque de Cahors est obligé de restituer au comte de Toulouse divers biens usurpés pendant la croisade. — Continuation du droit de battre monnaie, accordé aux consuls de Cahors.

IX. Confédération des seigneurs du Quercy.

X. Accord entre le comte de Toulouse et l'abbé de Montauban.

XI. Prieuré des Bouisses. — Dénombrement de fiefs de l'abbaye de Marcillac. — Le comte de Toulouse vient dans le Quercy.

XII. L'inquisition est confiée aux Dominicains. — Assemblée de Melun. — Mort de Guillaume de Cardaillac, évêque de Cahors. — Abbés du Quercy au moment de la mort de Guillaume de Cardaillac.

XIII. Poètes du Quercy sous l'épiscopat de Guillaume de Cardaillac.

XIV. Pons d'Antejac, évêque de Cahors.— Les inquisiteurs dans le Quercy. — Pons de Gourdon cède le château de Belcastel à l'abbé de Tulle.

XV. Troubles provoqués par la sévérité des inquisiteurs. — Fondation du monastère de Dégagnazès.

XVI. Réclamation de l'abbé de Moissac. — Soulèvement des Toulousains contre les inquisiteurs. — L'inquisition continue dans le Quercy.

XVII. Fondation d'un hôpital à Beaulieu. — Mort de Pons d'Antejac, évêque de Cahors.

XVIII. Géraud de Barasc, évêque de Cahors. — Ce prélat renouvelle la confédération des seigneurs du Quercy. — Suppression de l'inquisition. — Hommages d'Hugues Arnaud, du baron de Castelnau-de-Bretenoux et d'Aymeric de Gourdon, en faveur du comte de Toulouse.

XIX. Nouvelle réconciliation du comte de Toulouse avec l'Eglise. — Il reçoit l'hommage de Raymond-Bernard de Durfort. — Plainte de l'abbé de Moissac.

XX. Aliénation des revenus de l'église de Rocamadour. — Legs de Roger-Bernard II, comte de Foix.

XXI. Hommages du vicomte de Turenne en faveur de l'évêque de Cahors et de Bertrand de Gourdon en faveur du comte de Toulouse. — Fondation du monastère de l'Abbaye-Nouvelle, ou de Sainte-Marie-de-Gourdon.

XXII. Le comte de Toulouse tombe malade à Penne; il prend les armes contre le roi de France. — Massacre des inquisiteurs à Avignon.

XXIII. Le comte de Toulouse envahit les Etats du roi de France; sa paix avec Saint-Louis.

XXIV. Origine de Lauzerte.

XXV. L'évêque de Cahors acquiert le droit de nommer aux canonicats vacants dans son chapitre. — Concile de Béziers.

XXVI. Mort de Raymond IV, vicomte de Turenne.

XXVII. Aldémard, abbé de Figeac.

XXVIII. Le pape diminue l'autorité des inquisiteurs.

XXIX. Ambassade d'Amédée IV, comte de Savoie. — Le comte de Toulouse crée deux cents chevaliers. — Voyage à Paris de l'évêque de Cahors; dons de ce prélat à l'Hôpital Beaulieu, aux religieuses de la Daurade et à l'abbaye de Leyme.

XXX. Mort de Raymond V, vicomte de Turenne; ses enfants.

XXXI. Mort de Raymond de Montpezat, abbé de Moissac. — Guillaume de Bessens lui succède.

XXXII. Pèlerinage de saint Louis à Rocamadour. — Privilèges accordés au bourg de Mondenard. — Différend entre le comte de Toulouse et l'évêque de Cahors.

XXXIII. Arnaud Béraldi.

XXXIV. L'évêque de Cahors maintient son droit de justice dans sa ville épiscopale. — Indult du pape Innocent IV.

SOMMAIRE DES CHAPITRES

XXXV. Confirmation des privilèges de Martel.
XXXVI. Révolte des consuls de Cahors et des habitants de Cajarc contre l'évêque Géraud de Barasc.
XXXVII. Nouveaux statuts du chapitre de Cahors. — Cession de la moitié de la justice du Vigan par Fortanier de Gourdon.
XXXVIII. Préparatifs pour la croisade. — Mort de Raymond VII, dernier comte de Toulouse de sa race.
XXXIX. Division de la partie du Quercy appartenant aux comtes de Toulouse en neuf bailliages.
XL. Les seigneurs et les peuples du comté de Toulouse prêtent le serment de fidélité entre les mains des commissaires envoyés par la reine Blanche.
XLI. Dons et privilèges accordés à Cajarc et à Cahors par l'évêque Géraud de Barasc. — Mort de ce prélat.
XLII. Abbés de Montauban, de Marcillac, de Saint-Marcel, de Souillac.
XLIII. Barthélemy de Roux, évêque de Cahors. — Sécularisation du chapitre de Cahors.
XLIV. Construction du Pont-Neuf de Cahors.
XLV. Retour en France du comte Alphonse; il visite les États de l'ancienne maison de Toulouse et en divise le gouvernement entre quatre sénéchaux.
XLVI. Confiscation des biens de Bertrand de Castelnau. — Les Dominicains et les Frères mineurs s'établissent à Montauban. — Révolte des habitants de Figeac contre l'abbé de cette ville.
XLVII. Accord entre Raymond VI, vicomte de Turenne et Hélie Rudel et sa femme. — Testament et départ de Raymond VI, pour la croisade.
XLVIII. Réformes introduites dans la sénéchaussée d'Agenais et de Quercy. — Procès entre l'évêque de Cahors et Aymeric de Gourdon.
XLIX. Etablissement des Dominicains à Figeac. — Révolte des habitants de cette ville.
L. Château de Sauliac sur Célé. — Echange d'églises entre l'évêque et le chapitre de Cahors. — Dégâts commis par les Anglais aux environs de Toulouse.
LI. L'évêque de Cahors fait hommage à saint Louis. — Concile d'Albi.
LII. Ordonnance d'Alphonse sur l'administration de la justice.
LIII. Hommage du seigneur de Lagarde. — Permutations d'églises entre l'évêque et le chapitre de Cahors. — Abbaye de Maurs.
LIV. Plaintes de l'évêque de Cahors contre la formation de ligues dans sa ville épiscopale. — Jugement rendu par les évêques de Cahors et de Limoges. — Dons au chapitre de Cahors de rentes et d'églises.
LV. Bertrand de Montaigut, abbé de Figeac. — Couvent d'Espagnac et autres monastères du Quercy, soumis à l'abbaye de la Couronne.
LVI. Contestations entre le vicomte de Turenne, Marguerite, femme de Bernard II, vicomte de Comborn et Dauphine de Roquefeuille.
LVII. Le monastère de Carennac. — Girbert de Thémines rend hommage à Fortanier de Gourdon. — Propriété de l'église de Blanac. — Hommage de Bertrand de Cardaillac en faveur du chapitre de Cahors.

LVIII. Différend entre le comte Alphonse et l'évêque de Cahors. — Confirmation des privilèges de l'abbaye de Figeac. — Traité entre saint Louis et le roi d'Aragon.

LIX. Nouveau règlement concernant le chapitre de Cahors. — Hommages divers. — Fondation du couvent des religieuses de Sainte-Claire de Montauban.

LX. Traité entre les rois de France et d'Angleterre. — Mécontentement que ce traité provoque dans le Quercy. — Différend entre l'évêque et les consuls de Cahors. — Confirmation des coutumes de cette ville.

LXI. Donation de l'hôpital Beaulieu aux chevaliers de Saint-Jean de Jérusalem, par Girbert de Thémines. — Descendants de ce seigneur.

LXII. Hôpital fondé à Cahors par la maison de Cazelles. — Religieuses de la Daurade. — Bertrand de Montaigut, abbé de Figeac, est élu abbé de Moissac.

LXIII. Origine de Villefranche de Périgord. — Famille de Pestillac. — Mort d'Arnaud Béraldi.

LXIV. Différend entre les archevêques de Bourges et de Bordeaux. — Les archevêques de Bourges protecteurs du chapitre du Vigan.

LXV. Famille de Jean. — Confirmation des permutations d'églises faites entre l'évêque de Cahors et son chapitre. — Saint Louis retire les châteaux de Pezenas et de Torves des mains des enfants de Raymond de Salvanhac.

LXVI. Les chanoines réguliers de Saint-Antonin refusent de recevoir l'archevêque de Bourges. — Réparation à l'église de la Daurade de Cahors.

LXVII. Le vicomte de Turenne se reconnaît vassal du roi d'Angleterre.

LXVIII. Fondation de Molières. — Les Dominicains de Cahors prennent possession de leur nouveau monastère.

LXIX. Éloge de Bertrand de Montaigut, abbé de Moissac.

LXX. Hugues de Castelnau et les habitants de Gramat. — Accord entre ce seigneur et le prieur de Carennac. — L'abbé de Moissac donne en fief au vicomte de Bruniquel une partie de la juridiction de La Salvetat.

LXXI. Nouveau différend entre l'évêque et les consuls de Cahors. — Plusieurs gentilhommes du Quercy accompagnent en Italie le frère de saint Louis. — Alphonse, comte de Toulouse et de Poitiers, se dispose à aller en Terre sainte.

LXXII. Procès entre le seigneur de Castelnau-de-Bretenoux et les moines de Carennac. — Fondation d'une chapellenie par Gaillard Dellard. — Dîmes de Pradines. — Hôpital de Cajare. — Famille de Penne.

LXXIII. Le Quercy soumis au roi d'Angleterre. — Vicomté de Lautrec. — Hommage du vicomte de Bruniquel.

LXXIV. Préparatifs d'Alphonse pour son expédition en Terre sainte.

LXXV. Échanges d'églises entre l'évêque de Cahors et les chanoines de Saint-Antonin.

LXXVI. Le roi d'Angleterre éprouve des difficultés dans la levée des impôts en Limousin, en Périgord et en Quercy.

LXXVII. Départ d'Alphonse pour la Terre sainte. — Testament de ce prince et de sa femme, la comtesse Jeanne.
LXXVIII. Permutations d'églises entre l'évêque de Cahors et l'abbé de Moissac. — Dîme de Villemade. — Guillaume de Saint-Bressou, abbé de Marcillac.
LXXIX. Mort de saint Louis. — Mort du comte Alphonse et de la comtesse Jeanne.

LIVRE NEUVIÈME

I. — *Raymond VII, comte de Toulouse — Amaury abandonne les Etats du comte de Toulouse — L'évêque de Cahors rend hommage au roi Louis VIII*

AYMOND VII avait vingt-cinq ans lorsqu'il succéda, en 1222, à son père; comme celui-ci, il se qualifia de *duc de Narbonne*, de *comte de Toulouse* et de *marquis de Provence*. Amaury de Montfort, qui lui contestait ces titres, n'avait plus qu'une ombre d'autorité dans les pays conquis par son père ou par lui. Tous les jours, c'était quelque ville ou quelque château qui secouait le joug de sa domination pour rentrer sous celle de son rival. Le Quercy était entièrement perdu pour lui, et si ce prince y avait encore des créatures, ce n'était que parmi les ecclésiastiques que l'ambition, le ressentiment ou la volonté du pape tenaient liés à ses intérêts. Quelques barons de cette province affectaient bien encore de le reconnaître, mais ils étaient prêts à l'abandonner et n'attendaient pour cela qu'un peu de stabilité dans les affaires du comte de Toulouse.

Amaury de Montfort, désespérant d'obtenir de Philippe Auguste les secours que sollicitaient pour lui depuis longtemps le cardinal Conrad, légat du Saint-Siège, et quelques évêques de Languedoc, prit le parti de demander une trêve à Raymond, qui était alors occupé au siège de Penne, en Agenais (1223). Raymond la lui accorda et les deux comtes convinrent même d'une conférence dans la ville de Saint-Flour, en Auvergne, pour y conclure la paix (1); mais n'ayant pu s'accorder sur

---

1. *Hist. de Languedoc*, tome III, liv. XXIII.

les articles du traité, ils indiquèrent une nouvelle conférence dans la ville de Sens, où le légat était sur le point de tenir un concile, auquel devait se trouver le roi Philippe Auguste : circonstance qui ne pouvait être plus favorable, puisque les deux comtes auraient pour médiateurs les Pères du concile et leur souverain. Mais Philippe Auguste étant mort au moment où il se rendait au concile, le projet de paix s'évanouit. Les hostilités recommencèrent entre Raymond et Amaury jusqu'à ce qu'enfin celui-ci, voyant qu'il ne pouvait plus lutter avec avantage contre un rival qui lui était de beaucoup supérieur en force et en génie, prit le parti de traiter avec lui et se retira en France après lui avoir abandonné pour toujours les Etats de ses pères.

Sur ces entrefaites l'évêque de Cahors, ayant appris la mort du roi Philippe Auguste, alla à Paris renouveler à Louis VIII l'hommage qu'il avait fait à son père pour le comté de sa ville épiscopale et de ses dépendances (1). Le roi lui promit de ne jamais aliéner de la Couronne l'hommage des évêques de Cahors, ni leur diocèse.

Au mois de mars 1223, Bertrand de Gourdon fit présent du château de Montbrun-sur-Lot (2) à Dorde Barasc, seigneur de Béduer. C'était une forteresse importante qui, en temps de guerre, servait de boulevard à toute la contrée.

Dans cette même année Alphonse II, dit le Gros, roi de Portugal, donna à l'église de Rocamadour onze mille marabotins pour son anniversaire.

II. — *Le comte de Toulouse menacé d'une nouvelle croisade — Sa réconciliation avec l'Eglise — Concile de Bourges — Le légat Romain excommunie le comte Raymond et fait prêcher la croisade contre ce prince*

Arrivé en France, Amaury de Montfort alla trouver le roi Louis VIII et lui céda ses droits sur les domaines conquis par les croisés. En même temps, l'archevêque de Bourges et les évêques de Langres et de Senlis tâchèrent de déterminer le roi de France, au nom du pape, à faire la guerre au comte de Toulouse, lui promettant, au nom du Souverain Pontife et des cardinaux, de lui ouvrir tous les trésors de l'Eglise et de lui procurer tous les secours nécessaires (3). Louis VIII y consentit,

1. G. de Lacroix, *Series Epis. cad.*, pag. 87.
2. Foulhiac. — *Archives de Gourdon.*
3. *Hist. de Languedoc.*

mais à des conditions qu'il fit arrêter par son conseil et dont l'une était que le pape ferait expédier une bulle par laquelle il déclarerait que l'un et l'autre, Raymond père et fils, et leurs héritiers à perpétuité, étaient et seraient exclus de la possession du comté de Toulouse, de ses dépendances et de tous les autres domaines situés dans le royaume; que leurs associés étaient privés de toute la vicomté de Béziers et de Carcassonne et de ses dépendances; et qu'enfin tous ceux qui les avaient aidés ouvertement durant la guerre, qui s'opposeraient à cette affaire ou qui feraient la guerre, perdraient toutes leurs terres situées dans le royaume.

Informé de ce qui se tramait contre lui, Raymond VII trouva le moyen de prévenir le pape en sa faveur, par l'entremise de l'ambassadeur du roi d'Angleterre à Rome, en même temps que des envoyés de l'empereur survenaient fort à propos pour prier le pape de faire envoyer du secours en Palestine. Le Souverain Pontife déclara qu'il fallait suspendre toutes les affaires, même celle des Albigeois, pour ne s'occuper que de la Terre sainte, et il écrivit au roi de France une lettre dans laquelle il parlait de Raymond, comte de Toulouse, comme d'un très bon catholique. Il écrivit en même temps à l'archevêque de Narbonne, à ce même Arnaud qui, étant abbé de Citeaux, avait été légat du pape Innocent III dans les Etats du comte de Toulouse, et lui manda que si Raymond faisait des offres qui pussent être acceptées par le Saint-Siège, il devait en conférer avec le cardinal Conrad et le roi de France.

Le comte Raymond, profitant des bonnes dispositions que le pape paraissait avoir pour lui, poursuivit avec ardeur auprès de l'archevêque de Narbonne la conclusion de la paix avec l'Eglise. Arnaud revenu à de meilleurs sentiments en faveur de Raymond, se prêta volontiers à tous ses désirs. Il convoqua à Montpellier une assemblée d'évêques et d'abbés, parmi lesquels se trouvaient les abbés de Montauban et de Moissac, qui avaient à se plaindre du comte de Toulouse. Devant cette assemblée, Raymond promit de garder et de faire garder la foi catholique dans toute l'étendue de ses Etats, d'en extirper l'hérésie, d'y faire régner la paix et d'en chasser les Routiers; de restituer aux églises leurs biens, de maintenir leurs privilèges et d'employer vingt mille marcs d'argent à réparer les dommages qu'elles avaient éprouvés. Il se réserva toutefois qu'il ne serait pas troublé dans la possession de ses domaines par Amaury de Montfort, en vertu des titres que celui-ci et son père avaient pu obtenir dans le temps.

L'archevêque de Narbonne ayant reçu la soumission de Raymond, l'envoya au pape; et, en attendant la réponse du Souverain Pontife, il congédia l'assemblée jusqu'au mois d'août suivant.

Le comte de Toulouse profita de ce sursis pour aller faire un voyage en Rouergue et en Quercy. Pendant qu'il était dans ce dernier pays, Etienne de Montpezat, qui n'avait pu s'empêcher de reconnaître Simon de Montfort, pour conserver ses terres que le comte avait dévastées, lui rendit hommage pour Montpezat, Belfort et Lapenche (1).

Le pape fut très satisfait des promesses du comte de Toulouse, et, dans la lettre qu'il écrivit à ce sujet à l'archevêque de Narbonne, il lui ordonna d'engager le prince à les exécuter. Les évêques et les abbés s'étant assemblés de nouveau dans la ville de Montpellier, Raymond renouvela devant eux ses promesses et déclara qu'il se conformerait, tant pour sa réconciliation que pour tous les autres points, à ce qui serait décidé par le pape et par les ambassadeurs qu'il allait envoyer à Rome. Et pour preuve de sa sincérité, il restitua immédiatement des domaines qu'il avait usurpés sur certaines églises; mais, parmi les restitutions qu'il fit alors, nous n'en trouvons aucune en faveur des abbés de Moissac et de Montauban; aussi ceux-ci continuèrent-ils leurs réclamations.

Après le départ pour Rome des ambassadeurs du comte de Toulouse, ce prince se retira dans la capitale de ses Etats, d'où il se rendit, vers la fin de décembre 1224, au château de Salvanhac, en Albigeois, sur les frontières du Quercy. Là, Mainfroi de Rabastens (2) lui céda sa part du château de Puicelsi contre ceux de Cestairols et de Conffoulens qu'il reçut en même temps du comte, et celui-ci, à cause de cet échange, donna en mariage Bertrand, son frère naturel, à Comtoresse, fille de Mainfroi, avec les châteaux de Bruniquel, de Monclar et de Salvanhac. Il est dit dans l'acte que si Comtoresse survit à Bertrand et qu'elle en ait des enfants, elle jouira de l'hérédité tant qu'elle demeurera veuve; que si elle convole en secondes noces, Raymond s'engage à lui donner dix mille sous cadurciens, soit qu'elle ait ou qu'elle n'ait pas d'enfant de Bertrand, son époux, et que jusqu'à ce qu'il lui ait compté cette somme, il lui accorde la jouissance du château et de la terre de Salvanhac.

Par un autre acte qui fut passé le même jour, le comte fit donation entre-vifs de ces trois châteaux, avec tous leurs droits et toutes leurs dépendances, à son frère Bertrand (3). Celui-ci eut de son épouse

1. Foulhiac.
2. *Hist. de Languedoc*, tome III, Preuves, pag. 298.
3. Catel, *Comtes de Toulouse*, pag. 225.

Comtoresse de Rabastens un fils appelé Bertrand, qui prit comme son père le titre de vicomte de Bruniquel et de Monclar (1).

L'évêque de Cahors, pour subvenir aux frais de la guerre et aux besoins de son église, avait été obligé d'emprunter à la ville de Cahors de grosses sommes. Voulant se libérer envers elle, il céda en paiement aux consuls et à la communauté, pendant six ans, le droit de battre monnaie (2), avec tout le revenu qu'il en tirait, sauf celui de son chapitre qui s'élevait au dixième, ainsi que nous l'avons vu.

L'ambassade, que le comte Raymond avait envoyée à Rome pour terminer sa réconciliation avec l'Eglise, n'eut pas le succès que ce prince en attendait. Le roi de France, Amaury de Montfort et les évêques qui avaient profité de la guerre pour augmenter leur domaine aux dépens de celui du comte de Toulouse, traversèrent les négociations; le pape Honoré, s'étant laissé prévenir par les intrigues, voulut que l'affaire fût terminée sur les lieux. Il envoya en conséquence en France, pour son légat, Romain, cardinal du titre de Saint-Ange, que les ennemis de Raymond ne manquèrent pas de mettre dans leurs intérêts. Un concile fut convoqué à Bourges où furent appelés Raymond et Amaury, son compétiteur. En se rendant à cette assemblée, le comte de Toulouse passa sous les murs de Cahors, le 10 octobre 1225, et reçut des consuls et des bourgeois de cette ville qui étaient sortis pour aller au devant de lui, un accueil auquel il ne s'attendait certainement pas (3). Ils lui demandèrent sa protection dans un différend qu'ils avaient avec leur évêque et les membres du chapitre au sujet de la grande cloche que ceux-ci prétendaient être seuls en droit de faire sonner, et dont les premiers réclamaient l'usage pour convoquer le *chapitre* ou conseil de la commune et pour rappeler des montagnes les vignerons lorsque le soir arrivait *(ad convocationem populi pro negotiis villæ et operariorum a vineis)*. Raymond la leur accorda par des lettres données dans l'église de Saint-Géry et qu'il scella de son sceau. Ce prince exerça par là son

1. *Hist. de Languedoc*, tome III, note 18. — Cette nouvelle race de vicomtes finit dans la personne de Guillaume de Barasc, fils de Bertrand II, qui décéda vers l'an 1310, ne laissant de son épouse Braïde de Gouth, qu'une fille nommée Bertrande, laquelle porta les deux vicomtés dans la maison de N. Troselle, son mari. Isabelle Troselle, ayant été l'unique fruit de leur union, les porta à son tour dans la maison de Comminges, par son mariage avec Raymond-Roger de Comminges, vicomte de Conserans, qui vivait encore en 1390 et fut père d'Arnaud-Roger de Comminges, vicomte de Conserans et de Bruniquel, en 1403, dont la postérité masculine a possédé cette dernière vicomté jusqu'au commencement du xviiie siècle.

2. G. de Lacroix, *Series episc. cad.*, pag. 89.
3. G. de Lacroix, *Series episc. cad.*, pag. 96.

autorité dans une ville que les troubles avaient soustraite à sa domination.

L'ouverture du concile de Bourges eut lieu le 29 novembre 1225. Raymond, après avoir fait toutes les soumissions que l'on pouvait demander au plus sincère catholique, demanda humblement d'être absous et reçu dans le sein de l'Eglise; mais le cardinal Romain ne se laissa point toucher par ses soumissions et ses prières; il résolut la guerre contre ce prince et en confia le soin à Louis VIII, qui s'en chargea, lorsque ce légat lui eut promis que tout le temps qu'il combattrait les hérétiques Albigeois et le comte de Toulouse, le pape défendrait au roi d'Angleterre, sous peine d'excommunication, de faire aucune entreprise contre le royaume de France.

Le cardinal-légat ne se borna pas à cet acte d'autorité; il excommunia publiquement le comte Raymond et *ses associés,* le déclara *hérétique condamné* et confirma la possession de ses domaines au roi de France et à ses successeurs, après qu'Amaury de Montfort et Gui, son oncle, en eurent fait une nouvelle démission entre les mains de ce monarque (1). Le légat donna ensuite la croix à Louis VIII et fit prêcher, dans toutes les contrées du royaume, la croisade contre le comte de Toulouse et ses sujets hérétiques. « En conséquence, dit un historien du temps (2), un grand nombre de prélats et de laïques, excités bien plus par la crainte du roi de France et par la faveur du légat, que par le zèle de la justice, prirent la croix. Il paraissait, en effet, à plusieurs que c'était un grand abus que d'aller déclarer la guerre à un fidèle chrétien, surtout étant constant et notoire à tous, que ce comte avait prié avec instance le légat dans le concile de Bourges de venir lui-même dans toutes les villes de ses Etats et de s'informer dans chacune si on y professait la foi catholique, avec offre de faire une justice sévère, suivant le jugement de l'Eglise, de tous ceux qui auraient des sentiments contraires à la foi, et, supposé qu'il se trouvât quelque ville rebelle, de la contraindre de tout son pouvoir à faire une satisfaction convenable. Quant à sa propre personne, il offrait, en cas qu'il eût manqué à quelque chose (quoiqu'il ne se sentît coupable de rien), de satisfaire entièrement à Dieu et à l'Eglise, comme un fidèle chrétien, et de répondre sur tous les articles de la foi sur lesquels le pape jugerait à propos de l'interroger. Le légat méprisa toutes ces offres, et le comte, tout catholique qu'il était, ne put trouver grâce auprès de lui, à moins qu'il ne voulût

---

1. *Hist. de Languedoc,* tome III, liv. xxiv.
2. Mathieu Pâris, ad an. 1226.

abandonner tous ses domaines et y renoncer pour toujours, tant pour lui que pour ses successeurs. »

Le légat, pour mettre le roi en état de fournir aux frais de l'expédition, lui assigna, du consentement de quelques évêques, cent mille livres à prendre tous les ans, pendant cinq ans, sur les revenus du clergé de France. Il excepta de cette contribution, qu'on appela *décime*, les Hospitaliers, les Templiers, les religieux de Citeaux, les Prémontrés et les ecclésiastiques qui se trouveraient en personne dans l'armée des croisés.

Raymond, se voyant sur le point d'être accablé, prit tous les moyens que la prudence put lui suggérer pour s'assurer de la fidélité de ses sujets. Il les trouva partout disposés à défendre ses intérêts. Étant allé à Moissac, Raymond de Rouffiac qui en était encore abbé et qui n'avait pu lui pardonner jusqu'ici la manière dont il avait recouvré cette ville, touché du danger qui la menaçait, osa le reconnaître pour comte de Toulouse et remit, en même temps, aux habitants de Moissac (1) tous les griefs qu'il avait contre eux pour s'être livrés à ce prince. Bernard de Durfort, et en général les nobles du Quercy, témoignèrent aussi de leur dévouement à Raymond, à l'exception de quelques-uns qui s'étaient rendus hommes-liges du roi, tel par exemple que Bertrand de Gourdon qui venait d'écrire au roi Louis VIII une lettre datée de Gourdon (2), par laquelle il lui renouvelait l'hommage qu'il avait déjà fait à son père Philippe Auguste pour ses différents châteaux. La ville de Saint-Antonin, non plus, ne suivit pas l'exemple de ses voisins; ses bourgeois prêtèrent serment de fidélité au roi, entre les mains d'Ebrard, chevalier du Temple, qui était venu prendre possession de leur ville au nom du monarque français (3); mais il fut convenu que leur soumission ne serait point rendue publique, dans la crainte que le comte de Toulouse, en ayant connaissance, ne vînt ravager leurs terres. Dans la lettre qu'ils écrivirent à Louis VIII ils lui mandèrent, en lui faisant part de leurs appréhensions, qu'ils différaient à lui rendre hommage jusqu'au moment de son arrivée à Cahors ou dans tout autre lieu qu'il plairait à Sa Majesté de leur désigner; ils lui assuraient qu'ils étaient et qu'ils seraient toujours fidèles à lui et à l'Eglise et qu'encore qu'ils fussent environnés d'hérétiques, ils n'en avaient pas souffert dans leur ville qui avait toujours conservé la pureté de la foi catholique.

1. *Hist. de Languedoc*, tome III, liv. xxiv.
2. *Portefeuille de Baluze.*
3. *Hist. de Languedoc*, tome III, liv. xxiv et Preuves, pag. 304.

Le roi reçut en même temps une lettre de Guillaume, abbé de Figeac, dans laquelle celui-ci lui mandait que s'il pouvait recouvrer le château de Peyrusse, dont le comte de Toulouse s'était emparé sur Montfort, il se ferait un devoir de le lui rendre (1). Louis VIII l'encouragea à faire cette expédition et lui promit à son tour de protéger et de défendre les droits de l'église de Figeac.

III. — *Expédition du roi de France contre le comte de Toulouse — Mort de Louis VIII*

Le roi de France se mit bientôt en marche contre le comte de Toulouse. Il prit la route de Lyon et non celle de Cahors comme l'avaient pensé les bourgeois de Saint-Antonin. Son armée était, dit-on, composée de 50,000 hommes à cheval, tant chevaliers qu'écuyers et d'un plus grand nombre de fantassins. Le légat du pape s'y trouvait, ainsi qu'un grand nombre de prélats et de barons, avec Amaury et Guy de Montfort. Avec des forces aussi formidables, il ne fut pas difficile au roi d'envahir en peu de temps tout le Bas-Languedoc et les pays voisins, jusque, pour ainsi dire, aux portes de Toulouse; mais il ne parut point devant cette ville et ne pénétra point dans le Quercy. Satisfait de sa campagne, il revint en France, laissant à Humbert de Beaujeu le gouvernement du pays conquis, avec une partie de ses troupes. Arrivé à Montpensier, en Auvergne, vers la fin d'octobre 1226, il tomba malade et mourut le 8 novembre suivant. On trouve dans l'*Histoire d'Angleterre* de Duchesne (2) que ce prince donna à la cathédrale de Cantorbéry un hommage que lui rendait un certain Aymeric, bourgeois de Cahors, et dont Alphonse, comte de Poitiers et de Toulouse, confirma, dans la suite, la concession. On ne voit rien dans les cartulaires de la province qui ait trait à cet hommage.

IV. — *L'évêque de Cahors établit les dominicains dans sa ville épiscopale — Election de Durand à l'évêché d'Albi — Bulle du pape portant union à l'évêché de Cahors des dîmes de Luzech et de Puy-l'Evêque*

Il paraît que l'évêque de Cahors ne s'engagea point dans cette nouvelle croisade; pendant la conquête du Languedoc il était du moins dans son diocèse occupé avec Pons d'Antejac, sacristain de son

---

1. *Gallia christ.*, tome I, pag. 176.
2. Duchesne, *Hist. d'Angleterre*, liv. XIII.

CHAPITRE IV   223

église, à établir dans le Quercy les Dominicains ou Frères prêcheurs. Il appela Pierre Cellani, prieur des Dominicains de Toulouse et quelques religieux qu'il logea provisoirement dans le palais des seigneurs de Concorès. Sur ces entrefaites, un bourgeois de Cahors, nommé Raymond *Bénédicti* (1), tomba malade. Arnaud Segos, son médecin, le voyant en danger de mort, le détermina à donner aux Dominicains un grand jardin qu'il avait hors des murs de la ville, auprès de l'église de Saint-Géry, dans la rue dite de *La Jordane*. Les chanoines et Géraud de Gourdon, leur prieur, donnèrent leur consentement à la donation de ce jardin qu'ils avaient donné en fief à Raymond Bénédicti. Du palais des seigneurs de Concorès, Amalvin de Cabrerets, archidiacre de Figeac, transféra les religieux dans les maisons de l'église de Saint-Géry, dont il était titulaire, en attendant qu'un monastère et une église aient été construits dans le jardin de Bénédicti (2).

Guillaume-Pierre, évêque d'Albi, s'étant démis de son évêché entre les mains du cardinal Romain, le pape Grégoire IX ordonna au chapitre de cette ville de procéder, avec le conseil de Simon de Sully, archevêque de Bourges, à l'élection d'un nouvel évêque, dans l'espace de quinze jours, à cause du péril où était la foi dans ce diocèse; en cas d'empêchement, l'archevêque était chargé d'en nommer un de son autorité. Les chanoines informèrent aussitôt Simon de Sully des ordres du Souverain Pontife (3) et le prélat leur manda d'envoyer à Rocamadour, où il devait se trouver, des députés munis de pouvoirs pour l'élection qui aurait lieu le dimanche *cantate*. Les députés du chapitre d'Albi obéirent et élurent, le 28 avril 1227, Durand, archidiacre de Bourges.

Cette même année, Bertrand de Gourdon alla renouveler au roi

---

1. G. de Lacroix, *Series episc. cad.*, pag. 93.

2. Les Dominicains restèrent dans leur nouveau monastère pendant 36 ans; puis ils allèrent loger près de l'église de Saint-Pierre-des-Hortes, au faubourg de Cabessut, dans un autre monastère plus rapproché de la ville, bien plus grand et bien plus agréablement situé, dont ils furent redevables en grande partie à un bourgeois de Cahors appelé Arnaud *Beraldi*, qui accorda le fond où il fut bâti avec une somme d'argent considérable. L'église de Saint-Pierre servait de paroisse aux habitants de Cabessut, séparés de la ville par le Lot. Le nouvel établissement porta préjudice aux dames religieuses de la Daurade, qui se dépouillèrent, en faveur des Dominicains, des rentes qu'elles percevaient de Cabessut et de l'église de Saint-Pierre avec les revenus du cimetière qui était situé le long du chemin de Cahors à Falguières et à la montagne du Rouli, aujourd'hui *Pech de Role;* toutefois l'évêque Barthélemy indemnisa les dames de la Daurade en leur accordant l'église de Saint-Géry de Rive d'Olt, à deux lieues de Cahors.

3. Baluze, *Hist. Tutel.*, pag. 161.

saint Louis l'hommage qu'il avait fait à son père et à son aïeul, et que le jeune monarque promit de ne jamais aliéner de la Couronne (1). A la même époque, le pape Grégoire IX envoya à l'évêque de Cahors une bulle portant union à l'évêché de Cahors des dîmes de Luzech et du Puy, surnommé ensuite l'Evêque, châteaux-forts qui appartenaient aux seigneurs ou barons de Luzech, et dont le prélat, aidé de ses parents et de ses amis, s'était emparé sur les hérétiques (2). Le Souverain Pontife accorda cette faveur à l'évêque de Cahors en considération de la pauvreté où l'avaient réduit les hérétiques et les routiers qui étaient maîtres de ses châteaux. C'est ainsi que ces deux terres firent désormais partie de la temporalité de l'évêché de Cahors.

V. — *La guerre pénètre dans le Quercy — L'évêque de Cahors prête serment de fidélité à Saint-Louis*

A ce moment le Quercy, n'étant pas le théâtre de la guerre que se faisaient Humbert de Beaujeu et le comte de Toulouse, jouissait d'une paix profonde; mais l'année suivante (1228), la guerre se porta sur ses frontières. Raymond, ayant mis le siège devant Castelsarrasin, fut bientôt maître de la ville et força la garnison à se retirer dans la tour du château (3). Humbert de Beaujeu vint au secours de la place, dont il ne put empêcher la prise, en attaquant le château de Montech, dans le dessein d'obliger le comte à sortir de son camp qui était si bien retranché, qu'il était fort difficile d'en approcher. De Montech, dont il s'empara, Beaujeu se porta sur Lavaur, et le Bas-Quercy fut ainsi délivré de la crainte que lui inspirait le voisinage d'un si redoutable guerrier.

L'évêque de Cahors alla prêter serment de fidélité à Louis IX (4). Ce saint roi reçut la foi et l'hommage du prélat pour le comté de Cahors et ses dépendances; comme son père et son aïeul, il promit que l'hommage des évêques de Cahors et leur évêché ne seraient jamais aliénés de la Couronne, *praterea eidem episcopo concessimus quod nunquam ipsius homagium vel Caturcensem episcopatum extra manum nostram vel hæredum nostrorum ponemus. Quod ut firmum et stabile habeatur, præsentem paginam sigilli nostri*, etc.

---

1. *Portefeuille de Baluze.*
2. G. de Lacroix, *Series episc. cad.*, pag. 90.
3. *Hist. de Languedoc*, tome III, liv. XXIV.
4. *Portefeuille de Baluze.*

VI. — *Traité de paix entre le roi de France et le comte de Toulouse*

Il ne restait au comte de Toulouse qu'une partie du Toulousain et de l'Albigeois, le Rouergue, le Quercy et l'Agenais. Une seconde campagne pouvait lui enlever le reste de l'héritage de ses pères; il était trop faible, malgré son courage et son habileté dans l'art militaire, pour faire tête à des armées nombreuses et commandées par tout ce qu'il y avait de plus puissant parmi les barons français. Saint Louis et la reine Blanche, sa mère, touchés du sort de ce prince, désiraient qu'il en vînt à des propositions de paix; c'était aussi le vœu du cardinal-légat. L'abbé de Granselve (1) eut une conférence avec le comte qu'il trouva très disposé à conclure une paix. Dans ce but, on indiqua une conférence à Meaux en Brie, dans le domaine de Thibaud, comte de Champagne, que Raymond avait pris pour médiateur. Le comte de Toulouse s'y rendit au jour marqué. Après qu'on eut convenu des articles, l'assemblée se transféra à Paris, où l'on dressa le traité que le roi approuva. Le 12 avril 1229, Raymond jura de l'observer devant le grand portail de la cathédrale de Notre-Dame de Paris; il renouvela la promesse qu'il avait si souvent faite d'être fidèle et obéissant au roi et à l'Eglise; de faire la guerre aux hérétiques; de garder et de faire garder la paix dans toute l'étendue de son domaine; de restituer les biens des églises; de payer et de faire payer les dîmes. Il s'engagea à payer une certaine somme aux abbayes de Citeaux, de Clairvaux, de Grandselve, de Belle-Perche et de Candeil, à entretenir à ses dépens, dans la ville de Toulouse, un certain nombre de professeurs en théologie, droit canonique, etc., à prendre la croix des mains du légat pour la guerre d'Outre-mer. Il consentit à ne posséder désormais que le Toulousain, la partie de l'Albigeois située en deçà du Tarn, le Rouergue, l'Agenais et le Quercy, excepté la ville de Cahors, les fiefs et les autres domaines que Philippe-Auguste avait dans ce pays au moment de sa mort. Il donna en mariage Jeanne, sa fille unique, à un des frères du roi, et, à cause de cette union, il déclara qu'après sa mort, Toulouse et son évêché appartiendraient au mari de sa fille, à leurs enfants, et à défaut d'enfants, au roi et à ses successeurs. Quant à l'Agenais, au Quercy, au Rouergue et à la partie de l'Albigeois située en deçà du Tarn, il fut décidé que si le comte venait à mourir sans enfants, nés d'un légitime mariage, tous ces pays appartiendraient aussi à sa fille, épouse d'un frère du roi et à leurs héritiers. Le comte

---

1. *Hist. de Languedoc,* tome III, liv. xxiv.

se réserva néanmoins une pleine autorité sur tout son domaine, avec le droit de faire des legs pieux, suivant les usages et les coutumes des autres barons de France.

Le comte de Toulouse s'engagea encore à faire démolir entièrement les murs et combler les fossés de Toulouse, suivant les ordres et la volonté du légat, et d'en faire de même pour trente autres places, au nombre desquelles étaient Moissac, Montauban et Montcuq. Comme garantie, il remit entre les mains du roi, pour un certain temps, plusieurs châteaux, au nombre desquels celui de Montcuq. Raymond ayant fait le serment d'observer fidèlement ce traité, fut introduit en chemise, en haut de chausses et nu pieds, dans l'église de Notre-Dame de Paris et fut absous, devant le grand autel, de son excommunication. Il fit ensuite hommage-lige au roi pour le Quercy, l'Agenais et les autres pays qui lui avait été laissés.

Par ce même traité, le roi de France révoqua toutes les donations qui avaient été faites par lui, par son père ou par Simon de Montfort, à divers chevaliers français dans l'étendue de tous les pays qui étaient laissés à Raymond (1); il y abolit par là les coutumes de la vicomté de Paris que Simon de Montfort y avait introduites. Le comte de Toulouse témoigna au roi le désir qu'il avait de recouvrer les possessions des villes de Cahors, de Saint-Antonin et de quelques autres fiefs du Quercy, dont les seigneurs, profitant de la guerre, avaient fait hommage aux rois de France. Saint Louis s'y refusa, mais ils s'accordèrent par l'entremise du légat et de Thibaud, comte de Champagne, que le comte Raymond avait pris pour son médiateur. Suivant cet accord, les domaines réclamés devaient rester au roi qui, en dédommagement, renonça aux 1,500 livres tournois que Raymond s'était engagé à lui payer annuellement pendant cinq ans, pour la garde des châteaux qu'il devait remettre en garantie de ses promesses (2).

Pendant que Raymond était encore à la cour de France, Pierre de Colmieu, vice-légat, se rendit à Toulouse qu'il réconcilia avec l'Eglise. Etant allé à Moissac, il trouva les consuls de cette ville en différend avec l'abbé, au sujet du serment de fidélité qu'ils prétendaient ne devoir pas lui prêter (3). Pierre de Colmieu les força à cet acte de soumission qui était dû; ce que le pape Grégoire IX confirma ensuite par une bulle. L'abbé de Moissac, dont il s'agit ici, était Raymond de Montpezat. Il venait de succéder à Raymond de Rouffiac, et, selon Denis de Sainte-

1. *Hist. de Languedoc*, tome III, liv. XXIV.
2. *Hist. de Languedoc*, tome III, Preuves, pag. 339.
3. Foulhiac.

Marthe (1), à Guillaume, chapelain du pape, que ce savant fait siéger entre les deux abbés (2).

Le comte Raymond revint à Toulouse vers la fin de septembre 1229. Le cardinal de Saint-Ange ne tarda pas à y venir à la tête d'un corps de croisés qui fut employé à démolir les places fortes du pays. Le légat enjoignit au comte d'exécuter tous les articles du traité. Les commissaires du roi reçurent le serment de fidélité de Raymond et le mirent en possession, au nom du légat et du roi, des pays qui lui avaient été laissés.

VII. — *Concile de Toulouse*

Le cardinal de Saint-Ange tint ensuite un concile à Toulouse. On y dressa quarante-cinq canons dont quelques-uns concernaient l'établissement de l'inquisition dans les pays hérétiques. Par ces canons, il fut enjoint aux évêques d'envoyer dans chaque paroisse un prêtre et deux ou trois laïques d'une probité reconnue, afin de rechercher dans toutes les maisons et jusque dans les endroits les plus cachés, les hérétiques et leurs fauteurs, qui devaient ensuite être dénoncés aux ordinaires, aux seigneurs des lieux et à leurs officiers. Il fut même permis à toute sorte de personne de faire la recherche des hérétiques et ordonné aux baillis d'y prêter la main. Pour éviter les abus auxquels cette recherche aurait pu donner lieu, il fut statué que personne ne pourrait être puni comme hérétique, sans avoir été jugé tel par l'évêque ou par un ecclésiastique qui en aurait le pouvoir. Le concile prit encore une autre mesure pour extirper l'hérésie, établir ou entretenir la paix et pourvoir à la sûreté publique dans les pays désolés par les Routiers et les brigands attirés par la guerre : ce fut d'ordonner aux seigneurs et aux communes

---

1. *Gallia christ.*, tome I, pag. 166.

2. Denis de Sainte-Marthe s'est certainement trompé et son erreur vient de la fausse date d'une charte dans laquelle il est dit que ce Guillaume fut choisi par le Souverain Pontife, en 1225, pour juger le différend qui existait entre Alphonse, comte de Poitiers et de Toulouse et Hélie, abbé de Sarlat ; mais Alphonse n'était alors que dans la cinquième année de son âge et il ne fut comte de Toulouse qu'en 1249. La charte serait plutôt de 1255, car, outre qu'Alphonse était alors comte de Poitiers et de Toulouse, il y avait à Moissac un abbé du nom de Guillaume, et à Sarlat un abbé nommé Hélie, qui est le troisième de ce nom. C'est sans doute aussi cette charte qui a fait croire au même écrivain que c'était l'abbé Guillaume qui avait pardonné aux bourgeois de Moissac, tandis qu'il est certain que ce fut Raymond de Rouffiac. Faisant siéger celui-ci en 1225, Denis de Sainte-Marthe a pensé qu'il siégeait encore en 1228, qui est l'époque de ce pardon.

de se liguer par serment contre les ennemis de la foi et de la paix. Nous verrons bientôt comment cette mesure fut exécutée dans le Haut-Quercy.

VIII. — *Différend entre l'évêque et les consuls de Cahors — Hommages de Bertrand de Cardaillac, de Guillaume et de Géraud de Gourdon — L'évêque de Cahors est obligé de restituer au comte de Toulouse divers biens usurpés pendant la croisade — Continuation du droit de battre monnaie, accordée aux consuls de Cahors*

L'évêque de Cahors et son chapitre étaient toujours en différend avec les consuls de sa ville épiscopale. Nous avons fait connaître le sujet de cette querelle qui, bien que très peu important par lui-même, ne laissait pas que de troubler la ville. Pour terminer cette affaire, le cardinal-légat envoya sur les lieux l'archevêque de Bourges (1) qui, s'étant convaincu que l'usage de la cloche contestée appartenait et au chapitre et à la communauté, l'adjugea aux deux parties par une sentence que le légat confirma par ses lettres datées de Malause, et dans lesquelles il condamnait les contrevenants à une amende de dix marcs d'argent, dont la moitié à son profit et l'autre moitié au profit de la ville, dans le cas où l'église ne se conformerait pas à la sentence, et au profit de l'église si c'étaient les consuls qui contrevenaient.

La même année, Bertrand de Cardaillac qui, comme nous l'avons vu, s'était élevé un des premiers contre la maison de Toulouse et avait été un partisan zélé de Montfort, rendit hommage au comte Raymond VII pour l'ancienne vicomté de Saint-Cirq (2) qui, depuis quelque temps, était devenue la propriété de sa famille.

On trouve deux autres hommages rendus l'année suivante (1230), l'un au roi par Guillaume de Gourdon, chevalier ; l'autre au comte de Toulouse par Géraud de Gourdon, pour les châteaux de Montcuq, de Mondenard et de Sauveterre. L'acte de ce dernier hommage porte que Géraud donna ces châteaux à Raymond et qu'il les reçut en même temps des mains de ce prince (3).

Il était dit dans un article du traité passé entre saint Louis et Raymond VII que toutes les donations que les croisés auraient pu faire

---

1. G. de Lacroix, *Series episc. cad.*, pag. 97.
2. Foulhiac.
3. Géraud est sans doute le même que le seigneur de Carmaing de ce nom. On croit qu'il était cousin de Guillaume et de Bertrand de Gourdon.

dans l'étendue du domaine laissé au comte seraient révoquées ; or, Guillaume de Cardaillac, évêque de Cahors, et plusieurs ecclésiastiques de son diocèse jouissaient de quelques terres données pendant la croisade et ne paraissaient pas disposés à les rendre. Le comte de Toulouse porta plainte au roi, qui l'écouta favorablement et manda à l'évêque de Cahors de restituer lui-même et de faire restituer à Raymond les biens usurpés, et de ne pas permettre que le comte *fût molesté en rien. Il vous est,* ajoute-t-il, *plus avantageux de le gagner par des bienfaits que de l'aigrir par des chagrins. Conduisez-vous envers lui de manière qu'il n'ait aucun sujet de se plaindre de vous.* On ignore quels étaient les biens que le comte Raymond réclamait ; ceux que Simon de Montfort avait confisqués et donnés ensuite à hommage à Guillaume de Cardaillac devaient sans doute en faire partie. Ces biens furent-ils rendus ? C'est ce que ne croit pas Dominicy. Ce savant écrivain n'a, dit-il, trouvé dans les différentes archives du pays aucun monument qui le prouve. Saint Louis reçut ensuite une lettre de Clément IV, la 328e de ce pape, contenant des principes qui durent détourner le roi de poursuivre ces sortes de restitutions.

Nous avons dit que Guillaume de Cardaillac avait aliéné pendant six ans, en faveur des consuls de Cahors, le droit de battre monnaie, en paiement d'une somme d'argent qu'il leur avait empruntée ; mais comme ce prélat n'avait éteint, par cet emprunt, qu'une légère partie de ses dettes, il fut obligé de proroger ce droit aux consuls et de leur livrer les ports de Bullier et de Saint-Jacques (1), (aujourd'hui Saint-James), pour la somme de 100 livres de Cahors qu'il reçut d'eux et dont il se servit pour payer ce qu'il devait au banquier Juvenal (2).

---

1. G. de Lacroix, *Series episc. cad.*, pag. 90. — Foulhiac.

2. Juvenal était un de ces lombards qui, pendant la croisade, étaient venus d'Italie en France à la suite des légats apostoliques. Ils s'étaient fixés à Cahors et y tenaient banque ouverte sur la place des *petits Mazels* qui, à cause de cela, fut longtemps appelée *place d'Echange*. Cette banque ruina tous les seigneurs du pays qui, ayant pris parti pour ou contre les Albigeois, y allaient puiser de grosses sommes à 15 ou 20 pour cent, afin de pouvoir fournir aux diverses dépenses de cette guerre malheureuse. Ces banquiers ou usuriers sont connus dans les écrivains du temps qui en ont parlé, sous les dénominations de : *Carvarcini, Corcini, Caorcini, Caturcini, Cadurciens, Caorcins, Corcins*. Ils prêtaient ordinairement sur gages. Saint Louis fit contre eux une ordonnance, renouvelée ensuite par Philippe III, en vertu de laquelle il fut enjoint à tous les baillis du royaume de les chasser de leur territoire, dans le délai de trois mois, qui fut accordé aux débiteurs, afin que ceux-ci eussent le temps de retirer les meubles ou immeubles engagés, en payant seulement le capital. (Laurière, *Ordonnances*, tome I).

IX. — *Confédération des seigneurs du Quercy*

Le 2 février de cette année (1230), Raymond IV, vicomte de Turenne, fit à Rocamadour une ligue ou traité de confédération, conformément aux décrets du concile de Toulouse, avec les consuls de Cahors (1), ceux de Figeac (2), Bertrand de Gourdon et Bernard de Ventadour, abbé de Tulle, qui, en cette qualité, était un des plus puissants seigneurs du Haut-Quercy. Cette confédération devait durer huit ans à partir des fêtes de Pâques. Les autres seigneurs qui s'y engagèrent furent les abbés de Marcillac et de Maurs et les seigneurs de Castelnau-de-Gramat, Thémines, Lavergne, Bio, Toirac, Cardaillac, Anglars, Corn, Camboulit, Faycelles, Sénaillac, Mialet, Fons, Saint-Cirgues, Lacapelle-Banhac, Felzins, Lentillac, Caumont, Sonac, Assier, Livernon, etc.

Le vicomte de Turenne fut mis à la tête de la ligue, comme étant le premier seigneur de la contrée. C'était lui qui devait commander les troupes du pays, quand il serait jugé nécessaire de les mettre en campagne, pour rétablir le bon ordre. Quant aux autres confédérés, ils s'engagèrent tous par serment à marcher sous la bannière du vicomte; mais, à l'égard des consuls de Cahors, il fut arrêté, par un acte du 11 février, dressé dans l'assemblée de Rocamadour, qu'ils ne seraient point tenus de suivre le vicomte au delà du fleuve de la Dordogne. Un des grands effets de la ligue fut de purger le pays des Routiers qui, s'étant rendus maîtres d'un grand nombre de forts du Bas-Limousin et du Haut-Quercy, ravageaient les campagnes, pillaient les églises et les monastères, et poussaient leurs brigandages jusque dans les bourgs et dans les villes.

X. — *Accord entre le comte de Toulouse et l'abbé de Montauban*

Le comte de Toulouse avait recouvré la ville de Montauban sur Roger-Bernard, comte de Foix, contre lequel il s'était engagé à faire

---

1. Ces consuls étaient alors : Raymond d'Archambald, Gaillard de Lard (*), Pierre de Béraud ou Labéraudie, Guillaume de Bertrand, Pierre de Vayrac, Arnaud de Bérenger, Bernard Fabri, Pierre du Pui, Hugues de Lamote, Pierre Marin, Géraud Desplats et Arnaud de Vayrols.

2. Les consuls de Figeac étaient à cette époque : Bernard de Verdilhac, Déodat de Lachaize, Etienne de Lasbouygues, Guillaume Rey, Géraud de Ferrier et Bernard de Grèzes.

*. Ou Dellard. C'était une famille noble de l'Agenais, dont une branche établie à Cahors possédait Rassiels et autres fiefs dans les environs de Cahors.

a guerre, si ce seigneur refusait de se soumettre. Bien que cette place fût une de celles qui devaient être démantelées, on épargna néanmoins, dit-on, ses fortifications (1). Elle dut cette faveur à la force de son assiette. On jugea qu'elle pourrait bien un jour servir de boulevard à tous les pays voisins, s'il arrivait que les Anglais portassent la guerre en Gascogne. Harbert d'Auriole était alors abbé de Saint-Audard, il avait remplacé Arnaud, successeur de Robert, qui avait succédé lui-même à Raymond d'Azémar (2). D'Auriole était en procès avec le comte Raymond au sujet de la justice de Montauban et de Villemade, dont il demandait la moitié. Il prétendait aussi être le maître exclusif du port de Perget; il exigeait que le comte se reconnût vassal de son monastère pour le château de Toulvion, avec obligation de tenir une fois l'étrier à l'abbé, à chaque mutation; qu'il rendît certaine reconnaissance et certains cens qu'il devait pour quelques terres qu'il tenait de l'abbaye; qu'il laissât à l'abbé la justice sur les hommes-liges, les moines, les clercs et les donnés du monastère; que, lorsque ceux qui tenaient à cens des biens de l'abbaye, commettraient quelques crimes, l'entière confiscation de leurs biens appartînt à l'abbé; que, dans la formule de serment que les habitants de Montauban prêteraient au comte, on mettrait la clause *sans préjudice de la seigneurie et du droit de l'abbé;* qu'il n'y eût point de consulat à Montauban; que la maison commune, qui était sur la place, fût démolie; qu'au lieu du serment de fidélité que les habitants de cette ville refusaient de lui prêter, quoiqu'ils s'y fussent engagés par une transaction, ils lui payassent la somme de 500 livres; enfin, que le comte lui restituât certaines terres qui devaient appartenir à l'abbaye. Raymond, étant à Gaillac, en Albigeois, avec plusieurs gentilshommes, entre autres Bernard, son frère, vicomte de Bruniquel, s'accorda avec l'abbé. Ils passèrent une transaction le 12 octobre 1231, *sous le règne de Louis et sous l'épiscopat de Guillaume de Cardaillac, évêque de Cahors.* Par cet acte, le comte de Toulouse céda à l'abbé le quart de la justice et des droits seigneuriaux de Montauban et de Villemade, et se reconnut son vassal pour la terre de Toulvion. De son côté, l'abbé se désista en faveur du comte d'une partie des droits qu'il disait avoir. Il renonça aux droits et aux privilèges qu'il avait obtenus de Pierre de Colmieu et du cardinal de Saint-Ange, pendant qu'ils exerçaient leur légation dans la province; il ne demanda plus la suppression du consulat et la démolition de la maison commune; il

---

1. Cette assertion paraît hasardée par quelque écrivain de Montauban.
2. Le Bret., *Hist. de Montauban,* pag. 54.

renonça enfin au serment de fidélité et aux 500 livres qu'il exigeait des habitants de Montauban, se contentant désormais du serment, qu'il fut convenu que les consuls de cette ville feraient à lui et à ses successeurs, et dans lequel ils s'engageraient à conserver et défendre les droits de l'abbé et ceux du monastère.

Le dimanche, 18 janvier 1232, le comte Raymond accorda au *chapitre* et aux habitants de Montauban, en présence des capitouls ou capitoliers de cette ville et des consuls de Toulouse, moyennant mille sous cadurciens, qu'ils lui donnèrent, la liberté de faire vendre publiquement le sel par toute sorte de marchands, sans se réserver d'autre droit que la leude et le péage ordinaires (1).

XI. — *Prieuré des Bouisses — Dénombrement de fiefs de l'abbaye de Marcillac — Le comte de Toulouse vient dans le Quercy*

Raymond de Lard ou Dellard, chevalier, seigneur de Rassiels, donna en 1232, sans réserve d'aucun droit et du consentement de l'évêque de Cahors, sa terre de *Las Bouissés*, près de Mercuès, à dame Guillelmette, seconde abbesse de Leyme (2). Celle-ci, pour remplir les vues du donateur, y fonda un prieuré où elle fit passer des religieuses de son monastère. Ce prieuré n'a cessé d'être conventuel que dans les derniers siècles.

Le pape Grégoire IX expédia, peu de temps après, en faveur de l'abbaye de Marcillac (3), une bulle datée de la cinquième année de son pontificat, dans laquelle, en faisant le dénombrement des bénéfices dépendants de ce monastère, il nomme Rocamadour, Madiran, les Arques, Espédaillac et Soulomès (4). On ne voit pas que les religieux de Marcillac aient fait usage de cette bulle pour renouveler contre l'abbé de Tulle leur ancien droit sur l'église de Rocamadour.

Le comte de Toulouse fit la même année (1232) un voyage en Quercy; car on trouve, qu'étant à Labastide-de-Montalzat, il reçut le serment de fidélité et d'hommage des chevaliers Bertrand, Gaillard et Bernard de Rozet, pour la terre de Lagarde en Calvaire, dans les environs de Lauzerte (5).

1. *Hist. de Languedoc,* tome III, liv. xxiv.
2. *Cartulaire de Leyme.*
3. *Hist. manuscrite de l'abbaye de Marcillac.*
4. Soulomès fut donné plus tard aux chevaliers de Saint-Jean-de-Jérusalem.
5. Foulhiac.

XII. — *L'inquisition est confiée aux Dominicains — Assemblée de Melun — Mort de Guillaume de Cardaillac, évêque de Cahors — Abbés du Quercy au moment de la mort de Guillaume de Cardaillac*

Le pape, ayant appris qu'il y avait dans la province des hérétiques qui, après leur conversion, revenaient à leurs premières erreurs, écrivit au roi de France et le pria d'avertir le comte de Toulouse de n'avoir aucun commerce avec eux (1); puis, sous le prétexte que les évêques avaient assez à faire dans leurs diocèses, il confia l'inquisition contre les hérétiques aux Dominicains, en recommandant aux évêques, aux barons et aux sénéchaux de favoriser ces religieux dans l'exercice de leurs fonctions. L'évêque de Tournai, son légat, nomma pour inquisiteurs dans le diocèse de Cahors, frère Pierre Cellani et frère Guillaume Arnaldi qui, avant de se rendre à leur destination, exercèrent leur terrible emploi dans la ville et dans les environs de Toulouse. Le même prélat confirma en même temps l'union de l'église d'Archambald à celle de Saint-Jacques ou Saint-James de Cahors (2), qui dépendait du chapitre; il confirma aussi l'union des églises de Saint-Paul d'Albugues et de Saint-Martin de *Montauri*, à celle de Saint-Hilaire de Durfort que venait de faire l'évêque de Cahors (3).

Quoique le comte de Toulouse traitât sans ménagement les hérétiques, l'évêque de Tournai ne laissait pas que de le trouver trop modéré. Il l'accusa de négligence et de lenteur devant le roi qui appela le comte à sa cour. Raymond s'y rendit. On tint à ce sujet une conférence à Melun (4) et, sur les plaintes du légat, il fut décidé que le comte Raymond pourvoirait incessamment à tout, par les conseils de l'évêque de Toulouse et du chevalier Gilles de Flageac que le roi devait envoyer sur les lieux. Quand celui-ci fut arrivé à Toulouse, Raymond convoqua ses barons du Quercy et des autres pays de son comté; il dressa et fit publier contre les hérétiques un édit dont voici les principaux articles :

1° Les habitants d'un lieu seront obligés de payer pour chaque hérétique un marc d'argent à celui qui l'aura pris sur leur territoire;

2° On détruira les maisons où sera trouvé un hérétique vif ou mort

---

1. *Hist. de Languedoc*, tome III, liv. XXIV.
2. Foulhiac.
3. Les deux premières églises furent dans la suite désunies, mais la réunion des trois autres subsista; elles ne fournirent qu'une seule cure très riche dont l'abbé de Moissac était patron.
4. *Hist. de Languedoc*, tome III, liv. XXIV.

depuis la paix de Paris. Les maisons où les hérétiques auront prêché, du consentement du maître, auront le même sort et les biens de tous ceux qui y demeurent seront confisqués; 3° La confiscation des biens aura lieu aussi contre ceux qui sont ou deviendront hérétiques, même au préjudice de leurs enfants et de leurs autres héritiers légitimes; leurs moissons seront rasées; 4° Tous ceux qui traverseront les inquisiteurs dans leurs recherches ou qui ne les favoriseront pas, encourront la même peine, ainsi que les hérétiques parfaits qui se seraient convertis, s'ils ne produisaient pas des lettres testimoniales de leur réconciliation et ceux qui, ayant abjuré l'hérésie, ne porteraient pas ou cacheraient les deux croix qu'ils auraient été condamnés à porter sur leur poitrine par leur évêque (1).

Guillaume de Cardaillac ne fut pas témoin de cette ordonnance; il mourut quelques jours avant sa publication, suivant le nécrologe de l'église cathédrale, qui place sa mort au VIII des ides de février 1234. Tout ce que nous avons dit de ce prélat montre qu'il était extrêmement zélé pour les intérêts de la religion, pour la prospérité de sa ville épiscopale et pour l'agrandissement du temporel de son évêché. L'abbaye de Leyme, les couvents des Cordeliers, de Sainte-Claire et des Frères prêcheurs, qu'il fonda dans la ville de Cahors, sont des monuments de sa piété. Se regardant moins comme le maître que comme le père de ses vassaux, il travailla à grands frais à leur rendre navigable la rivière du Lot : entreprise hardie pour ce temps là, qui donne une idée de la grandeur du génie de ce prélat et de son amour pour son peuple. Les consuls de la commune de Cahors lui furent redevables d'une partie de leurs privilèges et du droit de battre monnaie, droit d'autant plus honorable qu'il était plus rare. Cependant ces magistrats ne répondirent à tant de faveurs que par la plus noire ingratitude. Ils en vinrent jusqu'à lui contester les droits seigneuriaux, pour se les arroger; comme s'ils avaient pu ignorer que c'était de ses évêques que la ville tenait le consulat et toutes les autres prérogatives dont elle jouissait (2).

1. Ces croix devaient être d'une couleur différente à celle de l'habit. Ceux qui étaient condamnés à les porter étaient appelés *croisés pour le fait d'hérésie*.

2. Le savant Dominicy fait remonter ces vaines et injustes prétentions des consuls de Cahors à la guerre des Anglais. Comme cette ville demeura quelque temps au pouvoir de ces insulaires qui, au rapport de cet écrivain, la prirent jusqu'à quatre fois, les *droits du seigneur évêque reçurent nécessairement quelque atteinte* et cette atteinte eut lieu sans le moindre obstacle, parce que l'évêque Géraud parut rarement à Cahors pendant la domination anglaise. De leur côté les Anglais, pour accoutumer à leur joug les consuls de Cahors, ne manquèrent pas sans doute de leur accorder des droits et des privilèges au préjudice de l'autorité de l'évêque.

Guillaume de Cardaillac donna un nouveau lustre au siège épiscopal de Cahors, en se reconnaissant vassal immédiat du roi. Lui et ses successeurs devinrent par là barons du monarque français, tandis qu'auparavant les évêques de Cahors ne l'étaient que des comtes de Toulouse. Ils possédèrent leur fief en souverain, comme le vicomte de Turenne et les autres grands vassaux possédaient les leurs. Ils avaient leur sénéchal particulier pour convoquer leurs vassaux, leur juge d'appel qui connaissait des causes de ces vassaux (1), comme le lieutenant du sénéchal du roi connaissait des causes des vassaux du roi.

Guillaume augmenta le temporel de l'évêché, pendant la guerre des Albigeois, par la réunion de plusieurs fiefs qui lui furent concédés. En cherchant à accroître sa fortune, il n'entendait pas en faire un usage profane, mais il désirait avoir et laisser à ses successeurs la faculté de pouvoir faire un plus grand bien dans le diocèse. C'est dans ces vues, que, lorsque la vicomté de Lautrec et de Paulin eut été confisquée sur les vicomtes Bertrand et Sicard (2), que l'on croit fils du malheureux comte Baudoin, et d'Alise, héritière de Lautrec, il usa de son droit de suzerain pour recouvrer cet ancien et important domaine de son évêché; mais il n'en jouit pas longtemps, il en rendit une partie, sur l'ordre de Louis VIII, et son successeur rendit l'autre. Toutefois, les évêques de Cahors conservèrent l'hommage de cette grande terre, dont les revenus égalaient, pour ainsi dire, tous ceux de l'évêché.

Les abbés qui siégeaient dans les monastères du diocèse, à la mort de Guillaume de Cardaillac, étaient : à Moissac, Raymond de Montpezat; à Figeac, F. successeur de Guillaume de Ventadour; à Marcillac, Raymond de Goudou, qui avait succédé à Gibelin vers 1233 (3). Souillac avait pour doyen Pierre, successeur de Raymond. L'abbaye de Saint-Audard de Montauban était toujours gouvernée par H'Arbert d'Auriole; celle de Saint-Marcel avait eu depuis Bernard I, Bernard II de Laborde, qui, comme son prédécesseur, s'accorda pour les dîmes de

---

1. Ce juge est appelé dans plusieurs chartes *juge des exempts*; parce que les seigneurs vassaux de l'évêque étaient dispensés de répondre devant son juge ordinaire qui était subordonné au juge d'appel, lequel connaissait par appel des jugements de celui-là. Nous aurons l'occasion de parler du sénéchal des évêques de Cahors, dont la juridiction ne s'étendait pas seulement sur la ville et sa banlieue, mais encore sur quarante-six petites villes, bourgs ou châteaux qui composaient ce qu'on appelait alors le *Temporel de l'évêque*.

2. *Hist. de Languedoc*, tome III, liv. xxiv.

3. Car, à cette date, il donna moyennant une redevance, à Guillaumette, abbesse de Leyme, l'église de Flaujac, près d'Issendolus (*Gallia christ.*, tome I, pag. 177).

Saint-Nazaire avec le doyen de Cayrac qui était Raymond Roger. Le monastère de La Garde-Dieu avait pour abbé Géraud, successeur de Bertrand le Bon, de Toulouse, qui avait pris la place de Jean I au commencement du xiiiᵉ siècle.

XIII. — *Poètes du Quercy sous l'épiscopat de Guillaume de Cardaillac*

Il y eut sous l'épiscopat de Guillaume de Cardaillac plusieurs poètes quercynois dont il importe de parler ici; ce sont : Pons de Lagarde, Raymond de Durfort, Mathieu de Quercy, Bertrand de Gourdon, Guillaume de Malbuçon, la dame Gormunda et Hugues de Saint-Cyr.

1º On croit que Pons de Lagarde était du château de ce nom, situé près de Lauzerte. Il était, sans doute, oncle des seigneurs Bertrand, Gaillard et Bernard, qui, comme nous l'avons dit, rendirent hommage à Raymond VII, comte de Toulouse. Notre poète est l'auteur de onze chansons de galanterie et d'un sirvente satyrique (1), dans lequel il déclame contre les vices qui règnent dans les différents états de la société. Il ne trouve dans l'espèce humaine que des gens couverts de crimes qui vont bientôt éprouver la rigueur des jugements de Dieu; car il annonce que la fin du monde approche à cause d'une pluie de sang qu'il a vue.

2º Raymond de Durfort, chevalier, ne peut être que celui que l'on trouve à la tête de la généalogie de cette illustre maison, de la branche aînée de laquelle il est le chef. Il naquit au château de Durfort et réunit aux seigneuries qu'il avait en Quercy, celles de Clairmont-Soubiran, Penne et Fanjeaux. Il eut le malheur d'embrasser l'hérésie en Albigeois, mais il fut ensuite converti par un miracle que saint Dominique opéra sous ses yeux, dans son château de Fanjeaux, en Languedoc, qu'il lui avait prêté pour y faire des conférences sur la foi catholique. Il eut depuis une grande vénération pour ce saint et lui donna un fond considérable de terre pour bâtir le monastère de Prouille, en faveur des demoiselles de qualité. On trouve un hommage que ce seigneur rendit en 1232 à Raymond de Montpezat, abbé de Moissac, pour une portion de la seigneurie de cette ville et le territoire de Biarose, concédés anciennement par les abbés de Moissac aux seigneurs de Durfort, à la condition que ceux-ci défendraient leur monastère contre les entreprises fréquentes des habitants de Lacapelle, de Montesquieu, etc. Raymond de Durfort vivait en 1246; car, cette année, il reçut du roi

1. *Hist. littè. des Troubadours*, tome III, pag. 311. — Foulhiac.

Saint-Louis un don de 30 livres tournois de rente à prendre sur la sénéchaussée de Carcassonne. Ses poésies consistent en quelques sirventes peu intelligibles. Il censure dans l'une la conduite de Mathieu de Quercy; il nous apprend que ce poète avait embrassé le parti du comte de Toulouse; qu'il s'était trouvé dans Béziers, lorsque les croisés prirent cette ville; mais qu'il eut le bonheur de se sauver : sans quoi, dit-il à Mathieu, tu ne ferais plus ni chansons ni vers :

> Ben es malastruech et dolens
> Lo Caercy et tot sos gens
> Si fosses perdutz a Béziers,
> No fairas ja chanso ni vers.

3° Mathieu de Quercy. Nous ne connaissons d'autre particularité de la vie de ce poète que celle que vient de nous fournir Raymond de Durfort; il paraît être originaire de Gourdon ou des environs de cette ville. Ce qu'on peut dire de lui avec certitude, c'est qu'il fournit une longue carrière; il vivait encore en effet en 1276, puisqu'il composa une complainte en l'honneur de Jacques, roi d'Aragon, qui mourut cette année. Il y fait le plus grand éloge de ce prince; il invite les Espagnols à verser sur la tombe du héros chrétien autant de pleurs que les Bretons en versent sur celle du bon roi Arthur (1). Il place Jacques dans le ciel et lui donne une couronne brillante dont il décrit les différentes parties, et il ajoute que l'on aura désormais *deux saints Jacques* à fêter.

Nous avons encore un dialogue de Mathieu avec Bertrand de Gourdon; il reproche à ce seigneur de manquer à sa parole. S'il est vrai, lui dit-il ensuite, comme la renommée le publie, que vous ayez vendu Gourdon au roi, vous pouvez bien aller chercher une maison ailleurs; car un si noble lieu n'est pas fait pour vous. Bertrand lui répond qu'il n'a vendu ni Gourdon, ni aucune rente; mais qu'il a demandé au roi une bonne paix et qu'il prie Dieu de punir quiconque le troublera. Ce qui avait donné lieu au faux bruit dont parle Mathieu, c'était peut-être l'hommage-lige que Bertrand fit au roi de France pour se maintenir en paix pendant la guerre des Albigeois.

4° Bertrand de Gourdon cultivait aussi les muses provençales; il nous reste de lui un tenson, dans lequel, suivant la remarque de l'auteur de l'*Histoire littéraire des Troubadours*, il s'énonce en grand seigneur. Bertrand l'était en effet. Il possédait un fief qui ne le

---

1. *Hist. littér. des Troubadours*, tome II, pag. 262.

cédait en étendue et en droits qu'à peu d'autres du Quercy et des pays voisins. Il pouvait mettre en campagne assez de vassaux pour tenir tête aux plus grands seigneurs du voisinage, et c'est ce que fit une fois Bertrand, comme on le voit dans ce fragment de poésie provençale que Dominicy nous a conservé :

> A Turenne, à Ventadour,
> A Montfort et à Gourdon,
> An fach pach.

Dans le tenson dont nous venons de parler, Bertrand dispute avec un nommé Pierre Raymond, qu'il accable d'injures. Il promet de ne lui rien donner, quelque métier qu'il soit venu faire auprès de lui en ce pays. Pierre lui répond par des injures encore plus grossières : il le traite de lâche, de poltron, de misérable. Bertrand, changeant alors de ton, élève jusqu'aux nues les mérites de Pierre qui, à son tour, fait un éloge accompli de Bertrand; mais il finit ensuite par les invectives les plus aigres quand le seigneur de Gourdon lui a avoué qu'il a voulu plaisanter en le louant. Cette pièce, selon le même auteur de l'*Histoire littéraire*, peint d'une manière assez naturelle et piquante les écrivains mercenaires qui changent de ton selon leur intérêt.

5° On connaît mal la vie de Guillaume Malbuçon (1). On sait seulement que ce poète était de Gourdon; il paraît qu'il passa une partie de sa vie à Narbonne, auprès du vicomte Aymeric IV de Laza et de l'archevêque Arnaud qui l'avaient pris en amitié. Malbuçon employa sa muse à chanter ses protecteurs. Dans un de ses poèmes, il fait un bel éloge de Narbonne; il dit que cette ville est riche et peuplée de preux chevaliers, et qu'elle ne cessera jusqu'à la fin des siècles de suivre la loi romaine :

> Dins la honrada ciutat de Narbona
> A cui Dieus don aventura bona
> Quela es mout rica et honrada
> Et de proshomes és poblada.
> Et aitant quant lo seglé durara
> De la leg Romana sera.

6° Gormunda était une dame de Cahors (2); elle consacra sa muse à des sujets de religion et fit des vers contre les hérétiques de la province.

1. Dominicy.
2. Dominicy.

Elle adressa un de ses poèmes à la ville de Rome, qu'elle exhorte à exterminer l'orgueilleuse hérésie en Albigeois :

> Roma ieu esper
> Que vostra senhoria
> E Fransa, per ver,
> Cui non plats mala via
> Fassa dechazer
> Lorguelh e l'heretgia, etc.

7° **Hugues de Saint-Cyr.** Pour faire connaître ce poète, un des meilleurs de son siècle, nous laisserons parler souvent l'auteur de l'*Histoire littéraire des Troubadours*. « Hugues de Saint-Cyr naquit au bourg de Thégra, dans le Haut-Quercy. Son père était un vavasseur (arrière vassal), dont le château de Saint-Cyr (d'Alzou, entre Rocamadour et Gramat), fut ruiné par la guerre (des Anglais). Les frères aînés d'Hugues voulant lui faire embrasser la cléricature, sans doute comme un moyen de décharger la famille ou peut-être de l'enrichir, l'envoyèrent étudier à Montpellier; mais il n'y apprit que l'art des Troubadours et l'histoire des hommes célèbres par leur vaillance; car cette histoire était d'un grand usage dans le monde. Enfin il débuta par le métier de jongleur. La fortune lui fut d'abord favorable; il parcourut la Gascogne tantôt à pied, tantôt à cheval, cherchant à se ménager des ressources par son talent. Le comte de Rodez, le vicomte de Turenne, le dauphin d'Auvergne firent des vers avec lui et contribuèrent de la sorte au développement de son génie ».

Quand on lit l'histoire des Troubadours, on voit plusieurs exemples de querelles entre eux, où les protégés n'épargnaient guère leurs protecteurs. Il s'en éleva une de très vive entre le comte de Rodez et Hugues de Saint-Cyr; elle donna lieu à des couplets dans lesquels ils se déchiraient mutuellement.

Notre troubadour trouva un grand appui dans la personne de la comtesse de Benaguis; cette dame, non contente de le favoriser, lui procura l'amitié de Savary de Mauléon; c'était un riche baron du Poitou qui excellait dans la poésie provençale et passait pour le chevalier le plus brave, le plus galant et le plus généreux de son temps. Hugues fut longtemps avec ce seigneur qui le combla de biens; il alla ensuite en Espagne où, après avoir visité les cours de Léon et d'Aragon, il vint en Provence; là il vécut dans la société des barons, aimant à s'instruire avec les autres et leur communiquant volontiers son savoir. Partout on goûtait ses vers. Il fit peu de chansons, dit l'historien provençal;

car il ne fut jamais fort amoureux ; mais quand il se trouvait avec les dames, il savait fort bien jouer le rôle d'amant ; il savait également conter leurs aventures, célébrer ou décrier leurs personnes, selon qu'il en était bien ou mal traité.

Malgré son peu de penchant pour l'amour, il ne put résister aux charmes de Clara, dame d'Anduse, dont le seul faible était l'ambition d'acquérir de la célébrité et de se lier avec les dames et les chevaliers les plus illustres. Le troubadour la servit avec empressement et s'efforça de satisfaire ses goûts. Il lui procura l'amitié des plus nobles dames du pays, jusqu'à établir entre elles un commerce de messages, de lettres et de présents ; il lui faisait ses réponses. Une autre dame nommé Pansa, jalouse de la réputation que Hugues procurait à Clara, entreprit de supplanter celle-ci en faisant entendre au troubadour que sa maîtresse était une ingrate. Hugues le crut, rompit ses engagements et se mit à faire des vers contre Clara et à célébrer sa rivale. Il servit longtemps celle-ci, espérant toujours et n'obtenant jamais rien ; le chagrin amena le repentir. Pour réparer sa faute, il employa une médiatrice puissante auprès de la maîtresse qu'il avait trahie. La paix se fit à force de sollicitations et il ne manqua pas de la célébrer en médisant de la dame Pansa ; mais Hugues se détacha encore de sa maîtresse et il se retira en Lombardie, où il épousa une jeune et noble Trévisane. Depuis son mariage il ne fit qu'une pièce de vers, qui est la vingt-cinquième et la dernière de ses poésies connues. C'est un sirvente contre un seigneur nommé Guillaume, qu'il accuse ouvertement de matérialisme. L'auteur parle en Guelfe, dont la haine prodigue aux Gibelins, c'est-à-dire à l'empereur et à ses partisans, les imputations d'incrédulité et d'hérésie.

Quelques écrivains du Quercy, des biographes et l'auteur même de l'*Histoire littéraire des Troubadours,* donnent encore au Quercy Raymond-Jourdan, vicomte de *Saint-Antonin;* mais ce Raymond était de Saint-Antonin en Rouergue et de la famille illustre des vicomtes de cette ville. Ce qui a pu tromper ces auteurs, c'est que Raymond-Jourdan vécut quelques années dans le Quercy où il avait été attiré par Alix de Turenne, femme de Guillaume de Gourdon, qui l'avait adopté pour son amant. Cette adoption avait même été accompagnée d'une cérémonie fort singulière, la dame avait tiré un anneau de son doigt et l'avait mis à celui du troubadour *pour lui servir de gage et de sûreté.*

Nous ne parlerons point de Pierre Vidal que Cathala-Coture met aussi au nombre des poètes du Quercy ; personne n'ignore qu'il était Toulousain d'origine et de naissance.

XIV. — *Pons d'Antejac, évêque de Cahors — Les inquisiteurs dans le Quercy — Pons de Gourdon cède le château de Belcastel à l'abbé de Tulle*

Après la mort de l'évêque Guillaume de Cardaillac, les chanoines élurent à sa place Pons d'Antejac, sacristain de l'église cathédrale, et qui appartenait à une très ancienne famille du Quercy. Les chanoines procédèrent à cette élection sans avoir prévenu l'archevêque de Bourges, leur métropolitain, ce qui était contraire à l'usage et à la discipline; aussi furent-ils vivement blâmés par le chapitre de Bourges, qu'ils vinrent à bout néanmoins d'apaiser, en déclarant, par un acte, qu'ils n'avaient point agi légalement et qu'ils ne prétendaient pas que leur conduite tirât à conséquence pour l'avenir. Cet acte est daté du mois d'août 1235. Pons d'Antejac était digne de l'épiscopat. Aux vertus qui rendent un évêque recommandable, il joignait une naissance distinguée (1).

Ce fut dans les premiers jours de son épiscopat que Pierre Cellani et frère Guillaume Arnaldi vinrent faire la recherche des hérétiques dans le Quercy (2). A Cahors, ils firent exhumer plusieurs corps qu'on livra aux flammes, après les avoir traînés dans les rues. Ils ne purent cependant faire subir ce traitement au cadavre d'Imbert de Castelnau, qui passait pour avoir été hérétique; car son fils l'enleva secrètement du cimetière et alla l'enterrer dans un lieu caché. Un certain Raymond de Broueles ayant été averti qu'il allait être mandé devant le tribunal de l'Inquisition, s'enfuit en Italie. De Cahors, les inquisiteurs se transportèrent à Moissac où ils condamnèrent Jean de Lagarde, qui voulut se réfugier à Montségur, château du Toulousain, qui servait de repaire et de boulevard aux hérétiques; mais il fut pris en chemin et brûlé à Moissac avec 200 autres hérétiques. Les inquisiteurs firent ensuite citer Falquet de Moissac qui se réfugia dans l'abbaye de Belle-Perche, où il prit l'habit de moine. Le malheureux croyait arrêter, par cet acte de catholicisme, la procédure qu'on devait dresser contre lui; mais il se trompait, et ayant été averti que son procès se poursuivait, il alla chercher un asile en Lombardie avec un autre hérétique de Moissac, Jean

---

1. Il appartenait à l'ancienne famille d'Antejac, dont nous avons déjà parlé et qui, outre la terre de ce nom, possédait encore celle de Roussillon dans les environs de Cahors. Elle résidait dans ce château, un des plus grands et des plus fortifiés qu'il y eût alors dans le pays.
2. Dominicy.

Christofols, avocat; ils furent condamnés par contumace. On trouve dans un écrit de frère Regnier, dominicain, la raison pour laquelle les hérétiques de la province se réfugièrent en Italie, afin de se soustraire aux inquisiteurs; et cet écrivain mérite d'autant plus d'être cru, qu'il avait été lui-même de la secte pendant dix-sept ans. C'est qu'ils avaient dans cette contrée un grand nombre de confrères, connus sous le nom de *Catares*, qui signifiait, dit-on, *purs*. Ils avaient quatre ordres de prêtres : les *évêques*, les *fils majeurs*, les *mineurs* et les *diacres*. Après ces lamentables exécutions, qui jetèrent l'épouvante dans le pays, les inquisiteurs revinrent dans le Toulousain.

Sur ces entrefaites, Pons de Gourdon (1), chevalier, fils d'Hugues de Gourdon, céda au monastère de Tulle et à l'église de Rocamadour, moyennant 8,000 sous, le château de Belcastel, avec Loupiac et Mayraguet, ses dépendances; il donna l'ordre à Bérenger de Cardaillac, à Bertrand et à Imbert de Belcastel, à Bernard de Cosnac, et aux autres chevaliers de ce château, ainsi qn'aux recteurs des églises de Loupiac et de Mayraguet de reconnaître désormais pour leur seigneur l'abbé de Tulle. Gausbert de Dome, chevalier, neveu de Pons de Gourdon, approuva l'acte de concession qui est signé entre autres de Bernard de Miers et de Guisbert ou Gisbert de Castelnau, chevaliers.

Ce dernier est le même que le seigneur de Gramat dont nous avons parlé au sujet de l'hommage que Matfred II de Castelnau-de-Bretenoux fit au vicomte de Turenne. Il est nommé le premier, après l'abbé de Marcillac, dans l'acte de confédération des seigneurs du Haut-Quercy, du commencement de l'année 1235. Il fit hommage à Raymond de Goudou (2), abbé de Marcillac, pour les fiefs du Segala, Prangères et Saint-Chignes, sur le territoire de Gramat. Dans l'acte qui fut dressé et qui est daté du règne de Louis IX et de l'épiscopat de Pons d'Antejac, Guibert reconnaît que les seigneurs de Gramat sont tenus, non-seulement de payer pour ces fiefs au monastère de Marcillac la somme de cent sous à chaque mutation d'abbé, mais encore de le défendre et de le protéger de tout leur pouvoir. Guibert avait érigé Gramat en commune en 1224 et lui avait accordé des coutumes et des privilèges avec le consulat et le droit de foire et de marché.

1. Il était seigneur de Cénevières, Limogne, Saint-Jean-de-Laur, etc., et co-seigneur de Saint-Cirq-Lapopie. Il se défit de sa terre de Belcastel parce qu'il faisait sa résidence au château de Cénevières; il est la souche des Gourdon-Gaiffier, ainsi surnommé, du duc Gaiffier à qui Cénevières avait appartenu. — Voir Maleville, *Généalogie de cette famille*.

2. *Hist. manuscrite de l'abbaye de Marcillac.* — Foulhiac.

XV. — *Troubles provoqués par la sévérité des inquisiteurs — Fondation du monastère de Dégagnazès*

Les inquisiteurs de Cahors procédèrent avec tant de sévérité contre les hérétiques vifs ou morts de Toulouse et des environs, qu'ils excitèrent une rumeur dans cette ville. Le comte Raymond tâcha de modérer leur zèle et les engagea même à suspendre, pour un temps, leurs poursuites, à cause de l'état de fermentation où étaient les esprits; mais ils ne voulurent pas l'écouter. Raymond fut très sensible à leur refus, à celui surtout de Pierre Cellani qui devait lui être plus attaché que tout autre, attendu qu'il avait été domestique du feu comte son père; mais depuis il était devenu son ennemi capital. Il porta plainte contre lui à l'archevêque de Vienne, légat du Saint-Siège, le priant d'ordonner à cet inquisiteur de ne plus exercer ses fonctions dans le Toulousain. Le prélat accueillit favorablement la demande de Raymond; il envoya Guillaume Arnaldi à Carcassonne, et renvoya à Cahors Pierre Cellani qui revint dans cette ville avec deux autres associés religieux de son ordre parmi lesquels était un nommé frère Pierre Pelisse ou Pelisson. Il parcourut avec eux tout le Quercy, et y fit le procès à plusieurs hérétiques.

L'évêque de Cahors fit, cette année, un accord avec *Celebre,* seigneur de Bélaye, son vassal, au sujet du château de ce bourg et des eaux du Lot qui baignent le pied de la montagne où il est situé (1). Il souscrivit ensuite à la fondation du monastère de Dégagnazès que firent Aymeric de Gourdon et Amagne, son épouse; ils le donnèrent au grand-prieur de Saint-Etienne de Grandmont, qui y fit passer des religieux de son ordre. Francou et Dégagnazès n'étaient pas les deux seuls monastères que les religieux Grandmontais eussent dans le diocèse de Cahors; il y en avait encore deux autres, dont on ne peut fixer l'époque de la fondation : les prieurés de *Bois-Menou* et de *Caturco-Petroso* (2).

1. G. de Lacroix, pag. 98 et 99.
2. Le premier était situé entre Vidaillac et Lagarde, dans une plaine fertile, au milieu d'un grand bois, d'où lui vient son nom, qui, en langue du pays, signifie *Bois des moines;* il fut réuni, dans les derniers siècles, au prieuré de Francou. — Le monastère de Caturco-Petroso était situé dans un faubourg de Cahors, selon l'abbé de Foulhiac. On voit encore au faubourg Saint-Georges, au-dessous des Cayssines, entre la montagne et les maisons, d'anciennes murailles qui doivent être apparemment des restes de ce monastère. Il en est fait mention, ainsi que des trois autres dans la bulle du pape Jean XXII, en faveur de l'abbaye de Grandmont.

XVI. — *Réclamations de l'abbé de Moissac — Soulèvement des Toulousains contre les inquisiteurs — L'Inquisition continue dans le Quercy*

Raymond de Montpezat ne fut pas plutôt abbé de Moissac, qu'il réclama au comte de Toulouse les biens et les droits que son père et lui avaient enlevés au monastère. Ce prince n'ayant aucun égard à sa demande, l'abbé eut recours à la justice du cardinal de Saint-Ange, alors légat du Saint-Siège dans la province; il lui présenta un mémoire dans lequel il exposait tout ce que son monastère avait souffert de la part des comtes de Toulouse. Il suppliait le cardinal de forcer Raymond VII à lui rembourser les tailles et autres impôts qu'il avait mis et levés sur la ville de Moissac, sans le consentement de l'abbé, après l'accord fait entre celui-ci et Raymond VI, et qu'il évaluait à la somme de 2,000 marcs d'argent, non compris ceux qui avaient été aussi levés sur les lieux de Boudou, Lissac, Scatalens, Saint-Christophe, Saint-Laurent, Biarose, Boisse, Montségur, Lagardelle, *Rupe Sesseira*, Durfort, Montesquieu, Puycornet, Malause et leurs dépendances, dont il se réserve le droit de demander le remboursement. L'abbé demandait aussi la restitution de Villeneuve, en Rouergue, qui avait toujours été du domaine de l'abbaye, les dîmes des moulins et des chaussées avec les clefs de la ville de Moissac, enfin il réclamait l'hommage tant pour cette ville que pour le monastère.

Le cardinal-légat, ne pouvant s'occuper de cette affaire, chargea Grimoald, évêque de Comminges, de l'examiner et de la juger (1). Dans la lettre qu'il écrivit d'Avignon à ce prélat (2), le XIII des calendes de janvier 1229, il lui donna le pouvoir de faire usage de la censure ecclésiastique, même contre les personnes qui, étant appelées en témoignage, se refuseraient à comparaître, par faveur, par haine ou par crainte. Grimoald fit citer cinq ou six fois devant lui, suivant les formes légales, l'abbé de Moissac et le comte de Toulouse; mais voyant que le prince ne se rendait jamais, ni en personne ni par procuration, il le condamna par défaut et adjugea à l'abbé de Moissac tout ce qui faisait le sujet du procès. Cependant l'abbé ayant affaire à un adversaire aussi puissant que le comte de Toulouse, il lui était difficile de se mettre en possession et de jouir sans trouble des droits que cette

1. *Portefeuille de Baluze.*
2. *Hist. de Languedoc*, tome III, liv. xxv et Preuves, pag. 375.

sentence lui accordait; aussi, au bout d'une année, il fut obligé de porter plainte à l'évêque de Comminges et de le prier de faire en sorte que son jugement ne demeurât pas sans effet. Le prélat, par déférence pour le comte, chargea le prévôt de l'église de Toulouse de lui parler et de le déterminer à laisser l'abbé de Moissac paisible possesseur. Raymond ne voulut rien écouter et ne fit aucun cas d'une seconde sentence que l'évêque rendit en faveur de l'abbé. Un jour, Grimoald, ayant rencontré Raymond à Carcassonne, l'entretint de cette affaire et le pria d'accéder à son jugement; mais le comte se montra inflexible. Alors l'évêque, par une sentence du 16 mars 1235 (1), rendue en présence des archevêques d'Auch et de Bordeaux, le déclara excommunié, avec ordre aux évêques de Toulouse, Albi, Rodez, Cahors et Agen, de le faire dénoncer comme tel dans toutes les paroisses de leurs diocèses. Il donna quelque temps après un ordre semblable à l'archevêque de Narbonne et à ses suffragants.

Nous verrons plus loin que si l'abbé de Moissac retira quelque avantage de cette censure, il n'en profita pas longtemps.

Raymond fut frappé en même temps d'une seconde excommunication, motivée par un soulèvement des Toulousains contre les inquisiteurs qu'ils chassèrent de la ville avec tous les Frères prêcheurs et l'évêque lui-même (2).

Les habitants de Narbonne imitèrent l'exemple des Toulousains. Quant aux villes du Quercy, les inquisiteurs y exercèrent leurs fonctions avec autant de liberté que de rigueur. On trouve dans les archives et dans les écrivains du temps, qu'ils étaient à Montauban en 1236; mais on ignore le résultat des recherches qu'ils firent dans cette ville. A Montpezat, ils condamnèrent le seigneur de cette localité, qu'on appelait Arnaud Desprez, à être *emmuré* (3), c'est-à-dire renfermé à perpétuité dans une prison fort étroite; ils confisquèrent en même temps tous ses biens au profit de l'évêque de Cahors. Arnaud avait dans cette ville un hôtel magnifique pour l'époque, dont les évêques s'empressèrent de faire leur palais de justice (4). Les inquisiteurs confisquèrent aussi pour crimes d'hérésie, toujours au profit de l'évêque

---

1. *Hist. de Languedoc*, tome III, liv. xxv et Preuves, pag. 375.

2. Ces ecclésiastiques furent rappelés l'année suivante par le comte, à la suite d'une lettre qu'il reçut du pape Grégoire, le 15 mars 1236.

3. C'est l'expression dont les inquisiteurs se servent dans la procédure contre Arnaud Desprez, dont une partie est déposée dans les archives de l'évêché de Cahors.

4. C'est ce qu'on appelle aujourd'hui le *Château-du-Roi*.

de Cahors, la baronnie de Caussade, les terres d'Arnaud de Craissac, d'Amalvin de Luzech et de Guillaume Baussani, parent et voisin des seigneurs de Durfort (1).

XVII. — Fondation d'un hôpital à Beaulieu — Mort de Pons d'Antejac, évêque de Cahors

La même année (1236), Girbert, seigneur de Thémines, et son épouse Aygline, convertirent leur château de Beaulieu, dans la paroisse d'Issendolus, près de Gramat, en un hôpital en faveur des pèlerins malades qui se rendaient à Jérusalem, Rocamadour, Saint-Jacques de Compostelle et autres lieux de dévotion. Les fondateurs établirent, pour diriger cet hôpital, un commandeur, et, bien que très jeunes encore, ils ne dédaignèrent pas de partager les soins que les frères et les sœurs donnaient aux malades; ils firent leur séjour ordinaire dans le nouvel hôpital, et Aygline eut bientôt des imitatrices de son humilité et de sa charité; plusieurs dames se réunirent à elle pour servir les malades et les infirmes de leur sexe. L'évêque de Cahors approuva cette pieuse institution, dont il n'eut pas le temps de voir les effets, car il mourut dans le courant du mois de mai de cette année.

Ce prélat, qui était d'un âge avancé lorsqu'il fut élevé sur le siège de Cahors, donna, quelque temps avant sa mort à son chapitre, tous ses droits sur la terre d'Albas; mais cette donation, datée du mois de mai 1236, fut révoquée bientôt après et la terre d'Albas revint à la mense épiscopale. Pons d'Antejac est inscrit dans le mortuaire de l'église cathédrale, où l'archidiacre Bernard, son frère, fonda pour lui un obit très considérable. Cet évêque fut inhumé dans la chapelle de Saint-Pierre (aujourd'hui du Saint-Suaire) (2).

---

1. En 1241, Géraud de Barasc, évêque de Cahors, rendit volontairement les terres de ce dernier à Guillaume-Bernard Durfort, chevalier, chef de la branche de Durfort-Léobard, que Baussani avait institué son héritier.

2. Comme on réparait cette chapelle, vers la fin du xviie siècle, on trouva derrière l'autel le tombeau en marbre de ce prélat, sur lequel il était représenté revêtu des ornements pontificaux, avec une petite mitre sur la tête et une crosse fort courte à la main. On y voyait aussi les armes de sa famille qui étaient un cerf avec trois rochers en chef. Les chanoines ayant fait ouvrir ce tombeau, y trouvèrent les os dérangés, un reste de vêtement d'un drap d'or, et quelques pièces de monnaie de Cahors, frappées du vivant de cet évêque.

Au mois de novembre 1821, en réparant la même chapelle, on a retrouvé ce même tombeau.

(Dans les indications fournies par Lacoste, il faut toujours tenir compte du temps où il écrit. Aujourd'hui cette chapelle a repris son ancien vocable). (C. C.)

XVIII. — *Géraud de Barasc, évêque de Cahors* — *Ce prélat renouvelle la confédération des seigneurs du Quercy* — *Suspension de l'Inquisition* — *Hommages d'Hugues Arnaud, du baron de Castelnau-de-Bretenoux et d'Aymeric de Gourdon en faveur du comte de Toulouse*

Le chapitre de Cahors ne manqua pas de remplir, à l'égard du successeur qu'il devait donner à Pons d'Antejac, les formalités qu'il avait négligées lors de l'élection de ce dernier. Il écrivit à Philippe Berruier, archevêque de Bourges, métropolitain, pour lui donner avis de la vacance du siège de Cahors et lui demander en même temps la permission d'élire un évêque à la place du défunt (1). Le décret d'autorisation reçu, le chapitre convoqua tous ceux qui avaient le droit de concourir à l'élection; mais au lieu d'y procéder par la voie du scrutin, suivant la coutume, on en confia le soin à l'archidiacre de *Turenne*, c'est-à-dire de cette partie du diocèse située sur les deux rives de la Dordogne, dont le siège était à Saint-Céré, à l'archidiacre de Montpezat et au grand chantre de l'église cathédrale, qui reçurent le pouvoir de nommer l'évêque par voie d'*élection* ou par voie de *postulation* et de le prendre *dans le diocèse* ou *hors du diocèse*. Les trois commissaires se réunirent dans une salle du chapitre, sans autre témoins que l'archevêque de Vienne, légat apostolique qui, se trouvant à ce moment à Cahors, fut prié d'assister à la cérémonie, par déférence pour sa dignité. Après avoir mûrement examiné et discuté les bonnes qualités que devait avoir l'évêque, surtout dans la position où se trouvait alors le diocèse, ils réunirent leurs suffrages sur la personne de Géraud de Barasc, archiprêtre de Salviac. Cette élection, qui était une des trois prescrites par le quatrième concile de Latran, eut lieu le lendemain de l'Epiphanie. Les électeurs allèrent l'annoncer au chapitre assemblé qui en dressa sur le champ le procès-verbal et l'envoya le même jour à l'archevêque de Bourges par les archidiacres Arnaud et Guillaume, en priant le métropolitain de vouloir agréer l'élection.

Géraud de Barasc ne voulut pas d'abord accepter l'évêché de Cahors; il s'empressa d'écrire à l'archevêque pour le supplier de ne pas donner son approbation au choix que le chapitre avait fait de lui pour une dignité dont il se croyait indigne; mais le chapitre qui connaissait son rare mérite (et l'archiprêtre en donnait une preuve manifeste par son

1. *Portefeuille de Baluze.*

refus), tâcha de le décider par l'entremise de ses parents et de ses amis. N'ayant pu y réussir, il eut recours à l'autorité de Grégoire IX (1), à qui il représenta que Géraud de Barasc était l'ecclésiastique le plus digne de gouverner l'église de Cahors; que les raisons qu'il alléguait pour motiver son refus étaient vaines; que tout le monde le désirait pour évêque dans l'espoir que par sa sagesse, son autorité et la considération dont il jouissait, il serait très utile à l'église dans le temporel et dans le spirituel; enfin qu'il arrêterait le cours de l'hérésie qui faisait de jour en jour plus de progrès dans le diocèse. Le pape fit connaître le vœu du chapitre de Cahors à l'archevêque de Bourges et lui manda de terminer l'affaire de l'élection de la manière qui lui paraîtrait la plus avantageuse à l'Eglise. L'archevêque confirma l'élection et Géraud de Barasc se chargea enfin du fardeau de l'épiscopat (2).

Le premier soin de Géraud IV, lorsqu'il fut monté sur le siège épiscopal, fut de renouveler et d'étendre la confédération qui avait été faite à Rocamadour. Il veilla exactement à ce qu'elle remplit son but qui était de défendre les biens et les droits de l'Eglise, de chasser, par toutes sortes de moyens, les Routiers qui ne cessaient de piller les monastères et de dévaster les campagnes et les communes dont ils massacraient les habitants (3). Par sa vigilance et sa fermeté, ce prélat vint enfin au bout de purger le Quercy de ces brigands et d'y rétablir la paix et le bon ordre.

Un évènement remarquable qui eut lieu en 1237, ce fut un ordre de la cour qui suspendit pour un temps l'exercice de l'Inquisition; aussi ne trouve-t-on dans cet intervalle, sur les registres de ce tribunal, que des passeports accordés par les inquisiteurs à ceux à qui on avait ordonné, pour pénitence, des pèlerinages à Rocamadour, au Puy, à Saint-Gilles ou ailleurs (4).

Raymond, comte de Toulouse, reçut cette même année l'hommage

1. *Gallia christ.*, tome I, Instrum., pag. 31.

2. Cette famille éteinte depuis plusieurs siècles avait pour armes un lion et un taureau.

3. G. de Lacroix, *Series episc. cad.*, pag. 99. — Foulhiac.

4. Ces pénitents étaient obligés de visiter les églises nu-pieds, en chemise et en se fouettant avec une poignée de verges; ils portaient pendant un certain temps, sur leurs habits, à droite et à gauche de leur poitrine, deux croix de deux palmes de long et de deux doigts de large. Ces croix étaient pour ces malheureux un genre de peine qu'ils redoutaient singulièrement, attendu que comme elles prouvaient qu'ils avaient été hérétiques, partout où ils passaient, ils étaient insultés, poursuivis et ne trouvaient aucun asile, ni aucun soulagement dans leur misère. Osaient-ils quitter ce signe de réprobation? ils étaient repris et traités comme relaps.

d'Hugues-Arnaud (1) et de Matfré, baron de Castelnau-de-Bretenoux. Ce dernier hommage fut rendu *au camp devant Milhaud,* en Rouergue, attendu que le comte de Toulouse faisait à ce moment la guerre à Raymond Bérenger, comte de Provence. Matfré se trouvait alors dans son armée avec plusieurs autres barons et chevaliers du Quercy, notamment Bertrand, vicomte de Bruniquel, frère du comte Raymond, Bertrand de Cardaillac, Guillaume de Barasc, frère de l'évêque de Cahors, Sicard de Miramont, Pierre-Garin de Cajarc, Hugues-Arnaud de Crayssac, Guillaume-Amalvin de Luzech, Amalvin de Bonafoux (de Pestillac), et Folc de Lapopie. Ils signèrent tous l'acte d'hommage daté du IV des calendes de juillet 1237. Il y est dit que *Matfré de Castelnau, fils de Bernard de Castelnau, voulant transférer le principal domaine de toutes les terres ci-dessous mentionnées au comte de Toulouse pour les recevoir de lui en fief, donne au susdit comte et à ses successeurs le château et la terre de Gagnac, tout ce qu'il possède à Beaulieu, dans le territoire compris entre le roc de Saint-Martin et Argentat et dans tous les autres lieux.* Il excepte le château et la terre de Castelnau dont nous avons vu que le vicomte de Turenne avait acquis la suzeraineté.

En 1238, pendant que l'évêque de Cahors se rendait à Paris pour faire hommage au roi de son comté, Raymond, comte de Toulouse, recevait l'hommage d'Aymeric de Gourdon, pour ce que possédait ce seigneur à Castelnau-de-Montratier (2). A la même époque, l'abbé d'Aurillac cédait à Raymond tous ses droits sur Lacapelle-Bagnac, dans le Haut-Quercy, sur les frontières de l'Auvergne.

XIX. — *Nouvelle réconciliation du comte de Toulouse avec l'Eglise — Il reçoit l'hommage de Raymond-Bernard de Durfort — Plainte de l'abbé de Moissac*

Le comte de Toulouse, malgré l'excommunication lancée contre lui par l'évêque de Comminges, ne laissait pas de se regarder comme seigneur de Moissac; c'est en cette qualité qu'il accorda à cette ville la permission de tenir des foires et des marchés. Cependant ce prince avait envoyé des ambassadeurs à Rome pour demander pardon au

---

1. Foulhiac. — Hugues-Arnaud était seigneur de Montagut, sur les frontières des diocèses de Cahors et d'Agen; ses descendants étendirent considérablement leur domaine dans le Bas-Quercy. L'hommage que fit Hugues-Arnaud portait sur les châteaux de Luzech et de Saint-Médard et sur ses possessions de Montcuq, Sauveterre et Mondenard.

2. Foulhiac.

pape, avec la promesse solennelle de se conformer entièrement à ses ordres ; il suppliait le Souverain Pontife de l'absoudre de l'excommunication dont il avait été frappé, d'ôter l'office d'inquisiteurs aux frères prêcheurs, qui, dans leurs procédures contre les hérétiques ne se conformaient ni aux lois civiles, ni aux lois canoniques, et de le confier aux évêques à qui il appartenait de droit; de permettre d'inhumer en Terre sainte le corps de son père; enfin de le dispenser du voyage d'Outre-mer (1). Grégoire IX accueillit assez favorablement les demandes du comte Raymond; car, ayant choisi le cardinal Jacques, évêque de Palestrine, pour son légat *a latere* dans la province, à la place de l'archevêque de Vienne, il lui enjoignit d'absoudre ce prince de l'excommunication et de le dispenser de faire un pèlerinage en Terre sainte. En attendant que le cardinal fut arrivé dans les Etats du comte de Toulouse, Gui, évêque de Sora, dans le royaume de Naples, chargé des fonctions de légat, donna l'absolution à Raymond, après que celui-ci eut promis d'obéir au pape et à son légat, dans tout ce qu'il leur plairait de lui ordonner au sujet des articles pour lesquels il avait été excommunié, entre autres pour n'avoir pas restitué à l'abbé de Moissac le domaine de cette ville et les autres droits que celui-ci réclamait depuis longtemps.

Quelque temps après sa réconciliation avec l'Eglise, le comte fit un voyage sur les frontières du Quercy. Etant à Castelsarrasin, le 21 juin 1239, il reçut l'hommage de Raymond-Bernard de Durfort pour Puycornet et les terres qu'il possédait dans le Quercy (2).

Il ne paraît pas que Raymond ait tenu la promesse qu'il avait faite au légat, touchant ses démêlés avec l'abbé de Moissac. On trouve, en effet, que l'abbé se plaignit directement au pape Grégoire qui donna mission de la terminer à Jean, abbé de Bourg-Dieu sur Indre, au diocèse de Bourges. Le Souverain Pontife, dans la lettre qu'il écrivit à Jean, *aux nones d'octobre*, la quatorzième année de son siège (1240), rappelle le serment que le comte avait prêté entre les mains de l'évêque de Sora, son légat, « si ce prince, ajoute-t-il, n'a point fait satisfaction à l'abbé de Moissac, deux mois après que vous l'aurez averti, vous le retrancherez de nouveau de la communion de l'Eglise et vous le tiendrez sous l'anathème jusqu'à ce qu'il ait accompli sa promesse ».

1. *Hist. de Languedoc*, tome III, liv. xxv.
2. *Hist. de Languedoc* et *Manuscrits de la Maison de Durfort*. — Ce seigneur était le fils aîné de Guillaume-Bernard de Durfort et de dame Hélène de Castelnau-de-Montratier; il fit hommage au même comte de tout ce qu'il possédait à Castelnau, entre Cahors et Montauban.

L'abbé de Bourg-Dieu ne manqua pas de signifier à Raymond les ordres du pape, et sans doute il réussit dans sa mission, car le comte ne fut pas excommunié.

XX. — Aliénation des revenus de l'église de Rocamadour — Legs de Roger-Bernard II, comte de Foix

Géraud de Barasc, de retour de Paris, régla les poids et les mesures de sa ville épiscopale (1). Il confirma, en même temps, une institution qui avait été faite par son prédécesseur, au bénéfice de Neules (église aujourd'hui ruinée de la commune de Larnagol) sur la nomination de l'abbé de Marcillac (2). Ce prélat vit cette année les immenses revenus des églises de Rocamadour passer dans des mains laïques (3); les moines de Tulle furent obligés de les aliéner pour se tirer de l'embarras où les avaient jetés les dépenses exagérées et les nombreuses acquisitions que leurs abbés avaient faites dans le temps et surtout l'impéritie d'Hélie qui gouvernait alors le monastère. Ils cédèrent ces revenus, pour trois ans, à Guillaume de Malamort, seigneur de Donzenac, avec lequel ils firent la convention suivante : Guillaume de Malamort devait posséder, pendant le temps convenu, la juridiction temporelle du château et de la ville de Rocamadour et percevoir, à son profit, les rentes et les revenus de la chapelle de Notre-Dame et des autres églises du lieu, avec les offrandes, vœux, legs, dons en or, en argent, en étoffes, en cire, etc, et généralement tout ce qui serait donné à la chapelle et aux églises, tant en Espagne, en Allemagne que dans les autres contrées du monde, moyennant quoi, il devait payer, durant chacune de ces trois années, au monastère de Tulle, 140,000 sous, monnaie de Limoges; aux gardes du château de Rocamadour, aux ministres de la chapelle et des églises et aux donnés les appointements, traitements ou pensions qui leur étaient affectés; au quêteur de la chapelle, 100 sous; à l'archevêque de Bourges, à l'évêque de Cahors et au légat du pape les droits de *procuration* ou de gîte; trois marcs d'argent à Albert de Bormes, chevalier, qui avait en fief le château de ce lieu (4); enfin il devait fournir à l'église

---

1. Foulhiac.
2. Ce fait sert à prouver que la force canonique de l'institution était en usage au commencement de ce siècle.
3. Baluze, *Hist. Tutel.*, pag. 164 et 543.
4. Ce château, aujourd'hui ruiné, avait été bâti par Adhémar, vicomte des Echelles, pour servir de défense au domaine que l'abbaye de Tulle avait dans les environs de Vayrac.

de Tulle, chaque année, soixante aunes de toiles de lin, trois cents livres de cire et 12 livres d'encens. Les deux parties s'engagèrent par serment à tenir cette convention et se donnèrent des garanties réciproques : les moines de Tulle offrirent le comte de Toulouse, les consuls de Figeac, les vicomtes d'Aubusson, de Ventadour, etc. Pons, prévôt de l'église de Vayrac, fut un des religieux qui contribuèrent le plus à cet arrangement dans lequel les uns et les autres durent certainement trouver leur avantage. L'importance de la somme et des rentes que le seigneur de Donzenac s'engagea à payer, prouve la richesse de la chapelle de Rocamadour; ses revenus augmentaient du reste constamment par les rentes perpétuelles que lui faisaient les différents princes de l'Europe. C'est ainsi que le comte de Toulouse venait de fonder une rente en sa faveur de 2 marcs d'argent (1) et que Thibaut, comte de Champagne, et Henri, duc de Lorraine, en avaient fondé chacun une autre non moins considérable.

L'année suivante (1241), Raymond de La Case, abbé de Figeac, qui gouvernait ce monastère depuis le mois de mai 1237, époque de la mort du successeur de Guillaume de Ventadour, l'abbé d'Aurillac, les consuls et les bourgeois de ces deux villes recueillirent un legs de 5,000 sous melgoriens que venait de leur faire Roger-Bernard II, comte de Foix (2), en réparation des dommages qu'il leur avait causés autrefois, durant la guerre des Albigeois. Il avait fait prisonniers l'abbé d'Aurillac et plusieurs habitants des villes de Figeac et d'Aurillac, qui se trouvaient dans l'armée des croisés; il est même vraisemblable que ce seigneur avait commis des dégâts dans les terres des deux monastères, dans quelque expédition en Quercy contre Simon de Montfort.

XXI. — *Hommages du vicomte de Turenne en faveur de l'évêque de Cahors et de Bertrand de Gourdon, en faveur du comte de Toulouse — Fondation du monastère de l'Abbaye-Nouvelle ou de Sainte-Marie de Gourdon*

On trouve dans les manuscrits de l'abbé de Foulhiac, que l'évêque de Cahors reçut cette année (1241), l'hommage de Raymond IV, vicomte de Turenne, pour la vicomté de Brassac. Le 11 août 1236 (3), ce seigneur avait déjà fait hommage de cette vicomté, ainsi que de Castelnau-de-Matfré, près de la Dordogne, et du château de Salignac,

1. *Hist. de Rocamadour*, chap. xxi.
2. *Hist. de Languedoc*, tome III, liv. xxv.
3. *Hist. de Languedoc*, tome III, liv. xxv.

au comte de Toulouse, en protestant à ce dernier que lui et ses prédécesseurs n'avaient jamais fait hommage de ces terres, ni à Philippe, ni aux autres rois de France, ni aux comtes de Montfort. Enfin ce même vicomte fit hommage de la même terre de Brassac, au mois de mai 1242, à Pierre, abbé de Tulle (1). Ainsi, dans l'espace de six ans, Raymond IV se déclara vassal de trois seigneurs différents pour un même fief, tandis qu'il ne l'était réellement que de l'évêque de Cahors.

Le comte de Toulouse reçut, peu de temps après, l'hommage de Bertrand de Gourdon (2), pour Gourdon et Salviac; il permit à Bertrand d'accorder des privilèges à la première de ces deux villes. Ce même comte, étant à Castelsarrasin, le 12 février 1241, reçut l'hommage de Guillaume de Gourdon pour les terres qu'il possédait dans les diocèses de Cahors et de Périgueux (3).

Le 7 mars suivant, Guillaume de Gourdon fit donation à Guillaume, abbé d'Obasine, des terres ou fiefs d'Albe-Cassagne, Proveires, Gros-Cairou, Mairès, Malesmoliers, Pech-Gibert, Aurimont, Pradels, Genebre et Pech-Foulque, avec tout ce qui pouvait lui appartenir aux *fonts* de Mayranes et à Blanzaguet (4). Dans cet acte de donation, Guillaume de Gourdon prend la qualité de seigneur de Salviac, ce qui fait croire qu'il possédait cette terre par indivis ou de moitié avec son frère Bertrand. L'abbé d'Obasine trouva ces nouvelles possessions assez riches et assez étendues pour y fonder un monastère de son ordre; il le bâtit peu de temps après, et du vivant même de son bienfaiteur, à Pech-Gibert, sur la rivière du *Seu*. Ce monastère, connu sous les noms d'*Abbaye-Nouvelle* ou de *Sainte-Marie de Gourdon*, parce qu'il n'était éloigné que d'une lieue de cette ville, avait déjà des religieux en 1259; car il fut enrichi cette même année par la dame Seresse, épouse de Pierre de La Marque, chevalier. L'année suivante, Hugues d'Archambaud lui donna le fief de *Moyssen*, dans la paroisse de Payrinhac. Son premier abbé fut Durand, qui acquit beaucoup de biens de Hugues de Coseton, de Bernard de Lacapelle et d'Amalvin de Felenor, chevalier.

1. Baluze, *Hist. Tutel.*, pag. 168.
2. Foulhiac.
3. *Hist. de Languedoc*, tome III, liv. xxv. — Cet hommage fut suivi d'une donation entre-vifs en faveur du comte de Toulouse. En faisant cette donation Guillaume de Gourdon se réserva l'usufruit et en excepta le fief d'Albe-Cassagne et celui de Mayranes dépendant de la terre de Léobard. Cette donation faite par Guillaume *tant à cause des services qu'il avait reçus du comte de Toulouse que parce qu'il était uni avec lui par les liens du sang*, ne fut d'ailleurs pas suivi d'effet. On pourrait inférer de cette donation que Guillaume de Gourdon n'avait pas d'enfant mâle.
4. *Gallia christ.*, tome I, pag. 187.

XXII. — *Le comte de Toulouse tombe malade à Penne; il prend les armes contre le roi de France — Massacre des inquisiteurs à Avignonet*

Le comte de Toulouse alla de Castelsarrasin dans l'Agenais (1). Arrivé au château de Penne, il fut pris d'une maladie si violente que, craignant pour sa vie, il appela le curé du lieu, le chapelain du château et l'official d'Agen, auxquels il demanda l'absolution des sentences d'excommunication dont il avait été frappé, et dont il leur fit humblement l'aveu. Elles étaient au nombre de quatre; aucune ne concernait l'affaire de Moissac; preuve certaine que le comte s'était mis d'accord avec l'abbé de ce monastère ou bien que l'abbé de Bourg-Dieu lui avait accordé un délai. L'official d'Agen s'informa auprès des médecins (2) de Raymond si ce prince était en danger de mort, et, sur leur attestation solennelle, il lui donna l'absolution après que le comte eut promis, avec serment, d'obéir aux ordres de l'Eglise pour tous les griefs qui lui avaient attiré l'excommunication. Il en fut dressé un acte, daté du 14 mars 1241, en présence des seigneurs et autres personnes qui accompagnaient ce prince (3).

Il paraît que le comte de Toulouse n'était venu en Agenais que pour être plus à portée de concerter avec Hugues, comte de La Marche, l'exécution du complot qu'ils avaient formé contre saint Louis, complot qui éclata bientôt après et dans lequel ils engagèrent les rois d'Angleterre, de Castille et d'Aragon. Hugues leva le premier l'étendard de la révolte. Quant à Raymond, aussitôt après sa guérison, il revint à Toulouse, y assembla ses barons, leur fit part de ses desseins et leur demanda leur conseil et leur secours. Tous lui promirent de l'aider. Après s'être assuré ainsi de la fidélité de ses vassaux, le comte s'occupa de l'inquisition que les frères prêcheurs recommençaient à exercer; comme il improuvait leur zèle excessif, il déclara aux évêques d'Albi, de Rodez, de Cahors et d'Agen, qu'il ne voulait pas que ces religieux fissent plus longtemps les fonctions d'inquisiteurs dans ses Etats; il pria, en même temps, ces prélats de n'admettre à les remplir que des religieux de Citeaux ou des Franciscains; il leur témoigna même

1. *Hist. de Languedoc*, tome III, Preuves, pag. 408.
2. Un de ces médecins exerçait à Toulouse; un autre nommé *Alverne* était de Cahors.
3. Au nombre de ces seigneurs était Dorde de Barasc, frère ou bien neveu de l'évêque de Cahors.

combien il désirait qu'ils s'en chargeassent eux-mêmes, comme ayant, par leur caractère, le droit de connaître de toutes les matières qui concernent la foi; il leur promettait de les appuyer et de faire exécuter toutes les sentences qu'ils rendraient contre les hérétiques. Le comte ne put venir à bout de ces réformes; il se perdit dans l'esprit des Dominicains et l'horrible massacre des inquisiteurs survenus à Avignonet, sur ces entrefaites, ne manqua pas de lui être imputé, bien qu'il n'y eût pris aucune part.

XXIII. — *Le comte de Toulouse envahit les États du roi de France; sa paix avec saint Louis*

Raymond ne tarda pas à se rendre dans le Bas-Languedoc, où il se déclara ouvertement contre saint Louis, en attaquant les domaines que le roi possédait dans les environs de Narbonne; mais le monarque français s'était mis en campagne; déjà il avait battu les Anglais et conquis un si grand nombre de places sur le comte de La Marche, que celui-ci fut contraint d'implorer la clémence royale. Saint Louis lui accorda la paix et l'envoya, ainsi que le comte de Bretagne, avec une partie de son armée contre Raymond même. On n'a aucune connaissance de l'expédition de ces deux généraux; on sait seulement que le comte de Toulouse persista à faire la guerre et qu'il fit la même année (1242), à Bordeaux, un traité contre saint Louis, avec Henri, roi d'Angleterre. Les deux princes promirent, avec serment, d'observer fidèlement tous les articles de ce traité et ils exigèrent de leurs barons la même promesse. Parmi les vassaux du comte de Toulouse, on trouve les seigneurs de Caumont, de Barasc, de Castelnau-de-Montratier, Arnaud de Montpezat, Bertrand de Cardaillac, Amalvin de Pestillac, Aymeric de Gourdon et Raymond de Caussade. Ce dernier était l'oncle de Ratier de Castelnau qui, cette même année, fit hommage à l'évêque de Cahors pour la baronnie de Caussade et la vicomté de Monclar (1).

Girbert de Thémines n'imita pas la conduite de ces barons, dont plusieurs étaient ses voisins et ses parents; il se rendit en effet près de Blaye pour faire hommage de ses châteaux de Thémines, Palaret, Bio,

---

1. *Gallia christ.*, tome I, pag. 134.—Foulhiac.—G. de Lacroix, *Series episc. cad.*, pag. 100. — Dans l'acte qui fut dressé, Ratier de Castelnau déclare que la moitié des terres de Caussade et de Monclar appartient à son oncle Raymond de Caussade qui l'a reçue de l'évêque de Cahors.

Issendolus et Albias, à saint Louis qui lui promit de ne jamais aliéner ses terres de la Couronne française.

Cependant, les armées du roi de France avaient envahi l'Agenais; le comte de Toulouse, qui assiégeait Penne au commencement d'octobre de cette année, craignant que ces armées ne pénétrassent dans le cœur de ses Etats et voyant d'ailleurs le roi d'Angleterre peu disposé à le seconder, chargea l'évêque de Toulouse d'aller faire de sa part au roi de France des propositions de paix. Saint Louis ne voulut pas les accepter parce qu'il semblait que Raymond voulut lui imposer la loi; il répondit à l'évêque qu'il fallait que le comte se soumît sans condition et sans restriction; et, pour le forcer à en venir à ce point de soumission, il fit avancer du côté du Quercy un corps d'armée, sous les ordres de l'évêque de Clermont et d'Humbert de Beaujeu. Raymond, pour détourner la guerre qui menaçait ses peuples, obéit entièrement à la volonté du monarque français; il demanda grâce tant pour lui que pour ses associés, du nombre desquels il exclut les hérétiques et tous ceux qui étaient condamnés pour hérésie, avec offre d'aller le joindre, s'il voulait lui envoyer un sauf-conduit à Cahors, et avec promesse de lui être inviolablement attaché le reste de sa vie, de le servir fidèlement envers et contre tous, de défendre et d'honorer l'Eglise, de protéger la foi catholique, de purger le pays d'hérétiques et de faire une justice sévère de ceux qui avaient tué les inquisiteurs.

Satisfait de cette soumission, saint Louis accorda la paix au comte Raymond et envoya des commissaires sur les lieux pour recevoir les sûretés que ce prince s'était engagé à donner. Cela fait, Raymond partit pour la cour. En passant à Montauban, il établit Sicard d'Alaman pour son lieutenant dans le Toulousain, le Rouergue, l'Albigeois, le Quercy et l'Agenais. Ce Sicard était sans doute le frère de *Doast* d'Alaman qui, dans un acte de l'an 1249 (1), prend la qualité de *Senescales en Caerci per mon senhor lo coms de Tolose* (2).

Lorsque le comte de Toulouse parut devant saint Louis, il déclara qu'il se soumettait à sa miséricorde, lui, ses états et ses alliés; il promit de faire prêter le serment de fidélité au roi, entre les mains des commissaires que ce prince enverrait sur les lieux, par les barons, chevaliers, châtelains, vassaux et habitants des villes et places de ses domaines; de livrer certains châteaux pour cinq ans, d'exécuter fidèle-

1. Dominicy.
2. Sicard d'Alaman acquit dans le Bas-Quercy, aux environs de Lauzerte, plusieurs belles terres qu'il substitua en mourant à Raymond d'Alaman, son fils naturel, chanoine de Tours.

ment tous les articles du traité de Paris; il déclara à la reine Blanche, en particulier, qu'il ne souffrirait plus d'hérétiques dans ses Etats (1).

De retour à Toulouse, en 1243, Raymond ne songea qu'à remplir les promesses qu'il venait de faire au roi de France. Après avoir puni du dernier supplice les meurtriers des inquisiteurs d'Avignonet, il ordonna aux habitants de sa ville capitale de jurer, en sa présence, entre les mains des commissaires royaux, d'observer fidèlement le traité de paix, de demeurer toujours fidèles au roi et à l'Eglise; dans le cas où lui Raymond ne tiendrait pas ses promesses, d'aider l'Eglise contre les hérétiques et leurs fauteurs et de se tourner contre lui-même s'il venait à faire la guerre au roi. Sicard d'Alaman reçut l'ordre d'accompagner les commissaires royaux dans les divers pays qui composaient les Etats du comte de Toulouse, pour y faire prêter le même serment. Ceux qui le prêtèrent dans le Quercy, furent : Hugues de Durfort, Guillaume de Gourdon, Bertrand de Cardaillac, Déodat de Barasc, Girbert de Castelnau-de-Gramat (2) et Hugues de Cardaillac, barons; les habitants de Montauban, les chevaliers et les nobles de son bailliage; Arnaud de Lespinasse et les autres habitants du bailliage de Lauzerte; les habitants de Saint-Cirq-Lapopie, Moissac, Lauzerte, Castelnau-de-Montratier, Montcuq, Capdenac et Caylus.

XXIV. — *Origine de Lauzerte*

L'acte de prestation de ce serment, dont on trouve l'original dans le Trésor des chartes du roi, est le premier monument connu où il soit fait mention de Lauzerte. S'il fallait ajouter foi à la tradition vulgaire, Raymond VII, comte de Toulouse, en serait le fondateur. Ce prince lui aurait donné le nom de *Lacerta*, à cause de la grande quantité de

1. *Hist. de Languedoc*, tome III, liv. xxv.
2. Girbert de Castelnau-de-Gramat avait confirmé l'année précédente, en présence des consuls de Figeac, les coutumes et les privilèges de Gramat. Il déclare dans l'acte, vidimé en 1264 par son fils Hugues, que les habitants de cette ville l'ont toujours aimé et fidèlement servi, lui ont payé les grosses dettes qu'il avait contractées et accordé une somme considérable pour marier sa fille Nafina; il les dispense de payer pour le mariage de son autre fille Marguerite et déclare qu'ils ne lui doivent ni tailles, ni redevances, que dans le cas où il viendrait à être fait prisonnier dans les pays d'Outre-Mer. Il confirma les anciennes coutumes données par ses prédécesseurs et contenues dans le livre et registre des prêtres de Gramat; il jura de maintenir et faire observer ces coutumes, et il renouvela le même serment, en 1245, devant les consuls de Rocamadour. Ce même seigneur, par lettres de 1250, établit quelques droits de leudes à Gramat, donna aux habitants le droit d'avoir bancs, ayrals, jardins, etc.

lézards trouvés sur la montagne où cette ville fut bâtie. Sans nous arrêter à cette étymologie, dont il serait facile de montrer tout le ridicule (1), si on voulait l'examiner, nous dirons, avec Dominicy, que la ville de Lauzerte, appelée *Lauserta* du vivant de Raymond VII, était anciennement un château et une église appartenant au chapitre de Cahors qui les avait inféodés, ainsi que leur territoire, à la maison de Castanier. Lauzerte ne fut donc pendant longtemps qu'un petit lieu sans importance. Il n'en est pas parlé dans la guerre des Albigeois et cela peut-être parce que, étant vassal de l'église de Cahors, son seigneur ne prit point parti pour les comtes de Toulouse et préserva ainsi son château des armes des croisés, qui ruinèrent tous les lieux environnants. Les comtes de Toulouse, Raymond VII, si on le veut, frappés de la situation avantageuse de ce château, bâti sur le sommet d'une montagne, entourée d'une grande et fertile vallée qu'arrosent les rivières du Lendou et de la Barguelonne, en firent l'acquisition, par voie d'échange ou autrement, et l'érigèrent en une châtellenie qui devint bientôt le cheflieu d'un bailliage. C'est ce qu'on peut dire de plus vraisemblable sur l'origine de Lauzerte qui avait des consuls et des privilèges au commencement de ce siècle.

XXV. — *L'évêque de Cahors acquiert le droit de nommer aux canonicats vacants de son chapitre — Concile de Béziers*

Le chapitre de Cahors céda à l'évêque le droit de nommer aux canonicats, ce qui était parmi eux un grand sujet de discorde, à la condition qu'il les affranchirait de la vie commune et régulière; ce prélat s'empressa de leur donner de nouveaux statuts, qui ne remplirent pas entièrement leurs vœux. L'évêque se rendit ensuite au concile de Béziers (2), composé en partie d'évêques et d'abbés de la domination du comte de Toulouse. Raymond y assista et porta plainte contre les Frères prêcheurs qui prétendaient avoir juridiction pour informer contre les hérétiques de ses Etats et qui l'avaient excommunié, malgré l'appel légitime qu'il avait fait de leurs procédures au tribunal du Saint-Siège. Pour ne pas retarder les procédures de l'inquisition et pour témoigner du zèle qui l'anime, le comte de Toulouse offre de s'en

---

1. Il existe, dans le Haut-Quercy un lieu, faisant partie de la commune de Soulomès, qu'on appelle *Lauzerte* et qui porte, dans les anciens titres, le nom de *Lauserta*; ce qui prouve combien peu est fondée l'étymologie donnée à ce nom de ville.

2. *Hist. de Languedoc*, tome III, pag. 441.

rapporter à la décision des Pères du concile, tant au sujet de l'appel qu'il a interjeté que de la sentence d'excommunication dont les Frères prêcheurs l'ont frappé; il espère qu'ils lui rendront la justice qu'il mérite et qu'ils auront égard à sa personne et à sa réputation. Deux jours après, le comte sommait les évêques de Toulouse, Albi, Cahors, Rodez et Agen, d'exercer eux-mêmes l'inquisition contre les hérétiques de leurs diocèses ou de l'y faire exercer en leur nom par les religieux de Citeaux, les Frères prêcheurs et mineurs, ou par telles personnes qu'ils voudraient, avec promesse de prêter la main à l'exécution des sentences qui seraient rendues contre les hérétiques. Nous ignorons la réponse que les évêques firent aux demandes du prince; toutefois, la suite semble indiquer qu'elle fut négative; l'inquisition, en effet, demeura au pouvoir des Dominicains, avec quelques modifications cependant, que l'on doit attribuer aux démarches du comte de Toulouse, qui alla poursuivre son appel contre les inquisiteurs en cour de Rome, où il fut absous de leur sentence par le pape Innocent IV, nouvellement élu.

XXVI. — *Mort de Raymond IV, vicomte de Turenne*

Raymond IV, vicomte de Turenne, mourut vers le commencement de décembre 1243 (1); il avait été au nombre des seigneurs les plus qualifiés du royaume qui, étant assemblés en 1235, à Saint-Denis, écrivirent au pape Grégoire IX, pour se plaindre des entreprises du clergé contre la juridiction du roi et l'indépendance qu'il affectait à son égard : attentat préjudiciable au bien public, qu'ils étaient résolus de ne plus souffrir. Raymond ne laissa de son épouse Hélis, fille de Guy II, comte d'Auvergne, qu'une fille du même nom que sa mère, et qui était mariée à Hélie Rudel, seigneur de Bergerac, Blaye et Gensac. Celui-ci se disposait à entrer en possession de la vicomté de Turenne, au nom de son épouse, lorsque Raymond, seigneur de Servières, frère du vicomte défunt, le prévint en lui apposant l'usage de sa maison, suivant lequel les filles ne succédaient point aux vicomtes, quand il y avait des mâles de la race vicomtale. L'affaire fut portée au conseil du roi, qui, sur l'attestation du vicomte de Limoges, et sur la requête présentée par les chevaliers et les principales communes de la vicomté, adjugea cette terre à Raymond, avec tous les droits et privilèges dont elle jouissait. Raymond, cinquième de ce nom, demeura par cette décision

---

1. Justel, *Preuves de la maison de Turenne*.

paisible possesseur de la vicomté de Turenne qu'il transmit à son successeur.

XXVII. — *Aldémard, abbé de Figeac*

Le monastère de Figeac perdit, cette même année (1243), Guillaume de *Becenis,* son abbé, qui avait succédé à Raymond de La Caze, seulement depuis quelques mois. L'abbé de Moissac avait beaucoup contribué à leur élection, ayant été délégué pour cela par l'abbé de Cluny (1). Nous avons les lettres que le premier écrivit à ce sujet au second; elles font l'éloge des deux abbés de Figeac.

Les moines de Figeac, s'étant réunis en chapitre, l'année suivante (1244) pour élire un successeur à Raymond, chargèrent de ce soin le prieur, le doyen, l'aumônier et le camérier de leur monastère, avec les prieurs de Toirac et de Saint-Félix. Le choix tomba sur Aldémard, celerier et religieux de l'abbaye d'Aurillac. Ceux de Figeac dressèrent procès-verbal de cette élection, qu'ils envoyèrent à Hugues, évêque de Clermont, en le priant de la faire agréer et confirmer par l'abbé de Cluny; mais celui-ci la cassa d'abord, parce que lorsque les moines de Figeac y avaient procédé, ils étaient sous l'anathème pour n'avoir pas payé, au temps marqué, la dîme que le pape avait imposée sur tout l'ordre de Cluny (2); cependant il l'approuva ensuite, en considération du mérite du sujet élu qui pourrait faire le bien dans cette église, *qui est,* dit-il, *placée au milieu d'un peuple méchant et pervers, qui gémit sous le joug de l'oppression et qu'il serait dangereux de laisser longtemps sans pasteur.* Ce n'est pas sans fondement que l'abbé de Cluny traite ainsi les habitants de Figeac qui étaient continuellement occupés à tourmenter et à vexer leur monastère, oubliant que c'était à lui qu'ils devaient leur ville, leurs biens, leurs coutumes et privilèges et le rang distingué qu'ils avaient parmi les premières communes du Quercy.

XXVIII. — *Le pape diminue l'autorité des inquisiteurs*

Le voyage du comte de Toulouse au delà des Alpes ne fut pas inutile pour la province. En effet, ce prince contribua beaucoup à l'ordre que le pape enjoignit aux inquisiteurs d'être plus modérés dans l'exercice

1. *Gallia christ.*, tome I, instrum., pag. 45.
2. *Gallia christ.*, tome I, instrum., pag. 45.

de leurs fonctions (1). Le Souverain Pontife mit quelques bornes à leur autorité; pour prévenir l'abus qu'ils en pouvaient faire, il leur défendit de rendre aucune sentence et de porter aucun jugement, sans l'avis et le consentement des ordinaires, lesquels procédèrent depuis, fort souvent d'eux-mêmes, sans le ministère des inquisiteurs, contre les hérétiques de leurs diocèses. Il ordonna même, dans la suite, à l'évêque de Cahors et aux autres prélats de la domination du comte de Toulouse, de faire rendre aux femmes catholiques leurs dots qui avaient été confisquées avec les biens de leurs maris condamnés pour crime d'hérésie. Enfin il supprima une partie des officiers des inquisiteurs, pour arrêter le cours des exactions qu'ils commettaient contre les personnes qui abjuraient l'hérésie.

XXIX. — *Ambassade d'Amédée IV, comte de Savoie — Le comte de Toulouse crée 200 chevaliers — Voyage à Paris de l'évêque de Cahors; dons de ce prélat à l'Hôpital Beaulieu, aux religieuses de la Daurade et à l'abbaye de Leyme*

De retour dans ses Etats, le comte Raymond reçut à Toulouse une ambassade d'Amédée IV, comte de Savoie, pour lui demander Cécile, sa nièce, en mariage. Raymond agréa la demande d'Amédée et, pour l'accomplissement du mariage, il s'engagea à donner pour dot à sa nièce 6,000 livres, monnaie de Vienne, sous la caution de l'évêque de Cahors et de Dragonet de Montauban, qui était un riche particulier de cette ville. Il tint ensuite une cour plenière où se trouva la fleur de la noblesse de ses Etats; il y créa 200 chevaliers, au nombre desquels nous croyons que furent Fortanier de Gourdon, seigneur de Cénevières, et Boson d'Orgueil (2), qui lui firent hommage : l'un, de Cénevières, Saint-Jean-de-Laur, Limogne, Lentillac, Balaguier et d'une portion de Saint-Cirq-Lapopie; l'autre, de la terre d'Orgueil, dans le Bas-Quercy.

A cette même époque, les bourgeois de Moissac députèrent, vers le comte, un d'entre eux, nommé Pierre, chargé de reconnaître en leur nom tous les droits que ce prince prétendait avoir sur leur ville. Nous présumons que cette reconnaissance fut faite à la suite de quelque différend entre la ville et l'abbé de Moissac; elle renouvela l'ancien procès que Raymond de Montpezat transmit à son successeur.

---

1. *Hist. de Languedoc*, tome III, liv. xxv.
2. La maison d'Orgueil était une des plus anciennes du Quercy.

L'évêque de Cahors alla cette année à Paris pour les affaires de son église. C'est tout ce que nous savons de ce voyage, pour les frais duquel il emprunta une somme d'argent aux habitants de Cajarc, ses vassaux, avec promesse de la leur rendre à son retour, et de leur accorder, en reconnaissance, des privilèges. Il ne paraît pas que l'évêque de Cahors ait fait un long séjour à Paris; car il était de retour dans sa ville épiscopale au mois de mars 1245, époque où il donna à l'Hôpital Beaulieu, l'église d'Issendolus avec ses dépendances (1); il décida que les revenus de cette église seraient employés aux besoins de l'Hôpital Beaulieu et à la portion congrue de son chapelain, suivant les dispositions de Girbert de Thémines et d'Aygline, son épouse, ou du commandeur de l'hôpital (2); il accorda à ceux-ci le droit de présentation à la cure d'Issendolus, après avoir pris l'avis des frères et des sœurs de l'hôpital; enfin il ne se réserva, sur les revenus de l'église, que le droit de procuration ou de visite et le droit *cathédralique* ou synodique, en signe de dépendance.

A quelque temps de là, l'évêque donna aux religieuses de la Daurade de Cahors, l'église de Saint-Pierre des *Hortes* avec ses revenus, à l'abbaye de Leyme l'église de Rueyres, et il unit les deux paroisses de Cabanac et de Mauroux (3).

XXX. — *Mort de Raymond V, vicomte de Turenne; ses enfants*

Raymond V ne jouit pas longtemps de la vicomté de Turenne; il tomba malade et mourut à Paris, après avoir, le 27 décembre 1245, fait son testament par lequel il institua pour son héritier, dans ses droits à la vicomté, Raymond, son fils aîné (4). Ce prince laissa deux autres fils, Boson et Guy, auxquels il assigna des apanages, et cinq filles, dont deux étaient déjà mariées à des seigneurs du Haut-Quercy : Hélis à Pierre de Cazillac, et Comtor à Bertrand II de Cardaillac, chevalier, fils de Bertrand I et frère de Géraud de Cardaillac, sieur de Lacapelle-Marival. Celle-ci eut pour dot une somme de 10,000 sous, en représentation de laquelle Bertrand de Cardaillac reçut la terre d'Anglars, dont il se désista, en 1271, en faveur du vicomte son beau-frère, en reconnaissance des services qu'il en avait reçus (5).

---

1. *Gallia christ.*, tome I, instrum., pag. 48.
2. La donation de cette église fut confirmée en 1253, au mois de mars.
3. G. de Lacroix, *Series epis. cad.*, pag. 100.
4. *Art de vérifier les dates*, tome II.
5. Justel, *Preuves de la maison de Turenne*, pag. 55.

XXXI. — *Mort de Raymond de Montpezat, abbé de Moissac — Guillaume de Bessens lui succède*

L'abbé de Moissac mourut en 1245; il venait de recevoir du pape Innocent IV une bulle par laquelle le Souverain Pontife lui défendait, à lui et à ses successeurs, de se servir des ornements pontificaux, sans avoir auparavant prêté serment d'obéissance à l'abbé de Cluny. Raymond était de l'illustre maison de Montpezat, en Quercy; il avait pris l'habit de Saint-Benoît dans le cloître de Moissac, d'où il avait été appelé au gouvernement de l'abbaye de Lezat. Son rare mérite détermina le prieur claustral de Moissac à le demander pour abbé de ce monastère, après la mort de Raymond de Rouffiac. C'est du moins ce que nous apprend la lettre qu'il écrivit à ce sujet à l'abbé de Cluny et dans laquelle il lui fait un tableau touchant de la détresse où est réduit le monastère (1), à cause des exactions du comte de Toulouse et du cardinal, légat du Saint-Siège. Ces exactions et d'autres malheurs survenus, avaient obligé l'abbé défunt à se tenir pendant six ans loin du monastère, pendant que ses religieux errants et exilés traînaient une existence misérable. Dans cet état des choses, l'église de Moissac ayant besoin d'un pasteur intelligent et économe, le prieur supplia l'abbé de Cluny de lui donner Raymond de Montpezat, recommandable par ses vertus, assez lettré, d'un caractère bon, doux, et en même temps ferme et que tout le monde jugeait digne de cette dignité. Il le conjura enfin de procéder promptement à son élection, parce que, dit-il, *le cardinal ayant coutume d'empêcher qu'on ne nomme sans son consentement aux bénéfices vacants dans l'étendue de sa légation, il est à craindre que, si vous différez, un moissonneur étranger ne vienne avec sa faux faire main-basse sur votre maison et la nôtre.* L'abbé de Cluny s'empressa d'élire Raymond de Montpezat, auquel il enjoignit de se rendre promptement à Moissac. Raymond obéit aux ordres de son supérieur et il n'eut pas plus tôt pris le gouvernement de l'abbaye qu'il tourna tous ses soins à rétablir les affaires de la communauté, aussi bien que les circonstances pouvaient le permettre. Il se fit reconnaître et exigea le serment de fidélité des abbayes et prieurés soumis à son monastère, qui tendaient à l'indépendance ou que les évêques tâchaient de soumettre à leur juridiction (2). Cet abbé fonda un magnifique

1. *Gallia christ.*, tome I, instrum., pag. 41.
2. Au nombre de ces monastères était l'abbaye d'Eysse que l'évêque d'Agen avait visitée et dont il avait exigé le serment d'obéissance. Lorsque Raymond en

hôpital à la Punte, au-dessous de Moissac. Il travailla sans relâche à remettre en vigueur la discipline monastique, que les malheurs du temps avaient considérablement relâchée, et à faire restituer à son église les biens et les droits qui lui avaient été enlevés par les comtes de Toulouse, les consuls et les bourgeois de Moissac. Voyant qu'il ne pouvait réussir dans ses entreprises, il voulut rendre l'abbaye à l'abbé de Cluny qui ne voulut point accepter cette démission. Le pape Grégoire IX faisait le plus grand cas de l'abbé Raymond. Il lui envoya une bulle par laquelle il met son monastère sous sa protection spéciale, veut que l'ordre monastique y subsiste à jamais, et le confirme dans la possession de la ville de Moissac et de ses dépendances, des églises ou chapelles de Saint-Michel, de Saint-Jacques, de Sainte-Marie-du-Port et de Guiraland, des hôpitaux et églises de Saint-Laurent, Saint-Christophe, Saint-Ausbert-de-la-Punte, Biarose, Saint-Pierre de Bodor ou Boudou, Saint-Etienne de Lissac, La Garde, Saint-Pierre de Biule, etc., du domaine des châteaux de Durfort, Montesquieu, Malause, Bruniquel, etc., des abbayes de Lezat, Eysse, Lampredon, etc. Raymond de Montpezat mourut en odeur de sainteté; on lui attribue plusieurs miracles (1). Après la mort de Raymond, les moines, ayant obtenu de l'abbé de Cluny la permission de se choisir un abbé, élurent, d'un consentement unanime, Guillaume de Bessens (2).

XXXII. — *Pèlerinage de saint Louis à Rocamadour* — *Privilèges accordés au bourg de Mondenard* — *Différend entre le comte de Toulouse et l'évêque de Cahors*

L'auteur de la *Chronique de saint Martial de Limoges*, cité par le savant Baluze (3), rapporte que saint Louis vint cette année en pèleri-

eut été instruit, il se hâta de partir pour Eysse, accompagné des abbés de Montauban et de Mas-de-Verdun ; il réprimanda vivement les religieux qui rentrèrent sous son obédience, en avouant que c'était malgré eux qu'ils s'étaient soumis à l'évêque d'Agen.

1. Il fut inhumé au côté droit de l'autel de l'église abbatiale, hors du chœur, dans un ancien sépulcre de marbre soutenu par deux colonnes avec chapiteaux. Au devant était le *labarum* de Constantin, comme on le voit sur les médailles du Bas-Empire, avec deux colombes en bas-relief, dans une espèce de vase. Ce tombeau ressemblait parfaitement à ceux que l'on voit dans *Roma subterranea*. Sans doute ce monument antique ayant été trouvé à Moissac, les religieux y déposèrent le corps de leur abbé, suivant l'usage ancien des chrétiens d'inhumer les morts de distinction dans les mausolées des Romains.

2. *Gallia christ.*, tome I, instrum., pag. 41.

3. Baluze, *Hist. Tutel.* pag. 168.

nage à la chapelle de Notre-Dame de Rocamadour ; mais il n'entre dans aucun détail sur ce voyage de dévotion, bien digne de la piété du monarque français. On ne trouve, ni dans nos écrivains, ni dans les archives de Rocamadour, rien qui puisse suppléer à ce silence.

L'année suivante (1246), le comte de Toulouse accorda des privilèges au bourg de Mondenard, dont le seigneur lui rendit en même temps hommage d'obéissance et de fidélité (1). Ce prince et le nouvel abbé de Moissac, remirent au jugement de leurs amis l'affaire de la juridiction de cette ville, et bien qu'on ne connaisse pas la décision, on peut croire qu'elle dut être agréable à l'un et à l'autre, car ils vécurent depuis en bonne intelligence.

Il s'éleva, sur ces entrefaites, un différend, dont on ignore le sujet, entre le comte de Toulouse et l'évêque de Cahors, mais qui ne porta aucune atteinte à l'amitié qui les unissait. Ils prirent des arbitres qui les accordèrent (2).

XXXIII. — *Arnaud Béraldi*

Arnaud Béraldi, dont nous avons déjà parlé, avait prêté à Guillaume de Cardaillac, évêque de Cahors, 350 marcs d'argent, pour rembourser pareille somme que ce prélat avait empruntée à gros intérêts aux Lombards, qui tenaient leur banque à Cahors (3). Arnaud demandant à être payé, l'église de Cahors lui céda une vaste maison, avec tour, jardins et cours, située dans la grande Rue-Haute, et qui avait appartenu à trois frères hérétiques, dont deux appelés Raymond et l'autre Alphonse Massip (4). Elle était au nombre de celles que les inquisiteurs confisquèrent au profit de l'évêque, comme seigneur de la ville. Ce n'était pas la seule dette que Guillaume de Cardaillac avait laissée en mourant. Les Lombards réclamèrent une autre somme considérable qu'ils lui avaient comptée en espèces appelées *Caorcines*, soit que cette monnaie fût de celle qui se frappait à Cahors, soit qu'elle fût particulière à ces banquiers, appelés *Caorcins*, qui lui donnèrent le nom par lequel on les désignait. Géraud de Barasc, voulant retirer de la banque l'engagement de son prédécesseur, emprunta, au même Arnaud Béraldi,

---

1. Foulhiac.
2. *Gallia christ.*, tome I, pag. 134.
3. Foulhiac.
4. Elle est connue aujourd'hui sous le nom de collège de Pélegry. L'acte de cession porte que, par cette aliénation, l'église de Cahors s'était délivrée de beaucoup d'usures.

85 marcs de livres sterling, dont chacun valait treize fois le marc ordinaire (1). Pour assurer au prêteur cette somme, il lui donna en gage les terres de Bélaye, Puy-l'Evêque, Luzech, Subéjols (2), Montpezat et Cajarc.

Arnaud Béraldi était, sans doute, de cette ancienne famille dont nous avons parlé, et qui avait son patrimoine aux environs de Cahors, dans le lieu qui, de son nom, fut appelé *La Béraudie*. Il est le chef de la maison dite *de La Béraudie*, connue dans la suite sous les noms de Cessac et de Cazillac. Il devait une grande partie de son immense fortune à la guerre des Albigeois. L'augmentait-il encore en exerçant à Cahors, quoiqu'il ne fût pas Lombard, l'infâme métier d'usurier? Nous ne le croyons pas, et ce qui nous porte à penser ainsi, c'est que Béraldi était généreux, qu'il avait de la religion, et qu'il contribua beaucoup, comme nous l'avons vu, à bâtir dans une de ses terres le couvent des Frères prêcheurs, où il fut inhumé.

XXXIV. — *L'évêque de Cahors maintient son droit de justice dans sa ville épiscopale — Indult du pape Innocent IV*

Saint Louis écrivit, en 1246, à son sénéchal de Carcassonne, qu'il avait averti l'évêque de Cahors de ne pas obliger les habitants de la ville à plaider devant lui, voulant qu'ils eussent recours à son tribunal, principalement pour les affaires de communauté, qui sont de juridiction royale (3). Mais le prélat répondit au roi qu'il était seigneur de Cahors et qu'en vertu de l'hommage qu'il lui avait rendu, comme à ses prédécesseurs, la justice entière de la ville lui appartenait, et que les habitants de Cahors étaient ses vassaux, ses sujets et ses justiciables. Il ne peut croire que le roi, *qui aime Dieu et la justice*, veuille lui ôter un droit qui est bien à lui et inhérent à sa seigneurie (4). Saint Louis n'insista pas; et les évêques de Cahors continuèrent de connaître, comme auparavant, de toutes les affaires qui sont du ressort des tribunaux.

L'évêque de Cahors reçut, vers le même temps, du pape Innocent IV, un indult adressé à l'archiprêtre des Vaulx, par lequel il ne pourra être excommunié, ni son diocèse mis en interdit par aucun légat, sans le

---

1. Foulhiac.
2. Aujourd'hui Pradines ou Englandières.
3. Foulhiac.
4. C'est, sans doute, un des privilèges que le roi accorda aux Cadurciens et qu'on ne connaissait pas. Louis X les confirma, en 1315, sans dire en quoi ils consistaient.

commandement exprès du Souverain Pontife (1). L'archevêque de Bourges ayant trouvé, en faisant la visite des diocèses de sa métropole, que le droit de procuration était trop onéreux pour certaines églises rurales, en porta plainte à Innocent. Celui-ci écrivit en conséquence à l'évêque de Cahors et aux autres suffragants de Bourges, et leur ordonna d'avoir égard aux églises pauvres et de les visiter sans en exiger aucune rétribution, vu surtout que les églises conventuelles et celles qui dépendent des paroisses urbaines suffiraient à les défrayer de leurs visites pastorales (2).

XXXV. — *Confirmation des privilèges de Martel*

Raymond VI, vicomte de Turenne, se rendit, l'année suivante (1247), à Martel, et en confirma les privilèges à la sollicitation du roi saint Louis et de la reine Blanche. Il laissa aux bourgeois et aux habitants de cette ville le droit d'élire chaque année leurs consuls, se réservant, toutefois, que ceux-ci, après leur élection, prêteraient serment de fidélité devant lui ou devant son bailli de Martel (3).

XXXVI. — *Révolte des consuls de Cahors et des habitants de Cajarc contre l'évêque Géraud de Barasc*

L'évêque de Cahors eut, en 1247, la douleur de voir les consuls de sa ville se révolter contre lui et lui contester ses droits de seigneur : entreprise aussi injuste que téméraire, qui prouve la méchanceté, la mauvaise foi et l'ingratitude de ces magistrats. Il paraît que la masse des bourgeois n'eut aucune part à cette révolte. C'est ce qu'on peut inférer des actes de cette année qui sont tous passés au nom de l'évêque, preuve certaine qu'ils ne cessèrent pas de le reconnaître pour leur seigneur légitime. Nous citerons par exemple · la vente d'une maison faite par Orcet à Benoît de Jean pour Arnaud Béraldi, contiguë à la maison de ce dernier qui est le collège Pélegry, et située dans la grande rue qui va des Changes vers les Soubirous *per quam tenditur de tabulis cambii versus Sobiros* (4). L'acte s'exprime ainsi : *Geraldus Dei gratia Caturc. episcopus, etc.. Universis et singulis per tenorem præsentium facimus*

1. G. de Lacroix, *Series episc. cad.*, pag. 101.
2. G. de Lacroix, *Series episc., cad.*, pag. 101.
3. Justel, *Preuves de la Maison de Turenne.*
4. Foulhiac.

manifestum quod, etc., fecimus præsentes litteras sigilli nostri munimine roborari, etc. L'évêque employa tous les moyens, que la prudence et la religion purent lui suggérer, pour ramener les consuls à la raison. Il leur parla lui-même, non en maître, mais en père et en pasteur; il leur fit parler par ceux de ses ecclésiastiques et les citoyens qui pouvaient avoir quelque ascendant sur eux, mais toutes ses démarches ne servirent qu'à les animer davantage. Géraud de Barasc, voyant que rien n'était capable de vaincre leur opiniâtreté, eut recours au pape Innocent qui commit l'abbé de La Garde-Dieu pour terminer le différend. Cet abbé se rendit à Cahors, mais les consuls n'eurent aucun égard pour ses remontrances et l'autorité dont il était revêtu. Bien plus, s'érigeant en maîtres souverains de la ville, ils dressèrent des statuts et règlements contre l'évêque et l'église, et firent publier des édits et ordonnances en leur nom. Aveuglés par la fureur, ils refusèrent un jour d'ouvrir les portes de la ville à l'évêque; un autre jour, ce prélat étant sur la place de la Daurade, ils tuèrent un de ceux qui étaient à sa suite et en maltraitèrent cruellement un autre. Ils forcèrent le presbytère du recteur de l'église de Notre-Dame-des-Soubirous qu'ils livrèrent au pillage, après avoir porté leurs mains sur plusieurs chapelains qu'ils y rencontrèrent. Ils firent publier dans la ville que les habitants ne porteraient désormais des offrandes à l'autel qu'aux cinq fêtes solennelles de l'année. Ils s'emparèrent à leur profit du lieu où se tenait le marché au blé qui était un fief du chapitre, fixèrent le prix et le poids des grains, établirent un péage et arrachèrent de prison un clerc, accusé de fausse monnaie, que l'évêque y avait fait enfermer.

La patience avec laquelle Géraud de Barasc supportait ces excès, porta les habitants de Cajarc à se révolter aussi contre lui (1248) et à ajouter à la sédition les injures les plus grossières. Mais, ayant bientôt reconnu leurs fautes, ils envoyèrent à Cahors Arnaud de Barasc, neveu de l'évêque, pour solliciter et obtenir le pardon. L'évêque le leur accorda moyennant une amende de vingt sept mille sous qu'ils lui payèrent exactement (1). Dans les lettres de grâce qu'il leur expédia, il dit qu'il oublie le passé, qu'il aimera et protégera la ville de Cajarc, comme auparavant, mais qu'il réserve une punition particulière à Hugues et à Pierre, comme étant les principaux auteurs de la révolte.

Cet exemple de sévérité et en même temps de bonté paternelle, bien loin de calmer la fureur des consuls de Cahors, ne servit qu'à l'animer. Alors l'évêque, après avoir épuisé tous les moyens capables de les faire

---

1. Foulhiac.

rentrer dans le devoir, les excommunia, au nombre de douze, savoir : Bernard Fabri (1), Pierre de Jean, Arnaud de Bérenger, Bernard de Cabazac, Gausbert de la Salvetat, Guillaume de Ramond (2), Grimald et Etienne Sudre (3), Bernard Tournier, Pierre de Salvanhac, Guillaume de la Salle et Guillaume de Casal. Il ordonna aux curés et aux chapelains de la ville de publier la sentence d'excommunication, avec défense aux conseillers de ces magistrats rebelles de communiquer avec eux. Ceux-ci étaient au nombre de quarante, parmi lesquels on remarque les noms des familles les plus distinguées du pays, Raymond d'Archambald, Bertrand de Jean, Arnaud de Ratier, Imbert de Castelnau (4), Guillaume de Cabazac, Arnaud de Touron, Grimald de Dome, Raynald de Concots, Guillaume de Gontaut, Griffon-Hélie de Bégous, Pierre de Vayrac, Hugues de Bournazel, etc. (5).

Baluze pense que plusieurs des consuls excommuniés abandonnèrent la ville de Cahors; que de ce nombre furent Pierre de Salvanhac, fils sans doute de ce riche négociant dont nous avons parlé, et Grimald et Etienne Sudre, ou de La Sudrie, car ces deux noms lui semblent les mêmes, qui allèrent s'établir à la Guène, dans le Bas-Limousin (6); et il fait descendre d'un de ces derniers le cardinal Guillaume de La Sudrie, qui florissait au milieu du xive siècle. On ne trouve ni dans les archives locales, ni dans les écrivains du pays, rien qui vienne, tant soit peu, à l'appui de l'opinion de ce savant qu'il ne donne d'ailleurs, lui-même, que comme une simple conjecture (7). Il est au contraire très vraisemblable que les consuls demeurèrent tous dans leur patrie : d'abord, parce qu'ils ne furent pas condamnés à l'exil, en second lieu parce qu'on ne peut guère supposer que des hommes qui tenaient le premier rang dans leur ville, des pères de famille, possesseurs de fiefs ou de riches patrimoines, aient pris le parti de s'exiler; d'autant plus qu'ils restèrent peu de temps sous l'anathème. En effet, leur réconciliation avec l'évêque suivit de près l'excommunication; elle se fit par l'entremise de Guillaume de Pontoise, évêque d'Agen, que le pape

1. Ou de La Faurie, ou Dufaure.
2. Maison noble dont il sera parlé.
3. Ou de La Sudrie.
4. Apparemment fils ou frère de l'hérétique dont nous avons parlé.
5. G: de Lacroix, *Series episc. cad.*, pag. 104.
6. Baluze, *Vita pap. aveni.*, pag. 990.
7. Sudre et La Sudrie sont deux noms de famille différente. Le cardinal ne s'appelait pas de La Sudrie, d'après Baluze, lui-même, dans ses notes sur les vies des papes d'Avignon.

Innocent IV envoya exprès sur les lieux. Car le Souverain Pontife, au bruit de ces démêlés, voulant en connaître exactement le sujet, avait appelé devant lui l'évêque qui l'avait instruit de tout. Les consuls firent à Géraud de Barasc les satisfactions convenables, et le reconnaissant pour leur seigneur, s'engagèrent à lui payer, en deux termes, une amende de 500 marcs d'argent, poids de Cahors, à laquelle Guillaume de Pontoise les condamna. Ce prélat ne quitta la ville de Cahors qu'après que la bonne intelligence eut été bien rétablie entre ces magistrats et l'évêque. Il assista à tous les accords qu'ils firent entre eux, principalement sur la monnaie, au poids et au titre de laquelle l'évêque promit de ne faire aucun changement, quoiqu'il en eût le droit.

XXXVII. — *Nouveaux statuts du chapitre de Cahors — Cession de la moitié de la justice du Vigan par Fortanier de Gourdon*

Le différend de l'évêque avec les consuls de sa ville ne l'empêcha pas de publier les nouveaux statuts ou règlements qu'il avait faits pour son chapitre, qui, depuis les guerres passées, s'était entièrement écarté de la réforme à laquelle Géraud de Cardaillac l'avait soumis (1). Il ne se proposa pas d'y faire revivre l'esprit de cette réforme, la chose était pour ainsi dire impossible, mais il voulut resserrer un peu les liens de la discipline qui s'étaient trop relâchés. Sans exiger que les chanoines vécussent aussi régulièrement que leurs prédécesseurs, il ne les affranchit pas tout à fait de la vie commune. Il ne nous reste de ces statuts, qui ne furent pas longtemps observés, qu'un fragment qui concerne la portion du revenu qui fut fixé aux dignitaires et aux chanoines. Le prieur eut trois portions de chanoine, et chaque archidiacre deux. On assigna à chaque chanoine cent sous pour son vestiaire; les archidiacres ne furent astreints qu'à six mois de résidence.

La même année, Fortanier de Gourdon céda, moyennant 18 marcs d'argent, au chapitre du Vigan, la moitié de la justice de ce lieu.

XXXVIII. — *Préparatifs pour la croisade — Mort de Raymond VII, dernier comte de Toulouse de sa race*

Le pape Innocent IV envoya dans le diocèse de Cahors et dans les autres du comté de Toulouse, Alsige, son chapelain et son pénitencier, avec pouvoir de commuer les pénitences imposées aux convertis par

1. Foulhiac.

les inquisiteurs, en amendes pécuniaires qui devaient être appliquées aux besoins de l'Eglise et principalement à ceux de la Terre sainte, pour laquelle saint Louis et le comte de Toulouse se disposaient à partir. Louis s'embarqua, en effet, bientôt après à Aigues-Mortes. Raymond ne put le suivre, à cause du retard de son navire qu'il avait fait équiper sur les côtes de Bretagne.

Ce prince profita de ce délai pour visiter quelques parties de ses Etats (1249), accompagné de l'évêque de Cahors, qui fut présent à l'hommage que Garsias du Fossat rendit au comte dans la ville d'Agen, pour divers châteaux qu'il avait dans l'Agenais (1). Il se rendit ensuite à Aigues-Mortes où allaient arriver Alphonse, comte de Poitiers, son gendre, et Jeanne, sa fille, qui devaient s'y embarquer pour la Terre sainte. Après avoir pris congé d'eux dans l'espoir d'aller bientôt les joindre, car son navire était arrivé, il alla à Milhau, où il tomba malade. Il se fit aussitôt transporter à Toulouse; mais quand il fut à Prix, dans les environs de Rodez, il ne lui fut pas possible d'aller plus loin. A la nouvelle de sa maladie, les évêques d'Albi, de Cahors, d'Agen, etc., s'empressèrent de se rendre auprès de ce prince. Sentant ses forces s'affaiblir, il se confessa et reçut avec les plus grands sentiments de piété le saint viatique, qui lui fut administré par l'évêque d'Albi; lorsqu'il sut que le corps de Notre-Seigneur Jésus-Christ allait entrer dans sa maison, il sortit de son lit, tout faible qu'il était, alla au devant et communia à genoux sur le pavé de sa chambre. Ayant ensuite repris un peu de force, il se fit reporter à Milhau où il fit son testament. L'évêque de Cahors fut un de ceux à qui il en confia l'exécution. Raymond institua son héritière universelle Jeanne, sa fille, comtesse de Poitiers, ordonna la restitution de tout ce qu'il avait mal acquis, légua 10,000 marcs sterling à divers monastères, et expira le 27 septembre, à l'âge de 52 ans, entre les bras des principaux barons et évêques de ses Etats, et de Guillaume de Bessens, abbé de Moissac, dont on trouve le sceau apposé au testament de ce prince.

« Raymond VII, en qui s'éteignit l'illustre et ancienne race des comtes de Toulouse, était, suivant l'historien du Languedoc, un prince doux, affable, libéral, magnifique, et ne manquant ni d'esprit ni de jugement. Il avait donné des preuves éclatantes de sa valeur dans les diverses guerres qu'il avait eu à soutenir dès sa jeunesse, soit pour conserver et recouvrer le patrimoine de ses ancêtres, soit pour secourir ses alliés, soit enfin pour venger ses querelles particulières. Il fut un

---

1. *Hist. de Languedoc*, tome III, liv. xxv.

des plus braves capitaines de son temps. On loue aussi sa circonspection; mais on l'accuse de légèreté et d'imprudence dans sa conduite et de variation dans la poursuite des hérétiques, qu'il ménagea trop, dit-on, dans certains temps, et qu'il poursuivit dans d'autres avec un zèle outré. Il est vrai que, dans les commencements de son gouvernement, il ne les réprima pas assez vivement, au gré de la cour de Rome et des ecclésiastiques de ses Etats qui demandaient qu'il les exterminât sans miséricorde; mais aussi les mêmes ecclésiastiques furent-ils très contents de lui durant les dernières années de sa vie, car il tint alors une conduite uniforme à l'égard des hérétiques et ne négligea rien pour en purger ses Etats. Du reste, quelque conduite qu'il ait tenue envers eux, sa foi personnelle ne fut jamais suspecte, et il fit toujours une profession ouverte de catholicité. Il eut, d'un autre côté, beaucoup à souffrir des ecclésiastiques, qui le chargèrent à l'envi de censures, dans les fréquents différends qu'ils eurent avec lui pour des intérêts temporels; en sorte que les papes furent obligés de mettre des bornes à l'abus manifeste que firent quelques prélats du pouvoir des clefs contre Raymond. Ils furent bien plus réservés envers ce prince, lorsqu'il eut gagné les bonnes grâces des papes, à quoi il s'appliqua sur la fin de ses jours. Il y réussit enfin, et il était très lié avec Grégoire IX, lorsque ce pape vint à décéder. Il n'eut pas moins de part à l'amitié d'Innocent IV, qui avait une entière confiance en lui ».

Le comte de Toulouse fut pleuré de tous ses sujets. On transporta son corps de Milhau, dans l'abbaye de Fontevrault, où il avait ordonné qu'on l'inhumât aux pieds de la reine Jeanne, sa mère. « Les peuples, dit un écrivain qui était son aumônier, allaient en foule au devant du convoi, le suivaient en pleurant et en gémissant sur la perte de leur seigneur naturel, et sur ce qu'il ne laissait aucune postérité masculine (1) ». Le temps qui fait oublier la perte de ce qu'on a de plus cher, affaiblit difficilement leurs regrets. Plusieurs mois après la mort de ce prince, on rappelait encore son nom, dans les dates des actes publics, avec l'expression de la plus vive douleur. On a trouvé deux de ces actes dans le Quercy. Dans l'un il est dit : *Facta charta, in mense novembris, regnante Ludovico rege Francorum, Géraldo episcopi caturcensi, Raymundo, comite Tolosano, de cujus morte omnis luget fidelis;* et dans l'autre : *Facta charta, in introïtu decembris, Ludovico Francorum rege regnante, Geraldo caturcensi episcopo, in anno quo mortuus est dominus noster Tholosanus comes, vir per omnia plangendus.*

1. G. de Podio.

XXXIX. — *Division de la partie du Quercy appartenant aux comtes de Toulouse en neuf bailliages*

Raymond avait divisé ses domaines du Quercy en neuf bailliages, tous situés dans le Bas-Quercy; car les terres du haut pays étaient possédées par l'évêque, des abbés ou des seigneurs laïques qui ne devaient que l'hommage-lige ou à lui ou au roi. Ces bailliages étaient ceux de Moissac, Montauban, Caylus et Puy-Laroque, Castelnau, Sauveterre et Mondenard, Montcuq, Hautmon et Mirebel, Lauzerte et *ultra cust*, dont le nom est si défiguré qu'on ne peut y reconnaître aucun lieu du Quercy. Ces bailliages lui rapportaient, ensemble, 3,310 livres tournois (1).

XL. — *Les seigneurs et les peuples du comté de Toulouse prêtent le serment de fidélité entre les mains des commissaires envoyés par la reine Blanche*

Lorsque la reine Blanche (elle était régente du royaume pendant la croisade en Egypte de son fils Louis IX) eut appris la mort du comte de Toulouse, elle se hâta d'envoyer sur les lieux Guy et Hervé de Chevreuse et Philippe, trésorier de Saint-Hilaire de Poitiers, pour prendre possession des Etats de ce prince, au nom du comte Alphonse et de Jeanne, son épouse. Arrivés à Toulouse, les trois commissaires y reçurent le serment des consuls, des nobles, soit du Toulousain, soit des autres pays qui s'y étaient rendus, des consuls et des prudhommes de Lauzerte et de Montcuq (2). Ce serment fut prêté dans les termes portés dans la formule qu'avait prescrite la reine Blanche, conformément au traité de Paris fait entre saint Louis et le comte Raymond VII, et non en vertu du testament de ce dernier, dont il n'est fait aucune mention. Aussi le comte Alphonse essaya-t-il, dans la suite, de le faire casser. De Toulouse, les commissaires vinrent à Moissac, où se rendirent Déodat de Barasc, Fortanier de Gourdon, baron de cette ville, Bertrand de Cardaillac, Aymeric de Gourdon, Gaillard de Bainac, Raymond de Caussade, Amalvin de Pestillac, Guillaume de Belfort ou Beaufort, Guillaume de Lort, *citoyen de Cahors*, Guillaume de Balaguier, Déodat ou Dorde, vicomte de Calvignac, Guillaume de

---

1. *Hist. de Languedoc*, Preuves, pag. 487.
2. *Hist. de Languedoc.*, Preuves pag. 475.

Moissac, Ratier de Miramont, Armand et Tondit de Mondenard, Bernard de Lolmie, Gaillard Bérailt, Bos d'Orgueil, Raymond de Bosc, Guillaume de Albano (1) d'Orgueil, Guillaume Amalvin de Luzech, Raymond de Rassiels, Bec de Caumont et Guillaume de Cardaillac. Tous ces nobles du Quercy, avec les consuls et les prudhommes de Moissac et de Montauban, prêtèrent le serment entre les mains de ces officiers, mais sans faire mention du traité de Paris, dans le palais abbatial, en présence des abbés de Moissac et de Montauban, de l'évêque de Toulouse, de Pons d'Astoard, chancelier du comte Alphonse, etc. Les commissaires parcoururent ensuite le Quercy, le Rouergue, l'Albigeois et le Toulousain, pour y faire reconnaître le comte Alphonse par les peuples et le reste de la noblesse, qui ne s'était point trouvé dans les assemblées précédentes.

XLI. — *Dons et privilèges accordés à Cajarc et à Cahors par l'évêque Géraud de Barasc — Mort de ce prélat*

Sur ces entrefaites, l'évêque de Cahors, pour prouver aux habitants de Cajarc que leur révolte n'avait porté aucune atteinte à l'affection qu'il avait pour eux, leur accorda plusieurs privilèges et le droit de tenir dans leur ville une foire tous les ans (2).

En 1250, ce prélat conféra le bénéfice de Saint-Laurent de Montlauzun, près de Montcuq, à son neveu Guillaume de Barasc, chanoine de Cahors. Il renonça, dans le mois d'avril, à quelques droits en faveur des consuls et de la commune de Cahors, par un acte où il déclara avoir déjà reçu des consuls la moitié de l'amende qu'ils avaient été condamnés à lui payer par l'évêque d'Agen. Il tomba malade peu de temps après, et mourut le 11 du mois de mai suivant (3). Il fut enterré dans la chapelle de Notre-Dame de l'église cathédrale, au côté droit de l'autel et contre le mur. Guillaume de Barasc, son neveu, fonda pour lui un obit de cent sous sur les maisons qu'il avait à Cahors.

XLII. — *Abbés de Montauban, de Marcillac, de Saint-Marcel, de Souillac*

Nous avons parlé des abbés de quelques monastères du Quercy qui siégeaient sous Géraud de Barasc. Il nous reste à faire connaître les autres. Alphonse ou Namphos était abbé de Montauban. Il avait

1. Ou peut être d'Albas.
2. *Gallia christ.*, tome I, pag. 134.
3. G. de Lacroix, *Series episc. cad.*, pag. 108.

succédé à Albert Auriole, qui, sur le refus que firent les prêtres de l'église Saint-Jacques d'enterrer les pauvres, parce qu'ils n'en retiraient aucune rétribution, fit un règlement, le 1er juillet 1236, par lequel il ordonna que les pauvres seraient inhumés gratuitement, et fixa, pour les autres fidèles, à sept deniers le droit de sépulture qui avait été jusqu'alors arbitraire. Alphonse eut pour successeur Pierre de Bernard.

Le monastère de Marcillac avait pour abbé Raymond, de Goudou, sur le Célé; celui de Saint-Marcel, après Bernard de La Garde, Pierre Aymeric qui transigea aussi pour les dîmes de Saint-Nazaire avec Raymond de Montagut, prieur de cette église et doyen de Cayrac, Elie de Longueval, mentionné dans une charte de l'an 1242; et Etienne, qui gouverna l'abbaye jusque vers l'an 1252. Hugues de Castelnau de Gramat fut élu doyen de Souillac à la place de Pierre, vers le temps de la mort de l'évêque de Cahors. Ce fut aussi vers cette époque qu'Aymerie devint abbesse de Leyme. Ce monastère venait de perdre Guillelmette, à la piété de laquelle il dut les grands dons que lui firent les barons de Gramat de Castelnau de Bretenoux et le seigneur de Livernon.

XLIII. — *Barthélemy de Roux, évêque de Cahors — Sécularisation du chapitre de Cahors*

Les chanoines de Cahors informèrent l'archevêque de Bourges de la mort de Géraud de Barasc, en même temps que le pape Innocent IV venait de leur défendre de procéder à l'élection d'un nouvel évêque, sans sa permission ou son avis (1). C'est qu'il voulait élever, sur le siège de Cahors, Barthélemy de Roux, à qui, peut-être, les chanoines n'auraient pas donné leurs suffrages, bien qu'il en fût digne, parce qu'il se trouvait auprès du Souverain Pontife, qui l'aimait beaucoup et l'employait à des négociations et à des affaires importantes (2). Barthélemy fut, en effet, nommé évêque de Cahors, peu de temps après, et c'est lui qui signa l'acte de fondation de l'hôpital Beaulieu. Le pape écrivit aussitôt de Lyon afin d'exhorter le chapitre à le reconnaître pour son pasteur. Il vante beaucoup ses mœurs, sa doctrine, sa prudence, ses autres bonnes qualités et les services qu'il avait rendus au Saint-Siège, en différentes occasions. « *Nous ne pouvions*, disait-il, *vous donner une*

---

1. *Portefeuille de Baluze.*

2. Il appartenait d'ailleurs à la maison seigneuriale de *Valle-Ruffi*, aujourd'hui *Valroufié*, et c'est à cela qu'il doit son surnom de Roux. Nous verrons ailleurs qu'il était parent du pape Jean XXII.

plus grande preuve de notre affection que par le sacrifice que nous faisons, en vous l'envoyant pour gouverner votre diocèse ».

Peu de temps après son élection, l'évêque reçut du pape un bref, qui le mettait à l'abri de toute censure ecclésiastique, sauf cependant le jugement du Pontife romain. Le chapitre lui confirma le privilège qu'il avait reconnu à Géraud de Barasc, de conférer les canonicats et les prébendes, lui promettant avec serment de ne jamais revenir sur cette cession, qui fut ratifiée dans la suite par les papes Innocent IV et Alexandre IV.

L'évêque considérant l'état de son chapitre, plutôt séculier que régulier, et voyant qu'il était impossible, à cause des mœurs du temps, de le ramener à sa première institution, établie par Géraud de Gourdon, forma le projet de le séculariser. Il en écrivit au pape et à l'archevêque de Bourges, métropolitain du diocèse, auquel il fit sentir la nécessité de cette sécularisation, d'autant plus facile qu'il était prouvé par une enquête que les chanoines ne faisaient plus depuis longtemps aucun vœu. Ayant obtenu l'agrément de ces pontifes, il déclara le chapitre séculier et supprima la dignité de prieur ou de prévôt, qui s'éteignit dans la personne de Géraud de Gourdon (1).

L'évêque réduisit le nombre des chanoines à 25, mit au nombre des dignitaires du chapitre l'écolâtre, l'ouvrier, et décréta que ceux-ci, avec les archidiacres de Montpezat, de Figeac, de Tornès, le sacristain et le chantre, seraient désormais prêtres; qu'on ne pouvait être pourvu, si l'on n'était diacre, des prébendes des archidiaconés de Cahors, Saint-Céré et des Vaux, et de celles du chantre d'Angoulême (2), de Guillaume de Mechmont, de Guillaume d'Antejac, de Bertrand de Lezergues (3), de Raymond d'Adhémar, ni enfin d'aucune des autres qui restaient sans le sous-diaconat. Il assujettit les chanoines à une résidence au moins de quatre mois, et il voulut que, pendant leur absence, ils fussent représentés au chœur par des vicaires qui percevraient la moitié de la prébende. Il leur accorda la faculté de tester; mais il voulut que les biens de ceux qui viendraient à décéder sans avoir fait testament, appartinssent au chapitre; leur prébende devait rester une

---

1. Il est en effet qualifié de *præpositus*, dans le nécrologe de la cathédrale, ce qui veut dire prévôt. Il y est dit qu'il donna en mourant, au chapitre, les cens et rentes qu'il avait sur la terre de Péchimbert.

2. C'était une maison noble qui avait ses terres dans le Gourdonnais. On trouve un Gerbert, un Guillaume, damoiseaux, frère et fils de Guillaume d'Angoulême, chevalier.

3. Maison noble qui a possédé longtemps la terre de Mauroux.

année vacante, et le revenu en être accordé à des prêtres qui seraient tenus de faire des prières pour le repos de leur âme. Barthélemy ajouta au nombre des chanoines quatre hebdomadiers, et conserva les quatre chapelains fondés par Pons d'Antejac(1). Ce nouveau statut fut approuvé par le pape et publié dans tout le diocèse. Quand on l'examine de près, on ne peut s'empêcher de convenir que le chapitre, rendu à la vie séculière, devint plus régulier qu'il ne l'était auparavant.

XLIV. — Construction du Pont-Neuf de Cahors

Les consuls de Cahors entreprirent cette année (1250) de bâtir un pont au port de Bullier. L'évêque s'y opposa, parce qu'il voyait que ce pont causerait la perte du port dont les revenus lui appartenaient. Cette opposition donna lieu à un différend, qui fut terminé l'année suivante par l'abbé de Tulle, que les deux parties prirent pour arbitre. Il fut convenu que le pont serait bâti, mais que l'évêque y percevrait un péage semblable à celui que le chapitre percevait sur le Pont-Vieux, et que les cent livres que les consuls avaient sur le péage du port de Bullier seraient perdues pour eux et tourneraient annuellement au profit de l'évêque et de ses successeurs. Ce sont les cent livres pour lesquelles Guillaume de Cardaillac avait engagé le port de Bullier, comme nous l'avons dit ailleurs. L'abbé de Tulle, qui servit d'arbitre dans cette affaire, était Pierre de Vant ou de Malamort, qui fit ensuite dresser un autel en l'honneur de saint Jean, dans l'église de Rocamadour (2).

L'évêque seconda depuis les consuls dans la construction du pont, vulgairement connu sous le nom de Pont-Neuf, pour le distinguer de l'ancien. Voyant que ces magistrats ne pourraient l'achever qu'en épuisant les ressources de la commune, il pria Alexandre IV de venir à leur secours. Le Souverain Pontife, qui était plein de considération pour Barthélemy de Roux, lui accorda, par une bulle datée des ides de janvier, la septième année de son pontificat, qui se rapporte à l'an 1261, 200 marcs d'argent à prendre sur les restitutions secrètes en fait d'usures, vols et autres biens mal acquis, sur les legs pies, moyennant le consentement des exécuteurs testamentaires, enfin sur les personnes dont l'ordinaire commuerait les vœux, sauf le vœu de pèlerinage à la Terre sainte (3). On croit vulgairement que cette somme fut employée

---

1. G. de Lacroix, *Series episc. cad.*
2. Baluze, *Hist. Tutel.*, pag. 170.
3. *Archives de l'évêché.*

à la construction du pont de Valentré, dont on regarde le diable comme l'architecte, à cause de l'argent provenant des usures qui aurait servi à le bâtir; mais une preuve qu'il s'agit du Pont-Neuf, c'est qu'il est dit dans la bulle qu'on avait commencé à le bâtir, *qui constructum*, et que celui de Valentré ne fut entrepris qu'en 1308, comme nous le verrons ailleurs.

XLV. — *Retour en France du comte Alphonse; — il visite les États de l'ancienne maison de Toulouse et en divise le gouvernement entre quatre sénéchaux*

Pendant que la reine Blanche était occupée à recueillir pour le comte Alphonse la riche succession de la maison de Toulouse, ce prince arriva en Égypte avec le corps de troupes qu'il avait sous ses ordres. Quelque temps après il fut pris par les Infidèles avec le roi saint Louis et le comte d'Anjou, ses frères. Ce fut alors que périt Guillaume de Sonnac, grand-maître du Temple, après avoir perdu un œil dans un combat précédent. L'auteur de l'*Art de vérifier les dates*, le fait naître d'une maison distinguée en Languedoc, mais la seule maison de Sonnac qu'il y eût dans cette province, est celle du Haut-Quercy, dans les environs de Figeac (1). Guillaume de Sonnac avait la réputation d'homme prudent, circonspect et très versé dans l'art militaire. C'est pourquoi saint Louis, en confiant au comte d'Artois la conduite de l'avant-garde de l'armée, quand on eut malheureusement résolu de marcher sur la Massoure, lui ordonna-t-il de suivre les avis du grand-maître. Le comte, pour les avoir dédaignés, fut cause du désastre de la Massoure, où il périt, et de tous les malheurs qui en furent les tristes suites.

Délivré de sa captivité, le comte Alphonse revint en France avec sa femme. Ils arrivèrent, après une heureuse navigation, dans le Bas-Languedoc, où ils reçurent, pendant le séjour qu'ils y firent, l'hommage de plusieurs de leurs nouveaux vassaux (2). Ils passèrent de là en

---

1. Nous en avons parlé ailleurs, au sujet de la confédération que firent en 1230, à Rocamadour, les chevaliers et les communes de ce pays, et dans la donation de l'hôpital Beaulieu, que firent en 1259 à l'ordre de Saint-Jean-de-Jérusalem, Gisbert de Thémines et Aygline son épouse. Il est fait mention, comme présent, de frère Bertrand de Sonnac, chevalier de cet ordre qui, peut-être, était frère du grand maître des Templiers. Ils devaient avoir pour arrière-neveu Raoul de Sonnac, chevalier, dont la veuve, nommée Gaillarde, céda à Barascon de Thémines la moitié du péage établi sur le chemin de Neyrac, ainsi qu'il est rapporté dans la fondation du monastère de Fieux, dont nous parlerons bientôt.

2. *Hist. de Languedoc*, tome III, liv. xxvi.

Angleterre, afin d'engager le roi Henri III à s'embarquer pour la guerre d'Outre-mer. De retour en France, Alphonse confirma dans le gouvernement du comté de Toulouse, Sicard d'Alaman, qui prend la qualité de sénéchal général de ce pays, dans l'hommage qu'il reçut à Montauban, à la fin de février de la même année, au nom d'Alphonse, de Gaillard d'Adhémar de Lescure, fils de Bertrand d'Adhémar, pour le lieu de Rozières, en Albigeois.

L'année suivante (1251), Alphonse et Jeanne se rendirent à Toulouse. Là, le comte de Poitiers consulta les jurisconsultes pour faire casser le testament de feu son beau-père, le comte Raymond, dans le dessein de s'exempter du paiement des legs et autres sommes que ce prince avait ordonné à ses héritiers d'acquitter (1). La décision des jurisconsultes fut telle, qu'il n'osa pas aller outre. De Toulouse, où ils ne firent pas un long séjour, Alphonse et Jeanne allèrent dans la Gascogne, ensuite à Agen. Arnaud de Montpezat les accompagnait, et il fut témoin de l'hommage qu'Arnaud-Atton, vicomte de Lomagne, rendit dans cette ville à Alphonse, au commencement de juin. Le comte et la comtesse de Toulouse vinrent d'Agen à Lauzerte, où ils arrivèrent le 12 du même mois. Ils allèrent le lendemain à Montauban, où ils furent visités par plusieurs de leurs barons du Quercy, entre autres par Déodat et Guillaume de Barasc, et par Bertrand et Hugues de Cardaillac, fils de Bertrand II de Cardaillac, dont il a été souvent parlé. Ces seigneurs furent présents à l'accord qui fut fait dans cette ville entre le comte et Olivier et Bernard de Penne. Alphonse céda à Olivier le château de Cestayrols, et à Bernard celui de La Guépie, avec tous les droits qu'il pouvait avoir sur celui de Belfort, en Quercy. Ces deux seigneurs lui cédèrent à leur tour la terre de Penne d'Albigeois, avec certains droits seigneuriaux qui sont spécifiés dans l'acte.

En quittant Montauban, Alphonse et sa femme allèrent visiter l'Albigeois et le Rouergue et revinrent en France par l'Auvergne. Etant à Valsergues, ils confirmèrent les coutumes de la ville de Montauban. Guillaume de Bessens, abbé de Moissac, dut, sans doute, profiter du séjour qu'ils firent dans le Bas-Quercy pour leur rappeler qu'il était un de ceux en faveur de qui le feu comte Raymond leur ordonnait de réparer les injustices qu'il avait commises. Dans un mémoire, qu'il leur présenta et dont un de ses successeurs nous a transmis la substance (2), cet abbé évaluait à la somme de 8.000 marcs

1. *Hist. de Languedoc,* tome III, liv. XXVI.
2. Aymeric de Payrac, *Chron. Moissac.*

d'argent les dommages et les pertes que son monastère avait éprouvés de la part des derniers comtes de Toulouse. Alphonse, cédant aux plaintes importunes de Guillaume de Bessens, lui accorda, quelques années après, la moitié de la terre de La Garde, dans le Bas-Quercy, et lui confirma la donation de la terre de Scatalens, que le feu comte Raymond, son beau-père, avait faite autrefois, pour le même sujet, à l'abbé Raymond de Montpezat (1).

De retour en France, Alphonse et la comtesse Jeanne s'occupèrent de l'administration et du gouvernement des Etats de la maison de Toulouse, qu'ils partagèrent entre quatre sénéchaux indépendants les uns des autres. Un de ces officiers eut pour son département l'Agenais et le Quercy. Il est appelé dans les actes du temps, *Philippe de Villafavosa;* il était Bourguignon.

XLVI. — *Confiscation des biens de Bertrand de Castelnau — Les Dominicains et les Frères mineurs s'établissent à Montauban — Révolte des habitants de Figeac contre l'abbé de cette ville*

Cette année, Bertrand de Castelnau, seigneur en partie de Saint-Cirq-Lapopie, et qui était apparemment de la famille des Imbert de Castelnau, dont il a été fait mention, ayant été accusé du crime d'hérésie, et d'attirer dans son château les hérétiques, pour l'exercice de leur religion, eut ses biens confisqués (2). Les Dominicains vinrent à Montauban demander à l'abbé la permission de s'établir dans cette ville; Pierre de Clermont la leur accorda, mais, ayant voulu les assujettir à un hommage, ils allèrent se fixer dans le faubourg Saint-Etienne, entre le Tarn et le Tescou, sur lequel l'abbé n'avait apparemment aucun droit (3). Quelques années après, le Tarn, dans un de ses débordements, ruina leur couvent. Ils furent alors obligés de renouveler leur demande, et consentirent à se fixer dans la ville sous les conditions que l'abbé leur imposa : c'était d'assister, le jour de saint Audard, à la grand'messe, dans l'église abbatiale, et à l'Offrande, de chanter, le lendemain, une messe de *Requiem* pour les religieux et les habitants du monastère, et de ne porter par la ville, dans les enterrements, la grande croix que sur la permission du prévôt ou de l'officiant, en l'absence de celui-là.

1. Foulhiac.
2. Foulhiac.
3. Le Bret, *Histoire de Montauban*, pag. 194.

Les Frères mineurs, qui vinrent dans le même temps, ne furent pas plus heureux dans leur demande. Ils en portèrent plainte à l'évêque d'Agen, délégué du Saint-Siège, qui les condamna. Enfin ils se soumirent aux conditions que voulurent l'abbé et les moines, et se fixèrent à Montauban, l'an 1254, environ quatre ans après les Dominicains, sous les auspices des vicomtes de Montclar, qui contribuèrent beaucoup à leur fondation.

A Figeac, le lit funèbre ou de parade, avec les draps et les étoffes précieuses, qu'on avait coutume de porter aux funérailles, appartenaient au monastère (1). Ils faisaient partie du droit de sépulture et l'on trouve dans les divers cartulaires que l'abbaye de Figeac n'était pas la seule qui recueillit ces tristes objets comme une propriété (2). Les habitants de cette ville voulurent abolir un tel droit, et sur l'opposition que fit l'abbé Adhémar, ils se soulevèrent, forcèrent les portes de l'abbaye, chassèrent les moines et se portèrent à des excès dont les suites auraient été bien plus affreuses, si Guillaume d'Auvergne, évêque de Paris, qu'on avait pris pour médiateur, ne fût promptement survenu. Après avoir calmé les esprits et rappelé les religieux qui s'étaient enfuis ça et là, ce prélat détermina l'abbé à renoncer pour jamais à son droit, et les consuls de Figeac à lui payer une fois seulement à titre d'indemnité, 20,000 sous, monnaie de Cahors, *pro liberatione et immunitate lectorum et pannorum hominum ac mulierum in villa Figiaci decedentium* (3). Les deux parties souscrivirent à cet arrangement et passèrent un compromis qu'elles s'obligèrent par serment à observer. Adhémar survécut peu de temps à cet accord; en attendant qu'on lui donna un successeur, l'abbé d'Aurillac fut chargé de l'administration du monastère.

XLVII. — *Accord entre Raymond VI, vicomte de Turenne, et Hélie Rudel et sa femme — Testament et départ de Raymond VI pour la croisade*

Quoique Raymond VI possédât la vicomté de Turenne en vertu de la sentence rendue par la cour de France en faveur de son père, et qu'il

---

1. *Gallia christ.*, tome I, pag. 74, instrum., pag. 48.
2. On trouve encore un reste de cet usage en vigueur dans quelques églises anciennes du Haut-Quercy, dépendantes des monastères. Le linge, qui, dans les enterrements, enveloppe la croix, entre dans le casuel du curé.
3. Cette somme fut payée à l'abbé qui en donna quittance aux consuls au mois de novembre de la même année. *Collection Doat.*

en eût fait hommage au roi de France, en lui promettant avec serment de lui remettre les châteaux de Turenne et de Saint-Céré, il ne laissa pas d'être inquiété par Hélie Rudel et sa femme Hélis. Ceux-ci renouvelèrent leurs prétentions à la succession de cette terre. Après de grandes altercations, les deux parties firent un compromis entre les mains de la reine Blanche, régente du royaume, qui adjugea aux demandeurs une portion de l'héritage contesté. Raymond et ses héritiers devaient jouir du château de Turenne avec toutes ses dépendances, bailliages, seigneuries, honneurs, districts, fiefs et tous autres droits attachés à cette châtellenie, de plus de la moitié de la ville de Martel et de ses dépendances, du droit de faire battre monnaie, du château de Montvalent avec son port, et de ceux de Floirac, Mirandol, Curemonte, Saint-Michel, Cazillac, Saint-Céré, Gagnac et Bétaille, des villes de Brive et de Beaulieu, etc. Hélie Rudel et sa femme eurent le domaine de la ville de Souillac, l'autre moitié de la ville de Martel, Creysse avec ses dépendances, etc. (1). Mais ils n'en jouirent pas longtemps. Hélis mourut peu de temps après, et donna par testament au monastère d'Obasine, où elle voulut être inhumée, 100 sous de rente sur le péage de Martel, et 300 sous à l'abbaye de Cadouin, sur le port de Creysse. La donation fut confirmée par une sentence d'Aymeri de Malamort, sénéchal du roi de France pour le diocèse de Périgueux, de Limoges et de la partie de celui de Cahors renfermée dans le territoire de la vicomté.

Le vicomte Raymond avait promis à la reine Blanche d'aller joindre son fils en Palestine, à la tête de trente chevaliers. Fidèle à sa promesse, il se mit en marche en 1252, mais il fit auparavant, dans le mois d'avril, son testament au château de Saint-Céré (2). Il constitua Boson, son frère, son héritier universel, et, en cas que celui-ci viendrait à décéder sans postérité légitime, il substitua Guy, son autre frère, auquel il assigne provisoirement 150 livres raymondines de rente sur le bailliage de Linayrac. Il donne à Comtor, sa sœur, dame de Cardaillac, 550 livres et 10 livres de rente à Hélis, son autre sœur, épouse de Pierre de Cazillac, substituant leurs enfants mâles si les deux frères mouraient sans postérité. Enfin, il veut qu'Alamande et Marguerite, ses deux autres sœurs se marient, et leur assigne en dot 500 livres, monnaie raymondine, avec 10 livres de rente (3). Alamande ne tarda pas à exé-

---

1. Justel, *Hist. de la Maison de Turenne*, Preuves.
2. Justel, *Hist. de la Maison de Turenne*, Preuves, pag. 54.
3. Justel, *Hist. de la maison de Turenne*, Preuves, pag. 47 et 66.

cuter la volonté de son frère; elle épousa Pons de Gourdon, fils de Fortanier.

C'est après avoir fait ces dernières dispositions que le vicomte partit. Il arriva heureusement au camp des croisés, devant Sion où il renouvela au roi saint Louis l'hommage de sa terre, que son père et lui avaient déjà fait à ce monarque (1).

Ce prince lui donna 50 marcs d'argent et lui en prêta ensuite 500, à condition qu'il demeurerait un an à son service avec ses trente chevaliers. On ne trouve pas dans les chartes de la maison de Turenne les noms des chevaliers du Quercy qui accompagnèrent Raymond dans son voyage d'Outre-mer. Il est cependant certain qu'il y en avait, s'il faut s'en rapporter au témoignage des écrivains du pays (2).

XLVIII. — *Réformes introduites dans la sénéchaussée d'Agenais et de Quercy — Procès entre l'évêque de Cahors et Aymeric de Gourdon*

Quoique le comte Alphonse n'eût confié l'administration et le gouvernement de ses Etats qu'à des personnes d'un mérite reconnu, il avait soin, à l'exemple de saint Louis, son frère, d'y envoyer des commissaires pour prendre connaissance de l'état des choses, avec le pouvoir de faire les réformes qui seraient jugées nécessaires. Ceux qu'il envoya cette année dans la sénéchaussée d'Agenais et du Quercy trouvèrent qu'il s'était déjà glissé plusieurs abus. Ils les réformèrent par une ordonnance qui fut publiée dans l'étendue de ces deux pays. Ces abus regardaient principalement le sénéchal, qui donnait souvent les bailliages à des clercs, et les baillis, dont on régla la juridiction avec défense de passer les bornes qui leur avaient été prescrites par le comte Alphonse.

L'évêque de Cahors, tout occupé des intérêts de son église, intenta un procès contre Aymeric de Gourdon, seigneur de Peyrilles, Concorès et autres terres des environs, au sujet de quelques dîmes inféodées, que ses prédécesseurs avaient données à la maison de Gourdon, pour chasser du diocèse les Infidèles, qui ne peuvent être que les Sarrasins ou les Normands. Ils en vinrent enfin à un accord par lequel le seigneur Aymeric céda à l'évêque la terre de Fontanes, dans le Bas-Quercy,

1. Justel, *Hist. de la Maison de Turenne*, pag. 47 et 66.
2. Maleville, Foulhiac, Dominicy.

laquelle avait autrefois appartenu à Géraud de Gourdon, évêque de Cahors (1).

XLIX. — *Établissement des Dominicains à Figeac — Révolte des habitants de cette ville*

L'abbé d'Aurillac, administrateur de l'abbaye de Figeac, reçut cette année de Raoul *de Bonivia*, sénéchal du roi de France, une lettre datée du mardi après la Nativité de la sainte Vierge, par laquelle ce seigneur le priait d'accorder aux frères Dominicains la permission de se bâtir un monastère dans la ville de Figeac (2). L'abbé donna son consentement à cette fondation, qui eut lieu la même année par le zèle de frère Louis de Jean, de Cahors, religieux de cet ordre, recommandable par sa science et sa piété. Il fut le premier prieur de la nouvelle communauté (3).

Comme les soins que cet abbé devait à son propre monastère ne lui permettaient pas de résider continuellement à Figeac, il avait chargé le prieur de cette abbaye de la gouverner en son absence (4). Celui-ci réclama le payement de la somme auquel les consuls s'étaient engagés, en vertu du compromis. Leur refus alluma une violente sédition dans la ville. Les habitants prirent parti, les uns pour leurs magistrats, les autres pour les moines; le désordre fut si grand que le prieur, suivi de plusieurs religieux, alla se réfugier dans l'abbaye de Mauriac, d'où il écrivit à l'abbé de Cluny. Il lui manda que s'il n'avait promptement recours à l'autorité du roi ou à celle du pape, la ville et le monastère de Figeac étaient perdus. Ils allaient être ruinés de fond en comble, tant les esprits étaient animés. Nous ignorons si l'abbé de Cluny employa le moyen que lui proposait le prieur de Figeac. Nous savons seulement qu'il élut aussitôt pour abbé de ce monastère Gaillard de Cardaillac, qui avait été religieux de Tulle et gouvernait l'abbaye d'Uzerche (5). Il ne pouvait dans les circonstances présentes faire un

---

1. Ce fait prouve la haute antiquité de la maison de Gourdon. La concession de la terre de Fontanes fut confirmée dans la suite à l'église de Cahors par un arrêt du Parlement de Toulouse de l'an 1494.

2. *Archives des Dominicains de Figeac.*

3. Il eut un neveu, Arnaud de Jean qui entra dans le même ordre, et devint prieur du couvent de Montauban. Il assista en cette qualité au chapitre de la province qui se tint à Cahors en 1298.

4. *Gallia christ.*

5. Baluze, *Hist. Tutel.*, pag. 155.

choix plus heureux. Gaillard était des environs de Figeac et d'une des familles les plus illustres et les plus puissantes de la contrée. Aidé de ses parents, il lui était facile de rétablir le bon ordre dans cette ville et d'en forcer les habitants à reconnaître et respecter ses droits. Aussi depuis qu'il se mit à la tête de l'abbaye, on ne voit pas qu'il y ait eu le moindre trouble.

L. — *Château de Sauliac-sur-Célé — Échange d'églises entre l'évêque et le chapitre de Cahors — Dégâts commis par les Anglais aux environs de Toulouse*

Les chartes de l'année suivante (1253), n'offrent rien de fort intéressant pour l'histoire du Quercy. Bertrand de Geniez fit hommage du château et de la terre de Sauliac-sur-Célé à Guillaume de Saint-Bressou, abbé de Marcillac (1).

Il y eut permutation d'églises entre l'évêque de Cahors et son chapitre. L'évêque reçut les églises de Caïx et de Saint-Laurent d'Exupère, et céda celles de Carbonac et Mauroux réunies, de Saint-Jacques et de Saint-Simplice de Calzergue, aujourd'hui Arcambal (2). Les consuls de Cahors donnèrent au chapitre pour libérer l'hôtel de ville de quelques rentes qu'il lui faisait, plusieurs fiefs situés dans la paroisse de Saint-Laurent et dans celle de la Bueyne (3).

Il est assez vraisemblable que les Anglais que le roi Henri III envoya dans la Gascogne pour punir la révolte des peuples de cette contrée, ne respectèrent pas plus les environs de Moissac et de Montauban que le territoire de Toulouse, où ils commirent de grands dégâts (4). Le comte Alphonse en porta plainte au roi d'Angleterre qui, en réparation des dommages, s'engagea à payer à ce prince une somme considérable.

LI. — *L'évêque de Cahors fait hommage à saint Louis — Concile d'Albi*

L'évêque de Cahors fit, en 1254, dans la ville du Puy, en Velay, hommage de sa ville et de son comté à saint Louis, qui venait d'arriver de la Terre sainte (5). Le roi lui promit de ne jamais l'aliéner de la

---

1. *Hist. manuscrite de l'abbaye de Marcillac.*
2. G. de Lacroix.
3. Foulhiac.
4. *Hist. de Languedoc*, tome III, liv. xxvi.
5. *Portefeuille de Baluze.*

Couronne. Barthélemy ne manqua pas, sans doute, de se trouver au concile que ce pieux monarque fit tenir à Albi et auquel assistèrent les évêques des provinces de Narbonne, Bourges et Bordeaux. On y dressa soixante-douze canons qui eurent pour objet l'extirpation de l'hérésie et le rétablissement de la discipline ecclésiastique et régulière. Un de ces canons défend aux clercs de paraître en public avec des lances et des boucliers; par un autre les réguliers sont tenus de voyager modestement à cheval, sans faire usage de selles blanches, noires et roses, ni d'éperons et de mors d'or et d'argent, et d'orner leurs habits de boutons faits des mêmes métaux. Enfin on y ordonne de tenir un double registre de l'inquisition, de construire dans chaque diocèse des prisons pour les hérétiques qui seraient condamnés à y être renfermés; d'exhumer et de brûler les ossements de ceux qui étaient morts dans l'hérésie (1).

Ce fut pour se conformer aux canons, touchant les hérétiques de la province et à une ordonnance rendue précédemment sur le même sujet par le comte Alphonse, que le clergé, les nobles et les bourgeois des communes du Quercy s'assemblèrent cette année à Rocamadour, afin d'aviser aux moyens d'extirper l'hérésie et de prier Dieu par l'intercession de la Vierge Marie, de seconder leur entreprise (2). C'est à cette assemblée dont le procès-verbal n'est pas parvenu jusqu'à nous, et qu'il faut bien se garder de confondre avec la première qui fut tenue sous Guillaume de Cardaillac dans la même ville, que les écrivains du Quercy font remonter l'origine des Etats-généraux de ce pays; en quoi ils ne sont pas fondés.

LII. — *Ordonnance d'Alphonse sur l'administration de la justice*

Le comte Alphonse fit publier la même année, dans l'étendue des domaines de Jeanne, sa femme, une ordonnance sur l'administration de la justice (3). Il y régla la manière dont les sénéchaux devaient donner les baillies, et les différents degrés d'appel des sentences de ses juges, enjoignit à tous les officiers de gouverner suivant le droit, les coutumes et les usages du pays, et ordonna que les sénéchaux et baillis, qui sortiraient de charge, resteraient un mois dans les lieux où

---

1. Les actes de ce concile furent trouvés dans le portefeuille de François Roaldès, et donnés à Dominicy. On prétend que du cabinet de ce savant ils passèrent dans la collection des conciles.

2. Maleville, Dominicy.

3. *Hist. de Languedoc,* Preuves, pag. 512.

ils auraient exercé leur administration, ou s'y feraient représenter par procuration, afin que l'on eût le temps de recevoir et d'examiner les plaintes que leurs anciens administrés pourraient faire contre eux. Cette ordonnance, dont on vante avec raison la sagesse, est conforme, en beaucoup de points, à celle que saint Louis venait de rendre pour les sénéchaussées de Beaucaire et de Carcassonne, et non de Cahors, comme on le voit dans quelques exemplaires, car il n'y avait dans cette dernière ville que le sénéchal de l'évêque; d'ailleurs le Quercy n'était pas du domaine de ce prince, mais de celui d'Alphonse, son frère. L'ordonnance de saint Louis y eut cependant force de loi, après que le Quercy eut été réuni à la Couronne. On en trouve une preuve dans l'article XI qui défend aux sénéchaux et aux baillis d'acheter des immeubles dans le territoire de leur juridiction, tout le temps qu'ils seront en charge; car Géraud de Jauline, chevalier, seigneur de Villeneuve, fut obligé de demander une dispense au roi Charles V, pour certaines terres qu'il voulait acheter en Quercy, pendant qu'il en était sénéchal.

LIII. — *Hommage du seigneur de Lagarde — Permutations d'églises entre l'évêque et le chapitre de Cahors — Abbaye de Maurs*

L'évêque reçut, dans ce temps, l'hommage du seigneur de Lagarde, près de Lauzerte, pour le droit de patronage sur l'église de cette terre dont nous avons dit que le comte Alphonse avait accordé la moitié à l'abbé de Moissac (1). Il fit ensuite avec son chapitre des permutations d'églises (2). Il prit pour lui les églises de Montpezat, Millac et son annexe Colombier, Caïx, Espère, Caillac, avec la terre de la Roque-del-Pont, qui est voisine; et il laissa au chapitre celles de Cabanac, Puy-Laroque, avec l'annexe de Mazerac, Vazerac, Saint-Sernin-de-Thézels, Saint-Urcisse-des-Vaux, près de Lauzerte, Saint-Etienne-des-Soubirous, aujourd'hui Saint-Barthélemy, Saint-Crépin-de-Vers, avec la chapelle de Velles, et Saint-Jacques de Cahors, avec son annexe de Calzergues, aujourd'hui Arcambal. Ces permutations furent autorisées par Alexandre IV.

Pierre, abbé de Maurs, donna la moitié du domaine de cette ville à l'évêque de Clermont et à ses successeurs. Il fut déterminé à faire cette concession, par l'espoir de trouver dans ce prélat un appui contre les

1. Foulhiac.
2. G. de Lacroix, pag. 119 et 120.

violences et les persécutions des nobles de son voisinage. Il en fut passé acte, au mois de mai 1255, dans la ville de Maurs. C'est le plus ancien monument où il soit fait mention de ce monastère, dont Pierre fut le premier abbé connu. Cette abbaye était située sur les frontières de l'Auvergne et du Quercy, et si nous en parlons, c'est qu'elle avait son principal domaine dans ce dernier pays. Elle possédait les seigneuries de Labastide-de-Belmont et de Sousceyrac. Il paraît même que ce couvent était primitivement situé dans l'un de ces deux derniers lieux. La tradition rapporte, en effet, que c'était à Sousceyrac, mais que les moines, préférant le séjour de Maurs, se fixèrent dans cette dernière localité. L'abbé envoya des religieux pour desservir les églises situées dans le diocèse de Cahors; c'est pour cela qu'il avait entrée aux Etats du Quercy. Il est parlé de ce monastère de Maurs dans la ligue qui fut faite à Rocamadour en 1230.

LIV. — *Plaintes de l'évêque de Cahors contre la formation de ligues dans sa ville épiscopale — Jugement rendu par les évêques de Cahors et de Limoges — Dons au chapitre de Cahors, de rentes et d'églises*

Barthélemy écrivit, la même année, au pape Alexandre IV pour se plaindre de certaines associations ou ligues qui s'étaient formées dans sa ville épiscopale et dans d'autres lieux de son diocèse. Elles en troublaient la tranquillité et portaient atteinte à la liberté de l'Eglise (1). Ces associations étaient faites et dirigées par des nobles puissants qui se faisaient la guerre entre eux. C'est ainsi que l'évêque d'Albi en ayant formé une, en 1259, pour faire la guerre à l'abbé de Gaillac, fit prisonnier le vicomte de Bruniquel, qui était venu au secours de l'abbé. Le pape Alexandre IV, informé de ce qui s'était passé, ordonna de dissoudre toutes ces espèces d'associations et d'employer, s'il était nécessaire, les censures ecclésiastiques (1255).

Sur ces entrefaites, il s'alluma une vive querelle entre Hugues, comte d'Angoulême, et Robert de Monbezon, évêque de cette ville. Hugues avait envahi et dissipé tous les biens de l'évêché et banni l'évêque, avec tout son clergé, du territoire de son comté. Robert alla porter plainte au roi et à son Parlement, qui choisirent pour arbitres du différend les évêques de Cahors et de Limoges. Ceux-ci, après avoir longtemps examiné l'affaire, condamnèrent le comte à assister en saye, la tête découverte et les pieds nus, à la procession qui se ferait en ville le jour

1. G. de Lacroix, pag. 133.

de la rentrée de l'évêque et de son clergé, à faire brûler devant l'église cathédrale les portes par où ce prélat devait passer, à lui demander pardon, à payer une amende de cinq cents livres et à assigner des revenus suffisants pour entretenir à perpétuité trois cierges sur le grand autel de la basilique d'Angoulême, pendant la célébration de la messe (1).

Après ce jugement singulier, auquel le comte d'Angoulême se soumit, l'évêque revint dans sa ville épiscopale et donna au chapitre une rente en blé sur la dîme de Villemade (1256), laquelle devait être portée à Montpezat (2); il lui donna aussi les églises de Cazes, de Saint-Jean et son annexe de Saint-Maixent, de Saint-Cyprien et de Bruguières; et le chapitre, en reconnaissance, lui rendit la terre d'Albas qu'il avait reçue de Pons d'Antejac (3).

LV. — *Bertrand de Montaigut, abbé de Figeac — Couvent d'Espagnac et autres monastères du Quercy soumis à l'abbaye de la Couronne*

Bertrand de Montaigut, abbé de Figeac, laissa à Barthélemy de Roux l'institution des cures qui étaient de la dépendance de son abbaye, excepté celle de La Capelle de Figeac, se réservant néanmoins le droit de nomination. Bertrand de Montaigut venait de succéder à Galhard de Cardaillac. Il était fils d'Arnaud, seigneur de Montaigut, dont les grandes possessions s'étendaient dans le Quercy et l'Agenais. C'était un des grands religieux de son siècle; il sut, par l'autorité de son nom et par l'ascendant de ses vertus, maintenir à Figeac la subordination et la tranquillité.

Gombault, abbé de la Couronne, vint cette année visiter le couvent d'Espagnac, dont *Alasie* était prieure. Elle avait succédé à *Ubsala*, qui vivait en 1237, et qui dut prendre apparemment le gouvernement de la communauté après la mort d'*Elisabeth*, fondatrice et première prieure du monastère. L'abbé, satisfait du bon ordre qui régnait dans cette maison, en soumit les religieuses à l'entière règle de son ordre; il en fit des chanoinesses régulières portant le rochet, l'aumusse et la croix pectorale. Il les assujettit au gouvernement et à la visite du prieur de la Couronne, et il se réserva le retour et la réunion d'Espagnac à son abbaye, dans le

---

1. *Gallia christ.*, tome II, pag. 1008.
2. Foulhiac.
3. G. de Lacroix, *Series episc, cad.*, pag. 133.

cas où les religieuses viendraient à changer d'ordre et de règle, comme aussi les deux pièces d'or, en signe de dépendance, avec les droits de visite, de correction, de procuration et de confirmation de l'élection de la prieure. Alasie et ses religieuses se soumirent à ces règlements et à ces conditions. Leur exactitude à les observer engagea dans la suite les abbés de la Couronne à leur céder le prieuré de Sainte-Eulalie, dont Espagnac faisait partie. Nous croyons que cette cession se fit vers la fin du XIII° siècle, après la mort d'Aymeric de Goudou, à qui Foucaut, abbé de la Couronne, le conféra en 1275.

Ce n'était pas le seul prieuré que l'abbaye de la Couronne eût dans le diocèse de Cahors. Elle y en avait encore d'autres, savoir : Sainte-Marie de Celles, aux environs de Gramat, Sainte-Marie de la Ramière, Sainte-Marie de Molières, autrement Francoulès, Saint-Pierre de Vialoles, qu'elle a laissé perdre (1), et la Lécune. Le second et le troisième étaient conventuels. On sait qu'il y avait des religieux au XIII° siècle et dans les suivants. A la Ramière, le nombre en était grand, parce que ce prieuré était fort riche, et situé dans un terroir abondant en grains, pâturages et bois. Le prieuré de La Lécune fut érigé en un monastère de chanoinesses, de l'ordre de Saint-Augustin, à l'instar de celui d'Espagnac, et à peu près dans le même temps. L'abbaye de la Couronne y a conservé des droits jusqu'au moment où il a été réuni au monastère des religieuses de Saint-Géry, chanoinesses du même ordre, de Cahors.

LVI. — *Contestations entre le vicomte de Turenne, Marguerite, femme de Bernard II, vicomte de Comborn, et Dauphine de Roquefeuille*

Le vicomte Raymond fut encore inquiété cette année pour la terre de Turenne, par Marguerite, femme de Bernard II, vicomte de Comborn, et Dauphine de Roquefeuille. Elles prétendaient y avoir droit en qualité de fille de Boson, fils et collègue de Raymond III, vicomte de Turenne (2). Le roi saint Louis, choisi pour arbitre, condamna Raymond à assigner aux demanderesses une rente de cinquante livres, monnaie Raymondine, qu'elles et leurs héritiers tiendraient en fief du vicomte de Turenne, et dont ils lui feraient hommage.

1. Et dont l'abbé de Marcillac acquit ensuite, on ne sait comment, la collation.
2. Justel, *Hist. générale de la Maison de Turenne*. Preuves.

LVII. — *Le monastère de Carennac — Girbert de Thémines rend hommage à Fortanier de Gourdon — Propriété de l'église de Blanac — Hommage de Bertrand de Cardaillac en faveur du chapitre de Cahors*

Nous avons vu que Bernard III, évêque de Cahors, et son frère Robert, seigneur de Castelnau-de-Gramat, avaient fondé le monastère de Carennac, qu'ils donnèrent à saint Odilon, abbé de Cluny (1). Robert ou quelques-uns de ses descendants lui cédèrent en fief les terres de Carennac, de Magnague et de Padirac, sous la réserve de certains droits qui assuraient leur suzeraineté, entre autres la justice haute, moyenne et basse. Le prieur de Carennac devint, par là, vassal du seigneur de Gramat, pour ces trois terres. N'ayant pas voulu se reconnaître tel pour Padirac, il s'éleva, au commencement de l'an 1257, un différend entre lui et Hugues de Castelnau-de-Gramat, fils héritier de Guibert. Hugues de Cornil, archiprêtre de Thégra, qu'ils prirent pour leur arbitre avec un chevalier nommé *Cotels*, les accorda par la sentence qu'il rendit et dans laquelle les droits de chaque partie furent irrévocablement fixés. Le prieur et le monastère de Carennac demeuraient possesseurs de Padirac ; mais, pour faire voir qu'ils tenaient le fief du seigneur de Gramat, ils furent condamnés eux et leurs successeurs à en faire hommage à Hugues de Castelnau et à ses successeurs, et à leur payer une rente en grains, et, à chaque mutation de prieur et de seigneur, une acapte de deux oboles d'or simples.

La même année, Girbert de Thémines fit hommage de Cagnac, Quissac et Artis à Fortanier de Gourdon, seigneur de Cénevières (2). On ne saurait dire comment et depuis quel temps ces terres étaient passées de la maison de Gourdon dans celle de Thémines. L'hommage en dut être cédé à celui de la famille de Gourdon, qui eut pour son apanage les seigneuries de Laroque-des-Arcs et Cénevières.

On trouve encore un vidimus fait par l'official de Cahors, de l'hommage-lige rendu à saint Etienne et au chapitre de la cathédrale de Cahors, par Bertrand de Cardaillac, chevalier, seigneur de Bioule et co-seigneur des châteaux de Cardaillac et Saint-Cirq-Lapopie, fils d'autre Bertrand de Cardaillac, chevalier, pour les terres, possessions, bois, pâturages, censives, hommes, femmes, quêtes, tailles et autres

1. Tome I, pag. 409.
2. Foulhiac.

droits que ledit chapitre avait donnés à fief audit Bernard, père, dans les paroisses de Cremps, Concots, Rinhac et Aujols, par transaction du mois de mars 1257, et sous la redevance annuelle de 40 livres, monnaie de Cahors, et d'un autour *(austerum)* pour droit d'acapte, lequel autour, Bertrand, fils, paya au chapitre lors dudit hommage (1).

On contesta, dans le même temps, à Pierre de Vart, abbé de Tulle, la propriété de l'église de Blanac, dans le Haut-Quercy, vers la Dordogne (2); mais l'évêque de Périgueux et l'abbé de Terrasson, choisis pour arbitres de ce différend, donnèrent gain de cause au monastère de Tulle, qui était en possession de cette église depuis plusieurs siècles.

LVIII. — *Différend entre le comte Alphonse et l'évêque de Cahors — Confirmation des privilèges de l'abbaye de Figeac — Traité entre saint Louis et le roi d'Aragon*

Un différend d'une tout autre importance fut celui qui eut lieu cette même année entre Alphonse et l'évêque Barthélemy, au sujet des terres confisquées pour crime d'hérésie au profit de l'église de Cahors (3). C'étaient la baronnie de Caussade, une partie de la seigneurie de Montpezat, ce qu'Arnaud de Craissac avait à Luzech et à Saint-Médard, et Guillaume Amalvin de Luzech à Labastide de Raymond-Alric, aujourd'hui Labastide-du-Vert, fondée au commencement de ce siècle par ce dernier seigneur, qui était de la maison de Luzech. Le comte réclamait toutes ses terres, dont l'église de Cahors avait obtenu la propriété des inquisiteurs. L'évêque, à son tour, se plaignait de ce que le comte Alphonse menaçait de le dépouiller des châteaux de Montalzat, de Lauzerte, Beaucaire, Miramont et Brassac qui appartenaient, disait-il, à son église par droit de domaine, *jure dominii*, et non par voie de confiscation sur les hérétiques. C'étaient, en effet, d'anciens fiefs de l'évêché dont plusieurs étaient entrés dans la maison de Castanier, qui en faisait hommage aux évêques de Cahors, longtemps avant la guerre des Albigeois. Enfin, après des contestations fort sérieuses, ils passèrent une transaction par laquelle le comte demeura maître de Caussade, Beaucaire, Miramont et Brassac, et l'évêque, de Montpezat,

1. *Collect. Doat.*
2. *Arch. de Roc-Amadour.*
3. Dominicy.

Lauzerte, le mas de Barn, près de Bouloc, Luzech, Saint-Médard, Craissac et Labastide-du-Vert. Cette transaction fut confirmée, au mois de juin de l'année suivante (1258), par la comtesse Jeanne (1).

Cette année (1257), le roi saint Louis confirma les privilèges que Philippe Auguste avait accordés à l'abbaye de Figeac.

Un traité, bien plus mémorable que le précédent accord, fut passé entre Jacques, roi d'Aragon et saint Louis (1258). Le premier céda au second tous les droits qu'il prétendait sur la ville et le territoire de Carcassonne, Rodez et le Rouergue, Albi et l'Albigeois, Toulouse et son comté, Cahors et le Quercy, etc., et saint Louis céda à son tour à Jacques ses droits sur les comtés de Barcelone, Urgel, Bezala, Roussillon, Empuries, Cerdagne, etc. (2).

1. Cathala-Coture, tome II, pag. 451 et suiv.
2. Louis Mesplède, dominicain de Cahors, célèbre professeur de l'Université de cette ville, a révoqué en doute l'existence de ce traité, dans l'ouvrage qu'il composa sous le titre de *Gallia vindicata*, quand il vit que la Catalogne s'était donnée, en 1640, au roi Louis XIV. Il en adressa un précis au chancelier Séguier, que les écrivains du Quercy semblent avoir pris pour leur Mécène, sans doute parce que ce grand magistrat était originaire de ce pays. Il tâche d'en démontrer la fausseté; mais ses raisons ne peuvent prévaloir contre l'original du traité que l'on conserve dans le Trésor des chartes du roi. Les savants se sont exercés à connaître les droits que le roi Jacques pouvait avoir sur la plupart des villes et pays qu'il céda au roi de France; pour nous, nous ne voyons pas que ni ses ancêtres ni lui en aient jamais eu aucun sur la ville de Cahors et le Quercy. Comme Jacques était un prince capable de tirer parti de tout pour satisfaire son ambition, il prétendait être en droit de succéder à feu Raymond, comte de Toulouse : prétention certainement chimérique; car, n'étant allié que du côté des femmes à la maison de Toulouse, il ne pouvait pas recueillir l'héritage de cette maison au préjudice de la comtesse Jeanne, fille unique de Raymond VII. Ceux qui ont écrit en faveur du roi Jacques citent un hommage rendu par Bertrand, comte de Toulouse, à Alphonse, roi de Castille et d'Aragon. Mais le savant auteur de l'*Histoire de Languedoc* a fait voir l'évidente fausseté de cet hommage; et quand il serait, ajoute-t-il, aussi vrai qu'il est chimérique, il ne déciderait rien pour le domaine utile, ni contre la souveraineté de nos rois. En vain, ces écrivains citent le serment de fidélité que les comtes de Toulouse, de Foix et de Comminges prêtèrent en 1223, à Pierre, roi d'Aragon. Il est vrai qu'ils se mirent sous la protection de ce prince, et lui prêtèrent serment; mais, comme l'observe très judicieusement le même historien, il n'est pas dit que ce fut un serment de fidélité, ni qu'ils se rendirent ses vassaux. Ce n'était qu'une simple ligue confirmée par serment. Si un pareil traité emportait le vasselage de la part des comtes qui implorèrent le secours de Pierre, il faudrait dire que toutes les fois qu'un prince se lie à un autre par serment, ou qu'il l'appelle à son secours, il devient son vassal. Ce qui est absurde.

LIX. — *Nouveau règlement concernant le chapitre de Cahors — Hommages divers — Fondation du couvent des religieuses de Sainte-Claire de Montauban*

L'évêque de Cahors, voulant réprimer l'ambition des ecclésiastiques qui, à la vue de l'éclat et des richesses de son chapitre, briguaient à l'envie des places, et faisaient agir toutes sortes de ressorts pour les obtenir, fit un nouveau règlement pour lequel il obtint l'approbation d'Urbain IV, et par lequel il était défendu d'admettre quelqu'un au nombre des chanoines, sans qu'il n'eut été préalablement examiné et reconnu pour une personne de mérite (1).

Il reçut en même temps l'hommage de Bertrand de Lard pour le fief de Rassiels, dans le voisinage de Cahors. Ce Bertrand venait de succéder à Guillaume, son père, qui avait eu l'année précédente un procès avec Raymond Caminade, curé de Rassiels, au sujet du fief et des dîmes de ce lieu. L'évêque, qui en fut le juge, décida que le curé devait en avoir la moitié et Guillaume de Lard l'autre, sauf deux sous et un marbotin, qu'il serait tenu de payer tous les ans le jour de la Toussaint à l'évêque de Cahors, en signe de redevance (2).

Barthélemy de Roux reçut encore l'hommage de Bertrand, vicomte de Bruniquel, pour les dîmes inféodées de plusieurs églises de l'archiprêtré de Montpezat, lesquelles ont été appelées, jusqu'à nos jours, *les treize sols d'Armagnac*, c'est-à-dire les treize aires où l'on portait et battait le blé de ces dîmes (3); le surnom d'Armagnac leur vint de ce que ces dîmes inféodées passèrent, dans la suite, de la maison de Bruniquel dans celle d'Armagnac. Elles sont aujourd'hui divisées entre plusieurs propriétaires.

Nous avons déjà parlé de la terre de Cremps. Nous avons aussi fait voir que le chapitre de Cahors en avait fait l'acquisition. Bertrand de Cardaillac, vicomte de Saint-Cirq-Lapopie, ne cessait de tourmenter les chanoines sur la propriété de cette terre qu'il désirait ardemment réunir à son domaine. Fatigués des vexations et des instances de ce seigneur ambitieux, les chanoines la lui donnèrent en fief, moyennant une redevance annuelle de 40 livres, monnaie de Cahors, celle d'un épervier, à chaque mutation de seigneur, avec l'hommage-lige qui fut

1. G. de Lacroix, *Series episc. cad.*, pag. 120.
2. G. de Lacroix, *Series episc. cad.*, pag. 133.
3. Foulhiac.

rendu cette année dans l'église cathédrale, par Bertrand de Cardaillac, chevalier, fils de Bernard (1).

Le couvent des religieuses de Sainte-Claire de Montauban fut fondé cette année par le comte de Poitiers et la comtesse Jeanne, son épouse (2).

LX. — *Traité entre les rois de France et d'Angleterre — Mécontentement que ce traité provoque dans le Quercy — Différend entre l'évêque et les consuls de Cahors — Confirmation des coutumes de cette ville*

Les rois de France et d'Angleterre terminèrent l'année suivante, par un traité, le différend qu'ils avaient entre eux au sujet de plusieurs provinces qui avaient été réunies à la couronne française sous Philippe Auguste (1259). Saint Louis fut maintenu dans la possession de la Normandie, de l'Anjou, du Maine, de la Tourraine et du Poitou que Henri III lui contestait, et il céda de son côté à ce prince : 1° les droits qu'il avait, tant en fiefs qu'en domaines, dans le Périgord, le Limousin et le Quercy, sauf l'hommage de ses frères; 2° l'Agenais, en cas que la comtesse Jeanne, femme du comte Alphonse, mourut sans postérité. En attendant, il donna à l'Anglais, en équivalent, la somme de 3,720 livres de rente, à laquelle on évalua le revenu de ce pays. Quant au Quercy, le roi le céda dans la supposition que Richard, roi d'Angleterre, l'eût donné à Jeanne, sa sœur, en la mariant à Raymond VI, comte de Toulouse, aïeul de Jeanne, comtesse de Toulouse et de Poitiers, et que celui-ci vînt à décéder sans enfants. Le roi de France s'engagea, par un autre article du traité, à fournir à Henri pour entretenir, pendant deux ans, cinq cents chevaliers que le prince anglais devait mener à la suite du saint roi contre les Infidèles, une somme que l'on porte à 134,000 livres, et que le Quercy et le Périgord furent principalement chargés de donner (3). Ni les Anglais, ni les Français ne furent contents de ce traité; les premiers ne voyaient pas que les pays, concédés à leur souverain, les dédommageassent de la perte de tant de belles provinces; les seconds disaient avec raison que ces provinces avaient été légalement réunies à l'empire Français, et que c'était un pur don que saint Louis faisait à Henri par cette cession : les

---

1. Foulhiac.
2. Le Bret., *Hist. de Montauban.*
3. Du Tillet, *Recueil des traités.* — Joinville, *Vie de saint Louis.*

monarques anglais ayant perdu les droits qu'ils pouvaient y avoir par leur désobéissance, leur félonie et leurs injustices envers les rois de France, dont ils étaient vassaux ; car telles étaient les lois du régime féodal. Louis IX en convint lui-même, avec les gens de son conseil : « Je sais bien, leur dit-il, que je ne suis tenu à rien rendre au roi d'Angleterre, mais je le fais pour nourrir et entretenir amour, paix et union entre mes enfants et ceux du roi Henri, lesquels sont cousins germains, et, en ce faisant, je pense que je ferai moult bonne œuvre; car, en premier lieu, je conquerrai la paix, et, après, je ferai le roi Henri mon *homme de foi,* ce qu'il n'est pas encore, car il n'est point encore entré dans mon hommage » (1).

Les peuples du Quercy murmurèrent hautement de voir qu'après la mort d'Alphonse et de Jeanne, ils allaient tomber sous une domination qu'ils abhorraient. Eux et les Périgourdins indignés d'être obligés de payer à un roi étranger une somme pour une condition qu'il ne tint pas, « n'affectionnèrent onques puis le roi de France, et encore aujourd'hui, continue Joinville, jacoit que saint Loys soit sainct canonisé par l'Eglise, néantmoins ils ne le réputent pour sainct et ne le festoient point, comme on faict ès autres lieux de France ». Et quand le roi voulut partir pour l'Afrique, les chefs de la commune de Cahors lui ayant offert un don de 500 marcs d'argent pour son expédition, les habitants ne voulurent pas y contribuer ; ils se révoltèrent contre les consuls qu'ils mirent en fuite, pillèrent la maison de ville, et livrèrent aux flammes les titres des privilèges, libertés et franchises de la commune. Etant entrés ensuite dans la maison d'un des principaux citoyens appelé Dordet, qu'ils soupçonnaient d'être d'intelligence avec les magistrats, ils le mirent à mort avec ses domestiques (2). Le roi seul fut capable d'apaiser cette émeute. Il envoya un commissaire à Cahors qui condamna les habitants de cette ville à une amende de 1,200 livres, et les chefs de la révolte à une autre de 4,000 livres. Ils furent obligés aussi à payer le don gratuit qui fut levé sous le nom de fouage, quoique saint Louis fut déjà mort. Nous parlerons ailleurs des autres suites de ce traité.

Il paraît que l'évêque de Cahors avait été informé des démarches que le roi d'Angleterre faisait auprès de saint Louis pour le déterminer à faire avec lui un traité, et qu'il avait eu un pressentiment de la manière dont ce traité serait conclu ; car il écrivit au pape Alexandre IV pour le

---

1. Joinville, *Vie de saint Louis.*
2. Dominicy.

prier de confirmer les privilèges que les rois de France avaient accordés aux évêques de Cahors, de ne point aliéner leur hommage ni leur diocèse. Le Souverain Pontife lui envoya précisément la même année du traité, et environ deux mois avant qu'il fut consommé, une bulle conforme à sa demande, et en même temps une seconde par laquelle il confirma les statuts de son chapitre (1).

Ce prélat avait parmi les chanoines de son église, un frère appelé Raymond, qui lui causa bien du chagrin. Celui-ci et Vincent, archiprêtre de Cahors, ayant eu entre eux quelque altercation, se brouillèrent, et la haine qu'ils se portèrent depuis, dégénérant en fureur, ils en vinrent à une espèce de combat, où l'archiprêtre périt. A la nouvelle de ce meurtre, les consuls se saisirent du meurtrier et de deux de ses complices Hélion et Pierre Paris, qui devaient avoir quelque emploi dans le bas-chœur de la cathédrale, car ils sont appelés *cantores*, et ils les firent mettre en prison. Barthélemy blâma leur procédé, et leur fit voir que c'était à lui et non à eux qu'appartenait la justice de la ville. Les consuls ne lui répondirent que par des raisons vaines et des propos grossiers, qui leur attirèrent l'excommunication. Ils firent appel au pape et au roi de France. L'affaire fut cependant soumise de part et d'autre à la décision de Raymond, évêque de Toulouse. Celui-ci, après en avoir pris connaissance, déclara les consuls coupables; mais ayant égard à la prière de leur évêque, il leur fit grâce, sans les soumettre à aucune amende ni à aucune satisfaction envers lui. La bonne intelligence rétablie entre ces magistrats et leur seigneur, l'évêque de Cahors pria celui de Toulouse de connaître de l'assassinat de l'archiprêtre; et, malheureusement trop convaincu que son frère en était l'auteur, il le pria de le bannir à perpétuité de la ville et du diocèse, et de condamner ses deux complices à un exil de cinq ans, ce qui fut exécuté. Dans la sentence que porta l'évêque Raymond et que Barthélemy appuya d'une ordonnance, il est dit que la garde des prisons est du domaine de l'évêque de Cahors et de ses successeurs, que les consuls n'y ont aucun droit, et qu'ils doivent aimer et honorer et faire aimer et honorer leur évêque, comme étant leur seigneur temporel et spirituel (2). Les consuls profitèrent de ce conseil et déclarèrent tenir de Barthélemy et de ses prédécesseurs le droit de consulat et tous les privilèges qui y sont attachés, et demandèrent à l'évêque la confirmation des coutumes de la ville. Ce dernier le fit après avoir apporté quelques modifications

1. G. de Lacroix, *Series episc. cad.*, pag. 122 et 123.
2. G. de Lacroix, *Series episc. cad.*, pag. 130 et 131.

aux articles. Dans la préface, il établit les droits qu'ont les évêques sur la ville de Cahors, et fait voir combien les consuls les ont peu connus ou respectés par l'exposé qu'il fait des entreprises où ils se sont portés sous son épiscopat. Dans un temps surtout, où il était allé à Rome, profitant de son absence, ils avaient osé s'arroger l'autorité de l'évêque dans le temporel.

LXI. — *Donation de l'hôpital Beaulieu aux chevaliers de Saint-Jean de Jérusalem, par Girbert de Thémines — Descendants de ce seigneur*

Girbert de Thémines avait fait vœu d'aller à la Terre sainte, et d'y passer le reste de sa vie à combattre les Infidèles. Avant de partir, il régla les affaires de l'hôpital Beaulieu, et de concert avec Aygline, son épouse, il le donna, avec toutes ses dépendances, le 28 juillet 1259, à l'ordre de Saint-Jean de Jérusalem, entre les mains de frère Pierre Girard, commandeur des maisons du Quercy, et frère Géraud de Barasc, de l'illustre maison de ce nom. Ce dernier était grand-commandeur des maisons du côté de la mer, dignité attachée dans ce temps à la langue de Provence, et la première de l'ordre après celle de grand-maître. Il est dit dans l'acte de donation que la maison de Beaulieu sera gouvernée par un commandeur et servie par des frères et des sœurs de l'ordre de Saint-Jean de Jérusalem et soumise aux supérieurs dudit ordre qui y auront droit de visite, correction, réformation, destitution, et que le commandeur du Quercy, le grand-maître et le grand-prieur de Saint-Gilles y donneront leurs ordres, comme bon leur semblera, ainsi qu'ils ont coutume de le faire dans toutes leurs maisons (1).

Girbert de Thémines et Aygline, ces deux époux que la religion sépara pour les réunir ensuite dans une meilleure vie, laissèrent leur héritage terrestre à leur fils aîné Girbert II, déjà marié avec Hélène de Gourdon, dame de la Bourriane (2). Ils eurent plusieurs fils et plusieurs filles dont nous aurons occasion de parler. Une de ces filles qui portait

---

1. Maleville. — Foulhiac. — Vertot, *Hist. de l'ordre de Malthe*, liv. IV. — Arch. de l'hôpital Beaulieu.

2. Nous n'avons pu découvrir de qui elle était fille, malgré le nombre considérable de titres de la maison de Gourdon que nous avons lus. Nous croyons que son père était Guillaume de Gourdon, fondateur de l'Abbaye-Nouvelle, qui avait des terres dans les diocèses de Cahors et de Périgueux, comme il le déclare dans l'hommage qu'il en fit au comte de Toulouse; ce qui ne peut s'entendre que de la Bourriane.

aussi le nom d'Aygline, se retira, dès l'âge le plus tendre, auprès de son aïeule à l'hôpital Beaulieu, où elle goûta dans l'exercice de la charité chrétienne des plaisirs bien plus doux que ceux que sa naissance aurait pu lui procurer dans le monde. C'est à cette seconde Aygline que commence la liste des grandes prieures de l'hôpital Beaulieu parce qu'elle fut la première qui gouverna cette maison sous le titre de *Communauté religieuse soumise à la règle de l'ordre de Saint-Jean de Jérusalem*, que lui donna le grand-maître Guillaume de Villaret, pendant qu'il n'était encore que grand-prieur de Saint-Gilles.

LXII. — *Hôpital fondé à Cahors par la maison de Cazelles — Religieuses de la Daurade — Bertrand de Montaigut, abbé de Figeac, est élu abbé de Moissac*

La maison de Cazelles, une des plus distinguées de Cahors, avait entrepris de bâtir dans le faubourg Saint-Georges de cette ville, un hôpital qui fut achevé au commencement de l'an 1260. Les consuls prétendirent en avoir le patronat, et lui firent en conséquence des statuts (1). Malgré cela, les descendants de cette maison ont toujours été considérés comme les vrais patrons de cet hôpital, et ce fut en cette qualité qu'ils disposèrent de cette maison en faveur des pères de la Mercy (2), conjointement avec Antoine de Jean, dont les ancêtres avaient aussi sans doute contribué à cette fondation. On confia le soin de l'hôpital à des femmes charitables, qui sont nommées dans l'acte *hospitalières*, sous la direction de plusieurs chapelains.

L'évêque de Cahors donna, cette année, du consentement de l'archevêque de Bourges et de son chapitre, aux religieuses de la Daurade, les revenus de l'église de Saint-Géry de Rive-d'Olt, et quelque temps après ceux de l'église Saint-Georges (1264). C'était comme nous l'avons déjà dit pour les indemniser des pertes qu'elles avaient faites par l'établissement des Dominicains dans le faubourg de Cabessut, où elles avaient des rentes et autres droits qu'elles perdirent (3). Il leur resta cependant dans ce quartier quelques propriétés, entre autres cette gorge profonde appelée *lou camp de las mountjos*, remarquable en ce que Henri IV y fit défiler sa petite armée lorsqu'il voulut se rendre maître de Cahors. Guillelmette, prieure de la Daurade, et ses religieuses, de

1. Foulhiac.
2. G. de Lacroix, *Series episc. cad.*, pag. 308.
3. G. de Lacroix, *Series episc. cad.*, pag. 124.

leur côté, cédèrent à l'évêque, l'église Saint-Pierre-des-Hortes, qui fut dans la suite donnée au couvent des Dominicains, et cessa d'être église paroissiale.

Cette paroisse fut réunie à la Daurade, les habitants de Cabessut pouvant désormais communiquer facilement avec la ville, grâce au pont qu'on venait de bâtir.

Bertrand de Montaigut passa la même année du siège abbatial de Figeac à celui de Moissac et eut pour successeur Gaillard, son frère, religieux de cette dernière abbaye. Il succéda à Guillaume de Bessens, qui mourut la veille de l'Assomption, avec la réputation d'un religieux jaloux des droits de son église, et très exact à remplir les devoirs de son état (1). Il soutint un procès contre l'évêque de Lectoure au sujet des limites de quelques paroisses. Il approuva une transaction que passèrent entre eux Arnaud Hoz, vicomte de Lomagne, et Bernard de Montpezat, touchant la terre de Saint-Nicolas, et il visita les différents monastères de sa dépendance, ayant soin d'en extirper les abus et les vices qui s'y étaient introduits. Etant allé à l'abbaye de Campredon, il trouva qu'elle était mal gouvernée et il en déposa l'abbé.

LXIII. — *Origine de Villefranche de Périgord — Famille de Pestillac — Mort d'Arnaud Béraldi*

Philippe de Villafavosa cessa d'être sénéchal d'Agenais et de Quercy, vers la fin de l'an 1260. Il eut pour successeur Guillaume de Baignols. Les lieutenants ou procureurs de ce nouveau magistrat furent Pons Maynard et Denis de la Haye, qui fondèrent, en 1261, la *bastide* de Villefranche de Périgord. Comme le comte de Toulouse n'avait aucune terre dans l'endroit où ils voulaient bâtir cette ville, Bertrand de Pestillac, chevalier, leur céda un fief qui relevait d'Alphonse, pour servir d'emplacement et de banlieue à la ville. Il y avait une église fort ancienne, qu'on appelait Notre-Dame *del viel Siourac*. Après qu'on eut tracé le plan de Villefranche et jeté les fondements du château et des principaux édifices, les lieutenants du sénéchal lui donnèrent des coutumes et des privilèges, et réglèrent la juridiction qui s'étendit sur plusieurs lieux et appartint au comte de Toulouse. Elle fut donnée en pariage au bailli de ce prince et aux consuls de la ville, à condition que les appellations iraient au sénéchal d'Agenais et de Quercy, et de là devant le comte, seigneur dominant. Ces actes ou règlements furent

---

1. *Gallia christ.*, tome I, pag. 168.

faits en présence de Pons de Fumel, Bertrand et Aimé de Pestillac, co-seigneurs; Guillaume de la Roque, sieur de la Clausade, Pierre de Fraïac, sieur de la ville de Besse, Matre de Cazals (1), seigneur en partie du château de ce nom, et Gaillard de *Del Pech*, sieur de ce lieu. Telle est l'origine de Villefranche de Périgord, située à l'extrémité de ce pays, et dans un fief qui appartenait à un des principaux seigneurs du Quercy, qui en faisait hommage au comte de Toulouse, dont il était baron. Elle devint le lieu ordinaire des assises du sénéchal du Périgord et du Quercy, lorsque ces deux pays furent réunis en une seule sénéchaussée, avantage qu'elle dut uniquement à sa position.

Aimé de Pestillac, dont nous venons de parler, doit être apparemment le même qu'Amelin de Pestillac, dont on trouve le nom dans plusieurs chartes du même temps. En supposant qu'ils soient deux personnes différentes, on ne peut au moins s'empêcher de croire qu'ils sont de la même famille; et Amelin, chevalier, sera de la branche de cette maison, qui possédait les terres de Mechmont, Montamel, La Roque, etc., et qui prenait le surnom de *Querre*, qui est resté au lieu de Mechmont (2). Guillaume de Guerre, seigneur de Mechmont, Montamel, etc., prend la qualité de fils de cet Amelin de Pestillac, dans l'hommage qu'il reçut le dernier jour de mai de l'an 1260, de *Guilhem Guaris, chevalier de Concourets*, pour les biens de Concorès, Lamothe, Déganhac, Saint-Martin, Saint-André, Goujounac, Vaysse, etc. Cet hommage est le plus ancien monument où il soit parlé de la famille de Guaris ou *Guarini*, dont les membres prennent dans ce temps le titre de damoiseau, preuve qu'elle était ancienne et distinguée. Elle était alliée à celle de Poudens, ainsi nommée du fief de Poudens, dans la paroisse de Déganhac, qu'elle possédait. Ces deux familles aussi anciennes et illustres l'une que l'autre, fourniront quelques articles à cette histoire.

Arnaud Béraldi mourut cette année à Cahors. Ce riche bourgeois, qui faisait un si bon usage de sa fortune, avait acheté depuis quelques années la seigneurie de Sauveterre, dans le Bas-Quercy, dont il avait fait hommage au chapitre cathédral. Il acquit par les différentes sommes d'argent qu'il prêta aux évêques de Cahors, la terre de Cessac avec ses dépendances, pour laquelle lui ou les siens se soumi-

1. C'était un Viel-Castel. Peut-être faut-il lire Bertrand au lieu de Matre; car on trouve ailleurs que Bertrand et Raynier de Viel-Castel, chevaliers et seigneurs de Marminiac, furent du nombre des gentilshommes témoins des coutumes données à Villefranche, en 1261, par le comte Alphonse.

2. *Papiers de M. le comte de Touchebœuf.*

rent envers les évêques de cette ville à l'hommage singulier qu'ils leur rendirent dans la suite et dont on trouvera ailleurs un rapport détaillé. Arnaud Béraldi avait fait faire à ses frais le chœur de l'église, nouvellement bâtie, des Dominicains (1). Il y choisit sa sépulture, quoique les religieux ne se servissent pas encore de cette église, car ils demeuraient encore dans leur premier monastère. Ils n'allèrent loger dans le nouveau, quoique les bâtiments en fussent déjà achevés, que trois ans après la mort de leur bienfaiteur.

LXIV. — *Différend entre les archevêques de Bourges et de Bordeaux — Les archevêques de Bourges protecteurs du chapitre du Vigan*

Pierre, chapelain et camérier du pape Urbain IV, ayant été élevé sur le siège archiépiscopal de Bordeaux (1262), n'était pas disposé à reconnaître la primatie de Jean de Sully, archevêque de Bourges. Elle était cependant établie sur des preuves incontestables que nous avons eu soin de faire déjà remarquer. Il est en outre certain que les archevêques de Bourges visitaient la province ecclésiastique de Bordeaux et qu'ils avaient obtenu de Rome des lettres en faveur de leur primatie. Pour terminer ce différend qui aurait pu avoir des suites fâcheuses, dans ce siècle où chacun était fort jaloux de ses droits, on choisit pour arbitres l'évêque de Cahors et Pierre de Saint-Astier, évêque de Périgueux. Ces prélats n'ayant pas osé donner leur décision, eurent recours au Souverain Pontife qui donna gain de cause à Jean de Sully (2). L'archevêque de Bordeaux se soumit à ce jugement et reconnut pour son primat celui de Bourges, dans sa réponse à la lettre que Jean de Sully lui écrivit l'année suivante pour l'inviter à se rendre au concile de sa province.

Les archevêques de Bourges avaient, pour le monastère ou le chapitre régulier du Vigan, une prédilection particulière, fondée sur le bon ordre qui régnait dans cette communauté, et dont ils étaient témoins dans leurs visites métropolitaines qui étaient fort fréquentes dans ce siècle et le précédent. Ils voulurent qu'il leur fût immédiatement soumis et ils s'en déclarèrent les défenseurs et les protecteurs. C'est ce qu'on voit dans les lettres que l'archevêque Philippe Berruier, étant à Souillac, lui accorda le mois de mai de l'an 1241. Ce prélat y rappelle l'acte de l'an 1231 qu'il confirme, ordonnant à Fortanier,

---

1. Cette église n'est pas celle que nous voyons de nos jours. Elle est à côté de celle-là et beaucoup plus petite. L'autre ne fut fondée qu'au XIVe siècle.
2. *Portef. de Baluze.*

seigneur de Gourdon, fils héritier de Bertrand, de s'y conformer, autrement il serait obligé de l'y contraindre par la voie de l'excommunication. Les prieurs du chapitre contractèrent l'obligation de reconnaître que la ville du Vigan était soumise à l'autorité de ces prélats, *villa nostra vicanensis est camera ipsius domini archiepiscopi Bituricensi propria*, et de leur promettre la même fidélité que celle à laquelle tout serviteur est tenu envers son maître, *fidelitatem manualem promisimus ac promittimus*. Pierre, qui en était prieur lorsque Jean de Sully monta sur le siège métropolitain de Bourges, remplit ce devoir envers cet archevêque, le dimanche après l'exaltation de la sainte Croix, de l'an 1262.

LXV. — *Famille de Jean — Confirmation des permutations d'églises faites entre l'évêque de Cahors et son chapitre — Saint Louis retire les châteaux de Pezenas et de Torves des mains des enfants de Raymond de Salvanhac*

La même année, Eugène et Gilbert de Jean, qui étaient allés à la Terre sainte avec saint Louis, introduisirent à Cahors un des religieux du Mont-Carmel que ce prince avait conduits avec lui dans son royaume et le logèrent d'abord dans leur terre de Soubrejols, aujourd'hui *Englandières*, et quelques années après dans leur vaste jardin de Cahors qu'ils lui donnèrent et où l'on vit bientôt s'élever un grand monastère et une belle église, grâce à la piété généreuse de ces deux illustres cadurciens, de l'évêque et de quelques autres particuliers de la ville (1). Nous avons dit qu'Eugène de Jean avait été grand écuyer ou maréchal du roi Louis VIII. Quand il prit possession de cette dignité, en 1223, il déclara tenir son office du don du roi et promit qu'il ne regarderait point la *maréchaussée comme héréditaire et qu'il ne retiendrait à son profit les chevaux, pallefrois et roncins rendus en l'écurie dudit roi* (2). On ne peut pas douter que ces deux illustres cadurciens ne fussent fils ou petit-fils de Bertrand de Jean, chevalier, à qui l'évêque de Cahors donna la terre de Canourgues pour le récompenser de la valeur qu'il avait montrée dans la guerre contre les Albigeois (3).

1. Dominicy. — Foulhiac. — Vidal.
2. C'est ce que rapporte Du Tillet, dans son *Recueil des rois de France*, pag. 304, qui l'appelle seulement Jehan ; et après lui, Dominicy.
3. Le sieur de Maleville qui, dans ses *Esbats sur le pays de Quercy*, leur donne pour père un tailleur d'habits de Cahors, ne doit pas être cru. Cet écrivain, peu judicieux, ne se fonde que sur l'autorité d'un vieux religieux de l'ordre du Mont-

Le pape Urbain IV confirma cette année les permutations d'églises faites précédemment entre l'évêque de Cahors et son chapitre. Les archidiacres Bernard d'Antejac et Guillaume de Valon moururent dans ce temps : le premier était, ainsi que nous l'avons dit plus haut, frère de l'évêque Pons d'Antejac; il fit héritier le chapitre qu'il avait édifié par ses vertus. Guillaume de Valon était de la noble et ancienne famille de ce nom, qui possédait la terre de la Raymondie et plusieurs fiefs dans la baronnie de Gramat (1). L'occasion de parler de cette famille se présentera encore quelques fois.

Ce fut aussi cette année (1262) que saint Louis retira, pour la somme de 1,000 livres tournois, les châteaux de Pézenas et de Torves des mains de Philippe de Cahors, chevecier de Saint-Méry de Paris, d'Elie de Cahors, chanoine de la cathédrale de Paris, et de Raymond de Cahors, tous trois fils de Raymond de Salvanhac à qui nous avons dit que Simon de Montfort les avait donnés en fief. Il paraît que ce riche marchand qui fournissait des fonds aux chefs des croisés pour leur expédition de Languedoc, faisait sa résidence dans ce pays depuis l'acquisition de ces places; car il est qualifié *bourgeois de Montpellier*. Mais il paraît aussi, par d'autres monuments, que sa famille revint à Cahors, après qu'elle eut cédé les deux châteaux à saint Louis. Le surnom de Cahors lui vint de ce qu'il était de cette ville; il le transmit à ses enfants qui en firent leur nom de famille (2).

Carmel, qui lui dit qu'il lui semblait l'avoir lu pendant qu'il était jeune, dans des titres de la communauté que les protestants livrèrent aux flammes, lors de la surprise de Cahors par Henri de Bourbon, roi de Navarre. Une preuve que ces titres, s'ils ont jamais existé, ne contenaient que des fables, c'est qu'il y était rapporté que le frère Brocard, religieux du Mont-Carmel, qu'Eugène de Jean établit à Cahors, était un prophète et qu'il lui avait prédit que sa race ne durerait pas au delà de trois cents ans.

1. Il a été parlé plus haut de cette maison, tome I, pag. 443, *note*, il faut s'en tenir à ce que nous avons dit sur son origine.

2. L'usage de ces surnoms était fort à la mode : on en trouve des exemples dans nos cartulaires. Ainsi dans l'acte de donation de Séguier de la Voulvène, en faveur de l'abbaye de Moissac, fait en 1135, on voit parmi les témoins un Bernard de Cahors et un Guillaume de Toulouse dans les coutumes que Guillaume, abbé de Moissac, donna au bourg de Saint-Nicolas, l'an 1237; un autre acte de la même abbaye et du même temps est signé par un nommé Durand de Figeac; enfin un autre de l'an 1164, par Jean de Cahors. S'il est vrai, comme le prétend un écrivain anglais, Camden, que le nom de Chawors qu'a porté une maison d'Angleterre dérive de celui de Cahors, ce sera un exemple de plus à ajouter à ceux que nous venons de citer. Quelque riche habitant de cette ville a pu sous Henri II ou Richard, son fils, aller s'établir en Angleterre et y prendre le nom de la ville d'où il sortait. D'après cela, il nous semble ridicule de penser avec Dominicy qu'il existait réellement une famille noble du nom de Cahors qui

LXVI. — *Les chanoines réguliers de Saint-Antonin refusent de recevoir l'archevêque de Bourges — Réparation à l'église de la Daurade de Cahors*

L'archevêque de Bourges visita, vers la fin de 1262, le diocèse de Cahors et les autres de la partie méridionale dépendant de sa métropole. Etant venu à Saint-Antonin, le prieur et les chanoines réguliers lui fermèrent la porte et armèrent une troupe de gens pour le repousser. Jean de Sully ne laissa pas impuni cet attentat qui est sans exemple. Il excommunia tout le monastère avec les gens armés qui s'étaient opposés à son entrée. Il en donna avis à l'évêque de Cahors, par une lettre datée du dimanche de la Passion de l'an 1263 (1).

L'évêque faisait faire cette année d'immenses réparations à l'église de la Daurade, bâtie depuis plus de six cents ans par saint Didier, et qui tombait en ruines. Comme cet ouvrage exigeait de grandes dépenses, il accorda une indulgence à tous les ecclésiastiques et fidèles de son diocèse qui voudraient y contribuer (2). Les lettres qu'il expédia à ce sujet sont datées de la chapelle des Templiers de Cahors, le vendredi avant la fête de l'Assomption de 1263 et non de 1273, comme on le trouve dans une copie de ces lettres.

apparemment selon lui descendait des comtes ou des vicomtes de cette ville. Car on pourrait aussi dire que Guillaume de Toulouse devait être de la famille des comtes de Toulouse, et Durand de Figeac d'une autre maison illustre de Figeac, tandis qu'ils n'étaient que moines ou hommes du monastère de Moissac, ainsi qu'on peut s'en convaincre par les chartes où ils sont mentionnés. Si l'on veut donner à la maison de Cahors, qui existe encore de nos jours, une origine ancienne, il nous paraît plus naturel de la faire descendre de celle de Raymond de Salvanhac, puisque nous voyons qu'elle prenait le nom ou le surnom de Cahors, que de se perdre dans de vaines conjectures, et de recourir, comme l'ont fait Dominicy, Cathala-Coture, aux assertions des romans qu'un historien doit toujours dédaigner. — Lacoste, dont l'opinion n'était pas arrêtée sur cette question de la famille de Cahors, a ajouté après coup en marge de son manuscrit les notes suivantes : au VIIIe livre de cette histoire, dans l'accord fait entre les abbés de Tulle et de Marcillac il y est signé un R. de Caors, ce qui suppose une famille autre que celle dont il s'agit ici ; — il y a eu une maison noble dite de Caors habitant le Haut-Quercy ; — il est parlé de Géraud de Caors de Bel-Castel, fils de Guillaume, en 1391. (Voir l'affaire de la fontaine de Mayraguet). — La maison de Caors de la Sarladie a nécessairement une autre origine. Il faut revenir sur cet article.

1. *Portef. de Baluze.*
2. *Cart. Eccl. Deauratœ.*

LXVII. — *Le vicomte de Turenne se reconnaît vassal du roi d'Angleterre*

Le traité de paix entre les rois de France et d'Angleterre n'avait pas eu encore son exécution dans le Quercy; le comte Alphonse vivait encore, ainsi que Jeanne son épouse. On n'avait point procédé à l'enquête et les peuples témoignaient une répugnance invincible à se soumettre à un monarque étranger. Ils faisaient valoir le privilège accordé aux évêques par les rois de France, de ne pouvoir jamais être séparés de la Couronne, privilège que saint Louis même avait confirmé en recevant l'hommage de l'évêque Barthélemy de Roux. Le vicomte de Turenne en présentait un semblable, que ses prédécesseurs avaient obtenu. En vertu de ce titre et de la clause du traité qui regardait le Quercy, où une très grande partie de son domaine était située, il refusait de reconnaître le roi d'Angleterre pour son souverain; mais il y fut forcé par ordre de saint Louis, et en conséquence fit hommage à Henri III, malgré les vives réclamations de la ville de Martel qui prétendait devoir suivre le sort du Quercy, dont elle faisait partie, quoiqu'elle dépendit de la vicomté de Turenne, réclamation qu'elle ne cessa de faire tant que saint Louis vécut, et qu'elle renouvela sous son successeur Philippe le Hardi. Le roi d'Angleterre fut si content d'avoir acquis un tel vassal, qu'il lui accorda, le 21 du mois d'avril de la même année, une pension de 415 livres tournois à prendre, le jour de la purification de la sainte Vierge, sur les sénéchaussées de son nouveau duché de Guyenne, avec le droit de retraite, en employant à cet effet l'autorité du sénéchal de Sa Majesté britannique, les fiefs militaires tombés en main-morte ou au pouvoir des bourgeois, ainsi que la justice et les autres prérogatives qui y étaient attachées. Par un autre acte fait le lendemain, le vicomte de Turenne s'obligea pour lui et ses successeurs envers Henri III et ses successeurs, de leur rendre les clefs des châteaux de Turenne et de Saint-Céré, avec tous les hommages et marques d'obéissance et de fidélité données aux rois de France à chaque mutation de règne; et il fut convenu entre eux que le roi d'Angleterre et son sénéchal ne connaîtraient point des affaires et procès de la vicomté, si ce n'est en appel et dans le cas où le vicomte négligerait de rendre justice à ses sujets: que ni lui ni son sénéchal ne fonderaient de nouvelles bastides dans cette terre; que ni lui ni ses successeurs, ni leurs sénéchaux ne pourraient tenir leurs assises dans d'autre ville du domaine du vicomte que dans celle de Martel, et dans les cas ci-devant prévus; que lui, Henri, accorderait au vicomte force, et protection, n'aliénerait point sa terre, veillerait à ce que la monnaie de ce seigneur eût cours dans les diocèses de Cahors, Périgueux et Limoges; et que son sénéchal, à chaque mutation, prêterait au vicomte, serment de maintenir et observer les conventions déjà établies et les privilèges déjà accordés.

LXVIII. — *Fondation de Molières — Les Dominicains de Cahors prennent possession de leur nouveau monastère*

La ville ou bastide de Molières avait été fondée depuis peu d'années sur la paroisse ou territoire de Sainte-Arthémie, dont l'église est de la plus haute antiquité, et dédiée à cette sainte qui était de cet endroit et qui vivait, peut-être, dans les premiers siècles de l'église. Sa vie n'est point parvenue jusqu'à nous; mais deux martyrologes de l'église de Cahors, qui remontent au commencement du XIIe siècle, la mettent au nombre des saints locaux dont on célébrait la fête, comme Génulphe, Urcisse, Didier, Ambroise, Gausbert, etc., *in territorio caturcensi*, y est-il dit, *sanctæ Arthemiæ* (1). Molières a dû avoir pour fondateur Raymond VII, comte de Toulouse, a qui son territoire appartenait, ou plutôt Alphonse, son gendre. C'est pour cela qu'elle était appelée dans les commencements la bastide de Molières. Elle n'avait pas encore d'église en 1264, ce qui prouve qu'elle était récemment bâtie. Elle demanda, cette année, la permission d'en avoir une à l'évêque de Cahors qui la lui accorda, du consentement du curé de Sainte-Arthémie, en considération de son grand éloignement de cette église paroissialeet de la difficulté d'y aller pendant l'hiver. L'église de Molières commença aussitôt à être bâtie; celles de Sainte-Arthémie et de Camarel en devinrent, dans la suite, les annexes.

Ce fut cette année (1264) que les Dominicains de Cahors allèrent prendre possession de leur nouveau monastère, emportant processionnellement les ossements de leurs confrères et autres personnes de la ville qui avaient été inhumés dans le couvent qu'ils abandonnèrent (2).

---

1. Foulhiac. — Nous ferons observer que les deux saint Denis, l'un évêque d'Athènes, l'autre de Paris, sont distingués dans ces martyrologes. La fête du premier y est marquée au 3 octobre, et celle du second au 11 du même mois : ce qui prouve que l'église de Cahors n'avait pas adopté l'imposture d'Hilduin qui, pour donner du relief à son abbaye de Saint-Denis, avait fait paraître sous Louis le Débonnaire une vie de saint Denis de Paris, qu'il dit être le même que l'Aréopagite converti par saint Paul.

2. Foulhiac.

Il reste encore des murs de leur ancienne maison au-dessous et au couchant de l'enclos des religieuses de Saint-Géry.

LXIX. — *Éloge de Bertrand de Montaigut, abbé de Moissac*

Bertrand de Montaigut était occupé depuis qu'il avait pris le gouvernement de l'abbaye de Moissac, à faire rentrer beaucoup de biens qui avaient été enlevés à ce monastère; non content de réparer et d'orner les édifices et de faire disparaître toutes les traces des maux de la guerre, il embellit les lieux de Scatalens, Saint-Michel, Boudou et autres maisons de campagne de son abbaye, en y faisant construire des châteaux. L'auteur de la *Chronique de Moissac*, qui rapporte ces faits, prétend que ces grands ouvrages furent faits sans qu'on touchât aux revenus du monastère (1). Il fonda et dota sept chapellenies et fit rebâtir entièrement le prieuré de Saint-Pierre-des-Cuisines de Toulouse, auquel il affecta un revenu de mille livres pour les études des jeunes religieux de son monastère, qui devaient y passer quatre ans et y prendre le titre de bachelier. Comme les abbés voyaient avec répugnance les ordres mendiants s'établir dans leurs villes, il chassa les frères mineurs de Moissac, où ils avaient déjà commencé à bâtir un couvent au préjudice du sien. L'ordre de Saint-François qui était alors fort puissant, porta plainte contre lui au Souverain Pontife, qui l'appela devant lui pour rendre compte de sa conduite. Bertrand de Montaigut se hâta d'obéir aux ordres du pape. Ayant paru devant lui et les cardinaux assemblés, il se justifia par un long discours dont le texte était celui-ci : *Datus mihi angelus Sathanæ qui me collaphizet*. Le pape en fut satisfait et renvoya l'abbé dans son monastère après lui avoir donné les marques les plus flatteuses de son estime. Bertrand de Montaigut en était digne. Car il y avait peut-être alors en France peu de religieux qui fussent plus sages, plus savants et plus éloquents que lui. Aussi nous verrons que nos rois l'appelèrent dans leur conseil et le choisirent pour présider leur parlement de Toulouse, dont l'institution est due à Alphonse de Poitiers. Ce prince le créa à son avènement au comté de Toulouse pour juger en dernier ressort les affaires que ses sujets porteraient devant lui par appel, ou qu'il trouverait lui-même à propos d'y évoquer. Mais il en tenait les séances à sa cour (2).

1. Aymeric de Payrac.
2. *Hist. de Languedoc*, tome III, liv. XXVI.

LXX. — *Hugues de Castelnau et les habitants de Gramat — Accord entre ce seigneur et le prieur de Carennac — L'abbé de Moissac donne en fief au vicomte de Bruniquel une partie de la juridiction de La Salvetat*

Hugues de Castelnau fit, cette année, délaissement de la Granette aux habitants de Gramat et confirma les privilèges et libertés que Guibert, son père, leur avait accordés. C'est à ces deux seigneurs que les consuls de cette ville durent le privilège de connaître des affaires de police et des affaires criminelles par prévention. Il lui fut confirmé, au xviie siècle, par un arrêt du Parlement de Toulouse qui défend au seigneur de créer un lieutenant si ce n'est en cas de révision; auquel cas les consuls exerceront conjointement avec ledit lieutenant; ordonne le serment du seigneur aux consuls, à sa prise de possession. Ils ont joui de ces privilèges jusqu'à nos jours.

Le même seigneur eut, l'année suivante (1265), une autre contestation avec le prieur de Carennac au sujet de la justice criminelle de ce lieu et autres droits seigneuriaux qu'il disait lui appartenir, parce que ses ancêtres, en donnant Carennac au monastère dont ils furent les fondateurs, se les étaient réservés. Raymond de Cornil, archidiacre, et ensuite évêque de Cahors, ayant été pris pour arbitre de ce différend, accorda les deux parties, et, à la suite de cet accord, rendit une sentence le mercredi après la fête de saint Luc de l'an 1265, par laquelle il fut ordonné que la justice haute, moyenne et basse de Carennac, demeurerait au prieur; que celui-ci la ferait exercer par ses officiers au profit de son monastère; mais que, pour reconnaître qu'il la tenait du seigneur de Gramat, il lui payerait une rente annuelle de dix livres avec une paire d'éperons dorés d'acapte (1).

Cette même année, l'abbé de Moissac donna en fief sous la foi et l'hommage et sous une redevance annuelle d'un marbotin d'or, à Bertrand, vicomte de Bruniquel, la moitié de la justice et de la juridiction de La Salvetat et de la paroisse de Saint-Pierre-de-Majouge (2).

1. *Arch. de Gramat.*
2. *Gallia christ.*, tome I, pag. 168.

LXXI. — *Nouveau différend entre l'évêque et les consuls de Cahors — Plusieurs gentilshommes du Quercy accompagnent en Italie le frère de saint Louis — Alphonse, comte de Toulouse et de Poitiers, se dispose à aller en Terre sainte*

Il y eut, dans le même temps, un autre différend entre l'évêque et les consuls de Cahors; ceux-ci, toujours extrêmes dans leur emportement, osèrent méconnaître sa justice; il s'agissait de la monnaie que ce prélat avait fait frapper et dont l'aloi était un peu plus fort que celui de la monnaie de ses prédécesseurs. Barthélemy de Roux fut obligé, pour les ramener à leur devoir, de remettre la monnaie à l'ancien titre, qui était de deux deniers, une obole et un grain, argent de Montpellier, et au poids de 23 sous, moins 2 deniers le marc. Il déclara, par un acte daté du mois de décembre de l'an 1265, et auquel le chapitre et les consuls apposèrent leur sceau, en signe d'approbation, qu'en changeant la monnaie, ce qu'il est permis de faire une fois à chaque évêque de Cahors, pendant le cours de son épiscopat, il n'avait pas eu l'intention d'acquérir quelque nouveau droit ni porter aucun préjudice aux consuls et à la communauté de sa ville (1). On trouve encore des pièces de la monnaie de cet évêque, dont 8 deniers représentaient le sous tournois de ce temps. Son hôtel des monnaies était contigu à l'église ou chapelle de Saint-Jean, dont l'officialité occupe aujourd'hui l'emplacement; dans les anciens titres, elle est appelée *Ecclesia sancti Joannis Baptismalis*, d'où le chapitre, dans le procès qu'il eut vers le milieu du siècle dernier avec les curés de Cahors, eut tort d'inférer que cette église servait aux fonds baptismaux de toute la ville : car le mot *baptismalis* n'est employé ici que pour celui de *baptistæ*.

Ce fut l'évêque Barthélemy qui fit bâtir cet hôtel sur le fonds de Raymond d'Archambal, bourgeois de la ville, et possesseur du fief de ce nom. Il était entre la maison de ce dernier et le palais épiscopal, selon l'acte d'accord écrit en langue vulgaire, qu'ils passèrent entre eux à ce sujet l'an 1261, et dont on trouve une copie dans Maleville.

On trouve dans quelques écrivains du pays que Charles, comte d'Anjou et de Provence, frère du roi saint Louis, partant cette année pour l'Italie où il était appelé par le pape pour faire la conquête des royaumes de Naples et de Sicile, sur Mainfroi, fils naturel de l'empe-

---

1. Foulhiac. — G. de Lacroix, *Series episc, cad.*, pag. 134.

reur Frédéric II, fut suivi dans son expédition par plusieurs gentilshommes du Quercy qu'ils ne nomment point.

Alphonse, comte de Toulouse et de Poitiers, se disposa, en 1266, à son voyage de la Terre sainte. Pour fournir aux frais de son armement, il demanda un don gratuit à ses sujets, et il envoya dans les sénéchaussées de son domaine de Toulouse, des commissaires pour rendre justice à tous ceux qui avaient des plaintes à faire contre lui. Ces envoyés parcoururent le Toulousain, l'Albigeois, le Rouergue, le Quercy et l'Agenais, et restituèrent diverses terres à tous ceux qui purent prouver qu'ils en avaient été dépouillés injustement par les derniers comtes de Toulouse (1).

Alors fut terminé le long différend entre le comte Alphonse et l'abbé de Moissac, touchant la juridiction de cette ville. Ils passèrent une transaction par laquelle le premier en eut les deux tiers, et l'abbé l'autre, avec le droit d'avoir un juge particulier pour exercer cette portion de juridiction. Le comte s'engagea à payer tous les ans à l'abbé, le jour de la fête de saint Pierre et saint Paul, une obole d'or pour le château et les tours de Moissac. Enfin, il fut convenu que quand les consuls entreraient en charge, ils prêteraient serment d'abord au comte de Toulouse ou à son sénéchal et ensuite à l'abbé. Celui-ci accorda en même temps au comte Alphonse la moitié de la seigneurie de Lagarde (2).

LXXII. — *Procès entre le seigneur de Castelnau-de-Bretenoux et les moines de Carennac — Fondation d'une chapellenie par Gaillard Dellard — Dîmes de Pradines — Hôpital de Cajarc — Famille de Penne*

Cette année, Guérin, seigneur de Castelnau-de-Bretenoux, intenta un procès aux moines de Carennac, touchant le droit de pêche qu'il prétendait lui appartenir exclusivement (3). L'évêque de Cahors, l'interpellant pour les religieux, obligea Rodolphe de Trapes, sénéchal de Quercy et de l'Agenais, qui avait succédé à Guillaume de Baignols, d'en prendre connaissance. Cet officier accorda les deux parties, qui passèrent une transaction confirmée par l'évêque de Cahors et tout à l'avantage des religieux (4).

1. *Hist. de Languedoc*, tome III, liv. xxvi.
2. Foulhiac. — *Gallia christ.*, tome I, pag. 168.
3. Foulhiac.
4. Guérin de Castelnau était fils de Bernard, petit-fils de Gerbert II, et père de Matfred II. Il fit d'un lieu, appelé autrefois *Bastide d'Orlinde*, une ville à laquelle

Gaillard Dellard fonda cette année dans la cathédrale de Cahors une chapellenie, dont il donna le patronat aux consuls de Cahors.

On sait que la maison de Béraldi était la plus ancienne du Quercy et qu'elle prit le nom de Béraudie, dans la suite des temps. Un de ses descendants jouissait des dîmes de Pradines, acquises autrefois des évêques de Cahors par un Arnaud Béraldi. Le curé de cette paroisse lui contesta ce droit, mais l'évêque termina le différend en accordant une portion à chacun d'eux (1).

Guillaume de Roux, évêque de Cahors, étant empêché, par les affaires importantes de son église, de se rendre à l'assemblée que l'archevêque de Bourges avait indiquée cette année pour fixer le temps de la visite de ses provinces ecclésiastiques, y envoya maître Hugues de Lherm, dont il vante le mérite dans la lettre d'excuse qu'il écrivit au primat d'Aquitaine, le jour de la fête de la Chaire de Saint-Pierre (2).

L'année suivante (1267), cet évêque fit paraître une circulaire par laquelle il accordait vingt jours d'indulgence à tous ceux qui feraient du bien aux pauvres de l'hôpital de Cajarc. Cette ville appartenait à l'évêché de Cahors, par suite d'achats successifs (3). Barthélemy de Roux fit l'acquisition de la partie que possédaient Simon, Bertrand et Gaillard de Cajarc, moyennant 8,000 sous comptés au premier, 7,000 au second et 5,000 au troisième. Deux successeurs de Barthélemy de Roux, Raymond de Cornil et Raymond Pauchelli achetèrent les autres de Guillaume de Balaguier, Hugues de Cardaillac, Bertrand de Balaguier et Arnaud de Barasc.

Cette année mourut Jean de Penne; il fut enseveli dans le tombeau de ses ancêtres en l'église Saint-Urcisse; ce qui prouve que cette

---

il donna le nom de Bretenoux, et en 1277 des privilèges, des coutumes et des libertés avec le consulat. Il y établit un marché tous les samedis, des foires aux fêtes de l'Assomption et de Sainte-Catherine. Il voulut que les consuls eussent le droit d'assister aux procédures et jugements au criminel, et émettre leur avis. Ces privilèges furent confirmés en 1314 par Matfred II et son héritier.

1. Foulhiac.

2. *Portef. de Baluze.*

3. Cajarc a été le berceau de la célèbre maison de Saint-Sulpice qui l'a longtemps habitée, et passe pour être la fondatrice de son église. La maison de Cajarc était une des plus anciennes de la province. Elle possédait quelques fiefs dans le lieu de Gaillac, dépendant de la communauté de Cajarc. Aux environs était un monastère relevant de l'abbaye de Figeac. Quelques écrivains ont cru qu'il était le même que celui de Gaillac, en Albigeois, mais Dom Vaissette a prouvé leur différence par celle de leur patronage. Le dernier rejeton de la famille de Cajarc fut Pierre de Cajarc, mort en 1810.

famille demeurait dans cette paroisse. Ses armes étaient deux plumes de paon en croix. Ses principaux domaines étaient près de Puylaroque et son château portait le nom de Bastide de Penne. Nous parlerons ailleurs de cette maison illustre.

LXXIII. — *Le Quercy soumis au roi d'Angleterre — Vicomté de Lautrec — Hommage du vicomte de Bruniquel*

On n'avait pas encore fait l'enquête convenue pour savoir si le Quercy faisait partie de la dot de la reine Jeanne, comtesse de Toulouse; mais il paraît qu'en attendant les habitants des fiefs et des domaines que le roi de France possédait dans le Quercy furent obligés de s'en tenir au traité, car on trouve dans l'inventaire de saint Louis, par du Tillet, des lettres du roi d'Angleterre de l'an 1267, par lesquelles il prie saint Louis de lui faire payer 300 livres tournois des revenus des terres de Limousin, Périgord et Quercy, que la reine, son épouse, avait engagés par commission pour la somme de 3,000 livres de rente.

La vicomté de Lautrec était pour moitié du domaine de l'église de Cahors et les vicomtes en faisaient hommage aux évêques de cette ville. Elle était alors divisée entre six frères, et qui étaient Pierre, Sicard, Izarn, Bertrand, Amalric et Guy, surnommé l'Albigeois. Pierre mourut sans enfants, et Sicard, qui le suivit de près, ne laissa qu'une fille, nommée Alix. Les autres survivants, avec les enfants de leur sœur Béatrix, épouse de Sicard d'Alaman, principal ministre du comte de Toulouse, prétendirent recueillir leur succession. Mais Alix eut recours à l'évêque de Cahors, comme seigneur suzerain de Lautrec, afin de faire valoir et respecter ses droits. L'évêque fit assigner, par son official, les vicomtes ; mais il ne put empêcher le partage de la succession, qui eut lieu la même année.

L'évêque de Cahors reçut en même temps l'hommage de Bertrand, vicomte de Bruniquel, avec un marbotin d'or et une nichée d'éperviers, à défaut de laquelle, ce devait être un autour apprivoisé, pour les dîmes inféodées de Saint-Etienne de Tulmon, du Bias, etc., qui composaient les *treize sols d'Armagnac* (1).

1. Foulhiac.

LXXIV. — *Préparatifs d'Alphonse pour son expédition en Terre sainte*

Alphonse, tout occupé de ses préparatifs pour la nouvelle expédition de la Terre sainte, imposa une capitation sur les juifs de ses domaines et donna ordre à ses commissaires de lever la quête, la taille et toute autre redevance, sous quelque dénomination que ce soit, sur ses sujets de Quercy et des autres pays du comté de Toulouse. Ce prince tira encore de grandes sommes des dons que lui firent les villes de ses États, les seigneurs et leurs vassaux. Il en tira aussi de considérables de la vente des biens des hérétiques condamnés par les inquisiteurs qu'il permit de faire aux étrangers, et de la confirmation des ventes antérieures de ces sortes de biens. Ce fut alors que les commissaires de ce prince confirmèrent à Hugues de Cardaillac la vente de la portion de la vicomté de Saint-Cirq-Lapopie, confisquée pour crime d'hérésie sur Bernard de Castelnau, de la famille de Ratier de Castelnau, très affaiblie par la guerre des Albigeois. Enfin il tira de l'argent des manumissions des serfs ou vassaux de corps et du cazalage de ses différentes terres, dont il changea les obligations en une rente foncière. Nous en trouvons une qu'il fit dans sa terre de Caylus, en Quercy. Il donna au serf la liberté et le pouvoir de disposer à son gré par testament de ses biens, moyennant une modique rente payable dans cette ville. L'acte fut passé à Saint-Jean-d'Angély par Alphonse et confirmé par la comtesse Jeanne, son épouse. Ces manumissions, quoique commandées par l'intérêt, ne furent pas moins avantageuses à la société d'autant plus que le comte Alphonse eut des imitateurs, même parmi les seigneurs du Quercy.

LXXV. — *Échanges d'églises entre l'évêque de Cahors et les chanoines de Saint-Antonin*

Cette même année, les chanoines de Saint-Antonin cédèrent à l'évêque de Cahors l'église de Saint-Julien de Lampon, dont le patronage fut ensuite donné au chapitre du Vigan. L'évêque leur accorda à son tour l'église de Saint-Jean de Cazals, près de Bruniquel, et confirma la réunion qu'ils en firent avec celles de Notre-Dame de Servanac et de Sainte-Eulalie de Candé, qui leur appartenaient déjà. Il résulta de cette réunion le prieuré-cure de Cazals ou Servanac, qui est à la présentation du chapitre régulier de Saint-Antonin.

LXXVI. — *Le roi d'Angleterre éprouve des difficultés dans la levée des impôts en Limousin, en Périgord et en Quercy*

Les revenus provenant du Limousin, Périgord et Quercy se levaient avec tant de difficulté, que le roi d'Angleterre en porta ses plaintes à saint Louis. Elles furent transmises au Parlement, le jour de la Toussaint de l'an 1269, qui décida que le monarque anglais n'avait rien à prétendre sur ces pays, en vertu de la concession du roi saint Louis, parce que ce prince n'avait pas pu en disposer, n'en étant pas le possesseur, et qu'Alphonse et Jeanne, son épouse, à qui la plus grande partie de ces terres appartenaient, étaient encore en vie (1).

LXXVII. — *Départ d'Alphonse pour la Terre sainte — Testament de ce prince et de sa femme, la comtesse Jeanne*

Cependant le comte et la comtesse de Toulouse avaient tout disposé pour leur voyage d'Outre-mer. Ils se mirent en marche pour aller joindre saint Louis à Aigues-Mortes, où ce grand roi allait s'embarquer pour la même expédition. Ils passèrent dans leur ville de La Rochelle, à Saint-Jean-d'Angély, où ils firent plusieurs manumissions, et à Saintes. Après avoir ensuite traversé l'Agenais et le Quercy, ils arrivèrent à Montauban. Ils étaient dans cette ville le 21 avril 1270 (2). Car, ce jour-là, ils y donnèrent des lettres par lesquelles ils déclarèrent que le subside que les sujets de Déodat de Barasc, leur vassal, leur avaient accordé pour leur voyage de la Terre sainte, ne leur causerait aucun préjudice et ne serait point réputé fouage. Après avoir fait quelque séjour à Toulouse, ils allèrent à Aymargues, où ils confirmèrent, à la demande de l'abbé de Montauban, la transaction de l'an 1231, passée entre le comte Raymond VIII et l'abbé Albert Auriole. L'abbé de Montauban dont il s'agit ici, est Bernard de Malamort, successeur de Pierre de Bermond, qui était mort depuis peu, laissant les moines de sa communauté frappés d'excommunication par le pape, pour avoir refusé de payer les décimes au roi de Sicile. Ceux-ci n'ayant pu, à cause de cette censure, procéder à l'élection d'un autre abbé, envoyèrent leur aumônier, Bertrand de Malamort, vers le pape Clément IV pour le prier de les réconcilier avec l'église et de leur élire un abbé. Le

1. Du Tillet.
2. *Hist. de Languedoc*, tome III, liv. xxv.

pape leur accorda l'absolution et nomma Bernard de Malamort abbé de Montauban. Celui de la Chaise-Dieu, Albertin, qui avait des droits sur l'élection des abbés de Saint-Théodard, parce que ce monastère était de sa dépendance, fut fâché de la démarche des moines, excommunia le nouvel abbé et mit à sa place Pierre d'Arnaud, religieux de la Chaise-Dieu. Les moines de Montauban ne voulurent pas le reconnaître et lui fermèrent les portes de l'abbaye. Alors Pierre d'Arnaud eut recours à la force. Il escalada les murs, les armes à la main, avec des gens de son parti, rompit les portes du monastère, dont il prit possession. Le pape, ayant été informé de ces faits, cassa la nomination de Pierre d'Arnaud, maintint celle qu'il avait faite et écrivit à l'archidiacre de Cahors et aux abbés de Moissac et de Beaulieu, en Rouergue, pour excommunier les sacrilèges qui avaient osé forcer les portes de l'abbaye (1).

Pendant le séjour qu'Alphonse et la comtesse Jeanne firent à Aymargues, dans le diocèse de Nîmes, en attendant leur embarquement, ils firent leur testament. Jeanne légua par le sien à Guillaume d'Anduze, son cousin, et à ses successeurs, le château de Montcuq, en Quercy; à Sicard d'Alaman, celui de Caylus, dans le même pays, afin de favoriser son mariage avec Gaillarde, fille de Bertrand, vicomte de Bruniquel, cousine de cette princesse. Quant à ses autres domaines, situés tant en Quercy qu'en Agenais, Albigeois et Rouergue, elle les donna, ainsi que tous ses bijoux, à Philippe, sa cousine, fille d'Arnaud-Othon, vicomte de Lomagne, et de Marie d'Anduze. Elle n'oublia pas les religieuses de Sainte-Claire de Montauban, dont elle était la fondatrice. Elle leur fit un legs de 100 marcs d'argent. L'abbé de cette ville, qui se trouvait à Aymargues, où il était venu pour la confirmation de la transaction, dont nous avons parlé plus haut, fut un des témoins de ce testament, qu'il signa et auquel il mit son sceau (2). Telles furent les dernières dispositions de la comtesse de Toulouse, qui ne furent point exécutées. Dans celles de son époux, on trouve qu'il chargea ses exécuteurs testamentaires de racheter le pèlerinage qu'il avait voué à Notre-Dame de Rocamadour. Ce prince avait déjà donné à l'église de

---

1. L'abbé de la Chaise-Dieu se transporta à Montauban pour faire reconnaître Bernard de Malamort. Celui-ci ne voulut pas le recevoir et fit tous ses efforts pour affranchir son monastère de l'autorité de celui de la Chaise-Dieu. Il s'en suivit un grand différend qui fut terminé par l'abbé de Moissac. Celui de Montauban céda à la raison, et, étant à genoux, fit serment d'obéissance et de fidélité à Albert et à ses successeurs. Il fut dressé acte de cette soumission à la Chaise-Dieu, le 3 des nones de novembre 1277. — *Gallia christ.*, tome II, pag. 340.

2. *Hist. de Languedoc*, tome III. Preuves, pag. 591.

ce lieu une très belle lampe d'argent. Il y fonda une rente annuelle de 20 livres tournois pour l'entretien d'un cierge qui devait brûler à perpétuité, jour et nuit, sur l'autel de la Vierge. Philippe III, roi de France, son neveu, eut soin de faire exécuter cette pieuse fondation, par ses lettres du mois de juin 1276. Il affecta les 20 livres tournois sur la sénéchaussée de Rouergue, et ordonna au sénéchal de ce pays de payer désormais cette somme, moitié le jour de l'Ascension, moitié le jour de la Toussaint de chaque année (1).

D'autres soins occupèrent également Alphonse et la comtesse Jeanne; c'est ainsi qu'ils laissèrent au Quercy et à l'Agenais, comme sénéchal, Jean de Monteriac (1270).

LXXVIII. — *Permutations d'églises entre l'évêque de Cahors et l'abbé de Moissac — Dîme de Villemade — Guillaume de Saint-Bressou, abbé de Marcillac*

L'évêque de Cahors et l'abbé de Moissac firent, cette année, un projet de permutation d'églises. L'évêque offrit de céder à l'abbé celles de Malause, avec la chapelle du château de ce lieu, Sainte-Marie de Rodelle, aujourd'hui Sainte-Rose, Saint-Jean de Cornac, Saint-Paul d'Espis, annexes, Saint-Nazaire de Lunel, avec son annexe de Sainte-Marie de *Petrosa,* et l'église de Benes, aussi annexe, l'église de Saint-Amans, et son annexe de Saint-Etienne de Montescot, celles de Saint-Martin de la Garde, et ses annexes de Saint-Avit de Cambolongue, de Saint-Sulpice, de Chieules et de Saint-Mamert, celles de Saint-Romain de Senna et de Saint-Cyprien, annexes de Sainte-Livrade, les trois églises réunies de Saint-Hilaire de Durfort, de Saint-Paul d'Albugues et de Saint-Martin de Montaury, les annexes de Sainte-Marie d'Espis et de Saint-Julien de La Mothe-Sarrasine, avec tous les droits qu'il pouvait avoir sur ces deux églises ainsi que sur les dîmes inféodées de Saint-Germain de Moissaguet, possédées en fief par Raymond de Géraud et son frère Pierre, tous deux fils de Pons de Géraud, avec la rente de 10 livres, l'albergue et l'hommage auxquels ces seigneurs étaient tenus à raison de ces dîmes envers l'évêque de Cahors. L'abbé offrait à son tour à Barthélemy de Roux, l'église et le prieuré de Saint-Pierre de Pescadoires *(de Pescatoriis),* le prieuré de Cos et Sainte-Ruffine, avec l'hommage du vicomte de Bruniquel pour ce prieuré, le prieuré et l'église de Saint-Pierre de Bioule avec l'église

1. Baluze, *Hist. tut.,* pag. 579.

de Saint-Pierre de Lherm, aujourd'hui la Bénéchie; les églises de Négrepelisse, de Saint-Vergondi de Sales; l'église et le prieuré de Caussade; l'église de Saint-Ouen, vulgairement Saint-Gausi, avec les droits qu'il pouvait avoir sur l'église de Fontneuve à raison du prieuré de Cos et Sainte-Ruffine, et sur l'église et le prieuré de Lherm ; enfin l'église et le prieuré de Lieuron. Il s'agissait de savoir si quelqu'un des copartageants ne serait point lésé dans cet échange. Il s'en remirent pour cela à la décision de Raymond de Cornil, archidiacre de Cahors, de Guillaume de Cluzel, chanoine de cette église, et de Pierre de Mazayroles, hôtelier du monastère de Moissac. Ces trois arbitres, après avoir examiné les revenus et les droits des églises à permuter, jugèrent que l'évêque donnait plus qu'il ne recevait, et du consentement des deux parties, ils arrêtèrent que le second ferait au premier, en compensation, une rente de 500 sols caorcins, ou bien qu'il lui payerait, en capital, 10,000 sols de même monnaie. Barthélemy préféra ce dernier parti et reçut de l'abbé les 10,000 sols en augmentation de la mense épiscopale; ce qui ne serait pas aujourd'hui conforme aux règles. Il se réserva sur les églises permutées le droit de visite, de correction et ceux qui étaient attachés à sa dignité épiscopale. Les deux parties se donnèrent mutuellement le pouvoir de prendre possession des églises, aussitôt qu'elles seraient vacantes. L'acte qu'elles dressèrent fut approuvé et signé par le chapitre de Cahors et le monastère de Moissac, avec la déclaration de chacun que la permutation était avantageuse à la communauté (1).

La même année, Raymond de Cazelles acquit de Bernard de Pereygues une portion de la dîme de Villemade, avec laquelle il fonda dans l'église cathédrale les deux chapellenies qui portent son nom (2).

Guillaume de Saint-Bressou, abbé de Marcillac, fit de beaux statuts et règlements touchant le service divin, la vie et les mœurs de ses religieux. Il remit en vigueur, dans le monastère, les offices claustraux de cellerier, camérier et infirmier auxquels il affecta des rentes et des bénéfices afin que les moines qui en seraient pourvus en remplissent plus exactement les devoirs. Le cellerier eut les prieurés de Saint-Cels, du Ségala et son fief, 100 sols caorcins de rente sur le doyenné des Arques et quelqu'autre rente sur ce que le monastère avait à Saint-Urcisse, de Cahors, et sur le domaine d'un nommé *Cabessut,* situé dans cette partie de la ville qui porte ce nom et qu'elle ne doit appa-

1. G. de Lacroix, *Series episc. cad.,* pag. 126. — Foulhiac.
2. Foulhiac.

remment qu'à ce bourgeois, car elle s'appelait autrefois les Hortes, comme nous l'avons dit ailleurs. Le camérier et l'infirmier eurent aussi des revenus particuliers en sus des distributions quotidiennes faites à chaque religieux, affectés sur les prieurés de Saint-Médard de la Capellette, paroisse de Sabadel, du Bourg-de-Visa, dans le Bas-Quercy, et de Selle, diocèse de Toulouse (1).

Jean d'Esterens, Henri de Bandouillan, clercs, et Nicolas de Verneulh (Vernolhio), conseiller du roi, rendirent une ordonnance portant que les habitants de Cahors qui auraient la valeur de 15 livres contribueraient aux impositions que feraient les consuls pour les affaires de la ville.

LXXIX. — *Mort de saint Louis — Mort du comte Alphonse et de la comtesse Jeanne*

Alphonse et la comtesse Jeanne s'embarquèrent au commencement de juillet. Le roi avait pris les devants; ils allèrent le joindre au port de Cagliari, en Sardaigne, où il avait relâché, et le suivirent sur les côtes d'Afrique, où il forma tout à coup le dessein de porter ses armes. Ils furent témoins de sa mort, funeste à la France et à la religion, qui arriva le 25 août de cette année.

Astorg d'Orlhiac, poète provençal du Haut-Quercy, issu de la maison de ce nom, qui avait, comme nous l'avons dit, une portion de la seigneurie de Saint-Céré dans la partie qui est arrosée par la Dordogne, et fils apparemment de cet autre Astorg d'Orlhiac, qui fut arbitre, au commencement de ce siècle, dans la querelle du vicomte du Turenne et de Matfred de Castelnau-de-Bretenoux, composa sur la mort de saint Louis un poème, dans lequel, en déplorant le sort du grand roi, il se déchaîne avec autant d'impiété que de fureur contre les croisades et leurs auteurs.

Philippe III, fils et successeur de saint Louis, qui était auprès de son père, prit le commandement de l'armée, et, après avoir reçu l'hommage de ses oncles Charles, roi de Naples et de Sicile, et Alphonse, comte de Poitiers et de Toulouse, et de tous les grands qui se trouvaient sur les lieux, il convint d'un traité avec le roi de Tunis et se rembarqua pour la France avec ses troupes, dont une épidémie avait considérablement diminué le nombre. Il aborda sur la fin de novembre en Sicile, où il passa le reste de l'année avec le comte et la

1. *Cart. de Marcillac.*

comtesse. Il les y laissa à son départ. Enfin ils se déterminèrent eux-mêmes à revenir dans leurs Etats. Mais, dans le trajet ils furent attaqués d'une violente maladie, et se firent transporter à Savone où ils moururent, le comte Alphonse le 21, et la comtesse Jeanne le 25 août 1271, sans laisser de postérité.

Alphonse avait gouverné ses Etats et ceux de la comtesse avec la même sagesse et la même équité que saint Louis, dont il fut en tout le digne frère, gouverna son royaume. Il ne négligea rien pour détruire dans nos provinces jusqu'à la moindre racine de l'hérésie; et, s'il ne vint pas à bout de le faire entièrement, on peut dire qu'elle s'affaiblit beaucoup et que ce qui en resta, n'osant plus se montrer, n'y causa plus de troubles et se perdit enfin insensiblement par la vigilance des évêques et par les soins que les inquisiteurs employèrent à la recherche de ceux qui la pratiquaient encore clandestinement. C'est ce que nous verrons dans la suite de cette histoire.

FIN DU LIVRE NEUVIÈME

SOMMAIRE DES CHAPITRES

DU LIVRE DIXIÈME

I. Le comté de Toulouse passe sous la domination des rois de France. — Le comte de Foix est vaincu par Philippe le Hardi.
II. Arnaud Dueze. — Fondation du couvent de Lazières. — Mort de Christophore de Ramondiola, fondateur et premier gardien du couvent des Frères mineurs de Cahors.
III. Dons et fondations de l'évêque Barthélemy de Roux. — Mort de ce prélat. — Abbés de Saint-Marcel et de la Garde-Dieu.
IV. Testament de Girbert II de Thémines ; ses enfants. — Différend entre Bernard de Ramondina et Bernard d'Escayrac.
V. Vacance du siège épiscopal de Cahors. — Nouvelles recherches des Inquisiteurs. — Le droit de régale ne peut être exercé sur les fruits de l'évêché de Cahors. — Contestations entre les habitants de Gramat et Rodulphe, commandeur de la maison du Temple du Bastit. — Accord entre les habitants de Gramat et l'abbé d'Obasine.
VI. Lettres du roi Philippe le Hardi aux habitants de Cahors. — Confirmation des privilèges de l'abbaye de Moissac.
VII. Testament d'Hélène de Gourdon, épouse de Girbert II de Thémines. — Le roi de France intervient de nouveau pour la perception des droits régaliens sur l'évêché de Cahors.
VIII. Etablissement à Gramat de la foire de Saint-Michel. — Réforme des abus dans les sénéchaussées de Toulouse, de Quercy et d'Agenais. — Accord entre Sicard de Montaigut et le chapitre de Cahors.
IX. Affranchissement d'un serf fait par Gaillard, seigneur de Montpezat.
X. Traité d'Amiens.
XI. Bulle du pape Nicolas III en faveur du monastère d'Espagnac. — Procès entre le chapitre et les consuls de Cahors et entre les abbés de Tulle et d'Obasine. — Reconnaissance consentie par Arnaud Dueze en faveur du chapitre de Cahors.

XII. Lettres patentes de Philippe le Hardi au sujet des droits régaliens sur l'évêché de Cahors. — Etablissement, à Toulouse, du Parlement de Languedoc.
XIII. Fin de la vacance du siège épiscopal de Cahors.—Causes de cette vacance.
XIV. Installation du nouvel évêque de Cahors. — Raymond de Cornil. — Echange consenti entre ce prélat et Gilbert de Jean.
XV. Différend entre l'abbé de Beaulieu et le seigneur de Castelnau de Bretenoux. — Mort de Philippe de Cahors, évêque d'Evreux. — Fondation du monastère de Lundieu à Figeac. — Etablissement des Grands-Carmes à Montauban. — Confirmation de droits par l'évêque de Cahors.
XVI. L'évêque Raymond de Cornil règlemente sa monnaie. — La canalisation du Lot est entreprise par ce prélat de concert avec les consuls de Cahors. — Fontaine de Valentré. — Crue du Lot.
XVII. Envoi de commissaires royaux dans le Quercy. — Ligue des villes du Bas-Quercy pour empêcher le transport des grains à Cahors. — Différend entre le prieur des chanoines réguliers de Molières et Bertrand de Roussillon et Géraud d'Antejac, frères.
XVIII. Hommage de l'évêque de Cahors en faveur de Philippe le Hardi. — Union d'églises à l'abbaye de Beaulieu, en Rouergue. — Le roi de France visite le Languedoc.
XIX. Testament de Raymond VI, vicomte de Turenne. — Compromis entre l'abbé de Marcillac et Hugues de Gourdon. — Règlements pour le chapitre de Cahors. — Hommage du sénéchal de Quercy, agissant au nom du roi de France, en faveur de l'abbé de Moissac.
XX. Guerre d'Aragon. — Cession au roi de France par les vicomtes de Bruniquel de tous leurs droits sur la forêt de Tulmont. — Mort de Raymond VI, vicomte de Turenne. — Fondation de la bastide de Tauriac.
XXI. Mort de Philippe le Hardi. — Réparations à la cathédrale de Cahors.
XXII. Permutations d'églises entre l'évêque de Cahors et son chapitre. — Famine de 1285. — Visite du diocèse de Cahors par Simon de Beaulieu, archevêque de Bourges.
XXIII. Accord entre l'évêque et les consuls de Cahors. — Confirmation et révision des coutumes de Cahors. — Lettres du sénéchal en faveur des consuls de cette ville. — Nouvelles difficultés entre l'évêque et les consuls.
XXIV. Différend entre l'évêque de Cahors et les seigneurs de Labéraudie. — Accord entre Ratier de Castelnau et Pierre de Beaufort. — Don d'une partie de la dime de Villemade au chapitre de Cahors. — Lettres de Jean de Greilli, sénéchal de Guyenne pour le roi d'Angleterre.
XXV. Edouard d'Angleterre renonce à ses prétentions sur le Quercy. — Concile de Bourges.
XXVI. Testament de Dorde de Barasc, seigneur de Montbrun sur Lot. — Eglises et établissements religieux de Figeac.
XXVII. Confirmation de divers droits, par l'évêque de Cahors, en faveur du chapitre du Vigan et du monastère d'Espagnac. — Nouvelles circonscriptions des paroisses de Cahors.

XXVIII. Prestation de serment du bailli de l'évêque entre les mains des consuls de Cahors. — Droits perçus sur les vins de Cahors envoyés à Bordeaux.
XXIX. Exécution du traité conclu entre les rois de France et d'Angleterre.
XXX. Confirmation des privilèges de Raymond VII, vicomte de Turenne. — Géraud de Cahors.
XXXI. Dons et privilèges accordés par l'évêque à l'écolâtre de la cathédrale de Cahors. — Erection en cure de l'église de Saint-Etienne des Soubiroux. — Efforts de l'évêque de Cahors pour rendre le Lot navigable.
XXXII. Accord entre les consuls de Sauveterre et divers seigneurs. — Nouveaux démêlés entre l'évêque et les consuls de Cahors. — Permission accordée par l'évêque de dire la messe dans une chapelle particulière.
XXXIII. Simon de Beaulieu, archevêque de Bourges, vient de nouveau à Cahors. — Aymeric d'Hébrard, évêque de Coïmbre.
XXXIV. Testament de Raymond de Cornil, évêque de Cahors. — Les ermites de Saint-Augustin.
XXXV. Statuts des églises de Cahors, Rodez et Tulle. — Prospérité de la ville de Figeac. — Différend entre l'abbé et les consuls de Moissac.
XXXVI. Les habitants du Haut-Quercy supportent impatiemment le joug du roi d'Angleterre.
XXXVII. Le diocèse de Cahors est visité de nouveau par l'archevêque de Bourges. — Permutations d'églises entre les abbés de Moissac et de la Cluse. — Procès entre l'abbé de Montauban et les officiers royaux.
XXXVIII. Construction du Pont-Neuf de Cahors. — Eglise de Sonac. — Continuation des démêlés de l'évêque et des consuls de Cahors. — Levée des droits de l'église romaine. — Prétendue bulle du pape Nicolas IV en faveur de l'abbaye de Figeac.
XXXIX. Division des biens de la maison de Gourdon. — Règlement dressé par le chapitre de Cahors. — Mort de Pierre de Cahusac, religieux, originaire de Fons. — Lettres de Philippe le Bel en faveur des consuls de Cahors.
XL. Mort de Raymond de Cornil, évêque de Cahors. — Vacance du siège épiscopal et droit de régale.
XLI. Mort de Bertrand de Montaigut, abbé de Moissac; éloge de cet abbé. — Guillaume de Durfort lui succède.
XLII. Sicard de Montaigut, évêque de Cahors. — Hommages reçus par ce prélat.
XLIII. Transaction entre Fortanier de Gourdon et divers seigneurs.
XLIV. Le connétable Raoul de Clermont envahit la Guyenne. — Contestations entre le seigneur et les consuls de Gramat. — Charles, frère du roi de France, vient dans la Guyenne.
XLV. Premiers actes de l'évêque Sicard de Montaigut. — Guillaume de Guerre. — Famille de Durfort.
XLVI. Hôpital de Toulousque. — Hommage de Sicard VII de Lautrec. — Différends de l'évêque de Cahors avec son chapitre et avec les consuls de sa ville épiscopale.

XLVII. Fondation de Montcabrier. — Religieuses de l'Hôpital-Beaulieu. — Chapitre de l'ordre de Saint-Jean de Jérusalem tenu à Fronton par Guillaume de Villaret.

XLVIII. Gaillard de Montaigu et Bérenger d'Aigues-Vives, abbés de Figeac.— Hommages de Bernard Fabri et de Philippe de Livis. — Géraud Flotte, sénéchal du Périgord et de Quercy.

XLIX. Seigneurs de Montpezat.

L. Mort de l'évêque Sicard de Montaigut.

LI. Abbés des monastères de Marcillac, Montauban, Saint-Marcel, la Garde-Dieu et Souillac. — Abbesses de Leyme.

LII. Le pouvoir royal reconnaît au chapitre le droit d'administrer l'évêché de Cahors, en cas de vacance du siège. — Raymond Pauchelli, évêque de Cahors.

LIII. L'abbé de Moissac reçoit l'hommage du vicomte de Caussade. — Cet abbé est choisi par le roi pour prendre connaissance d'une contestation survenue entre les sénéchaux de Toulouse et de Périgord.— Fondation du couvent de Sainte-Claire de Gourdon. — Philippe le Bel ordonne à son sénéchal de Quercy de ne pas laisser empiéter sur la justice royale.

LIV. L'évêque de Cahors reçoit l'hommage de divers seigneurs. — Transaction entre l'abbé de Marcillac et Girbert III de Thémines. — Cession de la justice de Figeac au roi de France. — Hommage d'Aymeri de Gourdon.

LV. Tremblement de terre à Cahors. — L'église de Pern est donnée au chapitre de Cahors.

LVI. Traité entre les rois de France et d'Angleterre.—Appel du roi de France contre l'excommunication lancée contre lui par le pape Boniface.

LVII. Raymond Pauchelli défend les droits de son évêché. — Passage à Cahors de Philippe le Bel.

LVIII. Différend entre l'abbé de Tulle et les consuls de Rocamadour.

LIX. Le roi ordonne des travaux pour rendre le Lot navigable entre Capdenac et Cahors. — Construction d'un pont à Montauban, sur la rivière du Tarn.—Rigueurs de l'inquisition.—Fondation de Réalville.

LX. Privilège accordé à Caylus. — Levée du subside pour la guerre de Flandre. — Privilèges accordés au clergé du diocèse de Cahors. — Le roi défend aux consuls et aux officiers de justice de Montcuq d'étendre leur juridiction sur le territoire de Cahors. — Famine dans le Quercy.

LXI. Convocation de la noblesse pour la guerre de Flandre. — Mort de Raymond VII, vicomte de Turenne.

LXII. L'évêque de Cahors réclame l'hommage à Sicard VII, vicomte de Lautrec. — Démêlés de ce prélat avec les consuls de Cahors.— Hommage de Gisbert de Thémines. — Transaction entre l'évêque de Cahors, l'abbé de Sarlat et le prieur de Calviac.

LXIII. Confirmation des dons faits à l'église de Rocamadour par les rois de Castille. — L'abbé de Tulle remet en vigueur les règlements concernant Rocamadour. — Fondation de l'église Saint-Pierre de Gourdon.

LXIV. Continuation de la levée du subside pour la guerre de Flandre. — Bénédiction de l'église de Notre-Dame-des-Vaulx à Lauzerte. — Hommage de Hugues de Labéraudie.
LXV. Excommunication lancée par l'évêque de Cahors contre Bertrand de Castanié. — Nouvelle monnaie épiscopale. — Nouveau sujet de discorde entre l'évêque et les consuls de Cahors. — Le pape Clément V.
LXVI. Philippe le Bel acquiert la moitié de la vicomté de Lautrec.
LXVII. Suppression du droit de péage en faveur des habitants de Cahors passant à Laroque-des-Arcs. — Efforts des consuls de Cahors pour achever de rendre le Lot navigable. — Acte de pariage entre le roi de France et l'évêque de Cahors. — Opposition du chapitre et des consuls de Cahors à l'acte de pariage.
LXVIII. Plusieurs villes du Quercy demandent à être exemptées de la taxe établie sur les marchands du royaume. — Le nouveau vicomte de Turenne rend hommage à l'abbé de Tulle. — Importance de la ville de Rocamadour dans le Haut-Quercy.
LXIX. Mort de Guillaume de Villaret, grand maître de l'ordre de Saint-Jean de Jérusalem.

LIVRE DIXIÈME

I. — *Le comté de Toulouse passe sous la domination des rois de France — Le comte de Foix est vaincu par Philippe le Hardi*

A nouvelle de la mort du comte Alphonse et de Jeanne, sa femme, fut à peine parvenue en Quercy, que le bailli et les consuls de Moissac écrivirent, le 17 septembre 1271, à Philippe III, dit le Hardi, pour le prier de les recevoir sous sa domination immédiate, et l'inviter à prendre possession de leur ville qui leur semblait appartenir incontestablement à la Couronne. *Nous serons*, disaient-ils, *heureux sous votre domination, comme nous l'avons été sous celle de votre oncle, d'heureuse mémoire, prince humain, débonnaire, juste et bienfaisant* (1). Lorsque cette lettre arriva à Compiègne, le roi avait déjà donné l'ordre à Guillaume de Cohardon, son sénéchal de Carcassonne, de *saisir, garder et faire garder*, en son nom, le comté de Toulouse, avec l'Agenais et tout ce qui lui était échu par la mort d'Alphonse et de Jeanne. Cohardon se rendit en conséquence à Toulouse avec Jean de Cranis, commissaire du roi dans la sénéchaussée de Carcassonne. Ils reçurent, en présence de Bertrand de Montaigut, abbé de Moissac, le serment de fidélité des consuls et des habitants de la ville, et celui de quelques barons, parmi lesquels était Guillaume, vicomte de Montclar : c'était Guillaume Barasc, fils de Bertrand II, vicomte de Bruniquel.

Guillaume de Cohardon alla remplir la même mission à Mon-

---

1. *Hist. de Languedoc*, tome IV, Preuves, pag. 48.

tauban. Là fut faite, le 27 novembre suivant, par son autorité et par ordre des consuls ou *capitoliers* de cette ville, une proclamation en langue vulgaire, portant défense *a tots los baros, als vavasors, als baylés et a totas las autras gens de la terra de Caercy*, d'exercer la haute justice dans les bastides construites depuis la mort du dernier Raymond, comte de Toulouse, à moins qu'ils n'en eussent la seigneurie, et de lever aucun péage établi depuis la mort du même prince, *que negus no sio tant hardits de far auta justicia en neguna bastida, ni en negu loc noélamen fag de la mort del senhor comte Amphos y en sa, si donc de la senhoria privilegi non ha*, etc., (1). Le roi Philippe envoya, dans le même temps, Florent de Varennes, chevalier, amiral de France, et Guillaume de Neuville, chanoine de Chartres, en qualité de ses lieutenants, pour recevoir le serment des peuples du Toulousain et des autres pays dépendants du comté de Toulouse. Les consuls de cette ville renouvelèrent entre leurs mains, le 20 décembre, leur serment, en présence de Bertrand, vicomte de Bruniquel, et d'autres barons. Ces deux lieutenants se transportèrent à Moissac, d'où ils ordonnèrent le lundi, avant l'Epiphanie, au sénéchal et au viguier de Toulouse, de supprimer tous les péages qui avaient été établis dans le pays depuis quarante ans. Ces faits prouvent évidemment que ces différents commissaires prirent possession du Quercy au nom du roi de France. Henri III, roi d'Angleterre, ne manqua pas d'en demander la restitution, conformément au traité de paix qu'il avait conclu avec saint Louis; mais, comme il y était dit qu'on ferait une enquête, pour savoir si ce pays avait été donné réellement à la reine Jeanne d'Angleterre, lorsqu'elle épousa Raymond VI, l'affaire traîna encore en longueur. Il paraît que les commissaires prirent aussi possession de l'Agenais, malgré les réclamations d'Henri III. On trouve, en effet, qu'après la mise en possession du roi dans les domaines du feu comte de Toulouse, ce pays et le Quercy continuèrent d'avoir le même sénéchal. Noble baron Jean d'Angerville prend cette qualité dans un acte de 1273; il était sénéchal pour le roi de France (2). A la vérité, un nommé Pierre de Salicibus se qualifie, en 1272, chevalier-sénéchal de Périgord, Limousin et Quercy. Mais, de plus, ce qui prouve évidemment que l'Agenais fut mis sous la main du roi de France, c'est que Guillaume de Cohardon joint, dans la proclamation qu'il fit faire à Montauban, la qualité de gouverneur du comté de Toulouse et de

---

1. *Hist. de Languedoc*, tome IV, liv. XXVII. — Dominicy. — *Archives de Montauban*.
2. Dominicy. — Maleville.

l'Agenais à celle de sénéchal de Carcassonne et de Béziers, *gouvernaïre del conlat de Tolose et de la terra d'Agénés per nostre senhor lo rey*.

Après que les commissaires du roi Philippe le Hardi eurent pris possession du comté de Toulouse, ce prince résolut d'aller le visiter lui-même. Il partit de Paris au commencement de février de l'an 1272. Etant à Saintes, il apprit que Roger-Bernard, comte de Foix, s'était emparé du château de Sompuy, en Gascogne, relevant de la couronne de France, et l'avait livré au feu et au pillage, après en avoir massacré tous les habitants. Il se hâta d'aller venger cet attentat, dont l'impunité aurait pu déterminer d'autres barons à en faire autant. Il se mit donc en marche contre le comte de Foix; il traversa l'Agenais, le Bas-Quercy et arriva le 25 mai à Toulouse, où il demeura huit jours pour attendre l'armée qui venait par le Limousin. Les barons du Quercy allèrent le joindre dans cette ville. L'évêque de Cahors s'y rendit aussi et lui fit hommage de son comté. Le roi partit ensuite de Toulouse et alla mettre le siège devant le château de Foix. Le comte Roger-Bernard s'y était renfermé. Jugeant par les travaux du siège qu'il ne pourrait pas sauver la place, il prit le parti de solliciter sa grâce. Il vint lui-même demander pardon au roi et se mettre à sa discrétion, mais Philippe, au lieu de lui accorder sa grâce, le fit conduire lié et garotté dans les prisons de Carcassonne et se saisit de tous ses domaines qu'il lui rendit l'année suivante avec la liberté (1). Ce prince, en revenant en France, prit sa route par l'Albigeois et le Quercy. Il était à Cahors le 26 juin, car il y donna, par lettres datées de ce jour, à deux seigneurs du nom de Galard, frères, l'entière juridiction sur la terre de Taraube, en Gascogne (2).

II. — *Arnaud Dueze* — *Fondation du couvent de Lazières* — *Mort de Christophore de Ramondiola, fondateur et premier gardien du couvent des Frères mineurs de Cahors*

On établit cette année (1272), à Cahors, une imposition ou taxe sur les citoyens de cette ville. Arnaud Doeza ou Dueza, père du pape Jean XXII, dit Foulhiac, fut taxé comme un des principaux bourgeois de la ville (3). C'était 45 ans avant l'élévation de son fils, Jacques, à la papauté.

1. *Hist. de Languedoc,* tome IV, liv. XXVII.
2. Foulhiac.
3. Il fut imposé dix livres, dit Foulhiac, à l'endroit où il parle de la mort de ce pape. — Pour être compris dans le rôle de ces impositions, il fallait avoir la valeur de 15 livres, suivant l'ordonnance de 1271. *Collection Doat.*

Ce qui prouve combien peu est fondée l'opinion de ceux qui le font savetier. Jacques Dueze n'avait pas alors plus de 28 ans. Il était archiprêtre de Saint-André de Cahors, bénéfice dont l'avait pourvu l'évêque, son parent, et qui était trop modique pour que les revenus qu'il en tirait eussent pu arracher ses parents à l'état de misère et d'obscurité où on a prétendu qu'ils étaient réduits.

L'évêque de Cahors, tout occupé de rendre la religion florissante dans son diocèse et d'y multiplier les exemples de piété, fonda un monastère de religieuses de l'ordre de Citeaux à Lazières, auquel il donna les dîmes de Montamel. Il le soumit à l'abbaye de Leyme.

Ce prélat fut, la même année, témoin de la mort de Christophore de Ramondiola, fondateur et premier gardien du couvent des frères mineurs de Cahors. La longue vie de ce disciple de saint François fut un tissu d'austérité et de bonnes œuvres. Il allait prêcher continuellement dans les villes et les campagnes, où il fit de nombreuses conversions parce qu'il avait la réputation d'un saint. Il contribua beaucoup à la fondation, à Martel, en 1266, d'un couvent de son ordre, et à celle du couvent de Gourdon, faite par Girbert II de Thémines, qui ne fut achevé que l'année qui suivit le décès de ce religieux. Christophore fit, pendant sa vie et après sa mort, un grand nombre de miracles, qui lui ont mérité le titre de bienheureux (1). On trouve son nom dans le martyrologe d'André de Saussay. Il paraît que l'église de Cahors lui rendait autrefois un culte public. Son tombeau a été pendant plusieurs siècles l'objet de la vénération des fidèles. On n'a pu le retrouver depuis que les Calvinistes réduisirent le monastère en cendres (2). La vie du bienheureux Christophore fut écrite, peu de temps après sa mort, par Bernard de Besse, disciple de saint Bonaventure, qui l'avait beaucoup connu. Il fait l'éloge de sa simplicité et de la pureté de ses mœurs, de sa charité qui le portait à visiter les malades et les infirmes dont il prenait plaisir à panser et laver les plaies. Il fait le tableau de ses austérités qu'il pratiqua jusqu'à la fin de sa vie avec la même ardeur que dans la force de son âge, et il rapporte les divers miracles que Dieu daigna opérer par l'intercession de ce bon religieux (3).

1. *Annal. frat. minor.*, tome IV, ad an. 1272.
2. Foulhiac. — Maleville.
3. Il connut miraculeusement le jour où mourut saint François, qu'il annonça à ses moines de Cahors.

III. — *Dons et fondations de l'évêque Barthélemy de Roux — Abbés de Saint-Marcel et de la Garde-Dieu*

L'évêque accorda ou confirma au chapitre cathédral le droit de présentation aux églises de Saint-Etienne, aujourd'hui Saint-Barthélemy, de Sainte-Marie des Soubirous, de Saint-Géry, de Saint-Jacques et son annexe, dans Cahors; et à celles de Saint-Julien de la Beyne, d'Aynac, de Gourdon, Cabrerets, Vers et Velles, Payrinhac, Cabanac, Saint-Aurels, Saint-Sernin de Thézels, Saint-Urcisse-des-Vaux, Saint-Antet, Saint-Vincent, Vazerac, Mazerac avec la chapelle de Puylaroque, Saint-Jean de Belfort, Mondoumerc, Saint-Martin de Cargueprune et Saint-Barthélemy du Montat (1).

Il fit de grands dons aux Carmes de la ville ville de Cahors. Ces religieux furent tenus de payer tous les ans un marobotin d'or au curé de Saint-Laurent; Barthélemy, archidiacre de Montpezat, qui en était curé, reçut, en 1274, cette redevance du prieur de ce monastère qu'on appelait *Arnaud de Cayrac*. Cet évêque approuva aussi des donations qui furent faites à l'hôpital Saint-Jacques et au couvent de Sainte-Claire de Cahors par Pierre des Bœufs, bourgeois de cette ville. Enfin il fonda pour lui, dans son église cathédrale, un obit de 15 livres affecté sur les fruits décimaux du prieuré de Caussade et les rentes du Mas des Cazals, paroisse de Fontanes (2).

Ce prélat avait entrepris la réédification, sur un plan magnifique et couteux de l'église de Notre-Dame de la Daurade. Mais, comme ses ressources personnelles étaient insuffisantes, il écrivit au clergé de son diocèse une lettre pastorale, datée de la chapelle des Templiers de Cahors, le vendredi avant la fête de l'Assomption de l'année 1273, pour l'engager à contribuer à cette bonne action (3).

La mort le ravit à son église le 5 septembre 1273. Il fut généralement regretté du clergé et du peuple. Les consuls même de sa ville, avec lesquels il eut plusieurs démêlés, ne purent s'empêcher de rendre hommage à sa justice, à sa douceur, à sa bonté, à sa prudence, à sa sagesse, à son équité, à son zèle pour le bien de la religion et à toutes ses autres belles qualités qui lui méritèrent l'estime des papes et des rois de France. Il aimait que l'on célébrât les fêtes avec la pompe et

---

1. G. de Lacroix, *Series episc. cad.*, pag. 121.
2. G. de Lacroix, *Series episc. cad.*, pag. 124 et 125.
3. *Gallia christ.*, tome I, instrum., pag. 32.

l'éclat convenables à la majesté du culte. Aussi applaudissait-il à la générosité des âmes pieuses qui y contribuaient par des fondations. Un répertoire du temps cite, entre autre autres personnes, un nommé André de Rouffiac, de Cahors, qui établit une rente perpétuelle de 40 livres sur des maisons qu'il avait dans la paroisse de Saint-Jacques de cette ville, uniquement destinée aux frais de la solennité de la Conception de la sainte Vierge (1).

Il y eut, sous l'épiscopat de Barthélemy de Roux, dans quelques monastères de son diocèse, des abbés dont nous n'avons pas encore parlé, et qu'il nous reste à faire connaître. Depuis Etienne, il y avait eu à Saint-Marcel, Bertrand, qui gouvernait encore le monastère en 1256. Il eut pour successeur Hélie II de Longueval, qui survécut à l'évêque de Cahors, et augmenta, par les acquisitions qu'il fit, le patrimoine de son abbaye, dont le pape Grégoire X confirma les privilèges. Bernard II, abbé de la Garde-Dieu, avait eu pour successeur Jean III de Vidal, mentionné dans des chartes de 1252 et 1258, et celui-ci, Jean IV de Mannel qui, en 1261, acheta, pour l'abbaye d'Obasine, la terre de La Mothe à Jean Donadieu de Cahors. Il mourut vers le même temps que l'évêque Barthélemy, laissant le gouvernement de son monastère à Guillaume, dont on trouve le nom dans une charte de l'an 1274.

IV. — *Testament de Girbert II de Thémines; ses enfants — Différend entre Bernard de Ramondina et Bernard d'Escayrac*

Girbert II, fondateur du couvent des Frères mineurs de Gourdon, fit son testament, la veille de saint Mathieu de cette année, 1273 (2). Il veut être inhumé dans l'église de l'hôpital Beaulieu, au tombeau de ses ancêtres. Il donne à ce monastère 30 marcs d'argent, pour faire bâtir, à côté du lieu de sa sépulture, une chapelle à laquelle il affecte les revenus des lieux de *Ville déserte* et de *Séviecsou*, afin qu'il y soit dit à perpétuité une messe pour son âme et pour celles de ses ancêtres. Il recommande à Aigline, sa fille, déjà prieure de la communauté et à

---

1. Dans les sceaux de Barthélemy il n'y a d'autres armes qu'une fleur de lys de chaque côté de sa figure. On en voit aussi deux à son contre-scel avec une crosse au milieu, pour faire voir que sa ville ne relevait que du roi. C'est l'évêque Guillaume de Cardaillac, qui, sur la fin de sa vie, les avait substitués aux armes de Toulouse, lorsque la souveraineté des comtes de cette ville ne fut plus reconnue à Cahors.

2. *Archives de Millac.*

celles qui lui succèderont, d'avoir soin des pauvres et des infirmes. Il nomme dans son testament Aigline et Hélène, ses sœurs, religieuses au couvent de Leyme, dont celle-ci devint abbesse; ses trois filles, Hélène, religieuse dans le même couvent, Cécile et Fayts; enfin ses deux fils, Guillaume, qu'il fait son héritier, et Girbert, à qui il substitue ses biens. Guillaume de Thémines se maria avec dame Gaillarde de Baynac, qui eut mille livres de dot, avec deux cents livres de rentes, monnaie de Cahors; Fayts devint l'épouse de Fortanier de Gourdon, coseigneur de cette ville. Devenue veuve, elle fonda le couvent de Sainte-Claire de Gourdon, où elle prit le voile, et dont elle fut abbesse. Un manuscrit ancien rapporte que Girbert II, ayant survécu à Hélène de Gourdon, sa femme, entra dans l'ordre de Saint-Jean de Jérusalem et mourut dans cette ville au commencement du siècle suivant. Il paraît plus certain qu'il mourut dans ses terres et qu'il fut inhumé dans le lieu qu'il avait désigné dans son testament.

On trouve, en 1273, à la date du 7 juillet, une sentence arbitrale, rendue par Guillaume de Belpuech, chanoine de Cahors, sur certaines discussions soulevées entre Bern. de Ramondina et Bern. d'Escayrac, au sujet de quelques fiefs. Dans l'acte mentionné furent présents : Arnaud d'Escayrac, Guillaume de Noaillac, Guiscard d'Escayrac, Arnaud d'Escayrac, Bernard de Belpuech, Arnaud de Lolmie, Bertrand de Cantamerle, Arnaud de Luzech, Guillaume de Monsel, Bernard de Ginibrède. Il fut collationné par ordre du seigneur Gui Caprari, chevalier du roi et son sénéchal du Quercy et du Périgord (1297).

V. — *Vacance du siège épiscopal de Cahors — Nouvelles recherches des Inquisiteurs — Le droit de régale ne peut être exercé sur les fruits de l'évêché de Cahors — Contestations entre les habitants de Gramat et Rodulphe, commandeur de la maison du Temple du Bastit — Accord entre les habitants de Gramat et l'abbé d'Obasine*

Le siège épiscopal de Cahors resta vacant environ 7 ans, sans que les écrivains du pays en aient pu savoir la raison. Mais cette raison se trouve dans une lettre du pape Nicolas III, dont nous parlerons ailleurs. Les officiers du roi saisirent les fruits de l'évêché, en vertu du droit de régale. Le chapitre y fit opposition, se fondant sur ce que l'église de Cahors n'avait jamais été assujettie à ce droit : elle en était, en effet, exempte. On en trouve la preuve dans un acte des registres de la Chambre des Comptes de Paris, au livre côté *Qui es in cœlis. Dominus rex*, y est-il dit, *pro ut constat per antiqua scripta Cameræ, consuevit capere regaliam in tota provincia Bituricensi, exceptis Lemovicensi, Caturcensi, Rutenensi, Albiensi, Mimatensi diocesibus;* et, comme ces officiers persistaient à vouloir faire la saisie, il porta ses plaintes au roi.

Sur ces entrefaites (1274) le légat du pape Grégoire X fit publier à Cahors des lettres pour prévenir les croisés que le Souverain Pontife, bien loin de les dispenser du voyage d'Outre-mer auquel ils s'étaient engagés par un vœu, leur enjoignait de l'entreprendre au plus tôt. Les Inquisiteurs firent, cette année et les précédentes, de grandes recherches pour extirper les restes de l'hérésie Albigeoise; ils citaient à leur tribunal tous ceux qui en étaient soupçonnés. On en trouve dans les registres de l'Inquisition plusieurs qui appartiennent à ce pays et qui ne purent pas être convaincus d'erreur. Ce qui portait les Inquisiteurs à redoubler de zèle et de vigilance, c'était le retour d'un grand nombre de ces hérétiques qui, pour éviter les jugements terribles de l'Inquisition, s'étaient réfugiés en Italie. Ils en revenaient pleins d'une doctrine encore plus pernicieuse : ils admettaient tous les deux principes des Manichéens, ne reconnaissaient que l'Evangile selon saint Jean, niaient l'incarnation de Jésus-Christ, altéraient l'oraison dominicale, etc.

Cependant le chapitre de Cahors poursuivait avec chaleur l'affaire de la régale devant le roi. Ce prince, après l'avoir fait examiner, donna gain de cause aux chanoines, et par lettres datées du mois de juillet 1275, il ordonna à Simon de Gausbert qui avait fait la saisie en qualité de commissaire, nommé par Anselme de Saint-Yon, sénéchal de Périgord, et Odon de Fayelle, successeur de ce dernier, de rembourser à l'église de Cahors 500 livres qu'ils avaient déjà levées, et laissa au chapitre l'administration des biens de cette église, pendant la vacance du siège (1). Il fallait que les fruits perçus par le sénéchal de Périgord provinssent des églises situées dans son ressort, ou qu'il eût eu du roi une commission extraordinaire pour étendre la saisie des revenus, car il n'avait aucune juridiction sur le Quercy : ce pays était encore soumis à l'autorité du sénéchal d'Agen. Jean de Villette, qui en exerçait les fonctions, rendit cette même année (1275), en présence de Pons de Gourdon, Pierre d'Auriole, Gisbert de Rampoux, Olivier de Mier, Guillaume et Pons de Castelnau-de-Gramat, une sentence en confirmation d'un jugement que venaient de rendre frère Geoffroi, chevalier du Temple, et Barascon de Thémines, choisis pour arbitres au sujet de quelques pâturages dont les habitants de Gramat et Rodulphe, commandeur de

---

1. *Gallia christ.*, tome I, pag. 136. — G. de Laçroix, *Series episc. cad.*, pag. 137.

la maison du Temple du Bastit, se disputaient la propriété. Ils avaient divisé le terrain contesté en six portions égales, dont trois furent adjugées à chaque partie (1). Il s'éleva dans la suite d'autres contestations au sujet de ce partage, que le même seigneur de Thémines termina par une nouvelle sentence, qui fut rendue à Gramat en présence de Fortanier de Gourdon et de plusieurs autres seigneurs de la contrée. Cette sentence fut confirmée, en 1282, par Pontius de Broetto qui prend, dans l'acte, le titre de grand-maître des Templiers (2).

On trouve qu'il y avait cette année des religieux d'Obasine aux Alix, à la Pannonie et à Couzou, car ils furent présents à un accord qui fut fait au Mas de Cavanhac, entre les habitants de Gramat et l'abbé d'Obasine, au sujet de la forêt de la Mésangerie que l'on déclara commun aux deux parties pour la dépaissance des bestiaux (3); Mais il demeura convenu qu'elles n'auraient pas le pouvoir d'en écorcer les arbres, ni d'y faire des fours à chaux (4).

VI. — *Lettres du roi Philippe le Hardi aux habitants de Cahors — Confirmation des privilèges de l'abbaye de Moissac*

On trouve, dans les archives de l'hôtel de ville de Cahors, plusieurs lettres que le roi Philippe le Hardi écrivit en 1276 aux habitants de cette ville. Par l'une, il leur défend d'inquiéter les Religieux dominicains et franciscains, et par l'autre, qui est datée du 6 mars 1276 et que le sieur de Maleville rapporte dans ses *Esbats*, il proteste et déclare aux prélats, barons, chevaliers, bourgeois et citoyens de Cahors, Montauban, Figeac, Moissac et autres villes, châteaux et bastides de sa terre de Quercy, soumise au gouvernement de son sénéchal d'Agenais que le secours ou subside qu'ils lui ont octroyé pour le voyage d'Outre-mer

1. *Archives du Bastit.*
2. *Archives du Bastit.*
3. Foulhiac.
4. Ces fours étaient alors fort multipliés dans tous les bois du Haut-Quercy; on en trouve partout des vestiges. Les habitants de cette partie de la province employaient alors la chaux pour amender et fortifier les terres trop légères de leur nature. Ils tenaient cet usage des Gaulois, leurs ancêtres, comme nous l'apprennent plusieurs anciens traités d'agriculture. Leurs descendants ne se sont pas contentés de dédaigner ce principe d'économie rurale, ils ont encore porté la folie jusqu'à détruire et défricher les bois et les forêts communaux; de là, tant de terres arides et brûlées par le soleil dont les rayons ne sont pas même tempérés par les plus chétifs arbustes; de là, tant de champs stériles que le malheureux arrose inutilement de sa sueur.

qu'il se propose de faire, afin de délivrer la Terre sainte des mains des Infidèles, ne doit pas être regardé comme une quête, une taille, ou un impôt quelconque, mais comme un *don gratuit et volontaire* qui ne peut porter aucune atteinte à leurs immunités, privilèges et franchises, qu'il reconnaît et confirme, bien loin d'y vouloir déroger.

Par d'autres lettres, le roi Philippe ordonna au sénéchal du Rouergue de payer à l'église de Rocamadour les 20 livres léguées par Alphonse, comte de Poitiers (1).

L'abbé de Moissac fit cette année (1276) un voyage à la cour de France, et il représenta au roi que l'abbaye et la ville de Moissac avaient été données en fief, sous la foi et l'hommage, par les abbés et les moines aux comtes de Toulouse; qu'en conséquence ceux-ci s'étaient toujours reconnus vassaux des abbés de Moissac, et leur avaient fait hommage et prêté serment de fidélité, à l'exception du comte Raymond VII et du comte Alphonse, son gendre; que si le premier n'avait pas rempli ce devoir, c'était parce qu'il était excommunié par la sainte Eglise romaine et qu'il faisait la guerre au roi Louis IX, de glorieuse mémoire; et que, pour ce qui regardait le comte Alphonse, ce prince s'y était reconnu obligé et avait, de plus, déclaré par acte authentique qu'en ne se conformant pas à la coutume légitimement établie, il ne prétendait point donner atteinte aux droits de l'abbé et du monastère, ni leur porter aucun préjudice pour l'avenir. Il ajouta que les comtes de Toulouse n'avaient jamais exercé aucune justice sur les personnes des abbés et religieux de Moissac, ni sur celles de leurs bayles, ni sur leurs domaines; c'est pourquoi il supplia le roi de reconnaître et de confirmer ces différents privilèges, de crainte qu'ils ne vinssent à se perdre, si la terre de Quercy passait sous une domination étrangère. Philippe III répondit favorablement à la demande de l'abbé. Il lui accorda des lettres par lesquelles il se reconnaît son vassal, pour la ville de Moissac, de la même manière que l'avaient été les comtes de Toulouse; mais, comme les rois de France n'avaient pas coutume de faire hommage à leurs sujets, il chargea par ces présentes lettres son sénéchal de Quercy de le rendre désormais avec le serment de fidélité aux abbés de Moissac, quand il entrera en charge, sans attendre de nouveaux ordres de sa part, ni de celles de ses successeurs (2). Ce fut apparemment, à cette époque, que ce monarque honora, d'une place dans son conseil, l'abbé

---

1. Baluze, *Hist. Tutel.*, pag. 580.
2. Philippe III confirma, dans la suite, ces lettres par d'autres semblables du mois de septembre 1284. — Aym. de Payrac. — *Portefeuille de Baluze*.

de Moissac, dont il faisait le plus grand cas, et qui passait pour le plus savant jurisconsulte de son siècle.

VII. — *Testament d'Hélène de Gourdon, épouse de Girbert II de Thémines — Le roi de France intervient de nouveau pour la perception des droits régaliens sur l'évêché de Cahors*

On trouve dans les archives du château de Millac un testament qui ne doit pas être passé sous silence. C'est celui d'Hélène de Gourdon, épouse de Girbert II de Thémines. Il est daté du lendemain de la saint Laurent, 1276. Elle donna à l'hôpital Beaulieu une rente perpétuelle de 100 sols caorcins qu'elle affecte sur la rivière de Payrinhac (*riparium Payrinhaci*), et à Aigline, sa fille, qui en est prieure, la somme de 50 livres, même monnaie. Elle fait des legs à ses autres filles, Fayts, Hélène et Cécile et à une cinquième qui n'est pas mentionnée dans le testament de son mari. Elle l'appelle Barrare, femme de Pierre de Gontaut. Elle constitue pour ses héritiers universels ses deux fils Guillaume et Gisbert, donnant au premier Nadaillac, Yberac ou Nabirac, Saint-Martial, Florimon, Bouzic, Gaumiés et Campagnac, et au second tous ses autres biens. Elle substitue ce dernier à Guillaume, dans le cas où celui-ci mourrait sans postérité, ce qui arriva. C'est en vertu de ce testament qu'une grande partie des terres, qui composaient l'immense seigneurie de Gourdon, passa dans la maison de Thémines.

Quoique le roi Philippe eut reconnu que la régale ne lui appartenait pas dans le diocèse de Cahors, qu'il en avait ordonné la main levée et fait même rembourser à ses commissaires les sommes qui avaient été déjà perçues, il ne laissa pas d'y envoyer, en 1277, un autre agent pour lever ce droit. C'est ce que nous apprennent les archives de la maison consulaire. *L'an 1277*, y est-il rapporté, *monsenhor Johan Richerme* (1), *cavalier, tenia la regalia de la cieutat et del temporal et del comtat de l'évesquat et de la gleya de Caors, qui eran vaquans, per nom de nostre senhor lou rey de França*. On lui avait fait, peut-être, entendre depuis, que la régale lui appartenait réellement en qualité de seigneur suzerain de la ville et du comté de Cahors.

---

1. Et non pas monseigneur de Jean, riche homme, chevalier, comme l'a prétendu l'abbé de Lavayssière. La qualité de riche homme ou *richome*, comme on disait alors, ne se donnait qu'aux plus puissants barons. On ne trouve dans le Quercy aucun baron qui l'ait porté; à plus forte raison les seigneurs des Junies, dont le fief assez circonscrit relevait des évêques de Cahors.

VIII. — *Établissement à Gramat de la foire de Saint-Michel — Réforme des abus dans les sénéchaussées de Toulouse, de Quercy et d'Agenais — Accord entre Sicard de Montaigut et le chapitre de Cahors*

En 1277, Hugues de Castelnau établit à Gramat la foire de Saint-Michel à laquelle il donna une durée de trois jours, et le marché du mardi de chaque semaine, sous la réserve d'un péage ou leude sur toutes les marchandises qu'on y porterait (1). Les habitants de cette ville se redimèrent bientôt après de ce droit féodal, moyennant 1,500 sols caorcens une fois payés.

Ce fut aussi cette année que le roi envoya dans la sénéchaussée de Toulouse et dans celle de Quercy et de l'Agenais, Pierre, doyen de Saint-Martin de Tours, et Simon de *Cubitis*, chevalier, pour informer sur les excès que les sénéchaux, juges, bayles, notaires, tabellions et autres gens de justice, pourraient avoir commis dans les fonctions de leurs charges. Ces *Inquisiteurs* ou commissaires y découvrirent une infinité d'abus que l'avarice des personnes en place y avaient introduits. Après en avoir conféré avec l'évêque de Toulouse, le comte de Comminges, les abbés de Moissac et de Belle-Perche et autres personnages les plus recommandables du pays, ils rendirent au château de Roquefort, en Agenais, une ordonnance pour réprimer tous ces abus et en prévenir de semblables à l'avenir. Ils la firent ensuite publier dans tous les lieux des deux sénéchaussées. Il y a un article de cette ordonnance qui regarde particulièrement les notaires, dont le nombre fut réduit de trente-neuf à vingt-cinq. Comme le prix des actes qu'ils passaient était proportionné au nombre de lignes, ils mettaient peu de lignes dans une page, et ces lignes ne renfermaient que peu de mots, sans abréviations et avec des lettres qui, par leur forme, occupaient beaucoup d'espace. Touchés de ce genre de friponnerie, les commissaires royaux ordonnèrent que dans un acte d'une palme en longueur et en largeur, il y aurait désormais vint-cinq lignes, que chaque ligne comprendrait environ quatre-vingts lettres, et que l'on remettrait en usage les abréviations ordinaires. Les notaires furent taxés à six deniers pour chaque palme carrée d'une telle écriture (2).

Sicard de Montaigut, frère ou neveu de l'abbé de Moissac, par un abus introduit dans l'église depuis quelque temps, réunissait à un

---

1. *Archives de Gramat.* — Foulhiac.
2. *Hist. de Languedoc*, tome IV, Preuves, pag. 67.

canonicat de la cathédrale de Rodez, le prieuré de Saint-Urcisse de Cahors, avec la cure de Saint-Martin de Martissan et son annexe de Bruguières, dans le Bas-Quercy. Le chapitre de Cahors jouissait sur le prieuré d'une rente de 21 setiers de blé affecté sur le moulin de Saint-Urcisse depuis l'arrangement qui avait été fait, selon Foulhiac, sous l'évêque Guillaume de Caumont, entre l'abbé de Marcillac et le prieur et les chanoines du chapitre de Cahors. Il jouissait encore d'une grande portion de la dîme de l'église de Martissan et de son annexe de Bruguières. Le chanoine de Rodez ne voulut pas reconnaître les droits du chapitre cathédral et perçut les entiers revenus des deux bénéfices. Mais enfin, se voyant vivement poursuivi par le chapitre, il fut obligé, en 1278, le siège vacant, d'en venir avec lui à un accord fait par l'entremise de Raymond de Cornil, archidiacre de Cahors, Gaillard d'Antejac et Olivier de Penne, chanoine, et des abbés de Figeac, de Tulle et d'Uzerche. Par cet accord, il s'engagea à payer au chapitre les 21 setiers de rente avec les arrérages et pour la dîme de Martissan et Bruguières, 50 setiers de froment et 50 livres en argent, chaque année, avec promesse de lui céder l'entière dîme de ces deux églises, s'il venait à être élu évêque (1). Ce qui arriva, en effet, car le chapitre le plaça dans la suite sur le siège de Cahors, et il est permis de croire qu'il fut déterminé dans ce choix autant par son intérêt particulier que par le mérite de Sicard de Montaigut. Les deux parties passèrent un acte scellé de leurs sceaux et de ceux des arbitres ou médiateurs. Mais ils sont tous effacés dans l'original. Au contre-scel de l'abbé de Figeac, on distingue la tête du Sauveur; sur celui d'Olivier de Penne était une plume en bande de gueules à droite (2).

IX. — *Affranchissement d'un serf fait par Gaillard, seigneur de Montpezat*

On trouve cette année (1278) un affranchissement fait par Gaillard, seigneur de Montpezat, fils d'autre Gaillard, en faveur de Gérard Bru, un de ses serfs. Il l'affranchit purement et simplement, lui, sa femme

1. *Cartul. eccles. caturcens.* — Foulhiac.
2. Olivier était de la maison de Penne, dans le Bas-Quercy, et non en Albigeois ou en Agenais. (Lacoste est revenu sur cette indication dans une note où il met : voir si ce n'était pas à Penne en Albigeois). On voit encore son château près de Puylaroque. Cette famille ancienne et dont nous parlerons souvent possédait la Bastide de Penne, Maraval, une partie de Belfort, etc. Après avoir recueilli par ses alliances l'immense succession de la maison de Thémines-Cardaillac, elle se fondit vers le milieu du xve siècle dans celle de Lauzières.

et ses enfants, nés et à naître, de tous les devoirs attachés au servage, moyennant la somme de 250 sols caorcens, avec promesse de ne pas exiger de lui, contre sa volonté, la quête et la taille, ni pour l'armée, ni pour le voyage d'Outre-mer, ni pour le mariage de ses filles. Il se réserva néanmoins : 1° le cens établi sur le fief que Géraud Bru tient ou tiendra de lui; 2° l'albergue à laquelle la famille du nouvel affranchi est tenue, et qui consiste en 1 setier de vin, 8 deniers pour le pain et deux oies, et 20 deniers pour la viande, avec l'acapte, le cas échéant : cette albergue payable, une partie, le jour de la fête de Notre-Dame d'août; l'autre à *Caramantran,* c'est-à-dire au Carême prenant, qui était alors dans le Quercy trois jours consacrés à des orgies grossières et barbares (1); 3° enfin il se réserva les droits de justice et les autres dont jouissaient les seigneurs de Montpezat sur leurs vassaux libres, et, pour marque de sa première seigneurie, 10 sols de même monnaie, payables à perpétuité à lui et à ses successeurs par Géraud Bru et ses descendants (2).

1. Dominicy.—Foulhiac.— Les habitants couraient, comme des insensés, dans les rues et les chemins avec des masques grotesques ou la figure barbouillée de lie de vin et sous des vêtements d'une forme ridicule : ce qui les fit appeler eux-mêmes *caramantrans*, nom qui est encore donné dans plusieurs contrées du pays à ceux qui sont coiffés et vêtus d'une manière extravagante.

2. Lacoste a mentionné d'autres affranchissements à la fin de ce livre. En revoyant son manuscrit, il avait exprimé l'intention de les placer à la suite de celui qui précède; nous les rapporterons donc ici, suivant son désir. Mais comme ils ont des dates différentes qui les reportent, tout à la fois, à la fin du xiii° et au commencement du xiv° siècle, nous croyons devoir les isoler du texte, et les mettre en note. (C. C.)

Nous avons parlé plus haut d'un affranchissement fait par le seigneur de Montpezat; il y en eut d'autres dans le même siècle (xiii°) et dans celui-ci (xiv°) qu'il nous semble utile d'insérer ici, d'autant plus que les actes de ces sortes de manumissions sont assez rares en France et qu'ils contiennent des particularités qui feront connaître les mœurs et les coutumes de ce temps.

Pierre de Beaufort, damoiseau, seigneur de Lesparre, affranchit, le 14 juin 1272, purement et simplement, Pierre Molinier, Jean et Arnaud, ses frères, et Bernarde leur mère, avec toutes les terres qu'ils tiennent de lui, leurs biens, meubles et immeubles, leurs enfants nés et à naître, les délivrant de tout hommage de corps, de toute obligation attachée au cazalage, enfin de tous les droits auxquels peut être tenu un serf. Il les tient quittes de toute quête, de toute taille, de tout service, de toute condition servile, des droits d'albergue, sur les vignes ou sur les vins, enfin de toute exaction ou corvée et de tout devoir pour corps ou cazalage. Pierre de Beaufort fait le dénombrement des biens que les nouveaux affranchis tiennent de lui ou de ses ancêtres, il les leur laisse et les convertit en fiefs, sous une rente annuelle de 28 sols, qui est le prix de l'affranchissement. Pour garantir cet affranchissement, il renonce à tous les droits possibles et notamment à ceux que tout serf affranchi doit en cette qualité à son

X. — Traité d'Amiens

Edouard Ier, étant monté sur le trône d'Angleterre, après la mort de Henri III, arrivée le 15 novembre 1272, ne manqua pas de demander à Philippe III l'entière exécution du traité fait entre son père et saint Louis. Résolu de voir la fin de cette affaire, il prit le parti de passer en France en 1279. Les deux monarques eurent une entrevue dans la ville d'Amiens. Il y fut arrêté d'un commun accord :

seigneur, à ceux qui portent que les manumissions doivent se faire devant un juge et à ceux où il est dit qu'une donation pouvait être révocable.

Le même seigneur et Bernard de Beaufort son fils, au mois de février 1277, en présence de Bernard de Lartigue, chevalier, et de Pierre de Rozet, damoiseau, affranchirent d'autres serfs. Le seigneur reconnaît qu'ils ont tenu de lui certains fonds sur lesquels il établit une rente de 40 sols. Il les tient quittes de toutes tailles, leur donne le pouvoir d'administrer et d'agir en tout, comme les hommes francs et ingénus, avec tout droit, liberté et franchise pour pure donation entre-vifs. Il ne leur demandera rien pour l'armée, pour voyage d'outre-mer, pour mariages de filles, ni pour chevauchées, ni pour autre chose quelconque contre leur volonté. Il les délie ou exempte du *clam*, qui était une amende sur les bestiaux pris en délit, et du *dex*, autre amende pour dommage sur les fruits de la terre. Il se réserve la rente sur le fief qu'ils tiennent de lui et les autres droits seigneuriaux. Au lieu d'être reconnu par les affranchis, Pierre de Beaufort reconnaît au contraire que les affranchis tiennent de lui tels et tels fiefs; c'est que la terre et le serf changeaient de nature et il les leur donna en fief.

Un autre affranchissement fut fait par le même Pierre de Beaufort en faveur d'Arnaud Gautier, et Ramonde sa femme avec toute leur postérité, pour 15 livres *bons caorcens*. Il spécifie les terres qu'ils tiennent de lui et les leur donne en fief *(en phyos)* sous une rente de 32 sols caorcens, les délivre de *toute servitude et de toute condition servile* à laquelle ils peuvent être sujets comme *hommes de corps* et hommes *taillandiers*, c'est-à-dire, hommes soumis à la taille. Bernard de Beaufort, chevalier, fils de Pierre de Beaufort *(fil que fo del senhor Peyre de Belfort)* accordant dans la suite d'autres terres en fief à ces nouveaux affranchis, se réserve *clam* et *dex*, s'il arrivait qu'ils encourussent ces deux amendes *(exceptats clams et dex se si endevenio)*.

Ce même Bernard de Beaufort, chevalier, affranchit le 12 juillet 1294, une autre famille serve très nombreuse. Il est dit dans l'acte d'affranchissement passé à Castelnau-de-Montratier, devant Barthélemy de Ponti, notaire, et en présence de Bernard et de Guillaume de Beaufort, fils de Bernard, que celui-ci affranchit ces serfs, les ôte de sa main, de son pouvoir, etc. *(affranquit, manumès, et oslat de sa ma et de sa poder, et de tota servitut canha que fos)*, leur octroie le droit de citer en jugement, d'user de toute action contre ledit chevalier, contre ses fils et contre toute autre personne, leur rend le droit d'ingénuité, les ramène au droit primitif, suivant lequel tout homme naît libre *(el primitiva drech sion local iug homé naicha franc)*, leur donne le pouvoir de vendre, aliéner, acheter et trafiquer; il leur promet de faire prêtres leurs enfants *(far clergués dè los fils)*, de marier leurs filles sans *relief (sis requesta)* envers ledit chevalier; les exempte du service militaire, du voyage d'outre-mer, les

1° Qu'Edouard prendrait possession de l'Agenais sous l'hommage du roi de France et en pairie avec le duché de Guyenne; 2° que le trésor de la Couronne française demeurerait par là déchargé du paiement annuel de la somme à laquelle les revenus de ce pays avaient été évalués; 3° que ceux de Quercy, Limousin et Périgord qui, ayant le privilège de ne pouvoir être jamais séparés de la Couronne, étaient

garantit contre les demandes de ses fils et leur donne leurs propres terres affranchies en fief, sous une rente annuelle de 40 sols.

Le 9 de janvier de l'an 1292, Arnaud-Ségui de Rozet, damoiseau, fils du seigneur Arnaud de Rozet, chevalier, donne la liberté au nom de Dieu et de la sainte Vierge *(afranquit et delhivret et ostet de sa senhoria et manumés a dio et a madona santa Maria)* à Guillaume et à Raymond Marti, ainsi qu'à leurs fils et à leurs descendants mâles et femelles à perpétuité, les délie et les tient quittes de toute seigneurie et servitude *(et los sols et los quitas de totas servitus et de tota senhoria et servial condicio)* que lui et ses ancêtres pourraient avoir sur leurs personnes et sur leurs biens à raison d'hommage, de corps, de cazalage, de louage *(inquilinagge)* (*a*) de colonnage (*b*) originel ou conditionnel *(original o conditional)*; enfin de tout vasselage *(de tot vassalaxé)* pour 80 livres de bons caorcens, se réservant *totas ses senhorias, fauzals de las terras et del feuzaggés et dels heritagges qui lé dits affranquits et affranquidas, manumés et manumissas tendran en fios del subré dict Ségui* (*c*).

Par un autre acte d'affranchissement du 5 octobre 1322, le seigneur Armand de Rozet, fils d'Arnaud Ségui, chevalier, affranchit Pierre Lafargue, de Flaugnac, et Peyronne sa femme *(sa molhé, de tout homenatgé e tota aquela servicio, condicio, servitut et senhoria, cazalatge e servezi et totas las terras que tenio de lhui en cazalatge.* Il leur donna ensuite en fief plusieurs autres terres contiguës à celles qu'ils avaient déjà, sous la rente de 32 sols caorcens.

Ce sont là les principaux affranchissements dont les actes ont été conservés en partie. On voit combien était dure la condition des serfs, et à combien de droits ils étaient soumis. Les serfs de corps et de cazelage étaient les plus malheureux, comme nous l'avons observé ailleurs. Il paraît qu'il y en avait, pour les travaux des terres, deux autres espèces dont le sort était plus doux; on les appelait *inquilini* et *coloni*. Les premiers prenaient des terres à locatairie pour un temps ou à perpétuité, sous certaines redevances qu'on appelait *inquilinage*. La locatairie perpétuelle est nommée dans le premier acte d'affranchissement de Rozet *perdurable inquilini*. Le colonage *original e conditional* dont il y est aussi parlé, fait voir qu'il y avait deux sortes de colons savoir : colons d'origine et colons conditionnels. On les trouve d'ailleurs ainsi distingués dans les écrivains du moyen âge et les différents interprètes des lois romaines. Les premiers étaient par leur naissance attachés à la culture des terres et leur état était meilleur que celui des serfs de corps; les seconds étaient des affranchis auxquels on avait donné des terres sous certaines conditions dont les corvées et autres services faisaient partie.

(*a*) Ce mot vient d'*inquilinus*, qui signifie homme qui tient en ferme ou à locatairie des terres sous certaines redevances ou droits qu'on appelait *inquilinage*.
(*b*). Droits auxquels étaient tenus les colons.
(*c*). *Titres de la maison de Rozet.*

déjà sous la domination anglaise, y demeureraient, mais que ceux d'entre eux qui n'y étaient pas encore soumis, resteraient sous celle du roi de France ; 4° enfin que le Quercy serait donné à Edouard, s'il résultait de l'enquête qui se ferait incessamment que ce pays avait fait partie de la dot de la reine Jeanne, comtesse de Toulouse (1). Par ce traité, le Quercy continua d'être uni provisoirement au royaume de France, à l'exception des fiefs du vicomte de Turenne, le seul seigneur privilégié de tout le pays qui reconnût le roi d'Angleterre pour son suzerain ; encore même ce seigneur ne s'était-il soumis qu'à regret et malgré lui. Ses vassaux avaient tous partagé ses sentiments ; les habitants de Martel surtout qui envoyèrent après le traité d'Amiens, de nouvelles requêtes au roi de France, par lesquelles ils le conjuraient de les remettre sous son sceptre, en lui prouvant que, quoique leur ville fût dans le territoire de la vicomté de Turenne, elle n'appartenait pas moins au pays de Quercy, et qu'elle en devait suivre le sort.

Guérin, seigneur de Castelnau-de-Bretenoux, craignant le sort du vicomte, dont il était vassal, alla à Paris rendre hommage au roi et obtint de ce prince la faveur d'être mis sous sa protection contre les Anglais. Ce seigneur venait de fonder la bastide d'Orliende de Bretenoux à laquelle il donna des coutumes, des privilèges et le consulat, en 1277.

L'Agenais étant passé en vertu du nouveau traité sous la domination anglaise, le Quercy fut réuni à la sénéchaussée du Périgord qui comprenait encore le Limousin. Simon de Melun, chevalier, était sénéchal de ces trois diocèses en 1278, comme on le voit par des lettres qu'il donna, la veille de l'Epiphanie de cette année, dans la ville de Périgueux. Dans ces lettres, que l'on trouve parmi les preuves de l'*Histoire de la maison de Turenne*, par Justel, Simon de Melun se qualifie *sénéchal pour le très illustre roi de France*.

XI. — *Bulle du pape Nicolas III en faveur du monastère d'Espagnac — Procès entre le chapitre et les consuls de Cahors et entre les abbés de Tulle et d'Obasine — Reconnaissance consentie par Arnaud Dueze en faveur du chapitre de Cahors*

Le monastère d'Espagnac reçut cette année une bulle du pape Nicolas III, par laquelle le Souverain Pontife approuva les règlements ou statuts que Gombaud, abbé de la Couronne, avait donnés aux reli-

1. Du Tillet.

gieuses, confirmant à celles-ci le droit d'élire leur prieure (1). Celle qui était alors à la tête de la communauté s'appelait Alasie, deuxième de ce nom. Elle avait succédé à Douce, qui gouverna le monastère immédiatement après la mort d'Alasie I.

Le chapitre de Cahors était, dans ce temps, en procès avec les consuls de cette ville au sujet de la grande tour du milieu du Pont-Vieux, que ces derniers prétendaient leur appartenir. L'archevêque de Bourges. ayant été choisi pour arbitre, l'adjugea au chapitre, à qui elle appartenait, en effet, ainsi que le péage de ce pont (2).

Un autre procès, bien plus important, divisait alors les abbés de Tulle et d'Obasine. Comme les biens de leur monastère étaient contigus et souvent enclavés les uns dans les autres, soit dans les environs de Tulle, soit dans ceux de Rocamadour et de Couzou, en Quercy, il survenait des querelles causées par des usurpations réciproques. Tel était le sujet du procès dont nous parlons. Hélie de Ventadour, prévôt de Tulle et chapelain du pape, Bernard de Malamort et Bernard de Cardaillac, chevaliers, et Bernard de Saint-Bressou, chanoine de Cahors, n'ayant pu accorder les deux abbés (3), l'affaire fut portée devant Guillaume d'Ornhac, chanoine de Cahors qui, en présence de Raynal Malbernard, professeur ès lois, discuta les droits des deux parties et les fixa par la sentence arbitrale qu'il rendit et à laquelle elles se soumirent (4).

Arnaud Dueze, père du pape Jean XXII, reconnut, dans ce même temps, que la maison paternelle située près de l'église de Saint-Etienne de Soubiroux, aujourd'hui Saint-Barthélemy, était un fief du chapitre. Il est encore porté au nombre des plus forts cotisés de la ville dans le rôle des impositions de cette année (5). Là sont inscrits tous les citoyens de Cahors, riches et pauvres, les artisans avec le nom de leur profession, Arnaud Dueze y est le seul de son nom.

1. *Cart. d'Espagnac.*
2. Foulhiac.
3. L'abbé de Tulle s'appelait Pierre de Coral. Il faisait sa demeure ordinaire à Rocamadour, car il avait une dévotion particulière pour la sainte Vierge. Aussi il prend ordinairement, dans ses actes, la qualité d'*humble ministre de la bienheureuse Marie de Rocamadour*: Petrus III de Coral abbas S. Martini Lemovicensis eligitur in abbatiam Tutelensem, vel postulatur an. 1272, in festo sancti Augustini. Præerat etiam 1278. Quo legitur *humilis minister Beatæ Mariæ Rupis Amatoris.* — *Gallia christ.*, tome II, pag. 668.
4. Baluze, *Hist. Tut.*, pag. 175.
5. Foulhiac.

XII. — *Lettres patentes de Philippe le Hardi au sujet des droits régaliens sur l'évêché de Cahors — Établissement à Toulouse du Parlement de Languedoc*

On trouve dans les archives de Cahors qu'un nommé Pierre Boysse tenait cette année, au nom du roi, la régale de l'évêché vacant *P. Boyssa bayle del rey era tenens la regalia, lo sec vacant*. Mais le roi Philippe le Hardi déclara, par de nouvelles lettres patentes, qu'étant bien informé que toujours le droit de garde avait appartenu au chapitre de Cahors, pendant la vacance du siège, il confirmait l'église de Cahors dans son ancienne liberté et que son intention n'était pas d'y porter atteinte ni d'acquérir quelque nouveau droit par la saisie qu'avait fait faire Simon de Melun, son sénéchal de Périgord et de Quercy (1). Ce prince fit expédier, dans le même temps, d'autres lettres d'une plus grande importance, puisqu'elles intéressaient tous les habitants du Quercy. Nous avons vu qu'Alphonse, comte de Toulouse et de Poitiers, avait institué un Parlement pour y faire juger en dernier ressort les affaires qui y étaient portées de toute l'étendue de ses domaines. Philippe, son héritier et son successeur dans le comté de Toulouse, suivant son exemple, faisait aussi juger par son Parlement les causes des peuples de ce comté; mais voyant que leur éloignement de la cour les entraînait, par leurs voyages, dans des frais et des dépenses énormes, il se détermina à établir à Toulouse un Parlement, dont il étendit le ressort sur la sénéchaussée de cette ville et sur celles de Beaucaire, Carcassonne, Rouergue, Périgord et Quercy. Ce Parlement fut appelé Parlement de Languedoc. Les affaires y étaient jugées non-seulement d'après les coutumes locales, mais encore d'après les lois romaines qui commençaient à reprendre leur ancien empire dans le Quercy, grâce aux habiles légistes de ce pays qui allaient les étudier dans les Universités de Montpellier et de Toulouse. Plusieurs même tels que Raynald de Malbernard, dont nous venons de parler, se faisaient un plaisir d'en expliquer le texte à leurs jeunes compatriotes. L'école qu'ils tenaient à Cahors, et celle que l'évêque Barthélemy de Roux y avait remise en vigueur pour les humanités et les sciences ecclésiastiques, furent le principe de l'Université que le pape Jean fonda ensuite dans cette ville.

1. Foulhiac.

XIII. — *Fin de la vacance du siège épiscopal de Cahors — Causes de cette vacance*

Le siège de Cahors était encore vacant le 19 mai 1280 (1). Mais le pape Nicolas III, alors dans la troisième année de son pontificat, qui se rapporte à l'an 1280, écrivit au roi de France une lettre datée de Saint-Pierre de Rome le XII des calendes de juin (21 mai). Il lui recommande Raymond qu'il vient de consacrer, de ses propres mains, évêque de Cahors, et le prie d'aider ce prélat à recouvrer et à maintenir les droits de son église. Cette pièce, que les écrivains de Quercy n'ont pas connue, et dont nous avons trouvé dans le *Portefeuille* de Baluze une copie écrite de la main de ce savant, nous apprend la véritable cause de la longue vacance du siège épiscopal de Cahors. Voici en substance ce qu'elle porte. Après la mort de l'évêque Barthélemy, le chapitre de Cahors, voulant lui donner un successeur, indiqua le jour où il serait procédé à l'élection du nouvel évêque. Tous les capitulants se rendirent à la cérémonie à l'exception de deux qui, ne pouvant s'y trouver, envoyèrent des fondés de procuration. Il y vint l'abbé de Marcillac; car les abbés de ce monastère ont toujours eu le droit de concourir à l'élection des évêques de Cahors. Comme l'élection devait se faire par la voie du scrutin, on choisit par la même voie, pour recueillir les suffrages, trois dignitaires du chapitre, Guillaume de *Sinhergues*, archidiacre de Saint-Céré, d'une maison distinguée, dont il paraît que la terre relevait de la seigneurie de Gourdon. Guillaume de *Barthélemy*, archidiacre de Montpezat, dont nous ne connaissons pas la famille, et Guillaume de *Magnomonte*, aujourd'hui *Mechmont*, chantre de la cathédrale, frère ou fils de Guillaume de Guerre, seigneur de Mechmont et de Montamel, et qui, comme nous l'avons dit ailleurs, reçut, en 1260, l'hommage de Guillaume de Guaris, chevalier de Concorès. Quand les électeurs, au nombre de vingt-cinq, eurent donné leur suffrage, le scrutin fut publié. L'archidiacre Raymond réunit treize voix, celles entre autres de l'abbé de Marcillac et de Guillaume de Barthélemy, un des trois scrutateurs; l'abbé de Moissac en eut sept et différents ecclésiastiques les cinq autres. En conséquence, Guillaume Barthélemy proclama Raymond évêque de Cahors, tant en

---

1. C'est ce que nous apprend un bail à fief consenti en ce jour par dame Gaillarde de Rozet, tutrice d'Arnaud-Segui de Rozet, fils et héritier d'Arnaud de Rozet, chevalier, seigneur de la Garde-en-Calvaire, près de Lauzerte.

son nom qu'au nom et par ordre de l'abbé de Marcillac et des autres qui lui avaient donné leurs suffrages. Cette élection réunissait toutes les conditions qui pouvaient la rendre canonique. On y avait procédé suivant les formes prescrites par l'église ; les suffrages avaient été libres et l'évêque élu avait eu, non-seulement le plus grand nombre de voix, mais encore à lui seul plus de la moitié de la totalité. Malgré cela, les sept votants qui avaient porté pour évêque l'abbé de Moissac ne voulurent pas reconnaître cette élection pour légitime. Après de longs et vains efforts pour faire accepter celui qu'ils avaient choisi, ils firent appel au Saint-Siège. Le pape Grégoire X nomma pour son auditeur dans cette affaire l'évêque de Préneste. Les deux partis lui remirent des mémoires où chacun exposait la cause d'une manière contradictoire, mais concluant en sa faveur. Sur ces entrefaites, l'abbé de Moissac qui ne voulait pas être le sujet d'un procès scandaleux, ferma la bouche à ses partisans en déclarant qu'il n'avait point consenti à son élection. Mais ils ne lâchèrent pas prise pour cela ; ils dressèrent d'autres mémoires ; leurs adversaires en firent autant ; et tous ces écrits rendirent l'affaire si obscure que le pape, dans le rapport que lui en fit son auditeur, n'ayant pu connaître la vérité, chargea l'archidiacre de Millau, Eble d'Ornhac, chanoine de Limoges, et Hugues de Roquefort, chanoine d'Agen, de se transporter sur les lieux afin d'entendre les témoins des divers partis et de lui en envoyer les dépositions. Mais il mourut avant que ses ordres eussent été exécutés. Ils ne le furent même pas sous ses successeurs Innocent V et Adrien V, qui ne firent que paraître sur la chaire de Saint-Pierre. Enfin Jean XXI, qui vint après, reçut le travail des commissaires vers le commencement de l'an 1277 et commit pour l'examiner Jacques de Colonne, alors archidiacre de la cathédrale de Pise, et qui fut créé l'année suivante cardinal-diacre. Ce nouvel auditeur s'occupa de l'affaire avec la plus grande ardeur et sous le pontificat de Nicolas III il la conduisit au point d'ébranler le parti de l'abbé de Moissac, qui se bornait, depuis son instance, à reprocher à l'archidiacre Raymond des défauts personnels et une profonde ignorance qui devaient l'éloigner de l'épiscopat. Le cardinal Jacques de Colonne, pour s'assurer de la vérité de ces accusations, fixa un jour d'audience dans la ville de Cahors, où il fit citer devant lui tous les adversaires de Raymond et toutes les personnes qui se croyaient intéressées à l'affaire, avec invitation de déposer librement tout ce qu'ils voudraient. Aucun ne se rendit à l'audience. Alors le pape Nicolas III, qui voyait avec peine l'église de Cahors privée, depuis tant d'années, de pasteur et déchirée par les factions, envoya dans cette ville frère Bentivenga, savant cordelier, cardinal-évêque d'Albe et grand pénitencier de l'Eglise romaine, et Girard de Bianchi, cardinal-prêtre du titre des douze apôtres. Ces cardinaux prirent des renseignements exacts sur la vie et le caractère de l'archidiacre Raymond ; ils l'examinèrent sur sa capacité, se convainquirent de la validité de son élection et firent sur son compte un rapport si avantageux que Nicolas III ne balança pas à le reconnaître pour évêque de Cahors. Ainsi finit ce long procès qui dut absorber tous les revenus de l'église de Cahors ; et c'est pour cela, sans doute, que Philippe le Hardi, prince rempli de sagesse et d'équité, fit saisir plusieurs fois les fruits et revenus de l'évêché, pour les soustraire à la rapacité des factieux.

L'évêque de Cahors est le même que l'archidiacre Raymond de Cornil, dont nous avons parlé au sujet du différend qu'eurent entre eux le baron de Gramat et le prieur de Carennac. Il était né au château de Creysse, d'une famille noble qui possédait depuis longtemps cette terre et beaucoup d'autres fiefs dans les environs. Elle était originaire du Bas-Limousin. On voit encore près d'Obasine les ruines du château qui lui servit de berceau et qui porte le nom de Cornil (1).

XIV. — *Installation du nouvel évêque de Cahors Raymond de Cornil — Échange consenti entre ce prélat et Gilbert de Jean*

Le dixième jour d'octobre de la même année (1280), quelques mois après son arrivée de Rome, où il était allé se faire sacrer par le pape, Raymond convoqua dans l'église cathédrale les consuls de la ville pour recevoir leur serment et leur prêter le sien (2), suivant les prescriptions d'une ancienne coutume consignée dans les archives de

---

1. Saint Hilaire de Cornil. Les vicomtes de Turenne mirent en honneur cette famille. Ils donnèrent à un Cornil la charge de bailli de Martel. Celui-ci acquit alors dans le Quercy des fiefs, entre autres la terre de Creysse. La maison de Cornil la perdit dans la suite. Elle passa à celles de Vassal et de Durfort. Mais elle acquit la seigneurie de Thégra et des fiefs dans la Bouriane, entre autres la terre de Prouilhac, de laquelle Guyon de Cornil, seigneur de Thégra et de Roquenadelh, le 13 janvier 1453, rendit l'hommage en fief franc et noble à Raymond de Thémines, seigneur de ce lieu (a). Cette maison s'éteignit en 1541 par le mariage de Françoise de Cornil avec Gilibert de Durfort, tige de la branche de Prouilhac, de Roquenadelh éteinte en 1648. — Voir *Généalogie de la maison de Touchebœuf*, pag. 24, note 3.

2. G. de Lacroix, *Series episc. cad.*, pag. 139.

(a). *Inventaire des titres du château de Millac.*

la maison consulaire (1). Les bourgeois et les autres classes de citoyens le lui prêtèrent entre les mains de Guillaume de Barasc et de quelques autres chanoines et de Roger de Cornil, Raymond-Bertrand d'Aynac et Gilbert de Jean, chevalier. Il reçut ensuite l'hommage de la plupart de ses vassaux, des vicomtes de Lautrec pour la terre de ce nom qui appartenait à l'église de Cahors depuis le milieu du VIIe siècle, des seigneurs de Bélaye, Luzech, Puy-l'Evêque, Laroque-des-Arcs, Castelnau-de-Montratier, Montpezat, Caussade, Castel-Sagrat, de Guillaume-Bernard de la Sudrie, seigneur de Calvayrac, pour les fiefs que lui et ses ancêtres tiennent des évêques de Cahors dans la temporalité de leur église; celui, enfin, de Hugues de Castelnau, baron de Gramat, pour un fief de la terre d'Alvinhac qui appartenait au domaine de l'évêché (2).

L'évêque de Cahors avait marié, pendant qu'il était archidiacre, un de ses neveux avec une fille de Gilbert de Jean. En vertu de cette alliance il consentit, la première année de son épiscopat (1281), à un échange que ce dernier lui proposa et dont l'acte est écrit en langue vulgaire. Gilbert reçut la Roque-del-Pont, belle maison de plaisance des évêques, sur le Lot, les dîmes de Caillac et quelques terres à Mercuès et à Subéjols ou Pradines; et il céda Niaudou, Lagardelle et quelques biens dans les lieux de Prayssac, Touron, Pescadoire, Mas du Brel, et des rentes sur plusieurs moulins de Cahors. Raymond de Cornil eut soin de se réserver sur les objets qu'il aliénait du domaine épiscopal, un hommage et une paire d'éperons d'argent, tant pour lui que pour ses successeurs, à chaque mutation d'évêque (3).

1. Les consuls jurent de garder à l'évêque la seigneurie de la ville et l'évêque les libertés de la commune.

2. C'était vraisemblablement une des terres que le seigneur Hugues et son épouse Hermedrude, dont nous avons dit que descendait Hugues de Castelnau, avaient données en 987 à l'église de Cahors pour le titre canonial de leur fils Pétrone. Hugues de Castelnau jouissait dans le Haut-Quercy de la plus grande considération. On avait coutume de le prendre pour arbitre ou médiateur dans les différends qui s'élevaient entre les grands. Ce fut lui qui, en 1281, accorda Fortanier de Gourdon, seigneur de Laroque-des-Arcs et le vicomte de Turenne agissant pour Fortanier, son neveu, seigneur de Gourdon, au sujet du château de cette ville, sur lequel le seigneur de Laroque prétendait avoir droit. Hugues de Castelnau décida qu'il lui en revenait le quart et rendit une sentence arbitrale à laquelle les deux parties se soumirent.

3. L'église de Cahors perdit beaucoup à cet échange, aussi les évêques ont-ils tenté depuis, mais en vain, de le faire cesser. Cette tentative fut renouvelée en 1663 par Jean de Villeneuve, prêtre et économe de l'évêché, qui fit en conséquence tirer une copie de l'acte original, par Antoine Peyrusse, notaire de Cahors; mais elle n'eut pas de succès.

XV. — *Différend entre l'abbé de Beaulieu et le seigneur de Castelnau-de-Bretenoux — Mort de Philippe de Cahors, évêque d'Évreux — Fondation du monastère de Lundieu, à Figeac — Établissement des Grands-Carmes à Montauban — Confirmation de droits par l'évêque de Cahors*

Il faut rapporter à cette année (1281) un différend entre l'abbé de Beaulieu et le seigneur de Castelnau-de-Bretenoux, au sujet de la pêche sur la Dordogne. Il fut terminé par la médiation de Hugues de Castelnau, doyen de Souillac, qui était de la maison de Gramat (1).

Cette année mourut Philippe de Cahors *(de Caturco)*, évêque d'Evreux, de la famille de ce nom, dont nous avons parlé. Son épitaphe est telle : *Per semel M.CC. jungens bis quater X, semel I luxit et Augusti B (id est bis) tertiâ funere justi.* C'est-à-dire qu'il mourut le 6 août 1281 (2).

Ce fut aussi la première année de l'épiscopat de Raymond de Cornil que l'on fonda dans la ville de Figeac le monastère de Lundieu, et que les Grands-Carmes s'établirent à Montauban. Ces religieux éprouvèrent de la part de l'abbé et des moines de Saint-Audard, les mêmes contrariétés que les Dominicains et les Cordeliers. Ils furent obligés de se soumettre envers l'abbaye à une rente pécuniaire, en signe d'hommage, et à plusieurs autres droits rapportés dans l'histoire de Montauban. Quant au couvent de Lundieu, *Lumen Dei*, il est dit, dans l'acte de fondation, que les principaux habitants de Figeac, désirant avoir dans leur ville une communauté de religieuses pour pouvoir y placer leurs filles, ou les y faire élever, s'adressèrent à leur seigneur-abbé, Gaillard de Montaigut. Celui-ci, non content de souscrire à leur vœu, se chargea lui-même de fournir le terrain nécessaire pour les édifices et l'enclos du monastère, et, quand la maison fut achevée il y appela, peut-être de Cahors, des dames Bénédictines de l'ordre de Cluny, se réservant pour lui et ses successeurs le droit de confirmer l'élection de la prieure (3).

1. *Gallia christ.*, tome II, pag. 606.
2. Philippe de Caturco, évêque d'Evreux, était de la maison de De Jean, qui d'après les notes généalogiques tirées de Baluze, portait le surnom de *Cahors*. Voyez pour cet évêque le *Gallia christiana*. Il y est parlé de ses parents et des dignités qu'il avait avant d'être promu à l'épiscopat.
3. Le couvent de Lundieu a joui de tout temps de la plus grande réputation, qu'il a due à l'esprit de régularité qui s'y est maintenu, jusqu'à nos jours, dans sa vigueur primitive, par la sagesse et la piété de ses supérieures, parmi lesquelles nous distinguerons Antoinette Taule, de Gramat, morte en odeur de

L'évêque Raymond confirma l'abbaye de Saint-Maurin (diocèse d'Agen) dans la possession des églises qu'elle avait dans le Bas-Quercy, savoir : Saint-Germain et Sainte-Eulalie de Moissaguet, Saint-Pierre de Graissas, Sainte-Marie de Perville et Jean de La Garde. On peut y ajouter celles de Montmancherie et de Bugat; car on trouve que l'évêque, en 1283, défendit aux seigneurs-chevaliers de Tézac et de Boville d'inquiéter ce monastère dans la perception des décimes et des prémices de ces deux églises (1).

XVI. — *L'évêque Raymond de Cornil règlemente sa monnaie — La canalisation du Lot est entreprise par ce prélat, de concert avec les consuls de Cahors — Fontaine de Valentré — Crue du Lot*

L'année suivante (1282) Raymond de Cornil régla sa monnaie conformément aux ordonnances que ses prédécesseurs avaient rendues sur ce sujet. Il reçut en même temps, ainsi que les consuls, des lettres du roi Philippe par lesquelles ce prince leur accorda pour un an le droit de barre afin de réparer le Pont-Vieux et les avenues de la ville.

L'évêque Guillaume de Cardaillac avait entrepris de rendre le Lot navigable; il fit en conséquence briser les roches qui s'élevaient à fleur d'eau; mais ni lui ni ses successeurs ne purent qu'ébaucher un travail qui exigeait trop de dépenses pour être conduit à sa perfection. Raymond de Cornil, qui n'avait pas moins à cœur les intérêts de ses vassaux, voulut imiter ses prédécesseurs et fit part de son dessein aux consuls de Cahors. Il se tint à ce sujet une délibération dont le résultat fut que l'évêque et plusieurs de ces magistrats, entre autres Jacques de Donadieu et Guillaume de Gironde, allèrent à Villeneuve-d'Agen communiquer leur projet à Jean de Greilli, chevalier, sénéchal du duché d'Aquitaine pour le roi d'Angleterre, afin de l'engager à rendre de son côté le Lot navigable, depuis les frontières de l'Agenais et du Quercy jusqu'à Aiguillon, se chargeant d'en faire autant depuis Cahors, et même en amont, jusqu'à l'endroit où cette rivière entre dans l'Agenais. Le sénéchal accepta la proposition et il en fut dressé un acte où l'on voit que l'évêque se chargea de faire à ses dépens les travaux nécessaires pour la navigation, depuis la fontaine de *Valentré* jusqu'au lieu de Peyrasal et les consuls depuis ce point jusqu'aux frontières de l'Agenais.

sainteté en 1779 et Félicité de Regourd de Vaxis, de Cahors, qui lui succéda et sous laquelle, dans les derniers temps, le prieuré conventuel de Pomarède fut réuni au sien.

1. *Gallia christ.*, tome I, pag. 136.

Cet acte, que l'on trouve dans les archives de la maison de ville, nous apprend donc que la fontaine des Chartreux s'appelait alors fontaine de *Valentré*. Ce nom nous paraît venir de sa position entre trois vallées, *valles inter tres*, savoir : la vallée du Lot, celle de Saint-Georges et celle des Ermites. Elle le communiqua au port qui fut creusé en dessous : car on le trouve, dans les monuments de ce temps, appelé *Port de Valentré*. Du port, ce nom passa ensuite au pont, qui y fut bâti le siècle suivant. Edouard, roi d'Angleterre, confirma la convention faite entre son sénéchal et l'évêque et les consuls de Cahors, par des lettres que l'on trouve dans les archives de cette ville. On y trouve encore d'autres actes passés pour le même sujet, la même année ou les années suivantes. Malgré cela, il paraît que les travaux furent très lents de part et d'autre. Il survint d'ailleurs des circonstances qui les firent suspendre et pour ainsi dire oublier. Les mêmes archives nous apprennent que le Lot grossit si considérablement cette année que ses eaux inondèrent une partie de la ville. Elles allèrent depuis le Pont-Vieux jusqu'à la rue de Vayrols, et depuis le port Bullier jusqu'à la place d'Echange ou Petits-Mazels.

XVII. — *Envoi de commissaires royaux dans le Quercy — Ligue des villes du Bas-Quercy pour empêcher le transport des grains à Cahors — Différend entre le prieur des chanoines réguliers de Molières et Bertrand de Roussillon et Géraud d'Antejac, frères*

Le roi de France envoya cette année dans le Quercy, en qualité de commissaires pour y rechercher ses droits, Gilles Camelin, Pierre de Maornac, archidiacre de l'église d'Orléans, et Jean de Puteolis, chanoine de Chartres. Nous ignorons le résultat de leur commission.

Jean de Villette, sénéchal de Périgord et de Quercy pour le roi de France, étant à Toulouse, au mois de mars de l'an 1283, apprit qu'on avait publié à Lauzerte, Molières, Montcuq, etc., une défense de porter du blé et autres denrées à Cahors. C'était l'ouvrage de quelques marchands de grains qui, pour être affranchis du droit de barre, voulaient empêcher qu'on n'approvisionnât cette ville. Le sénéchal se hâta d'écrire aux baillis des différentes communes du Bas-Quercy, et leur enjoignit, à peine d'une amende de 10 livres tournois, de faire savoir à tous les habitants de leur juridiction, qu'il était défendu d'inquiéter et de troubler ceux qui voudraient transporter leurs denrées à Cahors.

Il s'éleva, dans le même temps, un différend entre Géraud de la

Roche, prieur des chanoines réguliers de Molières ou Francoulès et Bertrand de Roussillon (1) et Géraud d'Antejac, frères, damoiseaux, au sujet de quelques terres dont ces derniers réclamaient la propriété. L'évêque de Cahors, choisi pour arbitre, adjugea les objets contestés au prieur, motivant sa sentence sur ce que ces seigneurs étaient *donnés* (2) de l'ordre de Notre-Dame de la Couronne et du prieuré conventuel de Molières qui dépendait de cette abbaye.

1. Ce Bertrand de Roussillon, s'appelle Bertrand d'Antéjac, dans une vente qu'il fit, au mois de mars de l'an 1276, conjointement avec dame de Bonassie *(de Bonassio)*, son épouse, à Bertrand de Vassal, chevalier de Vers *(de Avero)* de certaines terres situées dans les environs de Gourdon, de Beaumat *(de Beamato)* et de Soiris, et qui relevaient en hommage franc de l'église de Cahors. Elles devaient faire partie de celles qui lui avaient été données autrefois par l'archidiacre Ingelbert. Dans l'acte de vente qui fut scellé du sceau de l'official de Cahors, il est fait mention de cinq autres gentilshommes du nom de Vassal, tous chevaliers ou damoiseaux de Fraissinet *(de Fraichinetto)*. Ce lieu nous paraît être le berceau et la résidence de cette famille qui possédait la terre de Vaillac et beaucoup d'autres fiefs tant dans le Gourdonnais que dans d'autres contrées du Quercy. Elle avait fourni un cardinal au commencement du xiie siècle sous le pontificat d'Innocent II. Soiris avait alors et depuis très longtemps des seigneurs particuliers. Les premiers seigneurs y avaient fondé le château dont il reste encore une tour fort remarquable. Les barons de Gourdon avaient sur leurs terres de grands droits. Fortanier de Gourdon leur en céda une grande partie en 1250. — *Notes de M. de Touchebœuf.*

2. Nous avons dit ailleurs un mot des donnés ou oblats des monastères. En général c'était des personnes qui s'offraient ou se donnaient, avec la totalité ou une partie de leurs biens, à des communautés religieuses à condition qu'elles feraient partie de la famille des moines, prêteraient obéissance à l'abbé et en recevraient la nourriture et le vestiaire. Elles résidaient dans le monastère et portaient un habit d'une couleur et d'une forme différentes de celles des moines. Ils ne pouvaient tester qu'avec la permission de l'abbé ou autre supérieur de la maison. Tels étaient, par exemple, les donnés de l'abbaye de Montauban, comme on peut le voir dans la transaction passée, en 1231, entre l'abbé et le comte de Toulouse. Souvent les donnés, surtout quand ils étaient nobles, se réservaient la liberté de rester dans le monde. Ils se contentaient du droit de sépulture dans le monastère auquel ils s'étaient offerts. C'est apparemment ce qu'avaient fait les deux frères de la maison de Roussillon ou d'Antéjac qui, d'après la coutume du temps, avaient tort de réclamer ce qu'ils avaient donné au prieuré de Notre-Dame de Francoulés ou de Molières, lorsqu'ils se mirent au nombre de ses donnés ou oblats. Peut-être leurs ancêtres avaient-ils fondé ce prieuré, peu éloigné de leur château de Roussillon, et situé dans un vallon étroit et solitaire. L'abbé de la Couronne laissa la vie religieuse s'éteindre dans ce monastère, ainsi que dans celui de Laramière. Il paraît néanmoins qu'il y eut à Molières des chanoines réguliers jusqu'au xvie siècle et que le couvent fut détruit durant les guerres de religion. Le prieuré fut alors mis en commande et on trouve un nommé Jean-César de Castanié, qui le possédait à ce titre en 1652 et 1696. Nicolas Sevin, évêque de Cahors, forma le dessein d'y rétablir la conventualité. C'est pourquoi il envoya, au mois de janvier de l'an 1673, M. de la Serre-Conques, son official et son grand vicaire pour visiter la paroisse de

XVIII. — *Hommage de l'évêque de Cahors en faveur de Philippe le Hardi — Union d'églises à l'abbaye de Beaulieu, en Rouergue — Le roi de France visite le Languedoc*

Philippe le Hardi s'étant rendu à Bordeaux sur la fin du mois de mai, l'évêque de Cahors alla lui faire hommage de son comté. Il fut témoin de la vente du lieu de Domme, en Périgord, que lui fit dans cette ville, pour le prix de 500 livres tournois, Guillaume de Domme, damoiseau, fils de Pons et arrière petit-fils de Gausbert, neveu de Pons de Gourdon, assisté de Marguerite, sa mère, et de Guillaume de Trion, ses tuteurs. Le roi y fonda un château pour servir de retraite à ses gens de guerre, et une ville, accordant des privilèges à tous ceux qui viendraient l'habiter. On dit que les ouvriers employés à la bâtir, étaient payés avec une monnaie noire (1) que l'on frappait sur les lieux.

De retour à Cahors, l'évêque unit à l'abbaye de Beaulieu, en Rouergue, l'église de Revel, dans le Bas-Quercy, et celle de Saint-Jean de Montpezat, se réservant, tant pour lui que pour ses successeurs, l'institution canonique des chapelains ou vicaires perpétuels de ces églises qui avaient été, du reste, données autrefois à ce monastère par les seigneurs de Bruniquel et de Montpezat, ses bienfaiteurs (2).

Le roi, après avoir séjourné quelque temps à Bordeaux, vint dans le Languedoc. Etant à Agen, il ordonna que les impositions que les habitants de Montauban levaient pour les besoins de la ville se feraient au sou la livre (3). De là, il arriva à Toulouse, après avoir traversé le

Francoulés et son annexe Saint-Pierre de Liversou, et examiner en même temps les ruines de l'ancien monastère. Le commissaire y trouva de beaux restes d'église, de cloître et d'autres bâtiments, et sur le rapport favorable qu'il en fit à l'évêque, celui-ci enjoignit au prieur commandataire de travailler au rétablissement de la communauté. Sur son refus, l'évêque céda le prieuré aux chanoines réguliers de Cahors, et fit choix de cinq de ces pères, dont l'un eut le titre de prieur, pour aller faire leur résidence à Molières. Mais César de Castanié intenta un procès à l'évêque après s'être opposé à ce coup d'autorité. L'affaire fut portée devant le roi, et renvoyée au Parlement de Toulouse qui, par arrêt du 7 avril 1674, déclara qu'il y avait abus dans l'ordonnance de l'évêque de Cahors, le condamna à cent sous d'amende et le prieur des chanoines réguliers aux dépens envers ledit Castanié, avec main-levée des fruits et revenus du prieuré. Ce prieuré resta en commande et il a été dans cet état jusqu'à nos jours.

1. Ou de cuir qu'on appelle *obsidionale*.
2. Foulhiac.
3. *Hist. de Languedoc*, tome IV, liv. xxvii.

Bas-Quercy. Pendant le séjour qu'il fit dans cette ville, il commit Bertrand de Montaigut, abbé de Moissac, à l'examen des coutumes de Toulouse aussitôt qu'elles seraient rédigées. Quand ce travail fut fini, on fit deux copies de ces coutumes ; l'abbé de Moissac et le sénéchal de Toulouse les examinèrent, et après les avoir approuvées et scellées de leur sceaux, ils firent prêter serment à tous les habitants de la ville de les observer, dans une grande assemblée qu'ils tinrent dans l'église de Saint-Pierre-des-Cuisines. Avant de quitter la province, le roi nomma pour ses lieutenants, dans le Toulousain et le Quercy, Foulques de Laon, archidiacre de Ponthieu dans l'église d'Amiens, et Thomas de Paris, chanoine de Rouen. Ces deux ecclésiastiques prennent cette qualité avec celle de clercs du roi de France, dans des lettres qu'ils donnèrent à Toulouse, la même année, en faveur des habitants de cette ville.

XIX. — *Testament de Raymond VI, vicomte de Turenne — Compromis entre l'abbé de Marcillac et Hugues de Gourdon — Règlements pour le chapitre de Cahors — Hommage du sénéchal du Quercy, agissant au nom du roi de France, en faveur de l'abbé de Moissac*

Raymond VI, vicomte de Turenne, alla joindre le roi à Toulouse ; et, comme il devait l'accompagner dans la guerre contre le roi d'Aragon, il y fit son testament par lequel il institua pour héritiers universels son fils Raymond et son frère Pons, si son fils venait à mourir sans postérité, et en cas que Pons mourut lui-même sans laisser d'enfants, le vicomte donna à Etienne de Cazillac, son neveu, et à Olivier, son frère, si le premier venait à décéder sans postérité, les terres de Malamort, Brives, Cosatge et Chamayrac, et les substitua à Fortanier de Gourdon, son neveu. Il donne, toujours en supposant qu'il meure sans enfants, à Comtor, sa sœur, dame de Cardaillac, les terres de Saint-Céré et Gagnac, et à Marguerite, son autre sœur, épouse de Durand, seigneur de Montal, le château de Servières, lui substituant ledit Fortanier de Gourdon et à celui-ci ses frères Pons et Gaillard de Gourdon. Il met son fils Raymond sous la protection et la défense du roi, et charge ses héritiers de bâtir dans un lieu de la paroisse de Sarrazac, en Quercy, appelé *ad hospitale Japha*, un hôpital auquel il assigne une rente perpétuelle de 100 livres, monnaie de Turenne. Il y avait déjà eu dans ce lieu, qui est l'hôpital Saint-Jean, un hospice, ainsi que le donne à connaître le nom qu'il portait avant ce testament. Il avait été apparemment fondé par Raymond I, vicomte de Turenne, après son retour de la Terre sainte, et ce seigneur lui aura donné le surnom de Japha, à cause de la ville de ce nom, en Palestine. Le vicomte Raymond VI avait fait, en 1276, un autre testament par lequel il substituait ses biens aux maisons de Gourdon et de Cazillac, en cas de décès de son fils qu'il mit sous la tutelle de Pons de Gourdon, son beau-frère, pendant la campagne de Navarre.

Sur la fin de la même année (1283), Guillaume de Saint-Bressou, abbé de Marcillac, et noble Hugues de Gourdon, seigneur de Laroque-des-Arcs, fils de Fortanier de Gourdon, passèrent un compromis en présence de Hugues de Castelnau, baron de Gramat, leur arbitre, au sujet du territoire de la Roquette, sur lequel ils avaient chacun des droits (1).

L'évêque de Cahors fit, l'année suivante (1284), quelques règlements pour le chapitre de sa cathédrale, en exécution des statuts de son prédécesseur.

L'abbé de Moissac reçut l'hommage avec le serment de fidélité du sénéchal du Quercy, au nom du roi de France, conformément aux lettres patentes que ce prince venait d'accorder à cet abbé, en confirmation de celles de l'an 1276 (2).

XX. — *Guerre d'Aragon — Cession au roi de France, par les vicomtes de Bruniquel, de tous leurs droits sur la forêt de Tulmont — Mort de Raymond VI, vicomte de Turenne — Fondation de la Bastide de Tauriac*

Résolu de faire la guerre à Pierre III d'Aragon, pour le punir de ses entreprises contre le roi de Sicile, Philippe le Hardi fit les plus grands préparatifs. Le pape vint à son secours; il lui accorda les décimes sur le clergé de France, et le cardinal Jean Cholet, son légat, fit prêcher la croisade dans tout le royaume pour cette guerre. Le roi et la noblesse prirent la croix.

Quand le roi eut achevé ses préparatifs, il se mit en marche pour Toulouse, après la fête de Pâques de l'an 1285. Il était suivi des princes, ses enfants, de la reine et des principales dames de la cour qui voulaient gagner l'indulgence que le pape avait attachée à cette guerre. Son armée, en passant dans le Quercy, fit beaucoup de mal à ce pays (3).

1. Foulhiac.
2. Foulhiac.
3. Foulhiac.

Le roi, par ses lettres données à Montauban, permit aux consuls de Cahors l'établissement d'un péage aux portes de la ville, pour achever de construire le nouveau pont. Arrivé à Toulouse, il défendit par d'autres lettres, datées du 19 avril, à Pierre de Barberiac, chevalier, son sénéchal de Périgord et de Quercy, d'empêcher l'abbé et les moines du monastère de Montauban de citer leurs sujets et vassaux à leur tribunal, et de les juger dans les cas permis par le droit (1). Pierre de Barberiac avait succédé à Simon de Meldun, qui était devenu maître des arbalétriers, et fut ensuite élevé à la dignité de maréchal de France. Pendant qu'il tenait, cette année, les assises à Cahors, il accorda par ses lettres aux consuls et aux habitants de cette ville le pouvoir d'appeler des sentences de l'évêque au tribunal du sénéchal ou aux autres cours royales pour défaut de droit ou pour tout autre défaut dans les jugements qui seraient rendus.

Quoique nous soyons assuré que les nobles du Quercy convoqués par le sénéchal se rangèrent sous la bannière du roi pour la guerre d'Aragon, il nous serait difficile, faute de documents, d'en citer d'autres que Hugues de Castelnau, baron de Gramat, et Girbert II de Thémines (2).

1. *Hist. de Languedoc*, tome IV, liv. XXVII.
2. Nous trouvons la preuve que le premier s'y trouva dans une sentence qui fut rendue en faveur de ce seigneur, le samedi après la Noël de l'an 1285, contre le prieur de Carennac par le sénéchal de Périgord et de Quercy, d'après le jugement arbitral porté par Bertrand de Gramat, clerc, arbitre de Hugues de Castelnau et Guillaume Fabri ou de la Faurie, bourgeois de Martel, arbitre du prieur. *(Archives de Gramat)*. Il y est dit que noble et puissant homme, Hugues de Castelnau, s'était plaint de ce que pendant qu'il était absent et à l'armée du roi, le prieur de Carennac, ou ses gens en son nom, avait fait dresser des fourches patibulaires dans le lieu de *las peyros taillados*, où il avait fait pendre un homme et cela au préjudice des droits dudit seigneur, ledit lieu étant situé dans le territoire de sa baronnie; que, ni le prieur du monastère de Carennac, ni ses prédécesseurs n'avaient jamais eu des fourches, ni exercé aucune justice au delà de l'endroit marqué dans la sentence arbitrale rendue par Raymond de Cornil, alors archidiacre et maintenant évêque de Cahors, et désigné sous le nom de *infra metas villæ de Carennaco*. Le prieur, de son côté, prétendait avoir haute justice, non-seulement dans l'enceinte des bornes déterminée par Raymond de Cornil, mais encore dans toute l'étendue de la paroisse de Carennac et dans les terres et les fiefs dépendant de l'église et du monastère, le lieu de Mantagues excepté. Les arbitres, après avoir entendu les parties, condamnèrent le prieur à s'en tenir à la sentence de Raymond de Cornil et jugèrent que lui et ses successeurs tiendraient en fief la justice et les fourches de Carennac, du seigneur de Gramat et de ses héritiers auxquels ils paieraient pour cela, tous les ans, la somme de 100 sous et pour acapte une paire d'éperons dorés, à chaque mutation de seigneur, indépendamment des droits portés par la susdite sentence. Ces deux décisions eurent leur effet jusqu'en 1469. Gilles de Bose, doyen de

Pendant la campagne d'Aragon, Gui de Roi, chanoine de Reims, et Gilles Camelin, chanoine de Meaux, commissaires du roi, d'un côté, et Bertrand, vicomte de Bruniquel, et Guillaume, dit Barasc, son fils, passèrent une transaction à Tulmont, auprès de la bastide de Nègrepelisse, suivant laquelle le vicomte et son fils cédèrent au roi les droits qu'ils prétendaient avoir à cause de leur château de Bruniquel, sur la forêt de Tulmont, moyennant 400 livres tournois de rente, que les commissaires leur assignèrent sur la même forêt. On trouve comme commissaires Eustache de Beaumarchais, sénéchal de Toulouse, Bertrand, vicomte de Lautrec, Sicard de Montaigut, archidiacre de Montpezat dans l'église de Cahors, Raymond-Amelins de Penne, chevalier, Isarn de Tauriac, damoiseau, Gervais de Beaufort, châtelain de Tulmont, etc.; ils avaient, sans doute, été envoyés dans le Quercy pour rechercher les droits de la Couronne française. C'est, en effet, ce que donne à connaître la transaction qu'ils passèrent avec les vicomtes de Bruniquel, qui avaient des droits bien réels dans la forêt de Tulmont (1), puisqu'elle avait appartenu tout entière à ses prédécesseurs qui y avaient fondé l'église et le prieuré de Saint-Gilles.

Ce fut vers ce temps que mourut Raymond VI, vicomte de Turenne, laissant sous la tutelle de Gilbert Albouin, chevalier, et d'autres seigneurs, Raymond VII, son fils unique et son héritier. Quelques

Carennac, ayant fait, le 6 mai de cette année, hommage à Hugues d'Aigrefeuille, baron de Gramat, celui-ci en présence des témoins Antoine de Peyrusse, avocat du roi près le sénéchal de Cahors, de Martin d'Arembert et de Jean Delort, professeur en droit de l'université de cette ville, le déchargea lui et ses successeurs à perpétuité de toute redevance pécuniaire, sauf l'hommage et les éperons dorés.

Quant à Girbert II, de Thémines, il nous apprend lui-même qu'il alla servir dans l'armée du roi de France, par un second testament qu'il fit à Toulouse, au moment de se mettre en marche. Ce testament contient les mêmes dispositions que le premier : Girbert donne de plus à l'Hôpital-Beaulieu, pour la chapelle dont il a ordonné la fondation, un vaste terrain contigu au monastère et qui s'étend jusqu'à la fontaine de *Cornuzac* et au mas de *Vialozes*. *(Archives de Millac).*

1. Il est assez vraisemblable qu'elle fut démembrée de la terre de Bruniquel du temps de la guerre des Albigeois et que l'un des deux derniers comtes de Toulouse en fit une seigneurie particulière, sous le nom de chatellenie de Tulmont, composée de la bastide de Nègrepelisse, dans le prieuré de Saint-Gilles, fondée par quelqu'un de ces deux princes qui lui donna le nom de *Nigrum palatium* à cause de sa situation au milieu de la forêt, de Saint-Etienne, Léojac, Albias, etc. Cette terre échut, par la mort de Raymond VII, au comte Alphonse et à Jeanne, sa femme, qui les transmirent avec leurs autres domaines à Philippe le Hardi. Ce monarque la donna à son fils Louis de France, comte d'Evreux qui la vendit ensuite au frère du pape Jean XXII.

années avant sa mort il avait eu une vive querelle avec l'abbé de Dalon qu'il voulait empêcher de fonder une nouvelle bastide, au lieu de la *Solmieras* ou Tauriac, en Quercy, sur la rive droite de la Dordogne, dont il prétendait avoir le domaine (1). L'affaire avait été portée devant le sénéchal, Simon de Melun, qui avait condamné le vicomte, après s'être convaincu que ses prétentions étaient chimériques. Alors Raymond exigea et l'abbé lui promit par acte, confirmé dans la suite par Philippe le Bel en 1292, que pour peupler la bastide de Tauriac, il ne prendrait aucun habitant de Creysses, de Bétaille, de Saint-Céré, ni de Sainte-Spérie, et que, si quelques-uns venaient s'y établir, le vicomte aurait le droit de les réclamer, comme étant ses sujets, quand bien même ils auraient prêté serment d'observer les statuts et privilèges de la bastide, serment dont il fut convenu que l'abbé et son monastère, son prévôt ou son bailli commun entre le roi et lui, le maire et les consuls de Tauriac les délieraient en les renvoyant dans les terres du vicomte. L'abbé de Dalon avait associé le roi de France pour la fondation de la bastide de Tauriac : de là vient que le prévôt ou bailli de ce lieu leur était commun. On voit que dans ce siècle Saint-Céré et Sainte-Spérie conservaient chacun leur ancienne dénomination. Cette distinction de nom eut lieu encore pendant longtemps, surtout dans les actes publics; enfin la ville de Sainte-Spérie s'accrut tellement aux dépens de Saint-Céré qu'elle en prit le nom.

Philippe le Hardi était très attaché à Raymond VI; il lui confirma ses privilèges et ceux de sa terre, par des lettres patentes de l'an 1280, qui disent à peu près les mêmes choses que celles de Henri III, roi d'Angleterre, dont nous avons parlé ailleurs.

XXI. — *Mort de Philippe le Hardi — Réparations à la cathédrale de Cahors*

La mort du vicomte de Turenne fut un peu antérieure à celle du roi Philippe le Hardi. Ce prince, étant tombé malade après la prise de Givonne, mourut à Perpignan le 5 octobre de l'an 1285. Philippe le Bel, son fils et son successeur, emporta en France une partie de son corps, qu'il fit inhumer à Saint-Denis. L'évêque de Cahors était à Bourges lorsque le convoi passa dans cette ville, et il accompagna l'archevêque qui alla le recevoir hors des murs avec son clergé (2). Exact à remplir

1. Justel, *Hist. généal. de la Maison de Turenne.*
2. Claude Robert.

ses devoirs, ce prélat convoqua le synode diocésain qui, sur sa proposition, accorda au chapitre la moitié des fruits décimaux des églises du diocèse, pendant la première année de leur vacance (1). C'est ce qu'on appelle *déport* ou *droit de fabrique*, dont le chapitre a joui depuis. Les premiers fonds qui en provinrent servirent à substituer à l'ancienne voûte du sanctuaire, celle que l'on voit aujourd'hui et dont la structure élégante fixe l'attention des connaisseurs. Cet ouvrage fut commencé peu d'années après la tenue du synode et continué sans interruption. On décora ensuite l'église de cette galerie qui l'entoure, de plusieurs grandes roses placées de distance en distance le long de la galerie et de peintures à fresque sur tous les murs et sur les deux voûtes anciennes où l'on voyait figurer tous les saints évêques de Cahors. Ces peintures, qui excitaient l'admiration des curieux, ont existé jusqu'au milieu du siècle dernier. Un évêque les fit alors couvrir d'une couche de mortier, sacrifiant à son goût dépravé ce qui était le principal ornement de son église.

XXII. — *Permutations d'églises entre l'évêque de Cahors et son chapitre — Famine de 1285 — Visite du diocèse de Cahors par Simon de Beaulieu, archevêque de Bourges*

L'évêque permuta en même temps avec son chapitre les églises de Saint-Jean et de Saint-Laurent de Montlezun, dans le Bas-Quercy, contre celle de Piqueços et la chapelle de Saint-Michel, près le faubourg Labarre. Il eut la douleur de voir son diocèse éprouver cette année (1285) les horreurs de la famine : la livre de pain s'y vendit 9 deniers, tandis que 1 denier en était le prix ordinaire. C'est ce que nous apprend la relation de la visite du diocèse de Cahors que fit, dans ce temps, Simon de Beaulieu, archevêque de Bourges, et dont nous allons donner le précis.

Simon fit son entrée dans le Quercy par Martel, dont il visita l'église dépendante du monastère de Souillac. Il y dit la messe, y prêcha et y accorda des indulgences. Il en trouva le chapelain peu régulier. Sa couronne était petite, ses cheveux longs et arrangés sur le devant à la manière des laïques, sa robe large et sa chaussure élégante. Pendant le séjour que le primat fit dans cette ville, le bailli osa porter la main sur un prêtre. Simon le cita devant lui et le bailli n'ayant pas comparu, il lança contre lui une double excommunication pour le punir de sa

3. G. de Lacroix, *Series episc.*, pag. 141.

désobéissance et de l'outrage fait à un ecclésiastique. Il alla ensuite visiter les églises de Vayrac et de Carennac; de là il se rendit à Rocamadour. L'abbé de Tulle, le prieur et les moines de Rocamadour allèrent en procession au devant de lui, bien au delà de la ville, et l'introduisirent au son des cloches. L'archevêque y demeura trois jours pendant lesquels il pontifia, prêcha, accorda des indulgences, bénit les images, les croix, les ornements et les calices des diverses églises de cette ville, donna la confirmation et conféra les ordres sacrés à des clercs de différents diocèses, d'après la permission qu'il avait reçue par écrit de l'évêque de Cahors. L'archevêque, avant de quitter Rocamadour, releva de la double excommunication le bailli de Martel qui était venu lui faire ses soumissions, mais il lui imposa une amende. Après quoi il visita Souillac, de là Gourdon et ensuite le Vigan, faisant dans les églises de ces villes les mêmes actes de primatie que dans les précédentes. Au Vigan, il reçut la foi et l'hommage de Pierre d'Etienne, prieur des chanoines réguliers, auquel ses prédécesseurs s'étaient assujettis, en se déclarant vassaux des archevêques de Bourges pour tout le temporel de leur communauté. Il fit venir de Gourdon environ quarante usuriers, dont les noms sont consignés dans la relation de la visite et les força de rendre à leurs débiteurs l'intérêt du capital qu'ils leur avaient prêté, lequel se portait tantôt à 100, tantôt à 50 sous, quelquefois à 18 deniers seulement. Le prélat fit de grandes réformes dans la manière de vivre des chanoines : car il trouva qu'ils ne faisaient point de vœux, ils ne portaient pas hors du cloître l'habit régulier avec le surplis, ils avaient chacun leur chambre, ils ne prenaient plus leur repas en commun et ne couchaient plus dans le dortoir; en un mot, ils se conduisaient en tout comme des chanoines séculiers. Ils avaient commencé à bâtir l'église qui existe de nos jours; mais l'archevêque, jugeant qu'ils n'étaient pas en état de l'achever, ordonna au prieur de donner pour la construction les revenus d'une prébende, et il accorda des indulgences à tous les fidèles qui contribueraient à l'achèvement de l'édifice sacré; c'est pour cela, sans doute, qu'il ne voulut rien prendre de son droit de visite ou de procuration, ni de celui du prieuré de Concorès, alors dépendant de l'abbaye de Saint-Ambroise de Bourges, et que le prieur du Vigan tenait en ferme. Ayant été informé que Fortanier de Gourdon contestait au chapitre du Vigan la justice de ce lieu, il appela ce seigneur qui se rendit aussitôt et parla au primat avec une grande convenance, lui offrant de s'en rapporter au jugement de l'évêque de Cahors ou de toute autre personne. L'archevêque ajourna Fortanier au lundi de la semaine qu'il devait passer à Cahors.

Du Vigan, Simon de Beaulieu se rendit au monastère de Fons où il entendit la messe, prêcha, accorda des indulgences, donna la confirmation et la tonsure. Il vint ensuite à Capdenac, prieuré de l'abbaye d'Aurillac, où le prieur de Cardaillac de l'ordre de Cluny et dépendant de l'abbaye de Figeac lui porta ses droits de procuration qui montaient à 14 livres tournois. De là il vint à Figeac, dont les moines, quoique l'abbé fut pour lors à la cour de France, lui firent une brillante réception. Il dit la messe et prêcha dans l'église paroissiale, accorda des indulgences et alla célébrer la messe au grand autel de l'église abbatiale, revêtu de ses habits pontificaux et du pallium. Après la messe il conféra l'ordre d'acolyte à quelques clercs. Le lendemain de son arrivée il visita le prieuré de Cassanioles, où il entendit la messe et donna la confirmation, et il revint ensuite à Figeac où il reçut les droits de procuration du prieur du Bourg, dépendant de l'abbaye d'Aurillac, qui ne se portaient qu'à 8 livres tournois, parce que le prieuré n'était pas riche. Le troisième jour après avoir entendu la messe, confirmé et donné la tonsure, il partit de Figeac pour l'abbaye de Marcillac qui est appelée par l'auteur de la relation *Abbaye noire,* sans doute à cause de sa situation dans une vallée sombre et solitaire. L'abbé alla le recevoir à la tête de sa communauté, et fut admis à sa table avec vingt-deux de ses religieux.

Le lendemain, l'archevêque partit pour Cahors, après avoir entendu la messe et donné la confirmation. Son entrée dans cette ville fut des plus solennelles. L'évêque, l'archidiacre, les chanoines et beaucoup de bourgeois étaient allés à plus de deux lieues au devant de lui. Arrivé à Cahors, son premier soin fut de se rendre à l'église cathédrale où tous les chanoines, revêtus de leurs plus beaux ornements, l'introduisirent en procession et au son des cloches et des instruments de musique. De la cathédrale il alla au monastère de la Daurade, qui était soumis au droit de procuration. Il y prit son repas avec l'évêque et l'archidiacre. La dépense s'éleva à 23 livres, 17 sous et 6 deniers caorcens, qui faisaient 15 livres, 18 sous et 3 deniers tournois. Quoique la communauté lui dût le logement, l'archevêque alla le prendre au palais épiscopal, parce qu'elle n'avait pas d'appartement convenable. Il y revint le lendemain matin, convoqua les religieux du chapitre, leur prêcha et leur accorda des indulgences; il vint ensuite à la cathédrale où il prêcha aussi en présence de l'évêque, des chanoines et des habitants de la ville. Il y fit diverses fonctions épiscopales, après quoi il vint à Saint-Urcisse, prieuré de Marcillac. Sicard de Montaigut, qui en était titulaire, l'accueillit honorablement, il lui donna à dîner à ses propres dépens, ainsi qu'à l'évêque et à d'autres personnes. Pendant les sept jours qu'il demeura à Cahors, l'archevêque vaqua aux différents devoirs de sa charge. Outre la prédication, il donna la confirmation et l'ordination. Le dimanche, il pontifia dans la cathédrale, décoré du pallium et des autres ornements de sa dignité. Il suivit souvent l'évêque dans ses maisons de plaisance, affermit la bonne intelligence toujours frêle et chancelante entre le prélat et les consuls de la ville et termina l'affaire du chapitre du Vigan avec le seigneur de Gourdon, qui consentit à tout ce que l'archevêque voulut.

Le septième jour, après avoir entendu la messe dans la chapelle de l'évêque, il alla au monastère de Catus, d'où il partit le lendemain pour le doyenné des Arques, dépendant de l'abbaye de Marcillac, exemptant des droits de procuration, pour cette fois seulement, le prieuré de Lavercantière, dépendant de la même abbaye, à la sollicitation de Sicard de Montaigut qui en était prieur, et qui, comme on peut le remarquer, possédait un grand nombre de bénéfices. Pendant qu'il était aux Arques, où il fut bien accueilli du doyen et de ses religieux, un moine arriva du monastère de Duravel, envoyé par son prieur, pour prier ce prélat de ne pas venir dans sa communauté, parce qu'elle n'avait jamais été soumise à la visite des archevêques de Bourges, et qu'elle ne leur avait jamais payé aucun droit de procuration. Il ajouta que si l'archevêque ne se rendait pas à ces raisons, le prieur en ferait appel au Saint-Siège. Simon de Beaulieu, pour toute réponse, l'invita à s'asseoir à sa table parce qu'il n'était pas encore excommunié. Au retour du religieux, le prieur de Duravel se hâta d'envoyer les droits de procuration qui se montaient à 13 livres tournois, à Luzech, où se rendit le lendemain l'archevêque dans le château de l'évêque de Cahors qui l'y attendait. Il en partit le jour suivant, après avoir entendu la messe dans la chapelle de Notre-Dame de l'Ile, et prit la route de Moissac.

Bertrand de Montaigut, abbé de ce monastère, alla les recevoir à une lieue de la ville, et lui fit les mêmes honneurs que l'évêque et le chapitre de Cahors. Il l'invita une fois dans sa maison de plaisance de Scatalens. L'archevêque prêcha, pontifia, confirma, donna l'ordination et accorda des indulgences dans l'église de Moissac. Il en fit autant à Moissac, dont l'abbé était à Rome. Il y arriva un dimanche au matin, et célébra pontificalement la messe dans l'église paroissiale. Il en partit le lendemain après avoir entendu la messe, consacré l'autel de Saint-Barthélemy et quelques petits autels. De là, il se rendit au monastère de Cayrac.

Comme il se proposait d'aller le lendemain à Saint-Marcel, l'abbé, qui en avait été prévenu, fut lui rendre hommage à Cayrac et le supplia pour cette fois seulement, de lui faire grâce de sa visite, à cause de la pénurie des vivres qui était si grande, qu'il pouvait à peine subvenir au nécessaire de ses religieux. L'archevêque lui accorda cette grâce et alla visiter l'abbaye de la Garde-Dieu, à laquelle il fit la remise de ses droits de procuration. Il en partit le lendemain, après s'être recommandé aux prières des religieux, pour se rendre au prieuré de Caussade, dont l'archidiacre de Figeac était titulaire. L'évêque de Cahors en avait interdit l'église, mais Gausbert de Plas ou Desplas *(Planas)*, chanoine de la cathédrale, qui avait été chargé d'accompagner l'archevêque dans sa visite du diocèse, leva l'interdit pour le temps que ce prélat demeurerait à Caussade. Simon de Beaulieu y entendit le lendemain la messe, y donna la confirmation et les ordres et alla ensuite à la maison des Templiers de la Capelle-Lieuron. Ces chevaliers le reçurent avec tous les honneurs dûs à sa dignité. L'archevêque dut être satisfait du bon ordre de cette communauté, puisqu'il lui fit grâce de ses droits.

Après en être parti, il consacra dans le voisinage, à la prière du prieur de Caylus, ordre des chanoines réguliers de Saint-Antonin, un autel en l'honneur de saint Gilles et de sainte Madeleine, dans l'église de Notre-Dame de *Tuivre* (de Lieuron).

Le lendemain il vint à Saint-Antonin ; quand il fut devant l'église, il ordonna au prieur d'en faire mettre les portes à terre, à cause de l'outrage que les moines et les bourgeois de la ville avaient fait à son prédécesseur, Jean de Sully, à qui nous avons dit ailleurs qu'ils avaient refusé l'entrée. Le prieur épargna cette humiliation à sa communauté en produisant à l'archevêque des lettres de grâces obtenues de Jean de Sully, après avoir distribué aux pauvres une somme d'argent à laquelle ce prélat avait condamné la communauté en punition de sa faute.

Telle fut la visite que fit dans le diocèse de Cahors l'archevêque de Bourges. Elle commença le jeudi après la Mi-Carême et se termina le dernier jour de la semaine de Quasimodo. L'archevêque arriva à Cahors le mercredi saint et en partit le mardi de Pâques. On a pu remarquer qu'il ne visita que quelques églises : ce furent seulement les monastères et les prieurés conventuels ou qui dépendaient des monastères ; encore même la visite ne s'étendit pas sur tous. Ce qui vient, peut-être, de ce qu'ils n'étaient pas soumis au droit de procuration. Les églises qui y étaient assujetties redoutaient beaucoup ces sortes de visites, mais il en résultait un grand avantage pour la religion. Elles se faisaient d'ailleurs a peu de frais, parce que les métropolitains n'avaient ordinairement que quelques ecclésiastiques à leur suite, pour ne pas grever les maisons où ils avaient droit de gîte, et ils faisaient volontiers la remise de leur procuration lorsque le besoin le demandait.

XXIII. — *Accord entre l'évêque et les consuls de Cahors — Confirmation et révision des coutumes de Cahors — Lettres du sénéchal en faveur des consuls de cette ville — Nouvelles difficultés entre l'évêque et les consuls*

Il paraît, d'après la relation, que quand l'archevêque arriva à Cahors il y avait quelque différend entre l'évêque et les consuls; il s'agissait, sans doute, de quelques amendes et des fruits décimaux du territoire de Toulousque auxquels l'évêque prétendait avoir droit : ce que les consuls lui contestaient; mais ils reconnurent leur tort dans un accord qu'ils firent entre eux la veille de la Saint-Jean de la même année (1). L'évêque de Cahors leur contestait quelques droits ou privilèges qu'il reconnut leur appartenir. Il confirma les coutumes et les libertés que son prédécesseur leur avait accordées et choisit, de concert avec les consuls, pour les interpréter et y faire des additions, des changements et des réformes, Guillaume de Barasc et Guillaume de Narcès (2), chanoines de la cathédrale, Gisbert de Jean, chevalier, Guillaume de *Bellopodio* (3), Jacques Donadieu, Géraud de Cabazac, Géraud de Thouron et Géraud de Sabanac, seigneur de ce lieu, docteur ès-lois, un des plus savants jurisconsultes de son temps. Pierre de Barberiac, chevalier, sénéchal de Périgord et de Quercy, envoya, quelque temps après, au nom du roi de France, à Cahors des lettres datées de Gourdon, par lesquelles il était défendu de porter devant le tribunal ecclésiastique les causes qui n'étaient pas de son ressort. Cette ordonnance fut rendue sur les plaintes qu'avaient faites les consuls contre l'official qui connaissait de toutes les affaires et de tous les contrats où le serment était autorisé.

Le même sénéchal étant à Cahors en 1286 accorda, par lettres, aux habitants de cette ville, la liberté de disposer de leurs biens par testament ou codicille, sans avoir égard aux nouveautés que l'évêque et son official voudraient introduire par leurs statuts et ordonnances et

1. *Archives municipales de Cahors.*
2. Ancienne famille de Montcuq dont il sera parlé quelquefois.
3. Autrement de Belpech et en français Beaupui, noble famille des environs de Castelnau-de-Montratier dont il est fait souvent mention dans les chartes du pays.

par les censures ecclésiastiques dans les droits qui leur étaient dûs, à raison de ces sortes de dispositions (1). Il paraît que ces ordonnances, qui affaiblissaient beaucoup l'autorité épiscopale, ne servaient qu'à exciter l'ambition des consuls. On trouve, en effet, qu'ils travaillèrent cette année à augmenter leurs droits et leurs privilèges; l'évêque fut obligé de faire avec eux, touchant la juridiction, un nouvel accord par lequel il fût statué que les amendes appartiendraient au seul évêque, que les rôles des condamnations seraient déposés entre les mains du gardien des Frères mineurs, que les consuls auraient maison commune, sceau, archives, syndic de communauté conformément à l'arrêt du Parlement de la Pentecôte, qu'ils pourraient faire les impositions nécessaires pour la subsistance de l'armée du roi, en Roussillon, et que l'évêque serait tenu de rendre les biens des particuliers qu'il avait fait saisir pour le paiement de ce que la communauté lui devait. Cet accord ne satisfit pas encore ces magistrats ambitieux, ils en vinrent à de nouvelles demandes si indiscrètes que l'évêque eut recours à la justice du Parlement de Paris. Cette cour, ayant pris connaissance de l'affaire, donna gain de cause à Raymond de Cornil et condamna les consuls à une amende de 16,000 livres tournois. Ce qui était une somme bien grande pour ce temps. Les consuls trouvèrent le moyen de faire rapporter, en 1287, cet arrêt, en représentant que leur seigneur évêque avait agi pour ses droits seulement contre des particuliers et non comme il aurait dû faire contre le syndic de la commune. L'évêque reprit alors l'instance, appela le syndic, mais il ne vit pas la fin de ce procès. Il le laissa à ses successeurs. En attendant, la ville fut mise sous la protection spéciale du roi pour prévenir et arrêter plus facilement les troubles que les consuls, par leur acharnement contre l'autorité épiscopale, auraient pu causer (2).

XXIV. — *Différend entre l'évêque de Cahors et les seigneurs de Labéraudie — Accord entre Ratier de Castelnau et Pierre de Beaufort — Don d'une partie de la dîme de Villemade au chapitre de Cahors — Lettres de Jean de Greilli, sénéchal de Guyenne pour le roi d'Angleterre*

A la même époque (1286) l'évêque était en différend avec la maison de Labéraudie, au sujet de la justice de Cessac et de ses dépendances qu'elle prétendait lui appartenir exclusivement. Hugues de Castelnau,

---

1. *Archives municipales de Cahors.*
2. Foulhiac. — G. de Lacroix, *Series episc. cad.*, pag. 141 et 142. — Dominicy.

seigneur de Gramat, et Gilbert de Jean, choisis pour arbitres dans cette affaire, n'ayant pu accorder les parties, on prit pour sous-arbitre Sicard de Montaigut, archidiacre de Montpezat, et il fut décidé que la justice de Pradines, Douelle, Calamane et Boissières était commune entre l'un et l'autre. Cette justice passa dans la suite tout entière dans la maison de Labéraudie par concession des évêques, qui se réservèrent l'hommage singulier qui leur fut depuis rendu.

Ce même Sicard de Montaigut et *Aya* d'Aussac, *senhor en leys* (docteur ès-lois) accordèrent, le 1er décembre de cette année, deux puissants seigneurs qui troublaient, par leur différend, toute la contrée. C'était Ratier de Castelnau et Pierre de Beaufort, seigneur de Lesparre. Les ayant réunis sur le bord de l'Emboulas, ils leur firent passer un compromis sous peine de 100 marcs d'argent, dont la moitié applicable aux deux arbitres, *leur peine payée ou non payée*. Ratier de Castelnau donna pour caution, Hugues de Trapas, et Pierre de Beaufort, pour la sienne, Guillaume de Beaufort, chevalier. Ce compromis, dans lequel Sicard de Montaigut prend la qualité de discret et noble baron, porte sur toutes les discussions que les deux parties peuvent avoir eues entre elles, pour quelque objet que ce soit et *per heratgé* (héritage) et *per juridictio* et *per det* et *per injurias;* témoins : Gausbert de Cruzels, Bernard de Campinhac, Bertrand de Lilhergas, tous trois damoiseaux (1).

L'évêque donna sur ces entrefaites à son chapitre une partie de la dîme de Villemade, dont il avait fait récemment l'acquisition. On trouve aussi, sous la même date, des lettres de Jean de Greilli, sénéchal de Guyenne pour le roi d'Angleterre, par lesquelles il confirme un traité fait en 1284 avec les procureurs des consuls et communautés de Toulouse, Rabastens, Gaillac, Lille, Villemur, Montauban et Moissac, touchant les droits que ces villes devaient payer par tonneau de vin, lorsqu'elles en fairaient descendre par la Garonne jusqu'à Bordeaux.

XXV. — *Edouard d'Angleterre renonce à ses prétentions sur le Quercy — Concile de Bourges*

Philippe le Bel fut à peine monté sur le trône qu'Edouard, roi d'Angleterre, lui demanda le Quercy sur lequel, disait-il, il avait des droits incontestables et qui auraient été bien plus faciles à établir si on eût fait, immédiatement après les traités précédents et pendant que les

1. *Archives du château de Lesparre.*

témoins vivaient encore, l'enquête dont on était convenu. Le roi, pour n'être plus importuné par ces plaintes, qui se renouvelaient fréquemment, conclut, dans le mois d'août, avec Edouard un nouveau traité par lequel le monarque anglais renonça à toutes ses prétentions sur le Quercy, Périgord et Limousin, moyennant 3,000 livres de rente qu'il tiendrait du roi de France sous le même hommage-lige que le duché de Guyenne.

Après cet accord, qui fixait irrévocablement le sort du Quercy, Raymond de Cornil se rendit au concile de Bourges qui se tint le 19 septembre 1286. On y fit des règlements qui avaient pour but de remettre en vigueur les ordonnances des conciles précédents. L'évêque de Cahors y eut beaucoup de part. C'est ce qui détermina Antoine de Luzech, un de ses successeurs, à les publier par la voie de l'impression pour en rappeler la mémoire et les faire exécuter dans son diocèse (1)

XXVI. — *Testament de Dorde de Barasc, seigneur de Montbrun sur Lot — Églises et établissements religieux de Figeac*

Le même mois de septembre, 1286, Dorde de Barasc, seigneur de Montbrun sur Lot, fils de Dieudonné, fit son testament, dont une courte analyse mérite de trouver place dans cette histoire. Ce seigneur, qui appartenait à une branche cadette de l'ancienne et illustre maison de Barasc-Béduer, fonde par ses dernières dispositions un prieuré conventuel de religieuses de l'ordre de Citeaux dans sa terre de Lissac, dont il lui donne le repaire (2) avec les rentes et le droit de patronat, ainsi que le lieu du Poujoulat, tant la portion qui lui est échue de l'hérédité paternelle que celles qu'il a acquises d'Arnaud, son frère, et des héritiers de son autre frère Raymond. Il soumet le monastère de Lissac à l'abbaye de Leyme, à laquelle la prieure sera tenue de payer tous les ans deux marbotins d'or en signe de dépendance. Il veut que la prieure soit prise, s'il est possible, dans la maison de Barasc, autrement ce sera parmi les religieuses de Lissac, et, à défaut de celles-ci, parmi celles de Leyme. Il désire que Lombarde, son épouse, soit mise à la tête de la nouvelle

---

1. Foulhiac. — G. de Lacroix, *Series episc. cad.*, pag. 140.

2. *Riparium*, on nommait ainsi dans le moyen-âge les vallons qu'ils fussent arrosés ou non par des rivières ou des ruisseaux, puisqu'on trouve dans un titre de la maison de Thémines : *Riparium de Quissac*. C'est de ce mot que quelques lieux sont appelés repaires et que l'on appelle rivière ou pays de rivière les vallées du Quercy, par exemple : les rivières de Montcuq, Lauzerte, Molières, Gramat, Catus, etc. On donne également ce nom aux prairies.

communauté, et, en cas qu'elle ne se détermine pas à prendre le voile, il désigne à sa place Guillelmette de Montaigut, sa cousine, religieuse de Leyme. Dorde veut être inhumé au Poujoulat dans le tombeau de son père, et ordonne que la translation de leurs cendres dans l'église de Lissac soit faite avec la plus grande pompe. Il laisse 30,000 sols caorcens pour réparer les injustices que son père aurait pu commettre, et autant pour les siennes s'il s'en est rendu coupable, avec ordre d'en employer l'excédant à la construction du monastère de Lissac, ou à des œuvres pies dans la ville de Figeac. Il donne à sa femme tous les revenus de ses biens dotaux, 30,000 sols caorcens de rente, sa vie durant, avec l'usufruit de ses terres de Cambolan et de Balaguier, et tous les vases d'or et d'argent qui appartiennent à lui et à elle. Il constitue ses héritiers universels Hugues d'Arpajon et Raymond Amelly qu'il charge de payer ses dettes et celles de son père, obligeant pour cela l'universalité de ses biens. En cas que ses héritiers répudient sa succession, il la laisse à la maison de Lissac et subsidiairement à l'ordre des Templiers. Il fait des legs considérables à ces chevaliers, dont deux, qu'il choisit pour ses exécuteurs testamentaires, seront obligés de faire pour lui le service d'Outre-mer, à Bernard d'Arpajon, son neveu, à Aygline, fille de Guibert, seigneur de Montmurat, à Aygline, sa cousine, fille d'Arnaud de Barasc, à Hélène, sa nièce, femme de Guillaume de Cardaillac, et à Aygline, sa sœur, à laquelle il donne 10,000 livres caorcens pour son mariage, à Hugues de Maureling, son bien-aimé, etc. Il fait de grands dons en argent, calices, ornements, lampes, huile, cire, etc., aux églises du Puy, Saint-Martin, Saint-Thomas et Lacapelle à Figeac; à celles de Saint-Denis, de Lissac, de Montbrun, Seuzac, Cambolan, Montigues (près de Montsalès, ruinée), Balaguier, Saint-André, Toirac, Frontenac, Gréalou, Saint-Chels, Cajarc, Cadrieu, Restingant (sur le gour de Lantouï, ruinée), Ginouillac, Tréjouls, Rigaud, Mauriac, Estrabols, Saint-Sernin, Privazac et Campelibat, dans les environs de Villeneuve et de Villefranche de Rouergue; à l'abbaye de Marcillac, pour l'anniversaire de sa mère qui y est inhumée; à celles de Leyme, Figeac, Loc-Dieu, Nonenques et Beaulieu; aux monastères d'Espagnac, Lundieu, Laramière et Boismenom; aux religieux Dominicains, Carmes et Cordeliers de Figeac; aux trois hôpitaux de cette ville; à celui de dame Aygline, qui est l'hôpital Beaulieu; à ceux de Rudelle et de Balaguier. Il en fonde un à Montbrun et le dote. Il affranchit des droits de péage, taille, corvées, etc., les prêtres et les habitants de cette terre, et ceux de Cambolan, Toirac, Balaguier et Lissac. Il fonde au même lieu de Montbrun une aumône perpétuelle de

50 setiers de blé, moitié froment, moitié seigle, dont la distribution doit se faire le jeudi saint de chaque année. Il assigne des fonds pour d'autres aumônes semblables, pour doter les filles pauvres et habiller les plus indigents de ses terres. La maison de Saint-Jean de Jérusalem apparemment celle de La Salle Durbans ou de Saint-Clair de Margues et la maison du Temple, qui ne peut être que celle du Bastit, à la fondation de laquelle ses ancêtres avaient contribué, eurent chacune pour legs *unum garnimentum ferreum*, c'est-à-dire un haubert avec les autres pièces qui composaient l'armure complète d'un chevalier et qui étaient d'un grand prix.

Ce testament nous apprend : 1° que les religieux du Mont-Carmel et les Frères mineurs étaient déjà établis à Figeac; 2° qu'il y avait dans cette ville quatre églises, outre celle de l'abbaye; 3° une recluse à laquelle Dorde de Barasc fit un legs de 10 sols. Quoiqu'on ne puisse pas assigner l'époque précise de la fondation des couvents de ces religieux, on peut cependant affirmer qu'elle était récente. Celui des Frères mineurs avait alors un religieux qui en devint gardien et honora l'ordre par sa piété; il s'appelait Adhémar. Il était fils du seigneur de Montmurat et de Géralde de Felzins. Il avait d'abord pris l'habit de saint Benoît, dans l'abbaye de Figeac, et il était doyen de ce monastère lorsqu'il passa par esprit d'humilité dans le cloître de Saint-François de la même ville. Jean Yvonis, son confrère, qui avait été témoin de ses grandes austérités, a écrit sa vie et le regarde comme un des religieux de son siècle les plus versés dans l'Ecriture sainte et la théologie. Il lui attribue le don de prophétie et rapporte un grand nombre de miracles qu'il fit dans différents pays, principalement dans le Haut-Quercy et dans les châteaux de Béduer et de Palaret. Frère Adhémar prêchait avec un zèle infatigable; il faisait beaucoup de conversions, parce qu'il avait la réputation d'un saint. Il mourut plein de bonnes œuvres dans son couvent de Figeac, vers l'an 1310. Il jouit dans son ordre du titre de bienheureux (1).

Parmi les quatre églises de Figeac, celles du Puy et de Saint-Martin étaient de nouvelle fondation. L'abbé les avait fait bâtir sans le consentement de l'évêque de Cahors : entreprise qui donna lieu à un procès, dont nous parlerons ailleurs. Quant à la recluse, le testament de Dorde de Barasc est le premier document où il soit dit qu'il y en eut une à Figeac (2).

1. *Annal. Frat. min.* tome III, an. 1309.
2. On sait que par *Reclusa, Inclusa, Reclusorium, Clusorium*, etc., on entendait une maison où des religieux, pour mener une vie plus parfaite, se renfermaient

XXVII. — *Confirmation de divers droits par l'évêque de Cahors, en faveur du chapitre du Vigan et du monastère d'Espagnac — Nouvelles circonscriptions des paroisses de Cahors*

L'année suivante (1287) l'évêque de Cahors confirma le chapitre régulier du Vigan dans ses droits et dans ses possessions, et il en augmenta les revenus par plusieurs donations importantes (1). Cédant à la prière d'Aymeri Ebrard, évêque de Coïmbre, il confirma aussi le monastère d'Espagnac dans la possession du prieuré de Sainte-Eulalie, que l'abbé de la Couronne venait de lui céder. Comme la division des cures de sa ville épiscopale était extrêmement défectueuse, il procéda à une nouvelle répartition pour laquelle il consulta les curés intéressés et le prieur des religieux de Grandmont, du faubourg Saint-Georges. Le procès-verbal qui fut dressé à ce sujet est le plus ancien monument où il soit fait mention de ce monastère, qui pourrait bien avoir pour fondateur l'évêque Géraud Hector qui était, comme on l'a vu, tout dévoué à l'ordre de Grandmont. Mais la nouvelle circonscription qui a subsisté jusqu'à nos jours ne fut guère moins imparfaite, chaque curé ayant voulu conserver les riches maisons de sa paroisse. Les paroissiens eux-mêmes firent en sorte de rester unis aux églises où reposaient les cendres de leurs pères. Il était d'usage à Cahors, comme à Figeac, de porter dans les funérailles des étoffes d'un grand prix. Elles étaient en soie ou en or et ornées des plus riches broderies. Les curés de la ville prétendaient y avoir droit. Le sacristain de la cathédrale le leur contestait, soutenant que l'église-mère en avait seule joui de tout temps.

dans de petites cellules. Il y avait beaucoup de ces cellules dans les monastères de l'ordre de Saint-Benoît, mais depuis quelque temps il s'en était formé d'une autre espèce dans le diocèse de Cahors. C'était de simples cellules isolées, construites aux approches des villes, dans des lieux solitaires. Il y en avait plusieurs dans les montagnes de Cahors. Dans les testamennts de ce siècle et des suivants on trouve ordinairement des legs faits aux *Reclus de Saint-Julien*, dans le faubourg Saint-Georges de Cahors. La recluse de Figeac devait être de la même espèce que celle-ci. Il y avait une différence entre les moines reclus et les ermites. Ceux-là ne vivaient pas ensemble ; ils ne sortaient point de leur cellule où on leur portait les aliments nécessaires à la vie. Ceux-ci au contraire les allaient chercher. D'ailleurs il y avait dans ce temps des recluses et des ermitages. L'ermitage de Cahors avait plusieurs religieux, de même que ceux de Goujounac et d'Arciman près de Millac dans le Gourdonnais dont on ne connaît pas la fondation. On peut affirmer qu'ils sont très anciens ; on trouve dans ces retraites depuis longtemps abandonnées des objets qui sont dignes d'admiration.

1. G. de Lacroix, *Series episc. cad.*, pag. 141.

Il gagna son procès en vertu d'une enquête qui avait été ordonnée touchant cette affaire et sur l'attestation de l'évêque qui assura que, pendant sa jeunesse, étant chanoine de Cahors, il avait vu les ornements funèbres passer dans la sacristie de la cathédrale (1).

XXVIII. — *Prestation de serment du bailli de l'évêque entre les mains des consuls de Cahors — Droits perçus sur les vins de Cahors envoyés à Bordeaux*

L'évêque ayant nommé pour son bailli Arnaud de Jean, celui-ci, afin de pouvoir exercer son emploi, fut obligé de se présenter devant les consuls qui l'admirent au serment usité en pareil cas, après avoir fait lecture de ses lettres de provisions, en présence des conseillers de la municipalité, parmi lesquels on trouve Géraud de Sabanac, docteur ès lois. On voit dans le procès-verbal de réception que le bailli de l'évêque devait être citoyen de Cahors, posséder des immeubles dans la ville et hors la ville et que les consuls avaient le droit de le poursuivre, s'il s'écartait de la justice et portait la moindre atteinte aux coutumes, libertés et privilèges de la communauté (2).

Les consuls avaient réglé avec Jean de Greilli, sénéchal de Guyenne, les droits sur les vins de Cahors qui descendraient à Bordeaux par eau ou par terre. Ils obtinrent du roi Edouard des lettres patentes en confirmation de l'arrangement déjà conclu (3). On y voit que les marchands de Cahors payaient à la ville de Bordeaux 5 sous 4 deniers tournois par barrique de vin, et au roi d'Angleterre la moitié de cette somme, plus 2 deniers et une obole petits tournois pour *la coutume de Royan*. Le vingtième de la quantité des barriques était affranchi de ces derniers droits en faveur du commerce.

XXIX. — *Exécution du traité conclu entre les rois de France et d'Angleterre*

Philippe le Bel, voulant faire exécuter le traité qu'il venait de conclure avec le roi d'Angleterre, choisit Raymond, duc de Bourgogne, son camérier, François Raymond, seigneur d'Ugel, son connétable, Simon de Matiphas, archidiacre de Reims, et Pierre de Mornai, archidiacre

1. Foulhiac.
2. *Arch. municip.*
3. Dans ces lettres patentes on voit que Gaucelin de Vayrols était premier consul de Cahors, Géraud de Cazèles le second.

d'Orléans, pour assigner sur ses terres les 3,000 livres de rente qu'il avait promises au prince anglais. Les lettres ou commissions qu'il leur fit expédier sont datées de l'an 1286, le lundi avant les *brandons* (1). Ces quatre commissaires firent contribuer le Quercy au paiement de cette rente pour la somme de 758 livres tournois. Ils se rendirent à Villefranche de Périgord où, par un acte passé le jour de la fête de saint Pierre et saint Paul de l'an 1287 entre eux et Géraud, abbé de Saint-Maurin, et Raymond de Fourès, doyen de l'église de Saint-Surin de Bordeaux, procureurs du roi d'Angleterre, ils accordèrent et assignèrent à ce monarque pour le paiement de cette rente, en déduction de celle de 3,000 livres, un nombre considérable de communes ou paroisses du Quercy. Ce furent : 1° presque toutes celles qui se trouvent entre Valence et Lauzerte, sur les bords ou dans le voisinage de la Barguelonne, savoir : Castelsagrat et Saint-Michel Dorsant, aujourd'hui son annexe, les paroisses de Besenoux, Cornelias, Lalande, Saint-Pierre de Sigonac, Guasquet, Colonges, Roubillon, Planel et Lacapelle, Saint-Jean de Castel, Saint-Etienne de Selles, Montjoie, Sainte-Eulalie de Moissaguet, Saint-Clément et Saint-Pierre du Bregat, Saint-Séverin de Brassac, Campagnac, Montmanharic, Perville et La Garde, Saint-Pierre de Gressas, Saint-Martin de Belladène, Sainte-Croix de Punejouls, Saint-Julien et Saint-Pierre del Pech, Saint-Perdoux, etc.; La justice haute et basse de beaucoup de ces lieux fut comprise dans la concession : de là vient, sans doute, que, par le laps du temps, ils sont demeurés réunis à la sénéchaussée d'Agen, sans cesser pour cela de faire partie du diocèse de Cahors; 2° Villefranche, Besse, etc., en Périgord, sur les frontières du Quercy; 3° en revenant dans ce pays, Cazals, Gindou, Montcléra, Saint-Etienne des Landes, Marminiac, Saint-Denis de Luzies, paroisses dont la haute et basse justice appartient au roi de France; le bailliage de Concorès avec ses dépendances et où se trouvent le bourg et la paroisse de Montamel, dont la haute et basse justice appartient à Guillaume de Guerre, et la suzeraineté *(feudum)* avec le ressort *(ressortum)* au roi d'Angleterre. Sur quoi il fut réglé qu'en vertu de ces droits le monarque anglais pourrait tenir les assises à Montamel, y avoir des fourches patibulaires pour punir les malfaiteurs qui seraient jugés par les baillis, sans qu'il fut porté

---

1. Ce qui signifie non le lundi avant la fête de la Purification, comme l'a interprété l'historien moderne du Quercy, mais le lundi avant le dimanche qui précède la première semaine du carême, et qui était appelé dimanche des brandons, ou simplement brandons, à cause des feux qu'on avait coutume d'allumer ce jour-là, vers le coucher du soleil.

aucune atteinte au droit de haute et basse justice, dont était en possession Guillaume de Guerre, en un mot y exercer les mêmes droits qu'a le roi de France dans les lieux des autres baronnies et châtellenies voisines ayant haute et basse justice; et que cependant le roi d'Angleterre, avant d'en venir à ces actes d'autorité, accorderait à Guillaume de Guerre des lettres patentes où les droits de celui-ci seraient établis et conservés, lesquelles lettres seraient ensuite envoyées à la sanction et confirmation du roi de France, pour ce qui regarde ce seigneur; la paroisse de Saint-Romain le Gourdonnais avec juridiction haute et basse; le lieu de Borsials, dont le roi de France a la haute justice, avec le ressort pour appel pour les affaires majeures et celles qui ne le sont pas; le lieu de Lenthes et sa paroisse, aujourd'hui réunie à celle de Déganhac, avec la haute et basse justice, dont la propriété est en litige entre le roi de France et le prieur (de Catus); le lieu et la paroisse de Déganhac, de Lamothe, etc., avec la haute et basse justice qui appartient au roi de France; cependant s'il était prouvé que la haute juridiction de Lamothe eût été accordée à l'abbaye de Notre-Dame de Gourdon par lettres d'amortissements d'Alphonse, comte de Poitiers, elle serait délaissée à ce monastère; le bailliage de Vers avec ses dépendances où se trouve le lieu de Vers, dont la haute et basse justice appartient au roi; mais quant à la juridiction du lieu de Calmont, qui est de ce bailliage, elle est contestée au prince par Bertrand de Cardaillac et Fortanier de Gourdon qui reconnaissent néanmoins que le ressort en est au roi; les lieux de Camy et de Mels, avec la juridiction haute et basse; le ressort dans la baronnie d'Aymeric de Malamort où est la ville de Salviac, avec le lieu et la paroisse de Saint-Aubin, et les lieux de Lacoste, Laborde, La Fontade, Loupiac, Costerate et leurs dépendances; le ressort dans la baronnie de Ratier de Castelnau, où sont le château de Peyrille et ses dépendances, et les lieux d'Uzech, Borsials, Saint-Germain, Saint-Clair, Ussel, Lavercantière, Nadillac, sauf l'hommage de ces terres qui est dû au chapitre cathédral de Cahors; le ressort dans la baronnie de Guillaume de Guerre, où est le château de Mechmont avec ses dépendances; le ressort dans le lieu et les dépendances de Concorès; le ressort dans la baronnie de Bertrand-Hugues de Cardaillac, chevalier (1), où sont les lieux de Saint-Michel, Fages, Nougairols, Nougairac et leurs dépendances; le ressort dans la baronnie de Bertrand de Cardaillac, cheva-

---

1. Ce seigneur ne peut être que Bertrand III de Cardaillac, seigneur de Bioule, fils d'Hugues III, baron de Cardaillac.

lier (1), où sont Vialole, Bouziès, etc., avec leurs dépendances; le ressort dans la baronnie de Géraud de Cardaillac (2), frère de Bertrand, où sont les lieux de Saint-Sernin et de Soulomès; le ressort dans la baronnie de Raymond Barasc, où est le lieu de Cabrerets avec ses appartenances, et le lieu de Larnagol, non compris la Toulzanie, Saint-Martin-Labouval et Cénevières, dont le château sera cédé moyennant une certaine somme au roi d'Angleterre, s'il est prouvé par l'enquête qu'est chargé de faire Guillaume de Jean de Cahors, qu'il ressortit au bailliage de Cazals; le ressort dans la baronnie d'Arnaud-Barasc de Béduer, où sont Carayat, Boussac, Capdénac et Gourdon; le ressort dans la baronnie de Fortanier de Gourdon, où est Lentillac; le ressort dans la baronnie de Hugues de la Roche où est Condat (au confluent du Célé et du Lot); le ressort dans la moitié du château de Corn, faisant partie du comté de Toulouse; le ressort dans la baronnie de la femme de Bertrand de Bruniquel, fille de feu Guillaume de Barasc, où sont Reyrevignes et la moitié du lieu d'Assier avec ses dépendances; le lieu de Siniergues, dont le roi de France a la haute et basse justice; le ressort dans les lieux de Brouelles et de Vaillac, et dans la baronnie de Hugues de Castelnau, où sont Gramat, Loubressac, Lentour, Manhagues, Le Ségala, Autoire, Padirac, Salgues, Mayrinhac, Rinhac, Miers, la moitié d'Aynac et de Lavergne avec leurs dépendances; la haute justice et le ressort dans la basse justice de l'abbaye d'Obasine, où sont les Alix, Carlucet, Granges, Lapanonie, Couzou, Bonnecoste et Calès; le ressort dans la basse justice et le territoire de l'abbaye de Notre-Dame de Gourdon et la haute justice avec *la peine de sang* sur les hommes de cette abbaye, excepté le lieu de l'Hambort ou l'Hambert, dont Aymeric de Malamort a la haute juridiction sur les hommes de ce monastère, et l'abbé la basse juridiction; le ressort dans le lieu du Bastit, maison des Templiers dans ce lieu; de Giniac, qui est de l'abbé de Dalon (sans doute pour Tauriac et Puybrun qui lui appartenaient en effet); et dans celui de Liauzu, dont la haute et basse justice appartient à l'abbé de Marcillac. Enfin, les commissaires du roi de France accordèrent aux procureurs fondés d'Edouard tous les hommages, fiefs, arrière-fiefs, rentes, fruits et produits, lods et ventes, acaptes, leude, péage, marchés, foires, fours, prairies, boucheries, haute et basse justice, mère et mixte empire,

1. Ce doit être Bertrand IV, fils de Bertrand III.
2. Il est dit frère de Bertrand IV; il fut la tige des seigneurs de Lacapelle-Marival.

domaines, juridiction et ressort et droits quelconques, les châteaux, villes, bastides, appartenances, paroisses et lieux susdits, tout ce qu'il avait et devait avoir dans les bailliages de Cazals, Concorès, Vers et dans le Gramatois avec ses appartenances, entre les rivières du Lot et de la Dordogne, à raison du comté de Toulouse, excepté la moitié du château de Corn qui appartenait à l'abbé de Figeac et dont le ressort, qui était au roi de France, fut retenu et conservé à ce prince; et sauf les droits de suzeraineté avec les droits d'autrui de quelle nature qu'ils puissent être (1).

XXX. — Confirmation des privilèges de Raymond VII, vicomte de Turenne — Géraud de Cahors

Le roi de France, par ses lettres données à Paris au mois d'août de l'année 1388, confirma à Raymond VII, vicomte de Turenne, les privilèges, libertés et franchises qui avaient été accordés à ses prédécesseurs. Il y est dit que le duc de Guyenne ne peut bâtir de nouvelles bastides dans la vicomté, que ses officiers n'y peuvent tenir d'assises, excepté dans la ville de Martel; que les vassaux du vicomte ne sont tenus de payer au duc aucuns subsides, présents, réels, personnels ou mixtes pour quelque cause que ce soit, quand bien même il les lèverait sur tous autres lieux de son duché; que les sénéchaux du duc sont obligés à leur création de promettre qu'ils conserveront lesdites libertés et franchises, etc.

On lit dans les *Annales des Frères mineurs* que le pape Nicolas IV, qui était de leur ordre, écrivit, en 1288, une lettre à un nommé Géraud de Cahors, laïque, interprète des langues étrangères à la cour du roi

---

1. Voilà tout ce qui fut cédé du Quercy au roi d'Angleterre, à l'exception des terres appartenant au vicomte de Turenne, qui faisaient partie du duché de Guyenne. — Depuis cet arrangement définitif entre les deux monarques, les actes qui se passèrent dans les lieux cédés au roi d'Angleterre furent datés du règne de l'un et de l'autre souverain. — Nous avons cru devoir rapporter en entier l'acte de ces diverses concessions, pour satisfaire la curiosité des lecteurs, qui aiment à trouver dans les anciens monuments les noms des lieux où ils ont pris naissance. D'ailleurs il était nécessaire de le faire pour la connaissance de certaines choses dont nous n'avions pas parlé et pour la preuve de plusieurs autres que nous n'avions fait qu'indiquer. Il paraît que chaque église principale et chaque château reçut une expédition de cet acte. Il y en a très peu, en effet, où on ne la rencontre; mais ces expéditions sont ordinairement défectueuses. Il nous en a fallu lire un grand nombre pour les corrections et les additions qu'exigeait la copie qu'en a donné M. Cathala-Coture, à la fin du second volume de son *Histoire du Quercy*.

des Tartares. Il fait un éloge pompeux de son zèle à propager la foi chrétienne dans la Tartarie (1). Les monuments locaux ne parlent pas de ce savant, qui faisait un si bon usage de ses connaissances.

XXXI. — *Dons et privilèges accordés par l'évêque à l'écolâtre de la cathédrale de Cahors — Erection en cure de l'église de Saint-Etienne des Soubiroux — Efforts de l'évêque de Cahors pour rendre le Lot navigable*

L'église de Saint-Martial de Pradines était unie à la dignité d'écolâtre de la cathédrale de Cahors. L'évêque se l'appropria, mais il céda en dédommagement celle de Piquecos (2), dont les revenus étaient plus considérables, et qui passa ensuite au collège de Saint-Martial de Toulouse; il y attacha aussi une prébende et quelques privilèges en faveur de l'écolâtre Jean de Guibert et de ses successeurs, pour qu'ils jouissent d'une plus grande considération, et qu'ils exerçassent avec plus de zèle les pénibles fonctions de leur emploi, qui consistaient non seulement à être les modérateurs de l'école diocésaine, mais à y professer eux-mêmes les belles-lettres, la philosophie ou la théologie.

Etant au château de Mercuès, où il faisait sa résidence ordinaire, l'évêque érigea, par ses lettres datées des nones de juin, en cure ou vicairie perpétuelle, l'église de Saint-Etienne des Soubiroux (3). Il fit en même temps un accord avec le roi d'Angleterre pour perfectionner la navigation du Lot, à laquelle il paraît que ce prélat tenait beaucoup, à cause des avantages infinis qui devaient en résulter pour sa ville et pour les habitants des bords de cette rivière.

XXXII. — *Accord entre les consuls de Sauveterre et divers seigneurs — Nouveaux démêlés entre l'évêque et les consuls de Cahors — Permission accordée par l'évêque de dire la messe dans une chapelle particulière*

Le 11 novembre 1288, il intervint un accord entre les consuls de Sauveterre et les seigneurs de Ginibrède, Guiscard d'Escayrac, Guillaume de Noaillac, chevaliers, Arnaud de Luech (Luzech), Bernard d'Escayrac, Gaillard *dels Cazalehs*, Bernard de Belpuech, Raymond-

---

1. *Annal. Frat. minor.* tome V, an. 1288.
2. G. de Lacroix, *Series episc.*, pag. 141.
3. Foulhiac.

Bernard *dels Cazalehs*, Bernard de Latagna et Pons Delcluzel, sur un procès pendant devant la cour de feu noble baron Bertrand de Gordon, au sujet du paiement des tailles et autres contributions. Il fut convenu que lesdits nobles n'en payeraient jamais aucune pour les biens qu'ils possédaient ou pouvaient acquérir dans la juridiction de Sauveterre.

Il arrivait souvent, et nous en avons déjà cité quelques exemples, que les bourgeois de Cahors, surtout les consulaires, fondaient dans les différentes églises de la ville des chapellenies dont ils donnaient le patronat aux consuls. Ceux-ci, d'après les actes de fondation, étaient chargés d'élire, de mettre en place et d'instituer les chapelains et de leur distribuer l'argent qui provenait des fonds laissés par les fondateurs et que les parents ou les fermiers étaient obligés de verser entre leurs mains. Comme ces magistrats abusaient de leur droit, l'évêque se l'appropria en sa qualité de chef de l'église; l'occasion de le faire s'offrit même cette année, car la chapellenie de Saint-Étienne des Soubiroux étant vacante, il en disposa en faveur d'un nommé Pierre Bigairol (1). Les consuls lui intentèrent un procès devant le Parlement de Toulouse, que présidait l'abbé de Moissac. Ils présentèrent devant ce tribunal une requête dans laquelle ils exposèrent que l'évêque de Cahors, portant atteinte à leurs prérogatives, nommait des chapelains à la place des leurs, excommuniant ou menaçant de l'excommunication les parents des fondateurs, s'ils en reconnaissaient d'autres que les siens. Le Parlement, s'étant occupé de cette affaire, maintint par un arrêt les consuls dans leur droit de nommer aux chapelles (2); mais dans la lettre que l'abbé de Moissac écrivit à Raymond ou Raoul de Bruli, sénéchal de Périgord et de Quercy, qui avait succédé à Pierre de Barberiac, pour lui enjoindre de le faire mettre à exécution, il est dit que le sénéchal veillera exactement à ce que les consuls n'outrepassent pas leur pouvoir, et à ce que l'évêque ne les cite point devant le tribunal de l'Eglise pour des causes qui regardent la cour. Les transactions passées entre ces magistrats et l'évêque n'avaient pu éteindre cet esprit de rivalité qui les divisait au sujet de la juridiction de la ville. Les premiers faisaient tous leurs efforts pour se soustraire entièrement à l'autorité épiscopale. Leur ambition était telle, que l'évêque ayant choisi dans le même temps un chapelain pour dire la messe de la ville, ils refusèrent de le reconnaître parce qu'il leur venait de sa part. Le Parlement de Toulouse, devant qui l'affaire fut portée, ne voulut

---

1. G. de Lacroix, *Series episc. cad.*, pag. 144.
2. *Arch. municip.*

pas en connaître, comme étant de la compétence de l'Eglise. Ils adressèrent plus tard un mémoire au roi, dans lequel ils le priaient de leur accorder des notaires et tabellions pour le service de la commune sans qu'ils fussent obligés d'employer ceux de l'évêque. Philippe le Bel, qui ne cherchait que l'occasion d'acquérir de nouveaux droits sur la ville, la leur accorda par ses lettres patentes datées du 8 février 1288 (1).

On trouve une permission bien rare dans ce temps, qui fut accordée cette année par l'évêque, ce fut celle de dire la messe dans la chapelle du château de Chaussenejols (Chauzenou), paroisse de Cressensac, à la condition qu'on n'y administrerait aucun sacrement.

XXXIII. — *Simon de Beaulieu, archevêque de Bourges, vient de nouveau à Cahors — Aymeric d'Hébrard, évêque de Coïmbre*

Simon de Beaulieu, archevêque de Bourges, était au commencement de l'année 1289 à Cahors, où il s'était rendu vraisemblablement pour rétablir la concorde entre l'évêque et les consuls, que toutes les affaires dont nous avons parlé avaient considérablement altérée. Pendant le séjour de Simon dans cette ville, Hugues de Cardaillac, un des premiers barons du Quercy, y mourut et fut inhumé dans l'église des Dominicains. L'archevêque fit l'office et l'enterrement; l'évêque, le chapitre, les prêtres, les religieux de la ville avec une partie de la noblesse assistèrent à la cérémonie funèbre (2). Le pape Nicolas IV, envoya quelque temps après à l'évêque une bulle d'indulgences en faveur des personnes qui contribueraient de leurs largesses à la réparation de la cathédrale. Aymeric d'Hébrard, évêque de Coïmbre, en Portugal, s'occupait alors à faire bâtir l'église de Cajarc, lieu de sa naissance. Ce prélat, proche parent de Raymond de Cornil, se servit d'un moyen qui prouve la piété des chrétiens de ce temps et la charité qui les unissait, quoique séparés les uns des autres par des mers et de chaînes de montagnes. Il obtint pour tous ceux qui contribueraient à ce saint édifice, quarante jours d'indulgence, de plusieurs cardinaux, des patriarches d'Antioche et de Brague, et d'un grand nombre d'évêques de l'île de Chypre, Italie, France, Allemagne, Espagne et Portugal (3).

Aymeric était fils de Guillaume d'Hébrard, seigneur de Saint-Suplice,

1. *Arch. municip.*
2. Foulhiac.
3. *Archiv. de Cajarc.*

qui prend la qualité de chevalier dans plusieurs chartes de ce temps : ce qui prouve que cette maison était déjà distinguée. Néanmoins, ce Guillaume en est regardé comme le chef par le sieur de Maleville même, quoique cet écrivain ait prétendu qu'elle remontait à l'âge celtique, que sous les Romains un Caïus Ebrardus fonda la ville ou le château de Cajarc, appelé de son nom Caiiarx, et que Saint-Sulpice, archevêque de Bourges au VIIe siècle, était un rejeton de ce prétendu fondateur. Maleville n'avait pas besoin de recourir à la fable pour rehausser l'éclat d'une famille qui, dans les siècles suivants, devint une des plus illustres des provinces méridionales de la France. Quelques écrivains ont attribué à l'évêque de Coïmbre la fondation du monastère d'Espagnac; ils ont avancé qu'il l'avait doté pour cent religieuses de l'ordre de Saint-Augustin, et qu'il avait fait venir d'Espagne des esclaves sarrasins pour la culture des terres et le service intérieur de la communauté. C'est, comme on voit, une erreur de leur part qui provient de ce qu'ils n'ont pas consulté les cartulaires de l'abbaye de la Couronne et du couvent d'Espagnac (1). Il est cependant vrai de dire que ce prélat en fut le restaurateur et le bienfaiteur. Cette maison était située aux pieds de montagnes, et les eaux qui en descendaient l'inondaient souvent, en minaient les fondements et en rendaient la demeure malsaine. Le prélat la transféra au lieu où elle est encore située, après en avoir obtenu, en 1293, la permission de Foulques I, abbé de la Couronne. C'est pour cela que dans l'acte de cette nouvelle fondation ou plutôt de translation que l'on trouve dans le cartulaire d'Espagnac, Aymeric prend le titre de patron du monastère, titre qu'il transmit aux membres de sa famille et qu'il avait obtenu en reconnaissance des religieuses et d'Alasie II, leur prieure. Il la combla de biens et s'y réserva dix places gratuites pour des demoiselles de la maison d'Hébrard. Les seigneurs de Saint-Sulpice ont joui depuis du droit de présenter la prieure, élue comme auparavant par la communauté, à l'abbé ou plutôt au prieur de la Couronne, qui a toujours conservé celui de confirmation, de visite et de correction. C'est ce qu'on voit dans différents procès-verbaux dressés à ce sujet et

---

1. Il est vrai que cet évêque appela un grand nombre de Sarrasins du Portugal pour cultiver les terres dépendantes du couvent d'Espagnac. Ces Maures s'y fixèrent. Il en reste encore des descendants, comme on peut le reconnaître aux noms arabes qu'ils portent. Cet évêque, par son testament, dont les consuls de Cajarc furent les exécuteurs, combla de biens les religieuses d'Espagnac. Celles-ci plaidèrent longtemps contre les consuls de Cajarc qu'elles accusaient d'infidélité.

dans des arrêts du Parlement de Toulouse et du Grand-Conseil, rendus en divers temps contre la maison de Saint-Sulpice qui voulait s'arroger le droit de nomination.

XXXIV. — *Testament de Raymond de Cornil, évêque de Cahors — Les ermites de Saint-Augustin*

L'évêque de Cahors, voulant faire son testament, en demanda la permission au pape. Nicolas IV la lui accorda, par une bulle datée du mois d'avril de l'an 1289 (1). De là, le savant abbé de Foulhiac a conclu que la cour de Rome prétendait à un droit de dépouille sur l'évêché de Cahors. On ne voit pas sur quoi elle pouvait fonder ses prétentions; on voit encore moins pourquoi Raymond de Cornil eut recours à elle pour un acte que ses prédécesseurs avaient fait légalement de leur propre autorité. Quoi qu'il en soit, non seulement le pape permit à l'évêque de tester, mais encore il lui désigna les objets dont il pourrait disposer; c'était d'abord, tous les biens qu'il avait licitement acquis sans s'être servi des deniers ou revenus de l'église; ensuite les meubles provenant de ses revenus ecclésiastiques, lesquels, distraction faite d'une partie pour payer les dettes de son église et pour ses funérailles qui doivent être décentes, l'évêque pourra donner à titre de récompense à ses parents ou aux personnes attachées à son service. Raymond de Cornil fit, dans son château de Mercuès, au mois de septembre suivant, son testament. Il choisit pour le lieu de sa sépulture la chapelle qu'il avait fondée dans la cathédrale en l'honneur de saint Blaise et sainte Catherine; il assigna 5,000 sous tournois pour ses obsèques; il chargea ses exécuteurs testamentaires, qui étaient Bertrand de Cornil, son neveu, archidiacre de Cahors, Pierre de Martin, chantre, et Raymond Pauchelli, chanoine de la cathédrale, le prieur des Dominicains et le gardien des Cordeliers de la ville, de payer toutes ses dettes sans attendre que ses créanciers eussent recours aux tribunaux. Il fit ensuite des legs considérables aux monastères de Cahors, Dominicains, Cordeliers, la Daurade, Sainte-Claire, Carmes, Grandmont, Augustins; à tous les hôpitaux, particulièrement à celui des Soubirous, qu'il appelle *hospitale nostrum*, parce que les évêques en étaient patrons; aux couvents de Leyme, Boisses (aujourd'hui *lous bouïsses*), Lazières, Espagnac, hôpital Issendolus, Sainte-Claire de Montauban, à toutes les communautés religieuses, à toutes les

---

1. G. de Lacroix, *Series episc. cad.*, pag. 144.

recluses, aux maisons des Templiers et des chevaliers de Saint-Jean de Jérusalem, à toutes les léproseries et à toutes les églises de son diocèse. Comme il était né au château de Creysse, il fit des dons plus considérables à l'église, à l'hôpital et à la léproserie de ce lieu. Il donna un calice à chaque autel de la cathédrale, aux chapelles de Saint-Martin et de Saint-Jean, aux églises de Mercuès, d'Auzac, etc., et en laissa cinq pour être distribués à celles auxquelles Austorg, autrefois son official, les avaient donnés par son testament. Plusieurs de ses nièces, religieuses de la Daurade, Leyme et hôpital Beaulieu eurent chacune un legs, mais peu considérable, ainsi que les officiers de sa maison, savoir : son maréchal, son cuisinier, ses palefreniers, ses saumatiers, son pêcheur, etc. Il donna 4 livres caorcins au fils de l'un d'eux pour en faire un religieux, *ad monacandum illum*. Parmi les témoins qui sont signés dans l'acte, on distingue Guisbert de Jean, chevalier, Bertrand de Port, archiprêtre de Montpezat, Elie de Caumont et Hugues de Verneuil ou Vernel, dans les environs de Siniergues (1).

Ce testament nous apprend que les Frères ermites de l'ordre de Saint-Augustin, étaient déjà établis à Cahors; ils y avaient été appelés tout récemment, de l'agrément de l'évêque, par deux citoyens illustres de cette ville, Pierre et Bernard de Cabazac, frères, qui leur donnèrent quelques fonds de terre. Ces religieux habitaient alors, selon Dominicy, une maison située au delà des murs de la ville, vers la porte de Labarre. Ils avaient déjà bâti un monastère, un oratoire, et plusieurs autres édifices, entreprise qui leur attira un procès avec le chapitre, parce qu'ils s'étaient établis sans son consentement sur le territoire des églises de Saint-Etienne et de Notre-Dame des Soubiroux, qui étaient de sa dépendance. Les deux parties en vinrent enfin à un arrangement. Frère Arnaud de Combelle, prieur de la nouvelle communauté, et le chapitre passèrent, le 29 septembre 1292, une transaction par laquelle le chapitre se désista en faveur des Augustins de tous les droits sur le sol contesté, moyennant l'abandon d'une partie des oblations et des droits de funérailles, avec une obole de la valeur de 5 sous petits tournois, payable tous les ans à perpétuité, en signe de redevance, le jour de la Nativité de Notre-Seigneur (2).

1. Baluze, *Miscell.*, tome 1. nov. ed.
2. Vers le milieu du xive siècle, la maison d'Auriole leur donna un enclos situé près de la chapelle de Saint-Michel, et Jacques de Navarre, clerc de Cahors, une maison et un terrain contigus à cet enclos. Ayant obtenu, en 1375, du pape Grégoire XI, la permission de se changer dans cet endroit, ils y bâtirent un monastère et une église, les mêmes que ceux de nos jours.

XXXV. — *Statuts des églises de Cahors, Rodez et Tulle — Prospérité de la ville de Figeac — Différend entre l'abbé et les consuls de Moissac*

On dressa, cette année (1289), les statuts des églises de Cahors, Rodez et Tulle, qu'on trouve imprimés au tome IV des *Anecdotes* de dom Martenne et de dom Durand. On y voit bien clairement que l'année y commençait le jour de l'Annonciation ou le 25 mars, c'est-à-dire trois mois moins sept jours après le 1er janvier, qui est maintenant le commencement de l'année (1).

La ville de Figeac était alors florissante par son commerce. Il y avait des fabriques d'étoffes. C'est ce que nous trouvons dans ses archives, qui nous apprennent aussi qu'elle était en relation de commerce avec les villes d'Auvergne, du Rouergue et des autres pays de la France. Les savants historiens du Languedoc nous en fournissent la preuve suivante : Le roi de Majorque, disent-ils, écrivit de Perpignan, le 21 novembre de l'an 1289, aux gardes des foires de Champagne, et les pria de ne pas recevoir le nommé Jean Chrétien, comme capitaine de la langue provençale, parce qu'il s'était élevé contre les consuls de Montpellier et les autres marchands de la même langue, qui l'avaient nommé à cette charge. Jean Chrétien se soumit, sans doute ; car il fut confirmé au mois de février de l'année suivante, dans la charge de capitaine de Montpellier et des marchands provençaux de la langue, communément appelée *langue d'Oc*, durant la foire qui se tenait alors à Lagny, par un député des consuls de Montpellier et par divers marchands, tant de la même ville que de celles de Toulouse, Figeac, Aurillac, Saint-Flour, Narbonne, Saint-Liberi, Béziers, etc. Les guerres ont aboli ce commerce : il n'y a, depuis plusieurs siècles, à Figeac, que quelques marchands en détail.

L'abbé de Moissac jouissait à la cour de la plus haute considération ; le roi l'avait nommé son conseiller privé et son président au Parlement de Toulouse. Il y avait alors en France, dans l'un et l'autre clergé, peu d'ecclésiastiques de son mérite sous le rapport des qualités particulières à leur état. Il avait, outre cela, la réputation d'être un des hommes les plus versés qu'il y eût dans la science du droit et dans la pratique des

---

1. Nous avons déjà dit que nous suivions pour les faits locaux et de peu d'importance la chronologie usitée dans l'église de Cahors, qui ne prit fin que sous le règne de Charles IX, lorsque ce prince ordonna par son édit de janvier de l'an 1563, de dater les actes publics et particuliers du 1er janvier.

affaires. Les consuls de Moissac qui auraient dû être tout glorieux d'avoir un tel homme pour leur seigneur et abbé, non moins ambitieux et injustes que ceux de Cahors, osèrent lui contester ses droits sur leur ville (1290), et refusèrent en conséquence de lui prêter le serment de fidélité (1). Mais ils furent forcés de se soumettre à lui, en vertu d'un ordre du roi qui leur fut signifié par son sénéchal du Quercy, Limousin et Périgord. Ce sénéchal s'appelait Elie de Caupène, chevalier; il avait pour lieutenant Géraud de Sabanac, de Cahors, un des savants juris- consultes de ce siècle.

XXXVI. — *Les habitants du Haut-Quercy supportent impatiemment le joug du roi d'Angleterre*

La même année (1290), Edouard, roi d'Angleterre, se fit reconnaître à Turenne et à Saint-Céré dans la personne de son sénéchal de Guyenne qu'il envoya sur les lieux (2). Cette cérémonie eut lieu dans la forme prescrite et déjà observée. Le sénéchal reçut du vicomte les clés des deux châteaux et les lui remit ensuite, après avoir arboré sur les tours le drapeau anglais.

Les peuples de la vicomté ne pouvaient s'accoutumer à cette domi- nation étrangère et murmuraient hautement de s'y voir assujettis. Le nombre des mécontents s'était accru dans le Haut-Quercy, depuis le dernier traité. Il paraît même que les habitants des terres de Gourdon et de Gramat, et à leur exemple ceux de Saint-Céré et des environs, se soulevèrent en 1291, car le roi de France ordonna, cette année, à son sénéchal du Quercy d'y rétablir et maintenir la paix (3). L'évêque de Cahors ne montrait pas moins de répugnance pour ce traité, quoique ses terres n'y fussent point comprises. Il plaida devant le Parlement de Paris la cause de son diocèse qui jouissait, disait-il, aussi bien que le domaine de son église, du privilège de ne pouvoir être aliéné de la couronne française (4). Mais le Parlement décida que le roi de France, en traitant avec le monarque anglais, n'avait blessé en rien ce privilège: car, dans la concession qu'il avait faite, il avait conservé le droit de supériorité : *cum nos ibi superioritates habeamus, tanquam rex, sicut ante*. Cette décision et la surveillance active du sénéchal calmèrent les

---

1. Foulhiac.
2. Justel, *Hist. générale de la Maison de Turenne*.
3. Foulhiac.
4. Dominicy.

esprits ; on ne trouve pas, en effet, qu'il y ait eu depuis dans le Haut-Quercy la moindre sédition.

XXXVII. — *Le diocèse de Cahors est visité de nouveau par l'archevêque de Bourges — Permutations d'églises entre les abbés de Moissac et de la Cluse — Procès entre l'abbé de Montauban et les officiers royaux*

L'archevêque de Bourges entreprit, cette année, une autre visite métropolitaine (1). Il était à Cahors le lundi après le dimanche des Rameaux, car la prieure de la Daurade lui remit, ce jour-là, des lettres par lesquelles elle déclarait qu'elle avait été exemptée pour cette fois seulement du droit de procuration. Simon de Beaulieu visita les mêmes églises que précédemment, en 1285, y célébra les saints mystères et y accorda des indulgences. Il donna même dans plusieurs, comme à Cahors et à Rocamadour, l'ordination par permission de l'évêque de Cahors. Il se rendit à l'abbaye de la Garde-Dieu et ensuite à celle de Moissac. Bertrand de Montaigut lui écrivit de Toulouse que, tenant le Parlement, il ne pouvait se trouver dans son monastère et qu'il le priait de l'excuser. L'archevêque alla le jeudi saint de Moissac à Montauban. L'abbé le reçut la mître en tête et le bâton pastoral à la main. Le vendredi saint, après avoir célébré les offices et prêché dans l'église paroissiale de cette ville, il alla à Cayrac, d'où il écrivit au prieur de Caussade qu'il viendrait le lendemain visiter son église. A son arrivée, il n'y trouva personne. Après avoir attendu, en vain, que les paroissiens s'assemblassent, il se retira, sans avoir pu remplir les fonctions de visiteur, et alla à Saint-Antonin où le prieur de Caussade lui envoya la procuration. A son retour de la visite des diocèses de Rodez et d'Albi, il passa chez les Templiers de La Capelle-Lieuron et séjourna, dans la maison de ces chevaliers, le dimanche *Jubilate omnis terra*, qui est le troisième dimanche après Pâques. Il alla ensuite à l'abbaye de Marcillac, où il venait de se passer une scène des plus tragiques. Des gentilshommes des environs, Raymond Barasc,

---

1. Baluze, *Miscell.*, tome IV, liv. IV. — L'évêque de Cahors, ayant reçu sa lettre d'avis, répondit au métropolitain qu'il ne trouvât pas mauvais s'il ne venait pas le joindre à son entrée dans son diocèse, parce qu'une infirmité l'empêchait d'aller à cheval. Cette lettre est datée du dimanche *Lœtare*. C'était le quatrième dimanche du Carême ; on le nommait ainsi à cause de l'introït *Lœtare* que l'on chantait ce jour-là à la messe. On donnait alors à chaque dimanche le nom du premier mot de l'introït de la messe. Cet usage ne s'est conservé que pour le dimanche après Pâques que l'on appelle encore *Quasimodo*.

damoiseau, Bertrand de Truffe, son baile, Raymond de Grivelia (1), damoiseau, Guillaume du Port, Bernard de Bénech (2), Arnaud de Villesèque, Pierre de Berganti et Bernard de Cénevières, après avoir été bien accueillis des moines, les avaient crùellement maltraités. Ils avaient poussé la barbarie jusqu'à couper le poing à l'un d'eux appelé frère *Guido*. Indigné d'un si horrible attentat, l'archevêque écrivit à l'évêque de Cahors d'en poursuivre promptement les auteurs qu'il excommunia, en attendant, sans les nommer. Il écrivit aussi, sur cette affaire, au sénéchal de Périgord et de Quercy pour le roi de France, et au sénéchal de Quercy pour le roi d'Angleterre, qui était chargé de rendre la justice dans les lieux de ce pays où son maître l'avait acquise en vertu du dernier traité. Nous ne savons pas quelle fut l'issue de cette affaire. Le procès-verbal de la visite de l'archevêque de Bourges n'en parle point; ce qui nous fait croire que l'attentat demeura impuni. D'ailleurs, Raymond Barasc, le plus coupable de ces assassins, était trop puissant pour ne pas empêcher ou arrêter toute poursuite contre lui et contre ses complices.

L'abbé de Moissac permuta, en même temps, avec Raymond, abbé de la Cluse, le prieuré de Saint-Anastase contre ceux de Sainte-Marie de La Salvetat et de Sainte-Gabelle (3).

Nous avons dit que, lorsque l'archevêque de Bourges alla visiter le monastère de Moissac, l'abbé était à Toulouse, occupé à tenir le Parlement. Ce fut alors que ce tribunal rendit un arrêt en faveur de l'abbé de Montauban, contre les officiers du roi qui lui contestaient quelques droits seigneuriaux sur cette ville. Le sénéchal de Toulouse et celui de Quercy et Périgord eurent ordre de le faire exécuter. L'abbé de Montauban s'appelait Astorge. Il avait succédé à Bernard de Malamort et il gagna, cette même année (1291), un procès que son prédécesseur avait intenté à Olivier, seigneur de Bressols, au sujet de l'hommage de cette terre d'après lequel le seigneur devait accompagner l'abbé à la Chaise-Dieu, quand il serait obligé de se rendre dans ce monastère (4). Cet hommage changea dans la suite. Il ne consista que dans une paire d'éperons dorés que le seigneur donnait à l'abbé, à genoux, sans épée et les mains jointes.

1. Peut-être Gréalou.
2. Maison noble qui avait ses principaux fiefs du côté de Prayssac. Il en est fait mention dans les actes de cet endroit jusque vers le XVIe siècle. — Voir les archives de château de Calvayrac, près de Prayssac.
3. *Gallia christ.*, tome I, pag. 169.
4. Le Bret, *Histoire de Montauban*.

XXXVIII. — *Construction du Pont-Neuf de Cahors — Eglise de Sonac — Continuation des démêlés de l'évêque et des consuls de Cahors — Levée des droits de l'Eglise romaine — Prétendue bulle du pape Nicolas IV, en faveur de l'abbaye de Figeac*

Le roi permit aux consuls de Cahors de lever un péage pour la construction du Pont-Neuf. Il paraît que cet édifice était déjà fort avancé; car on trouve, dans la *Chronique* latine de l'abbé de Foulhiac, une note qui se rapporte à peu près à cette année (1291), où il est dit que les frais de bâtisse s'étaient élevés, suivant le prix convenu, à la somme de 27,000 sous de Cahors : *Fabrica pontis novi ad 27 millia solid. caturc. de pretio convento.*

L'évêque unit l'église de Sonac à l'archidiaconé de Figeac (1). Mais cette union ne subsista pas longtemps; car l'église fut donnée par son successeur aux dames de l'hôpital d'Issendolus, qui en eurent même la collation, quoique le donateur se la fût réservée.

Ce prélat, continuellement tourmenté par les magistrats de sa ville qui le contrariaient en tout et s'efforçaient de le dépouiller de tous ses droits, résolut d'appeler le roi en pariage. Il fit part de son dessein au clergé, qui fut forcé par les circonstances de l'approuver. Mais l'acte (2), qu'il dressa de concert avec les chanoines, renfermait tant de clauses qui intéressaient l'évêque, le chapitre et la ville, que le pariage n'eut pas lieu. Le pape envoya cette année en France, Bourgogne et Provence, Albert *de Gerundula*, chanoine de Lucques, pour lever les cens et autres droits dus à l'Eglise romaine. Ceux des églises de Rocamadour se portèrent à la somme de 91 livres petits tournois, comme il conste de la quittance qu'en donna le légat dans le palais de l'évêque de Limoges à Raymond de Terrasson, abbé de Tulle (3), en présence de Raymond de La Porte, chanoine de Limoges et de Bertrand de Gramat, jurisconsulte.

Le pape Nicolas IV confirma par une bulle datée du 9 février de l'année suivante (1292), la sixième de son pontificat, les privilèges ou

1. Foulhiac.
2. Dans cet acte l'évêque se qualifie baron et comte de Cahors.
3. Il est dit dans le procès-verbal de la seconde visite métropolitaine de Simon de Beaulieu, que cet abbé jouissait du prieuré de Rocamadour, *qui tenet prioratum de Rupe Amatoriâ in manu suâ*. Ses successeurs prirent, à son exemple, le titre de prieur de Rocamadour auquel fut substitué celui d'abbé, quand l'abbaye de Tulle eut été érigée en évêché.

indulgences et différentes unions de bénéfices de l'abbaye de Figeac (1). Cette bulle a paru à l'abbé de Foulhiac, non sans fondement, aussi suspecte que celle d'Urbain II, qui y est rappelée, et dont nous avons parlé ailleurs. En effet, Nicolas IV n'était à cette époque que dans la quatorzième année de son pontificat, dont le commencement ne peut remonter qu'au 22 février 1288, jour de son élection; il mourut le 4 avril 1292; par conséquent il ne siégea que quatre ans, 1 mois et quatorze jours. Il n'est donc pas vrai que cette année fut la sixième de son pontificat, comme le porte la date de la prétendue bulle. Cela seul en démontre la fausseté.

XXXIX. — *Division des biens de la maison de Gourdon — Règlement dressé par le chapitre de Cahors — Mort de Pierre de Cahusac, religieux, originaire de Fons — Lettres de Philippe le Bel en faveur des consuls de Cahors*

Il fut fait cette année (1292) une division de biens entre les deux principales branches de la maison de Gourdon, savoir celle de Gourdon et celle de Castelnau-de-Montratier. La première prit les terres ou les droits sur les terres situées entre le Lot et la Dordogne; les terres et les droits sur les terres comprises entre le Lot et le Tarn restèrent à la seconde. L'acte de ce partage s'est perdu; mais l'abbé de Foulhiac en avait un extrait, d'après lequel il rapporte que la maison de Gourdon avait autrefois pour domaine une grande partie du Quercy (2). Ce domaine n'était divisé que par les terres de l'église de Cahors. Il s'était même agrandi aux dépens de cette église, par des concessions qu'elle avait faites en différents temps aux seigneurs de Gourdon pour les attacher à sa défense. La branche de Gourdon se divisait en plusieurs autres, dont chacune formait une maison puissante. C'étaient la maison de Gourdon-Gourdon, continuée par la postérité de Pons et d'Alamande de Turenne son épouse; la maison de Gourdon-Gaiffier-Cénevières et Laroque-des-Arcs; la maison de Gourdon-Ginouillac; la maison de Gourdon-Thémines (3), etc. Celle-ci s'était formée par le mariage de Girbert II de Thémines avec Hélène de Gourdon, dame héritière de la

1. *Cart. de Figeac.*
2. Foulhiac.
3. Chaque branche, excepté celle de Castelnau, conserva des droits sur le château et la seigneurie de Gourdon, et ces droits se subdivisèrent tellement dans la suite qu'il y eut grand nombre de seigneurs qui se qualifièrent co-barons de Gourdon.

Bourriane. Ce seigneur, depuis son mariage, prend ordinairement le titre de co-seigneur de Gourdon (1).

Le chapitre de Cahors fit aussi cette année un règlement portant que depuis la chapelle de tous les Saints, qui est au bas du chœur, jusques à l'autel de Notre-Dame, vers l'autel de la cathédrale, on ne pourrait enterrer que les évêques, abbés, chanoines, barons ou officiers du roi, et que le reste du bas de l'église, avec le cloître, pourrait être accordé au bourgeois et aux bienfaiteurs de l'église (2).

On place à cette année (1292) la mort de Pierre de Cahusac, natif de Fons, dans le Haut-Quercy, et un des religieux de son temps les plus distingués par leur science et leur piété. Il entra fort jeune dans le cloître de Saint-Etienne de Grandmont. Son mérite l'éleva à la dignité de correcteur d'un monastère appelé *Domus de defenso*, dans l'Agenais. Là, il fit l'éducation de Bertrand de Got, qui devint archevêque de Bordeaux et ensuite pape sous le nom de Clément V. Elu quelques années après prieur de Grandmont, son premier soin fut de remettre en vigueur les règles austères de l'ordre. Mais il échoua dans sa louable entreprise. Tous les religieux se soulevèrent contre lui. Ils le traitèrent devant le pape de parjure, de simoniaque et d'ignorant; et, après l'avoir déposé en plein chapitre, ils mirent à sa place un nommé Bernard Rissé. Sensible à cet affront, Cahusac partit pour Rome. Il se justifia devant le Souverain Pontife qui, convaincu de son innocence, le confirma prieur de Grandmont et chargea Bertrand de Montaigut, abbé de Moissac, frère Géraud, prieur provincial des Dominicains de Toulouse, et Raoul

---

1. C'est ainsi qu'il se qualifia dans la promesse qu'il fit, le mardi, jour de saint Hilaire de cette année (1292), à son fils Girbert III de ne point révoquer le testament qu'il avait fait à Toulouse en 1285, promesse qu'il rendit ensuite authentique, par un acte dans lequel il assigna 2,000 livres tournois à Hugues de Castelnau, baron de Gramat, avec la fille duquel, Girbert voulait se marier. Il prend la même qualité dans une sentence arbitrale rendue dans le couvent des Frères Mineurs de Gourdon, le samedi après l'octave de la Saint-Michel de la même année, par noble Hugues de Malaterre, au sujet des devoirs auxquels les habitants de la Bourriane sont tenus envers ledit Girbert, leur seigneur et baron, envers son épouse Hélène de Gourdon et leurs enfants, Girbert et Guillaume, damoiseaux. Il y est fait mention des paroisses qui composaient la baronnie de la Bourriane et qui étaient Saint-Circ-de-Madelon, avec Villeneuve et le château de Millac, résidence ordinaire des barons de la Bourriane, Peyrinhac, Prouillac, Rouffilhac, Fajoles, le Mont-Saint-Jean et Nozac. Les principaux signataires de cette sentence sont les viguiers et les consuls de Gourdon et Déodat d'Engoulême, châtelain de Domme, issu de cette famille noble dont nous avons parlé et qui avait sa résidence et son principal domaine dans le Gourdonnais.

2. Foulhiac.

Mirabel, doyen de l'église de Poitiers, de réformer l'ordre de Grandmont. Cahusac revint triomphant dans son monastère; il y convoqua le chapitre général : mais voyant les moines encore plus animés contre lui, à cause de la démarche qu'il venait de faire, il abdiqua la dignité de prieur et revint dans son premier monastère, où il termina paisiblement sa vie. Bernard de Gandalmar, correcteur du monastère de Pinel, du diocèse de Toulouse, fut élu à sa place. Comme il se rendait à Grandmont il tomba malade et mourut au Dégagnazès, près de Gourdon, monastère de son Ordre (1).

On trouve, dans les archives de l'hôtel de ville de Cahors, des lettres de Philippe le Bel de la même année, par lesquelles ce prince autorise les consuls de cette ville à établir une taille pour acquitter les dettes de la communauté et à imposer les biens d'Arnaud de Labéraudie qui se croyait exempt de toute taille en sa qualité de *valet* ou de vassal du roi. Philippe en avait auparavant envoyé d'autres aux notaires de Cahors, afin de leur enjoindre de faire mettre, pour plus grande authenticité, le sceau royal (2) aux provisions qu'ils avaient reçues des consuls de la ville.

XL. — *Mort de Raymond de Cornil, évêque de Cahors — Vacance du siège épiscopal et droit de régale*

L'évêque de Cahors, malgré son grand âge et ses infirmités, entreprit, au commencement de l'année 1293, un voyage dans le Haut-Quercy. Arrivé à Gourdon, dans le mois de mai, il fit remise à son chapitre, par un acte public, des fruits qui avaient été perçus pendant la vacance du siège, jusqu'à sa promotion à l'épiscopat (3). Il revint très malade dans son château de Mercuès, et dans un codicille qu'il fit, il légua au chapitre, pour son anniversaire, deux grandes maisons qu'il avait fait bâtir, pendant qu'il était archidiacre, à côté du palais épiscopal. Elles s'étendaient depuis les anciennes écuries de l'évêché jusqu'au grand archidiaconé. Raymond mourut le XI des calendes d'octobre, qui répond au 21 septembre. Dominicy prétend, dans ses *Mémoires,* que ce prélat fut inhumé à Dégagnazès. Cet écrivain ne se fonde que sur un ancien tombeau, que l'on voyait dans l'église de ce monastère, et qui était

---

1. *Gallia christ.,* tome II, pag. 653.

2. Ce sceau était déposé à Lauzerte où le roi avait son garde de sceaux. Il en est parlé souvent dans les Chartes de l'hôtel de ville de Cahors.

3. Foulhiac.

vraisemblablement celui de Bernard de Gandalmar, prieur de Grandmont. Au contraire, l'abbé de Foulhiac et les autres historiens du pays assurent que Raymond de Cornil fut enterré, suivant ses ordres, dans une chapelle de la cathédrale qu'il avait lui-même fait construire. Nous suivons cette opinion qui nous paraît la plus certaine.

Aussitôt après la mort de Raymond de Cornil, l'archidiacre de Cahors, son neveu, et qui portait son nom, les archidiacres de Vaux, Montpezat, Saint-Céré, Figeac et Tornès, le chantre et les chanoines s'assemblèrent en chapitre et nommèrent pour vicaires-généraux, durant la vacance du siège, les chanoines Raymond de Pauchelli et Raymond de Jean. Ils s'engagèrent tous par serment à défendre les libertés de l'église et à s'opposer de toutes leurs forces aux saisies des revenus de l'évêché, que tenteraient de faire les officiers du roi. Dans le procès-verbal qu'ils dressèrent à ce sujet, il est dit que si l'église de Cahors n'est pas sujette à la régale, elle le doit à la concession des droits de souveraineté sur cette ville que le comte de Toulouse fit autrefois à l'évêque et pour lesquels les évêques de Cahors ont rendu depuis hommage aux rois de France, qui représentent les anciens comtes de Toulouse, dont ils sont les héritiers (1).

Ces raisons n'empêchèrent pas les officiers royaux de faire, peu de temps après, la saisie ordinaire. Le syndic du chapitre en porta plainte à Pierre Flotte, chevalier, et à Jean d'Arreblay, sénéchal de Périgord et de Quercy, qui ordonnèrent la main-levée par le commandement du roi de France. Ils se réservèrent néanmoins, du consentement du chapitre, les forteresses de l'évêque avec le droit d'y mettre garnison contre les ennemis du royaume (2). Ces forteresses étaient Bélaye, Luzech, Puy-l'Evêque, etc. Elles étaient voisines de l'Agenais, qui devint bientôt après le théâtre de la guerre. Ce pays et le reste du duché d'Aquitaine avaient été confisqués, par ordre de Philippe le Bel, sur Edouard, roi d'Angleterre, qui, ayant à se reprocher d'avoir fait diverses entreprises et commis plusieurs actes d'hostilités sur les sujets du roi de France, ne voulut pas se rendre en personne devant le Parlement de Paris, où celui-ci le cita pour lui demander réparation.

1. Un roi de France, en 1209, avait expressément déclaré qu'il n'avait aucun droit de régale et qu'il renonçait à la saisie des biens des évêchés vacants, comme à une usurpation injustement faite.
2. G. de Lacroix, *Series episc. cad.*, pag. 148, 149, 150.

XLI. — Mort de Bertrand de Montaigut, abbé de Moissac — Éloge de cet abbé — Guillaume de Durfort lui succède

Ce fut cette année (1293) que l'abbé de Moissac termina sa glorieuse carrière dans son château ou maison de plaisance de Bodor. A toutes les vertus qui peuvent rendre un ecclésiastique recommandable, Bertrand de Montaigut réunissait le talent de la parole et une vaste étendue de connaissances dans les droits civil et canon qui le firent rechercher de nos rois. Il présida plusieurs années le Parlement de Toulouse et se fit dans cet emploi honorable la réputation d'un magistrat intègre et entièrement versé dans les affaires du barreau. Le plus grand bonheur qui eût pu arriver à l'église de Cahors, c'eût été que le chapitre lui eût accordé la pluralité des suffrages. Bertrand de Montaigut tiendrait le premier rang parmi les évêques les plus illustres de cette église. Il aurait gouverné son diocèse en véritable pasteur et réformé de grands abus que les successeurs de Barthélemy de Roux tolérèrent ou laissèrent s'enraciner faute de lumières ou de fermeté. Par sa prudence, sa sagesse et son habileté, il aurait détruit la cause de cette rivalité funeste qui divisait depuis longtemps les évêques et les consuls de Cahors. Il aurait établi et cimenté, entre ces deux autorités jalouses, une harmonie constante qui eût été la source de mille avantages pour les uns et pour les autres. Il aurait réglé les affaires temporelles de l'évêché qui allèrent depuis toujours en déclinant jusqu'à l'épiscopat de Raymond Pauchelli, qui les administra si mal que la moindre église du diocèse fut plus riche que l'évêché. Il les aurait mises dans l'état où il laissa celles de son abbaye, qui lui dut le recouvrement total des biens, droits et privilèges qu'elle avait perdus ou dont on lui contestait la propriété, la restauration de ses édifices, tant de la ville que de la campagne et un grand trésor amassé pour les besoins imprévus de la communauté.

Après la mort de cet illustre abbé, le chapitre de Cluny élut à sa place Guillaume de Durfort, doyen de Souillac, depuis le décès de Hugues de Castelnau, et auparavant chantre du chapitre régulier du Vigan. Il était fils de Guillaume-Bernard de Durfort, chevalier, chef de la branche de Durfort-Léobard et d'Hélène de Castelnau-de-Montratier. Il avait pour frère aîné Raymond-Bernard de Durfort, qui lui succéda dans la dignité du Vigan, au doyenné de Souillac et à l'abbaye de Moissac. Ses frères et sœurs puînés furent Géraud de Durfort, prieur de Sainte-Livrade, dans le Bas-Quercy; Bertrand de Durfort, chanoine de Cahors et prieur de Notre-Dame de la Daurade; Gaillarde de Durfort, prieure de Lissac et ensuite abbesse de Leyme ; enfin Barrave de Durfort, femme de noble Ricard Gasbert, chevalier. Les religieux de Moissac ne voulurent pas recevoir leur nouvel abbé. Ils le redoutaient comme appartenant à une maison trop puissante qui avait d'anciennes prétentions sur l'abbaye et dont les terres de Durfort, de Clairmont-Soubiroux, Montesquieu et Malauze, étaient contiguës à celles de leur monastère. Ils craignaient qu'il ne sacrifiât les intérêts de la communauté à ceux de sa famille. On prétend qu'ils s'en choisirent d'eux-même un autre appelé Pierre, qui prend le titre d'abbé de Moissac dans une charte du monastère de Souvigné, qui se rapporte à peu près à ce temps. Mais cette élection fut cassée et celle de Guillaume maintenue.

XLII. — *Sicard de Montaigut, évêque de Cahors — Hommages reçus par ce prélat*

Le siège de Cahors resta vacant environ cinq mois. Au bout de ce temps, le chapitre procéda à l'élection d'un nouvel évêque. Il nomma Sicard de Montaigut, d'abord chanoine et puis archidiacre de Rodez et, en même temps, chanoine de Cahors, prieur de Saint-Urcisse et titulaire décimateur de l'église de Martissan. Sicard s'acquitta pour lors envers le chapitre de la promesse qu'il lui avait faite autrefois au sujet de la dîme de cette église, puisqu'il était parvenu selon ses vœux à l'épiscopat (1). Son élection date du 7 mars 1293, suivant la manière de compter de l'église de Cahors. C'est l'an 1294, selon le nouveau style. Peu de jours après sa promotion, il reçut à foi et hommage plusieurs vassaux de son église, entre autres : 1° Girbert, fils de Bernard de Castanié, seigneur de Hautmon, près Lauzerte, pour les dîmes inféodées de Montesquieu et Sainte-Thècle, de Saint-Amans de Pelagal, Saint-Nazaire de Valentane, Almayrac, Valramane et Marmon ; 2° Ratier de Miramont, pour celles de Saint-Pierre de Nozac, aujourd'hui Miramont, dans les environs de Lauzerte, de Bellecassagne et Saint-Sernin des Pintiers ; 3° Arnaud de Bonafoux, pour celles de Saint-Germain, Saint-Paul et Saint-Nazaire d'Espanels, dont l'évêque unit ensuite l'église à la mense capitulaire. Ces seigneurs devaient pour ces dîmes que leurs ancêtres tenaient des évêques de Cahors, chacun un droit d'albergue pour quarante chevaux, payable une fois tous les ans. A ces hommages, nous ajouterons encore celui de Mongaudon de Rampoux pour quelque fief de l'évêché situé près de

---

1. *Gallia christ.*, tome I.

Lavercantière. Ce seigneur devait être fils de Gisbert de Rampoux, dont nous avons parlé. Sa maison était d'ancienne chevalerie et alliée à celle de Guerre, de Poudens et de Garis de Clermont qui tenaient un rang distingué parmi la noblesse de cette partie du Quercy. Le 3 novembre de cette année (1294) autre hommage de Robert de Rampoux pour le lieu et une partie des dîmes de Dégagnac, et les fiefs qu'il tient dans les paroisses de Goujounac et Frayssinet.

XLIII. — *Transaction entre Fortanier de Gourdon et divers seigneurs*

Le lundi, avant la fête de Saint-Michel de cette année (1294), il y eut transaction sur procès entre Fortanier de Gourdon d'une part, et Bertrand, Guillaume et Pierre de Vassal, Raymond et Etienne d'Oriole et Dieudonné d'Engoulême, chevaliers et damoiseaux de Vaillac, Frayssinet, Saint-Chamarand et Saint-Cirq-de-Bel-Arbre de l'autre, tant pour eux et les héritiers de feu noble Sicard de Vassal, chevalier de Frayssinet, que pour les héritiers de feue dame Raymonde, épouse de Bertrand de la Roche (de Rupe), damoiseau de Montcuq, au sujet de la justice haute, moyenne et basse des susdits lieux et leurs dépendances. Il fut convenu que Fortanier de Gourdon n'aurait droit de l'y exercer qu'au défaut et par la négligence des autres, et que ceux-ci lui en rendraient l'hommage simple du baiser de paix; qu'ils percevraient sur ces lieux les amendes, pourvu qu'elles n'excédassent pas 60 sous, dans tous les cas de vol, de jour et de nuit, à force ouverte ou non, de meurtre et effusion de sang; que, si ledit Fortanier, baron de Gourdon, ou ses gens arrêtaient quelqu'un, ils seraient tenus de le remettre au seigneur respectif; que lesdits chevaliers et damoiseaux ne pourraient être contraints à aucune assise de Fortanier, excepté à Gourdon et dans sa bastide, qui est Labastide-Fortanière, parce que Fortanier l'avait fondée; que celui-ci ne pourrait établir de fourches patibulaires et en avoir que là où elles existaient déjà; que le surplus des amendes lui appartiendrait; que les biens des condamnés qui seront confisqués retourneront au seigneur de qui ils sont tenus en fief et en emphytéose; enfin, que lesdits chevaliers et damoiseaux tiendront les droits dont il est question, en fief libre et franc du baron de Gourdon, à charge d'hommage à genoux et du baiser de fidélité qu'ils rendirent sur le champ en présence de noble Girbert de Thémines, chevalier, Bertrand de Castelnau, et Amalvin de Félenon, damoiseaux (1).

1. Ce dernier était d'une bonne famille de Gourdon et frère apparemment de Guillaume de Félenon, clerc et notaire du roi de France, qui passa cet acte de

XLIV. — *Le connétable Raoul de Clermont envahit la Guyenne — Contestations entre le seigneur et les consuls de Gramat — Charles, frère du roi de France, vient dans la Guyenne*

Raoul de Clermont, seigneur de Nesle, connétable de France, ayant été envoyé à Toulouse pour les affaires de Guyenne, assembla dans cette ville une armée nombreuse, dont la noblesse du Quercy fit partie. Il se mit ensuite en marche pour Bordeaux, passant par Montauban et par Moissac, qui paraît avoir été pendant quelque temps le quartier général de l'armée française; car on trouve que le connétable s'y tenait souvent. Le jeudi, après l'Assomption de l'an 1295, il y donna à Pierre Raymond de Rabastens, en récompense de ses services, la haute justice de Salvanhac, sur les frontières de l'Albigeois et du Quercy. Le duché d'Aquitaine fut envahi sans le moindre obstacle; les Anglais eux-mêmes livrèrent leurs places. Edouard, instruit d'une si prompte résolution, leva une puissante armée qu'il fit passer en Guyenne sous le commandement du duc de Bretagne. Celui-ci débarqua vers la fin de décembre à l'embouchure de la Garonne et se rendit maître de plusieurs places situées sur les bords de ce fleuve. Il se présenta devant Bordeaux, mais il n'osa point attaquer cette ville, parce que le connétable la défendait en personne.

On trouve, cette année (1295), une contestation entre les consuls de Gramat et leur seigneur, Hugues, au sujet d'une amende de 60 sous à laquelle le juge du seigneur avait condamné un habitant de Gramat, pour avoir coupé un arbre sur le chemin de Nauzières. Les consuls prétendirent que cette entreprise portait atteinte à leurs droits; en conséquence, ils évoquèrent la cause comme leur appartenant et déchargèrent le coupable de l'amende (1).

On trouve également cette année pour sénéchal du Quercy un nommé Jean de Flotte, chevalier, qui doit avoir succédé à Hélie de Caupéne, et qui, à son tour, eut pour successeur Gui de Caprari.

Le commencement de cette année (1295) avait été remarquable par la prise de Bayonne que les Anglais durent à la perfidie des Gascons. Sur ces entrefaites, Charles, comte de Valois, frère du roi de France,

transaction, scellé du sceau royal, par Hugues de Grandisson. On voit par cette pièce que les terres de Vaillac, Frayssinet, Saint-Chamarand, Saint-Cirq-de-Bel-Arbre, étaient de la baronnie de Gourdon et que leurs seigneurs particuliers en faisaient hommage aux barons de cette ville.

1. *Archives de l'hôtel de ville de Gramat.*

arriva en Guyenne à la tête d'une grande armée. Ce prince arrêta le cours des victoires de l'ennemi qui n'avait fait tant de progrès que parce que le connétable, obligé de maintenir Bordeaux dans l'obéissance, n'avait pu tenir la campagne. Nous ne parlerons pas davantage de cette guerre qui est étrangère à notre sujet et dont le Quercy ne se ressentit que par quelques secours d'hommes et d'argent qu'il fut obligé de fournir.

XLV. — *Premiers actes de l'évêque Sicard de Montaigut — Guillaume de Guerre — Famille de Durfort*

L'évêque de Cahors confirma, cette année, la division des paroisses de la ville. Il fit, de concert avec son chapitre, un décret qui adjugeait à ce dernier jusqu'à sentence provisionnelle, les fruits des canonicats vacants *per obitus* ou *per litigantes*. Il assigna aussi, conjointement avec lui, les églises particulières dépendantes de chaque chanoine, et qu'on a coutume d'appeler les filleules.

On trouve un hommage rendu, dans le même temps, à Guillaume de Guerre, chevalier, seigneur de Mechmont et de Montamel, par Guillaume de Garis, fils de feu Guillaume de Garis, damoiseau, pour tout ce qu'il possédait dans la paroisse de Concorès et qui faisait partie de l'héritage de son père et de son aïeul, Pons de Garis, chevalier, et de son aïeule, Peyronne d'Ussel. Le seigneur lui en accorda, immédiatement après, l'investiture, en présence de Raymond de Saint-Gilles, damoiseau, de Guillaume d'Aragon, chevalier, et de plusieurs autres nobles de la contrée.

Si les religieux de Moissac ne s'étaient pas montrés satisfaits de la nomination, comme abbé, de Guillaume de Durfort, les consuls n'en furent pas plus contents. Craignant également l'autorité et l'ambition de ses parents, ils lui refusèrent le serment de fidélité. Mais ils y furent contraints par ordre du roi, en 1296, et les religieux, par une bulle du pape Boniface VIII, de l'an 1301.

Guillaume de Durfort et ses frères Augier et Bertrand furent, avec leur cousin Ratier de Castelnau, seigneur de Castelnau, exécuteurs testamentaires de leur aîné, qui fit la même année ses dernières dispositions. Il instituait héritier son fils aîné et lui substituait ses autres enfants par ordre de progéniture, donnant à chacun pour leur dot 30,000 sous tournois et par préciput à Bernard, son troisième fils, 200 livres de rente qu'il tenait en don du roi de France sur le péage de Marmande, et à défaut de cette rente il lui donnait le château de

Malauze et ses dépendances. Il veut que son quatrième fils, Bonafous, *sia clerc et que sia al servici de Diu et de la sia benita maïré,* et lui assigne 50 livres de rente, jusqu'à ce qu'il en aura 200 en bénéfices ou qu'il ait atteint 14 ans. Il lègue 40 livres caorcins à l'église de Malauze, où son père et sa mère sont inhumés, à condition que le curé de cette paroisse et l'évêque de Cahors laisseront exhumer leurs cendres pour être transférées dans le tombeau qu'il a fait bâtir dans l'église des Dominicains d'Auvillard. Il donne encore aux Frères mineurs de Montcuq 50 sous caorcins, même somme pour l'œuvre du pont de Moissac et le mariage de dix pauvres filles et *cent grumels de lana cardada a cent paurés et pauras de son poder.*

XLVI. — *Hôpital de Toulousque — Hommage de Sicard VI de Lautrec — Différends de l'évêque de Cahors avec son chapitre et avec les consuls de sa ville épiscopale*

On trouve dans les archives de Cahors des lettres de Guichard de Marziac, sénéchal de Périgord et de Quercy, portant aveu d'une cotisation faite par les consuls sur les habitants de la ville pour les besoins de la commune, et une déclaration d'Izarn de Luzech par laquelle ce seigneur consent à renoncer, quand il en sera requis par les consuls de Cahors, au péage qu'ils lui ont promis de lever depuis la barre de Saint-Michel à l'entrée de la ville, jusqu'à l'hôpital de Toulousque, sur le chemin de Mercuès. C'est le premier monument où il soit parlé de cet hospice, dont on ne connaît pas la fondation. Il est ruiné depuis plusieurs siècles.

L'évêque de Cahors reçut, en 1297, l'hommage de Sicard VII de Lautrec pour la moitié des châteaux de Lautrec et Paulin et de leurs dépendances. Il est dit dans l'acte qui en fut dressé, et que l'on trouve dans les archives de l'évêché, que les seigneurs de Lautrec sont tenus d'accompagner, à pied, l'évêque de Cahors, à cheval, et de l'introduire, en portant son étendard, dans le château de Lautrec, comme marque de suzeraineté. Il reçut aussi l'hommage du seigneur de Castelnau-de-Montratier pour la baronnie de ce nom.

Peu de temps après que ce prélat fut monté sur le siège de Cahors, vinrent à mourir, *ab intestat,* deux chanoines de la cathédrale, Pierre de la Roche et Raymond de Trapis, de la maison de Sénaillac. Sicard de Montaigut s'empara des meubles et immeubles qui leur appartenaient, croyant de bonne foi, que toutes les dépouilles des bénéficiers de sa cathédrale qui mouraient sans avoir testé, étaient dévolues de droit à son siège. Mais le chapitre s'éleva contre cet entreprise, et fit valoir des privilèges qu'il avait obtenus du Souverain Pontife et qui lui attribuaient, avec le droit de tester, les biens des défunts intestats. Cette affaire dura quelque temps, et aurait eu, peut-être, des suites funestes par le scandale qui serait résulté de ce démêlé entre les chefs du clergé, si la modération et l'équité n'eussent été le caractère distinctif des deux parties. L'évêque reconnut enfin son tort; et, pendant le séjour qu'il fit, au mois de juillet 1297, à l'hôpital d'Aigline, autrement dit de Beaulieu, il le déclara lui-même par ses lettres dans lesquelles il établit les droits de son chapitre, tant sur ce qui faisait le sujet du procès, que sur les biens des vicairies perpétuelles dépendant de ce corps, quand elles seraient vacantes, et sur le dixième du produit de la monnaie. Il se reconnut obligé de donner le jeudi saint de chaque année, suivant l'ancienne coutume, un repas aux chanoines avec leurs domestiques, leurs hôtes et tout le clergé de l'église cathédrale; enfin il cassa et annula tout ce qui avait été fait, par lui ou en son nom, au préjudice de son chapitre (1).

Cette discussion de droit ne fit que resserrer les nœuds de l'union qui doit régner entre le chef et les principaux membres du clergé. Car l'évêque étant tombé malade immédiatement après, le chapitre employa toutes sortes de moyens pour rétablir sa santé. Le chagrin, que lui causait le mauvais état de ses finances, étant capable d'aggraver sa maladie, le chapitre se hâta de le consoler en lui permettant d'engager certains fruits de son évêché, jusqu'à la somme de 3,000 livres tournois, pour acquitter les dettes de ses prédécesseurs et les siennes, pourvoir aux besoins des gens de sa maison, payer les legs qu'il se proposait de faire, et laisser de quoi le faire inhumer, d'une manière convenable à sa dignité. Mais il soumit cette aliénation à de grandes réserves et à plusieurs conditions, dont l'une était que l'évêque choisirait la cathédrale pour le lieu de sa sépulture. Le prélat reconnaissant, adjugea, par une ordonnance, à la cathédrale, tous les ornements d'église, tant des évêques que des chanoines qui mouraient intestat. Il avait eu, quelque temps avant sa maladie, de grands démêlés avec les consuls de sa ville, tant au sujet de quelques entreprises condamnables auxquelles ces magistrats s'étaient portés sous Raymond de Cornil, qu'au sujet d'un nommé Jean de Saint-Jory, prêtre fort estimé, qu'ils avaient osé, de leur propre autorité et au mépris des droits de l'évêque, faire arrêter et condamner au supplice infâme du gibet, par une sen-

---

1. G. de Lacroix, *Series episc. cad.*, pag. 151.

tence qui eut son effet. L'évêque les avait vivement poursuivis devant le tribunal du sénéchal du roi, pour en obtenir une réparation proportionnée à la grandeur de l'attentat. Ses poursuites, quelques justes qu'elles fussent, avaient aigri contre lui les consuls et une partie des habitants de la ville. Croyant toucher à sa fin, et ne voulant pas porter au tombeau la douleur de les avoir laissés dans les mauvais sentiments qu'ils lui témoignaient, il leur envoya ses archidiacres pour les assurer de son pardon et leur demander leur amitié. Il déclara, en même temps, par un acte public, qu'il avait oublié tout ce qui s'était passé, entre eux et lui, dans les affaires qui les avaient divisés et dans lesquelles il ne s'agissait que de défendre des droits qui appartenaient incontestablement à son église (1).

Sicard de Montaigut recouvra la santé. Sa convalescence, qui dut être pénible, l'empêcha de se rendre aux ordres du roi Philippe le Bel qui l'appela, ainsi que l'abbé de Moissac, pour assister à l'exaltation des reliques de saint Louis, que le pape Boniface VIII venait de canoniser (2).

XLVII. — *Fondation de Montcabrier — Religieuses de l'hôpital Beaulieu — Chapitre de l'ordre de Saint-Jean de Jérusalem tenu, à Fronton, par Guillaume de Villaret*

Le Quercy avait alors pour sénéchal Gui de Caprari, autrement dit de Cabrier ou de Chevrier. Celui-ci fit bâtir, cette année, dans les environs de Pestillac, par ordre et au nom du roi de France, une bastide qu'il appela de son nom *Montcabrier*. Il y fonda une église en l'honneur de saint Louis. Il y en avait déjà, auprès, plusieurs autres d'une aussi haute antiquité que celle de Pestillac : ce sont Saint-Avit et Saint-Caprais de Marnac. Montcabrier est devenu un lieu considérable du Haut-Quercy. Le sénéchal accorda aux habitants des privilèges nombreux, entre autres, celui d'acheter et de recevoir à cens ou en don de toute personne qui veut vendre, inféoder ou donner ses biens immeubles. Il excepte cependant les fiefs francs et nobles ou militaires qu'on ne pourra acquérir sans sa permission ou celle de ses successeurs (1).

1. G. de Lacroix, *Series episc. cad.*, pag. 152 et 153.
2. Nous avons déjà dit que les peuples du Quercy refusèrent d'abord de chômer, pendant la fête de ce saint roi, que le souverain pontife dans sa bulle de canonisation fixa au 25 août. Mais les évêques de Cahors surent triompher de ce refus opiniâtre, dont le ressentiment était le principe; et il y eut bientôt dans le diocèse des églises et des autels dédiés à Saint-Louis.
3. Mais, ayant dans la suite, dit Dominicy au sujet de ce privilège, impétré

Pendant que Guillaume de Villaret était grand-prieur de Saint-Gilles, il convoqua un chapitre à Latronquière, commanderie de son ordre, dans le Haut-Quercy. Dans cette assemblée, composée des différents commandeurs de la langue de Provence, il érigea en communauté religieuse de dames chevalières de l'ordre de Saint-Jean de Jérusalem l'hôpital Beaulieu, dirigé depuis quelque temps, comme nous l'avons dit, par un commandeur du même ordre, ayant sous lui, pour le service des malades, des frères et des sœurs. Il fit cette fondation en faveur d'Aygline, petite-fille de l'autre Aygline, fondatrice de l'hospice, et de plusieurs autres dames de qualité, qui vivaient dans cette maison confondues avec les sœurs hospitalières dont elles partageaient les fonctions. Villaret leur donna la règle, l'habit et la croix de l'ordre, et établit Aygline, grande-prieure de la nouvelle communauté, qu'il soumit au grand-prieur de Saint-Gilles (1). L'hôpital Beaulieu n'eut plus dès lors de commandeur; il ne fut gouverné que par la grande-prieure. Mais il y eut encore, pendant très longtemps, des frères chargés du soin des malades de leur sexe. Le nombre des religieuses chevalières, qui pourraient être reçues à l'hôpital Beaulieu, fut fixé à trente-neuf par le grand-prieur de Saint-Gilles. L'habit, qu'il leur donna, consistait en une robe de soie rouge, qu'une ceinture serrait à la taille et que recouvrait un manteau noir. La croix de l'ordre, faite d'une toile très blanche et très fine, était cousue sur la poitrine et le côté gauche du manteau. C'est sous ce costume imposant qu'est représentée, dans les anciens tableaux, sainte Fleur, tenant un rosaire à la main (2). Depuis la prise de Rhodes, ces religieuses ont quitté la robe rouge et en ont pris une noire en signe de deuil.

Guillaume de Villaret fut élevé à la dignité de grand-maître, après la mort d'Odon de Pins qui arriva, pour le plus tard, au commencement de 1297. Avant son départ pour l'île de Chypre, où le grand-maître des Hospitaliers de Saint-Jean de Jérusalem faisait alors sa résidence, il tint à Fronton, dans le diocèse de Toulouse, le 30 mai de cette année,

---

cet avantage par bénéfice du prince, ou ayant financé en la même façon que le font les ecclésiastiques, quand ils veulent amortir par lettres du roi les terres qu'ils ont acquises, les fiefs tombèrent indifféremment entre les mains des nobles et des roturiers; et ceux qui tenaient des plein-fiefs et arrière-fiefs furent appelés au service de la guerre qui est le seul devoir après l'hommage dû au souverain auquel les fiefs soient obligés.

1. Les règlements que Guillaume de Villaret fit à l'hôpital Beaulieu furent confirmés, en 1301, par le chapitre général de l'ordre tenu à Limisso ou Limaçol.

2. Hugues Amadieu, *Vie de sainte Fleur*.

un chapitre provincial auquel se trouvèrent frère Pierre Ramon (1), commandeur des maisons du Quercy, frère Pierre de Vallebrin, commandeur de Saint-Maixent, frère Bernard de Saunhac (2), commandeur des maisons de Bordeaux et de l'Agenais, frère Pierre de Florent, commandeur et vice-prieur de Toulouse, frère Pierre de Tournel, commandeur de Castelsarrazin, etc. Barascon de Thémines, chevalier, frère ou cousin germain de Girbert II de Thémines, mari d'Hélène, dame de la Bourriane et d'une partie de Gourdon, se rendit à ce chapitre et proposa au grand-maître un échange de quelques-unes de ses terres contre celle des Fieux, près du château de Miers, dans la baronnie de Gramat. Ce seigneur offrit de donner : 1° la moitié du péage qu'il levait sur la voie publique qui passe à Neyrac (3) et qu'il tenait de dame Gaillarde, veuve de Raoul de Sonac, chevalier ; 2° il se désista en faveur du grand-maître et du commandeur des maisons du Quercy, de tous les droits qu'il avait, à raison d'un autre échange fait précédemment entre eux, sur un hospice situé près du château du seigneur Guarin, qui est Castelnau-de-Bretenoux, et sur le domaine de Sepual ou Sepval, dans la paroisse de Cahors, qui appartenaient à l'ordre ; 3° un vaste terrain qui avait ses limites près de la grange de Flaujac, faisait partie du fief de Selles et comprenait Lunac et plusieurs autres hameaux. Le grand-maître et le chapitre acceptèrent la proposition du seigneur de Thémines et agrandirent par là considérablement la commanderie de La Salle de Durban, déjà fondée par les maisons de Thémines et de Béduer. Barascon fut porté à cet échange, dont tout l'avantage était du côté des chevaliers de Saint-Jean, par le dessein qu'il avait formé d'ériger la maison des Fieux en un prieuré de l'ordre de l'hôpital Beaulieu. Il en fit part au grand-maître, qui y donna son consentement. La fondation de ce prieuré fut arrêté en plein chapitre. On y décréta qu'il serait composé de douze religieuses soumises à la

---

1. Ramon était d'une famille illustre qui possédait la terre de Folmont. Elle donna à ce pays un sénéchal du même nom que le commandeur. Cette maison porta ensuite le nom de Ramon ou Raymond d'Auti, parce qu'elle possédait la terre d'Auti.

2. Bertrand de Saunhac, devait appartenir à la maison de Saunhac en Rouergue, qui figure avec éclat, dès le XI° siècle parmi les maisons nobles de cette province. Il devait être frère de Pierre-Raymond de Saunhac, allié à l'ancienne maison de Caumont par son mariage avec Bertrande de Caumont. Il est parlé de ce seigneur dans des chartes de 1294.

3. Les eaux sont fort rares dans la contrée où est situé Neyrac. Mais elles abondent à cet endroit même. C'est pour cela que les seigneurs de Thémines et de Sonac y avaient établi un péage ou droit qu'ils percevaient sur ceux qui venaient y puiser de l'eau ou faire abreuver leur bestiaux.

visite et à la correction du grand-prieur de Saint-Gilles, qui aurait aussi le droit de confirmer l'élection de la prieure faite par la communauté; que ce prieuré payerait chaque année, en signe de dépendance, au grand-prieur, un demi-marc d'argent, que la prieure aurait soin de faire transmettre au chapitre de Toulouse; enfin, que l'aumônier de la maison serait un prêtre de l'ordre. Barascon se réserva dans la chapelle des Fieux, pour lui et les siens, le droit de sépulture qu'ils avaient dans celle de l'hôpital Beaulieu. Il donna au nouveau prieuré l'autre moitié du péage de Nayrac avec une rente perpétuelle de 100 setiers de froment sur ses terres de Bio, Albia, Rueyres et Thémines. Il demanda et il obtint que le prieuré fût susceptible d'être soumis, uni ou annexé à celui de l'hôpital Beaulieu, dans le cas où cette soumission ou union serait portée dans son testament. Il ne manqua pas d'y insérer cette clause, qui eut dans la suite son effet. Il y avait aux Fieux, en langage du temps *feudi*, qui signifie fiefs, un grand château. Barascon y logea, la même année, les religieuses dont Jourdaine, sœur du grand-maître et religieuse de l'hôpital Beaulieu, fut la première prieure. C'est ainsi que par la piété de la maison de Thémines, l'ordre des dames chevalières de Saint-Jean de Jérusalem se propagea dans le Haut-Quercy. Nous croyons, d'après l'abbé Vertot, que l'hôpital de Saint-Marc de Martel fut alors soumis à l'ordre de Saint-Jean (1).

C'est une opinion ancienne et générale parmi les habitants et les écrivains du Quercy que le grand-maître Guillaume de Villaret était de ce pays. C'est aussi le sentiment de dom Vaissette. Mais ils se trompent tous. Guillaume de Villaret était d'une famille illustre du Bas-Languedoc. Une de ses sœurs était la femme du seigneur de Tiran, languedocien. Guillaume de Villaret en appelant les Fieux, *nostram domum*, a voulu dire que ce lieu appartenait à l'ordre de Saint-Jean et non à sa famille ou à lui.

Le VI des calendes d'avril, 1298, le grand-maître accorda à Aygline que les sœurs dudit hôpital pourraient choisir pour prieure la plus capable d'entre elles, à la charge de faire confirmer l'élection par le grand-prieur de Saint-Gilles; il régla le nombre des religieuses et

---

1. Cet hôpital est appelé au commencement du siècle suivant, *Hôpital de la Vraie Croix*, à cause de la Croix de l'ordre que portaient les religieuses. On est étonné de voir qu'une si belle institution, uniquement faite en faveur des demoiselles nobles, dans un siècle où la chevalerie était en si grand honneur, ne se soit pas étendue en France au delà des limites du pays qui en fut comme le berceau. A la vérité, la ville de Toulouse eut un monastère du même ordre. Ce fut la vénérable Galiote de Genouilhac qui en fut la fondatrice.

donna à la prieure certains biens. Ce règlement fut approuvé par la prieure et par les religieuses Fine de Bonafous, sacristaine, Galliene des Vieux-Champs, célerière, et Aymerique de Vaux. Mais il voulut que les susdites promesses faites soient aussi approuvées par toutes les religieuses de l'hôpital, en présence de plusieurs témoins et d'un notaire. C'est pourquoi ayant convoqué, au son de la cloche, la tenue du chapitre dans une salle à côté de l'église, il parut les religieuses suivantes qui confirmèrent ce qui avait été fait : Hélis de Castelnau, cantatrice, Alazarie de Miers, Huguette de Cagniac, hospitalière, Raymonde de Massat, Huguette de Saint-Pardoux, Guillaulmette de Castelnau, Huguette de Cavila, dame Bonassies d'Isseps, Marie du Roc, Sybille de Séguier, Hélis Aymerique, Roques de Gontaut, Guillemette de Valon, Bertrande du Pin, Bertrande de Saint-Clair, Marie de Fonteville, Arnaude d'Auriole, Marie de Font-Ville, Perrette de Cieurac, Martabile de Morlon, Aymerique de Puimejac, etc.

XLVIII. — *Gaillard de Montaigut et Bérenger d'Aigues-Vives, abbés de Figeac — Hommage de Bernard Fabri et de Philippe de Levis — Géraud Flotte, sénéchal du Périgord et du Quercy*

L'abbé, qui avait fait bâtir les églises du Puy et de Saint-Martin de Figeac, était Gaillard de Montaigut qui, aussi sage et aussi éclairé que son frère de Moissac, contribua beaucoup à un arrangement qui eut lieu, en 1273, entre Gaston, vicomte de Béarn, et Edouard, roi d'Angleterre (1). Après sa mort, qui arriva en 1288, un moine, appelé Luc, fut mis à la tête du monastère. Quelques religieux provoquèrent sa destitution, sous prétexte qu'il n'avait pas de bonnes mœurs, et obtinrent de l'abbé de Cluny de mettre à sa place Bérenger d'Aigues-Vives (2). Cet abbé fit, en 1291, un accueil honorable à celui de Cluny qui venait faire la visite du monastère. Il permit, la même année, aux Dominicains de la ville de construire un pont de bois sur le Célé. C'est cet abbé que Sicard de Montaigut attaqua au sujet des deux églises qui avaient été bâties à Figeac, sans la permission et le consentement de son prédécesseur. Il lui faisait encore un grief, de ce que les autres églises de Figeac et celles qui dépendaient de l'abbaye refusaient de payer le droit de procuration ou de visite, et de se soumettre à la juridiction épiscopale. L'abbé Bérenger ne se rendit pas aux plaintes ni

1. *Gallia christ.*, tome I, pag. 175.
2. Foulhiac.

aux reproches de l'évêque : ce qui donna lieu à un grand procès, qui fut enfin terminé par la médiation d'Aymeric, archidiacre de Cahors. Les deux parties convinrent entre elles que toutes les églises paroissiales, qui dépendaient de l'abbaye de Figeac, s'acquitteraient envers l'évêque des mêmes devoirs que toutes les autres du diocèse, excepté celle de Lacapelle qui, étant situé dans l'enceinte du monastère, ne pouvait être regardée que comme chapelle de l'abbé; que les églises de Saint-Martin et du Puy ne seraient point démolies, mais qu'à l'avenir les abbés de Figeac n'en pourraient bâtir d'autres sans y être autorisés par leur évêque diocésain.

Sur ces entrefaites, l'évêque reçut l'hommage de Bernard Fabri ou Faure, bourgeois de Cahors, pour quelques fiefs qu'il tenait de l'évêché, et celui de Philippe de Levis, pour une portion de la terre de Lautrec appartenant à Béatrix, son épouse, fille unique de Bertrand II, vicomte de Lautrec (1).

Géraud Flotte, chevalier, succéda cette année (1298) à Gui Caprari dans la charge de sénéchal de Périgord et de Quercy. Il tint, peu de temps après sa nomination, les assises à Montauban (2). Ce fait est digne de remarque : il prouve que Montauban était déjà une ville importante. Géraud Flotte était apparemment frère de Jean de Flotte qui est qualifié chevalier du roi et sénéchal au duché de Guyenne, et dont un nommé, Guillaume Gaillard, clerc du roi, se dit juge dans l'homologation d'une sentence arbitrale qu'il fit pendant les assises qu'il tint à Montfaucon. Cette sentence avait été rendue par Etienne d'Oriole, damoiseau, au sujet d'un différend survenu, pour quelques rentes, entre Raymond de Salviac, prieur du chapitre régulier du Vigan, et Guillaume et Raymond de Vassal, damoiseaux de Vaillac (3).

XLIX. — *Seigneurs de Montpezat*

Nous avons vu que la terre d'Arnaud de Montpezat, condamné pour crime d'hérésie, avait été confisquée au profit de l'évêché. L'évêque Barthélemy de Roux la lui avait rendue, par composition, pour une somme d'argent. Raymond de Cornil, son successeur, était revenu sur cet arrangement et il était rentré en possession de la terre. Après la mort de ce prélat, le fils d'Arnaud profita de la vacance du siège

1. *Archives de l'évêché.*
2. Dominicy.
3. *Notes de M. de Touchebœuf.*

pour se pourvoir et recouvrer l'héritage paternel. Mais Sicard de Montaigut qui, sur ces entrefaites, fut élu évêque, lui fit signifier un acte d'opposition qui eut son effet. Aussitôt après, il fit démolir la maison d'Arnaud et éleva sur ses ruines un château avec une grande tour qu'on appelle encore la tour de l'évêque. Mais pour construire cet édifice, il fut obligé d'emprunter de l'argent des frères Pierre et Raymond Desprez (1). L'évêque de Cahors, ne pouvant payer ses créanciers auxquels il devait 529 livres 10 sous, monnaie de Cahors, leur donna en engagement le bailliage du château de Montpezat, par un acte qui fut passé à Souillac le mercredi après la Saint-Luc de l'an 1299 (2).

En vertu de ce contrat, depuis lequel les évêques de Cahors n'ont eu sur la terre de Montpezat que quelques droits seigneuriaux, comme hommage, lods, etc., et par un arrangement particulier qu'il fit avec son frère, Raymond Desprez devint possesseur d'une grande partie de cette terre : car il jouissait déjà de la portion qui n'avait pas été autrefois confisquée et qui était échue à Bonne, son épouse, héritière de Gaillard de Montpezat, son frère, mort sans postérité.

Gaillard, dont nous avons parlé ailleurs, était neveu d'Arnaud. Son père n'ayant pas, comme celui-ci, embrassé les erreurs du temps, avait conservé ce qui lui revenait de l'héritage de ses pères. La partie de la terre qui n'était pas encore à Raymond appartenait à Pierre de Lartigue, chevalier, ainsi qu'à Fine de Rozet, son épouse, et à Pierre de Beaufort, seigneur de Lesparre. Ils l'avaient acquise, sauf la seigneurie *(fos signoria)*, de la branche de la maison de Montpezat, établie à Courbarieu, sur le Tarn. Ce fut le 7 février qu'Etienne de Montpezat et Bertrand de Courbarieu, agissant pour eux et pour dame Finamande, leur mère, et pour Tardieu de Courbarieu, leur frère, firent cette concession à Pierre de Beaufort, avec tout ce qu'ils pouvaient avoir dans le lieu et les dépendances de Lesparre, en reconnaissance des services que ce seigneur leur avait rendus. Ils en exceptent ce dont jouissent Pierre de Lartigue et sa femme, et se réservent l'hommage franc et militaire avec éperons dorés à chaque mutation de seigneur *(ambes esperos daurats a senhor mudat)* (3).

1. Ils étaient d'une maison riche et noble dont on voit encore le château sur la rive gauche de l'Emboulas, au-dessous de la Magdeleine du Peyroux et à côté de la route de Paris à Toulouse. Le surnom Desprez *(a pratis)* lui vint des prairies qui sont sous le château dans toute l'étendue de la vallée.

2. Foulhiac. — G. de Lacroix, *Series epis. cad.*, pag. 154 et 155.

3. Foulhiac. — *Archives du château de Lesparre*.

Raymond Desprez est la tige de la seconde race des seigneurs de Montpezat qui n'a pas été moins illustre que la première.

L. — *Mort de l'évêque Sicard de Montaigut*

Sicard de Montaigut revint malade de Souillac. Il mourut après le 10 juillet 1300; car il est dit dans une charte du monastère de Cayrac qu'il siégeait encore à cette époque. Nous croyons que ce prélat ne mourut que dans le mois de novembre suivant. Il fut inhumé dans l'église cathédrale. On déposa son cœur dans une urne, dont on fit présent à l'église de Montpezat qu'il avait réparée et enrichie. On n'est pas d'accord sur le véritable lieu de la sépulture de ce prélat. S'il faut s'en rapporter à son épitaphe, qui contient un abrégé de sa vie et une courte notice sur la noblesse de sa famille et ses principales alliances, Sicard de Montaigut repose dans la chapelle de Saint-Blaise et Sainte-Catherine, qu'il avait lui-même fondée. Mais cette épitaphe est trop moderne pour être de quelque autorité : elle n'est que de l'an 1646 (1). Pour nous, nous croyons avec fondement que ce prélat repose dans la chapelle de la Sainte-Vierge et nous en trouvons la preuve dans son testament, où il la désigne pour le lieu de sa sépulture et dans l'acte de la fondation de deux chapellenies que Raymond Pauchelli, son successeur, fit dans l'église cathédrale. Celui-ci veut que les deux prêtres titulaires de ces chapellenies célèbrent la messe l'un à l'autel de la chapelle qui a été érigée par l'évêque Raymond de Cornil et où ses cendres reposent, l'autre dans celle de la Sainte-Vierge où est inhumé le *seigneur Sicard, de bonne mémoire, autrefois évêque de Cahors* (2).

Il est au contraire certain, et c'est l'opinion de l'abbé de Foulhiac et des autres savants de la ville de Cahors, que Raymond de Cornil fonda la chapelle de Saint-Blaise et de Sainte-Catherine et que le

---

1. Henri d'Oronce, chanoine de Cahors, recommandable par la beauté de son génie et par l'étendue de ses connaissances, ayant fait réparer cette année cette chapelle à ses dépens, on y trouva un sarcophage que l'on prit pour celui de Sicard de Montaigut. Sur cela, Jean-Armand de Montdenard, de la maison de Montaigut, fit faire l'épitaphe dont nous parlons. On la grava sur le sarcophage et on en envoya une copie au chapitre de Montpezat, afin qu'elle fut mise dans la chapelle du Saint-Sacrement de l'église collégiale, au-dessus du monument qui avait été élevé à la mémoire de l'évêque et qui renfermait son cœur. Sicard y était représenté en bosse, couché et de grandeur naturelle.

2. G. de Lacroix, *Series episc. cad.*, pag. 158 et 159.

tombeau qu'on y voyait est le sien, quoique l'épitaphe soit celle de Sicard de Montaigut (1).

LI. — *Abbés des monastères de Marcillac, Montauban, Saint-Marcel, la Garde-Dieu et Souillac — Abbesses de Leyme*

Nous avons fait connaître les abbés des monastères de Moissac et de Figeac qui siégèrent sous Sicard de Montaigut et sous ses prédécesseurs; il nous reste à parler de ceux des autres communautés. Celle de Marcillac était encore gouvernée par Guillaume de Saint-Bressou, d'une très bonne maison du Haut-Quercy. (2). Le siège abbatial de Montauban était toujours occupé par Astorge (3). A Saint-Marcel il y avait eu depuis Hélie II de Longueval, Pierre III de la Trilhe et Guillaume II de Tarbe. Arnaud I de la Barde, successeur de ce dernier, est mentionné dans des chartes de 1297 et 1298. Il siégea encore plusieurs années du siècle suivant (4). Guillaume, abbé de la Garde-Dieu, le dernier dont nous ayons parlé, avait eu pour successeur Pierre Golfur dont on trouve le nom dans une charte de l'abbaye d'Obasine de l'an 1293. Guillaume I lui succéda vers le commencement du siècle suivant (5). Nous avons marqué plus haut la succession des doyens de Souillac (6). Le monastère de Leyme avait eu Hélène de Thémines pour abbesse, après la mort d'Aymerie. Hélène mourut vers l'an 1291. Esclarmonde, qui lui succéda, fit hommage de quelques terres, en 1293, au vicomte de Turenne. Elle fit, en 1298, quelque échange avec le prieur de la Couronne, et un accord au sujet de quelques dîmes, avec celui de Carennac. Elle siégeait encore au commencement du XIVᵉ siècle.

---

1. On l'ouvrit en 1784, lors des réparations et des changements que la fabrique fit faire aux chapelles de la cathédrale. Le corps de cet évêque fut trouvé presque entièrement revêtu d'un drap violet, très fin et très moelleux. Le peuple le mit en lambeau, le prenant pour le vêtement d'un saint.

2. Il est mentionné dans plusieurs actes passés sous les deux derniers évêques : l'un est un échange de deux domaines qu'il fit avec Arnaud de Montanhagol, de Saint-Cirq ; dans l'autre, fait en 1287, il permuta quelques églises avec l'évêque Raymond de Cornil ; enfin, en 1298, il bailla, à cens et rente, à un nommé Guillaume de La Vayssière, une partie du territoire de la Roquette. *Hist. manuscrite de Marcillac.*

3. Le Bret., *Hist. de Montauban.*
4. *Gallia christ.*, tome I, pag. 183.
5. *Gallia christ.*, tome I, pag. 185.
6. *Gallia christ.*, tome I, pag. 192.

LII. — *Le pouvoir royal reconnaît au chapitre le droit d'administrer l'évêché de Cahors, en cas de vacance du siège — Raymond Paüchelli, évêque de Cahors*

L'évêque de Cahors n'eut pas fermé les yeux à la lumière que les officiers du roi s'emparèrent des fruits de l'évêché. Philippe le Bel, en ayant été informé, ordonna une enquête pour savoir si ses gens avaient eu le droit de saisir. Elle fut faite de manière que ce prince fut évidemment convaincu, tant par les lettres royaux qui y étaient ramenés que par l'usage ancien de l'église cathédrale qui y était prouvé, que le chapitre, pendant la vacance du siège, avait le privilège d'administrer le temporel de l'évêché. C'est pourquoi les officiers du roi laissèrent les chanoines en possession de leur droit, par acte passé à Cahors, le dimanche après la fête de saint André (30 novembre) 1300 (1).

Raymond Pauchelli, chanoine sacristain de la cathédrale, fut peu de temps après élu évêque. Nous ne connaissons point la famille de ce prélat, mais elle devait être illustre; car les canonicats de l'église de Cahors avait coutume d'être possédés par les ecclésiastiques des premières maisons du Quercy et des pays voisins, comme celles de Durfort, Sénaillac, Valon, Noailles (2), Malamort, etc. Raymond Pauchelli se faisait distinguer par sa piété et par son zèle pour la religion. Il allait prêcher dans les campagnes; il entendait les confessions et avait même obtenu de ses évêques le pouvoir d'absoudre des cas qui leur étaient réservés : ce qui donna l'idée à Raymond de Cornil d'établir, dans le chapitre, la dignité de pénitencier. Mais il mourut avant d'avoir exécuté son dessein. Il voulait y affecter les revenus de l'église de Castelfranc et de quelques autres.

LIII. — *L'abbé de Moissac reçoit l'hommage du vicomte de Caussade — Cet abbé est choisi par le roi pour prendre connaissance d'une contestation survenue entre les sénéchaux de Toulouse et de Périgord — Fondation du couvent de Sainte-Claire de Gourdon — Philippe le Bel ordonne à son sénéchal du Quercy de ne pas laisser empiéter sur la justice royale*

L'abbé de Moissac reçut, cette année (1300), l'hommage de Bernard, vicomte de Caussade, pour la terre de Durfort qui était passée entre

1. G. de Lacroix, *Series episc. cad.*, pag. 154.
2. Gui de Noailles, chanoine de Cahors, fonda cette année un obit de cent livres dans l'église cathédrale. (Foulhiac).

les mains de ce seigneur. Il fut choisi par le roi pour prendre connaissance d'une contestation survenue entre les sénéchaux de Toulouse et de Périgord, avec ordre de porter lui-même ou d'envoyer à la cour le procès-verbal qu'il aurait dressé à ce sujet (1).

C'est à cette année que remonte la fondation du couvent des religieuses de Sainte-Claire de Gourdon. Elle fut due à la piété de Fayts, fille de Girbert II de Thémines et d'Hélène de Gourdon (2). Fayts combla de biens la nouvelle communauté. Elle y prit le voile et en devint prieure. Ce monastère est connu, dans les chartes du temps, sous le nom d'abbaye de Payrat, de Marie de Gourdon.

Philippe le Bel fit savoir, cette année (1300), à Géraud Flotte, son sénéchal, par ses lettres datées du Pont-Saint-Maixent, le mardi avant l'Ascension, de ne pas permettre que les affaires qui seraient du ressort de la justice royale fussent portées au tribunal ou devant l'official de l'évêque de Cahors (3).

LIV. — *L'évêque de Cahors reçoit l'hommage de divers seigneurs — Transaction entre l'abbé de Marcillac et Girbert III de Thémines — Cession de la justice de Figeac au roi de France — Hommage d'Aymeric de Gourdon*

L'évêque de Cahors reçut, l'année suivante (1301), l'hommage de divers seigneurs qui possédaient des terres relevant de l'évêché. Les principaux vassaux qui remplirent ce devoir furent les vicomtes de Lautrec et Paulin, Bertrand de Fumel, seigneur de Montesquieu, pour les dîmes inféodées qu'il avait acquises de la maison de Castanié et sur lesquelles les évêques de Cahors s'étaient réservés une albergue pour eux et trente de leurs chevaliers marchant à leur suite, Bernard de Guiscard, pour la terre de Lacoste, Gaubert de Cajarc, pour Gaillac-sur-Lot, Ratier de Castelnau, pour toute la terre de Castelnau-de-Montratier, Gaillard de Mondenard, pour celle de Monbel, Raymond

---

1. Foulhiac.

2. Cette dame était veuve de Fortanier de Gourdon, mort peu de temps auparavant sans postérité. Celui-ci paraît être fils de Hugues, seigneur de Laroque-des-Arcs, frère de Fortanier III de Gourdon et de Barrare, mariée en premières noces avec Raymond de Barasc et en secondes avec Sicard de la Tour, sieur de Cabrerets. — *Archives de Milhac.*

3. *Archives municipales de Cahors.*

de Saint-Gily, pour Péchaurié, Lherm et plusieurs fiefs des communes de Goujounac, Canourgues, etc. (1).

On trouve une transaction qui fut passée, cette année, entre Guillaume de Saint-Bressou, abbé de Marcillac, et Girbert III de Thémines, chevalier, fils de Girbert II et d'Hélène de Gourdon, par laquelle il fut arrêté que le dit seigneur jouirait de la moitié de la dîme du Boutic, en payant à chaque mutation d'abbé une paire de gants et en donnant 30 livres de cire, tous les ans, à l'église de Cagnac. Guillaume de Saint-Bressou ne paraît pas avoir longtemps survécu à cet accord. Il mourut dans une extrême vieillesse et eut pour successeur Bertrand de Boissière.

Béranger d'Aigues-Vives, abbé de Figeac, céda, en même temps, au roi Philippe la justice de cette ville, se réservant seulement celle de l'abbaye pour lui et ses successeurs. Le roi lui assigna en reconnaissance mille livres de rente sur le trésor royal, jusqu'à ce qu'il lui eût donné une terre d'égale valeur. Immédiatement après cette acquisition importante, Philippe le Bel nomma à Figeac ses officiers de justice, savoir : un viguier et un lieutenant (2). C'est ainsi que les deux principales abbayes du Haut-Quercy perdaient de leurs droits et de leurs domaines par la faiblesse et l'indifférence de leurs abbés.

L'année suivante (1302), Aymeric de Gourdon, damoiseau, fit hommage au chapitre de Cahors des terres et juridictions de Lavercantière, Saint-Germain, Peyrilles, Concorès, Ussel, Le Mas de Borsials, Nadillac, Saint-Clair, Saint-Romain et de tous les lieux qu'il possédait entre le Lot et la Dordogne. Raymond de Jean, archidiacre de l'église de Cahors et bayle du chapitre, reçut cet hommage qui est appelé *franc, libre, noble, gentil et militaire*. L'acte, qui en fut dressé, porte que le seigneur Aymeric fit foi et hommage à l'archidiacre Raymond, à genoux et les mains jointes, et que celui-ci, le prenant ensuite par la main, le releva, lui fit un baiser et lui promit de le protéger et de le défendre de tout son pouvoir (3).

1. Gaillard de Mondenard était sans doute frère de Bertrand de Mondenard, damoiseau, qui, le 12 décembre de la même année, fit hommage à Bertrand de Durfort, baron de Clermont-Soubiran, des fiefs qu'il possédait dans les paroisses de Saint-Jean-de-Cornac, de Sigonhac, de Rolio et de Saint-Paul d'Espis dans Bas-Quercy, sous la redevance de 8 livres de cire, poids de Cahors, en présence de Bernard de Belpech, chevalier, de Bertrand de Belpech, de Guillaume de Castanié, damoiseaux, etc. *(MS. de la maison de Durfort-Léobard)*. — Quant à Raymond de Saint-Gily, il était d'une maison très ancienne du Quercy qui se fondit au XVIIe siècle dans celle de Vassal.

2. Fouilhac, *Chronique latine*.

3. *Papiers de M. le comte de Clairmont-Touchebœuf.* — Le même hommage avait été souvent rendu, dans les siècles précédents, au chapitre par la maison

LV. — *Tremblement de terre à Cahors — L'église de Pern est donnée au chapitre de Cahors*

Le 10 février 1302, vers le soir, il y eut à Cahors un grand tremblement de terre. Un écrivain du temps nous en a transmis la mémoire dans un manuscrit que l'on trouve encore à l'hôtel de ville. Le couvent des Frères mineurs éprouva une si forte secousse qu'il faillit être renversé. Ce phénomène arriva pendant que le professeur de théologie faisait sa leçon.

L'évêque de Cahors disposa, vers ce même temps, de l'église de Pern en faveur de son chapitre. Il ordonna cependant qu'il serait prélevé sur les revenus de cette église la somme de 500 livres, monnaie de Cahors, pour le traitement du vicaire perpétuel ou curé que le chapitre tiendrait à Pern, et une autre somme, pour celui de deux chapelains qui desserviraient les deux chapellenies qu'il fonda, en même temps, dans l'église cathédrale, où il voulait être inhumé, au-dessous du chœur (1).

LVI. — *Traité entre les rois de France et d'Angleterre — Appel du roi de France contre l'excommunication lancée contre lui par le pape Boniface*

Les rois de France et d'Angleterre conclurent un traité de paix le 20 mai 1303. Il fut arrêté que le roi d'Angleterre rentrerait en la foi et obéissance du monarque français, que, comme duc d'Aquitaine et pair de France, il lui ferait hommage-lige, purement et simplement, et, qu'à ces conditions il serait remis en pleine possession de toutes les cités,

---

de Gourdon, et lui fut encore rendu dans les siècles suivants, entre autres au xve; le 22 juillet de l'an 1411, par Pons de Gourdon, damoiseau, seigneur de La Vercantière, Peyrilles et Concorès. La cérémonie de l'hommage de 1411, eut lieu dans la chapelle de Saint-Martin *contiguë au monastère de la Cathédrale*, en présence de Durand, archidiacre de Cahors, de Guillaume de la Roche, archidiacre de Tornès, de Gisbert Rubei, archidiacre de Figeac, de Jean Carr...., archidiacre de Saint-Céré, de Jean Darnits, chantre, de Raynald de Battut, ouvrier, de Pierre Charnier, Bertrand de La Roche, Géraud Vaquier, Guillaume Roquier, Pierre de Valon, Raymond Ricard, Nicolas Amorosi, Bertrand de Cazèles et Antoine d'Aydier, chanoines. L'origine de cet hommage vient de la concession de ces terres faite aux seigneurs de Gourdon par l'église de Cahors. Elles lui avaient été données, comme nous l'avons dit ailleurs, par l'archidiacre Ingelbert ou par la maison de Peyrilles.

1. G. de Lacroix, *Series episc. cad.*, pag. 158, 159.

châteaux, bourgs, villes, terres, rentes, fiefs, hommages, obéissances, seigneuries, etc., du duché d'Aquitaine. En vertu de ce traité, le roi d'Angleterre rentra en possession des droits qui lui avaient été accordés sur certaines communes et paroisses du Quercy, par celui de 1286.

Le roi de France ayant fait appel au futur concile, à cause de l'excommunication que le pape Boniface avait lancée contre lui, Vesian de Cardaillac et les autres seigneurs de Capdenac adhérèrent à cet appel le 27 juillet (1).

LVII. — *Raymond Pauchelli défend les droits de son évêché — Passage à Cahors de Philippe le Bel*

Raymond Pauchelli, en montant sur le siège de Cahors, avait repris avec beaucoup de chaleur la poursuite du procès que Raymond de Cornil avait intenté aux consuls, et que Sicard de Montaigut avait négligé pendant les dernières années de son épiscopat. Il faisait aussi tous ses efforts pour obtenir justice de l'attentat commis par ces magistrats sur la personne de Jean de Saint-Jory. Pendant qu'il était tout occupé de ces affaires, il lui en survint deux autres non moins importantes. Bertrand III de Lautrec hérita, de son père Sicard, de la moitié de la vicomté de Lautrec et de Paulin. Il refusa d'en faire hommage à l'évêque, et Philippe le Bel prétendit au ressort de cette vicomté, de même qu'à celui de la baronnie de Castelnau-de-Montratier, quoiqu'il fût certain que les évêques de Cahors en avaient toujours été en possession. Raymond Pauchelli soutint vivement les droits de son église. Il les défendit devant les tribunaux, même contre Philippe le Bel. Ce prince entreprit, sur ces entrefaites, un voyage en Languedoc.

Le *Te igitur* ou Registre consulaire de l'hôtel de ville nous apprend qu'il arriva à Cahors, un samedi, jour de la fête de saint Thomas, apôtre. C'était le 21 décembre de l'an 1303. Il était accompagné de la reine Jeanne de Navarre, son épouse, et de trois princes, ses fils, Louis, Philippe et Charles. Pendant son séjour dans cette ville, l'évêque et les consuls l'entretinrent de leurs différends. Le roi se contenta d'ordonner aux consuls de prêter serment à l'évêque et à l'évêque de le prêter aux consuls, selon l'ancienne coutume (2). Quant

1. *Hist. de Languedoc*, tome IV, liv. xxviii.
2. Ce qui fut fait de part et d'autre, en présence de Guillaume de Jean, chevalier, et de Jacques de Raymond son frère, de Salvanhac, Guillaume d'Arcambal, Armand de Seguin et Gaucelin de Vayrols, tous bourgeois de Cahors. — *Archives municipales de Cahors*.

aux autres points qui les divisaient, il en laissa la décision à son Parlement, et permit à l'évêque de plaider par procuration, pendant la durée du procès, ce qui était défendu par l'ancien Droit romain et ne s'accordait en France que par une faveur extraordinaire. Ensuite l'évêque porta plainte au roi contre Bertrand de Lautrec qui lui refusait l'hommage. Il ne manqua pas de lui prouver que les ressorts de la vicomté de Lautrec et de Castelnau étaient une propriété de son église. Mais Philippe le Bel éluda toute décision à cet égard, car il avait dessein de réunir à son domaine la moitié de la terre de Lautrec qui appartenait à Bertrand; et, comme il voulait en être le seul seigneur, il était bien aise que Bertrand n'en fît pas hommage à l'évêque de Cahors. On prétend même qu'il lui avait défendu de se déclarer vassal de ce prélat. Mais Raymond Pauchelli ignorait l'intention du roi, et ce qui le prouve c'est qu'il le laissa juge de ce différend et de celui qu'il avait avec les consuls de la ville. Ceux-ci consentirent de leur côté à le prendre pour arbitre, et chaque partie lui envoya à Toulouse des fondés de procuration pour terminer l'affaire. L'évêque et le chapitre députèrent Raymond de Jean, grand-archidiacre, Guillaume de Buffet, archidiacre des Vaux, Jean Cadeneda, archidiacre de Tornès, avec quelques chanoines; les consuls envoyèrent maître Géraud de Sabanac, docteur ès lois, Jacques de Jean, etc. Les fondés de pouvoir parurent bien devant le roi; mais celui-ci ne s'occupa point du sujet de leur mission. En cela, il agit conformément à sa politique qui consistait à fomenter la division entre les communes et leurs seigneurs, surtout quand ceux-ci étaient ecclésiastiques. Il arrivait alors, que les communes se mettaient sous sa protection, ou que les seigneurs l'appelaient en pariage de leurs droits, se sentant trop faibles pour réduire, à la soumission et à l'obéissance légitimes, des vassaux que semblait enhardir la protection, affectée que le souverain accordait aux communes. C'est en employant ce moyen, que Philippe le Bel avait acquis la justice de Figeac, qu'il acquit au commencement de ce siècle la juridiction de Rocamadour, et qu'ensuite il fut associé par les évêques de Cahors et de Mende à la seigneurie de leurs villes épiscopales. Nous parlerons bientôt de cette association ou pariage, au moins de celle qui regarde notre évêque. Rapportons, en attendant, ce qui se passa au sujet de la juridiction de Rocamadour.

LVIII. — *Différend entre l'abbé de Tulle et les consuls de Rocamadour*

Les consuls de Rocamadour, à l'exemple de ceux de Cahors et d'autres villes, contestèrent vers l'an 1300 à Raymond de Terrasson, abbé de Tulle, une partie des droits que ses prédécesseurs et lui avaient toujours eus dans ce lieu célèbre, en qualité de seigneurs directs. Selon eux, le consulat de Rocamadour ne dépendait pas de l'abbé; ils devaient connaître des causes civiles et criminelles; ils étaient les maîtres des portes, fossés, murailles, forteresses et places de la ville. Voyant que l'abbé de Tulle s'opposait à leurs prétentions, ils reconnurent le roi pour leur seigneur, qui commit aussitôt son bayle de Domme pour exercer en son nom la justice à Rocamadour. Une telle entreprise ne déconcerta pas Raymond de Terrasson. Pendant qu'il employait le crédit de ses puissants amis pour recouvrer les droits de son église, les partisans qu'il avait dans Rocamadour et ses officiers se soulevèrent contre le bayle de Domme, au moment où il rendait la justice dans cette ville. Ils arrachèrent et foulèrent aux pieds le *bâton royal, brandon* ou *verge,* qu'il avait suspendu à une porte de la ville, et qui était dans ce temps un signe de sauvegarde ou de juridiction royale. Ils défendirent à leurs concitoyens de prendre partie dans les armées du roi et de faire appel devant ses tribunaux (1). Il y en eut plusieurs qui, pour n'avoir fait aucun cas de ces défenses, furent mis en prison et cruellement déchirés de coups. Un d'eux eut la main gauche coupée; un autre expira sur le gibet. Le Parlement de la Toussaint de l'an 1301 procéda contre les séditieux. Il condamna à une amende de 4,000 livres tournois l'abbé de Tulle, qui fut convaincu d'avoir été un des principaux instigateurs de la sédition. Mais on ne voit pas que cette cour ait infligé aucun châtiment aux autres coupables. Nous croirions volontiers que les nobles du pays et les amis de l'abbé s'entremirent et qu'ils vinrent à bout d'assoupir l'affaire. Le roi, même pendant son séjour à Toulouse, finit par se désister de la juridiction de Rocamadour. Il envoya à ce sujet des lettres patentes dans cette ville, au mois de janvier de l'an 1303, à Jean d'Arreblay, son sénéchal de Périgord et de Quercy, qui les fit publier à Domme, un mardi gras de la fête de saint Grégoire, pape. Philippe le Bel rend par ces lettres la ville de Rocamadour à l'abbé de Tulle; il accorde aux consuls la

---

1. Baluze, *Hist. Tut.*, pag. 595.

garde des portes, fossés, murailles, forteresses et places, et veut qu'aussitôt après leur promotion au consulat, ils prêtent serment audit abbé comme à leur unique seigneur, haut, moyen et bas justicier, et qu'ils renouvellent ce serment à chaque mutation d'abbé (1).

LIX. — *Le roi ordonne des travaux pour rendre le Lot navigable entre Capdenac et Cahors — Construction d'un pont à Montauban, sur la rivière du Tarn — Rigueurs de l'Inquisition — Fondation de Réalville*

Dans le même temps, le roi envoya des lettres à ses sénéchaux de Rouergue et de Quercy, pour leur ordonner de faire travailler à rendre le Lot navigable, depuis Capdenac jusqu'à Cahors. Ces ordres ne paraissent pas avoir été exécutés à cause des guerres qui survinrent.

Le roi, pendant le séjour qu'il fit à Toulouse, donna des lettres au mois de janvier de l'an 1304, par lesquelles il permit aux consuls et aux habitants de Montauban de construire sur la rivière du Tarn un pont de brique ou de pierre. Cet édifice fut commencé la même année et fini dans l'espace de douze ans. Il est dit par l'historien moderne du Quercy, M. Cathala-Coture, qu'on imposa pour sa construction la somme de 7,600 livres 10 sous et une obole, et qu'il n'y fut employé que celle de 7,383 livres, 18 sous, 3 deniers.

Ce prince rendit aussi, dans le même mois, une ordonnance pour modérer les rigueurs de l'Inquisition. Ceux qui étaient à la tête de ce tribunal formidable portaient la terreur et la désolation partout où ils exerçaient les fonctions d'inquisiteurs, tellement que Philippe le Bel, avant son arrivée dans la Province, avait été obligé d'y envoyer en qualité de réformateurs Jean de Pecquigny, vidame d'Amiens, et Richard Neveu, archidiacre de Lisieux. Il avait ensuite substitué au premier, que les Inquisiteurs excommunièrent, Pierre d'Atillan, chanoine de Paris, chargé d'étendre la réforme de l'Inquisition dans les sénéchaussées de Toulouse et de Quercy; ce qui prouverait qu'il y avait encore des hérétiques albigeois dans ce pays. Mais il paraît qu'ils y étaient en petit nombre, et tous habitants du Montalbanais, s'il faut en juger par les procédures de l'Inquisition, que nous rapporterons quand il en sera temps. Le roi, par son ordonnance, enjoignit à ses commissaires et aux Inquisiteurs de visiter les prisonniers renfermés dans les prisons de l'Inquisition, et de pourvoir à ce que les prisons

---

1. *Cart. de Rocamadour. — Portefeuille. de Baluze.*

fussent des lieux assurés qui puissent servir *pour la garde et non pour la peine* des prisonniers, jusqu'à ce que le Saint-Siège en ait ordonné autrement. Il autorisa les évêques diocésains ou leurs vicaires à faire conjointement le procès aux prisonniers contre lesquels on n'aurait encore rendu aucune sentence (1).

Nous croyons que ce fut pendant son séjour à Toulouse que Philippe le Bel chargea Jean d'Arreblay de fonder sur la rive droite de l'Aveyron, entre Négrepelisse et le Bias, une bastide qui fut nommée Ville royale (*regalis villa*), aujourd'hui Réalville (2).

LX. — *Privilège accordé à Caylus — Levée du subside pour la guerre de Flandre — Privilèges accordés au clergé du diocèse de Cahors — Le roi défend aux consuls et aux officiers de justice de Montcuq, d'étendre leur juridiction sur le territoire de Cahors — Famine dans le Quercy*

Le roi ne séjourna pas constamment à Toulouse. Il parcourut quelques pays de l'Aquitaine afin de demander aux peuples des subsides pour la guerre de Flandre. Il partit de cette ville le 25 janvier 1304. Il se rendit d'abord à Carcassonne et ensuite à Béziers. Pendant le séjour qu'il fit dans cette dernière ville, il expédia, dans le mois de février, des lettres patentes par lesquelles, voulant récompenser la ville de Caylus de sa fidélité inaltérable à la couronne, il lui accorda le privilège de ne jamais être aliénée de son domaine (3). Ces lettres furent confirmées, en 1345, par Philippe de Valois. A Nîmes, il nomma, le 25 février, Jean, comte de Forez, et Foulques de Regni, chevaliers, surintendants à la levée du subside que venaient de lui accorder, pour la guerre de Flandre, les sénéchaussées de Toulouse, Carcassonne et Beaucaire, celles de Quercy, Périgord et Rouergue, et le bailliage d'Auvergne.

Etant à Clermont, le 10 mars, il augmenta le nombre de ces officiers. Guillaume, vicomte de Bruniquel, en fut un. Il y avait aussi un autre

---

1. *Hist. de Languedoc*, tome IV, liv. XXVIII.

2. Il est du moins certain que cette ville fut fondée vers ce temps par Jean d'Arreblay. C'est son propre fils Jean d'Arreblay, le jeune, aussi sénéchal de Quercy, qui le rapporte dans ses lettres du 18 août 1316, par lesquelles il réunit la châtellenie de Négrepelisse au ressort de la nouvelle ville. Avant cette fondation de Réalville, il y avait une église dédiée à saint Jean. Elle dépendait de celle de Saint-Martin-de-Gardemont, qui depuis est devenue son annexe.

3. Laurière, *Ordon.*, tome III.

commissaire du Quercy, c'était Géraud Balènes, de Figeac. Nous en avons la preuve dans un acte d'appel et d'opposition que firent les consuls de Cajarc, au mois d'avril 1304, pour ce subside, que Guillaume, vicomte de Bruniquel et Géraud Balènes, commissaires-députés par le roi dans les sénéchaussées de Toulouse, Carcassonne, Beaucaire, Rouergue, Périgord et Quercy, furent chargés de lever. Ces commissaires prétendaient que la communauté de Cajarc était tenue de fournir, pour la guerre de Flandre, six soldats par chaque cent feux ; ces soldats devaient être armés, équipés et rendus au camp d'Arras avant le mardi après la Pentecôte, pour servir pendant quatre mois aux dépens de la communauté. Dans le cas où elle ne pourrait les envoyer, elle serait tenue de payer pour chacun audit Balènes, trésorier de Périgord et de Quercy, 20 livres. Les consuls, en protestant de leur soumission et de leur fidélité au roi, représentèrent que la ville s'était ruinée pour le service du roi dans les guerres de Gascogne et de Flandre, qu'elle avait pour cela contracté de grandes dettes qu'elle était encore hors d'état de payer, qu'elle avait souffert beaucoup de dommages à cause de la monnaie royale, qu'elle dépendait immédiatement de la juridiction et seigneurie de l'évêque de Cahors ; elle offrait de donner le secours et aide convenables sans être assujettie à aucune servitude, s'en rapportant à la bonté et à la justice dont le roi lui avait toujours donné des preuves (1).

Dans les trois sénéchaussées de Languedoc, le clergé, les nobles et le tiers-état contribuèrent au subside séparément, ce qui fait croire qu'il y avait alors dans cette province une assemblée des trois états. La sénéchaussée du Quercy dut agir apparemment de la même manière. Nous n'avons pu découvrir aucun document qui eût rapport à la levée de ce subside concernant le Quercy. Nous savons seulement qu'elle s'y fit par feu, et que l'évêque, son chapitre et le clergé de son diocèse se montrèrent dans cette occasion très généreux envers le monarque français. Aussi le roi leur accorda, en reconnaissance, plusieurs privilèges qui sont exprimés dans les lettres de remerciement qu'il envoya de Paris à l'évêque, le 11 juin de la même année (1304). Il lui promet qu'à la Toussaint prochaine, il fera frapper une monnaie du poids, de l'aloi et de la valeur de celle qui avait cours du temps du roi saint Louis, son aïeul, et que la nouvelle monnaie sera mise en circulation entre cette fête et celle de Pâques : promesse qu'il a coutume de faire dans toutes ses lettres pour calmer le peuple qui se

1. *Archives de Cajarc.*

plaignait de l'altération des espèces et que les malheurs du temps ne lui permirent pas d'effectuer.

Il accorda, tant à l'évêque qu'à son clergé, le droit de jouir paisiblement et à perpétuité, sans l'obligation d'aliéner ou de financer, des acquisitions faites par eux ou au nom de leurs églises dans ses fiefs et arrière-fiefs et dans ceux de ses vassaux. Il affranchit leurs biens meubles des mains de la justice séculière; il les dispensa de contribuer aux autres décimes ou charges qui seraient imposés pour la guerre, comme aussi de fournir des troupes et leur permit de se rédimer de ce devoir, s'ils y étaient tenus. Il n'entend établir aucune nouvelle charge, ni acquérir aucuns nouveaux droits sur les personnes et les biens de l'Eglise qu'il confirme dans les libertés et franchises dont elle jouissait avant la guerre. Il leur promet de ne point mettre malgré eux des garnisons dans leurs terres ni dans celles de leurs vassaux; et, si l'évêque et son clergé venaient à éprouver quelques pertes et dommages de la part de ses gens, il s'engage à envoyer des commissaires non suspects sur les lieux pour rendre une prompte et fidèle justice. Enfin, il ordonne à ses baillis et à ses autres ministres ou employés de se conformer aux dispositions des présentes lettres.

Philippe le Bel donna, dans le même temps, d'autres lettres par lesquelles il défendait aux consuls et officiers de justice de la ville de Montcuq d'étendre leur juridiction dans le territoire de Cahors. Par d'autres, il ordonna aux communes circonvoisines de cette ville d'y porter des grains, en payant les droits accoutumés, pour la préserver des horreurs de la famine qui désolait cette année le Quercy.

LXI. — *Convocation de la noblesse pour la guerre de Flandre — Mort de Raymond VII, vicomte de Turenne*

Le roi convoqua ensuite, pour la guerre de Flandre, la noblesse du royaume. Il envoya dans les sénéchaussées de Languedoc et dans celles du Quercy, Périgord et Rouergue, Jean d'Auxi, chantre de l'église d'Orléans, et Nicolas de Luzarches, prévôt d'Anvers dans l'église de Chartres, pour presser le départ des milices. Il fit, en même temps, savoir aux principaux seigneurs de ces sénéchaussées, aux vicomtes de Bruniquel, aux seigneurs de Durfort, Gourdon, Montaigut, Castelnau-de-Bretenoux, etc., qu'il serait à Arras quinze jours après la saint Jean-Baptiste, et leur enjoignit de s'y rendre, chacun avec un certain nombre de gendarmes et de gens de pied (1). Il partit, en effet, de Paris le mercredi dans l'octave de saint Jean-Baptiste, qui tombait au 1ᵉʳ juillet, et il écrivit encore ce jour-là aux mêmes seigneurs pour les presser de se rendre sans délai à l'armée. Voici l'état des gens d'armes que fournirent les seigneurs de Quercy qui s'engagèrent dans cette campagne : le vicomte de Turenne en fournit trente; le vicomte de Bruniquel et Bertrand de Fumel, seigneur de Montesquieu, chacun vingt; Bertrand de Cardaillac, Aymeric de Gourdon, Maffre de Castelnau-de-Bretenoux (2), Bertrand de Durfort, Armand et Bertrand de Montaigut, chacun dix.

Raymond VII, vicomte de Turenne, fit, avant de partir, son testament par lequel il choisit sa sépulture dans la nouvelle église de l'hôpital de Jepha, aujourd'hui de Saint-Jean, où son père Raymond était enseveli. Il constitue, pour héritière universelle, sa fille unique, Marguerite, qu'il mit sous la tutelle de Laure de Chabanais, vicomtesse de Turenne, son aïeule maternelle. Il veut que celui qui épousera sa fille, quelle que soit la grandeur de sa noblesse, porte le nom de vicomte de Turenne, et si elle vient à décéder sans enfants, il lui substitue les fils d'Olivier de Cazillac, ses cousins, et, à défaut de ceux-ci, Bertrand de Gourdon, fils de Fortanier, ou ses enfants. S'étant mis en marche pour la Flandre, aussitôt après ses dernières dispositions, il y mourut la même année. Sa fille porta la vicomté de Turenne dans la maison de Comminges, par son mariage avec le comte Bernard IX.

LXII. — *L'évêque de Cahors réclame l'hommage à Sicard VII, vicomte de Lautrec — Démêlés de ce prélat avec les consuls de Cahors — Hommage de Gisbert de Thémines — Transaction entre l'évêque de Cahors, l'abbé de Sarlat et le prieur de Calviac*

L'évêque de Cahors demanda encore cette année l'hommage à Sicard VII, vicomte de Lautrec. On trouve même, dans les archives de l'évêché, qu'il lui fit signifier deux actes de protestation. Mais le vicomte qui connaissait l'intention du roi, persista dans son refus.

S'il fut sensible à cet acte d'infidélité de la part de son vassal, il dut bien encore l'être davantage au mauvais procédé des consuls de Cahors

---

1. *Hist. de Languedoc*, tome IV, Preuves, pag. 134, 135.

2. Maffre de Castelnau était fils de Guérin. Il confirma les libertés que son père avait données, en 1277, aux habitants de Bretenoux. — Pour plus amples détails sur les seigneurs de Quercy et les hommes d'armes qu'ils fournirent, voir *Hist. de Languedoc*, Preuves.

à son égard. Ils osèrent se plaindre au roi qu'il les outrageait et qu'il flétrissait leur réputation. Aussitôt que Raymond en fut instruit, il convoqua les chanoines, les religieux et le peuple dans l'église cathédrale. Ensuite, montant en chaire, il protesta qu'il n'avait jamais dit du mal des magistrats de sa ville, qu'il les avait toujours pris et qu'il les prenait pour des gens d'honneur et de probité. Cette déclaration authentique prouve tout à la fois et l'innocence et la piété de l'évêque. Il fut dressé acte de cet aveu, auquel, pour plus grande authenticité, fut apposé le sceau royal par Géraud Des Lacs, garde du sceau à Lauzerte.

Ce prélat reçut, immédiatement après, l'hommage de Gisbert de Thémines pour le fief que l'église de Cahors possédait dans la terre d'Alvinhac et que le seigneur de Gramat avait aliéné en faveur de Gisbert. Il passa une transaction avec Bernard V, abbé de Sarlat, et avec le prieur de Calviac touchant le droit de procuration de 100 sous, qu'il levait sur l'église de Sainte-Mondane. Cet accord fut fait dans le château de Pradines, près de Cahors, le mardi avant la fête de sainte Catherine 1304 (1). L'acte porte *in castro novo de Pradinis*. Cette maison épiscopale était donc bâtie depuis peu de temps, car dans les chartes des siècles précédents, où il est fait mention de Pradines, il n'est pas dit qu'il y eût un château.

LXIII. — *Confirmation des dons faits à l'église de Rocamadour par les rois de Castille — L'abbé de Tulle remet en vigueur les règlements concernant Rocamadour — Fondation de l'église Saint-Pierre de Gourdon*

Ferdinand IV, roi de Castille et de Tolède, confirma la même année par ses lettres écrites en langue castillane, les grands dons que ses prédécesseurs avaient faits à l'église de Notre-Dame de Rocamadour, et dont nous avons parlé (2).

Bertrand, prieur claustral de Tulle, gouvernait ce monastère depuis la vacance du siège abbatial survenue par la mort de l'abbé Raymond de Terrasson (1303). Il tourna toute son attention vers les églises et la ville de Rocamadour, et, ayant convoqué en 1304 le chapitre de sa communauté, il se plaignit aux religieux de la tyrannie et de la négligence de quelques abbés qui avaient malicieusement supprimé ou laissé

1. *Gallia christ.*, tome I, pag. 138.
2. Baluze, *Hist. Tutel.*, pag. 596.

tomber en désuétude les beaux règlements qui avaient été faits autrefois en faveur de ce lieu de dévotion. Voulant les remettre en vigueur, il arrêta, de concert avec son chapitre, que les abbés de Tulle seraient obligés, suivant l'antique usage, de tenir dans la chapelle de Rocamadour des prêtres, des moines et autres clercs en nombre suffisant pour le service de cet oratoire et des autres églises, de pourvoir à l'entretien et au salaire de ces desservants, ainsi que des *donnés* et autres personnes employées au sanctuaire et de maintenir dans un état florissant l'hôpital de la ville, afin que les pauvres pussent y trouver un asile conforme à la décence. On voit par cet acte que les églises de Rocamadour étaient desservies par des religieux et par des prêtres séculiers, parce que les premiers n'étaient pas sans doute assez nombreux pour faire seuls le service, et que l'abbé de Tulle, comme ayant dans sa mense le prieuré de Rocamadour et en sa qualité de seigneur de ce lieu, était chargé de remplir à ses dépens ces différentes obligations (1).

Les consuls et habitants de Gourdon demandèrent cette année à l'évêque de Cahors, la permission de bâtir une église en l'honneur de saint Pierre, leur patron. Cette permission leur ayant été accordée, ils jettèrent, la veille de l'Assomption, les fondements de ce temple, un des plus remarquable du diocèse. Le jour de l'Assomption, les consuls firent présent d'un chapeau et d'un habit complet, neuf, au maître maçon chargé de cet important édifice, et d'un habit seulement aux ouvriers qui devaient travailler sous lui. Ils les invitèrent à un repas, dont la ville fit les frais (2). On dit que cette église ne fut achevée qu'au commencement du XVIe siècle : ce qui est contraire à des monuments authentiques, où il est rapporté qu'elle l'était dans le même siècle où elle avait été commencée.

LXIV. — *Continuation de la levée du subside pour la guerre de Flandre — Bénédiction de l'église de Notre-Dame-des-Vaulx, de Lauzerte — Hommage de Hugues de Labéraudie*

Philippe le Bel continua, en 1305, de faire lever dans le Quercy, le Périgord et les sénéchaussées de Languedoc, le subside pour la guerre de Flandre. Il confia le soin de cette levée à Jean d'Auxi et à Nicolas

1. *Archives de Rocamadour.*
2. C'est ce qui est rapporté dans un fragment des *Annales de Gourdon*, écrites en langue vulgaire, le voici : L'an mil tres cent et quatré, en la vespré de l'Assumptiu dé Nostré Damé, foret commensada de bastir gleize de sen Peyré

de Luzarches, avec pouvoir de conserver et de rechercher ses droits, de révoquer les aliénations de fiefs de la couronne qui avaient été faites en faveur de non-nobles ou de l'église ; de traiter, moyennant finances, avec les acquéreurs de ces fiefs, de destituer les officiers royaux qui le mériteraient, enfin de faire tout ce qui serait nécessaire pour la réformation du pays. Il paraît que le subside pour la guerre de Flandre consistait dans le cinquantième des revenus (1).

L'évêque de Cahors bénit cette année une magnifique église bâtie à Lauzerte et qui fut dédiée à la sainte Vierge, sous le nom de Notre-Dame-des-Vaulx (de Vallibus). Il reçut ensuite de Hugues de Labéraudie l'hommage de Calamane et Boissière.

LXV. — *Excommunication lancée par l'évêque de Cahors contre Bertrand de Castanié — Nouvelle monnaie épiscopale — Nouveau sujet de discorde entre l'évêque et les consuls de Cahors — Le pape Clément V*

Pendant que l'évêque de Cahors donnait l'ordination dans son église cathédrale, Bertrand de Castanié, damoiseau, son vassal, appartenant à cette famille ancienne et illustre dont nous avons parlé plusieurs fois, vint le troubler au milieu de ses augustes fonctions. Raymond le fit avertir amicalement de se remettre dans les bornes de la décence, mais le seigneur et sa suite, au lieu de profiter de ce conseil, se mirent à troubler la cérémonie de plus fort. Alors l'évêque, après trois monitions canoniques pour constater la contumace, excommunia Bertrand de Castanié et ses complices (2). Il fit dresser, dans la cathédrale même, acte de tout ce qui s'était passé par Géraud de la Tour, notaire.

Ce même prélat ne tarda pas à donner la nouvelle monnaie conforme à celle de l'évêque Barthélemy ; il la publia lui-même dans la chaire de la cathédrale en présence du clergé, des consuls et du peuple qu'il avait convoqués pour cette fin (3).

de Gourdou, laquélé an fachi basti lous habitans de la dite ville de Gourdou, et donneron lous cossols de la dite annada al mestré que commençat la basti lé dit jour, capel, gipou, caussès et says ; et als clercs, voulen dire als servitours, gipou d'aussi de même parure et le soupar al despens de la ville.

1. *Hist. de Languedoc,* tome IV, liv. XXIX.
2. Ce Bertrand de Castanié est sans doute le même que celui à qui l'abbé de Moissac, son proche parent, avait conféré deux ans auparavant le prieuré de Larso. — *Gallia christ.*, tome I, pag. 169.
3. Foulhiac.

Les consuls firent nettoyer dans ce temps les fossés de la ville. Ils en laissèrent le fonds au public sans l'inféoder, prétendant qu'ils en étaient les maîtres; ce qui fut un nouveau sujet de discorde entre l'évêque et ces magistrats ambitieux.

Le livre de l'hôtel de ville, appelé *Te igitur*, rapporte, comme un évènement extraordinaire, l'élévation de Bertrand de Got, archevêque de Bordeaux, sur la chaire de Saint-Pierre. Il dit que le nouveau pape, qui prit le nom de Clément V, en se rendant de Bordeaux à Lyon, passa par Toulouse, et que le roi Philippe le Bel appela les évêques, les princes et les barons de son royaume au concile général qui se tint ensuite à Vienne, en Dauphiné.

La première année de son pontificat (1306), Clément V prit pour son chapelain Guillaume de Durfort, son parent, abbé de Moissac. Guillaume de Durfort n'était pas inférieur en mérite à son prédécesseur Bertrand de Montaigut (1). A l'exemple de celui-ci, il avait recouvré plusieurs églises qui appartenaient anciennement à son monastère, et, en 1305, il avait dressé et fait mettre en pratique plusieurs statuts sur l'habit des religieux.

Il fut bientôt après nommé à l'évêché de Langres, et eut, pour son successeur à Moissac, Augier, son frère, doyen de Souillac, qui eut pour le sien Hélie de Tutela.

LXVI. — *Philippe le Bel acquiert la moitié de la vicomté de Lautrec*

Nous avons dit que Philippe le Bel désirait unir à son domaine la moitié de la terre de Lautrec, par une application de son système qui le portait à entrer en pariage des grandes seigneuries, pour affaiblir l'autorité de ceux qui en étaient les maîtres et étendre la sienne de plus en plus. Il fit proposer par ses commissaires, le chantre d'Orléans et le prévôt d'Anvers, au vicomte Bertrand III, de faire avec lui un échange de sa moitié, contre la terre de Carmain ou Caraman, dans la sénéchaussée de Toulouse. Bertrand accepta la proposition et le contrat d'échange fut passé à Montpellier le 25 janvier. Par cet acte, l'évêque de Cahors ne put point demander au roi l'hommage d'un fief pour lequel il était lui-même son vassal; car lorsque les évêques de Cahors rendaient hommage aux rois de France, c'était pour tous les fiefs de leur église. C'est pour cela qu'il ne se trouve point d'hommage fait,

---

1. *Gallia christ.*, tome I.

depuis le dit échange, aux évêques de Cahors pour la moitié de la vicomté de Lautrec (1).

Un reproche bien fondé, que des contemporains de Raymond Pauchelli firent à cet évêque, fut de ne s'être pas opposé à l'échange de la moitié de la terre de Lautrec, comme préjudiciable à son église. Il aurait pu demander en indemnité quelque autre terre d'un prix équivalent. Quoique Philippe le Bel fut un prince ambitieux, il aimait la justice et il aurait cédé dans cette occasion aux remontrances de l'évêque. Mais Raymond était naturellement faible et incapable de faire valoir ses droits.

LXVII. — *Suppression du droit de péage en faveur des habitants de Cahors passant par Laroque-des-Arcs — Efforts des consuls de Cahors pour achever de rendre le Lot navigable — Acte de pariage entre le roi de France et l'évêque de Cahors — Opposition du chapitre et des consuls de Cahors à l'acte de pariage*

En vertu d'un ancien accord fait entre les consuls de Cahors et les seigneurs de Laroque-des-Arcs, les habitants de la ville pouvaient passer dans la terre de Laroque, sans être sujets au péage et autres droits onéreux établis dans toutes les seigneuries. Bertrand de Gourdon, écuyer, seigneur de cette terre et son bayle, noble Gaillard de Varens, damoiseau, ayant transgressé cette convention, les consuls en portèrent plainte au roi qui donna ordre à son sénéchal, Jean d'Arreblay, de leur rendre justice. Le sénéchal fit signifier au seigneur une copie de l'accord dont l'original était scellé du sceau royal de Lauzerte

---

1. Mais lorsque cette portion de la vicomté cessa de faire partie du domaine de la couronne, les évêques reprirent sur elle leur ancien droit. Aussi le vénérable Alain de Solminhiac, obtint-il le 4 février 1645, un jugement des requêtes contre Monsieur d'Ambres qui, ayant acquis le droit du roi pour l'utile dans la portion du vicomte Bertrand, lui refusait l'hommage, prétendant qu'il était éteint parce que le roi avait confondu le droit de supériorité avec l'utile en jouissant de la dite portion. Quant aux parties de cette vicomté qui ne furent point réunies au domaine du roi, les évêques de Cahors continuèrent d'en recevoir l'hommage. On en trouve plusieurs qui furent rendus vers le commencement du xive siècle à Bertrand de Cardaillac, évêque de Cahors. On en trouve encore d'autres rendus au xve et au xviie siècle pour la vicomté de Paulin et le château de Massals dépendants de la terre de Lautrec. Alain de Solminhiac travailla beaucoup à recouvrer la suzeraineté de tout ce fief qui est d'une étendue immense et sur lequel l'église de Cahors avait de grands droits. Ce n'était point un motif humain qui faisait agir ce saint prélat. En faisant rendre à son église des biens qu'elle possédait légitimement depuis environ dix siècles, il avait en vue d'augmenter ses ressources pour le bien de son diocèse.

CHAPITRE LXVII 425

et lui ordonna de s'y conformer. Bertrand de Gourdon le fit pendant quelque temps, mais ensuite il inquiéta de nouveau les habitants de Cahors. Quelques années après, les consuls de cette ville prirent le parti d'en venir à un arrangement définitif avec lui. Ils lui comptèrent la somme de 500 francs moyennant quoi il fut arrêté que désormais les habitants de Cahors passeraient par la terre du seigneur de Laroque-des-Arcs pour affaire, commerce ou autrement, sans être tenus à lui payer aucun des droits qu'il avait coutume de lever sur les étrangers (1).

Les consuls de Cahors s'occupèrent en même temps d'une autre affaire non moins importante pour la commune : c'était la navigation du Lot. La ville avait terminé les travaux dont elle s'était chargée dans une partie de la rivière. Le roi d'Angleterre et l'évêque avaient négligé les leurs, l'un dans l'Agenais qui dépendait de son duché d'Aquitaine, l'autre dans la partie que Raymond de Cornil s'était engagé autrefois à mettre en état. Les consuls obtinrent du prince anglais la confirmation de ce qui avait été convenu à ce sujet entre leurs prédécesseurs et Jean de Greilli, son sénéchal. Edouard promit même de faire détruire la chaussée du Port de Penne avec la papeterie *(sic)* pour l'usage de laquelle elle avait été construite ; il fut statué que, pour indemniser tant le seigneur de Penne que le roi de la destruction de ces édifices, les commerçants de Cahors qui feraient transporter par eau des marchandises de Bordeaux dans leur ville, payeraient au Port de Penne un péage qui fut fixé à 3 livres 5 sous pour une batelée de sel. Quant à l'évêque, ils le sommèrent de rendre au plus tôt navigable la partie de la rivière qui le concernait. L'évêque leur répondit qu'il en délibérerait, mais que dans le moment présent il n'avait qu'un très petit nombre de conseillers. Ils dressèrent un acte de cette réponse qui est daté, on ne sait pourquoi, d'Ornhac, 17 juin 1306. Ils le firent signifier à l'évêque, en le rendant responsable de tous les dommages et de toutes les pertes que les commerçants pourraient éprouver dans ces eaux. Si la demande des consuls était basée sur la justice, on ne peut néanmoins s'empêcher de convenir qu'elle était faite avec peu de convenance. L'évêque en fut vivement affecté. Comme, dans l'état de pénurie où l'avait réduit la mauvaise administration de ses domaines, il lui était difficile de remplir les engagements de son prédécesseur, il crut que, pour se soustraire aux poursuites et aux vexations de ces magistrats et arrêter pour jamais toutes leurs entreprises, il n'y avait pas de meilleur parti à prendre

1. *Archives municipales.*

que de conclure avec le roi l'association ou pariage que l'évêque Raymond de Cornil avait déjà tenté de faire (1). C'est pourquoi il partit pour Paris sans avoir communiqué au chapitre le sujet de son voyage. Philippe le Bel accepta la proposition de Raymond et tous deux passèrent, au mois de février 1306, l'acte de pariage dont voici les principaux articles :

1° L'évêque associe le roi dans la juridiction temporelle haute et basse, dans le mère et mixte empire de la ville et communauté de Cahors, dans le péage, leude et généralement dans tous les droits dont lui et ses prédécesseurs ont joui jusqu'à présent ; le roi associe à son tour l'évêque dans les droits que lui et ses prédécesseurs peuvent ou ont pu avoir dans ladite ville et communauté de Cahors ;

2° Il y aura un viguier et un juge ordinaire pour rendre la justice dans la ville et communauté de Cahors. Ces officiers seront institués en commun et prêteront serment à l'évêque ou à ses grands vicaires ou au chapitre, pendant la vacance du siège, et au roi entre les mains de son sénéchal ou de tout autre officier délégué par lui. Il en sera de même des notaires, geôliers, bedeaux et autres officiers de la cour commune entre les deux parties contractantes ;

3° Il y aura, pour l'évêque et le roi, un receveur des deniers qui proviendront tant de ladite cour que du péage, leude et autres impôts. Ces sommes seront déposées dans une seule et même caisse. Le receveur en rendra compte à l'évêque et au roi ou à l'un d'eux ou à leurs délégués, toutes les fois qu'il en sera requis ;

4° Il y aura de plus un juge d'appeaux qui sera institué aussi en commun, pour recevoir l'appel du juge ordinaire ; l'appel de ses jugements ressortira au roi seul ou à son sénéchal ;

5° Le viguier, le juge ordinaire et le juge d'appeaux dont la correction et la punition appartiendront à l'évêque et au roi, seront annuels ; mais ils pourront être prorogés dans leurs fonctions, du consentement de l'une et de l'autre partie, sans toutefois que leur prorogation, une ou deux fois accordée, puisse nuire au droit de les changer chaque année à la réquisition de l'évêque ou du roi ;

6° A l'évêque et au roi appartiendront en commun la connaissance et la punition de tous délits, crimes et forfaitures, excepté les crimes de lèse-majesté qui sont réservés au roi seul ;

7° Les tabellions, les intendants des travaux publics, etc., seront à la

---

1. L'évêque était favorisé en cela par le sénéchal de la province qui était, dit-on, son ennemi.

nomination du roi et de l'évêque. Le roi ne pourra point tenir dans la ville et la communauté de Cahors de tabellion ni autres officiers particuliers. Ils n'y exerceront pas impunément leurs fonctions, excepté pour les cas qui regardent le second ressort et la souveraineté. Le sénéchal y pourra néanmoins tenir, comme auparavant, ses assises, mais sans porter aucune atteinte au premier ressort, à la juridiction et aux droits communs entre l'évêque et le roi;

8° Ces derniers auront, en propriété commune, les murs, murailles, forteresses, fossés, portes, places, ponts, voies publiques, poids et mesures, etc., et ils s'en partageront les émoluments. Il sera permis au roi de faire garder par ses gens, sans préjudice des droits de l'évêque, les murs et forteresses, excepté l'église cathédrale, les maisons épiscopales et capitulaires;

9° Il y aura dans l'étendue du territoire mis en pariage, une cour et une prison communes. Les bedeaux et les autres officiers de cette cour porteront des bâtons ou baguettes aux armes de l'évêque et du roi. Ces mêmes armes seront gravées sur le sceau commun, dont la cour temporelle commune se servira pour sceller ses actes. Toutes ces choses se feront sans préjudice de la juridiction spirituelle, des droits de la cour de l'évêque et de son official, le roi n'entendant pas que les accords précédents et suivants y portent aucune atteinte;

10° Il sera institué en commun un crieur public. Les criées, proclamations et exécutions seront faites au nom du roi et de l'évêque;

11° L'évêque portera, dans toutes les occasions où il croira devoir le faire, le titre de baron et comte de Cahors, et il jouira des privilèges qui y sont attachés;

12° L'évêque et les chanoines pourront avoir, pour la décence du lieu, auprès de la cathédrale, au lieu du cloître, un logement modeste et fixe qui se fermera pendant la nuit. Cette clôture jouira des mêmes libertés et franchises que celles des autres églises du royaume;

13° Il sera permis au roi de faire bâtir dans l'endroit le plus convenable de la ville ou de son territoire, hors des remparts ou dans leur enceinte, un château, palais ou maison qui n'appartiendra qu'à lui seul et qui jouira des mêmes privilèges et franchises que ceux qu'il a dans les autres villes qui sont communes entre lui et d'autres personnes (1);

1. Cet article eut son effet sous Philippe le Long. Ce prince établit le sénéchal dans le palais des seigneurs de Montpezat qui avait été confisqué, comme nous l'avons dit, pour crime d'hérésie, et qui depuis porte le nom de *Château du Roi*. Auparavant le sénéchal tenait ses assises, hors la ville, au delà du Pont-Neuf.

14° Le roi ne pourra point, non plus que ses successeurs, mettre hors de ses mains royales, en tout ou en partie, les droits qu'il a en tant que souverain dans la ville et communauté de Cahors, ni ceux que l'évêque et l'église de Cahors lui communiquent;

15° En reconnaissance de ce qu'il vient de recevoir de l'évêque, il lui accorde à perpétuité, à lui et à ses successeurs, une rente de 450 livres tournois sur des terres du Quercy, qu'ils tiendront de lui et de ses successeurs, avec toute justice haute et basse, et le premier ressort, de la même manière que les évêques de Cahors ont tenu de lui et de ses successeurs cette ville, jusqu'au moment du présent pariage;

16° L'évêque se réserve pour lui et pour ses successeurs, sans aucun partage avec le roi, sa monnaie de Cahors, le droit d'en faire frapper dans la ville et les autres lieux de sa temporalité, voulant qu'elle ait cours comme par le passé. Il se réserve aussi les rentes, les revenus, produits et droits quelconques, fiefs et arrière-fiefs appartenant à lui et à son église, qui ne sont point dans la ville et communauté de Cahors;

17° S'il arrivait qu'une terre, mouvante de l'évêché et du chapitre de Cahors, vînt à tomber, en quelque temps que ce fût, entre les mains du roi ou de ses successeurs par voie de confiscation ou de forfaiture, ils seront obligés de s'en désister avant un an et un jour; ils ne pourront même hériter d'aucun bien, dans les lieux mis en pariage, sans en céder la moitié à l'évêque, qui sera tenu d'en compter le prix. L'évêque fera au roi le même partage des biens que la confiscation ou la forfaiture feront tomber en son pouvoir. Cette communauté ou partage ne s'étend point sur le lieu propre à fonder un palais, un château, une maison et une citadelle, que le roi pourra acquérir de son chef et retenir en seul;

18° Le serment de paix, qu'on a coutume de prêter dans cette contrée, sera prêté comme ci-devant entre les mains du sénéchal de l'évêque. Les habitants de Cahors prêteront aussi serment de fidélité à l'évêque et au roi, à chaque mutation d'évêque et à chaque nouveau règne. Ce serment sera reçu par l'évêque ou le chapitre, le siège vacant et par le sénéchal ou son lieutenant. Le juge-mage, les procureurs et avocats de Cahors seront tenus au serment, lorsqu'ils entreront nouvellement en charge. Ils jureront, en présence de l'évêque ou de ses délégués, d'observer fidèlement toutes les dispositions de l'acte du pariage dont il leur sera fait lecture;

On voit encore les ruines de l'édifice dans le jardin de M. d'Olive; et l'on plaçait les prisonniers dans la tour du Pont-Neuf, que les consuls ne pouvaient pas affermer quoiqu'elle appartînt à la ville. — Dominicy.

19° Si les gens du roi ou quelqu'un d'entre eux venaient à contrevenir à ces dispositions, le prince n'entend point préjudicier par ce fait aux droits de l'évêque, ni acquérir à titre de possession, par coutume quelconque, ni par prescription centenaire. « Au contraire, ajoute-t-il, nous, nos successeurs, notre cour et nos sénéchaux, sans procès ou discussion, et sur le simple exposé de ce qui est contenu en ces lettres, seront obligés de ramener les choses à leur véritable état par l'autorité de l'évêque, de son vicaire ou de son chapitre; et les évêques y seront obligés, de leur côté, si quelqu'un d'eux s'écartait de l'esprit du présent acte ».

Le roi Philippe le Bel dut être fort satisfait de ce pariage, qui lui accordait de grands droits et une grande autorité sur une des villes les plus importantes de son royaume. Il paraît que ce prince y visait depuis longtemps, et que c'est pour cela qu'il entretenait et favorisait les procès et la division entre les magistrats et l'évêque de Cahors, afin que poussé à bout, celui-ci réclamât sa protection en l'associant à ses droits. Ce qui le prouve, ce sont les ordres donnés en divers temps à ses sénéchaux et ses lettres en faveur des consuls de cette ville, dont nous avons parlé, et qui tendaient à affaiblir l'autorité épiscopale. Postérieurement à ces lettres, le prince en envoya deux, en 1301, à son sénéchal Jean d'Arreblay, ou à son lieutenant Jean d'Auchier, qui ne laissent aucun doute là-dessus. Dans la première, datée de Paris le mercredi après le dimanche *Reminiscere*, qui est le second dimanche de Carême, il mande qu'il n'entend pas que les consuls de Cahors soient contraints à prêter serment à l'évêque, et veut que les lettres royaux que celui-ci a obtenues pour ce sujet en sa faveur, n'aient point leur effet. Dans l'autre, datée aussi de Paris, le lundi après la fête de l'Annonciation, il ordonna de faire jouir les consuls de leurs privilèges, sans les forcer à prêter serment à l'évêque. Il est cependant très vrai que les consuls étaient tenus à ce serment, d'après ce que nous avons vu; la formule, en langue vulgaire, en est même consignée dans les anciens livres de la maison commune, sous une date antérieure de plusieurs siècles au pariage. Le roi lui-même n'ignorait pas l'obligation où étaient les consuls de remplir ce devoir envers l'évêque; car il leur avait ordonné de le faire lors de son passage à Cahors. C'était de la part de ce prince une contradiction manifeste, qui ne fait que confirmer qu'il avait réellement conçu le projet que nous lui prêtons. Les consuls, se sentant appuyés du roi dans leurs entreprises contre les évêques, étaient en opposition continuelle avec eux et leur disputaient même les droits de juridiction, dont tous les seigneurs de France étaient en possession dans les communes les plus privilégiées. De là, ces arrestations et condamnations de citoyens, dont on trouve fréquemment des exemples dans les registres de l'hôtel de ville, une entre autres, deux ou trois ans avant le pariage, malgré les remontrances du bayle de l'évêque qui eut beau réclamer les droits de son maître.

Quand on pense à l'ambition et à la jalousie qui animaient les consuls et aux desseins du roi Philippe, on ne peut blâmer Raymond Pauchelli d'avoir associé ce prince à la juridiction de sa ville. Il crut qu'il devait sacrifier une partie de ses droits pour ne pas risquer de les perdre tous; c'est ce qu'avaient fait avant lui les évêques de Paris et de Mende, et c'est ce que fit, l'année suivante, l'évêque du Puy. Mais, quoiqu'il voulût acheter par le pariage sa tranquillité et celle de ses successeurs, on ne saurait disconvenir qu'il nuisit beaucoup aux intérêts de son église. D'abord, il n'eut pas assez de fermeté pour faire exécuter l'article du pariage, où il est dit que, pour la rente annuelle et perpétuelle de 450 livres, il lui serait assigné des terres dans le Quercy, sur lesquelles il aurait lui et ses successeurs toute justice avec le premier ressort. La ville de Sept-Fonds avec ses dépendances lui fut cédée, en représentation, de ces terres, mais l'évêque n'en eut pas comme il était convenu toute la juridiction, puisqu'il nomma le juge de cette terre alternativement avec le roi : usage qu'il établit par sa faiblesse et qu'il transmit à ses successeurs. La clause *salvâ curia spirituali officialis caturcensis*, que l'évêque laissa passer dans l'acte, porta le plus grand préjudice à son official qui, connaissant dans ce temps comme le faisaient les autres officiers diocésains des causes réelles et mixtes, et vidimant tous les testaments et actes publics par devant notaire, retirait des profits immenses de son emploi. Les officiers du roi et les cours laïques tirèrent un grand avantage de cette clause et réduisirent l'official à la seule connaissance des causes spirituelles. Ainsi le diocèse de Cahors fut le premier où la juridiction ecclésiastique fut restreinte; et cette restriction arriva longtemps avant le différend entre Pierre de Cugnières et Bertrandi, évêque d'Autun, avant le songe du Vergier et la dispute du Chevalier contre le Clerc, avant les prétentions et les plaintes des officiers royaux contre l'étendue excessive de la juridiction ecclésiastique; enfin, avant les questions qui donnèrent lieu aux appels comme d'abus.

Il avait été convenu, dans un autre article du pariage, que les seuls officiers communs entre le roi et l'évêque, comme le viguier, le juge ordinaire, le juge d'appeaux, résideraient dans la ville, à l'exclusion des officiers de la justice royale. Cependant les notaires, sergents royaux et les baillis du second ressort ne laissèrent pas d'y faire leur résidence au préjudice de la justice de l'évêque. C'est ce que nous apprend un manuscrit conservé dans les archives de l'évêché et dont l'auteur, appelé *Gausbert Pelfi*, était secrétaire de Raymond Pauchelli.

Cet écrivain, qui devait être savant et fort attaché aux intérêts de l'église de Cahors, s'élève hautement contre le pariage. Il dit qu'il prenait la liberté d'en blâmer l'évêque, sauf le respect qu'il devait à sa personne sacrée. Il lui faisait voir qu'il avait causé par cet acte trois grands maux à son église : l'abolition de la liberté de la ville, la ruine de la juridiction ecclésiastique et celle des plus beaux fiefs de l'évêché. Il se plaint que l'évêque, ainsi que quelques-uns de ses prédécesseurs, vendaient les coutumes et les libertés qu'ils donnaient à leurs terres, et retiraient de ce trafic de grandes sommes au préjudice de leurs successeurs. Mais un des plus grands maux, ajoute-t-il, que fit ce prélat, c'est de n'avoir pas recouvré les terres de Pradines, Cessac et Douelle, appartenant à la mense épiscopale, qui furent usurpées par Raymond de Labéraudie. A la vérité, l'évêque fit faire une saisie sur ces terres ; mais pendant l'absence de Gausbert Pelfi, le sénéchal Jean d'Arreblay, ennemi personnel de Raymond Pauchelli, donna la mainlevée à Raymond de Labéraudie qui continua de jouir de ces fiefs au grand scandale et préjudice de l'évêque et de son église (1).

Le pariage s'était fait à l'insu du chapitre. Son adhésion était nécessaire pour le rendre valide et l'évêque avait promis à Philippe le Bel de l'obtenir. Mais il ne put en venir à bout, quelques démarches qu'il fit auprès de chaque chanoine en particulier. Tous lui refusèrent leur consentement. Ayant été convoqués par leur syndic, Arnaud Fabri, chapelain de l'église de Gourdon, dans le cloître de la cathédrale, ils déclarèrent qu'il était de leur devoir de s'opposer à l'exécution d'un traité qui blessait leurs droits et ceux de leur église et qui avait été fait contre les constitutions du pape Alexandre III. En conséquence, ils firent appel au Saint-Siège, par un acte qui fut écrit par Géraud

---

1. Nous avons dit ailleurs qu'Arnaud Beraldi avait eu les terres de Belaye, Puy-l'Evêque, Luzech, Cessac, Douelle et Pradines pour sûreté de certaines sommes qu'il avait prêtées aux évêques de Cahors ; Raymond, son petit-fils, se désista des trois premières et jugea à propos de garder à perpétuité les trois autres, quoi qu'elles ne fussent qu'engagées. Tout cela prouve que Raymond Pauchelli était d'une indifférence extrême pour les affaires temporelles de son église. Encore si cette indifférence n'eût été fatale qu'à lui-même ; mais ses successeurs en furent les victimes, et il leur fallut bien des soins et de la peine pour réparer ses fautes.

Desprès, clerc du diocèse de Cahors (1). Mais il ne paraît pas que Clément V, ni aucun de ses successeurs, se soit jamais occupé de cette affaire. En attendant, l'évêque tâcha de calmer les esprits. Il rendit public l'acte d'association et fit voir qu'en traitant avec le roi de France, il avait eu soin de se réserver en tout la juridiction de son église.

Les consuls de Cahors ne se montrèrent pas moins opposants que le chapitre. Ils crurent voir dans le pariage l'anéantissement de leurs privilèges et de ceux de la ville. Ils prétendirent que cet acte était nul, comme ayant été passé à leur insu et sans leur participation. On eut beau leur représenter qu'il ne s'agissait que de la communication ou société des seuls droits de l'évêque, que ceux d'autrui y étaient formellement exceptés; ces raisons, quoique vraies, ne purent les rassurer.

Cependant Jean d'Arreblay, sénéchal du Quercy, et Jacques de *Jassenis*, clerc du roi, envoyé à Cahors en qualité de commissaires, et deux fondés de pouvoir de l'évêque, Guillaume de Cazes et Raymond Duval, s'assemblèrent dans cette ville pour faire reconnaître et exécuter le pariage et élire en même temps le viguier et le juge ordinaire (1307). Les consuls, parmi lesquels on remarque *Pierre de Cabazac, Guillaume d'Archambald, Guillaume de Jean* et *Gaillard Dellard* (2) *de Nayrac*, firent valoir de plus fort leurs droits et ceux de la ville et produisirent une lettre du roi, dans laquelle ce prince leur mandait qu'il ne prétendait pas qu'il fût porté, à cause du pariage, la moindre atteinte aux privilèges et aux libertés du consulat et de la commune; ils offrirent de prouver, par des actes déposés dans les archives de l'hôtel de ville, et par une enquête, que, depuis un temps immémorial, les consuls étaient en possession d'une maison commune, d'une caisse et d'un sceau communs, des retranchements, fossés, tours, citadelles, forteresses, remparts, places, ponts, poids et mesures de la ville, des clefs et de la garde des portes, etc., et ils demandèrent, qu'en attendant qu'ils eussent établi et montré les preuves de tout ce qu'ils avançaient, il plût aux commissaires du roi et de l'évêque de surseoir à leurs opérations. Mais ceux-ci répondirent qu'ils ne pouvaient acquiescer à leur demande, sans transgresser les ordres du roi; qu'aucune considération n'était capable de leur faire commettre une pareille faute et qu'à

1. G. de Lacroix, *Series episc. cad.*, pag. 168, 169.
2. Plutôt de Lard. C'est ce que je crois devoir substituer partout où il sera fait mention de quelqu'un de cette maison ancienne, qui possédait la terre de Rassiels et fonda le monastère des Bouyssés, près Mercuès. Elle a laissé son nom au château et au fief du Lard, près Hauteserre, dans la paroisse de Cieurac.

l'égard de la lettre que le prince leur avait écrite, ils auraient soin de s'y conformer. Après cette réponse, ils procédèrent à la nomination du viguier et du juge qui furent Déodat d'Engoulême, damoiseau de Gourdon, et de cette famille dont nous avons parlé plusieurs fois, et Jean Dussol (de Solo). Ils élurent ensuite le crieur public qui, après la cérémonie du serment, prêté conformément au pariage, proclama les nouveaux magistrats dans toute la ville, de la part du roi et de l'évêque. Les consuls firent appel au roi de ce qui venait de se passer et en dressèrent acte en présence de Guillaume de Jean, chevalier, Gaucelin de Vayrols, Géraud du Thouron, Raymond de Rodez (de Rutena), et d'un grand nombre d'autres bourgeois assemblés avec le corps municipal dans *la rote de la Daurade*, qui était la chambre de justice située auprès de la communauté religieuse de ce nom. C'est sans doute, à cette occasion, qu'ils dressèrent et envoyèrent à Philippe le Bel l'état de leurs privilèges que l'on trouve sans aucune date dans un des livres consulaires, appelé *livre tanné*. En voici l'analyse :

Les consuls de Cahors avec les habitants de la ville ont et ont eu depuis un temps immémorial, sans qu'on puisse leur prouver le contraire, le consulat de la ville, maison commune, sceau, archives, droit de juger, de lever tailles, d'obliger à les payer, de faire arrêter et capturer les méchants et d'avoir un drapeau aux fleurs de la maison de France, c'est-à-dire aux fleurs de lys. Les évêques de Cahors sont tenus de leur prêter serment quand ils viennent prendre possession de l'évêché.

Les consuls ont droit de faire publier par le bayle de l'évêque leurs ordonnances et de connaître des affaires civiles et criminelles. A eux seuls appartiennent le droit de faire des enquêtes, l'inspection de la poissonnerie et des boucheries, l'administration de l'hôpital de la grand'rue basse, de la ladrerie, du Pont-Vieux et la distribution de l'aumône qui se fait le jour de la Pentecôte.

A eux appartiennent les prisons, les fourches patibulaires, avec le droit de les changer de place, les poids et mesures, la halle et les revenus qui en proviennent, la place au marché, le droit d'avoir des sergents-jurés ou valets de villes qui aillent armés dans la ville, arrêtent les malfaiteurs et portent des habits de couleur avec les fleurs de lys; le droit d'avoir les fers pour punir les coupables, d'avoir et de bâtir tours, murs, portes de ville, et de les faire garder, de vérifier seuls les différentes mesures qui sont marquées aux armes du roi, inspecter les boutiques d'orfèvre avec pouvoir de confiscation et de recevoir le serment de tous les habitants de la ville.

Ils ont en seuls le territoire de Toulousque avec toute justice, cens et rentes; la chambre d'amour, la route et le port de Valentré, avec le droit de punir et d'amender les personnes qui font dommage, de condamner au dernier supplice et de jouir paisiblement sur la commune d'un revenu de 400 livres.

L'évêque doit présenter aux consuls son bayle, toutes les fois qu'il en change. Ce bayle doit être de la ville et y avoir des biens. Les consuls ont le droit de le citer en justice, s'il vient à outrepasser ses pouvoirs.

Les pressantes réclamations des consuls leur obtinrent des lettres du roi par lesquelles il était ordonné au sénéchal et au viguier de laisser ces magistrats en possession des droits et privilèges dont ils jouissaient avant le pariage. Mais soit négligence de la part des premiers, soit prétentions outrées de la part des derniers, les lettres du prince ne produisirent aucun effet : car nous voyons des lettres semblables envoyées pour le même sujet par les successeurs de Philippe le Bel; en sorte qu'on peut dire que les consuls eurent à se repentir de ne s'être pas contenus dans les bornes du respect et de la modération envers leurs évêques qui, sans leurs vexations continuelles, n'auraient jamais eu l'idée de faire part de leur juridiction aux rois de France. Ils ne cessèrent depuis de s'agiter et de se plaindre, « en sorte, dit Dominicy, que le désordre reprit son premier train et que les entreprises des consuls contre les anciens droits des évêques furent renouvelées ». Ces troubles et ces divisions continuèrent jusqu'au milieu du XIVe siècle. Ils avaient pris naissance sous l'épiscopat de Guillaume de Cardaillac, et ils prirent fin sous un évêque de la même famille. Cependant le pariage ne laissa pas d'être exécuté dans tous ses points. Il fut autorisé et confirmé par les rois, successeurs de Philippe, et enregistré à la Chambre des Comptes de Paris.

LXVIII. — *Plusieurs villes du Quercy demandent à être exemptées de la taxe établie sur les marchands du royaume — Le nouveau vicomte de Turenne rend l'hommage à l'abbé de Tulle — Importance de la ville de Rocamadour dans le Haut-Quercy*

Sur ces entrefaites (1307), les villes de Montauban, Moissac, Lauzerte, Cahors, Figeac, Gramat, Gourdon, présentèrent une requête au roi pour le prier de les exempter, à cause de leur pauvreté, de l'imposition ou de la taxe qui avait été mise sur les marchands du royaume (1). On ignore si Philippe eut égard à leur demande.

1. Foulhiac, *Chronique latine.*

Bernard, comte de Comminges, devenu vicomte de Turenne par son mariage avec la fille unique et héritière de Raymond VII, se rendit la même année à Rocamadour avec Bertrand de Gramat, Guarin de Saint-Vincent, Adhémar de Faydit, Hugues d'Alquier et plusieurs autres chevaliers et damoiseaux de la contrée. Là il prêta, devant eux et devant les abbés de Saint-Amand et de Beaulieu et le prieur de Saint-Avit, serment de fidélité à Bernard de Saint-Astier, abbé de Tulle, pour la vicomté de Brassac (1). Si l'évêque de Cahors eût été moins indifférent pour les intérêts de son église, il aurait tâché par un acte d'opposition à cet hommage de lui conserver un de ses fiefs les plus importants qu'elle possédait depuis tant de siècles et qu'elle perdit faute par les évêques d'avoir réclamé. Cette cérémonie nous donne lieu de remarquer que lorsqu'il s'agissait dans le Haut-Quercy et les pays voisins de quelque affaire importante, on avait coutume d'aller la terminer à Rocamadour, qui était alors une ville assez grande et très peuplée. Souvent même les évêques de Cahors y faisaient battre leur monnaie. On y venait de toute part faire sceller les actes, qui avaient quelque importance, du sceau de la Vierge. Sur ce sceau était gravé l'image de la mère de Dieu, avec cette légende S. B. MAR. VIRG. DE ROCAMADOR. On le voit sur un reliquaire fort ancien de l'église de Gleyes, sur la charte des coutumes de Gramat, et dans un très grand nombre d'autres documents. Les peuples croyaient que leurs actes en devenaient plus authentiques. C'étaient les consuls de Rocamadour qui apposaient le sceau ; ils en retiraient de grands revenus. Ce préjugé venait de la grande célébrité de la sainte chapelle du lieu. Il s'y opérait beaucoup de miracles que Vincent de Beauvais, écrivain du temps, rapporte dans son *Speculum historiale*. Un religieux franciscain fit aussi, vers le même temps, un recueil de ceux qu'il avait entendu raconter à saint Bonaventure, et dont la plupart étaient arrivés en Languedoc, Auvergne, Limousin, Périgord et Quercy, et quelques uns en Picardie et en Normandie, depuis l'an 1285 jusqu'en 1295. Ces miracles attiraient à Rocamadour une foule innombrable de pèlerins de tous les pays de la chrétienté. Le pape Clément V, en levant les censures que Nogaret avait encourues pour avoir assiégé dans Agnani et fait prisonnier Boniface VIII, le condamna à visiter dévotement l'église de Rocamadour, en attendant qu'il pût entreprendre le voyage de la Terre sainte, pour laver dans le sang des infidèles, l'attentat qu'il avait commis sur la personne sacrée du Souverain Pontife.

1. Baluze, *Hist. Tutel.*, pag. 182.

LXIX. — Mort de Guillaume de Villaret, grand-maître de l'ordre de Saint-Jean de Jérusalem

Ce fut dans le cours de cette année (1307) que mourut Guillaume de Villaret, grand-maître de l'ordre de Saint-Jean de Jérusalem. Sa conduite répondit parfaitement à la haute idée que les Hospitaliers avaient conçue de sa sagesse et de sa capacité pour le gouvernement. Ses excellentes qualités contribuèrent beaucoup à attirer sur son ordre les biens dont le comblèrent le pape Boniface VIII et Henri de Hochberg. Guillaume de Villaret eut la consolation de rentrer à la tête de ses chevaliers dans la Terre sainte, mais il ne fut pas assez heureux pour s'y maintenir. Jérusalem et toutes les places de la Palestine étaient sans fortifications. Le soudan d'Egypte les avait fait raser, pour pouvoir y rentrer, quand il voudrait, avec moins d'obstacle; et c'est ce qu'il fit peu de temps après, pendant que les Hospitaliers travaillaient à relever les murs de Jérusalem. Ne se voyant pas assez forts pour tenir la campagne contre un ennemi si redoutable, ils furent obligés de revenir à Limisso, en Chypre. Là, le grand-maître, en voyant les mauvais traitements que son ordre recevait du roi de cette île, résolut, pour le soustraire à cette tyrannie, de s'emparer de quelque île voisine de la Terre sainte où il l'établirait indépendant de toute puissance étrangère. Il jeta les yeux sur Rhodes, peuplée de Grecs révoltés, de Turcs et de Sarrasins. Mais la mort vint traverser son projet. L'ordre lui donna pour successeur Foulques de Villaret, s'imaginant que ce chevalier connaissait les desseins de son frère et qu'il était par sa valeur capable de les faire réussir.

FIN DU LIVRE DIXIÈME

SOMMAIRE DES CHAPITRES

DU LIVRE ONZIÈME

I. Arrestation des Templiers et suppression de l'ordre.
II. Construction du pont Valentré à Cahors.
III. Donation de la terre de Moissaguet et de la maison de Caramantano. — Famille de Ferrières.
IV. Chapelle de Saint-Ambroise et réparations à la cathédrale.
V. Les consuls de Gramat et leurs seigneurs.
VI. Hommages en faveur de l'évêque de Cahors. — Nouveaux statuts donnés aux chanoines du Vigan.
VII. Imposition sur les communes du Quercy, à l'occasion du mariage de la fille de Philippe le Bel. — Donations de terres à Jacques Duèze, évêque de Fréjus.
VIII. Réduction du nombre des synodes diocésains. — Emprunt d'une somme de 6,000 florins d'or par l'évêque de Cahors.—Duel judiciaire.
IX. Lettres de noblesse accordées à Jacques de Jean, de Cahors. — Les Inquisiteurs et la famine dans le Quercy.
X. Construction de la place Saint-Laurent à Cahors. — Jacques Duèze passe du siége de Fréjus à celui d'Avignon; il est créé cardinal et est nommé à l'évêché de Porto. — Aliénations diverses.
XI. Concile de Vienne. — Jugements rendus contre des hérétiques.
XII. Démission de Raymond Pauchelli, évêque de Cahors. — Hugues de Géraud, évêque de Cahors; faveurs accordées à ce prélat par le Souverain Pontife. — Eloge de Raymond Pauchelli.
XIII. Réformes introduites dans son diocèse par l'évêque Hugues de Géraud.
XIV. Préparatifs pour la guerre de Flandre. — Mort du pape Clément V.
XV. Pèlerinages à l'église Saint-Martial de Pradines. — Difficultés entre l'évêque de Cahors et son chapitre.
XVI. Mort de Philippe le Bel; Louis le Hutin lui succède. — Ordonnance du roi ayant pour objet la réforme des abus dans le Quercy.

XVII. Levées de troupes. — Mœurs guerrières de l'évêque de Cahors; ses exactions. — Ordonnance royale de janvier 1316.
XVIII. Mort de Louis le Hutin. — Philippe le Long, roi de France. — Jean d'Arreblay, sénéchal du Quercy.
XIX. Le pape Jean XXII. — Famille Duèze.
XX. Jean XXII fixe sa résidence à Avignon et y compose sa cour; il crée cardinaux trois de ses neveux.
XXI. Arrestation et supplice de l'évêque Hugues de Géraud. — Guillaume de Labroue monte sur le siège épiscopal de Cahors.
XXII. Abbés et abbesses des monastères de Moissac, Figeac, Marcillac, Montauban, Saint-Marcel, Lagarde-Dieu, Souillac, Leyme et l'Hôpital-Beaulieu. — Fondation d'une chapelle dans l'église Sainte-Marie de Lauzerte.

LIVRE ONZIÈME

I. — *Arrestation des Templiers et suppression de l'ordre*

L'ÉVÈNEMENT le plus remarquable de l'année 1307, non seulement en Quercy, mais même en France, fut l'arrestation des Templiers. Elle se fit, dans tout le royaume, un vendredi, 13 octobre, par ordre de Philippe le Bel. Ce prince, dans la circulaire qu'il avait auparavant envoyée à ses sénéchaux, accuse les chevaliers du Temple des crimes les plus horribles. Il veut, qu'après que l'on se sera saisi de leurs personnes, on les mette chacun dans des prisons séparées, qu'on les interroge, qu'on emploie la torture, s'il est nécessaire, pour arracher de leur bouche la vérité, qu'on promette le pardon à ceux qui feront un aveu sincère de leurs fautes, et qu'on menace des plus grands supplices tous ceux qui ne voudraient pas les confesser. Enfin, il indique les divers articles sur lesquels on doit les interroger, et qui se réduisent à deux principaux : l'idolâtrie et la sodomie. Le pape Clément V, après la conférence qu'il avait déjà eue, au mois de mai de la même année, dans la ville de Poitiers, avec le roi touchant cette affaire, écrivit à l'évêque de Cahors pour lui ordonner de *faire saisir les biens et les personnes des Templiers*, qu'il traite *d'idolâtres, de sodomistes, d'hérétiques et de corrupteurs des Saintes Ecritures*. Ce sont les propres expressions dont il se sert dans sa lettre qui était déposée dans les archives de l'évêché et dont l'abbé de Foulhiac nous a conservé la substance. En vertu des ordres du roi

Philippe, Jean d'Arreblay, sénéchal de Périgord et de Quercy, fit arrêter les Templiers des commanderies du Bastit, Cahors, Montricoux et Lacapelle-Lieuron, et confisquer en même temps tous leurs biens, meubles et immeubles. C'est ce que nous apprend le livre de l'hôtel de ville de Cahors, appelé *Te igitur*. Mais le rédacteur de cette note a été malheureusement trop laconique sur un fait si important; car, de tous les chevaliers qu'il pouvait y avoir dans les quatre maisons du Quercy, il ne nomme que frère Aton de Salvanhac, commandeur de Lacapelle-Lieuron. Quelques fragments de la procédure suppléent au silence de cet écrivain. Il y est fait mention de Raymond ou Raynaud et de Pierre de Tayac (1), de Bernard de Cazals (2), Etienne Gaucelin, Gui Cocha, Bernard de Valafasc et Guillaume Arnaud (3). On peut ajouter à cette nomenclature Géraud Béraldi ou de Labéraudie, qui ne figure pas dans le procès-verbal de l'interrogatoire, non plus qu'Aton de Salvanhac, et cela, sans doute, parce qu'appartenant aux premières familles de Cahors, on eut quelques égards pour eux. Ces chevaliers, vaincus par les instances de leurs parents et de leurs amis, s'avouèrent coupables, plutôt que de s'exposer à la rigueur de la justice. Ces égards durent s'étendre à d'autres Templiers du Quercy, car on ne peut pas croire qu'ils n'y fussent plus nombreux. Quant aux autres, qui sont aux nombres de sept, le sénéchal les interrogea le 2 et le 5 janvier 1308, en présence de deux notaires. Comme ils niaient tout ce qui était contenu dans l'acte d'accusation, ils furent livrés aux tortures. Ne pouvant, après quelques épreuves, résister à la douleur violente qu'ils ressentaient, ils firent le triste aveu des crimes dont l'ordre était accusé. Raynaud de Tayac qui était, ainsi que ses autres confrères, d'une ancienne noblesse du pays, avoua que, lors de sa réception, il avait satisfait la passion brutale de son supérieur; que celui-ci lui avait ordonné de cracher sur la croix et de renoncer pour toujours aux femmes, lui disant qu'il pourrait satisfaire ses désirs avec ses confrères; que telle était la pratique de l'ordre et que pour y être reçu il fallait l'observer fidèlement. Les autres firent une semblable déposition. Pierre de Tayac, frère de Raynaud, ajouta que lorsqu'on le reçut

1. Il y avait alors en Quercy une maison de ce nom qui avait son domaine principal vers Cazals, Conçorès et Peyrilles. Il est fait mention d'un Pierre de Tayac, damoiseau, dans le testament d'Amalvin de Poudens dont nous parlerons plus loin.

2. Bernard de Cazals était sans doute de la maison de Viel-Castel, qui possédait la terre de Cazals et celle de Marminhac en partie.

3. Dupuy, *Hist. des Templiers*.

chevalier on lui passa un cordon autour du corps sans qu'il ait su la raison de cette cérémonie. Ce cordon était, peut-être, un de ceux qui étaient attachés à l'idole qu'on accusait les Templiers d'adorer; il en est parlé dans un endroit de la procédure qui regarde d'autres chevaliers étrangers aux maisons du Quercy. Dans les autres provinces beaucoup de Templiers, le grand-maître lui-même, firent des aveux qui compromettaient également l'ordre et qu'arrachèrent de leurs bouches les cruels tourments qu'on leur fit souffrir.

Le pape eut une nouvelle conférence avec Philippe le Bel à Poitiers, pour l'affaire des chevaliers du Temple; il fut convenu entre eux qu'il serait convoqué à Vienne un concile général pour prononcer l'abolition de l'ordre. Le pape le fixa, par une bulle, au mois d'octobre 1310; et, afin d'agir dans cette affaire importante avec connaissance de cause, il voulut recueillir lui-même la déposition de plusieurs Templiers. On lui en envoya soixante-douze de diverses commanderies, au nombre desquels on trouve, pour le Quercy, Géraud de Labéraudie et Aton de Salvanhac. Ils avaient été déjà tous interrogés dans leurs diocèses respectifs; ils avaient avoué les crimes imputés à l'ordre, et persistèrent devant le Souverain Pontife dans leurs aveux. Aton de Salvanhac déclara qu'il n'avait pas été torturé, mais mis aux fers et au pain et à l'eau pendant environ quatre semaines avant sa déposition. Le pape ne s'en tint pas à cela; il nomma une commission composée d'évêques, qu'il chargea de se rendre à Paris et d'y prendre contre l'ordre en général une information juridique, dont les preuves pussent motiver la décision du concile. Ces commissaires devaient citer devant eux tous les chevaliers qui voudraient défendre l'ordre. Il s'en présenta deux des maisons du Quercy, Pierre de Tayac et Guillaume Arnaud. Ils protestèrent hautement de leur innocence et de celle de leur ordre; ils rétractèrent tous les aveux qu'ils avaient faits devant le sénéchal, assurant qu'ils leur avaient été arrachés par la torture. Mais ils furent bientôt après la victime de leur noble justification. Philippe de Marigni, archevêque de Sens, un des plus grands ennemis des Templiers (1), les fit déclarer, dans le synode de sa province, par un étrange abus de mots, *hérétiques, relaps*, eux et les autres défenseurs qui s'étaient rendus de différents pays, en tout au nombre de cinquante-quatre. Tous ces malheureux chevaliers furent, en conséquence, livrés à la justice séculière et condamnés au feu (2). Ils se rendirent au lieu du

---

1. Continuateur de G. de Nangis.
2. Bocatius, *De casibus virorum illustrium*, lib. IX, cap. XXI.

supplice avec le même courage qu'ils avaient coutume de montrer quand ils allaient combattre les ennemis du nom chrétien. Ils virent, sans pâlir, le bûcher qui les attendait et les bourreaux prêts à l'allumer. Sur ces entrefaites, arrive un envoyé du roi qui proclame la grâce et la liberté de tous ceux qui ne persisteraient pas dans leurs rétractations. Il n'est pas écouté. Egalement insensibles aux prières et aux larmes de leurs proches et de leurs amis qui les conjuraient de ne pas résister au courroux du roi, ils se jetèrent dans le bûcher et expirèrent, dit un historien ancien (1), au milieu des flammes, en invoquant Dieu, la Vierge et les saints. Une foule d'autres chevaliers, le grand-maître lui-même, périrent du même supplice ou expirèrent dans les cachots, les uns pour avoir révoqué leurs aveux, les autres pour n'avoir voulu rien dire qui fût capable de compromettre leur honneur et celui de leur ordre.

La fin tragique de tous ces Templiers est une des preuves sur lesquelles on a essayé d'établir l'innocence de leur ordre. On serait même tenté de la croire suffisante. Elle contrebalance, du moins, celles qu'on employa pour le flétrir et le détruire. Ces dernières consistent, en effet, pour la plupart, dans des dépositions vagues et souvent contradictoires qu'arrachèrent la faiblesse, les remontrances des parents et des amis, la torture ou la crainte de la torture. Elles portent le plus souvent sur des faits que les circonstances qui les accompagnent rendent invraisemblables : par exemple, Pierre de Tayac dit dans sa déposition devant le sénéchal de Quercy, que sa réception avait été faite sous les yeux de deux de ses frères, dont l'un était le Templier. Ce fut donc en leur présence qu'il cracha sur la croix ou qu'il commit le crime de sodomie avec celui qui le recevait chevalier. Le cynique le plus éhonté refuserait de le croire, et la conduite que tint dans la suite Pierre de Tayac prouve évidemment qu'il n'avait fait de tels aveux que pour se délivrer de la torture. Etienne Gaucelin déclara devant le même sénéchal qu'il y avait plus de cinquante ans qu'il était engagé dans la milice du Temple. Sa réception eut donc lieu vers l'an 1256, c'est-à-dire un peu plus d'un siècle après l'institution des Templiers, et précisément à l'époque où toute l'Eglise regardait ces chevaliers comme les soutiens de la religion, et où ils donnaient les preuves les plus authentiques de leur attachement à la foi chrétienne, dans les combats contre les Infidèles et dans les fers de ces ennemis du Christ. Cela fait croire que l'aveu de Gaucelin fut aussi arraché par la

---

1. Gest. Ep. Leod., tome II, pag. 347.

faiblesse humaine. Il est bien difficile de se persuader que l'ordre des Templiers, lorsqu'il y entra, était aussi corrompu qu'il le dit. Il faudrait plus de temps, pour qu'un ordre religieux passât de la ferveur au relâchement, et du relâchement au comble de l'impiété et dans les plus profonds abîmes de la corruption, surtout si cet ordre, au lieu d'une vie contemplative, était comme la milice du Temple, obligé par état d'avoir toujours les armes à la main pour défendre les intérêts de la religion.

Ces considérations et beaucoup d'autres ont paru suffisantes à plusieurs savants pour douter que les Templiers fussent coupables des crimes qu'on leur a imputés. Le concile de Salamanque, qui se tint en 1310, exprès pour les juger, ne put s'empêcher de les déclarer innocents, et saint Antonin, archevêque de Florence, dit formellement que l'ordre des Templiers était saint, juste et orthodoxe. Parmi les écrivains modernes, il y en a beaucoup qui partagent l'opinion de ce pieux et savant prélat. L'un d'eux, qui jouit d'une réputation que ses talents lui ont justement méritée, semble avoir démontré l'innocence de ces infortunés chevaliers. Il a fondé ses preuves sur les monuments historiques relatifs à leur condamnation, et fait voir qu'ils furent la victime de la politique d'un roi puissant à laquelle un pontife et quelques prélats eurent la faiblesse de se prêter.

II. — *Construction du pont Valentré à Cahors*

Quoique l'affaire des Templiers dût occuper l'attention des consuls de Cahors, elle ne les empêcha pas d'exécuter le dessein qu'avait eu autrefois l'évêque Barthélemy de Roux de bâtir un pont dans la partie occidentale de la ville. Il fut arrêté, dans une délibération générale de la commune qui se tint en 1308, que le pont serait construit au port de Valentré. On ne tarda pas à mettre la main à l'œuvre : car le lundi après la fête de saint Jean-Baptiste de la même année, Géraud de Sabanac, docteur ès lois, premier consul de Cahors, posa la première pierre de cet édifice sur laquelle est gravée son nom, avec ceux du roi, de l'évêque, des autres consuls et de l'architecte. Ce pont a passé pendant plusieurs siècles pour un des plus beaux en ce genre qu'il y eût en France; aussi le vulgaire l'attribue-t-il au diable, comme il a coutume de lui attribuer tous les édifices qui frappent son admiration. De nos jours même, quoique l'architecture soit portée à sa perfection, on ne peut s'empêcher d'admirer la hauteur, la grandeur de ses arches, l'élévation et l'aplomb de ses trois tours. L'architecte était un bourgeois de Cahors. Ses compatriotes lui érigèrent, après sa mort, dans l'église des Cordeliers, un superbe mausolée qui fut détruit ensuite dans l'incendie de ce monastère. La perte de ce monument est cause que le nom de cet habile cadurcien n'est point parvenu jusqu'à nous : aucun écrivain n'ayant eu soin de recueillir et de transmettre à la postérité l'inscription qu'on y avait gravée. Le pont prit le nom du port où il fut bâti, et qui appartenait à la maison commune. Elle en retirait 2 deniers pour une charge de vendange et 4 deniers pour une charge de vin. C'est ce que nous apprend le livre *Te igitur*, à la même page où il est parlé de la fondation du pont (1).

Quand on fait attention que la ville de Cahors venait depuis peu d'années de bâtir un pont et de réparer l'ancien, et qu'elle entreprit immédiatement après d'en élever un troisième, d'un travail bien plus considérable, on doit convenir qu'elle avait alors des ressources qui lui manquent aujourd'hui. Elle les trouvait dans l'industrie et la fortune de ses habitants beaucoup plus nombreux que de nos jours, dans le séjour ordinaire que faisait dans son enceinte la haute noblesse du pays et dans un esprit patriotique depuis longtemps éteint, qui portait les Cadurciens à faire les sacrifices les plus généreux pour les commodités et l'embellissement de leur ville.

III. — *Donation de la terre de Moissaguet et de la maison de Caramontano — Famille de Ferrières*

Le roi, étant à Poitiers, donna, par acte du mois de juin 1308, à Arnaud de Durfort, qu'il qualifie *dilectus armiger*, et à son épouse, Marquise de Goth, en considération *de son spécial ami*, cardinal-diacre du titre de Sainte-Marie-la-Neuve, frère de Marquise, la terre de Montchagallo, aujourd'hui Moissaguet, dans la châtellenie de Lauzerte, avec son gardiage et la justice haute, moyenne et basse. Cette dame était nièce du pape Clément V et fille d'Arnaud-Garcie de Goth, vicomte de Lomagne et d'Auvillars (2).

En 1308, 7 juillet, on trouve des lettres de Foulques de Villaret,

---

1. Le vulgaire a donc tort de croire que le pont de Valentré fut ainsi appelé du nom d'un cardinal qui le fit bâtir. Pour donner quelque vraisemblance à cette opinion, il faudrait qu'il eût existé un cardinal de ce nom, et que nous ne fussions pas instruits par les monuments de l'hôtel de ville, que la fontaine des Chartreux, le port, en un mot toute cette partie de la rive gauche du Lot, en partant de l'ancien ermitage, jusques au lac de Cabazac, étaient ainsi nommés plusieurs siècles avant la construction du pont.

2. *Manuscrit de la maison de Durfort.*

grand-maître de l'ordre de Saint-Jean de Jérusalem, par lesquelles il donne à Jordane Villaret, prieure de Fieux, et aux religieuses de ce monastère, la maison de Caramontano dépendant du prieuré d'Auvergne.

L'évêque de Cahors reçut, dans ce temps, l'hommage de Bertrand et de Bernard de la Garde, pour les dîmes inféodées de ce lieu, et l'hommage de Pierre de Ferrières, pour celles de Bagat, dans les environs de Montcuq (1). Ce dernier seigneur était d'une famille ancienne alliée à celle de Miramont, près de Lauzerte, et il tenait de ses ancêtres le château de Ferrières et celui de Bagat, où il faisait sa demeure, et qui n'est éloigné du premier que d'environ deux lieues. C'est le même que ce Pierre de Ferrières qui, en 1317, fut procureur fondé du roi pour le pariage de l'abbaye de Vabres, en Rouergue, et que l'on trouve sénéchal de ce pays en 1319 (2). Il dut sans doute ces deux emplois autant à son mérite personnel qu'à celui de Pierre de Ferrières, son oncle paternel, dont il est à propos de parler.

Pierre de Ferrières, né au château de Bagat, en Quercy, embrassa l'état ecclésiastique et devint doyen de l'église du Puy, en Velay. Il se fit une si grande réputation par ses profondes connaissances en droit civil et canon, que Charles II, roi de Naples et de Sicile, l'appela auprès de lui et l'éleva ensuite à la dignité de chancelier. Pierre de Ferrières était déjà pourvu de ce haut emploi en 1297, comme nous l'apprend une lettre que le roi Charles écrivit, le 9 novembre de cette année, au comte de Foix, pour lui notifier la trêve qu'il avait conclue avec les rois de Majorque et d'Aragon, et l'engager à l'observer (3). Charles II,

1. Foulhiac. — *Cart. Cadurc.*
2. *Gallia christ.*, tome I, pag. 278. — *Hist. de Languedoc*, tome IV, pag. 176.
3. Pierre de Ferrières, d'après les auteurs du *Gallia*, en se rendant à la cour de Naples, aurait invité son compatriote Jacques Duèze, plus tard pape, sous le nom de Jean XXII, à venir l'y joindre.—Lacoste aurait d'abord adopté cette opinion, mais bientôt il se serait rallié à celle de Baluze, fondée dit-il, sur la vérité. Il ajoute en note cette correction : Ce n'est pas lui (P. de Ferrières) qui introduisit à la cour de Naples Jacques Duèze. Celui-ci y était longtemps auparavant; il y avait été appelé pour faire l'éducation du jeune prince Louis qui naquit en 1274, et mourut évêque de Toulouse, en 1297, précisément l'année où Pierre de Ferrières devint chancelier. Baluze (*Vita pap. aven.*, tome I, pag. 689-690) croit avec raison que Jacques Duèze fut appelé pour être le précepteur de ce jeune prince vers l'an 1280. Il dut suivre son élève à Barcelonne, où il fut envoyé en otage avec deux autres de ses frères et cinquante-huit gentilshommes, d'après le traité fait entre son père et le roi d'Aragon, et il dut demeurer dans cette ville jusqu'en 1294, où, par suite d'un nouveau traité, Louis recouvra sa liberté. En 1296, il prit les ordres sacrés à Naples, et fut nommé la même année, malgré lui, évêque de Toulouse. Mais avant de partir pour cette ville, il alla à

satisfait des services de son chancelier, lui procura l'évêché de Lectoure. Pierre, ne pouvant, à cause de son emploi, résider dans son diocèse, y envoya pour grand-vicaire Guillaume Mechini qui, en 1301, obtint en faveur de son évêque une sentence arbitrale contre Guillaume de Durfort, abbé de Moissac, qui prétendait à l'entière dîme de l'église de Saint-Nicolas de Montet, dont il ne devait avoir que la moitié (1). Pierre de Ferrières passa, la même année, du siège de Lectoure à celui de Noyon, et ce fut, en qualité d'évêque de cette ville, que le roi Charles l'envoya vers le pape Boniface VIII pour le prier de confirmer le traité de paix qu'il venait de conclure avec Frédéric d'Aragon. L'évêque de Noyon assista ensuite au concile qui se tint à Rome en 1302; le 23 août de la même année, il fut nommé archevêque d'Arles et mourut le 8 novembre 1308. Ce prélat fit pour les peuples du roi, son maître, de beaux règlements qui contribuèrent beaucoup au bonheur dont ils jouirent sous Charles II. Jacques Duèze, pourvu de l'évêché de Fréjus depuis l'an 1300 et secrétaire du roi de Naples, lui succéda dans la dignité de chancelier (2).

Rome, chez les Frères mineurs, où, en accomplissement d'un vœu qu'il avait fait, il fit profession, la veille de Noël 1296. Il fut sacré évêque de Toulouse au commencement de février de l'année suivante. Il partit ensuite pour son diocèse, sous l'habit de saint François. Il n'occupa le siège que peu de temps, car il mourut le 19 août 1297. Ce n'est donc pas à Jacques de Ferrières que Jacques Duèze, qui fut nommé évêque de Fréjus au plus tard en 1299, dut son élévation.

1. *Gallia christ.*, tome I, pag. 169.

2. Ce que nous venons de dire de cet illustre querçynois est tiré en grande partie du *Gallia*. Mais le savant auteur s'est trompé en fixant à l'an 1301 l'époque où Pierre de Ferrières devint chancelier. Son erreur vient de ce qu'il n'a pas connu la lettre du roi Charles, dont nous avons parlé, et que dom Vaissette a mise depuis dans les preuves de son *Histoire de Languedoc*. Il s'est encore trompé en avançant que l'évêque de Lectoure était frère du chancelier et non le chancelier lui-même. Il nous fournit une preuve du contraire quand il dit en parlant de l'évêque de Lectoure, qu'on voit par les lettres du grand vicaire, qu'il expédia en faveur de Guillaume Mechini, qu'il était chancelier de Sicile : *ex litteris quibus vices suas mandat Guillelmo, intelligimus ipsum fuisse Siciliæ cancellarium*. Cependant il ne reconnaît pour chancelier qu'un Pierre de Ferrières, auquel il donne Jacques Duèze pour successeur, d'où il faut conclure que l'évêque de Lectoure et l'évêque de Noyon, depuis archevêque d'Arles, sont le même que le chancelier. On peut encore l'inférer des époques auxquelles le savant bénédictin fait siéger l'un et l'autre. En effet, un Pierre de Ferrières cesse d'être évêque de Lectoure, quand un autre de ce nom paraît sur le siège de Noyon, et l'un et l'autre sont, selon lui-même, chanceliers de Sicile, quoiqu'il soit évidemment certain qu'il n'y a eu qu'un Pierre de Ferrières, revêtu de cette dignité.

La maison de Ferrières subsistait encore au xvie siècle et plus tard on trouve un Bernard de Ferrières, seigneur de Bagat, parmi les nobles qui signèrent le

IV. — *Chapelle de Saint-Ambroise et réparations à la cathédrale*

L'évêque de Cahors confirma à son chapitre le droit de fabrique ou déport (1), qui consistait, comme nous l'avons dit ailleurs, dans la moitié des fruits décimaux des églises vacantes du diocèse. Il voulut que les fonds qui en proviendraient fussent employés : 1° à bâtir, en l'honneur de saint Ambroise, un de ses prédécesseurs, son patron, une église, sur la grotte même où ce vénérable prélat avait fait une rude et longue pénitence; 2° à réparer l'église cathédrale; 3° à ajouter une troisième voûte ou étage à la tour qui domine la cour et la chapelle épiscopales. Il fixe à 6,000 sous, monnaie de Cahors, la somme qui doit être employée à ce dernier ouvrage, qu'il défend néanmoins d'entreprendre, si les réparations de la cathédrale, plus urgentes et plus utiles, ne le permettent pas : *Tertia testudo, seu statio, cum lapidibus politis et convenientibus, in turri, et super turrim quæ est juxta aulam episcopalem et capellam nostram. Ita quod sex millia solidorum cadurcensium in dicto ædificio teneatur capitulum expendere, et non ultra : Nolumus tamen, quod propter dictæ turris ædificium fabrica nostræ cathedralis ecclesiæ retardetur* (2).

La tour dont il s'agit est celle de l'Officialité. Il paraît qu'elle resta dans le même état où elle était depuis saint Didier, qui en était le fondateur. La volonté de l'évêque fut exécutée dans tous les autres points. On bâtit l'église de saint Ambroise; et la voûte du sanctuaire de la cathédrale se trouvant achevée, ainsi que les autres ouvrages dont nous avons parlé, on démolit l'ancienne façade de cette église qui menaçait ruine, à laquelle on substitua celle que nous voyons, et qui serait bien plus remarquable si le successeur de Raymond Pauchelli eût permis qu'on élevât les tours à la hauteur que voulait leur donner le chapitre.

1er décembre 1470, l'acte de mariage de Folquet de Lesergues, seigneur de Cuzorn, avec Fincte de Guiscard, fille de Guillaume-Bertrand de Guiscard, seigneur de Lacoste. — Noble Pierre de Ferrières, seigneur de Bagat, assista au mariage de François de Beaumont, seigneur de Piquet, avec Marguerite de Cours, le 1er mars 1598, au château de Teyssonac, juridiction de Penne d'Agenais. — En 1578, le 29 janvier, au contrat de mariage passé au château de Toufaille, entre Charles d'Escayrac et Jeanne de Laboissière, était présent François de Ferrières. (Lavayssière).

1. L'église de Cahors appelait ce droit *annates* et c'est sous ce nom qu'il était connu.

2. G. de Lacroix, *Series episc. cad.*, pag. 171.

V. — *Les consuls de Gramat et leurs seigneurs*

Hugues II de Castelnau (1), baron de Gramat, fils de Hugues et petit-fils de Guibert, termina cette année (1308) un différend qui était survenu entre Guillaume de la Valette, son vassal, et les consuls de Gramat, au sujet du droit de dépaissance et de bois, que Guillaume de la Valette refusait aux habitants de cette ville, dans la forêt qui portait son nom, et qu'on appelle aujourd'hui *Causse de Rinhac*. Hugues décida que ces droits appartenaient aux habitants de sa ville moyennant une redevance de 30 livres qu'ils devaient payer à Guillaume de la Valette et à ses successeurs. Les consuls ne tardèrent pas à être eux-mêmes en différend avec leur seigneur touchant une affaire qu'ils prétendaient devoir être jugée suivant les lois romaines et non suivant les coutumes de la ville. On soumit la question au sénéchal Jean d'Arreblay, qui fut de l'avis des consuls, se fondant sur ce que la commune de Gramat était du comté de Toulouse et par conséquent du pays de droit écrit. Ce fait prouve que le droit romain ne laissait point d'être suivi dans le Quercy, malgré les coutumes que les seigneurs avaient données à leurs vassaux. Il y devint ensuite bien plus en vigueur, lorsque la ville de Cahors eut une Université et que le Quercy ressortit au Parlement de Toulouse.

VI. — *Hommages en faveur de l'évêque de Cahors — Nouveaux statuts donnés aux chanoines du Vigan*

L'année suivante (1309), l'évêque de Cahors reçut l'hommage de plusieurs de ses vassaux, celui entre autres de la maison de Garis pour un fief de la terre de Dégagnac, que l'archidiacre Ingelbert avait autrefois sans doute donné à l'église de Cahors. Du consentement du curé de Saint-Maurice, il accorda au grand hôpital de sa ville, dit Saint-Jacques, la permission d'avoir une chapelle, afin que les pauvres y entendissent la messe et y reçussent les sacrements (2).

Il donna ensuite des statuts au chapitre régulier du Vigan, dans

---

1. Foulhiac. — En 1305, Hugues de Castelnau, assisté de Guillaume de Castelnau, religieux bénédictin son frère, consentit à ce que les habitants de Gramat fissent des plantations de vignes entre Gramat et Thégra, vers Bournazel. Il est parlé dans l'acte d'un *Vetus Gramat* qui avait existé là ou la vigne fut déterminé ou désigné.

2. G. de Lacroix, *Series episc. cad.*, pag. 172.

lequel il fit de grandes réformes ; car il érigea le prieuré en abbaye et s'appropria le nouveau titre pour lui et ses successeurs, en y affectant les revenus et les prérogatives du prieur existant, après la mort de ce dernier. Ce prieur s'appelait Bertrand de Salviac, de la maison de Peyrilles. Il consentit à ce changement. L'évêque prend même, dans les statuts, le titre d'abbé du Vigan, et, en cette qualité, il réduit le nombre des chanoines à douze, y compris le doyen, le chantre, le sacristain et l'ouvrier, dont la nomination fut réservée à l'avenir aux évêques de Cahors, à la condition cependant que ceux-ci prendraient ces quatre dignitaires parmi les chanoines du chapitre du Vigan, s'il s'en trouvait parmi eux qui eussent les qualités requises. Il confirma le chapitre dans la possession des églises de Gourdon, Masclat, Fajoles, Genouillac, Saint-Chamarand, Saint-Clair, Montvalent, Linars, Grand-Roques, Saint-Julien, Saint-Romain, etc., et il lui donna celles de Vaillac, Soturac, Rouffilhac et Nozac (1). Il disposa de trois canonicats en faveur des curés de Fargues et de Saint-Chamarand et de Guillaume Massaut, fils de Hugues, seigneur de Lamothe, qui, à cause de cette ancienne famille, portait le surnom de Massaut, comme elle prit ensuite celui de Fénelon, quand elle fut passée dans la maison de Salignac. Enfin, il accorda aux chanoines la liberté de disposer par testament des biens meubles et immeubles qu'ils auraient pu acquérir et leur prescrivit de porter l'aumusse et le surplus, avec une chape noire de saie ou de galebrun (2).

VII. — *Imposition sur les communes du Quercy, à l'occasion du mariage de la fille de Philippe le Bel — Donations de terres à Jacques Duèze, évêque de Fréjus*

Philippe le Bel avait mis une imposition sur les communes de Quercy, pour le mariage de sa fille avec le roi d'Angleterre. Celles de Cahors, Luzech, Caillac, Bélaye, Puy-l'Evêque, Castelfranc, Albas, Montpezat et Tauriac, ne se croyant pas capables de la payer au temps marqué, demandèrent un délai au prince qui le leur accorda par lettres patentes envoyées, le mercredi avant la fête de saint Luc, à Yvon de

---

1. *Vicani ecclesiæ cartularium.*

2. Deux sortes d'étoffes en laine, depuis longtemps fort usitées. La dernière devait être d'un plus grand prix que l'autre; car on trouve dans les statuts de Pierre le Vénérable, que ce saint abbé de Cluny en défendit l'usage à ses religieux.

Laudun et à Géraud de Blanac, commissaires nommés dans le Quercy pour y lever cet impôt (1).

Charles II, roi de Naples et de Sicile, donna cette année, par ses lettres du 10 février, à Jacques Duèze, évêque de Fréjus, son chancelier, son conseiller et son ami intime, des terres très considérables, en reconnaissance des services importants qu'il recevait de lui (2).

VIII. — *Réduction du nombre des synodes diocésains — Emprunt d'une somme de 6,000 florins d'or par l'évêque de Cahors — Duel judiciaire*

Les évêques de Cahors, conformément à une coutume ancienne de leur église, tenaient deux fois l'an le synode diocésain. Tous les curés étaient obligés de s'y rendre, à l'exception de ceux à qui la vieillesse ou quelque autre cause, jugée légitime, ne permettait pas de se déplacer. Ces fréquentes assemblées, quoique très avantageuses en elles-mêmes, offraient beaucoup d'inconvénients. Les curés se ruinaient en frais de voyage et de séjour dans la ville. Pendant leur absence, les paroisses étaient souvent privées de tout secours spirituel. Ils s'en plaignirent à Raymond Pauchelli. Ce prélat eut égard aux raisons qu'ils exposaient et il ordonna (1310) qu'il n'y aurait désormais tous les ans qu'un synode, dont il fixa la tenue au mercredi et au jeudi après la quinzaine de Pâques, temps auquel les pasteurs sont moins occupés. Il dispensa, on ne sait pourquoi, de cette assemblée ecclésiastique, le chapitre de la cathédrale, même les membres de ce corps qui possédaient des bénéfices cures (3).

La même année, l'évêque obtint, par un bref du pape Clément V, la permission d'emprunter 6,000 florins d'or, en engageant pour cette somme les biens de l'évêché; mais il lui défendit d'en payer l'intérêt (4). Il savait peut-être que les anciennes usures avaient ruiné l'évêché depuis Guillaume de Cardaillac qui payait l'intérêt au denier dix des sommes qu'il avaient empruntées pour faire la guerre aux Albigeois. Ce prélat pourvut de la charge de lieutenant dans la temporalité, Armand de Montaigut, et, en qualité de comte de Cahors, il le commit pour ordonner le champ clos et permettre le duel quand il le jugerait

1. *Manuscrit de l'hôtel de ville.*
2. *Gallia christ.*, tome I, pag. 434.
3. G. de Lacroix, *Series epis. cad.*, pag. 173. — Foulhiac.
4. G. de Lacroix, *Series epis. cad.*, pag. 174.

à propos (1). Armand ne tarda pas à en permettre un dans la ville de Cajarc entre Guillaume de Laroque-Toirac, appelant, et Gaillard Farberi, appelé. Il se rendit en personne à Cajarc, il ordonna aux consuls de s'armer et de lui livrer les plus fortes maisons de la ville pour prévenir le désordre et le trouble inséparables dans ces sortes de combats. L'ordre du lieutenant est daté du mois de septembre (2).

IX. — *Lettres de noblesse accordées à Jacques de Jean, de Cahors — Les Inquisiteurs et la famine dans le Quercy*

Philippe le Bel, sur la demande de son frère, Charles, comte de Valois, anoblit dans ce temps, par ses lettres données à Compiègne le 8 juin de l'an 1310 (3), Jacques de Jean, de Cahors, fils de feu Bertrand de Jean, et il lui permit de recevoir la ceinture militaire des mains de la personne qu'il voudrait, pourvu qu'elle eût le droit de la conférer. On serait tenté de ne regarder ces lettres que comme des lettres de confirmation de noblesse. Nous avons vu, en effet, plusieurs membres de la maison de Jean occuper, le siècle précédent, dans l'ordre militaire et ecclésiastique, des emplois qu'on n'avait coutume d'accorder qu'à des nobles; et l'évêque de Cahors qualifie chevalier Bertrand de Jean dans la donation du fief de Canourgues, qu'il fit en sa faveur, pour le récompenser des services qu'il avait rendus à la religion pendant la guerre des Albigeois. Ce qui vient à l'appui de notre opinion, ce sont d'autres lettres de noblesse que plusieurs personnes de la même maison obtinrent ensuite de nos rois en différents temps et dont Baluze fait mention. Sicard de Jean en reçut en 1335, Raoul de Jean en 1387, etc. Quoiqu'il en soit, la maison de Jean était, en Quercy, fort distinguée avant toutes lettres de noblesse. On la confondait avec les maisons nobles de ce pays, particulièrement avec celles de Cahors.

On a des preuves qu'il y avait beaucoup d'hérétiques Albigeois dans cette partie du diocèse de Cahors, qui composait la vicomté de Montclar (4) : car on y en prit cette année plusieurs qui furent conduits dans les prisons de l'inquisition de Toulouse. L'année précédente, plusieurs

---

1. Foulhiac.
2. Nous ignorons ce qui se passa dans ce champ-clos. La relation qui en fut dressée a été vainement cherchée dans les archives de Cajarc par les savants du Quercy, et de nos jours par M. Lefranc de Pompignan.
3. *Portef. de Baluze.*
4. Limborck, *Sent. Inquis. tolos.*, pag. 8.

de ces hérétiques, du lieu de Verlhac, avaient été condamnés par ce tribunal à une prison perpétuelle, en présence d'un grand nombre d'ecclésiastiques, parmi lesquels on trouve un Arnaud de Villars et un Pons de Rabastens (1).

Pendant que les Inquisiteurs faisaient la recherche des hérétiques du Bas-Quercy et y portaient l'épouvante, la plus affreuse famine désolait tout le pays, les contrées voisines et en général la France entière (2). Elle fut occasionnée par les pluies qui ne cessèrent de tomber pendant le printemps et l'été. Le grain devint si rare, qu'il était fort difficile de s'en procurer au prix de l'or; les pauvres furent réduits, dit-on, à brouter l'herbe comme les animaux. Cette disette extraordinaire excita une grande sédition dans Toulouse. L'auteur d'une chronique prétend que le Parlement de cette ville, ne s'y croyant pas en sûreté, alla tenir ses séances à Montauban. Mais dom Vaissette regarde cette translation comme erronée, car aucun monument du temps ne prouve qu'il y eût alors un Parlement à Toulouse (3).

X. — *Construction de la place Saint-Laurent à Cahors — Jacques Duèze passe du siège de Fréjus à celui d'Avignon; il est créé cardinal et est nommé à l'évêché de Porto — Aliénations diverses*

Les consuls de Cahors firent faire cette année la place de Saint-Laurent, qui s'étendait depuis l'église jusqu'au portail des Maures, vis à vis la tête du Pont-Vieux. Comme le sol appartenait au grand hôpital, ils indemnisèrent cet hospice par ordre de Jean d'Arreblay qui était encore sénéchal de Quercy et de Périgord. Ils agrandirent aussi la place qui est devant la cathédrale. Cette réparation les obligea de démolir une partie de l'hôtel de ville. Un bourgeois de Cahors nommé Etienne Dartis, s'étant chargé de le remettre en bon état à ses dépens, les consuls lui accordèrent en reconnaissance une partie de la rente du fief de Toulousque (4).

Jacques Duèze passa, au commencement de cette année, du siège de Fréjus sur celui d'Avignon; et, à la recommandation de Robert, roi de Naples et de Sicile, le pape Clément V le créa cardinal du titre de

---

1. Le premier qui avait coutume d'assister aux assises du sénéchal, et qui prenait la qualité de clerc du roi, était chanoine et ouvrier de l'église de Cahors; le second en était simple chanoine.

2. Aymeric du Peyrac, *Chronic. Moissia.*

3. *Hist. de Languedoc*, tome IV.

4. *Manuscrit de l'hôtel de ville.*

Sainte-Ruffine, aux Quatre-Temps de l'Avent de l'an 1312, et ensuite évêque de Porto. Quelque temps après que Jacques Duèze eût été pourvu de ce dernier évêché, il fit nommer à celui d'Avignon son neveu, Jacques de la Vie, fils de noble Pierre de la Vie, un des premiers bourgeois de Cahors, et de Marie Duèze. Jacques de la Vie est qualifié d'*évêque élu d'Avignon* dans plusieurs chartes de 1314 (1).

Plusieurs terres furent aliénées, en 1311, par la maison de Gourdon, qui s'affaiblissait beaucoup (2). Bertrand de Boissières, abbé de Marcillac, aliéna aussi la terre de Lunegarde en faveur de Bertrand de Durfort, sous l'hommage d'un florin d'or à chaque mutation d'abbé (3). Ce seigneur était fils de Raymond-Bernard et neveu de Guillaume Durfort, ancien abbé de Moissac, et alors évêque de Langres. Il eut la protection du pape Jean XXII, comme on le voit par la lettre que le Souverain Pontife écrivit en sa faveur au roi de France. Il est qualifié dans un acte, de *chevalier, capitaine de la bastide Saint-Sernin, près Taillebourg*, et dans un autre de *sire de la Capelle, écuyer banneret*. Il était frère de Raymond-Bernard Durfort, baron de Boissières, Calamane, Uzès, Saint-Denis, terres dont il avait hérité de Delphine, sa première femme, fille unique et héritière universelle de Hugues de Labéraudie, baron de Boissières, etc. Il paraît que l'abbé de Marcillac était frère de cet Hugues de Labéraudie; et on peut expliquer par ce moyen, comment il se détermina à donner la terre de Lunegarde à Bernard de Durfort : c'est que ce seigneur était beau-frère de la nièce de l'abbé.

XI. — *Concile de Vienne — Jugements rendus contre des hérétiques*

Le pape Clément V appela l'évêque de Cahors au concile de Vienne, qui commença le 16 octobre 1311, et dans lequel fut aboli l'ordre des Templiers. Le désordre de ses finances ne permit point à ce prélat de se rendre à l'invitation du Souverain Pontife. Par un décret de ce concile, il fut défendu aux Inquisiteurs de la foi dans les pays de Languedoc, d'agir sans le concours des évêques diocésains. Pour se conformer à ce décret, l'évêque de Cahors choisit Guillaume de Saint-Amans, son official et archiprêtre de Puycelsi, au diocèse d'Albi, pour

1. *Gallia christ.*, tome 1, pag. 821.
2. Foulhiac.
3. *Hist. manuscrite des abbés de Marcillac.*

se faire représenter au tribunal de l'Inquisition, afin de concourir au jugement des hérétiques qui étaient de son diocèse.

Guillaume de Saint-Amans se trouva, en 1312, en qualité de vicaire de son évêque à l'acte de foi ou sermon public, qui fut célébré le IX des calendes de mai, dans l'église cathédrale de Toulouse, contre les prévenus d'hérésie, par frère Bernard Guidonis et Geoffroi de *Ablusiis*, dominicains, avec Arnaud Desclas, official de l'évêque de Toulouse, et deux vicaires généraux de cet évêque, Bertrand de Poryssac et Arnaud de Villars, chanoine de l'église de Cahors (1). Parmi ceux qui étaient accusés d'hérésie et qui furent jugés dans cette séance du tribunal de l'Inquisition, il s'en trouva plusieurs de la vicomté de Montclar : 1° on condamna Bertrand Boyer de la Raubinie à la peine des croix, qui consistait à porter deux grandes croix appliquées sur le sac ou l'habit du pénitent, l'une par devant, l'autre derrière, ou bien l'une sur le sein droit et l'autre sur le sein gauche : punition qui n'était pas aussi légère qu'elle paraît; car les croix exposaient ceux qui les portaient aux huées, aux insultes et au mépris du public; 2° Bernard Roques de la Guiraudie, Guillelmette Bertric de la Raubinie, veuve de Bertrand Rubœi de Marnhac, et Hugues et Raymonde, leur fils et leur fille, furent condamnés à être *emmurés* ; 3° il fut ordonné que l'on exhumerait, pour être livrés aux flammes, les cadavres de Raymond Lantar, de Rougier, de Bernarde, son épouse, de leurs enfants Bernard, Pierre, Arnaud et Guillaume, et celui de Lombarde, mère de Raymond Beatric, que l'on jugea être morts hérétiques; 4° enfin on prononça la peine de relaps contre Raymonde, épouse de Bernard Lantar, Jeanne, épouse d'Arnaud Lantar, aussi du village de Rougier, et Fine, épouse de Raymond Beatric, dont nous avons parlé. On voit par les sentences rendues contre ces hérétiques qu'ils avaient été entraînés et maintenus dans l'erreur par des prédicants qui venaient de la frontière de l'Albigeois, malheureusement contiguë à celle du Quercy.

XII. — *Démission de Raymond Pauchelli, évêque de Cahors — Hugues de Géraud, évêque de Cahors; faveurs accordées à ce prélat par le Souverain Pontife — Éloge de Raymond Pauchelli*

L'évêque de Cahors ne tarda pas longtemps, après ces divers jugements, à se démettre de son évêché, entre les mains du pape Clément V, par l'entremise du cardinal Arnaud de Pélagrue, issu d'une ancienne

---

1. Limborck, *Sent. Inquis. tolos.*, pag. 114 et req.

maison de Gascogne qui s'établit ensuite dans le Quercy, où elle acquit les terres de Montagudet, Miramont, Pern, etc. Il fut conduit à cette démarche par l'indigence où l'avait réduit sa mauvaise administration, l'avarice de ses créanciers et l'obstination avec laquelle il poursuivit, croyant être obligé de le faire, les procès que ses prédécesseurs avaient intentés contre les consuls de sa ville épiscopale. Aussitôt après sa démission, le chapitre nomma grand vicaire, pendant la vacance du siège, Bertrand de Sainte-Arthémie (1), chanoine de la cathédrale. Informés de cette vacance, les officiers du roi chargèrent Géraud de Sabanac, docteur ès-lois, de faire saisir les fruits de l'évêché; mais le syndic du chapitre s'y opposa, prétendant que l'évêché de Cahors n'était point sujet au droit de régale, et il se pourvut devant Guillaume de Giscors, archidiacre d'Angers, qui était gardien de la régale dans le royaume. Celui-ci, après avoir entendu les raisons du syndic, ordonna la main levée de la saisie des fruits, attendu que de tout temps le chapitre de Cahors était en possession du droit de les garder pour le futur évêque.

Le Souverain Pontife avait accepté la démission de Raymond Pauchelli, et nommé à la place de cet évêque Pierre de Larillac, suivant le manuscrit de Pelfi, et non de Cazillac, comme on le lit dans le *Gallia christiana*. Pierre de Larillac était archidiacre de Châlons. Il refusa l'évêché, soit par esprit d'humilité, soit à cause de la trop grande difficulté qu'il pensait éprouver à faire rentrer dans la mense épiscopale tant de biens qui en avaient été enlevés par la faute des derniers titulaires. En effet, presque tous les bénéfices et presque toutes les terres de l'évêché étaient entre des mains étrangères : Castelsagrat était au pouvoir de Raymond de Caussade; des neveux du pape possédaient Sept-Fons et Montel; son beau-frère, le sieur de Savinhac, les châteaux de Fontanes, Pradines, Bélaye et Sauzet; d'autres laïques percevaient les revenus des bénéfices de Cayriech, Saint-Julien de Lasdoux, la Salvetat, Saint-Sernin d'Aussac, Saint-Martin de Cesquières, Négrepelisse, Saint-Etienne de Tulmont, Léribosc, Auty, Saint-Pierre de Campredon, Saint-Fleurien de Dourres, La Burguede, Saint-Vergondi, Falguières, Piquecos, Montpezat, Pradines, Caillac, Prayssac, le Touron, Niaudou, le moulin de Lagardelle, etc. C'est ce que nous apprend l'auteur du manuscrit, Gausbert Pelfi, qui ajoute que les revenus de l'évêché

---

1. G. de Lacroix, *Series epis. cad.*, pag. 178. Maison d'ancienne noblesse du Bas-Quercy. Il en est souvent parlé dans les chartes du pays.

étaient réduits aux seuls bénéfices de Mercuès, Luzech, Albas et Puy-l'Evêque.

Le chapitre de Cahors, au rapport du même Pelfi, députa (1313) un chanoine, appelé Raymond de Robert, vers Pierre de Larillac, pour le prier au nom du clergé du diocèse d'accepter l'évêché. N'ayant pu l'y déterminer, il fit part de son refus au pape qui donna le titre d'évêque de Cahors à Hugues de Géraud, Périgourdin, son chapelain ou auditeur de rote, et en même temps archidiacre d'Eu, dans l'église de Rouen. Il avait été auparavant, selon Baluze, chantre de l'église de Périgueux et doyen de Saint-Yriex de la Perche, en Limousin (1). Dans la lettre que le Souverain Pontife écrivit au roi Philippe le Bel pour lui apprendre cette nomination, il lui dit qu'il l'avait faite en vertu du droit qu'il s'était réservé, en montant sur la chaire de saint Pierre, de nommer à toutes les prélatures (2). Il lui recommanda ensuite le nouvel évêque, dont il vante beaucoup la science et les bonnes œuvres. Hugues de Géraud ne vint point prendre possession de son évêché. Il demeura à Avignon en qualité d'auditeur de rote, et il eut bientôt un nouveau prétexte pour rester dans cette ville, car il se fit nommer suffragant de Bérenger, évêque de Carpentras. Comme les revenus de son évêché étaient extrêmement faibles, il exigea du diocèse le subside charitable que l'usage était d'accorder à un évêque après son élection. Il en confia la levée à Guillaume de Nobiliac, custode pénitencier des Frères mineurs de Cahors, à Jean de la Fage et à Guillaume de Bassignac (3), ses chapelains. Le produit de ce subside le mit à même de rétablir ses finances épuisées par le don de 10,000 florins d'or de Florence qu'il venait de faire au pape, en montant sur le siège de Cahors, et dont il est parlé en ces termes dans un titre des archives de l'évêché : *decem millia florenorum auri de Florentia justi ponderis Clementi V gratis data* (4). Ce riche présent le rendit extrêmement cher au Souverain Pontife qui, en reconnaissance, lui accorda une infinité de grâces et de privilèges. Il lui permit de se faire remettre à lui ou à ses grands vicaires toutes les provisions des bénéfices du diocèse, pour examiner si elles étaient canoniques, et si ceux qui possédaient plusieurs bénéfices et ceux qui n'observaient pas la loi de résidence étaient pourvus de bonnes lettres de dispense ; il lui donna

---

1. Baluze, *Not. ad vit. pap, aveni*, tome I, pag. 737.
2. G. de Lacroix, *Series epis. cad.*, pag. 182.
3. Guillaume de Bassignac ou Vassignac, d'une maison très noble qui possédait des fiefs dans le Quercy, entre autres à Miers et à Calvignac.
4. G. de Lacroix, *Series epis. cad.*, pag. 181.

le pouvoir de tester en faveur de ses parents dont il aurait reçu des bienfaits; d'accorder dispense d'âge aux ordinaires qui auraient atteint vingt ans, avec la faculté de tenir des bénéfices à charge d'âmes. En vertu d'autres indults, qu'il reçut en même temps du Souverain Pontife, Hugues de Géraud pouvait conférer les bénéfices du diocèse, dont le pape se serait réservé la collation; mettre deux chanoines dans son église, lesquels seraient pourvus des premières prébendes vacantes; disposer aussi de certaines places dans les monastères de l'un et de l'autre sexe; visiter par lui-même ou par ses délégués toutes les églises et communautés religieuses exemptes ou non exemptes de son diocèse; proroger le temps de la consécration d'un évêque qui le choisirait pour son consacrant; établir quatre notaires apostoliques qui feraient profession de foi entre ses mains; accorder aux élèves et aux prêtres attachés à son service la faculté de tenir des cures et d'en percevoir les fruits pendant sept ans sans résidence; enfin conférer avec dispense d'âge et de résidence, à ses parents, des bénéfices vacants en divers diocèses (1). L'évêque ne manqua pas de profiter de cette dernière permission. Il disposa de la cure de Treigos, au diocèse de Périgueux, en faveur de Guillaume de Sarlendelle, son neveu, qui n'avait que seize ans. Il l'avait eue par voie de résignation, dont l'usage commençait alors à s'établir. Il conféra d'autres bénéfices à Hugonet de Géraud, son filleul, à Adhémar et à un autre Guillaume de Sarlendelle, ses neveux, et à son frère Arnaud de Géraud, archidiacre de Nontron, auquel il permit d'étudier en droit civil pendant sept ans, sans résider dans son archidiaconé. Le pape mit le comble à tant de grâces, en dispensant l'évêque de payer les dettes de l'évêché qui auraient été faites sans la permission du Saint-Siège, sans le consentement du chapitre et sans utilité notoire pour l'église, et en révoquant toutes aliénations de rentes, dîmes, bénéfices et biens quelconques de la mense épiscopale. Ce dernier indult fut suivi de lettres patentes de Philippe le Bel, par lesquelles ce prince autorisait l'évêque à ne pas payer les dettes contractées par ses prédécesseurs envers Guillaume de Jean, chevalier, Raymond de Caussade, citoyen de Cahors, et autres créanciers, s'il n'était pas évidemment prouvé que les sommes empruntées n'avaient pas été employées aux besoins de l'église.

Un acte de justice et d'humanité que fit en même temps le pape à la sollicitation de l'évêque de Cahors, ce fut d'accorder à Raymond Pauchelli, qui traînait sa vie dans l'indigence, la jouissance de quelques

1. Foulhiac, *Chroniq. latine.*

bénéfices jusqu'à la concurrence de 300 livres petits tournois, pourvu toutefois que ce ne fût point dans l'église cathédrale, ne voulant point, par respect pour son caractère d'évêque, le rendre l'égal ou l'inférieur des chanoines et autres bénéficiaires dont il avait été le chef. Ce bref est le dernier monument où il soit parlé de Raymond Pauchelli. Nous ignorons quels sont les bénéfices dont il fut pourvu, et combien de temps il en jouit. On croit qu'il poussa sa carrière jusques à l'an 1316, et qu'il fut inhumé avec toute la pompe épiscopale au pied du jubé de la cathédrale; c'est le sentiment de M. Maisonneuve, qui a fait des recherches particulières sur le lieu de sa sépulture. Si Raymond Pauchelli ne sut pas administrer le temporel de son église, s'il fut assez simple, assez peu clairvoyant pour se laisser tromper, et trop obstiné à poursuivre des procès qui précipitèrent sa ruine, et qu'il aurait pu terminer à l'amiable, par accommodement et sans compromettre jusqu'à un certain point sa dignité et les droits de son siège, on ne peut cependant lui refuser des qualités. On doit rejeter sur le temps et les circonstances une partie des fautes dont il a été accusé par plusieurs historiens du pays. Il avait de bonnes mœurs; il était humain, charitable. Il se montrait le père de son clergé; il mérita des éloges pour avoir fait continuer les réparations de l'église cathédrale et élevé à la mémoire d'un de ses prédécesseurs un temple que l'austérité et la sainteté de sa vie réclamaient depuis plusieurs siècles.

XIII. — *Réformes introduites dans son diocèse par l'évêque Hugues de Géraud*

L'évêque de Cahors s'empressa de faire usage des diplômes qu'il avait obtenus des deux puissances pour rétablir le temporel de son évêché et faire en même temps dans son diocèse les réformes convenables (1). Sur sa demande, Gilles de Calonne, archevêque de Bourges, commit Arnaud de Géraud, frère de notre prélat, devenu archidiacre de Limoges, pour réunir à la mense épiscopale les bénéfices du diocèse qui seraient vacants. Il paraît que lorsque ce commissaire attaqua les détenteurs des biens ecclésiastiques, il éprouva de la résistance; ce qui engagea, sans doute, l'évêque de Cahors à recourir de nouveau à l'autorité royale. Nous trouvons, en effet, de nouvelles lettres de Philippe le Bel, écrites en sa faveur, le 10 juin de la même année, à Mathieu de Curtibus, juge ordinaire de Cahors, avec ordre de faire

1. G. de Lacroix, *Series epis. cad.*, pag. 187.

restituer à l'évêché les biens qui en avaient été distraits, déclarant nulles les ventes, donations et aliénations qui en avaient été faites par les prédécesseurs de Hugues de Géraud, attendu qu'elles avaient eu lieu sans sa permission spéciale et au détriment de sa couronne. *Les évêques de Cahors*, ajoute-t-il, *sont tenus envers nous, à raison de leur fief, à des services et à des subsides pour la défense de notre royaume... or, comment pourraient-ils remplir ces devoirs si nous tolérions la diminution de leur temporalité?* Ce prince écrivit aussi au sénéchal de la province pour lui défendre, ainsi qu'à ses officiers, de gêner l'évêque dans l'exercice de sa juridiction et de son droit de correction sur les ecclésiastiques de son diocèse (1). Par d'autres lettres du même temps, il accordait à la ville de Cahors la permission de lever, pour la construction du pont de Valentré, un droit sur le blé, le vin et autres denrées appartenant même au clergé, qui entreraient en ville. Jean d'Arreblay envoya copie de cette ordonnance à son lieutenant, Etienne Lascoux, et à Pierre Duval, bayle du roi dans le ressort de Cahors et de la châtellenie royale de Montcabrier, avec ordre de la mettre à exécution. C'est le dernier document où il soit parlé de ce sénéchal. Nous trouvons qu'il eut bientôt pour successeur Jean Briaudi, chevalier, à qui le roi donna pour lieutenant Géraud de Sabanac, docteur ès-lois, dont nous avons parlé.

Il paraît que les derniers ordres du roi produisirent un bon effet sur ceux qui possédaient des portions du domaine de l'évêché. De son côté (1314), l'évêque tourna tous ses soins vers les réformes de son clergé. Il ordonna à tous les bénéficiers à charge d'âmes, de résider en personnes dans leurs bénéfices, sous peine d'excommunication, s'ils n'avaient pas de dispenses légitimes. Il commit Pierre de Flaugeyrac, chanoine de Périgueux, son vicaire général, et Raymond, archiprêtre de Saint-André de Cahors, pour mettre son ordonnance à exécution. Certes, il était ridicule de voir un évêque, obligé lui-même à la résidence de droit divin, demeurer à Carpentras, et, sans jamais avoir paru dans son diocèse, condamner aux censures canoniques les curés qui ne se tenaient pas dans leurs paroisses. Il rendit une seconde ordonnance à l'égard des prêtres mal ordonnés, pour défaut d'âge ou de démissoires, à l'égard de ceux qui étaient excommuniés et irréguliers, de ceux enfin qui étaient étrangers au diocèse, et y exerçaient les fonctions sacerdotales sans permission ni approbation. Tous ces prêtres devaient être cités devant la cour de l'officialité et se

2. *Archives de l'hôtel de ville.*

soumettre au jugement qui serait porté contre eux, à peine de se voir privés de leurs bénéfices. Mais ils prévinrent ce jugement moyennant une somme d'argent que chacun d'eux compta au prélat pour être approuvés, dispensés de la résidence, et relevés des censures qu'ils avaient encourues : de sorte que cette réforme ne fut, à proprement parler, qu'une opération de finances. C'était là un genre de casuel, auquel les évêques tenaient beaucoup dans ce siècle, et Hugues de Géraud plus que tous les autres, parce qu'il aimait la dépense et qu'il avait continuellement besoin d'argent pour satisfaire cette passion.

XIV. — Préparatifs pour la guerre de Flandre — Mort du pape Clément V

Le roi Philippe le Bel avait convoqué, en 1313, la noblesse et les communes du Quercy, au sujet de la guerre de Flandre, et il avait envoyé dans ce pays des commissaires pour y lever un subside (1). Mais il avait presque aussitôt révoqué ses ordres à cause du traité de paix qu'il avait conclu avec les Flamands. Ce traité ayant été, peu de temps après, enfreint par ces peuples, le roi ordonna, en 1314, une nouvelle convocation de noblesse et des communes, et pour fournir aux frais de l'expédition, qu'il était résolu de faire en Flandre, il assembla, dans son palais de Paris, les Etats-Généraux du royaume, qui se tinrent le 1er août de cette année. Il s'y trouva l'élite des notables des bonnes villes de Cahors, Montauban, Figeac et Moissac (2); et ce fut apparemment à leur sollicitation que le roi accorda aux consuls de Cahors la continuation du péage pour la construction du pont de Valentré. On croit que les villes du Quercy envoyèrent ces mêmes notables à Paris, au mois de novembre suivant : le roi les y appela pour régler l'aloi et le cours des monnaies (3).

Pendant que Philippe le Bel faisait ses préparatifs pour la campagne de Flandre et qu'il hâtait la levée d'un subside qui était d'environ 10 sous par feu, Clément V mourut au château de Roquemaure, dans le Bas-Languedoc. Ce pape donna, pour le repos de son âme et en l'honneur de la mère de Dieu, à l'église de Rocamadour, une somme considérable pour l'entretien d'un cierge qui devait brûler à perpétuité

---

1. Ces subsides et leur répartition donnèrent lieu à une assemblée des Etats du Quercy.
2. *Archives ds l'hôtel de ville.*
3. De Laurière, *Recueil des Ordonnances,* tome I.

devant son autel (1). Arnaud de Saint-Astier, alors abbé de Tulle, plaça cette somme sur un fief, situé dans la paroisse de Floirac, produisant 50 livres raymondoises de rente, et qu'il acheta au vicomte de Turenne (2) 16,000 sous petits tournois. La chapelle de Notre-Dame de Rocamadour conservait donc toujours son ancienne célébrité.

XV. — *Pèlerinages à l'église Saint-Martial de Pradines — Difficultés entre l'évêque de Cahors et son chapitre*

L'église de Pradines, près de Cahors, dédiée à saint Martial, n'était pas moins célèbre que Rocamadour depuis quelque temps. Les pèlerins se rendaient en foule dans celle-ci comme dans l'autre, et nous trouvons que le sénéchal Jean Briaudi rendit, cette année, une ordonnance qui obligeait Raymond de Labéraudie, chevalier, seigneur de Pradines, de tenir jour et nuit des gardes à la porte de l'église de cette paroisse, pendant la fête de Saint-Martial, afin de prévenir le trouble et le désordre auxquels pourrait donner lieu le concours des pèlerins (3).

Hugues de Géraud avait perdu, dans la personne du pape Clément, un protecteur et un ami. Comme s'il eût espéré de gagner les bonnes grâces de son successeur, il continua de rester à Carpentras ; c'est ce que nous apprend une lettre, datée de cette ville, qu'il écrivit à Chautard, son procureur, qui faisait son séjour ordinaire au château de Mercuès, pour lui ordonner de défendre au chapitre la continuation des travaux de la cathédrale, prétendant que la fabrique avait été accordée par ses prédécesseurs pour réparer les anciens bâtiments de cette église et non pour en construire de nouveaux (4). Les chanoines lui ayant opposé des lettres de Raymond Pauchelli qui les autorisait à bâtir le clocher et ses tours, il ne voulut pas les reconnaître, disant que, quand cet évêque

1. Baluze. *Hist. Tutel.*, pag. 185 et 612.
2. Le vicomte de Turenne, dont il s'agit ici, était Bernard IX, comte de Comminges, qui avait épousé Marguerite, fille héritière de Raymond VII. — Justel, *Hist. de la maison de Turenne.* — Cette dame, étant près d'accoucher, fit son testament par lequel elle déclara vouloir être inhumée dans l'église de l'hôpital de Jaffa, aujourd'hui de Saint-Jean, dans le tombeau de son père et de son aïeul ; constituant pour son héritier universel l'enfant mâle ou femelle qu'elle mettrait au monde, et lui substituant en cas de mort, son mari. Il lui naquit une fille qui survécut peu de temps à sa mère, morte de couches en 1311. En vertu du testament de son épouse, Bernard resta possesseur de la vicomté de Turenne. Il se remaria avec Marthe de Lille-Jourdain, fille de Bernard-Jourdain, seigneur de Lille, de laquelle il eut plusieurs enfants.
3. Dominicy. — G. de Lacroix, *Series epis. cad.*, pag. 6.
4. Foulhiac.

les avait accordées, il était excommunié par l'archevêque de Bourges. Mais il ne rapporte pas le sujet de cette censure. Ce ne peut être que par suite des changements que Pauchelli avait faits dans le chapitre du Vigan, à l'insu ou sans le consentement de l'archevêque de Bourges, dont ce prieuré relevait en hommage. Malgré cette défense de leur évêque, les chanoines firent continuer les travaux. Ils en appelèrent au concile provincial alors compétent pour juger de l'emploi de ce droit de déport; et ils en obtinrent une décision favorable. Néanmoins, la crainte de se brouiller entièrement avec l'évêque, leur fit accélérer l'ouvrage et les empêcha de porter l'édifice au degré de perfection qu'il devait avoir.

XVI. — *Mort de Philippe le Bel; Louis le Hutin lui succède — Ordonnance du roi ayant pour objet la réforme des abus dans le Quercy*

La mort de Philippe le Bel suivit de près celle de Clément V. Ce prince, étant tombé malade pendant la malheureuse campagne de Flandre, avait été obligé de rentrer en France. Il se fit porter à Fontainebleau, où il mourut le 25 novembre. Louis X, surnommé Hutin, son fils aîné, lui succéda. Il fit recevoir, au commencement de son règne, le serment de fidélité des peuples de son royaume par des commissaires qu'il envoya dans les provinces ou par les sénéchaux. Jean Briaudi reçut celui des peuples de sa sénéchaussée.

Le nouveau roi envoya aussi, peu de temps après qu'il fut monté sur le trône (1315), d'autres commissaires dans les différentes sénéchaussées, pour la recherche des usuriers, conformément à l'ordonnance du feu roi, son père. Mais ces officiers abusèrent de leurs pouvoirs. Car, au lieu de se borner à la poursuite des usuriers, ils vexèrent toutes les classes de citoyens. Les habitants de Cahors se plaignirent à Louis le Hutin de leurs vexations. Touché de leurs plaintes, le roi écrivit au sénéchal du Quercy et lui ordonna de faire justice à tous les particuliers qui, n'ayant pas été convaincus d'avoir exercé l'usure, auraient été condamnés par ses commissaires à perdre leurs biens et leur liberté. Il donna bientôt après une nouvelle preuve de son amour pour le bien public, en accueillant les remontrances que le peuple de Quercy et tous les autres de la langue d'Oc prirent la liberté de lui faire. Elles le portèrent à publier, le 1er avril suivant, une ordonnance qui commence par ces mots : *Subditorum nostrorum tranquillitatem*, etc. On la trouve dans le livre, appelé *Livre tanné*, de l'hôtel de ville de Cahors. Elle est adressée au sénéchal de Périgord et Quercy et contient dix-huit articles dont la plupart ont pour objet la réforme des abus qui régnaient dans les villes, châtellenies, bourgs et villages du pays. Par le premier, le roi ordonne à son sénéchal ou à son trésorier de faire gratuitement la recherche des sommes qui étaient dues par les juifs, dont on avait confisqué les biens lorsque Philippe le Bel les chassa du royaume; et il révoque les commissaires nommés pour cette recherche, dont il se propose de punir les exactions et les violences, qu'ils seront convaincus d'avoir commises, dans l'exercice de leurs fonctions. Le second et le troisième article défendent d'exiger aucune finance pour les fiefs et arrière-fiefs donnés à des roturiers à cens, rente, emphytéose ou accapte; de même que pour les alleux libres donnés en emphythéose ou à accapte. Le roi excepte les fiefs et arrière-fiefs qui ont titre de châteaux, de ville ou de lieux avec haute et basse justice, et qui lui doivent hommage et service militaires, ainsi que les alleux avec juridiction et district; ces différentes terres ne pouvant passer de mains nobles à des mains roturières, sans une permission et une faveur spéciale de sa part. Le roi allège, dans le quatrième article, la condition des débiteurs particuliers et des siens; il déclare, dans le cinquième, que les peuples de la langue d'Oc lui ayant demandé la permission d'exporter leurs denrées, les sénéchaux pourraient l'accorder, excepté le cas de nécessité, comme lorsque la disette serait dans le pays; et que, dans ce cas, ils prendraient l'avis des prélats, barons et consuls de bonnes villes de la sénéchaussée. Dans les autres articles il parle de la monnaie, confirme à la demande de ses peuples les privilèges, libertés, coutumes et franchises que le roi saint Louis, son bisaïeul, ou le roi Philippe, son père, leur avait accordés pour en jouir comme ils avaient accoutumé; il ordonne aux notaires de se conformer, pour leur salaire, au tarif prescrit par les anciennes ordonnances; il veut que chacun soit jugé par le juge de son domicile; qu'on n'arrête et qu'on n'emprisonne point ceux qui seront en état de fournir caution, à moins que ce ne soit pour des crimes énormes; qu'un prisonnier dont le juge aurait reconnu l'innocence ne soit pas tenu de payer le geôlage, etc.

XVII. — *Levées de troupes — Mœurs guerrières de l'évêque de Cahors; ses exactions — Ordonnance royale de janvier 1316*

Forcé de prendre les armes contre les Flamands pour les punir de leur félonie, Louis Hutin fut obligé de recourir, pour les frais de la campagne, à divers expédients. Il rappela les juifs dans son royaume et leur permit d'y demeurer pendant douze ans en payant une certaine somme. Ceux de Quercy, car il devait y en avoir, d'après ce qui est dit dans l'ordonnance du 1er avril, profitèrent sans doute de cette permission.

Le roi convoqua, en même temps, tous les vassaux de la Couronne, tant séculiers qu'ecclésiastiques, et il exigea des communes de chaque sénéchaussée un certain nombre de soldats entretenus à leurs dépens. La noblesse de Quercy s'empressa de se ranger sous la bannière de son souverain (1). L'évêque de Cahors leva une compagnie de gens d'armes dans les différents fiefs de l'évêché et, pour entretenir ce corps de troupes, il vexa cruellement ses vassaux et son clergé : ce qui fit éclater contre lui la haine du peuple, qui n'avait d'ailleurs jamais eu pour lui ni respect ni considération. Personne n'ignorait dans le diocèse que les belles ordonnances de ce prélat pour la réforme du clergé, n'avaient d'autre but que de se procurer de l'argent, en vendant des dispenses aux membres de ce corps qui étaient dans quelque irrégularité ou voulaient s'affranchir de la loi de résidence. Les habitants de Cahors et de Cajarc refusèrent de lui obéir (2). Le roi tâcha de ramener les premiers à leur devoir. Il écrivit pour cela, le 5 mai, à deux jurisconsultes de la ville, Etienne Malbot et Vital d'Auriole, les chargeant de rétablir la bonne intelligence entre le seigneur évêque et ses vassaux. Nous ignorons s'ils vinrent à bout de le faire; mais nous savons que ceux de Cajarc opposèrent d'abord une vive résistance. Les consuls de cette ville firent savoir à Hugues de Géraud qu'ils avaient coutume d'envoyer en pareil cas des soldats à l'armée *sous les ordres du roi ou de ses officiers, et non sous les ordres et sous la bannière de leur seigneur évêque* (3). Pour les punir de leur désobéissance, le prélat ordonna la confiscation de leurs biens. Mais personne n'osa exécuter cet ordre qui est daté du jeudi après la Nativité de saint Jean-Baptiste. Hugues de Géraud ne tarda pas à se mettre à la tête de ses troupes, et substituant le haubert aux habits pontificaux, il alla joindre l'armée royale; il fit faire, en même temps, d'autres levées de soldats, dont il mit une compagnie en garnison à Cajarc, afin de se venger de cette ville et de la tenir en respect. Ces levées ruinaient le clergé et les diverses communes qui composaient le domaine de l'évêché. La malheureuse fin de la campagne de Flandre, occasionnée par les pluies et la famine ne découragea pas le prélat guerrier. Il resta dans l'armée royale.

1. Foulhiac.
2. *Archives de l'hôtel de ville.*
3. Foulhiac.

Le roi fut à peine de retour en France, qu'il reçut de tous côtés des requêtes par lesquelles on implorait sa justice. Les barons du Quercy, du Périgord et autres sénéchaussées de Languedoc, se plaignirent des vexations de ses commissaires et de ses autres officiers (1). Le monarque écouta favorablement leurs plaintes et il rendit en leur faveur, au mois de janvier 1316, une ordonnance datée d'Orléans qui comprend vingt-neuf articles. Dans le premier, il permet aux nobles de ces sénéchaussées, qui avaient la haute et basse justice dans leurs terres, d'aliéner ce qu'ils voudraient de leurs biens, soit féodaux, soit possédés en franc-alleu, en faveur de l'église et de ceux dont ils voudraient récompenser les services, sans que les acquéreurs fussent obligés de lui payer finance; 2º il leur permet encore de retraire les fiefs et arrière-fiefs qu'ils avaient aliénés; 3º il dispense ceux de ses vassaux qui, par vieillesse, pauvreté ou infirmité, ne pouvaient faire le voyage de France, de venir lui rendre hommage, les autorisant à le faire entre les mains des sénéchaux. Les articles suivants regardent la juridiction, la justice civile et criminelle, les premières appellations, les subsides que devaient payer les sujets des nobles, la convocation du ban et arrière-ban, etc. Le roi permet encore, par le vingtième article, aux nobles, de se faire la guerre après avoir défié leurs adversaires huit jours avant d'en venir aux actes d'hostilité; mais il leur défend de la faire à un pupille ou à une veuve chargée d'enfants pupilles. Il veut enfin, par le vingt-sixième que, quand il se fera des enquêtes dans la sénéchaussée de Périgord et Quercy, une expédition soit livrée aux parties si elles l'exigent.

XVIII. — *Mort de Louis le Hutin — Philippe le Long, roi de France — Jean d'Arreblay, sénéchal du Quercy*

Résolu de continuer la guerre de Flandre, Louis Hutin fut obligé d'imposer des subsides, un entre autres, d'un marc d'argent sur chaque notaire de son royaume. Il manda à ses barons de se trouver à Arras, *en chevaux et en armes*, quinze jours après la Pentecôte, pour aller ouvrir la campagne. Mais la mort le surprit au milieu de ses préparatifs, le 8 juin 1316. Il laissa une fille et la reine Clémence enceinte. En attendant le résultat des couches de cette princesse, la régence fut déférée à Philippe, comte de Poitiers, frère du feu roi, qui monta peu de temps après sur le trône; l'enfant dont accoucha la reine, et qui fut proclamé roi sous le nom de Jean, n'ayant vécu que peu de jours. Philippe V,

---

4. *Hist. de Languedoc*, tome IV, liv. xxix, Preuves, pag. 146.

surnommé le Long, reçut le serment de fidélité des prélats, des seigneurs et des peuples de son royaume; l'évêque de Cahors lui prêta le sien (1). Il était alors à Noyon, d'où il tourmentait ses diocésains au sujet des subsides qu'il faisait lever pour l'entretien de ses soldats. C'est du château de cette ville qu'est datée une ordonnance qu'il envoya cette année à Cahors, touchant la valeur de sa monnaie qu'il veut être celle que Louis Hutin, étant à Lagny-sur-Marne, vers la fête de Noël de l'an 1315, avait fixée à la monnaie de ses barons. Celle de l'évêque de Cahors, suivant les ordres de ce monarque, devait être à 3 deniers, 16 grains d'argent, à la taille de 260 deniers au marc; les 20 deniers pour 12 tournois (2).

Pendant que Philippe V n'était que régent du royaume, Jean d'Arreblay, le jeune, chevalier, qui avait succédé depuis quelque temps à Jean de Briaudi dans la charge de sénéchal de Quercy, ayant une affection particulière pour la bastide de Réalville, par ce que son père en était le fondateur, réunit à son ressort, par ses lettres du 18 août 1316, la baronnie ou châtellenie de Tulmont, comprenant Nègrepelisse, Saint-Etienne, le Bias, la forêt de Lavergne, etc., qui appartenait à Louis, comte d'Evreux, fils du roi Philippe III, sauf le ressort et la supériorité qu'il s'était réservés pour le roi de France et ses successeurs. Philippe le Long étant monté sur le trône, confirma les lettres du sénéchal du Quercy par d'autres qu'il donna à saint Denis au mois de janvier suivant (1317).

XIX. — *Le pape Jean XXII — Famille Duèze*

La chaire de saint Pierre était vacante depuis la mort de Clément V. Les cardinaux n'avaient pu s'accorder ni sur le choix d'un nouveau pape, ni sur le lieu de l'élection; enfin, s'étant assemblés à Lyon, ils élurent, le 7 avril 1316, Jacques Duèze, cardinal-évêque de Porto, qui fut couronné le 5 septembre suivant dans l'église cathédrale de cette ville, et prit le nom de Jean XXII. C'est à tort que l'historien Jean Villani, et après lui quelques autres, ont avancé que Jacques Duèze, ayant été chargé par compromis de l'élection du pape, s'écria : « *Eh bien, c'est moi qui suis pape* ». Nous avons six vies de ce pontife écrites par différents auteurs contemporains ou presque contemporains, et recueillies par Baluze (3), aucune ne rapporte ce fait si extraordinaire. Elles nous

---

1. Foulhiac.
2. Laurière, *Ordonnances des rois de France*, tome I.
3. Baluzius, *Vit. pap. aven.*, tome I.

apprennent, au contraire, que Jean XXII dut son élection aux suffrages des cardinaux. C'est d'ailleurs ce que ce pontife dit lui-même dans la circulaire qu'il écrivit aux princes chrétiens, pour leur annoncer sa promotion; et, si son ambition l'eût porté à se nommer pape, il n'eût pas été assez hardi pour leur déclarer que, malgré le consentement unanime des cardinaux, il avait longtemps hésité avant de se charger d'un si pesant fardeau. De plus, l'empereur Louis de Bavière et les autres ennemis de ce pape n'auraient pas manqué d'insérer cette particularité dans les libelles qu'ils publièrent contre lui.

Nous avons dit que Jean XXII naquit à Cahors sur la fin de 1243. Il était originaire, non de Salviac, comme l'ont prétendu quelques écrivains du pays, mais de Castelnau-de-Montratier, où l'on montrait encore, au XVIe siècle, les ruines de la maison de ses ancêtres (1). Arnaud Duèze, son père, quitta cette ville pour venir fixer son domicile à Cahors, après que Simon de Montfort eut dévasté les terres de Ratier de Castelnau, où il avait son domaine. Il y acquit une maison, située à côté de l'église de Saint-Etienne, aujourd'hui Saint-Barthélemy, et pour laquelle il se reconnut feudataire du chapitre, l'an 1279. C'est, sans doute, parce qu'il était citoyen nouveau de Cahors que l'on ne trouve point son nom parmi les consuls et les conseillers de cette ville; on avait, en effet, coutume, dans ce siècle, de ne conférer les emplois municipaux qu'à d'anciens bourgeois; mais il était un des citoyens le plus haut imposés de la ville, ainsi que nous l'avons dit ailleurs, sur le témoignage de l'abbé de Foulhiac. Ce savant en trouve la preuve dans les rôles des impositions qui se levaient dans ce temps-là, et dont il ne reste malheureusement aujourd'hui que quelques lambeaux, les archives de l'hôtel de ville ayant été pillées pendant la Révolution. Mais en 1708, alors qu'elles étaient en bon état, dom Malvezin ayant voulu ajouter à son *Histoire de la Chartreuse de Cahors*, l'histoire généalogique de la maison de Duèze, eut soin de les consulter, ainsi que d'autres titres que les consuls se firent un plaisir de lui confier, et il trouva, dans ces divers monuments, ce que l'abbé de Foulhiac y avait trouvé cinquante ans auparavant, savoir : qu'Arnaud Duèze était d'une famille noble; qu'en 1271 environ, quarante-six ans avant que son fils fût élevé à la papauté, il était le troisième habitant de la ville des plus taxés dans les impositions qui se faisaient alors aussi bien sur les nobles que sur les roturiers. Tel est le langage que ce pieux et

---

1. Dom Bruno de Malvezin. *Hist. manusc. de la Chartreuse de Cahors*, liv. XII, chap. II.

savant religieux tient aux consuls eux-mêmes, auxquels il dédie son ouvrage en reconnaissance des documents qu'ils lui ont procurés ; et il les assure que dans les rôles du temps qui sont dans les archives de l'hôtel de ville, il n'est fait mention d'aucun Arnaud Duèze parmi les gens de métier. S'il y en avait eu quelqu'un de ce nom, il aurait été certainement inscrit sur ces registres, comme y étaient inscrits, suivant le témoignage de Foulhiac, tous les artisans de la ville, chacun avec le nom de sa profession. Or, il est dit seulement de lui : *Arnaldus Dueza X libras;* c'est-à-dire, Arnaud Duèze, imposé 10 livres, somme alors fort importante, et il faut remarquer que, dans ce siècle, les impôts étaient peu considérables.

Arnaud Duèze, comme le prétend ce savant et judicieux écrivain, descendait de cette famille de Duèze (1) qui, vers le milieu du xie siècle, fit des dons au chapitre de Cahors et à l'abbaye de Moissac. L'idendité de nom en est une preuve certaine pour tous ceux qui connaissent les mœurs et les usages de ce temps. En effet, pour nous borner à des exemples tirés de l'histoire du pays, il suffit de trouver, dans les chartes ou autres monuments anciens, quelqu'un du nom de Gourdon, de Cardailhac, de Thémines, de Durfort, etc., pour en conclure, sans crainte d'erreur, qu'il appartenait à ces illustres maisons. Ce n'est donc pas sans fondement qu'Albert de Strasbourg rapporte que Jean XXII était d'une grande extraction, *ex militari progenie natus* (2). Il était en état de le savoir, car il connaissait particulièrement ce pape, et il fréquentait la cour d'Avignon, composée en grande partie de gens de Cahors et du Quercy.

Arnaud Duèze possédait des fiefs dans les environs de Cahors. C'est ce que nous apprend Malvezin : « Nous avons, dit-il, dans les archives de notre Chartreuse de Cahors, un acte de l'an 1272, 44 ans avant que Jean XXII fût fait pape, lequel porte que Guillaume

---

1. Au sujet des membres de la famille Duèze, Lacoste a mis en marge la note suivante : L'an 1298, le mercredi après la fête de saint Pierre et de saint Paul, au château de Clermont, dans la paroisse de Linars, bail à nouveau fief par messire Pons de Garis, chevalier, et dame Guillelme, son épouse, par lui autorisée, habitants du repaire de Clermont, à Jean la Borgonhos, d'un moulin situé sur la paroisse de Saint-Laurent, appelé le moulin de la Rivière, avec terres adjacentes confrontant avec chemin de la bastide du seigneur Fortanier de Gourdon, d'une part, avec le fief de Saint-Sauveur et d'autre avec le pré de Guillaume Duèze, chevalier. Ce Duèze ne peut qu'être de la famille du pape Jean XXII. Il était chevalier, par conséquent noble. Cet acte de bail à nouveau fief était dans les archives du château de Clermont et m'a été communiqué par M. de Touchebœuf, comte de Clermont.

2. *Albertus Argentina*, Chronicon, pag. 125.

Trian (1), citoyen de Cahors, acheta d'Hélie Rotquier, des prés, des vignes, des bois et plusieurs terres incultes dans le terroir de Verlhes et de Valprades, lesquels fonds payaient des cens et acaptes à neuf seigneurs différens qui, tous, sont spécifiés dans cet acte. Et il se trouve qu'après avoir nommé premièrement la maison des Templiers, et en second lieu le chapitre de l'église cathédrale, Arnaud Duèze tient le troisième rang étant écrit devant les six autres seigneurs ».

Nous croyons qu'Arnaud Duèze prit en mariage une demoiselle de la maison de Labéraudie, une des premières de Cahors et de ses environs. Nous nous fondons, avec Malvezin, 1° sur un legs que Pierre de Labéraudie, chanoine de Cahors, fit en mourant à Jean XXII, qui n'était encore qu'évêque de Fréjus. Quand on connaît les mœurs du temps, on peut avancer que ce chanoine ne lui aurait pas fait ce legs s'il n'avait pas été son proche parent. Le pape, en reconnaissance, fonda à perpétuité une messe pour le repos de l'âme de son bienfaiteur, dans l'église des Dominicains de Cahors, où celui-ci avait été inhumé, selon le nécrologe de ces religieux : *Tertia die octobris debet dici missa pro domino Petro Beraldi, canonico caturcensi, pro quo dominus Joannes sanctissimus pater, tempore quo erat episcopus forojuliensis, fecit, dando quadraginta solidos caturcenses annuales de legato quod dictus dominus Petrus fecerat sibi in testamento suo;* 2° nous nous fondons encore, avec le même écrivain, sur le titre d'un bénéfice que conféra Benoît XII, successeur de Jean XXII, à un autre Pierre de Labéraudie, archidiacre de Montpezat, chanoine d'Arras, puis grand archidiacre de Paris, et enfin évêque d'Agde. Le Souverain Pontife y rappelle la mémoire de son prédécesseur, qu'il dit être de la maison du nouveau titulaire. Nous pourrions encore, peut-être, nous fonder sur ce qu'Arnaud Duèze avait, comme les seigneurs de Labéraudie, droit de sépulture dans l'église des Dominicains; droit qu'il aurait pu acquérir par sa femme. Il était aussi allié aux maisons de Roux et de Labroue, qui étaient nobles. Il sera parlé plus bas de cette alliance.

1. Guillaume de Trian, dont il s'agit ici, était seigneur de Craissac, dans la baronnie de Luzech; son fils prit en mariage une nièce de Jean XXII, comme nous le verrons ailleurs; quant à la terre de Verlhes, Arnaud Duèze devait en être le principal seigneur. Il la laissa à Pierre Duèze, son fils aîné et son héritier; celui-ci la transmit à son tour à son fils, Arnaud Duèze, chevalier, vicomte de Carmain ou Caraman, qui est qualifié seigneur direct de Verlhes dans un acte de l'an 1336, passé le dimanche de *Reminiscere*, par lequel dom Pierre Laporte, second prieur de la Chartreuse de Cahors, donna à nouveau fief à Pierre de Layrac une vigne située dans le territoire de cette seigneurie. — Malvezin, *Hist. de la Chartreuse de Cahors.*

Nous nous occuperons d'abord de celles non moins illustres qu'il contracta par le mariage de ses trois filles, Marguerite, Marie et N...

Marguerite, que nous croyons être l'aînée de la famille, épousa Bertrand de Jean, qui était, comme on a pu le remarquer, d'une illustre maison du pays. Leur contrat de mariage existait encore au XVIIe siècle; il faisait partie du portefeuille de Dominicy.

Marie Duèze eut pour époux Pierre de la Vie qui, comme l'a très bien remarqué l'historien que nous citons, prend dans des actes le titre de chevalier. C'était un noble bourgeois de Cahors, que l'on trouve souvent mentionné dans les manuscrits de l'hôtel de ville sous le nom de *Petrus de la Via*. Arnaud de Seguin et lui étaient premiers consuls en 1309, et, en cette qualité, ils portèrent plainte à Philippe le Bel contre Philippe Bonafoux, lieutenant de viguier du pariage, qui, abusant de son pouvoir, portait atteinte aux libertés de la ville. Le roi les écouta favorablement. Il rendit, en leur faveur, une ordonnance que Jean d'Arreblay, son sénéchal, fit exécuter pendant qu'il tenait des assises à Montauban. La maison de la Vie était située dans la grande rue. Elle fait partie du château du roi; ce qui, du reste, donne une haute idée de sa grandeur et de sa magnificence. On y entrait par une petite rue qui conduit au Port-Bullier; elle s'appelle encore *rue de la Vie* ou la *voto de la Via*. Il n'y avait que les bourgeois les plus distingués qui pussent donner leur nom aux rues ou aux quartiers de la ville où ils avaient leur habitation; de là, la *rue de Vayrols*, la *rue de Bousquet*, le *Coin de Lastié*, etc.

Le nom de la troisième fille d'Arnaud Duèze n'est pas connu. On sait seulement que son mari était un cadet de la maison de Perarède (1)

---

1. Cette maison est la même que celle de Rozet de Flaunhac, près de Castelnau-de-Montratier; elle était ainsi surnommée pour se distinguer des autres branches, dont cette famille très noble et très ancienne était composée. Il y avait, en effet, encore, les branches de Rozet-Lagarde, près de Lauzerte, et de Rozet-Latour, près de Montcuq. Ce surnom était tiré du fief principal de chacune de ces branches. Le premier seigneur que nous connaissions avoir porté le surnom de Pérarède était Pierre Rozet, fils d'Arnaud, qui, le premier vendredi du mois de mars de l'an 1240, *al mercadal de Castelnuo* (de Montratier), acheta de... et d'Armande, sa femme, la terre et la *honor dal Voulve en la parroquia de Flaunhiac*, mille sous caorcens; présents à cette vente Gausbert de Castelnau, Bernard de Montfaves, Bern. de Saint-Privat, Gérald de la Pérarède, clerc, W. B. de la Mota, Bert. de Francor, etc. Aymeric de Gourdon (de Gordo), fils de Ratier de Castelnau, en sa qualité de seigneur suzerain de Flaunhac, donna aussitôt après la vente l'investiture de ce fief. Tous les témoins nommés dans cet acte étaient des nobles de Castelnau ou des environs. C'est apparemment de Bernard de Montfavés ou de quelqu'un de sa famille que descend Bertrand de Montfavés, précepteur du pape Jean et ensuite cardinal. — Lavaissière, *Notes*

et par corruption Pérède, à laquelle appartenaient plusieurs fiefs de la baronnie de Castelnau-de-Montratier. Il eut, pour son apanage, le château et le fief du Pouget, près de cette ville. Bertrand de Pouget, cardinal-évêque d'Ortie, fut le fruit de leur union.

Ces trois sœurs étaient mariées longtemps avant que leur frère devint chancelier du roi de Naples, par conséquent avant qu'il ait pu faire du bien à sa famille. Ce qui le prouve évidemment, c'est que lorsqu'il parvint à la papauté, elles avaient déjà plusieurs de leurs enfants prêtres, et ceux-ci avaient dû faire de bonnes études, car ils étaient savants et plusieurs méritèrent par leurs talents d'être choisis pour traiter des affaires d'Etat de la plus haute importance, avec les plus puissants princes de la chrétienté. Le nécrologe des Dominicains de Cahors nous apprend que Jacques de la Vie, avant d'être évêque d'Avignon, avait professé le droit civil et canon dans une université qu'il ne nomme pas, *utriusque juris professor*. Ses connaissances lui méritèrent l'estime de Clément V, qui lui conféra l'archidiaconé de Mende. Plusieurs écrivains même rapportent qu'il le prit pour son vice-chancelier.

Ce que nous venons d'exposer nous semble suffisant pour détromper ceux qui peuvent croire encore qu'Arnaud Duèze était un pauvre savetier de Cahors. Cette opinion, qui n'a aujourd'hui de partisans que chez le peuple, depuis que Baluze en a démontré la fausseté dans ses *Notes sur les vies des papes d'Avignon*, a son origine dans la haine que les

héraldiques, tome II, pag. 16. — *Archives de M. de Montagut Granel, seigneur de Montagut, paroisse de la Molayrette.*

En 1128, un Guillaume de Pérède, archidiacre de Cahors, donna son consentement à un don fait par l'évêque à l'abbaye de Sarlat. *Gallia christiana*, tome I, pag. 186.

En 1271, *tertia die in excitu februarii*, Jean Boyé et Guilhemette Anblados, sa femme, reconnaissent *que ils ero homé den Arnal de Rozet, cavaier*, et qu'ils lui doivent chaque année 5 sols caorcens, *e fero homenege al dich cavaier de lor bo grat pausat lo ginolh en terra*, témoins Raymond de la Pérarède, *cavaier*, Arn. Bern. de la Pérarède, Hugues de Trapas. (Un de ces deux chevaliers peut bien être l'aïeul du cardinal du Pouget). — Lavaissière, pag. 317. *Arch. du château de Lagarde, près Lauzerte.*

Il paraît que la Pérairède, la Pérarède et la Pérède sont le même nom de famille. On trouve, en effet, Jean de la Pérarède présent à un mariage fait le 9 juin 1456. Il est qualifié damoiseau avec les autres témoins, savoir : Jean de Pechpeyroux, seigneur de Beaucaire, Jean Hebrar et Jean Motha. — Lavaissière ibid., pag. 242. — Il est appelé Jean de la Pérède, dans le testament que fit, le 29 septembre 1457, en son château de Flaunhiac, juridiction de Castelnau-des-Vaux, noble Jean de Montagut, co-seigneur de Montdoumerc. Ce Jean de la Pérède était gendre du testateur, il avait épousé Fine, sa fille; il est deux fois nommé la Pérède. — Lavaissière, ibid., pag. 19.

Italiens portèrent à Jean XXII. Ne pouvant lui pardonner d'avoir fixé son siège à Avignon, ils inventèrent contre lui, par esprit de vengeance, les calomnies les plus atroces que leurs historiens accréditèrent ensuite en les consignant dans leurs ouvrages. Mais, en attaquant sa naissance, ils ne s'accordèrent pas sur le moyen de la flétrir : car les uns, tel que Jean Villani, lui donnèrent un cabaretier pour père, les autres un savetier, plusieurs un tailleur ; preuve manifeste de leur ignorance ou de leur mauvaise foi. Ce sont là les seules autorités invoquées par Platine, l'auteur des prétendues prophéties de saint Malachie et en général, jusqu'à Baluze qui a fait voir le ridicule de ces différentes opinions, de la plupart des historiens qui donnent à Jean XXII une origine obscure.

Arnaud Duèze était trop âgé pour qu'il ait pu voir son fils passer aux différentes dignités où l'éleva son mérite plutôt que la faveur ; il fut inhumé dans la chapelle de Sainte-Agnès des Dominicains de Cahors, auxquels il légua, pour son anniversaire, une rente perpétuelle de 20 sous caorcens, qu'il affecta sur sa maison. Cette chapelle était contiguë à l'ancienne église, fondée par la maison de Béraldi, et qui a servi depuis de chapitre. Le nécrologe des Dominicains, qui nous a fourni ces particularités, parle de plusieurs descendants d'Arnaud Duèze qui choisirent leur sépulture dans la même chapelle. Ce sont, entre autres, un cardinal, quatre évêques et plusieurs seigneurs. Il nous apprend aussi qu'ils firent bâtir à leurs dépens la grande église du couvent qui existe encore, et qui était sans contredit la plus grande et la plus belle du diocèse, avant que les protestants en eussent ruiné la croix. Le soin qu'eurent tant d'hommes illustres, dont nous parlerons, de faire porter, souvent de plus de 80 lieues, dans le couvent des Frères prêcheurs de Cahors, leurs cendres, pour être mêlées avec celles de leur aïeul, prouve certainement beaucoup mieux que tout ce que nous venons de dire qu'Arnaud Duèze n'était pas de basse condition. Au reste, s'il avait été réellement de la lie du peuple, son fils n'aurait que plus de gloire de s'être élevé, par son propre mérite, du sein de la poussière à la plus haute dignité du monde. Après cette digression qui nous a semblé nécessaire, revenons à Jean XXII.

Nous avons dit qu'il naquit à Cahors. Il fut élevé dans cette ville sous les yeux de ses parents, qui firent de grandes dépenses pour son instruction. C'est ce que nous apprend un auteur contemporain, Lambert Guerrici, prêtre liégeois, dans la préface d'un ouvrage qu'il lui dédia (1). Il paraît cependant qu'il commença un peu tard ses études.

---

1. Baluze, *Notæ ad vit. pap. aven.*, tome I, pag. 590 et 728.

Il semble l'avouer lui-même dans la lettre qu'il écrivit aux consuls et aux habitants de Cahors aussitôt après son exaltation, et c'est pour cela sans doute que, quoiqu'il mourût nonagénaire, son maître lui survécut plus de dix ans. Ce maître fut Bertrand de Montfavez, depuis cardinal. Raymond de la Mothe, évêque de Bazas, écrivain de ce temps, nous apprend cette particularité : *Fecit (Joannes XXII), cardinalem magistrum suum, Bertrandum de Montefaventio.* Et, parce que cet historien se sert dans cette occasion du mot *magister*, Baluze en conclut, avec raison, que Bertrand de Montfavez fut son précepteur domestique : *car telle était alors*, dit-il, *la signification attachée à ce mot. On le trouve employé dans deux vies différentes de ce pape, pour dire qu'il fut le précepteur de saint Louis, évêque de Toulouse, fils du roi de Naples.*

Montfavez, natif de Castelnau-de-Montratier, avait alors, quoique fort jeune, cette réputation de science qui lui valut ensuite une chaire de professeur de droit dans l'université de Montpellier. C'est ce que nous apprend Alberic de Rosate qui le connaissait particulièrement et qui l'appelle *Magnus jurista*. Jacques Duèze suivit apparemment son précepteur dans cette ville; il s'y perfectionna dans les sciences, principalement dans la médecine, où il a fait voir qu'il excellait (1). Ayant pris parti pour l'église, il fut pourvu par Barthélemy de Roux, son parent, évêque de Cahors, de l'archiprêtré de cette ville. Quelques écrivains prétendent qu'il fut, outre cela, prieur de Saint-Flour et abbé de Sarlat et de Maillezais; mais on peut croire qu'ils ont été mal informés, puisqu'on ne trouve aucun Jacques Duèze dans la partie du *Gallia christiana* où est insérée l'histoire de ces églises. Il eut, dans la suite, une chaire de professeur dans l'université de Toulouse, qu'il ne quitta que pour aller faire l'éducation du prince Louis de Naples, emploi honorable qu'il remplit avec le plus grand succès et qui fut le commencement de son élévation.

Les consuls de Cahors n'eurent pas plutôt appris qu'il avait été nommé pape, qu'ils se firent un devoir de consigner, en très beaux caractères, ce glorieux évènement dans les Annales de la maison

---

1. Il eut pour professeur le célèbre Bernard de Gourdon, ainsi surnommé de la ville de Gourdon, sa patrie, et qui passait pour le plus savant docteur en médecine de son siècle. Il a laissé un ouvrage intitulé *Lilium medicinæ*, qui a été souvent imprimé et traduit même en français. Pendant plus de trois siècles il a eu la plus grande vogue; si bien qu'un médecin aurait rougi de ne pas le connaître. Il était passé en proverbe que *qui va sans Gordon va sans bâton*. — Du Verdier. — De la Monnoie.

commune, qui portent le nom de *Te igitur*. Ils lui écrivirent, en même temps, une lettre de félicitations. Le lendemain de son couronnement, Jean XXII leur fit une réponse qui est adressée non seulement à ces magistrats, mais encore à tous les bourgeois de la ville. Elle est pleine de sentiments d'affection et de tendresse. Il leur dit qu'il se rappelle toujours avec un nouveau plaisir la ville qui l'a vu naître, où il a été nourri et élevé jusqu'à un âge avancé : *usque ad proventionis œtatis tempora educati*. Il leur envoya, en même temps, des lettres apostoliques, par lesquelles il accordait à tous les habitants de Cahors, *dont les noms*, dit-il, *sont gravés dans mon cœur*, le privilège de ne pouvoir être cités hors du diocèse pendant vingt années.

XX. — *Jean XXII fixe sa résidence à Avignon et y compose sa cour; il crée cardinaux trois de ses neveux*

Le nouveau pape demeura à Lyon jusqu'à la fin de septembre. Il partit ensuite pour Avignon, où il avait résolu d'établir sa résidence (1). Arrivé dans cette ville, son premier soin fut de composer sa cour. Il prit pour son camérier Gasbert Duval, fils ou frère de ce Pierre Duval (2), qui était bayle royal de Cahors et de la châtellenie de Montcabrier.

Il éleva son neveu, Gaucelin de Jean, à la dignité de vice-chancelier de l'église romaine, et prit pour son confesseur, Pierre de Piret, docteur en théologie de la faculté de Paris.

C'était un savant et pieux dominicain, profès du couvent de Cahors, natif de Flaunhac, près de Castelnau-de-Montratier. Il fut fait maître du sacré palais, et ensuite évêque de Mirepoix. Ce prélat mourut en 1348 et fut inhumé dans l'église des Dominicains de Cahors, qu'il fit ses héritiers. Il leur donna sa bibliothèque qui était fort considérable, ses ornements et 700 florins d'or. Les Dominicains lui élevèrent dans la chapelle de Saint-Thomas un superbe tombeau, où l'on voyait l'effigie de ce savant prélat, relevée en bosse. L'épitaphe qu'ils y gravèrent portait seulement que Pierre de Piret, évêque de Mirepoix, avait été profès du couvent de Cahors.

1. Lacoste, pour plus amples détails, renvoie à l'*Histoire ecclésiastique* de l'abbé Fleury, tome XIII, pag. 182 et suivantes. (C. C.)

2. Ils étaient d'une bonne maison de Saint-Pierre d'Aussac, aujourd'hui Pechpeyroux, paroisse située à deux lieues de Cahors. C'est ce qu'on trouve dans un vieux pouillé du diocèse : *Sancti Petri de Aussaco*, y est-il dit, *alias de Podio-Petroso*. Cela prouve l'erreur d'un savant historien qui fait naître Gausbert Duval à Donzenac *en Quercy*, tandis que ce lieu est du Limousin.

Le pape appela aussi auprès de lui Bertrand Dupuy, *Del Puech*, de Cahors, abbé de Montauban, qu'il fit son chapelain et auditeur de rote, et Jean de Tissandier, que quelques écrivains appellent de La Tissanderie; celui-ci était de l'ordre des Frères mineurs et très versé dans la théologie, qu'il professa dans plusieurs villes avec beaucoup de célébrité. Le pape l'employa dans des affaires importantes, et il l'éleva d'abord sur le siège épiscopal de Lodève, ensuite sur celui de Rieux. Jean de Tissandier honora l'épiscopat par ses vertus. On voit son mausolée dans une chapelle de l'église des Cordeliers de Toulouse, qu'il avait fondée. Son épitaphe qui est fort longue, nous apprend qu'il était né et qu'il avait été élevé à Cahors : *Caturci civitas hunc protulit et educavit, etc.*

Jean XXII donna la charge de grand maréchal de la cour romaine, à Arnaud de Trian (1), chevalier, seigneur de Craissac, fils de ce Guillaume de Trian dont nous avons parlé. Arnaud était neveu du Souverain Pontife : car, il avait épousé Marie de Jean, fille de Marguerite Duèze et de Bertrand de Jean. Il avait été capitaine des gardes du corps de Robert, roi de Naples; et ce prince avait été si content de ses services qu'il lui avait fait présent du riche comté d'Aliffe, dans la terre de Labour. Sa maison paternelle était située dans la grande rue de Cahors, à côté de l'église de Soubirous où Arnaud fonda une chapelle dont la collation passa avec sa maison aux comtes de Cabrerets du nom de Gontaut. Le roi Philippe le Long faisait grand cas de cet illustre cadurcien. Il lui donna la terre de Montmiral, en Albigeois, et le pape lui acheta ensuite le vicomté de Talard, en Dauphiné. Arnaud de Trian se maria, en secondes noces, le 18 février 1329, avec Constance, fille d'Amalric II, vicomte de Narbonne, laquelle lui porta en dot 8,000 livres tournois, dont Amalric de Narbonne, seigneur de Talayran, et Aymeric de Narbonne, seigneur de Pérignan, chevaliers, frères, se rendirent caution (2). De ce mariage provint Louis de Trian. Dominicy croit, avec assez de fondement, que ce seigneur, ou quelqu'un de sa race, prit le nom maternel de Duèze que la tiare avait tant illustré. Il explique par ce moyen l'origine d'une noble maison de ce nom, qui existait encore de son temps dans le Dauphiné.

Le pape fit, le 16 des calendes de janvier (17 décembre) de l'an 1316, une promotion de huit cardinaux, desquels furent trois de ses neveux et son précepteur : Jacques de la Vie, évêque d'Avignon, fut

---

1. Baluze, pag. 749.
2. *Hist. de Languedoc*, tome IV, pag. 195.

cardinal-prêtre du titre de Saint-Jean et de Saint-Paul; Gaucelme ou Gaucelin de Jean, vice-chancelier de l'église, cardinal-prêtre du titre de Saint-Marcellin et de Saint-Pierre; Bertrand de Pouget, cardinal-prêtre du titre de Saint-Marcel, et Bertrand de Montfavez, cardinal-diacre du titre de Sainte-Marie *in Aquiro*.

Bertrand de Pouget, père du cardinal de ce nom, descendait de cette famille ancienne et illustre, connue sous le nom de Pouget de Nadaillac, nom d'une baronnie située en Quercy, à quelque distance de la Dordogne, à deux lieues nord-est de Gourdon et à quatre lieues nord-ouest de Gramat. Il eut de son mariage deux fils : Guillaume qui lui succéda, et Bertrand de Pouget, né à Castelnau-de-Montratier. Dans la première nomination, que Jean XXII parvenu à la tiare fit, le 17 décembre 1316, le Souverain Pontife le nomma le troisième et le fit cardinal-prêtre de Saint-Marcel. Déjà chanoine de Saint-Sauveur d'Aix, il avait aussi le doyenné d'Issigeac en Périgord, qu'il conserva jusqu'à sa mort, quoique le pape l'eût réuni par une bulle de l'an 1318 à la mense du nouvel évêché de Sarlat (1). Comme il était extrêmement versé dans les sciences ecclésiastiques, le Souverain Pontife lui conféra l'évêché d'Ostie, un des six qui sont autour de Rome, et que les papes n'ont coutume d'accorder qu'aux cardinaux les plus habiles, afin de pouvoir trouver en eux des ressources dans les affaires importantes. Le cardinal de Pouget passa en cette qualité, en 1311, une procuration devant Laussade, notaire du pape, en faveur de B. de La Pairairade, damoiseau, pour accenser des terres dans la paroisse de Flaunhac, conjointement avec Guillaume de Pouget, son frère. Le 4 octobre 1321, il obtint du pape une bulle pour fonder le monastère des religieux de Pouget, qu'il dota de son patrimoine. En 1325, il fut envoyé par le pape légat *à latere*, en Lombardie, où il demeura l'espace de 13 ans, à la tête des troupes de l'Église, et s'opposa toujours avec succès au progrès des armes de la faction Gibeline. Il mourut à Avignon, sur la fin de 1348, avec la réputation d'un vigilant capitaine et d'un sage politique. Ce que nous avons dit plus haut, de la généalogie de notre cardinal, détruit la calomnie de Villani et de Pétrarque qui ont avancé que ce cardinal était un fils naturel du pape : assertion qui n'avait d'autres fondements que la haine de ces deux auteurs contre les papes d'Avignon. Il n'était à aucun degré le parent du pape; on est allé jusqu'à falsifier les armories du cardinal, en avançant qu'il portait de gueules au lion d'argent. Les voici exactes : d'or au chevron

---

1. Baluze, *Vitæ pap. aveni.*, tome II, pag. 339.

d'azur, accompagné d'un mont de six coupeaux de sinople; couronne de marquis; tenants : deux sauvages de carnation, armés de leurs massues; devise : *Virtus in hœredes*.

Jacques de la Vie, ne jouit qu'environ six mois de sa nouvelle dignité. Il mourut le 25 juillet 1317 et fut inhumé dans l'église Cathédrale d'Avignon (1). Sa mort inattendue accabla de douleur le souverain pontife. Il aimait tendrement ce neveu à cause de ses talents et de ses vertus. Le roi de France et les cardinaux firent leurs efforts pour le consoler de cette perte, et l'engagèrent à donner le chapeau de cardinal à Arnaud de la Vie, frère du défunt, ce qu'il fit vers la fête de saint Jean-Baptiste, en 1317, sous le titre de cardinal-diacre de Saint-Eustache. Il était auparavant prévôt de Notre-Dame de Barjols, au diocèse de Fréjus, et protonotaire du Saint-Siège. Claude Robert et quelques autres écrivains lui donnent une place parmi les évêques d'Avignon; mais si le pape son oncle lui donna le titre d'évêque de cette ville, il ne tarda pas à le lui retirer; car il ne voulut plus que le siège d'Avignon eût d'autre évêque que lui. En conséquence, il y tint pour son grand vicaire, tant pour le temporel que pour le spirituel, Gasbert Duval, son camérier, qu'il nomma évêque de Marseille, sur la fin de 1319 ou au commencement de l'année suivante.

XXI. — *Arrestation et supplice de l'évêque Hugues de Géraud — Guillaume de Labroue monte sur le siège épiscopal de Cahors*

La mort du cardinal de la Vie fut fatale à l'évêque de Cahors, qu'on accusa d'y avoir contribué par magie et avec des figures de cire (2). On l'accusa aussi d'avoir trempé dans une conspiration formée contre le

---

1. Baluze, tome I, pag. 154 et 738. — Dans les Archives du château de la Treyne, en Quercy, près de Souillac, j'ai lu un acte qui nous apprend que l'an 1289, la deuxième année du pontificat du pape Nicolas IV, le mardi XVIII des calendes de juillet, fut faite donation entre-vifs par Pétronille, veuve de Hugues le comte *(comitis)*, de Curemonte, à Almodis, sa fille, femme de messire *Pierre de la Vie (de Via)*, chevalier. Ce Pierre de la Vie pourrait bien être le père de l'époux de Marie Duèze, ou bien même son époux, avec laquelle il se sera marié en secondes noces, après la mort d'Almodis, sa première femme.

2. Ces images et figures de cire étaient alors un moyen que l'on employait fréquemment quand on voulait se défaire de quelqu'un. On leur attribuait la vertu de faire passer dans les personnes qu'elles représentaient, comme l'observe un célèbre historien de France, Velly, les opérations magiques qui s'exerçaient sur elles; de sorte qu'en les piquant ou en les brûlant, on croyait que ces impressions se faisaient sentir à ceux que l'on voulait tourmenter et dont on

pape lui-même. Les conjurés tentèrent d'abord la voie du poison, mais ce moyen n'ayant pas eu son effet, ils eurent recours aux images de cire. Le complot fut dévoilé. On saisit les figures que l'on porta au pape : elles étaient criblées de coups. Les conjurés au nombre desquels étaient le médecin, le baigneur du pape et plusieurs prélats de sa cour prirent la fuite; le seul Hugues de Géraud fut pris et conduit dans les prisons d'Avignon.

Le pape chargea un nommé Bertrand de l'administration de son diocèse (1), et choisit ensuite un nommé Jean de Tissandier et l'évêque d'Arras pour informer contre ce prélat. Mille voix s'élevèrent contre l'évêque de Cahors; on le traita de simoniaque, de débauché, de concussionnaire. On n'oublia pas de dire qu'il avait abandonné son état pour embrasser la profession des armes; qu'il n'avait jamais paru dans son diocèse; qu'il avait été le tyran de son clergé et de ses vassaux, enfin qu'il avait fait usage des moyens les plus illicites pour se procurer de l'argent, afin de soudoyer ses troupes et de se montrer avec magnificence dans la société des grands, auxquels il aimait à faire la cour. Convaincu de ces différents griefs, l'évêque fut dégradé, livré au bras séculier et écorché vif, après avoir été promené dans les rues d'Avignon. On lisait dans une chronique manuscrite de l'abbaye de Grandmont, qu'après avoir été attaché à un poteau, il fut brûlé vif (2); suivant Ciaconius, on lui brûla et arracha la peau avec des tenailles ardentes.

Telle fut la fin déplorable de Hugues de Géraud, qui aurait pu tenir un rang distingué parmi les évêques illustres de Cahors, s'il se fût uniquement attaché à remplir les devoirs de son état. Il ne manquait ni de talents ni de connaissances, mais il ne s'en servit que pour faire du mal. Le dégoût qu'il eut toute sa vie pour son état prouve qu'il n'y était pas appelé. Ce défaut de vocation le rendit l'opprobre du clergé et le porta à quitter le sanctuaire pour s'engager dans la carrière des armes, où il paraît qu'il montra assez de courage et d'habileté pour mériter le titre de *Magnus vir,* que lui donne un ancien historien des évêques d'Auxerre, qui parle de lui au sujet de Pierre de Mortemart,

---

désirait la mort. Deux ans auparavant, Alips de Mons, femme du célèbre Enguerrand, ministre de Philippe le Bel, et la dame de Canteleu, sa sœur, ayant été accusées d'avoir eu recours à un pareil sortilège, avaient été renfermées par ordre du roi Louis Hutin dans la tour du Louvre : c'était un préjugé du siècle dont était esclave le savant comme l'ignorant.

1. *Gallia christ.,* tome I, pag. 140.
2. Baluze, *Vitæ pap. aven.,* tome I, page 737.

dont Hugues avait été le compagnon et l'ami. Un écrivain moderne qui a consacré sa plume à prouver l'innocence des Templiers, met notre évêque au nombre des persécuteurs de ces chevaliers qui périrent d'une mort tragique ou infâme. Nous ignorons si ce prélat fut leur ennemi. Ce que nous savons, c'est que l'affaire de cet ordre militaire était déjà terminée lorsqu'il fut élevé sur le siège de Cahors, et qu'il n'a pu ainsi se montrer hostile aux Templiers du Quercy (1).

Le pape nomma à l'évêché de Cahors Guillaume de Labroue, d'une bonne maison (2) de cette ville, de l'ordre des Dominicains et son proche parent, suivant l'ancien annaliste de son ordre (3). Guillaume était, lors de sa nomination, sous-prieur du couvent d'Agen. Il paraît que ce religieux avait de l'instruction et de l'éloquence. Il se faisait admirer par d'excellentes qualités, surtout par ses bonnes mœurs et la douceur de son naturel. Avant d'entrer dans le détail de ce qui se passa de remarquable sous son épiscopat, nous reprendrons la suite chronologique des abbés des différents monastères du diocèse.

1. Quelque temps après le supplice de Géraud, on publia contre le pape un libelle dans lequel on lui reproche la mort de cet évêque, et on le désigne sous le nom du *sieur de la pantoufle*. Cette pièce satyrique était écrite en italien, et avait, pour auteur, un écrivain de cette nation, et non un parent de ce prélat, comme l'a prétendu un historien moderne du Quercy, pour prouver la basse extraction de Jean XXII.

2. Cette maison était divisée en plusieurs branches, dont chacune possédait des fiefs. On en trouve les noms dans les différents cartulaires du pays. Une de ces branches était établie dans le Gourdonnais et se fixa ensuite à Gourdon, où elle occupa des charges de sénéchal. Le 27 octobre 1458, noble François de Labroue se maria avec une fille de noble Jean de Pélegri, seigneur du Vigan. Leurs descendants ont donné plusieurs lieutenants-généraux au sénéchal de Gourdon et des conseillers au Parlement de Toulouse. Ceux-ci étaient d'une branche établie à Moissac, d'où est sortie Pierre de Labroue, célèbre évêque de Mirepoix, fils de Blaise, conseiller au Parlement de Toulouse, qui ordonna par son testament fait à Moissac le 8 octobre 1650 qu'il serait enterré dans cette ville dans le tombeau de son père, qu'on dirait mille messes à ses obsèques, dont il recommande le soin à Jean de Labroue, son frère, prieur de Bruniquel, chanoine et sacristain de Moissac. Il fait des legs à chacun de ses enfants et fait héritier Jean Joseph, son aîné, auquel il substitue Jean François, son autre fils qui devint gouverneur de Moissac. L'évêque de Mirepoix lui donne cette qualité dans un don de 10,000 livres qu'il lui fit par testament, le 18 juillet de l'an 1692. (Voir Lavaissière).

3. Bernard Guidonis.

XXII. — *Abbés et abbesses des monastères de Moissac, Figeac, Marcillac, Montauban, Saint-Marcel, la Garde-Dieu, Souillac, Leyme et l'Hôpital-Beaulieu — Fondation d'une chapelle dans l'église Sainte-Marie de Lauzerte*

Augier de Durfort siégeait encore à Moissac ; car l'abbé de Campredon lui écrivit cette année pour le prier de ne pas trouver mauvais qu'il ne se rendît point au chapitre général de Moissac, parce que le pape venait de le charger de la circonscription du nouvel évêché de Limoges (1).

Bérenger d'Aigues-Vives, abbé de Figeac, avait eu pour successeur Géraud IV, qui renouvela la concession de la justice de cette ville faite à Philippe le Bel par son prédécesseur et passa une transaction avec les consuls au sujet de cette même justice. Il fut convenu qu'elle ne pourrait passer en d'autres mains. Géraud est connu encore par l'hommage que lui rendit le seigneur de Castelnau-de-Caumont, pour Sousceyrac, Laroque-Bouillac, Felzins, Constans, Saint-Auti, la moitié du château de Balaguier et généralement pour toutes les terres de la baronnie de Caumont qui avaient été du domaine du monastère de Figeac et que les abbés avaient accordées aux seigneurs de Caumont (2). Bérenger II fut le successeur de Géraud IV. Il était abbé de Figeac en 1314, car le 2 août de cette année il reçut l'hommage d'Arnaud de Concorès, viguier de Figeac. Le 8 des calendes de janvier suivant, Henri, abbé de Cluny, suivi de Pierre, prieur de la Charité, visita son abbaye, à laquelle il donna des statuts pour y remettre en vigueur la discipline monastique qu'il y trouva presque éteinte. Ayant vu que Bérenger ne s'occupait pas des affaires spirituelles ni temporelles de son monastère, il lui donna pour coadjuteur Pierre de Preyssiniac, avec défense de rien faire sans le consentement de ce dernier. On croit que cette mesure lui déplut et qu'il se démit de l'abbaye en faveur de Guillaume de Ventadour, prieur de Voulte, qui, en qualité d'abbé de Figeac, reçut le serment de fidélité de Pierre de Sainte-Artémie, damoiseau, le 8 juin de l'an 1317.

Guillaume de Boissières, abbé de Marcillac, était mort depuis 1315. Le vendredi, après la fête de saint Jean-Baptiste de cette année, les religieux réunis en chapitre, au nombre de vingt-sept, élurent à sa

1. *Gallia christ.*, tome I.
2. Foulhiac.

place Guillaume de Cardaillac, abbé de Pessans, au diocèse d'Auch. L'histoire manuscrite de ce monastère fait un grand éloge de cet abbé, non moins recommandable par ses vertus que par sa naissance; mais il paraît que Guillaume de Cardaillac n'accepta point l'abbaye de Marcillac. Nous verrons, en effet, qu'il est qualifié abbé de Pessans dans la bulle de sa nomination à l'évêché de Montauban. Sur son refus, les moines durent nommer Réginald de Concots, que l'histoire manuscrite place immédiatement après Guillaume de Cardaillac. Réginald était de l'ancienne maison de Cabrerets à laquelle appartenait aussi la terre de Concots.

Bertrand Dupuy, d'une maison bourgeoise de Cahors, chapelain du pape et auditeur du palais apostolique, était abbé de Montauban depuis la mort d'Astorge. Philippe le Bel, en 1314, avait envoyé, en sa faveur, au sénéchal du Quercy, des lettres par lesquelles ce prince ordonnait l'exécution pleine et entière de l'accord passé autrefois entre les comtes de Toulouse et les abbés de Saint-Audard. Bertrand eut, sur la fin, pour subtitut, un nommé Bertrand de la Tour, apparemment de la maison de Camboulit, près de Figeac, qui est même qualifié abbé de Montauban dans l'acte de foi célébré à Toulouse, le IV des calendes de mars 1315, auquel il fut présent avec Sicard Fabri de Lavaur, chanoine de l'église cathédrale de Cahors (1).

L'abbaye de Saint-Marcel avait eu pour abbés depuis Arnaud I de la Bride, Pierre IV de Tarbes et Guillaume III. Arnaud II de la Barde gouvernait le monastère en 1317 (2).

Jacques Folchier était abbé de la Garde-Dieu; il avait succédé à Guillaume Cépière (3).

A Souillac, Hélie de Tulle avait succédé à Augier de Durfort. Il y eut, en 1309, un accord entre les habitants de cette ville et lui et ses religieux, au nombre de vingt-six, touchant leurs droits respectifs. Jean ou Jacques, cardinal du titre de Sainte-Agathe, lui succéda vers l'an 1311. On trouve, après celui-ci, un nommé Beraud, qui siégeait encore en 1327 (4).

Gaillarde de Durfort était abbesse de Leyme depuis la mort d'Esclarmonde, dont nous avons parlé (5).

---

1. *Gallia christ.*, tome I.
2. *Gallia christ.*, tome I.
3. *Gallia christ.*, tome I.
4. *Gallia christ.*, tome I.
5. *Gallia christ.*, tome I.

Aygline faisait fleurir à l'hôpital Beaulieu les règles de l'ordre de Saint-Jean de Jérusalem. Gisbert de Thémines, son frère, fit de grands dons à sa communauté, composée des dames les plus qualifiées du Quercy et des pays voisins (1).

On trouve sous cette année la fondation d'une riche chapelle faite en l'honneur de saint Louis, confesseur, dans l'église de Sainte-Marie de Lauzerte, par Guillaume de Durfort, à laquelle il affecta des rentes et des biens qu'il tenait de sa mère, *Tina* de la Roche, dans les paroisses de Caminel et de Lebret. Il voulut avoir sa sépulture dans cette chapelle, et il laissa des fonds pour doter vingt-cinq filles nobles prises dans les seigneuries (2).

1. *Gallia christ.*, tome I.
2. *MS. de la maison de Durfort.*

FIN DU LIVRE ONZIÈME

TABLE DES MATIÈRES

DU TOME DEUXIÈME

LIVRE SEPTIÈME

Autorité des grands vassaux de la Couronne. — Mort de Philippe I; Louis le Gros lui succède. — Bertrand, comte de Toulouse, se dispose à son expédition de la Terre sainte. — Testament de Géraud de Gourdon. — Départ de Bertrand pour la Palestine; il laisse le comté de Toulouse à son frère Alphonse-Jourdain. — Mort de saint Hugues, abbé de Cluny. — Ansquetil, abbé de Moissac. — Albert I, Déodat, Géraud et Gombert, abbés de Saint-Audard, de Figeac, de Souillac et de Marcillac. — Restitution de biens au chapitre de Cahors par des seigneurs de Castelnau. — Retour de l'évêque de Cahors dans son diocèse. — Géraud II, abbé de Beaulieu et ses règlements. — Ratier de Luzech, abbé de Marcillac. — Mort, à Tripoli, de Bertrand, comte de Toulouse. — Mort de Géraud III de Cardaillac, évêque de Cahors. — Le Saint-Suaire est déposé dans la cathédrale de Cahors. — Fondation de l'Hospitalet. — Guillaume III de Caumont, évêque de Cahors. — Synode de 1115. — Donation de l'évêque Guillaume en faveur du chapitre de Cahors et du prieuré de Catus. — Seconde invasion des États du comte de Toulouse par Guillaume IX, comte de Poitiers. Concile de 1118. — Expédition du vicomte de Béziers en Espagne. — Dons à l'abbaye de Moissac et aux églises de Tulle et de Rocamadour. — Le pape Calixte II dans les États du comte de Toulouse. — Concile tenu dans cette ville, en 1119. — Voyage du pape dans le Quercy. — Monastère du Mont Saint-Jean et ses privilèges. — Bulle du pape Calixte II en faveur du chapitre de Cahors. — Roger, abbé de Moissac. — Dons de l'évêque Guillaume de Caumont en faveur de son chapitre. — Nouvelles contestations, entre les abbés de Tulle et de Marcillac, au sujet de la propriété de l'église de Rocamadour. — Les Toulousains chassent de leur ville les troupes de Guillaume IX et reconnaissent Alphonse Jourdain pour leur seigneur. — Mort de Raymond I, vicomte de Turenne. — Fondation de l'ordre des Templiers. — Les chevaliers du Temple s'établissent dans le Quercy. — Voyage d'Alphonse Jourdain dans le Quercy. — Donation en faveur de l'abbaye de Moissac. — Fondation de l'abbaye de Sept-Fons. — Schisme en Aquitaine après la mort du pape Honorius II. — Privilège, accordé à l'abbé de Moissac, de porter les habits pontificaux. — Jugement du comte de Toulouse en faveur de cet abbé. — Fin de la prévôté des seigneurs de Castelnau sur le chapitre de Cahors. — Dons en faveur du même chapitre ou consentis par cette communauté. — Les

Ermites. — Dons en faveur de l'abbaye de Sept-Fons. — Différend entre l'abbé de Marcillac et le chapitre de Cahors au sujet de la propriété de l'église de Saint-Urcisse. — Nouveaux droits accordés au chapitre de Cahors. — Guillaume, Aymar II et Albert II, abbés de Moissac, de Figeac et de Saint-Audard. — Archambaud, doyen du monastère de Souillac. — Dons en faveur du chapitre de Cahors et de l'abbaye de Moissac. — Charte de coutume accordée au bourg de Saint-Nicolas de la Grave par Guillaume, abbé de Moissac. — Assassinat de cet abbé. — Mort de Guillaume IX, duc d'Aquitaine et comte de Poitiers. — Mariage d'Éléonor, fille de ce prince, avec Louis le Jeune. — Louis le Jeune envahit les États du comte de Toulouse. — Visite du chapitre du Vigan par l'archevêque de Bourges. — Mort de Boson II, vicomte de Turenne. — Testament de ce seigneur. — Ses obsèques. — Fondation de la ville de Montauban par le comte Alphonse. — Droits et règlements établis sur la nouvelle ville. — Protestation de l'abbé de Saint-Audard. — Préparatifs pour une nouvelle croisade. — Les *Henriciens* dans les États du comte de Toulouse. — Prédications et miracles de saint Bernard. — Mort d'Alphonse, comte de Toulouse. — Éloge de ce prince. — Fondation de l'abbaye de Sainte-Marie de Bonneval et donation en faveur de l'hôpital d'Aubrac, en Rouergue. — Transaction entre Raymond V, comte de Toulouse et l'abbé de Saint-Audard. — Fondation de l'abbaye de la Garde-Dieu. — Mort de Guillaume de Caumont, évêque de Cahors. — Prétendus successeurs de Guillaume. — Géraud III Hector, évêque de Cahors. — Philippe, Aymar II, Aymeric et Raymond I, abbés de Moissac, de Figeac, de Marcillac et de Sept-Fons. — Restitutions au chapitre de Cahors. — Bulle du pape Anastase IV en faveur du chapitre du Vigan. — Accord entre l'abbé d'Obasine et l'archiprêtre Géraud de Vineirafont. Révolte contre Raymond V, comte de Toulouse. — Victoire de ce prince. — Il épouse Constance, sœur de Louis le Jeune. — Le roi de France vient à Toulouse. — Union du bénéfice de Sainte-Eulalie à l'abbaye de la Couronne, diocèse d'Angoulême. — Derniers vicomtes de Bruniquel, de la race des comtes de Toulouse. — Bonne intelligence entre le roi de France et le comte de Toulouse. — Voyages de l'évêque de Cahors en Italie et en Limousin. — Brouille entre Frédéric Barberousse et le pape. — Henri II, roi d'Angleterre, envahit le comté de Toulouse. — Il s'empare du Quercy. — Il échoue devant Toulouse. — Donations à l'abbaye de Sept-Fons. — Schisme après la mort du pape Adrien IV. — Le pape Alexandre III se réfugie en France. — Continuation de la guerre entre le roi d'Angleterre et le comte de Toulouse. — L'évêque de Cahors fait un voyage dans son diocèse occupé par les troupes d'Henri II. Fondation du monastère de Francou. — Invention des reliques de Saint-Amadour. — Consécration de l'église de Saint-Etienne de Grandmont, en Limousin. — Conclusion de la paix entre les rois de France et d'Angleterre. — Henri II à Rocamadour. — Traité de paix entre Henri II et le comte de Toulouse. — Rébellion des enfants du roi d'Angleterre contre leur père. — Union de bénéfices au monastère de Carennac. — Assassinat de l'abbé de Moissac. — Voyage du comte de Toulouse en Quercy et en Rouergue. — Les Brabançons et le vicomte de Turenne. — Duel judiciaire. — Progrès des hérétiques Henriciens. — Missionnaires envoyés dans le comté de Toulouse pour combattre l'hérésie. — Publication, par l'évêque de Cahors, d'une sentence d'excommunication. — Le roi d'Aragon envahit les États du comte de Toulouse. — Consécration du monastère de Saint-Augustin de Limoges. — Différend entre le vicomte de Polignac et les chanoines de Brioude, en Auvergne. — Concile de Limoges. — Dons à l'abbaye de la Garde-Dieu par le comte de Toulouse. — Fondation d'une maison de Templiers à Montricoux. — Le Quercy pendant les XIe et XIIe siècles.. I.

LIVRE HUITIÈME

Troubles excités par Henri le Jeune. — Mort de ce prince à Martel. — Les *Paillars*. — Soumission à Henri d'Angleterre des seigneurs révoltés du Limousin et du Périgord. — Le comte de Toulouse reste l'ennemi du roi Henri. — Sacre de Pierre de Sully, archevêque de Bourges. — Les abbés de Beaulieu et les seigneurs de Cavagnac. — Dons à l'abbaye d'Obasine. — Dons en faveur de Rocamadour. — Le comte de Toulouse convient d'un traité avec le roi d'Aragon. — Rupture de ce traité. — Le duc d'Aquitaine porte la guerre dans les États du comte de Toulouse. — Privilèges accordés à l'église de Figeac. — La nouvelle de la prise de Jérusalem, par le sultan Saladin, fait cesser provisoirement les querelles des rois de France et d'Angleterre. — Différend entre le chapitre de Cahors et le monastère de Marcillac, au sujet de la propriété du moulin Saint-James de Cahors. — La guerre se rallume entre le comte de Toulouse et le duc d'Aquitaine. — Richard s'empare du Quercy. — Le roi de France vient au secours du comte de Toulouse. — Traité de paix entre les rois de France et d'Angleterre. — Richard succède à Henri II, son père, roi d'Angleterre et conserve le Quercy. — Le vicomte de Turenne, vassal de l'évêque de Cahors, par suite de l'achat de la terre de Brassac. — Prétentions des abbés du monastère de Tulle. — Départ du roi Philippe Auguste pour la Terre sainte. — Le vicomte de Turenne prend part à cette expédition, après avoir donné satisfaction à l'abbé de Beaulieu. — Nouveau traité de paix entre les rois de France et d'Angleterre. — Prise de Saint-Jean-d'Acre. — Mort du vicomte de Turenne. — Nouvelles contestations entre les abbés de Tulle et de Marcillac, au sujet de la propriété de Rocamadour. — Renonciation consentie par le monastère de Marcillac. — Union de Philippe Auguste et de Jean sans Terre, pour dépouiller de son royaume Richard, roi d'Angleterre, fait prisonnier à son retour de la croisade. — Mort de Raymond V, comte de Toulouse; ses enfants. — Philippe Auguste donne à Raymond VI la garde de Figeac. — Richard d'Angleterre et le comte de Toulouse. — Le Quercy fait retour au comte de Toulouse. — Les chevaliers du Temple à Cahors, au Bastit et à Lacapelle-Livron. — Droits des évêques de Cahors sur Rocamadour. — Raymond VI visite le Quercy. — Coutumes de Moissac. — Mort de Richard d'Angleterre. — Bertrand de Gourdon. — Le comte de Toulouse épouse Éléonore d'Aragon. — Il fait hommage pour l'Agenais et le Quercy, à Jean, roi d'Angleterre. — Accord entre le comte de Toulouse et l'abbé de Moissac. — Hôpital de Martel. — Mort de l'évêque Géraud Hector. — Éloge de ce prélat. — Abbés de Montauban, de Souillac, de Saint-Marcel et de la Garde-Dieu. — La poésie provençale dans le diocèse de Cahors, durant l'épiscopat de Géraud Hector. — Guillaume de Cras succède à Géraud Hector. — Dîme d'Espanel. — Dons en faveur de Rocamadour. — Célébrité croissante de cet oratoire. — Origine de la chapellenie d'Antejac. — Progrès des Henriciens; mesures prises pour déraciner l'hérésie. — Sancie, fille du roi d'Aragon, est promise en mariage à Raymond, fils du comte de Toulouse. — Mort de l'évêque Guillaume de Cras. — Première excommunication lancée contre le comte de Toulouse. — Guillaume V de Cardaillac, évêque de Cahors. — Seconde excommunication lancée contre le comte de Toulouse. — Meurtre du légat, Pierre de Castelnau. — Comtes de Rodez. — Projet de mariage du fils du comte de Toulouse avec la fille du comte d'Auvergne. — Absolution accordée au comte de Toulouse. — Les croisés marchent contre les pays infectés de l'hérésie. — Fondation de La Française. — Passage de corps de croisés dans le Quercy. — Les croisés se joignent devant Béziers. — Prises de Béziers et de Carcassonne. — Le comte Raymond se brouille avec le légat et Simon de Montfort. — Raymond, comte de Toulouse, fait son testament et part pour Rome. — Il reçoit un accueil favorable du pape. — Accord entre le comte de Toulouse et l'abbé de Moissac. — Nouvelle excommunication lancée contre le comte de Toulouse. — Le comte de Toulouse se met en état de défense. — Siège et prise de Lavaur par Simon de Montfort. — Siège et prise de Montferrand par Simon. — Baudouin, frère du comte de Toulouse, se tourne contre lui. — Succès des armées de Simon de Montfort. — L'évêque de Cahors fait hommage du comté de cette ville à Simon de Montfort. — Les abbés de Montauban et de Moissac tentent de livrer ces villes à Simon. — Simon lève le siège de Toulouse. — Ses courses. — Bataille de Castelnaudary. — L'évêque de Cahors fait hommage de son comté au roi de France. — Bertrand de Gourdon suit l'exemple de l'évêque de Cahors. — Construction du monastère d'Espagnac. — Le comte de Montfort étend ses conquêtes dans le Quercy. — Moissac se rend à Simon après un long siège. — Simon n'ose entreprendre le siège de Montauban. — Le comte de Toulouse implore le secours du roi d'Aragon. — Le pape suspend la croisade contre les hérétiques. — Concile de Lavaur. — Bataille de Muret. — Fondation de l'abbaye de Leyme. — Couvent de la Daurade de Cahors. — Découragement des Toulousains. — Simon de Montfort profite de sa victoire. — Mort tragique de Baudouin, frère de Raymond VI, comte de Toulouse. — Soumission à l'Église du comte de Toulouse. — Ruines amoncelées dans le Quercy par les croisés. — Cahors refuse d'ouvrir ses portes au cardinal-légat Robert de Corçon. — Cette ville est pardonnée par le pape. — Simon de Montfort s'empare de places fortes et de châteaux dans l'Agenais, le Quercy et le Périgord. — Les Junies. — Concile de Montpellier. — Les domaines du comte de Toulouse sont attribués à Simon de Montfort. — Concile de Latran. — Simon de Montfort fait hommage de ses nouveaux États au roi de France. — Le comte de Toulouse et son fils songent à recouvrer leurs États. — Heureux débuts de leurs efforts. — L'évêque de Cahors appelle dans sa ville épiscopale les Frères mineurs. — Fondation du couvent de Sainte-Claire. — Monastère de Catus. — La ville de Toulouse rappelle ses comtes. — Montauban tente inutilement de secouer le joug de Simon. — Siège de Toulouse et mort de Simon de Montfort. — Le jeune Raymond soumet une partie de l'Agenais. — Amaury, fils de Simon de Montfort, parcourt ses domaines. — Raymond recouvre en partie le Quercy et le Rouergue. — Le prince Louis vient au secours d'Amaury ; il abandonne ce seigneur devant Toulouse. — Querelles des vicomtes de Turenne et des seigneurs de Castelnau-de-Bretenoux. — Amaury de Montfort lève le siège de Toulouse. — Le comte Raymond reprend possession de Montauban et de Moissac. — Mort du comte de Toulouse. — Observations sur la province de Quercy, durant les xiie et xiiie siècles..... 97

LIVRE NEUVIÈME

Raymond VII, comte de Toulouse. — Amaury abandonne les États du comte de Toulouse. — L'évêque de Cahors rend hommage au roi Louis VIII. — Le comte de Toulouse menacé d'une nouvelle croisade. — Sa réconciliation avec l'Église. — Concile de Bourges. — Le légat Romain excommunie le comte Raymond et fait prêcher la croisade contre ce prince. — Expédition du roi de France contre le comte de Toulouse. — Mort de Louis VIII. — L'évêque de Cahors établit les Dominicains dans sa ville épiscopale. — Élection de Durand à l'évêché d'Albi. — Bulle du pape portant union à l'évêché de Cahors des dîmes de Luzech et de Puy-l'Evêque. — La guerre pénètre dans le Quercy. — L'évêque de Cahors prête serment de fidélité à saint Louis. — Traité de paix entre le roi de France et le comte de Toulouse. — Concile de Toulouse. — Différend entre l'évêque et les consuls de Cahors. — Hommages de Bertrand de Cardaillac, de Guillaume et de Géraud de Gourdon. — L'évêque de Cahors est obligé de restituer au comte de Toulouse divers biens usurpés pendant la croisade. — Contituation du droit de battre monnaie, accordé aux consuls de Cahors. — Confédération des seigneurs du Quercy. — Accord entre le comte de Toulouse et l'abbé de Montauban. — Prieuré des Bouisses. — Dénombrement de fiefs de l'abbaye de Marcillac. — Le comte de Toulouse vient dans le Quercy. — L'inquisition est confiée aux Dominicains. — Assemblée de Melun. — Mort de Guillaume de Cardaillac, évêque de Cahors. — Abbés du Quercy au moment de la mort de Guillaume de Cardaillac. — Poètes du Quercy sous l'épiscopat de Guillaume de Cardaillac. — Pons d'Antejac, évêque de Cahors. — Les inquisiteurs dans le Quercy. — Pons de Gourdon cède le château de Belcastel à l'abbé de Tulle. — Troubles provoqués par la sévérité des inquisiteurs. — Fondation du monastère de Dégagnazès. — Réclamation de l'abbé de Moissac. — Soulèvement des Toulousains contre les inquisiteurs. — L'inquisition continue dans le Quercy. — Fondation d'un hôpital à Beaulieu. — Mort de Pons d'Antejac, évêque de Cahors. — Géraud de Barasc, évêque de Cahors. — Ce prélat renouvelle la confédération des seigneurs du Quercy. — Suppression de l'inquisition. — Hommages d'Hugues Arnaud, du baron de Castelnau-de-Bretenoux et d'Aymeric de Gourdon, en faveur du comte de Toulouse. — Nouvelle réconciliation du comte de Toulouse avec l'Église. — Il reçoit l'hommage de Raymond-Bernard de Durfort. — Plainte de l'abbé de Moissac. — Aliénation des revenus de l'église de Rocamadour. — Legs de Roger-Bernard II, comte de Foix. — Hommages du vicomte de Turenne en faveur de l'évêque de Cahors et de Bertrand de Gourdon en faveur du comte de Toulouse. — Fondation du monastère de l'Abbaye-Nouvelle, ou de Sainte-Marie-de-Gourdon. — Le comte de Toulouse tombe malade à Penne; il prend les armes contre le roi de France. — Massacre des inquisiteurs à Avignon. — Le comte de Toulouse envahit les États du roi de France; sa paix avec saint Louis. — Origine de Lauzerte. — L'évêque de Cahors acquiert le droit de nommer aux canonicats vacants dans son chapitre. — Concile de Béziers. — Mort de Raymond IV, vicomte de Turenne. — Aldémard, abbé de Figeac. — Le pape diminue l'autorité des inquisiteurs. — Ambassade d'Amédée IV, comte de Savoie. — Le comte de Toulouse crée deux cents chevaliers. — Voyage à Paris de l'évêque de Cahors; dons de ce prélat à l'hôpital Beaulieu, aux religieuses de la Daurade et à l'abbaye de Leyme. — Mort de Raymond V, vicomte de Turenne; ses enfants. — Mort de Raymond de Montpezat, abbé de Moissac. — Guillaume de Bessens lui succède. — Pèlerinage de saint Louis à Rocamadour. — Privilèges accordés au bourg de Mondenard. — Différend entre le comte de Toulouse et l'évêque de Cahors. — Arnaud Béraldi. — L'évêque de Cahors maintient son droit de justice dans sa ville épiscopale. — Indult du pape Innocent IV. — Confirmation des privilèges de Martel. — Révolte des consuls de Cahors et des habitants de Cajarc contre l'évêque Géraud de Barasc. — Nouveaux statuts du chapitre de Cahors. — Cession de la moitié de la justice du Vigan par Fortanier de Gourdon. — Préparatifs pour la croisade. — Mort de Raymond VII, dernier comte de Toulouse de sa race. — Division de la partie du Quercy appartenant aux comtes de Toulouse en neuf bailliages. — Les seigneurs et les peuples du comté de Toulouse prêtent le serment de fidélité entre les mains des commissaires envoyés par la reine Blanche. — Dons et privilèges accordés à Cajarc et à Cahors par l'évêque Géraud de Barasc. — Mort de ce prélat. — Abbés de

Montauban, de Marcillac, de Saint-Marcel, de Souillac. — Barthélemy de Roux, évêque de Cahors. — Sécularisation du chapitre de Cahors. — Construction du Pont-Neuf de Cahors. — Retour en France du comte Alphonse; il visite les États de l'ancienne maison de Toulouse et en divise le gouvernement entre quatre sénéchaux. — Confiscation des biens de Bertrand de Castelnau. — Les Dominicains et les Frères mineurs s'établissent à Montauban. — Révolte des habitants de Figeac contre l'abbé de cette ville. — Accord entre Raymond VI, vicomte de Turenne et Hélie Rudel et sa femme. — Testament et départ de Raymond VI pour la croisade. — Réformes introduites dans la sénéchaussée d'Agenais et de Quercy. — Procès entre l'évêque de Cahors et Aymeric de Gourdon. — Établissement des Dominicains à Figeac. — Révolte des habitants de cette ville. — Château de Sauliac sur Célé. — Échange d'églises entre l'évêque et le chapitre de Cahors. — Dégâts commis par les Anglais aux environs de Toulouse. — L'évêque de Cahors fait hommage à saint Louis. — Concile d'Albi. — Ordonnance d'Alphonse sur l'administration de la justice. — Hommage du seigneur de Lagarde. — Permutations d'églises entre l'évêque et le chapitre de Cahors. — Abbaye de Maurs. — Plaintes de l'évêque de Cahors contre la formation de ligues dans sa ville épiscopale. — Jugement rendu par les évêques de Cahors et de Limoges. — Dons au chapitre de Cahors de rentes et d'églises. — Bertrand de Montaigut, abbé de Figeac. — Couvent d'Espagnac et autres monastères du Quercy, soumis à l'abbaye de la Couronne. — Contestations entre le vicomte de Turenne, Marguerite, femme de Bernard II, vicomte de Comborn et Dauphine de Roquefeuille. — Le monastère de Carennac. — Girbert de Thémines rend hommage à Fortanier de Gourdon. — Propriété de l'église de Blanac. — Hommage de Bertrand de Cardaillac en faveur du chapitre de Cahors. — Différend entre le comte Alphonse et l'évêque de Cahors. — Confirmation des privilèges de l'abbaye de Figeac. — Traité entre saint Louis et le roi d'Aragon. — Nouveau règlement concernant le chapitre de Cahors. — Hommages divers. — Fondation du couvent des religieuses de Sainte-Claire de Montauban. — Traité entre les rois de France et d'Angleterre. — Mécontentement que ce traité provoque dans le Quercy. — Différend entre l'évêque et les consuls de Cahors. — Confirmation des coutumes de cette ville. — Donation de l'hôpital Beaulieu aux chevaliers de Saint-Jean de Jérusalem, par Girbert de Thémines. — Descendants de ce seigneur. — Hôpital fondé à Cahors par la maison de Cazelles. — Religieuses de la Daurade. — Bertrand de Montaigut, abbé de Figeac, est élu abbé de Moissac. — Origine de Villefranche de Périgord. — Famille de Pestillac. — Mort d'Arnaud Béraldi. — Différend entre les archevêques de Bourges et de Bordeaux. — Les archevêques de Bourges protecteurs du chapitre du Vigan. — Famille de Jean. — Confirmation des permutations d'églises faites entre l'évêque de Cahors et son chapitre. — Saint Louis retire les châteaux de Pezenas et de Torves des mains des enfants de Raymond de Salvanhac. — Les chanoines réguliers de Saint-Antonin refusent de recevoir l'archevêque de Bourges. — Réparation à l'église de la Daurade de Cahors. — Le vicomte de Turenne se reconnaît vassal du roi d'Angleterre. — Fondation de Molières. — Les Dominicains de Cahors prennent possession de leur nouveau monastère. — Éloge de Bertrand de Montaigut, abbé de Moissac. — Hugues de Castelnau et les habitants de Gramat. — Accord entre ce seigneur et le prieur de Carennac. — L'abbé de Moissac donne en fief au vicomte de Bruniquel une partie de la juridiction de La Salvetat. — Nouveau différend entre l'évêque et les consuls de Cahors. — Plusieurs gentilshommes du Quercy accompagnent en Italie le frère de saint Louis. — Alphonse, comte de Toulouse et de Poitiers, se dispose à aller en Terre sainte. — Procès entre le seigneur de Castelnau-de-Bretenoux et les moines de Carennac. — Fondation d'une chapellenie par Gaillard Dellard. — Dîmes de Pradines. — Hôpital de Cajarc. — Famille de Penne. — Le Quercy soumis au roi d'Angleterre. — Vicomté de Lautrec. — Hommage du vicomte de Bruniquel. — Préparatifs d'Alphonse pour son expédition en Terre sainte. — Échanges d'églises entre l'évêque de Cahors et les chanoines de Saint-Antonin. — Le roi d'Angleterre éprouve des difficultés dans la levée des impôts en Limousin, en Périgord et en Quercy. — Départ d'Alphonse pour la Terre sainte. — Testament de ce prince et de sa femme, la comtesse Jeanne. — Permutations d'églises entre l'évêque de Cahors et l'abbé de Moissac. — Dîme de Villemade. — Guillaume de Saint-Bressou, abbé de Marcillac. — Mort de saint Louis. — Mort du comte Alphonse et de la comtesse Jeanne.. 209

LIVRE DIXIÈME

Le comté de Toulouse passe sous la domination des rois de France. — Le comte de Foix est vaincu par Philippe le Hardi. — Arnaud Duèze. — Fondation du couvent de Lazières. — Mort de Christophore de Ramondiola, fondateur et premier gardien du couvent des Frères mineurs de Cahors. — Dons et fondations de l'évêque Barthélemy de Roux. — Mort de ce prélat. — Abbés de Saint-Marcel et de la Garde-Dieu. — Testament de Girbert II de Thémines; ses enfants. — Différend entre Bernard de Ramondina et Bernard d'Escayrac. — Vacance du siège épiscopal de Cahors. — Nouvelles recherches des Inquisiteurs. — Le droit de régale ne peut être exercé sur les fruits de l'évêché de Cahors. — Contestations entre les habitants de Gramat et Rodulphe, commandeur de la maison du Temple du Bastit. — Accord entre les habitants de Gramat et l'abbé d'Obasine. — Lettres du roi Philippe le Hardi aux habitants de Cahors. — Confirmation des privilèges de l'abbaye de Moissac. — Testament d'Hélène de Gourdon, épouse de Girbert II de Thémines. — Le roi de France intervient de nouveau pour la perception des droits régaliens sur l'évêché de Cahors. — Établissement à Gramat de la foire de Saint-Michel. — Réforme des abus dans les sénéchaussées de Toulouse, de Quercy et d'Agenais. — Accord entre Sicard de Montaigut et le chapitre de Cahors. — Affranchissement d'un serf fait par Gaillard, seigneur de Montpezat. — Traité d'Amiens. — Bulle du pape Nicolas III en faveur du monastère d'Espagnac. — Procès entre le chapitre et les consuls de Cahors et entre les abbés de Tulle et d'Obasine. — Reconnaissance consentie par Arnaud Duèze en faveur du chapitre de Cahors. — Lettres patentes de Philippe le Hardi au sujet des droits régaliens sur l'évêché de Cahors. — Établissement, à Toulouse, du Parlement de Languedoc. — Fin de la vacance du siège épiscopal de Cahors. — Causes de cette vacance. — Installation du nouvel évêque de Cahors. — Raymond de Cornil. — Échange consenti entre ce prélat et Gilbert de Jean. — Différend entre l'abbé de Beaulieu et le seigneur de Castelnau-de-Bretenoux. — Mort de Philippe de Cahors, évêque d'Évreux. — Fondation du monastère de Lundieu à Figeac. — Établissement des Grands-Carmes à Montauban. — Confirmation de droits par l'évêque de Cahors. — L'évêque Raymond de Cornil règlemente sa monnaie. — La canalisation du Lot est entreprise par ce prélat de concert avec les consuls de Cahors. — Fontaine de Valentré. — Crue du Lot. — Envoi de commissaires royaux dans le Quercy. — Ligue des villes du Bas-Quercy pour empêcher le transport des grains à Cahors. — Différend entre le prieur des chanoines réguliers de Molières et Bertrand de Roussillon et Géraud d'Antejac, frères. — Hommage de l'évêque de Cahors en faveur de Philippe le Hardi. — Union d'églises à l'abbaye de Beaulieu, en

Rouergue. — Le roi de France visite le Languedoc. — Testament de Raymond VI, vicomte de Turenne. — Compromis entre l'abbé de Marcillac et Hugues de Gourdon. — Règlements pour le chapitre de Cahors. — Hommage du sénéchal de Quercy, agissant au nom du roi de France, en faveur de l'abbé de Moissac. — Guerre d'Aragon. — Cession au roi de France par les vicomtes de Bruniquel de tous leurs droits sur la forêt de Tulmont. — Mort de Raymond VI, vicomte de Turenne. — Fondation de la bastide de Tauriac. — Mort de Philippe le Hardi. — Réparations à la cathédrale de Cahors. — Permutations d'églises entre l'évêque de Cahors et son chapitre. — Famine de 1285. — Visite du diocèse de Cahors par Simon de Beaulieu, archevêque de Bourges. — Accord entre l'évêque et les consuls de Cahors. — Confirmation et révision des coutumes de Cahors. — Lettres du sénéchal en faveur des consuls de cette ville. — Nouvelles difficultés entre l'évêque et les consuls. — Différend entre l'évêque de Cahors et les seigneurs de Labéraudie. — Accord entre Ratier de Castelnau et Pierre de Beaufort. — Don d'une partie de la dîme de Villemade au chapitre de Cahors. — Lettres de Jean de Greilli, sénéchal de Guyenne pour le roi d'Angleterre. — Édouard d'Angleterre renonce à ses prétentions sur le Quercy. — Concile de Bourges. — Testament de Dorde de Barasc, seigneur de Montbrun sur Lot. — Eglises et établissements religieux de Figeac. — Confirmation de divers droits, par l'évêque de Cahors, en faveur du chapitre du Vigan et du monastère d'Espagnac. — Nouvelles circonscriptions des paroisses de Cahors. — Prestation de serment du bailli de l'évêque entre les mains des consuls de Cahors. — Droits perçus sur les vins de Cahors envoyés à Bordeaux. — Exécution du traité conclu entre les rois de France et d'Angleterre. — Confirmation des privilèges de Raymond VII, vicomte de Turenne. — Géraud de Cahors. — Dons et privilèges accordés par l'évêque à l'écolâtre de la cathédrale de Cahors. — Erection en cure de l'église de Saint-Etienne des Soubiroux. — Efforts de l'évêque de Cahors pour rendre le Lot navigable. — Accord entre les consuls de Sauveterre et divers seigneurs. — Nouveaux démêlés entre l'évêque et les consuls de Cahors. — Permission accordée par l'évêque de dire la messe dans une chapelle particulière. — Simon de Beaulieu, archevêque de Bourges, vient de nouveau à Cahors. — Aymeric d'Hébrard, évêque de Coïmbre. — Testament de Raymond de Cornil, évêque de Cahors. — Les ermites de Saint-Augustin. — Statuts des églises de Cahors Rodez et Tulle. — Prospérité de la ville de Figeac. — Différend entre l'abbé et les consuls de Moissac. — Les habitants du Haut-Quercy supportent impatiemment le joug du roi d'Angleterre. — Le diocèse de Cahors est visité de nouveau par l'archevêque de Bourges. — Permutations d'églises entre les abbés de Moissac et de la Cluse. — Procès entre l'abbé de Montauban et les officiers royaux. — Construction du Pont-Neuf de Cahors. — Église de Sonac. — Continuation des démêlés de l'évêque et des consuls de Cahors. — Levée des droits de l'église romaine. — Prétendue bulle du pape Nicolas IV en faveur de l'abbaye de Figeac. — Division des biens de la maison de Gourdon. — Règlement dressé par le chapitre de Cahors. — Mort de Pierre de Cahusac, religieux, originaire de Fons. — Lettres de Philippe le Bel en faveur des consuls de Cahors. — Mort de Raymond de Cornil, évêque de Cahors. — Vacance du siège épiscopal et droit de régale. — Mort de Bertrand de Montaigut, abbé de Moissac; éloge de cet abbé. — Guillaume de Durfort lui succède. — Sicard de Montaigut, évêque de Cahors. — Hommages reçus par ce prélat. — Transaction entre Fortanier de Gourdon et divers seigneurs. — Le connétable Raoul de Clermont envahit la Guyenne. — Contestations entre le seigneur et les consuls de Gramat. — Charles, frère du roi de France, vient dans la Guyenne. — Premiers actes de l'évêque Sicard de Montaigut. — Guillaume de Guerre. — Famille de Durfort. — Hôpital de Toulousque. — Hommage de Sicard VII de Lautrec. — Différends de l'évêque de Cahors avec son chapitre et avec les consuls de sa ville épiscopale. — Fondation de Montcabrier. — Religieuses de l'hôpital Beaulieu. — Chapitre de l'ordre de Saint-Jean de Jérusalem tenu à Fronton par Guillaume de Villaret. — Gaillard de Montaigut et Bérenger d'Aigues-Vives, abbés de Figeac. — Hommages de Bernard Fabri et de Philippe de Livis. — Géraud Flotte, sénéchal du Périgord et de Quercy. — Seigneurs de Montpezat. — Mort de l'évêque Sicard de Montaigut. — Abbés des monastères de Marcillac, Montauban, Saint-Marcel, la Garde-Dieu et Souillac. — Abbesses de Leyme. — Le pouvoir royal reconnaît au chapitre le droit d'administrer l'évêché de Cahors, en cas de vacance du siège. — Raymond Pauchelli, évêque de Cahors. — L'abbé de Moissac reçoit l'hommage du vicomte de Caussade. — Cet abbé est choisi par le roi pour prendre connaissance d'une contestation survenue entre les sénéchaux de Toulouse et de Périgord. — Fondation du couvent de Sainte-Claire de Gourdon. — Philippe le Bel ordonne à son sénéchal de Quercy de ne pas laisser empiéter sur la justice royale. — L'évêque de Cahors reçoit l'hommage de divers seigneurs. — Transaction entre l'abbé de Marcillac et Girbert III de Thémines. — Cession de la justice de Figeac au roi de France. — Hommage d'Aymeri de Gourdon. — Tremblement de terre à Cahors. — L'église de Pern est donnée au chapitre de Cahors. — Traité entre les rois de France et d'Angleterre. — Appel du roi de France contre l'excommunication lancée contre lui par le pape Boniface. — Raymond Pauchelli défend les droits de son évêché — Passage à Cahors de Philippe le Bel. — Différend entre l'abbé de Tulle et les consuls de Rocamadour. — Le roi ordonne des travaux pour rendre le Lot navigable entre Capdenac et Cahors. — Construction d'un pont à Montauban, sur la rivière du Tarn. — Rigueurs de l'inquisition. — Fondation de Réalville. — Privilège accordé à Caylus. — Levée du subside pour la guerre de Flandre. — Privilèges accordés au clergé du diocèse de Cahors. — Le roi défend aux consuls et aux officiers de justice de Montcuq d'étendre leur juridiction sur le territoire de Cahors. — Famine dans le Quercy. — Convocation de la noblesse pour la guerre de Flandre. — Mort de Raymond VII, vicomte de Turenne. — L'évêque de Cahors réclame l'hommage à Sicard VII, vicomte de Lautrec. — Démêlés de ce prélat avec les consuls de Cahors. — Hommage de Gisbert de Thémines. — Transaction entre l'évêque de Cahors, l'abbé de Sarlat et le prieur de Calviac. — Confirmation des dons faits à l'église de Rocamadour par les rois de Castille. — L'abbé de Tulle remet en vigueur les règlements concernant Rocamadour. — Fondation de l'église Saint-Pierre de Gourdon. — Continuation de la levée du subside pour la guerre de Flandre. — Bénédiction de l'église de Notre-Dame-des-Vaulx à Lauzerte. — Hommage de Hugues de Labéraudie. — Excommunication lancée par l'évêque de Cahors contre Bertrand de Castanié. — Nouvelle monnaie épiscopale. — Nouveau sujet de discorde entre l'évêque et les consuls de Cahors. — Le pape Clément V. — Philippe le Bel acquiert la moitié de la vicomté de Lautrec. — Suppression du droit de péage en faveur des habitants de Cahors passant à Laroque-des-Arcs. — Efforts des consuls de Cahors pour achever de rendre le Lot navigable. — Acte de pariage entre le roi de France et l'évêque de Cahors. — Opposition du chapitre et des consuls de Cahors à l'acte de pariage. — Plusieurs villes du Quercy demandent à être exemptées de la taxe établie sur les marchands du royaume. — Le nouveau vicomte de Turenne rend hommage à l'abbé de Tulle. — Importance de la ville de Rocamadour dans le Haut-Quercy. — Mort de Guillaume de Villaret, grand maître de l'ordre de Saint-Jean de Jérusalem 321

LIVRE ONZIÈME

Arrestation des Templiers et suppression de l'ordre. — Construction du pont Valentré à Cahors. — Donation de la terre de Moissaguet et de la maison de Caramantano. — Famille de Ferrières. — Chapelle de Saint-Ambroise et réparations à la cathédrale. — Les consuls de Gramat et leurs seigneurs. — Hommages en faveur de l'évêque de Cahors. — Nouveaux statuts donnés aux chanoines du Vigan. — Imposition sur les communes du Quercy, à l'occasion du mariage de la fille de Philippe le Bel. — Donations de terres à Jacques Duèze, évêque de Fréjus. — Réduction du nombre des synodes diocésains. — Emprunt d'une somme de 6,000 florins d'or par l'évêque de Cahors. — Duel judiciaire. — Lettres de noblesse accordées à Jacques de Jean, de Cahors. — Les Inquisiteurs et la famine dans le Quercy. — Construction de la place Saint-Laurent à Cahors. — Jacques Duèze passe du siège de Fréjus à celui d'Avignon; il est créé cardinal et est nommé à l'évêché de Porto. — Aliénations diverses. — Concile de Vienne. — Jugements rendus contre des hérétiques. — Démission de Raymond Pauchelli, évêque de Cahors. — Hugues de Géraud, évêque de Cahors; faveurs accordées à ce prélat par le Souverain Pontife. — Eloge de Raymond Pauchelli. — Réformes introduites dans son diocèse par l'évêque Hugues de Géraud. — Préparatifs pour la guerre de Flandre. — Mort du pape Clément V. — Pèlerinages à l'église Saint-Martial de Pradines. — Difficultés entre l'évêque de Cahors et son chapitre. — Mort de Philippe le Bel; Louis le Hutin lui succède. — Ordonnance du roi ayant pour objet la réforme des abus dans le Quercy. — Levées de troupes. — Mœurs guerrières de l'évêque de Cahors; ses exactions. — Ordonnance royale de janvier 1316. — Mort de Louis le Hutin. — Philippe le Long, roi de France. — Jean d'Arreblay, sénéchal du Quercy. — Le pape Jean XXII. — Famille Duèze. — Jean XXII fixe sa résidence à Avignon et y compose sa cour; il crée cardinaux trois de ses neveux. — Arrestation et supplice de l'évêque Hugues de Géraud. — Guillaume de Labroue monte sur le siège épiscopal de Cahors. — Abbés et abbesses des monastères de Moissac, Figeac, Marcillac, Montauban, Saint-Marcel, Lagarde-Dieu, Souillac, Leyme et l'Hôpital-Beaulieu. — Fondation d'une chapelle dans l'église Sainte-Marie de Lauzerte.................... 437

FIN DU TOME DEUXIÈME

Imprimé par F. Delpérier
A Cahors
Pour J. Girma, Libraire-Éditeur
Et achevé le 31 janvier
M DCCC LXXXIV